Prüfungstraining für Bankkaufleute

Wolfgang Grundmann • Corinna Heinrichs •
Rudolf Rathner

Bankwirtschaft und Controlling Teil 1

Programmierte Aufgaben mit Lösungen

15. Auflage

Springer Gabler

Wolfgang Grundmann
Norderstedt, Deutschland

Rudolf Rathner
Hamminkeln, Deutschland

Corinna Heinrichs
Hasloh, Deutschland

ISSN 2627-8588 ISSN 2627-8596 (electronic)
Prüfungstraining für Bankkaufleute
ISBN 978-3-658-52864-5 ISBN 978-3-658-52865-2 (eBook)
https://doi.org/10.1007/978-3-658-50786-2

Die Deutsche Nationalbibliothek verzeichnet diese Publikation in der Deutschen Nationalbibliografie; detaillierte bibliografische Daten sind im Internet über https://portal.dnb.de abrufbar.

Lektorat/Planung: Guido Notthoff
Springer Gabler ist ein Imprint der eingetragenen Gesellschaft Springer Fachmedien Wiesbaden GmbH und ist ein Teil von Springer Nature..
Die Anschrift der Gesellschaft ist: Abraham-Lincoln-Str. 46, 65189 Wiesbaden, Germany

Vorwort

Die vorliegende Aufgabensammlung wendet sich vor allem an Auszubildende und Berufsanfänger des Kreditgewerbes sowie an Studierende mit Interesse an bankbetrieblichen Fragestellungen und Problemlagen. Mit dieser Aufgabensammlung können Sie Ihre in der dualen Ausbildung angeeignete Fachkompetenz selbstständig anwenden.

Diese Sammlung *programmierter Aufgaben* ermöglicht Ihnen als angehendem/r Bankkaufmann/Bankkauffrau in umfassender Weise, Ihre *bankwirtschaftlichen Kenntnisse* zu *überprüfen*, Ihr erarbeitetes Wissen zu festigen und/oder dieses Wissen anhand der praxisorientierten Fälle und Aufgaben zu *ergänzen*.

Sie bietet Ihnen die Möglichkeit, sich systematisch auf die bundeseinheitliche Abschlussprüfung zur *Bankkauffrau* bzw. zum *Bankkaufmann* für das Fach Bankwirtschaft vorzubereiten. Denn die vorliegenden Aufgaben sind genau auf die Anforderungen des *Prüfungskatalogs Abschlussprüfung Bankkaufmann/Bankkauffrau* abgestimmt. Wenn Sie die vorliegenden Lerninhalte selbstständig erarbeiten, gehen Sie sicher und kompetent in die Abschlussprüfung.

Die Aufgabensammlung besteht aus zwei Teilen:

- Bankwirtschaft – Teil 1 Programmierte Aufgaben
- Bankwirtschaft – Teil 2 Offene Aufgaben

Die vorliegende Aufgabensammlung enthält über 400 programmierte Aufgaben mit ausführlichen Lösungshinweisen. Die Themen der Aufgabenstellungen sind dem aktuellen Prüfungskatalog für die Abschlussprüfung im Fach Bankbetriebswirtschaft entnommen worden. Die Aufgabenstellung der programmierten Aufgaben ist handlungs- und entscheidungsorientiert. Mit den Aufgaben lösen Sie prüfungsrelevante Problemsituationen aus der Bankpraxis. Diese Fähigkeiten müssen Sie in der Prüfung unter Beweis stellen.

Die Lösungshinweise enthalten nachvollziehbare Rechenwege, aber auch kurze Erklärungen, Übersichten sowie wichtige Paragraphen aus dem Bankrecht. Mit den ausführlichen Lösungshinweisen überprüfen Sie Ihr prüfungsrelevantes Fachwissen im Fach Bankwirtschaft. Zudem wiederholen Sie mit der vorliegenden Aufgabensammlung schnell und systematisch den Lernstoff für wichtige Bankklausuren oder die bundeseinheitliche Abschlussprüfung.

Die vorliegende Aufgabensammlung ist analog dem neuen Prüfungskatalog in Abschlussprüfung Teil I und Abschlussprüfung Teil II gegliedert und enthält die Themenbereiche:

<u>Abschlussprüfung Teil I</u>
- Inländischer Zahlungsverkehr
- Anlage auf Konten
- Allgemein-Verbraucherdarlehen

<u>Abschlussprüfung Teil II</u>
- Vermögen aufbauen und Risiken absichern
- Finanzierungsvorhaben begleiten
- Controlling

Da diese Aufgabensammlung auch von Studenten mit der Ausrichtung „Bankwirtschaft“ genutzt wird, wurden die Aufgaben zum Auslandszahlungsverkehr im Kapitel III belassen.

Die neu bearbeitete 15. Auflage berücksichtigt den neuen Prüfungskatalog, der ab dem Herbst 2026 angewendet wird. Der Buchinhalt wurde analog der aktuellen Prüfung in den Prüfungsteil I und den Prüfungsteil II gegliedert und auf den rechtlich aktuellen Stand gebracht. Analog den Vorgaben im Prüfungskatalog wurden die bisherigen Kapitel „Kreditarten" und „Kreditsicherheiten" in die Kapitel V „Allgemein-Verbraucherdarlehen", Kapitel VII „Baufinanzierung" und Kapitel VIII „Firmenkredite" aufgeteilt. Das Auslandsgeschäft wurde gekürzt und enthält jetzt nur noch Aufgaben zum Auslandszahlungsverkehr, der noch prüfungsrelevant ist. Neu aufgenommen wurde das Kapitel „Controlling", da dieses Thema in der Abschlussprüfung Teil 2 prüfungsrelevant ist. Im Kapitel „Überweisungsverkehr" wurde „wero", die mobile Zahlung in Echtzeit in die entsprechenden Aufgaben eingearbeitet. Die Neuberechnung des Schufa-Scores ist in den Aufgaben aktualisiert.

Nutzen Sie diese Aufgabensammlung vor allem so, dass Sie zunächst Ihre Antwort zu den Fragestellungen und Problemlagen schriftlich fixieren und danach mit den Lösungsvorschlägen im Lösungsteil dieses Buch abgleichen.

Das Autorenteam wünscht Ihnen viel Erfolg beim Bearbeiten der Aufgaben und viel Power für die Prüfung.

Hamburg und Bocholt, im August 2026

Wolfgang Grundmann und Rudolf Rathner

wolfgang@grundmann-norderstedt.de
r@thner.de

Geleitwort Entwurf 15. Auflage

Liebe Auszubildende, liebe Leserinnen und Leser,

seit der Neugestaltung des Berufsbildes Bankkaufmann/Bankkauffrau im Jahre 2020 wird die schriftliche Prüfung zum überwiegenden Teil in Form von Multiple-Choice-Aufgaben durchgeführt. Für angehende Bankkaufleute ist es eine besondere Herausforderung, ihr handlungsorientiertes Wissen in einer solchen gebundenen Form unter Beweis zu stellen. Eine sorgfältige Vorbereitung – inhaltlich aber auch „taktisch" – auf diese Art von Abschlussprüfung ist eine wichtige Voraussetzung dafür, auch unter diesen Bedingungen eine den praktischen Fertigkeiten und Kenntnissen entsprechende Note zu erlangen. Vor allem für Auszubildende, die eine „sehr gute" Note in der Prüfung erreichen möchten, ist es wichtig, sich rechtzeitig vorher auf die Ankreuzaufgaben einzustellen.

Herr Grundmann ist uns schon seit Jahren als engagierter Lehrer unserer Hamburger Berufsschule für Bankkaufleute am Weidenstieg bekannt. Wir empfehlen unseren Auszubildenden daher schon lange, seine Prüfungsbücher zu nutzen. Einer unserer Azubis brachte es auf den Punkt: „Für den Führerschein habe ich vorher auch intensiv die Fragebögen zur Vorbereitung geübt."

Ich wünsche Ihnen beim Erlernen unseres faszinierenden Berufes viel Freude und Erfolg und dass die Arbeit mit diesem Buch Ihnen hilft, die gewünschte Endnote in der Prüfung zu erreichen.

Hamburg, im September 2022

Michael Lewandowski

Leiter der Berufsausbildung bei der *Hamburger Sparkasse*

Inhaltsverzeichnis

Abkürzungsverzeichnis

AG	Aktiengesellschaft
AGB	Allgemeine Geschäftsbedingungen
AktG	Aktiengesetz
AMR	Anweisung d. Deutschen Bundesbank über Mindestreserven
AO	Abgabenordnung
AWV	Verordnung zur Durchführung des Außenwirtschaftsgesetzes (Außenwirtschaftsverordnung)
BaFin	Bundesanstalt für Finanzdienstleistungsaufsicht
BBankG	Gesetz über die Deutsche Bundesbank
BDSG	Bundesdatenschutzgesetz
BGB	Bürgerliches Gesetzbuch
BörsG	Börsengesetz
BSE-Abkommen	Abkommen über das beleglose Scheckeinzugsverfahren
eG	eingetragene Genossenschaft
ErbStG	Erbschaftsteuergesetz
ErbStDV	Erbschaftsteuerdurchführungsverordnung
EStG	Einkommensteuergesetz
EZB	Europäische Zentralbank
Fünftes VermBG	Fünftes Vermögensbildungsgesetz
GBO	Grundbuchordnung
GKM	Geld- und Kapitalmarkt
GmbH	Gesellschaft mit beschränkter Haftung
GmbHG	Gesetz betreffend die Gesellschaften mit beschränkter Haftung
GSE-Abkommen	Abkommen über den beleglosen Einzug von Scheckgegenwerten ab 6.000,00 EUR (Großbetrag-Schecks) und die gesonderte Vorlage der Originalschecks ohne Verrechnung
GwG	Gesetz über das Aufspüren von Gewinnen aus schweren Straftaten (Geldwäschegesetz)
GZS	Gesellschaft für Zahlungsverkehrssysteme mbH
HGB	Handelsgesetzbuch
HR	Handelsregister
HV	Hauptversammlung
HypBankG	Hypothekenbankgesetz
InsO	Insolvenzordnung
KAGG	Gesetz über Kapitalanlagegesellschaften (Investmentgesetz)
KESt	Kapitalertragsteuer
KI	Kreditinstitut
KSt	Körperschaftsteuer

KWG	Gesetz über das Kreditwesen
OHG	Offene Handelsgesellschaft
PAngV	Preisangabenverordnung
Pfandbriefgesetz	Gesetz über die Pfandbriefe und verwandte Schuldverschreibungen öffentlich-rechtlicher Kreditanstalten
Schufa	Schutzgemeinschaft für allgemeine Kreditsicherung
SEPA	Single Euro Payments Area
StPO	Strafprozessordnung
VerbrKrG	Verbraucherkreditgesetz
VermBG	Vermögensbildungsgesetz
vL	vermögenswirksame Leistungen
WEG	Gesetz über das Wohnungseigentum und das Dauerwohnrecht
WoPG	Wohnungsbau-Prämiengesetz
WoPDV	Verordnung zur Durchführung des Wohnungsbau-Prämiengesetzes
WPhG	Wertpapierhandelsgesetz
ZPO	Zivilprozessordnung

AUFGABEN

I. Konto

Lösungen ab Seite 283

Aufgabe I-1

Kontoarten

Bei der *Nordbank AG* werden am 30. Juni verschiedene Geschäftsvorgänge bearbeitet. Welche Kontoart eignet sich für die nachstehenden Kundenwünsche? Ordnen Sie zu! Kontoarten:

1 Kontokorrentkonto
2 Nachlasskonto
3 Depotkonto
4 Konto zu Gunsten Dritter
5 Termingeldkonto
6 Geschäftsvorgang ist keiner Kontoart zuzuordnen

A Die Kundin Andrea Grimm möchte ihrem Vermieter ein SEPA-Lastschriftmandat für die monatliche Mietzahlung erteilen.

B Der Kunde Horst Heilmann möchte 20.000,00 EUR für einen Monat zinsbringend anlegen.

C Die *Nordbank AG* soll dem Kunden Hans Büttner 50 *Brau-AG*-Aktien gutschreiben, die ihm aus einer Erbschaft zugesprochen wurden.

D Ein abgezinster Sparbrief im Nennbetrag von 25.000,00 EUR soll von der *Nordbank AG* für den Kunden Jürgen Müller verwahrt werden.

E Die Kundin Meike Hartung beantragt eine Kreditkarte.

A	B	C	D	E

Aufgabe I-2

Betreuer

Für die Rentnerin Gerda Marten ist altersbedingt ein Betreuer für den Bereich Vermögenssorge bestellt worden. Ein Einwilligungsvorbehalt wurde nicht angeordnet. Welche der untenstehenden Aussagen sind in diesem Zusammenhang zutreffend?

A Der Betreuer ist berechtigt, auf den Namen von Frau Marten Konten eröffnen zu lassen, da er die Stellung eines gesetzlichen Vertreters hat.

B Willenserklärungen von Frau Marten sind schwebend unwirksam, da die Rentnerin durch die Anordnung der Betreuung einer beschränkt geschäftsfähigen Person gleichgestellt wurde.

C Willenserklärungen von Frau Marten sind zunächst wirksam, können aber durch den Betreuer angefochten werden, wenn die Rentnerin offenkundig zu ihrem Schaden gehandelt hat.

D Für Verfügungen vom Girokonto von Frau Marten, die über den Freibetrag von 3.000,00 EUR hinausgehen, benötigt der Betreuer stets die Zustimmung des zuständigen Betreuungsgerichts.

E Geldanlagen des Betreuers im Namen von Frau Marten müssen verzinslich und mündelsicher sein.

W. Grundmann et al., *Bankwirtschaft und Controlling Teil 1*, Prüfungstraining für Bankkaufleute,
https://doi.org/10.1007/978-3-658-52865-2_1

Situation zu den Aufgaben I-3 bis I-5

Frau Stefanie Weigert (29 Jahre alt) wurde vom Betreuungsgericht die befreite Betreuung für ihre Großmutter Cäcilie Golling (82 Jahre alt) mit dem Aufgabenkreis Vermögenssorge übertragen. Ein Einwilligungsvorbehalt wurde vom Betreuungsgericht angeordnet. Frau Golling unterhält bei der *Nordbank AG* folgende Konten:

Konten	Kontostand aktuell
Girokonto	12.489,67 EUR
Sparkonto bei der *Nordbank AG*	124.457,98 EUR
Sparbriefe der *Nordbank AG*	25.000,00 EUR
Wertpapierdepot	
Investmentanteile Nordaktienfonds	587 Anteile zu 37,67 EUR Rücknahme
Investmentanteile NordRenta	178 Anteile zu 94,77 EUR Rücknahme

Die *Nordbank AG* ist Mitglied der Sicherungseinrichtung des privaten Bankgewerbes.

Betreuung

Aufgabe I-3

Frau Weigert bittet Sie als Kundenberater(in) der *Nordbank AG* um Informationen über die Verfügungsmöglichkeiten im Rahmen einer befreiten Betreuung. Welche Aussagen treffen zu?

A Frau Weigert kann genehmigungsfrei Beträge in mündelsicheren Wertpapieren anlegen.

B Bei der Aufnahme eines Darlehens für ihre Großmutter Frau Golling bedarf Frau Weigert der Zustimmung des Betreuungsgerichts.

C Bei einer befreiten Betreuung sind Verfügungen über ein Girokonto nur bis 3.000,00 EUR ohne Legitimationsunterlagen zulässig.

D Für die Anlage in Bundeswertpapieren für Frau Golling bedarf Frau Weigert der Zustimmung des Betreuungsgerichts.

E Sobald die *Nordbank AG* von der Betreuung Kenntnis erlangt, sind die Konten und das Depot von Frau Golling für alle Verfügungen zu sperren. Frau Weigert ist dann nur noch gemeinsam mit Frau Golling verfügungsberechtigt.

F Bei einer befreiten Betreuung bedarf jede Verfügung die Genehmigung des Betreuungsgerichts.

Mündel-sicherheit

Aufgabe I-4

Frau Weigert möchte das Vermögen von Frau Golling mündelsicher anlegen. Welche der nachstehenden Anlagealternativen sind mündelsicher?

A Genussscheine der *Nordbank AG* mit einer Verzinsung von jährlich 3,5 %

B Pfandbriefe der *NordHypo AG* mit einer Verzinsung von jährlich 2,75 %

C Anteile des *NordInvest Aktienfonds* (Dax-Werte)

D Anteile des *NordInvest Rentenfonds* (Euroanleihen)

E Anlage in *Nordbank AG*-Aktien

F Anlage in Sparbriefen der *Nordbank AG*

Aufgabe I-5

Genehmi-gungsfreie Verfügungen

Frau Weigert möchte für Frau Golling einen Rollstuhl (Kostenvoranschlag: 3.500,00 EUR) erwerben und den Betrag vom Verfügungsgeldkonto von Frau Golling überweisen, derzeitiger Kontostand auf dem Girokonto 4.867,43 EUR. Welche Aussage trifft zu?

A Frau Weigert kann den entsprechenden Betrag nur mit Zustimmung von Frau Golling vom Verfügungsgeldkonto überweisen.

B Da es sich um eine befreite Betreuung handelt, kann Frau Weigert den Betrag ohne Zustimmung des Betreuungsgerichts überweisen.

C Das Verfügungsgeldkonto darf nur einen Habensaldo von maximal 3.000,00 EUR aufweisen. Deshalb muss der Rechnungsbetrag zunächst vom Girokonto des Betreuers überwiesen werden.

D Von diesem Konto dürfen nur Beträge für den täglichen Bedarf, z. B. Lebensmittel, überwiesen werden.

E Von einem Verfügungsgeldkonto dürfen nur Barabhebungen unter 3.000,00 EUR getätigt werden.

Aufgabe I-6

Kontovollmacht

Leopold Zickler unterhält bei der *Isarbank AG* in München ein Girokonto. Wegen eines längeren Auslandsaufenthaltes möchte er seiner Bekannten Gertrud Obermeier Vollmacht über sein Girokonto erteilen. Welche der nachstehenden Verfügungen kann Frau Obermeier trotz der erteilten Kontovollmacht nicht vornehmen?

A Frau Obermeier legt einen von ihr unterzeichneten Barscheck über 2.000,00 EUR zur Auszahlung vor.

B Frau Obermeier gibt den Auftrag, eine *BMW*-Kaufoption (Call) für Herrn Zickler zu erwerben und sie einem neu einzurichtenden Depotkonto auf den Namen von Herrn Zickler gutzuschreiben.

C Frau Obermeier beantragt für sich eine Kreditkarte als Zweitkarte zu Herrn Zicklers Kreditkarte.

D Frau Obermeier erteilt einen Überweisungsauftrag über 12.500,00 EUR. Das derzeitige Guthaben beträgt 6.400,00 EUR, der vorhandene Dispositionsrahmen 15.000,00 EUR.

E Frau Obermeier möchte 50 Zoom-Aktien bestens an der Stuttgarter Wertpapierbörse aus dem Depot von Herrn Zickler verkaufen.

F Frau Obermeier möchte die Kontoauszüge von Herrn Zickler über den Kontoauszugsdrucker ausdrucken lassen.

Situation zu den Aufgaben I-7 bis I-11

Herr Schuster hat Einzelprokura bei der *Alarm- und Sicherheitsdienste GmbH*. Er möchte für diese Gesellschaft erstmals ein Geschäftskonto bei der *Nordbank AG* in Hamburg eröffnen lassen. Sie bereiten als Mitarbeiter/in der *Nordbank AG* die Kontoeröffnung vor.

Firmenkonto

Aufgabe I-7

Welchen der nachstehenden Arbeitsschritte führen Sie im Zusammenhang mit dieser Kontoeröffnung durch?

Sie bereiten den Kontoeröffnungsantrag vor,

A den nur die Geschäftsführung der *Alarm- und Sicherheitsdienst GmbH* rechtswirksam unterzeichnen kann.

B der vor Abschluss des Kontovertrages von allen Gesellschaftern und Prokuristen der GmbH unterzeichnet werden muss.

C für den aber als Kontobezeichnung „Harald Schuster" gewählt werden muss, da der Antragsteller nicht gesetzlicher Vertreter der GmbH ist.

D dem nach § 154 der Abgabenordnung der Gesellschaftsvertrag der *Alarm- und Sicherheitsdienste GmbH* und eine beglaubigte Kopie der Prokuraerteilung beigefügt werden muss.

E und prüfen vor Unterzeichnung des Kontovertrages den aktuellen, beglaubigten Handelsregister-Auszug der *Alarm- und Sicherheitsdienste GmbH* und den Personalausweis von Herrn Schuster.

☐

Bankauskunft

Aufgabe I-8

Herr Schuster teilt Ihnen mit, dass die *Alarm- und Sicherheitsdienste GmbH* in Zukunft diese Bankverbindung als Referenzadresse angeben möchte. Wie ist die Erteilung von Bankauskünften geregelt?

A Die *Nordbank AG* kann nur mit Zustimmung der Geschäftsführung der GmbH generell Bankauskünfte erteilen.

B Nach Anerkennung der AGB im Kontovertrag kann die *Nordbank AG* Bankauskünfte ohne Zustimmung der Geschäftsführer der GmbH erteilen.

C Die *Nordbank AG* benötigt zusätzlich zum Kontovertrag eine schriftliche Genehmigung von Herrn Schuster, um Bankauskünfte über die GmbH erteilen zu können.

D Auf Grund des in den AGB festgelegten Bankgeheimnisses darf die *Nordbank AG* ohne Zustimmung der Kontoinhaber keinerlei Auskünfte an Dritte erteilen.

E Vor jeder Auskunftserteilung muss die *Nordbank AG* das schriftliche Einverständnis der Geschäftsführung der GmbH einholen.

☐

Aufgabe I-9

Bankauskunft

Herr Schuster möchte sich über Art und Umfang von Bankauskünften der *Nordbank AG* informieren. Welche Aussagen treffen auf Bankauskünfte zu?

A Bankauskünfte enthalten allgemein gehaltene Feststellungen über die wirtschaftlichen Verhältnisse, Kreditwürdigkeit und Zahlungswürdigkeit.

B Bankauskünfte enthalten Informationen über Kontostände, Kreditinanspruchnahmen, sowie Depots.

C Da sich Bankauskünfte auch auf einzelne Kontoumsätze beziehen können, ist vor jeder Bankauskunft die Zustimmung der GmbH einzuholen.

D Finanzämter dürfen aus Gründen der Überprüfung der Steuerehrlichkeit periodische Bankauskünfte ohne Zustimmung der Kontoinhaber einholen.

E Bankauskünfte werden nur erteilt, wenn der Anfragende ein berechtigtes Interesse glaubhaft macht.

F Bankauskünfte dürfen von der *Nordbank AG* an andere Kreditinstitute nicht weitergegeben werden.

Aufgabe I-10

SEPA-Lastschriftverfahren

Herr Schuster möchte mit einigen seiner Kunden das SEPA-Firmen-Lastschriftverfahren vereinbaren. Wie informieren Sie Herrn Schuster richtig?

A „Ihr Kunde kann nach seiner Erteilung des SEPA-Lastschriftmandats an den Zahlungsempfänger der Abbuchung jederzeit widersprechen."

B „Die Hausbank Ihres Kunden garantiert bei SEPA-Firmen-Lastschriften den einzuziehenden Betrag, auch wenn nicht genügend Deckung auf dem Konto Ihres Kunden vorhanden ist."

C „Ihr Kunde erteilt Ihnen ein SEPA-Lastschriftmandat; zusätzlich erteilt der Kunde einen Zahlungsauftrag an sein Kreditinstitut, von Ihnen eingereichte SEPA-Lastschriften einzulösen."

D „Voraussetzung für Ihre Teilnahme am SEPA-Lastschriftverfahren ist eine schriftliche Inkassovereinbarung mit uns."

E „In der Inkassovereinbarung können Sie Termine und Fristen für Fälligkeiten von SEPA-Lastschriften angeben."

F „Für Schäden, die Ihnen durch nicht eingelöste SEPA-Lastschriften entstehen können, haftet das Kreditinstitut Ihres Kunden."

**Identifi-
zierungs-
pflicht**

Aufgabe I-11

Herr Schuster hat seinen Mitarbeiter Jürgen Stadler beauftragt, einmal am Tag die häufig anfallenden Barbeträge der *Alarm- und Sicherheitsdienste GmbH* bei der *Nordbank AG* einzuzahlen oder in den Nachttresor einzuwerfen. Die Beträge liegen in der Regel zwischen 4.000,00 EUR und 6.000,00 EUR. Wie informieren Sie Herrn Schuster über die Bestimmungen des Geldwäschegesetzes (GwG) in diesem Zusammenhang richtig?

A Nach dem GwG können Bareinzahlungen in dieser Höhe nur nach vorheriger einmaliger Identifizierung von leitenden Angestellten, z. B. einem Prokuristen vorgenommen werden.

B Nach dem GwG muss die *Alarm- und Sicherheitsdienste GmbH* eine Erklärung für regelmäßige Bartransaktionen abgeben. Herr Stadler wird dann einmalig von der *Nordbank AG* identifiziert.

C Nach dem GwG muss die *Alarm- und Sicherheitsdienste GmbH* eine Erklärung für regelmäßige Bartransaktionen abgeben, und Herr Stadler muss bei jeder Einzahlung von der *Nordbank AG* identifiziert werden.

D Bei Einwurf von Geldkassetten in den Nachttresor ist die GmbH verpflichtet, darüber nur Geld für eigene Rechnung einzuzahlen.

E Ist Herr Stadler von der GmbH bevollmächtigt worden, kann er ohne weitere Formalitäten Beträge zwischen 4.000,00 EUR und 6.000,00 EUR einzahlen.

F Bei Einwurf von Geldkassetten mit Beträgen über 15.000,00 EUR in den Nachttresor ist eine zusätzliche Identifizierung von Herrn Stadler nach GwG erforderlich.

Situation zu den Aufgaben I-12 und I-13

Die 17-jährige Jessica Bleck möchte ein Girokonto bei der *Nordbank AG* eröffnen. Sie beginnt eine dreijährige Berufsausbildung als Rechtsanwalts- und Notarfachangestellte in einer Rechtsanwaltskanzlei. Auf das Konto soll ihre Ausbildungsvergütung gezahlt werden.

**Girokonto bei
Minder-
jährigen**

Aufgabe I-12

Welche Aussage hinsichtlich dieser Kontoeröffnung trifft zu?

A Das Girokonto muss auf den Namen eines Elternteils als gesetzliche Vertreter mit dem Zusatz „für Jessica Bleck“ eröffnet werden.

B Da die Kontoeröffnung im Zusammenhang mit ihrer künftigen Ausbildung steht, kann Frau Bleck den Kontovertrag auch allein rechtswirksam abschließen.

C Zur Eröffnung des Girokontos ist die Zustimmung der Eltern erforderlich.

D Frau Bleck kann auf der Grundlage des Kontovertrages alle Bankleistungen, z. B. einen Dispositionskredit, in Anspruch nehmen, wenn die Eltern der Eröffnung zugestimmt haben.

E Die Eröffnung des Kontos und weitere Verfügungen sind nur mit Zustimmung mindestens eines Elternteils zulässig.

Aufgabe I-13

Legitimationsprüfung

Welche der nachfolgenden Aussagen im Zusammenhang mit der Legitimationsprüfung bei der Kontoeröffnung (aus Aufgabe I-12) sind zutreffend?

A Eine Legitimationsprüfung ist gesetzlich vorgeschrieben, um festzustellen, ob Frau Bleck unbeschränkt steuerpflichtig ist.

B Zur Legitimation von Frau Bleck ist ein amtlich gültiger Lichtbildausweis erforderlich.

C Die Bank hat kein Eigeninteresse an einer Legitimationsprüfung mittels des Personalausweises. Die Überprüfung des Personalausweises soll lediglich aus gesetzlichen Gründen durchgeführt werden, um Steuerhinterziehung zu vermeiden.

D Zur Legitimation von Frau Bleck ist ihr Ausbildungsvertrag im Ausnahmefall zulässig.

E Im Zusammenhang mit der Legitimationsprüfung muss Frau Bleck über die gesetzlichen Bestimmungen der Abgabenordnung und des Geldwäschegesetzes unterrichtet werden.

F Vor der Kontoeröffnung müssen sich sowohl Frau Bleck als auch ihre Eltern legitimieren.

Aufgabe I-14

Konto Minderjähriger

Die 16-jährige Ilka Zabel möchte für sich ein Girokonto bei der *Heidebank AG* in Lüneburg eröffnen lassen. Ilka ist Schülerin. Welche Aussage trifft zu?

A Zur Eröffnung des Girokontos ist neben der Zustimmung von Ilkas Eltern die Zustimmung des Familiengerichts notwendig.

B Verfügungen über das Kontoguthaben Ilkas sind nur mit Zustimmung ihrer Eltern als gesetzliche Vertreter zulässig.

C Das Girokonto muss auf den Namen der Eltern als Ilkas gesetzliche Vertreter eröffnet werden.

D Die Überziehung des Kontos durch Ilka ist nur mit Zustimmung ihrer Eltern und mit Genehmigung durch das Familiengerichts möglich.

E Im Falle einer Heirat benötigt Ilka für die Weiterführung des Kontos die Zustimmung ihres Ehepartners.

Kautionskonto

Aufgabe I-15

Frau Birgit Bechtle ist Kundin der *Nordbank AG*. Frau Bechtle will in der nächsten Woche umziehen. Sie soll für ihre neue Wohnung eine Kaution für den Vermieter, die Wohnungsgesellschaft *Schaum GmbH*, hinterlegen. Eine Spareinlage in entsprechender Höhe soll von Frau Bechtle zugunsten der Wohnungsgesellschaft *Schaum GmbH* verpfändet werden. Die Spareinlage wird bei der *Nordbank AG* geführt. Welche der folgenden Aussagen zu diesem Mietkautionskonto sind zutreffend?

A Die Mietkaution wird verzinslich bei der *Nordbank AG* angelegt. Die Zinserträge stehen Frau Bechtle zu.

B Aufgrund der Verpfändung des Guthabens wird die Wohnungsgesellschaft *Schaum GmbH* neue Gläubigerin der Einlage.

C Die Laufzeit der Spareinlage entspricht der Laufzeit des neuen Mietvertrags von Frau Bechtle.

D Frau Bechtle kann über das Mietkautionskonto bei der *Nordbank AG* verfügen, um damit anfallende Nebenkosten für ihre neue Wohnung zu begleichen.

E Bei Mietrückständen kann die Wohnungsgesellschaft *Schaum GmbH* bei der *Nordbank AG* die Auszahlung der fälligen Mieten vom Mietkautionskonto unter Einhaltung der vereinbarten Wartefrist fordern.

F Da es sich um ein Mietkautionskonto handelt, kann Frau Bechtle dieses Konto nicht in den Freistellungsauftrag, der der *Nordbank AG* erteilt wurde, einbeziehen.

Legitimationsprüfung

Aufgabe I-16

Für den 4-jährigen Helge Schulz soll ein Sparkonto eröffnet werden. Wie beraten Sie die Eltern hinsichtlich der Vertretungsberechtigung in Vermögensangelegenheiten des Kindes richtig?

A Als gesetzliche Vertreter des Kindes sind Vater und Mutter grundsätzlich jeweils einzeln vertretungs- und verfügungsberechtigt.

B Sollte die Mutter des Kindes versterben, so kann davon ausgegangen werden, dass dem Vater das alleinige Verfügungsrecht über das Konto zusteht.

C Ein Vormund wird als gesetzlicher Vertreter regelmäßig dann bestellt, wenn ein Elternteil verstorben ist und das Kind mehr als 100.000,00 EUR Vermögen hat.

D Wenn es sich bei Helge um ein nichteheliches Kind handelt, wird es durch das Familiengericht vertreten.

E Bei Geschiedenen steht nach dem Gesetz der Mutter die Vertretung des Minderjährigen in Vermögensangelegenheiten gesetzlich zu.

Aufgabe I-17

Vorschriften des Geldwäsche-gesetzes

Frau Späth hat bei ihrer Girokontoeröffnung an Sie einige Fragen. Wie müssen Sie Frau Späth über die Identifizierungspflicht bei Finanztransaktionen gemäß Geldwäschegesetz informieren?

A Finanztransaktionen z. B. von 15.000,00 EUR lösen i. d. R. eine Identifizierungspflicht seitens Ihres Kreditinstituts aus.

B Die Annahme und Abgabe von Goldmünzen löst keine Identifizierungspflicht aus.

C Die Einreichung eines Schecks, z. B. in Höhe von 20.000,00 EUR, dessen Gegenwert dem Konto von Frau Späth gutgeschrieben und nicht bar ausgezahlt wird, führt nicht zur Identifizierungspflicht.

D Eine Identifizierung kann auch durch die Vorlage eines Fahrausweises mit Passfoto erfolgen.

E Zu den Kundendaten, die bei einer Identifizierung festzuhalten sind, zählen Name, Anschrift und Beruf.

F Wenn Frau Späth für die Hinterlegung von Urkunden und effektiven Wertpapieren bei Ihrem Kreditinstitut ein Schließfach anmieten möchte, ist eine Identifizierung nach dem GwG nicht erforderlich.

Aufgabe I-18

Konto zugunsten Dritter

Frau Angelika Wichmann teilt Ihnen als Kundenberater/in der *Nordbank AG* mit, dass ihr Ehemann Wilhelm Wichmann am 25.10.20.. verstorben ist. Frau Wichmann hat zwei erbberechtigte Kinder im Alter von 21 und 23 Jahren. Es liegen Ihnen keine Kontovollmachten für die Konten vom verstorbenen Wilhelm Wichmann vor.

Herr Wichmann hatte zu Lebzeiten ein Sparkonto zu Gunsten von Tanja Schulz, Konto/IBAN Nr. DE63350505012228672897, vor acht Jahren eröffnet. Das Kontoguthaben sollte am 30.06.2021 oder im Todesfall von Wilhelm Wichmann auf die Begünstigte übergehen. Tanja Schulz war bei der Kontoeröffnung anwesend und hat auf dem Kontoeröffnungsantrag ihr Einverständnis für den Rechtsübergang erklärt. Frau Wichmann möchte, dass die Begünstigung rückgängig gemacht wird. Welche Aussage trifft zu?

A Frau Wichmann kann die Schenkung nicht widerrufen. Beim Tod des Kontoinhabers geht das Guthaben auf die begünstigte Tanja Schulz über.

B Frau Wichmann kann als Erbin die Begünstigung rückgängig machen, da bei Ehepartnern ein Schenkungsvertrag nur gemeinschaftlich geschlossen werden kann.

C Die Begünstigung von Tanja Schulz kann nur von den Erben gemeinschaftlich rückgängig gemacht werden.

D Frau Tanja Schulz kann im Todesfall von Herrn Wichmann nur mit Zustimmung der Erben über den Schenkungsbetrag verfügen.

E Eine Schenkung außerhalb der Erbmasse ist gesetzlich unzulässig.

Nachlasskonto

Aufgabe I-19

Die verstorbene Mutter von Herrn Graggert unterhielt bei der *Nordbank AG* ein Sparguthaben mit einer Kündigungsfrist von drei Monaten. Das ungekündigte Guthaben beträgt 25.450,00 EUR, die bis zum Todestag angefallenen Zinsen betragen 694,72 EUR. Die Mutter hat ein Darlehnskonto mit einer Restschuld von 25.651,36 EUR; Die Sollzinsen betragen bis zum Todestag 1.086,44 EUR. Herr Graggert legt am 26. Mai ein Testament mit Eröffnungsprotokoll vor, in dem er als alleiniger Erbe genannt ist. Welche Auskunft an Herrn Graggert ist zutreffend?

A Sofern ein Freistellungsauftrag in ausreichender Höhe vorliegt, werden die Zinsen sofort ohne Abzug von Steuern an Herrn Graggert ausgezahlt.

B Herr Graggert ist als Erbe berechtigt, die sofortige Auszahlung des Gesamtbetrags ohne Abzug von Vorschusszinsen zu verlangen.

C Die Meldung an das für Erbschaftssteuer zuständige Finanzamt kann unterbleiben, da der Saldo der Forderungen und Verbindlichkeiten unter 5.000,00 EUR liegt.

D Das Sparkonto kann sofort auf Herrn Graggert als Alleinerbe umgeschrieben werden.

E Über das Sparguthaben kann Herr Graggert erst nach Ablauf einer dreimonatigen Kündigungssperrfrist verfügen.

☐

Konto zugunsten Dritter

Aufgabe I-20

Die Kundin Carmen Wetter eröffnet ein Sparkonto zu Gunsten ihrer Enkelin mit der Maßgabe, dass die Enkelin nach dem Tode von Frau Wetter Gläubigerin der Spareinlage werden soll. Welche Aussage ist richtig?

A Mit Begründung der Spareinlage zu Gunsten ihrer Enkelin verliert Frau Wetter das Verfügungsrecht über die Spareinlage.

B Die Enkelin erwirbt das Verfügungsrecht über die Spareinlage erst, nachdem die Erben von Frau Wetter ihren Pflichtteilanspruch erhalten haben.

C Falls das Enkelkind vor Frau Wetter stirbt, fällt die Einlage in den Nachlass des Enkelkindes.

D Beim Tod von Frau Wetter wird die Enkelin Gläubigerin der Einlage außerhalb des Erbganges.

E Beim Tod von Frau Wetter haben die Erben ein Widerrufsrecht gegen die Verfügungen der Großmutter.

☐

Aufgabe I-21

Gemeinschaftskonto

Die Eheleute Sabine und Florian Wirth unterhalten bei der *Nordbank AG* ein Gemeinschaftskonto, das als Oder-Konto geführt wird. Das Konto weist zurzeit einen Sollsaldo in Höhe von 15.000,00 EUR auf. Wer haftet in welchem Umfang für den entstandenen Sollsaldo?

A Da es sich um ein Gemeinschaftskonto handelt, haftet jeder Kontoinhaber je zur Hälfte des Überziehungsbetrags.

B Der Hauptverdiener der Eheleute haftet für den Ausgleich des Überziehungsbetrags.

C Stirbt einer der beiden Kontoinhaber, so haftet der überlebende Kontoinhaber, nicht aber andere Erben für den Sollsaldo.

D Beide Eheleute haften einzeln in voller Höhe für den Ausgleich der Überziehung.

E Wenn die Eheleute Wirth Gütertrennung vereinbart haben, so haftet jeweils derjenige, der die Kontoüberziehung verursacht hat.

Aufgabe I-22

Kontovollmacht

Welche Aussagen treffen auf eine Kontovollmacht über den Tod hinaus zu?

A Die Vollmacht erlischt mit schriftlichem Widerruf durch die Erben.

B Die Vollmacht erlischt, sobald das Konto als Nachlasskonto gekennzeichnet wird.

C Der Bevollmächtigte über den Tod hinaus handelt nach dem Tode des Erblassers als Bevollmächtigter der Erben.

D Die Vollmacht wird mit dem Tode des Kontoinhabers wirksam.

E Bis zur Vorlage des Erbscheins oder einer Verfügung von Todes wegen nebst Eröffnungsniederschrift gilt der Bevollmächtigte als Kontoinhaber.

F Eine Kontovollmacht berechtigt in Ausnahmefällen, ohne Zustimmung des Kontoinhabers eine Untervollmacht zu erteilen.

Aufgabe I-23

Legitimationsunterlagen

In der *Nordbank AG* in Pinneberg werden von verschiedenen Personen die nachstehenden Kontoeröffnungsanträge gestellt. Welche Legitimationsunterlagen sind für eine ordnungsgemäße Kontoeröffnung erforderlich? Ordnen Sie die Legitimationsunterlagen den antragstellenden Personen zu.

Antragsteller

1 Paul Larsen und Helge Rudolph, Geschäftsführer der *Dänischen Kiefernmöbel Handelsgesellschaft mbH* in Hamburg

2 Diplomingenieur Reiner Dahlk, Pinneberg

3 Thomas Schuster, Prokurist der Firma *Getreideverwertungsgenossenschaft Pinneberg eG*, für die Firma

4 Rainer Rettig als einer von vier vollhaftenden Gesellschaftern der *Feinmetallbau OHG,* für die Firma

5 Rechtsanwälte Schmitt, Heidorn und Prill für ihre Anwaltssozietät Rechtsanwälte Schm*itt, Heidorn und Partner*

A Beglaubigter Handelsregisterauszug und amtlicher Lichtbildausweis der Antragsteller

B Amtlicher Lichtbildausweis des Antragstellers

C Auszug aus dem Handelsregister und amtlicher Lichtbildausweis des Antragstellers

D Beglaubigter Auszug aus dem Genossenschaftsregister und amtlicher Lichtbildausweis

E Amtliche Lichtbildausweise der Partner und aktueller Auszug aus dem Partnerschaftsregister

1	2	3	4	5

Anderkonto

Aufgabe I-24

Die *Nordbank AG* eröffnet für den Notar Dr. Simon Prill erstmals ein Notaranderkonto. Herr Prill fragt Sie, wer gemäß den Bedingungen für Notaranderkonten über dieses Notaranderkonto verfügungsberechtigt sein darf. Wie informieren Sie Herrn Dr. Prill richtig?

A Dr. Prill kann jeder geschäftsfähigen Person in seiner Kanzlei Vollmacht über dieses Notaranderkonto erteilen.

B Dr. Prill darf nur fest angestellten Rechtsanwälten, die für ihn als Treugeber vertreten, Vollmacht über dieses Notaranderkonto erteilen.

C Jeder fest angestellte Mitarbeiter seines Notariats darf Vollmacht über dieses Notaranderkonto bei der *Nordbank AG* erhalten.

D Der amtlich bestellte Vertreter von Dr. Prill darf über dieses Notaranderkonto verfügen.

E Dr. Prill darf Personen nur mit Zustimmung des Notariatsverwalters Vollmacht über dieses Notaranderkonto erteilen.

Bankauskunft

Aufgabe I-25

Die *Nordbank AG* wird um Auskünfte über zwei ihrer Kunden gebeten. Mit den Kunden wurden keine speziellen Vereinbarungen getroffen, es gelten die üblichen Allgemeinen Geschäftsbedingungen (AGB) der Kreditinstitute. Folgende Auskunftsanfragen liegen vor:

- Über den Privatkunden Burkard Heimann fragt die Porsche-Bank AG wegen einer Neuwagenfinanzierung an.
- Über die *Emil Meyer & Söhne OHG* fragt die Unionbank AG, Hausbank der Grenke-Leasing AG wegen eines Leasingvertrags für einen Reisebus an.

Welche Aussage beschreibt das Verhalten der *Nordbank AG* richtig?

A Die Auskunft über die *Emil Meyer & Söhne OHG* ist zulässig, wenn die *Nordbank AG* der Unionbank AG nur den Jahresumsatz der *Emil Meyer*

& Söhne OHG des letzten Jahres, nicht aber den Gewinn des letzten Jahres meldet.

B Die *Nordbank AG* ist gemäß der AGB berechtigt, beide Auskunftsanfragen ohne ausdrückliche Zustimmung der Kunden zu beantworten.

C Die Auskunft über Burkard Heimann ist ohne weitere Rücksprache mit dem Kunden zulässig, da Herr Heimann der *Nordbank AG* nicht untersagt hat, Auskünfte zu erteilen.

D Die Auskunft über Burkard Heimann ist ohne ausdrückliche Zustimmung des Kunden zulässig, wenn der Kundenberater der *Nordbank AG* ein berechtigtes Interesse der anfragenden Porsche-Bank AG erkennt.

E Die Auskunft über die *Emil Meyer & Söhne OHG* ist zulässig, da der *Nordbank AG* keine gegenteilige Kundenweisung vorliegt. Die Auskunft ist jedoch allgemein zu halten.

☐

Aufgabe I-26

Firmenkonto

Kevin Portz und Silvia Heisch haben kürzlich die Portz & Heisch Hofladen GbR gegründet. Frau Heisch ist Ihnen nicht bekannt und kommt heute zu ihnen in die *Nordbank AG*, Filiale Heussallee. Frau Heisch möchte sich über eine Kontoeröffnung für die Portz & Heisch Hofladen GbR informieren. Frau Heisch möchte von Ihnen wissen, welche Unterlagen für die rechtswirksame Kontoeröffnung vorzulegen sind. Wie informieren Sie Frau Heisch richtig?

A Die *Nordbank AG* benötigt einen aktuellen Handelsregisterauszug aus Abteilung A.

B Die *Nordbank AG* benötigt den Gesellschaftsvertrag der Hofladen GbR von Herrn Portz und Frau Heisch.

C Die *Nordbank AG* benötigt die gültigen amtlichen Lichtbildausweise von Herrn Portz und Frau Heisch und einen Gewerbeschein.

D Die *Nordbank AG* benötigt einen beglaubigten Partnerschaftsregisterauszug und den Gewerbeschein von Herrn Portz und Frau Heisch.

E Die *Nordbank AG* benötigt die gültigen amtlichen Lichtbildausweise von Herrn Portz und Frau Heisch sowie einen aktuellen Handelsregisterauszug aus Abteilung B.

☐

Aufgabe I-27

Nachlasskonto

Friedhelm Unger, Inhaber der *Fischgroßhandlung Ostsee* ist verstorben. Das Firmenkonto bei der *Travebank AG* in Lübeck wies am Todestag ein Guthaben von 37.430,70 EUR aus. Einzelverfügungsberechtigt ist auch der Prokurist der Firma, Hans Bielfeld. Friedhelm Ungers Ehefrau Mathilde soll nach dem Willen des Verstorbenen das Unternehmen erben und weiterführen. Ihre Ehe war kinderlos. Welche der nachstehenden Aussagen trifft zu?

A Herr Bielfeld ist bis zur Nachlassregelung weiterhin verfügungsberechtigt. Seine Verfügungen bedürfen aber der Gegenzeichnung der Witwe.

B Herr Bielfeld kann nur noch im Rahmen von Guthaben über das Geschäftskonto verfügen.

C Herr Bielfeld ist weiterhin zu allen Kontoverfügungen berechtigt. Er kann auch Kredite aufnehmen.

D Mit dem Tode von Herrn Unger ist die Verfügungsberechtigung seines Prokuristen erloschen. Sie muss von Frau Unger neu erteilt werden.

E Herr Bielfeld ist verpflichtet, im Todesfall des Geschäftsinhabers der zuständigen Erbschaftsteuerstelle eine Meldung über die vorhandenen Geschäftsguthaben zu machen.

☐

Rechnungsabschluss

Aufgabe I-28

Frau Katja Lange legt Ihnen am 14. August 20.. (Freitag) eine ihr am 09. Juli 20.. (Montag) zugegangene Saldomitteilung vor. Die Mitteilung weist einen Sollsaldo von 15,54 EUR aus, der durch die Belastung von Kontoführungsgebühren entstanden ist. Sie zweifelt die Richtigkeit des Rechnungsabschlusses an, da ihr Konto seit dem letzten Quartalsabschluss keine Kontobewegungen mehr aufgewiesen hatte und der Saldo am darauf folgenden Quartalsanfang 3,50 EUR betragen hatte. Nach welcher Frist gilt die zugesandte Saldomitteilung als stillschweigend anerkannt? Nennen Sie das Datum (TT.MM.JJJJ).

☐☐.☐☐.☐☐☐☐

Nachlasskonto

Aufgabe I-29

Karl Mansel, Kunde der *Südbank AG* in Stuttgart, ist verstorben. Er unterhielt bei der *Südbank AG* ein Girokonto (Guthaben 14.500,00 EUR) und ein Schließfach für seine Wertpapiere und Wertgegenstände. Seine Lebensgefährtin Susanne Minkus besitzt eine Bankkarte und Kontovollmacht über den Tod hinaus. Die Vollmacht erstreckt sich ausdrücklich auch auf den Zugang zum Schließfach. In seinem handgeschriebenen Testament hat Herr Mansel seine Töchter Karin Mansel und Erika Mansel-Budde als Universalerbinnen eingesetzt. Welche der folgenden Verfügungen kann Frau Minkus nur unter Mitwirkung der Erbinnen vornehmen?

A Bezahlung von Nachlassverbindlichkeiten in Höhe von 7.500,00 EUR durch Überweisung

B Mietüberweisung 1.200,00 EUR für die gemeinsame Wohnung

C Barabhebung 1.300,00 EUR vom Geldautomaten für den persönlichen Lebensunterhalt

D Entnahme von Aktienurkunden (effektive Stücke) aus dem Schließfach

E Auflösung des Nachlasskontos

F Erteilung einer Untervollmacht an ihre 30-jährige Tochter Kerstin Minkus

☐☐

Aufgabe I-30

Kontoarten

In der *Weserbank AG* in Höxter werden am 29. Oktober die nachstehenden Geschäftsvorgänge bearbeitet. Ordnen Sie den Geschäftsvorgängen die entsprechenden Kontoarten zu!

Kontoarten

1 Nachlasskonto
2 Anderkonto
3 Währungskonto
4 Darlehenskonto
5 Depotkonto
6 Termingeldkonto
7 Sparkonto

A Die *Jean Simon GmbH* erhält aus einem Exportgeschäft 400.000,00 US-Dollar. Sie wünscht Gutschrift in US-Dollar.

B Für die Abwicklung eines Grundstückskaufvertrags möchte der Notar Hans Teichmann ein Sonderkonto für die Kaufvertragsparteien Müller/Collin einrichten lassen.

C Der 15-jährige Frank Burmeister möchte 25,00 EUR zinsbringend auf einem Konto anlegen.

D Frau Simone Esch möchte 20.000,00 EUR zinsbringend für 30 Tage auf einem Konto anlegen.

E Der vermögende Privatkunde Jens Kastenmeier liefert 10 *Phönix Solar*-Aktien als effektive Stücke (o. N.) zur Verwahrung ein. Er wünscht als Verwahrart für diese Wertpapiere in Zukunft Girosammelverwahrung.

F Die Beerdigungskosten in Höhe von 5.843,29 EUR sollen vom Konto des verstorbenen Jürgen Riechard überwiesen werden.

G Die fälligen monatlichen Annuitäten verschiedener Kreditnehmer gehen ein und werden den entsprechenden Konten gutgeschrieben.

A	B	C	D	E	F	G

Aufgabe I-31

Firmenkonto

Die *Edelstahlwerke Witten AG* möchte bei der *Ruhrbank AG* ein Konto eröffnen. Alle Satzungsregelungen der *Edelstahlwerke* entsprechen den Vorgaben des Aktiengesetzes. Wer kann die Kontoeröffnung auf Seiten der *Edelstahlwerke Witten AG* als gesetzlicher Vertreter beantragen?

A Vorstand gemeinschaftlich
B Für den Zahlungsverkehr zuständiges Vorstandsmitglied
C Aufsichtsrat gemeinschaftlich
D Vorstandsvorsitzender allein
E Vorstandsvorsitzender mit Aufsichtsratsvorsitzendem gemeinschaftlich
F Alle Prokuristen der AG

Kontoarten

Aufgabe I-32

Bei der *Sachsenbank AG* sollen Konten eröffnet werden. Ordnen Sie die Situationen den entsprechenden Kontoarten zu!

Kontoart

1 Geschäftsgirokonto
2 Sparkonto
3 Anderkonto
4 Depotkonto
5 Gemeinschaftskonto
6 Nachlasskonto
7 Konto zu Gunsten Dritter
8 Festgeldkonto

Situationen

A Renate Born und Jürgen Mangold für die Abwicklung ihres Zahlungsverkehrs

B Notar Dr. Walter Bahlke für die Verwahrung eigener Effekten

C Nachlasspflegerin Maria Voss für das Vermögen der verstorbenen Claudia Herwig

D Wilhelm Kludas für Anlage von monatlich 150,00 EUR

E Klara Winter wegen Schenkung von 30.000,00 EUR an ihre 4-jährige Enkelin, Auszahlung bei Volljährigkeit

A	B	C	D	E

Gemeinschafts-konto

Aufgabe I-33

Welche Aussage zum Gemeinschaftskonto trifft zu?

A Für Verbindlichkeiten aus einem Gemeinschaftskonto haftet jeder Kontoinhaber in voller Höhe als Gesamtschuldner unabhängig von der Regelung der Verfügungsberechtigung.

B Nach den AGB ist das Und-Konto der Regelfall, sofern bei Kontoeröffnung nicht ausdrücklich Einzelverfügung ausgemacht wurde.

C Inhaber von Gemeinschaftskonten können immer nur mehrere natürliche oder juristische Personen sein.

D Für Gemeinschaftskonten gilt im Regelfall Einzelhaftung, sofern nicht Gesamthaftung schriftlich vereinbart wurde.

E Kontovollmachten können bei Gemeinschaftsverfügung von jedem Kontoinhaber für seine Person allein erteilt werden.

Aufgabe I-34

Nachlasskonto

Der Witwer Frank Himmelreich. Kunde der *Nordbank AG*, ist vor einer Woche verstorben. Herr Himmelreich hinterlässt zwei Kinder, die auch Kunden der *Nordbank AG* sind, sowie ein Enkelkind. Am Todestag und am Buchungstag vor dem Todestag ergaben sich folgende Kontostände:

Kontokorrentkonto	1.250,00 EUR S
Sparkonto	3.600,00 EUR

Des Weiteren existiert ein Sparvertrag zugunsten Dritter (Drittbegünstigtenvereinbarung) für das Enkelkind von Herrn Himmelreich in Höhe von 1.950.00 EUR. Kontoumsätze fanden am Todestag und am Buchungstag vor dem Todestag nicht statt. Welche Aussage zu diesem Konto trifft zu?

A Da der saldierte Wert der Konten 4.300,00 EUR im Haben ergibt, ist keine Meldung an die zur Veranlagung zuständige Erbschaftsteuerstelle erforderlich.

B Da das zu vererbende Guthaben von Herrn Himmelreich lediglich 2.350,00 EUR beträgt, ist keine Meldung an die zur Veranlagung zuständige Erb- schaftsteuerstelle erforderlich.

C Konten, die ein Guthaben aufweisen, verpflichten immer zu einer Meldung an die zur Veranlagung zuständige Erbschaftsteuerstelle.

D Da die Sparguthaben insgesamt 5.000,00 EUR übersteigen, ist eine Meldung an die zur Veranlagung zuständige Erbschaftsteuerstelle erforderlich. Dabei ist die Begünstigung des Enkelkinds zu melden.

E Die Kinder von Herrn Himmelreich müssen die Meldung gemäß § 33 Erbschaftsteuer- und Schenkungsteuergesetz vornehmen, damit die Höhe der zu zahlenden Erbschaftsteuer ermittelt werden kann.

☐

Aufgabe I-35

Firmenkonto

Die *Junge Finanzberatung GmbH & Co. KG* in Meißen will bei der Sparkasse in Meißen ein Kontokorrentkonto eröffnen. Welche Legitimation muss die Sparkasse fordern?

A Gründungsprotokoll, Handelsregister-Auszug Abteilung A und persönliche Legitimation der Inhaber

B Beglaubigter Auszug aus Abteilung B des Handelsregisters und Legitimation der Vertretungsberechtigten

C Gesellschaftsvertrag, Protokoll der letzten Gesellschafterversammlung und Legitimation der Gesellschafter

D Beglaubigter Auszug aus Abteilung A und B des Handelsregisters und Legitimation der vertretungsberechtigten Antragsteller

E Gesellschaftsvertrag, beglaubigter Handelsregister-Auszug neuesten Datums Abteilung B und persönliche Legitimation der Komplementäre

☐

Legitimation bei Nachlasskonten

Aufgabe I-36

Bei Verfügungen über Nachlasskonten muss der Berechtigte seine Ansprüche nachweisen. Welche Unterlagen sind bei solchen Verfügungen zwingend erforderlich?

A Personalausweis des Berechtigten

B Handgeschriebenes Testament des Verstorbenen

C Sterbeurkunde

D Erbschein

E BankCard des Verstorbenen

F Abschrift des Erbvertrages

Schufa-Auskunft

Aufgabe I-37

Die *Nordbank AG* verlangt bei der Kontoeröffnung von ihren Kunden die Anerkennung der Schufa-Klausel. Welche der folgenden Aussagen im Zusammenhang mit der Schufa sind richtig?

A Um den Datenschutz und das Bankgeheimnis im Rahmen einer Schufa-Meldung nicht zu verletzen, muss die *Nordbank AG* die vom Kontoinhaber unterschriebene Klausel der regionalen Schufa-Gesellschaft vorlegen.

B Die *Nordbank AG* kann nach Anerkennung der Schufa-Klausel bei späterem, nicht vertragsgemäßem Verhalten ihrer Kunden ohne deren weitere Zustimmung Daten an die Schufa melden.

C Mit Anerkennung der Schufa-Klausel darf die *Nordbank AG* bei der Schufa die Kontoeröffnung melden und gespeicherte Kundendaten abrufen.

D Die *Nordbank AG* als Vertragspartnerin der Schufa lässt zum eigenen Schutz Negativmerkmale bei der Schufa bis zu einem Jahr nach ihrer Erledigung speichern.

E Bei Firmenkunden meldet die *Nordbank AG* die Daten unaufgefordert an die Schufa, da diese mit Anerkennung der AGB auch der Schufa-Klausel zustimmen.

F Die *Nordbank AG* erhält von der Schufa Meldungen über Kreditkarten und Girokonten, die der Kunde bei anderen Kreditinstituten hat, sowie aktuelle Salden in Anspruch genommener Dispositionskredite.

Aufgabe I-38

Geldwäsche-gesetz

Frau Bettina Lüders ist langjährige Kundin der *Nordbank AG*. Sie zahlt 18.900,00 EUR auf ihr Girokonto bar ein. Frau Lüders ist Ihnen persönlich bekannt und erklärt, dass das Geld aus dem Verkauf ihres alten Pkw stamme. Wie verhalten Sie sich richtig, um den Anforderungen des Geldwäschegesetzes gerecht zu werden?

A Ist Frau Lüders bereits identifiziert, darf die Einzahlung auch ohne Vorlage eines amtlichen Lichtbildausweises durchgeführt werden.

B Die *Nordbank AG* muss Frau Lüders nochmals mithilfe des Personalausweises, ausnahmsweise mithilfe des Führerscheins oder des Reisepasses identifizieren, wenn Beträge über 15.000,00 EUR auf ein Konto eingezahlt werden.

C Da Frau Lüders glaubhaft versichert hat, dass das Geld vom Verkauf ihres Pkw stammt, muss sie nicht identifiziert werden.

D Da der Einzahlungsbetrag größer als 15.000,00 EUR ist, muss eine Meldung an den Geldwäschebeauftragen der *Nordbank AG* erfolgen.

E Die *Nordbank AG* weist Frau Lüders darauf hin, dass sie über das Geld erst verfügen kann, wenn der zweite Werktag nach Versand der vorgeschriebenen Verdachtsanzeige verstrichen ist.

F Wenn die *Nordbank AG* einen Verdacht auf Geldwäsche hat, so muss sie den Geldwäschebeauftragten über diese Einzahlung informieren.

Aufgabe I-39

Pfändungs-schutz

Aufgrund einer Pfändung hat die Kundin Vera Schlösser ihr Girokonto bei der *Nordbank AG* zum 1. November in ein Pfändungsschutzkonto umwandeln lassen. Frau Schlösser kommt vier Wochen später in die *Nordbank AG*, um das verfügbare Guthaben von ihrem Konto abzuheben. Frau Schlösser ist ledig und kinderlos.

Der *Nordbank AG* liegen folgende Informationen vor:

Gehaltszahlung 01.12.20..	1.780,00 EUR
Monatlicher Pfändungsfreibetrag	1.590,00 EUR

Ermitteln Sie den Betrag, den die *Nordbank AG* Frau Schlösser auszahlen darf. Im November 20.. hatte Frau Schlösser von ihrem Pfändungsfreibetrag 145,04 EUR nicht ausgenutzt.

EUR

Gemeinschaftskonto

Aufgabe I-40

Das Ehepaar Leoni und Friedhelm Brandt beantragt die Eröffnung eines Gemeinschaftskontos.

Wie informieren Sie das Ehepaar über ein Gemeinschaftskonto richtig?

A Die Eröffnung eines Gemeinschaftskontos ist nicht zu empfehlen, da über dieses Konto nur gemeinschaftlich verfügt werden darf.

B Bei einem Gemeinschaftskonto mit Einzelverfügungsberechtigung ist jeder Kontoinhaber berechtigt, alleine über das gesamte Guthaben zu verfügen.

C Ohne eine Weisung der Kunden über die Art der Verfügungsberechtigung ist die *Nordbank AG* gesetzlich dazu verpflichtet, ein Gemeinschaftskonto mit Einzelverfügungsberechtigung zu eröffnen.

D Bei einem Gemeinschaftskonto mit Einzelverfügungsberechtigung ist jeder Kontoinhaber alleine berechtigt, die Kontoauflösung zu veranlassen.

E Einen gemeinsamen Freistellungsauftrag dürfen die Eheleute nur bei einem Gemeinschaftskonto mit gemeinschaftlicher Verfügungsberechtigung erteilen.

Verfügungen über Konten Minderjähriger

Aufgabe I-41

Der 17-jährige Auszubildende Carsten Diepenhorst darf im Rahmen des Kontoguthabens allein über sein Girokonto verfügen. Welche Verfügungsmittel über das Konto sind in diesem Zusammenhang ohne weitere Zustimmung der gesetzlichen Vertreter zulässig?

A Nutzung einer Kreditkarte, z. B. MASTERCARD, VISA

B Nutzung der BankCard an elektronischen Kassen

C Nutzung von bankeigenen Scheckvordrucken

D Nutzung einer Kundenkarte der Bank zur Abhebung am bankeigenen Geldautomaten

E Nutzung von Überweisungsaufträgen

F Nutzung seines Handys zur Bezahlung von Einkäufen im Supermarkt an Kassenterminals im NFC-System (Near-Field-Communication).

Vollmacht für den Todesfall

Aufgabe I-42

Frank Schimrer möchte seinem Bekannten Martin Gerke Vollmacht für den Todesfall über sein Sparkonto erteilen. Welche der folgenden Aussagen treffen zu?

A Die Vollmacht erlischt, sobald das Konto als Nachlasskonto eingerichtet wird.

B Die Vollmacht tritt erst mit Eintritt des Todes von Herrn Schimrer in Kraft.

C Die Vollmacht erlischt mit der Vorlage eines Erbscheins.

D Martin Gerke handelt nach dem Tode Frank Schimrer als Bevollmächtigter der Erben.

E Die Vollmacht kann zu Lebzeiten vom Vollmachtgeber und nach dem Tode des Vollmachtgebers von den Erben des Vollmachtgebers jederzeit widerrufen werden. Mit dem Widerruf erlischt die Verfügungsberechtigung des Bevollmächtigten.

F Eine Vollmacht für den Todesfall muss nach den Bestimmungen des Bürgerlichen Gesetzbuches notariell beglaubigt werden.

Aufgabe I-43

Anderkonto

Der Notar Simon Schlinge beantragt zur Abwicklung eines Erbschaftsfalls bei der *Nordbank AG* die Eröffnung eines Notaranderkontos. Stellen Sie fest, welche Aussage zu einem Notaranderkonto zutrifft!

A Der Notar ist nicht verpflichtet, dem Verlangen der *Nordbank AG* nachzukommen. ihr den Namen und weitere Identifikationsmerkmale des wirtschaftlich Berechtigten mitzuteilen.

B Weitere Notaranderkonten für Geschäftsfälle anderer Klienten muss Herr Schlinge nicht eröffnen lassen, da Notaranderkonten als Sammelanderkonten geführt werden.

C Der *Nordbank AG* gegenüber handelt Herr Schlinge in eigenem Namen für fremde Rechnung.

D Eine Kontovollmacht darf Herr Schlinge nur seiner Notarfachangestellten erteilen.

E Die *Nordbank AG* ist bei einer Überweisung vom Notaranderkonto auf das Privatkonto von Herrn Schlinge verpflichtet, die Rechtmäßigkeit der Verfügung zu überprüfen.

Aufgabe I-44

Bankauskunft

Kreditinstitute erteilen sich untereinander Auskünfte über ihre Kunden. Mit welchem Argument kann dieses Verfahren dem Kunden gegenüber gerechtfertigt werden?

A Die Informationen werden vom auskunftsuchenden Kreditinstitut nicht an einen Dritten weitergegeben.

B Die Informationen werden an andere Kreditinstitute nur unter Ausschluss der Haftung erteilt.

C Durch die Anerkennung der AGB hat sich der Kunde mit der Erteilung von Auskünften über sich einverstanden erklärt.

D Wenn der Kunde die Schufa-Klausel unterschrieben hat, kann das Kreditinstitut alle personen- und kontobezogenen Daten an Dritte weitergeben.

E Die Kreditinstitute können unterstellen, dass diese allgemeinen Auskünfte auch im Interesse des Kunden liegen.

Anderkonten

Aufgabe I-45

Welche Aussagen über Anderkonten sind richtig?

A Kontoinhaber von Anderkonten können Angehörige der steuerberatenden Berufe sein.

B Bei Anderkonten ist das kontoführende Kreditinstitut verpflichtet, die Herkunft der Mittel zu prüfen.

C Guthaben auf Anderkonten können verzinst und bei Vorliegen eines Freistellungsauftrages ohne Abgeltungssteuer gutgeschrieben werden.

D Anderkonten können als Kontokorrentkonten sowohl kreditorisch als auch debitorisch geführt werden.

E An Anderkonten steht dem kontoführenden Kreditinstitut kein Pfandrecht zu.

F Guthaben auf Anderkonten können vom Treuhänder als Sicherheit für einen vom kontoführenden Kreditinstitut gewährten Kredit abgetreten werden.

Bankauskunft

Aufgabe I-46

In welchem Fall muss die *Nordbank AG* Auskünfte über Kundenkonten erteilen?

A Die Schufa verlangt von der *Nordbank AG* die Mitteilung des Kontostandes des Girokontos der Kundin Ina Jahn. Frau Jahn hat im Rahmen der Kontoeröffnung die Schufa-Klausel unterschrieben.

B Im Rahmen eines Ermittlungsverfahrens wegen Steuerhinterziehung verlangt der Staatsanwalt von der *Nordbank AG* Angaben über Kontobewegungen des Kunden Herbert Pickert.

C Die Arbeitsagentur bittet die *Nordbank AG* um Auskunft über Zahlungseingänge auf dem Konto des arbeitslosen Kunden Florian Loose innerhalb der letzten drei Monate, um eine Entscheidung über die Gewährung von Arbeitslosengeld II treffen zu können.

D Im Rahmen einer Kreditwürdigkeitsprüfung bittet Wohnungsvermittler Eisele die *Nordbank AG* um Auskunft, ob die Kundin Nikola Saffert für ein Mietaval gut sei.

E Ein Großhändler bittet die *Nordbank AG* als kontoführendes Kreditinstitut des Modehauses *Bogner* um Auskunft, ob ein vom Modehaus *Bogner* ausgestellter Verrechnungsscheck über 15.000,00 EUR in Ordnung gehe.

Aufgabe I-47

Kontovertrag

Der Auszubildende Teofilo Del Prete (20 Jahre alt) beantragt die Eröffnung eines Girokontos bei der *Nordbank AG*, auf das seine Ausbildungsvergütung überwiesen werden soll. Wie kommt dieser Kontovertrag zustande?

A Der Kontovertrag mit Herrn Del Prete kommt dann zustande, wenn ihm die Bestätigung der *Nordbank* vorliegt, dass er nach Eingang der ersten Ausbildungsvergütung allein über das Konto verfügen kann.

B Der Kontovertrag kommt durch die Unterzeichnung des Kontoeröffnungsantrages durch Herrn Del Prete und durch die Annahme dieses Antrages durch die *Nordbank AG* zustande.

C Der Kontovertrag mit Herrn Del Prete kommt erst durch die Anerkennung der AGB zustande, die schriftlich erfolgen muss.

D Der Kontovertrag kommt zustande, wenn Herr Del Prete den Kontoeröffnungsantrag unterzeichnet und die *Nordbank AG* die erste Ausbildungsvergütung seinem Konto gutschreibt.

E Der Kontovertrag mit Herrn Del Prete wird erst rechtswirksam, wenn er die Schufa-Klausel akzeptiert hat.

F Der Kontovertrag kommt schon zustande, sobald Herr Del Prete den Kontoeröffnungsantrag der *Nordbank AG* schriftlich eingereicht hat.

Aufgabe I-48

Geschäftsfähigkeit

Bevor ein Konto von der *Nordsparkasse* eröffnet wird, prüft sie die Geschäftsfähigkeit des Antragstellers. Welche Aussagen zur Geschäftsfähigkeit eines Kunden treffen zu?

A Die Geschäftsfähigkeit drückt aus, dass eine Person für einen Dritten, z. B. einen Minderjährigen, handelt.

B Wenn eine Person einen kaufmännischen Betrieb erfolgreich führt, beweist er damit seine Geschäftsfähigkeit.

C Wenn eine Person bisher ihren Verpflichtungen aus einem Kreditvertrag ordnungsgemäß nachgekommen ist, ist sie geschäftsfähig.

D Wenn eine Person Rechte und Pflichten durch Rechtsgeschäfte erwerben kann, ist sie geschäftsfähig.

E Wenn eine Person rechtswirksam Willenserklärungen jeder Art abgeben kann, so ist sie geschäftsfähig.

F Mit der Geburt wird eine natürliche Person nach dem BGB geschäftsfähig.

Aufgabe I-49

Kontovollmacht

Herr Martin Richard beantragt bei der *Nordbank AG* die Eröffnung eines Girokontos. Im Beratungsgespräch erhalten Sie als Kundenberater(in) folgende Informationen: Herr Richard ist 38 Jahre alt und arbeitet für ein halbes Jahr als Monteur im Ausland. Deshalb möchte er seine Bankgeschäfte für diese Zeit seiner 31-jährigen Lebensgefährtin Sonja Peters übertragen. Herr Richard und Frau Peters leben in einer gemeinsamen Wohnung, führen jedoch ihre Vermögenswerte getrennt und möchten dies in Zukunft auch beibehalten. Frau Peters ist bereits seit einigen Jahren Kundin der *Nordbank AG* und unterhält neben anderen Konten auch ein Girokonto. Welche der folgenden Lösungsvorschläge sollten Sie aufgrund der vorliegenden Informationen Herrn Richard empfehlen?

A Eröffnung eines Gemeinschaftskontos mit gemeinschaftlicher Verfügungsberechtigung

B Eröffnung eines Einzelkontos für Herrn Richard mit Erteilung einer Handlungsvollmacht gemäß HGB für Frau Peters

C Eröffnung eines Gemeinschaftskontos mit Einzelverfügungsberechtigung

D Eröffnung eines Einzelkontos für Herrn Richard mit Erteilung einer Kontovollmacht für Frau Peters

E Erteilung einer Kontovollmacht für Herrn Richard für das bestehende Girokonto von Frau Peters

☐

Verfügungen im Todesfall

Situation zu den Aufgaben I-50 und I-51

Sie sind Kundenberater(in) der *Nordbank AG* und zuständig für die Abwicklung von Nachlasskonten. Frau Katja Franke kommt am 17. Oktober 20.. (Mittwoch) zu Ihnen und informiert Sie, dass ihr Ehemann Jürgen Franke verstorben ist. Aus der Sterbeurkunde, die sie vorlegt, ersehen Sie, dass Herr Franke am 13. Oktober 20.. (Samstag) um 19:00 Uhr verstorben ist. Er hinterlässt neben seiner Frau eine volljährige Tochter. Ein Testament oder Erbvertrag liegen nicht vor. Daraufhin nehmen Sie eine Kundenabfrage vor und erhalten folgende Angaben:

Gesamtengagement Jürgen Franke, Schwenckestr. 91, 20255 Hamburg	Kontostände in EUR zum Buchungsschluss			
	12.10.20..	**15.10.20..**	**16.10.20..**	**17.10.20..**
Girokonto Jürgen Franke	**H 3.598,19**	**H 2.100,85**	**H 1.860,32**	**H 1.760,18**
Dispositionskredit: 10.000,00 EUR				
Vollmacht über den Tod hinaus:				
Katja Franke				
BankCard ausgehändigt:				
an Jürgen Franke				
an Katja Franke				
Sparkonto Eheleute Jürgen und Katja Franke (Einzelverfügungsberechtigung)	**23.477,76**	**23.477,76**	**23.477,76**	**23.477,76**

Anerkennung der AGB: **ja**
Für das Kalenderjahr 20.. erteilter Freistellungsauftrag: **1.000,00 EUR**
Kurse je Wertpapier zum Buchungsschluss in EUR/Stück bzw. in %

Depotkonto Jürgen Franke	**12.10.20..**	**15.10.20..**	**16.10.20..**	**17.10.20..**
Vollmacht über den Tod hinaus:				
Katja Franke				
• 200 Stück *Touristik AG*	**17,14**	**17,56**	**17,78**	**17,84**
• 300 Stück *Handelsbank AG*	**16,12**	**16,29**	**16,62**	**16,91**
• 50.000,00 EUR Nennwert Pfandbriefe 1,875 %	**99,80**	**99,50**	**99,10**	**98,70**

Aufgabe I-50

Verfügungen im Todesfall

Frau Franke möchte von Ihnen wissen, wie sie über die Konten verfügen kann. Welche der folgenden Aussagen zur Verfügung über die Konten ist richtig?

A Da Frau Franke mit ihrem Ehegatten im gesetzlichen Güterstand zusammengelebt hatte, kann sie über alle Konten verfügen; zur Umschreibung sämtlicher Konten auf ihren Namen genügt die bereits vorgelegte Sterbeurkunde.

B Da offenbar keine letztwillige Verfügung des Verstorbenen vorliegt, tritt in diesem Falle die gesetzliche Erbfolge ein, d. h. Frau Franke bildet mit ihrer Tochter eine Erbengemeinschaft und kann deshalb nur gemeinsam mit ihrer Tochter über sämtliche Nachlasskonten verfügen.

C Über das Giro- und das Depotkonto kann Frau Franke wie bisher verfügen, wenn ihre Tochter die seinerzeit vom Ehemann erteilte Vollmacht nicht widerrufen hat.

D Da Frau Franke und ihre Tochter gemäß der gesetzlichen Erbfolge je zur Hälfte erbberechtigt sind, kann jede von ihnen allein über die Hälfte des jeweiligen Kontoguthabens verfügen.

E Für Verfügungen über das Spar- und Girokonto genügt die Vorlage der Sterbeurkunde. Für Verfügungen über das Depot benötigt die *Nordbank AG* die Vorlage des vom Nachlassgericht ausgestellten Erbscheins.

[ ]

Aufgabe I-51

Verfügungen im Todesfall

Nach dem Gespräch mit Frau Franke fertigen Sie die Meldung an die zuständige Erbschaftsteuerstelle gemäß Erbschaftsteuergesetz aus.

a) Ermitteln Sie die Summe der Kontoguthaben, die an die Erbschaftsteuerstelle gemeldet werden muss (Ergebnis auf volle Euro abrunden).

[ ] EUR

b) Ermitteln Sie den Depotwert, der an die Erbschaftsteuerstelle gemeldet werden muss (Ergebnis auf volle Euro abrunden).

[ ] EUR

c) Bis zu welchem Kalendertag (TT.MM.JJJJ) müssen Sie die Erbschaftsteuermeldung an das zuständige Finanzamt weitergeleitet haben?

☐☐.☐☐.☐☐☐☐

Einzelkonto

Aufgabe I-52

Frau Susanne Schlüter ist Girokundin der *Nordbank AG*. Ihr Girokonto wird als Einzelkonto geführt. Der Ehemann von Frau Schlüter besitzt eine Vollmacht für dieses Konto. Frau Schlüter möchte jetzt für ihre 17-jährige Tochter Julia eine BankCard für ihr Girokonto beantragen, damit Julia auf einer Klassenreise an einem Geldautomaten Bargeld beschaffen kann. Wie berät die *Nordbank AG* Frau Schlüter richtig?

A Die *Nordbank AG* nimmt den Antrag entgegen, prüft die Bonität von Frau Schlüter für die Ausstellung einer weiteren Karte und lässt diese nach positiver Entscheidung erstellen.

B Die *Nordbank AG* nimmt den Antrag entgegen und bittet Frau Schlüter, ihren Ehemann ebenfalls unterzeichnen zu lassen, da Julia noch minderjährig ist.

C Die *Nordbank AG* lehnt die Erstellung einer BankCard für Julia ab, da sie erst 17 Jahre alt ist und für Minderjährige generell keine BankCard ausgestellt werden dürfen.

D Die *Nordbank AG* kann keine BankCard für Julia erstellen lassen, da sie noch keine Verfügungsberechtigung für dieses Konto besitzt.

E Die *Nordbank AG* nimmt den Antrag entgegen, weist aber Frau Schlüter darauf hin, dass ihre Tochter in unbegrenzter Höhe mit der BankCard verfügen kann.

☐

Verpflichtungen aus dem Kontovertrag

Aufgabe I-53

Aus einem Kontovertrag ergeben sich für das Kreditinstitut und den Kunden Verpflichtungen. Welche Verpflichtungen hat ein Kreditinstitut bei einem Kontokorrentverhältnis?

A Mitteilungen über Änderungen in der Geschäftsführung

B Übersendung bzw. Aushändigung der AGB

C Sorgfältige Ausführung der Kundenaufträge

D Regelmäßige Übersendung der Kontoauszüge

E Regelmäßiger Kontoabschluss

F Übernahme der Verpflichtung zur Einräumung eines Kredits in laufender Rechnung

☐☐

Aufgabe I-54

Schufa

In welchen Fällen verlangen die Kreditinstitute von ihren Kunden die Unterzeichnung der Schufa-Erklärung?

A Eröffnung eines Sparkontos und Einzahlung von 10.000,00 EUR

B Eröffnung eines Termingeldkontos und Einzahlung von 20.000,00 EUR für 30 Tage

C Eröffnung eines Anderkontos und Einzahlung von 50.000,00 EUR

D Eröffnung eines Girokontos und Beantragung einer Kreditkarte

E Übernahme einer Höchstbetragsbürgschaft über 50.000,00 EUR

F Eröffnung eines Girokontos für eine 16-jährige Auszubildende

Aufgabe I-55

Formvorschriften bei Verträgen

Für welche der nachfolgenden Verträge schreibt der Gesetzgeber die Schriftform vor?

A Kaufvertrag über einen PC im Werte von 1.998,00 EUR

B Teilzahlungskauf über 60 Monatsraten

C Bürgschaft eines Angestellten über 30.000,00 EUR

D Abschluss eines Arbeitsvertrages

E Widerrufsbelehrung bei Abschluss eines Verbraucherdarlehens

F Anmietung eines Schrankfaches, dessen Inhalt mit maximal 10.300,00 EUR versichert ist.

Aufgabe I-56

Kontovollmacht

Herr Simon Klapproth, 76 Jahre alt, ist Kunde der *Nordbank AG*. Herr Klapproth steht unter Betreuung ohne Einwilligungsvorbehalt. Herr Klapproth möchte seiner Haushälterin Editha Piscek eine Einzel-Kontovollmacht für sein Kontokorrentkonto erteilen. Herr Klapproth kommt mit seiner Haushälterin zu Ihnen in die Filiale der *Nordbank AG* in der Schwenckestraße. Für dieses Konto besteht bereits eine Einzel- Kontovollmacht für die Tochter Susanne von Herrn Klapproth. Wie beraten Sie Herrn Klapproth zu dieser Kontovollmachtserteilung richtig?

A Da die Betreuung ohne Einwilligungsvorbehalt angeordnet wurde, sind Herrn Klapproths Willenserklärungen wirksam und er kann seiner Haushälterin Editha Piscek die Vollmacht erteilen.

B Da bereits eine Kontovollmacht für seine Tochter Susanne existiert, muss auch die Tochter von Herrn Klapproth dieser Vollmachterteilung zustimmen.

C Da Herr Klapproth unter Betreuung steht, kann ohne die Einwilligung des Betreuers keine Kontovollmacht erteilt werden.

D Da Kontoüberziehungen bei einem Kontokorrentkonto möglich sind, muss neben dem Betreuer auch das Betreuungsgericht der Vollmachterteilung zustimmen.

E Diese Vollmacht kann nur als gemeinsame Verfügungsberechtigung der Haushälterin Editha Piscek mit der Tochter von Herrn Klapproth erteilt werden.

☐

Geldwäsche

Aufgabe I-57

Frau Simone Köhler (17 Jahre alt) hat einen Ausbildungsvertrag mit der Immobilien-AG abgeschlossen. Damit die Ausbildungsvergütung von monatlich 1.280,00 EUR überwiesen werden kann, hatte Frau Köhler bei der *Nordbank AG* die Eröffnung eines Girokontos beantragt. Was müssen Sie bei der Kontoeröffnung für Frau Köhler nach dem Geldwäschegesetz (GwG) beachten?

A Da die Ausbildungsvergütung unter 1.000,00 EUR pro Monat liegt, ist weiter nichts zu beachten.

B Bei der Kontoeröffnung muss Frau Köhler identifiziert werden.

C Bei der Kontoeröffnung genügt die Identifizierung der Eltern.

D Der wirtschaftlich Berechtigte des Kontos muss von Ihnen erfragt werden.

E Bei Girokonten, auf die das Gehalt oder die Ausbildungsvergütung eingeht, ist der Kontoinhaber stets der wirtschaftlich Berechtigte.

F Das GwG ist erst dann zu beachten, wenn Bartransaktionen über das Konto getätigt werden.

☐☐

Verfügungen im Erbfall

Aufgabe I-58

Am 22.09.20.. legt Simone Esch der *Nordbank AG* die Sterbeurkunde ihres Vaters Wilhelm Esch vor, aus der hervorgeht, dass Herr Esch am 17.09.20.. (Samstag) verstorben ist. Sie möchte von dessen Sparkonto 15.000,00 EUR abheben, um ein Auto zu kaufen. Der Verstorbene unterhielt folgendes Gesamtengagement bei der *Nordbank AG*, Kontostände jeweils am Todestag 00:00 Uhr:

Girokonto	Haben 3.680,00 EUR
Sparkonto einschließlich Zinsen	38.255,00 EUR
Wertpapierdepot Tageswert am 19.09.20..	126.800,00 EUR
Kredit	4.980,00 EUR

Herr Esch hatte ein Schließfach angemietet.

a) Welcher EUR-Betrag ist dem Finanzamt zu melden?

☐ EUR

b) Bis zu welchem Datum hat die Meldung an das Finanzamt zu erfolgen (TT.MM.JJJJ)?

☐☐ . ☐☐ . ☐☐☐☐

c) Kann Frau Esch über den Betrag von 15.000,00 EUR verfügen?

A Ja, sofern Frau Esch für dieses Konto eine Vollmacht über den Tod hinaus hat.

B Ja, da sie sich durch die Sterbeurkunde als Erbin ihres Vaters legitimiert.

C Ja, sofern sie das handschriftliche Originaltestament ihres Vaters vorlegt.

D Nein, da sie nur gemeinsam mit einem amtlich bestellten Testamentsvollstrecker über das Guthaben verfügen kann.

E Ja, da die gesetzliche Erbfolge gilt.

☐

Aufgabe I-59

Firmenkonto

Frau Birgit Lange und Herr Marc Remme möchten bei der *Nordbank AG* ein Girokonto eröffnen lassen. Das Girokonto soll unter der Bezeichnung *Glaserei Meier GmbH & Co. KG* eröffnet werden. Aus den vorgelegten Handelsregisterauszügen können Sie entnehmen, dass Frau Lange Geschäftsführerin mit Einzelvertretung der *Glaserei Meier GmbH* ist. Herr Remme ist Kommanditist der *Glaserei Meier GmbH & Co. KG* mit einer Einlage von 40.000,00 EUR.

a) Welche Aussage über die rechtswirksame Vertretung bei der Kontoeröffnung der *Glaserei Meier GmbH & Co. KG* trifft zu?

A Die Kontoeröffnung muss von Frau Lange und von Herrn Remme unterschrieben werden, da beide die Gesellschaft vertreten. Frau Lange ist als Geschäftsführerin der *Glaserei Meier GmbH & Co. KG* gesetzlich für die GmbH & Co. KG vertretungsberechtigt.

B Frau Lange kann als Geschäftsführerin der *Glaserei Meier GmbH & Co. KG* das Konto eröffnen. Neben Vorlage der Handelsregisterauszüge der GmbH & Co. KG und der GmbH ist die persönliche Legitimation von Frau Lange zu überprüfen.

C Die Kontoeröffnung kann nur von Frau Lange vorgenommen werden. Sie benötigen den Handelsregisterauszug der GmbH & Co. KG und die Gesellschafterverträge.

D Herr Remme kann die Gesellschaft nicht vertreten. Die Kontoeröffnung kann nur von Frau Lange und einem weiteren vertretungsberechtigten Gesellschafter der *Glaserei Meier GmbH & Co. KG* gemeinsam vorgenommen werden.

E Die Kontoeröffnung muss von Herrn Remme unterschrieben werden. Er ist als Kommanditist berechtigt, die Gesellschaft zu vertreten. Neben der Vorlage des Handelsregisterauszugs der GmbH & Co. KG muss er sich persönlich legitimieren.

☐

b) Frau Lange möchte nun wissen, in welchen Zeitabständen nach den handelsrechtlichen Bestimmungen der Rechnungsabschluss der *Glaserei Meier GmbH & Co. KG* zu erfolgen hat. Wie beraten Sie Frau Lange richtig?

A Der Rechnungsabschluss hat nur dann monatlich zu erfolgen, wenn das Konto debitorisch geführt wird.

B Ein Rechnungsabschluss hat zum Quartalsende zu erfolgen.

C Ein Rechnungsabschluss hat mindestens einmal im Jahr zu erfolgen.

D Da es sich um ein Geschäftskonto handelt, hat der Rechnungsabschluss monatlich zu erfolgen.

E Ein Rechnungsabschluss hat immer halbjährlich zu erfolgen.

☐

Firmenkonto

Aufgabe I-60

Andreas Temming ist Einzelkaufmann und Inhaber der Firma „*Bäckerei Temming e. K.*“. Herr Temming ist verstorben. Die *Bäckerei Temming* weist eine gute Bonität auf. Es besteht noch ein Geschäftskonto mit einem Guthaben von 38.000,00 EUR. Herr Simon Nelle ist als Einzelprokurist über das Geschäftskonto verfügungsberechtigt. Herr Temming hat kein Testament verfasst. Die einzigen gesetzlichen Erben sind seine Ehefrau und sein 20-jähriger Sohn Johannes. Welche der folgenden Aussagen über die Verfügung nach dem Tod des Firmeninhabers ist richtig?

A Die Prokura erlischt mit dem Tod des Geschäftsinhabers. Herr Nelle kann über das Geschäftskonto nicht mehr verfügen.

B Herr Nelle ist zwar weiterhin über das Geschäftskonto verfügungsberechtigt, benötigt aber für jede Verfügung die Zustimmung der beiden gesetzlichen Erben.

C Das Geschäftskonto wird mit dem Tod von Herrn Temming zu einem Und-Konto, sodass Herr Nelle nur noch gemeinsam mit den beiden gesetzlichen Erben über das Geschäftskonto verfügen darf.

D Herr Nelle ist berechtigt, über das gesamte Guthaben des Geschäftskontos zu verfügen, auch im Rahmen des eingeräumten Kredits.

E Die Ehefrau und der Sohn dürfen als gesetzliche Erben über das Geschäftskonto verfügen, sobald sie die Sterbeurkunde vorlegen.

☐

Aufgabe I-61

Konten Minderjähriger

Sandra Güzell, 17 Jahre, arbeitet ab November samstags als Aushilfskraft in einem Supermarkt ihres Heimatorts. Sie möchte für die ihr aus diesem Dienstverhältnis monatlich zustehenden Bezüge von 400,00 EUR bei der *Nordbank AG* ein Girokonto eröffnen. Frau Güzell kommt heute zu Ihnen an den Beratungspoint und fragt Sie, ob sie dieses Konto alleine eröffnen kann. Mit welcher der folgenden Aussagen beraten Sie Frau Güzell richtig?

A „Sie können das Konto ohne Zustimmung Ihres gesetzlichen Vertreters eröffnen, wenn Sie das Konto nicht überziehen. Dann bringt Ihnen das Girokonto nur rechtliche Vorteile."

B „Sie benötigen zur Kontoeröffnung die Zustimmung Ihrer Eltern und des Familiengerichts, weil bei diesem Konto die Gefahr der Kontoüberziehung nicht auszuschließen ist."

C „Sie benötigen zur Kontoeröffnung ausdrücklich die Zustimmung eines Ihrer gesetzlichen Vertreter, weil Sie beschränkt geschäftsfähig sind."

D „Da es sich hierbei um die Gutschrift eines geringen Monatslohnes handelt, den Sie als Taschengeld nutzen können, ist die Zustimmung Ihrer Eltern bei dieser Kontoeröffnung nicht erforderlich."

E „Sie können dieses Konto ohne die Zustimmung Ihres gesetzlichen Vertreters eröffnen, wenn Sie Ihren Arbeitsvertrag vorlegen, der auch von Ihrem gesetzlichen Vertreter unterschrieben ist."

☐

Situation zu den Aufgaben I-62 und I-63

Dr. Peter Laumen und Dr. Bernd Hagen eröffnen eine Wirtschaftsprüfungsgesellschaft und Steuerberatungsgesellschaft. Die Partnerschaftsgesellschaft ist als „Dr. Bernd Hagen und Partner – Wirtschaftsprüfungsgesellschaft und Steuerberatungsgesellschaft" im Partnerschaftsregister eingetragen. Bei der Vertretung gilt die gesetzliche Regelung. Herr Dr. Hagen möchte für diese Gesellschaft ein Konto bei der *Nordbank AG* eröffnen.

Aufgabe I-62

Partnerschaftskonto

Welche der folgenden Vorgehensweisen des Kundenbetreuers der *Nordbank AG* bei der Eröffnung des Kontos ist richtig?

Der Kundenbetreuer ...

A eröffnet das Konto unter der Bezeichnung „Dr. Hagen & Dr. Laumen".

B bittet darum, dass beide Partner zur Kontoeröffnung anwesend sind, damit der Kontovertrag rechtswirksam unterzeichnet werden kann.

C teilt Herrn Dr. Hagen mit, dass Konten von Partnerschaften auf den Namen aller Partner lauten müssen.

D benötigt zur Legitimationsprüfung neben dem Personalausweis des Antragstellers einen beglaubigten Auszug neuesten Datums aus dem Partnerschaftsregister.

E erklärt, dass für Konten von Partnerschaften Kontovollmachten nicht erteilt werden können.

☐

Partnerschafts-konto, Legitimation

Aufgabe I-63

Welche der folgenden Unterlagen muss Dr. Hagen in diesem Zusammenhang dem Kundenberater zwingend vorlegen, wenn man davon ausgehen kann, dass der Partnerschaftsvertrag keine von der gesetzlichen Regelung abweichende Vereinbarung enthält?

A Aktueller (beglaubigter) Auszug aus dem Handelsregister Abteilung A

B Gültiger amtlicher Lichtbildausweis von Dr. Hagen

C Schriftliche Vollmacht von Dr. Laumen, die Dr. Hagen zu dieser Kontoeröffnung ermächtigt.

D Gültige amtliche Lichtbildausweise von Dr. Hagen und Dr. Laumen

E Notariell beurkundeter Partnerschaftsvertrag

F Aktueller (beglaubigter) Auszug aus dem Partnerschaftsregister

Situation zu den Aufgaben I-64 und I-65

Auf die Bezeichnung „Möbel Wittiber & Söhne KG" soll bei der *Nordbank AG* ein Kontokorrentkonto eröffnet werden. Für die Legitimationsprüfung wird der abgebildete Handelsregisterauszug vorgelegt.

Handelsregisterauszug Abt. A Amtsgericht Kiel Blatt Ia HRA 123

Nummer der Eintragung	a) Firma b) Sitz c) Gegenstand des Unternehmens	Geschäftsinhaber Persönlich haftende Gesellschafter Abwickler	Prokura	Rechtsverhältnisse	Tag der Eintragung
1	2	3	4	5	6
4	a) Möbel Wittiber & Söhne KG b) Kiel c) Produktion von Polstermöbeln	Werner Wittiber 12. März 1972, Kiel Sebastian Wittiber 05. Mai 1981, Kiel	Nadine Wegener in Kiel ist Gesamtprokura erteilt. Jan Maurer in Kiel ist Gesamtprokura erteilt.	Kommanditgesellschaft Die Gesellschaft hat am 29. März 1924 ihren Geschäftsbetrieb aufgenommen. Kommanditist ist: Renate Wittiber, Mölln, mit einer Einlage von 55.000,00 EUR.	6. Juni 1924

Konto-eröffnung für eine KG

Aufgabe I-64

Wer darf für dieses Unternehmen das Konto eröffnen?

A Renate Wittiber und Nadine Wegener dürfen das Konto gemeinsam eröffnen.

B Werner Wittiber kann das Konto allein eröffnen.

C Renate Wittiber kann das Konto allein eröffnen.

D Nadine Wegener darf gemeinsam mit Jan Maurer das Konto eröffnen.

E Nadine Wegener darf das Konto allein eröffnen.

F Werner Wittiber und Sebastian Wittiber dürfen das Konto nur gemeinsam eröffnen.

Aufgabe I-65

Haftungsverhältnisse bei einer KG

Das Kontokorrentkonto der Firma Wittiber & Söhne KG ermöglicht auch kurzfristige Überziehungen bis zu 30.000,00 EUR. Welche der folgenden Personen haftet der *Nordbank AG* gegenüber für Verbindlichkeiten aus dieser Geschäftsbeziehung?

Für die Verbindlichkeiten aus dieser Geschäftsbeziehung haftet ...

A Renate Wittiber mit ihrem gesamten Privatvermögen.

B Sebastian Wittiber mit seinem Privatvermögen.

C Nadine Wegener mit ihrem Privatvermögen.

D Werner Wittiber, beschränkt auf die Höhe seiner Einlage.

E Jan Maurer gesamtschuldnerisch mit Nadine Wegener.

F Renate Wittiber mit ihrer Einlage von 55.000,00 EUR.

Aufgabe I-66

Pfändungsschutzkonto

Frau Ellen Krause ist Girokundin der *Nordbank AG*. Frau Krause bittet um die Umwandlung ihres Girokontos in ein Pfändungsschutzkonto (P-Konto). Welche Aussagen zum P-Konto treffen zu?

A Girokunden haben keinen Rechtsanspruch auf Umwandlung eines Girokontos in ein P-Konto bei ihrem kontoführenden Kreditinstitut.

B Auf Antrag des Kunden müssen die Kreditinstitute für ihn alle Konten als Pfändungsschutzkonten führen.

C Der Pfändungsschutz gilt für alle Einkünfte unabhängig von der Art der Einkünfte.

D Der Pfändungsschutz gilt nur für Sozialleistungen wie Rente, Arbeitslosengeld etc., aber nicht für Arbeitseinkommen.

E Das Pfändungsschutzkonto kann auch als Gemeinschaftskonto geführt werden.

F Guthaben auf normalen Girokonten können vor Pfändungen nicht mehr geschützt werden.

Situation zu den Aufgaben I-67 und I-68

Konten Minderjähriger

Die 15-jährige Sandra Fleischmann hat mit Zustimmung ihrer Eltern einen Ausbildungsvertrag als Speditionskauffrau bei der Umzugsservice AG unterschrieben und möchte nun ein Girokonto bei der *Nordbank AG* eröffnen.

Aufgabe I-67

Welche der folgenden Aussagen zu dieser Kontoeröffnung ist richtig?

A Zur Kontoeröffnung ist die Zustimmung der Mutter oder des Vaters von Sandra Fleischmann als gesetzliche Vertreter notwendig.

B Die Zustimmung der gesetzlichen Vertreter zur Kontoeröffnung ist nicht erforderlich, da die Eltern von Frau Fleischmann bereits dem Ausbildungsverhältnis zugestimmt haben.

C Liegt die Zustimmung des gesetzlichen Vertreters nicht vor, ist die Kontoeröffnung gemäß BGB schwebend unwirksam.

D Die Zustimmung der gesetzlichen Vertreter zur Kontoeröffnung ist nicht notwendig, da Sandra Fleischmann mit der Girokontoeröffnung nur rechtliche Vorteile genießt.

E Die Zustimmung der gesetzlichen Vertreter zur Kontoeröffnung ist nicht erforderlich, da Sandra Fleischmann mit Unterschreiben des Ausbildungsvertrages in einem Arbeitsverhältnis steht.

Aufgabe I-68

Die *Nordbank AG* bearbeitet die Kontoeröffnung von Sandra Fleischmann. Welche der folgenden Aussagen zur Kontoeröffnung sind richtig?

A Die Legitimationsprüfung von Sandra Fleischmann ist nach der Abgabenordnung vorgeschrieben und kann durch einen Kinderausweis erfolgen.

B Mit Zustimmung der Eltern darf die *Nordbank AG* einen Dispositionskredit bis zum dreifachen Betrag der monatlichen Ausbildungsvergütung einräumen.

C Die *Nordbank AG* muss auf dem Kontoeröffnungsantrag vermerken, ob Frau Fleischmann als Kontoinhaberin auf eigene Rechnung handelt, da ein Konto nicht für fremde Rechnung von der *Nordbank AG* eröffnet werden darf.

D Die Eltern von Sandra benötigen keine besondere Vollmacht, um über das Girokonto Auskunft zu erhalten oder verfügen zu dürfen.

E Die *Nordbank AG* darf nur ein Girokonto mit kostenloser Kontoführung anbieten, da für eine beschränkt geschäftsfähige Person nach den Vorschriften des BGB ein entgeltpflichtiges Konto nicht zulässig ist.

F Obwohl die *Nordbank AG* der SCHUFA angeschlossen ist, darf die Kontoeröffnung der SCHUFA nicht gemeldet werden, da kein Negativmerkmal über Sandra Fleischmann vorliegt.

Geldwäsche

Aufgabe I-69

Frau Fleischmann erhält als Ausbildungsvergütung 1.225,00 EUR. Was muss die *Nordbank AG* bei der Kontoeröffnung für Frau Fleischmann nach dem Geldwäschegesetz (GwG) beachten?

A Da die Ausbildungsvergütung unter 1.250,00 EUR pro Monat liegt, ist das GwG nicht anzuwenden.

B Bei der Kontoeröffnung muss Frau Fleischmann identifiziert werden.

C Bei der Kontoeröffnung genügt die Identifizierung der Eltern von Frau Fleischmann.

D Der wirtschaftlich Berechtigte des Kontos muss von der *Nordbank AG* erfragt werden.

E Bei Girokonten, auf die das Gehalt oder die Ausbildungsvergütung eingeht, ist der Kontoinhaber immer der wirtschaftlich Berechtigte.

F Das GwG ist erst dann zu beachten, wenn Bartransaktionen über das Konto getätigt werden.

Aufgabe I-70

Rechts- und Geschäftsfähigkeit

Wer mit einer Bank einen Kontovertrag schließen will, muss rechts- und geschäftsfähig sein. Welche Aussagen über die Rechtsfähigkeit sind richtig?

A Rechtsfähig können natürliche und juristische Personen sein.

B Wer rechtsfähig ist, kann kein Vermögen erben.

C Die Rechtsfähigkeit kann jemanden aus gesundheitlichen Gründen aberkannt werden.

D Eine Wählerinitiative ist als BGB-Gesellschaft rechtsfähig.

E Die Rechtsfähigkeit einer Aktiengesellschaft beginnt mit der Eintragung ins Handelsregister B.

F Die Rechtsfähigkeit einer natürlichen Person beginnt mit dem 18. Lebensjahr.

Aufgabe I-71

Gemeinschaftskonto

Ihre Kunden Patrick Schloder und Tamara Hanke möchten bei der *Nordbank AG* ein Gemeinschaftskonto mit Einzelverfügungsberechtigung eröffnen. Beide haben bereits ein Einzelkonto bei der *Nordbank AG*. Wie berät die *Nordbank AG* die Kunden über dieses Konto richtig?

A Zur Löschung einer Vollmacht ist der Widerruf von Frau Hanke oder Herrn Schloder ausreichend.

B Um einer weiteren Person eine Vollmacht für das Gemeinschaftskonto zu erteilen, ist die Unterschrift von Frau Hanke oder Herrn Schloder ausreichend.

C Für den Abschluss eines Dispositionskredits für das Gemeinschaftskonto genügt die Unterschrift von Frau Hanke oder Herrn Schloder.

D Die Auflösung des Gemeinschaftskontos kann jederzeit durch von Frau Hanke oder Herrn Schloder alleine erfolgen.

E Aufgrund der Eröffnung des Gemeinschaftskontos können Herr Schloder und Frau Hanke auch Einsicht in die Einzelkonten des anderen erhalten.

Auszug aus dem Kundenstammvertrag für Gemeinschaftskonten der Nordbank AG - Sonderbedingungen für Gemeinschaftskonten

1 Einzelverfügungsrecht der Kontoinhaber (Oder-Konto)

1.1 Jeder Kontoinhaber ist allein berechtigt:

- über das jeweilige Guthaben sowie über etwa den Kontoinhabern gemeinsam eingeräumte Kredite auf dem vorstehend angegebenen Konto zu verfügen und darüber hinaus vorübergehende Überziehungen im banküblichen Rahmen herbeizuführen;

- (...)
- im Fall des Ablebens eines der Kontomitinhaber über das jeweilige Guthaben auch ohne Mitwirkung der Erben zu verfügen; eine Auflösung oder Umschreibung wird die Bank nur zulassen, wenn alle überlebenden ursprünglichen Kontomitinhaber dies verlangen (vgl. Nummer 1.5).

1.1.1 Kreditverträge und Kontoüberziehungen
Für den Abschluss und die Änderung von Kreditverträgen zulasten der Konten ist die Mitwirkung aller Kontoinhaber erforderlich.

1.1.2 Termingeschäfte
Zum Abschluss und zur Durchführung von Termingeschäften zulasten der Gemeinschaftskonten bedarf es einer Vereinbarung mit allen Kontoinhabern.

1.1.3 Erteilung und Widerruf von Vollmachten
Eine Kontovollmacht kann nur von allen Kontoinhabern gemeinschaftlich erteilt werden. Der Widerruf durch einen der Kontoinhaber führt zum Erlöschen der Vollmacht. Über den Widerruf ist die Bank unverzüglich und aus Beweisgründen möglichst schriftlich zu unterrichten. Vollmachten, die ein Kontomitinhaber vor der Eröffnung des Gemeinschaftskontos erteilt hat, gelten nur dann, wenn der andere Kontomitinhaber dem zustimmt.

1.1.4 Kontoauflösung
Eine Auflösung der Gemeinschaftskonten kann nur durch alle Kontoinhaber gemeinschaftlich erfolgen. Eine Ausnahme hiervon besteht im Todesfall eines Kontoinhabers

Betreuer-konto

Aufgabe I-72

Thomas Schneider und Henry Lemke kommen in die *Nordbank AG* zu der Kundenberaterin Susanne Schumacher. Sie wollen ein Girokonto für den 54-jährigen Henry Lemke eröffnen. Im Verlauf des Beratungsgesprächs erfährt Frau Schumacher, dass Herr Lemke unter Betreuung steht und Thomas Schneider sein zuständiger Betreuer ist. Thomas Schneider zeigt Frau Schumacher seinen Betreuerausweis (Bestallungsurkunde), der einen Einwilligungsvorbehalt enthält. Der Einwilligungsvorbehalt beschränkt sich auf die Vermögenssorge. Was muss Frau Schumacher hinsichtlich der Kontoeröffnung beachten?

A Bei der Kontoeröffnung müssen sich sowohl Herr Schneider als auch Herr Lemke persönlich legitimieren. Außerdem muss Herr Schneider sich als Betreuer durch seinen Betreuerausweis legitimieren.

B Bei der Kontoeröffnung muss sich nur Herr Lemke mit seinem Personalausweis persönlich legitimieren.

C Herr Lemke ist trotz Einwilligungsvorbehalt für alle Rechtsgeschäfte voll geschäftsfähig. Daher benötigt er nicht die Zustimmung von Herrn Schneider, um das Girokonto zu eröffnen.

D Herr Lemke ist im Rahmen aller Rechtsgeschäfte, die er tätigt, beschränkt geschäftsfähig. Daher darf er nur mit Zustimmung von Herrn Schneider das Girokonto eröffnen.

E Herr Lemke ist geschäftsunfähig. Die Kontoeröffnung muss auf den Namen von Herrn Schneider mit dem Zusatz „Betreuungskonto" erfolgen.

Aufgabe I-73

Nachlasskonto

Die 63-jährige Veronika Wiesenkamp ist Kundin der *Nordbank AG*. Am 19.11.20.. kommt Stefan Wiesenkamp in die *Nordbank AG*. Er teilt der *Nordbank AG* mit, dass seine Mutter Veronika Wiesenkamp am 12.11.20.. gestorben ist. Herr Wiesenkamp ist nach seinen Angaben Alleinerbe. Er weist sich mit einem gültigen amerikanischen Pass aus. Zum Nachweis seines Erbes legt er Ihnen das handgeschriebene und von der Mutter eigenhändig unterschriebene Testament vor.

a) Welche Frist in Monaten hat die *Nordbank AG* für die Meldung an die Erbschaftsteuerstelle einzuhalten?

b) Ab welchem Tag wird diese Frist gerechnet (TT.MM.JJJJ)?

Aufgabe I-74

SCHUFA-Klausel

Die *Nordbank AG* verlangt bei der Kontoeröffnung von ihren Kunden die Anerkennung der SCHUFA-Klausel. Welche der folgenden Aussagen im Zusammenhang mit der SCHUFA-Klausel sind richtig?

A Um das Bankgeheimnis im Rahmen einer SCHUFA-Meldung nicht zu verletzen, muss die *Nordbank AG* die unterschriebene Klausel an die regionale SCHUFA-Gesellschaft weiterleiten.

B Die *Nordbank AG* kann nach Anerkennung der SCHUFA-Klausel bei späterem, nicht vertragsgemäßem Verhalten ihrer Kunden ohne deren weitere Zustimmung Daten an die SCHUFA melden.

C Mit Anerkennung der SCHUFA-Klausel darf die *Nordbank AG* bei der SCHUFA die Kontoeröffnung melden und gespeicherte Kundendaten abrufen.

D Die *Nordbank AG* als Vertragspartnerin der SCHUFA lässt zum eigenen Schutz Negativmerkmale von Kunden bei der SCHUFA bis zu einem Jahr nach ihrer Erledigung speichern.

E Bei Firmenkunden meldet die *Nordbank AG* die Daten immer an die SCHUFA, da diese mit Anerkennung der AGB auch der SCHUFA-Klausel zustimmen.

F Die *Nordbank AG* erhält von der SCHUFA Meldungen über Kreditkarten und Girokonten, die der Kunde bei anderen Kreditinstituten hat, sowie aktuelle Salden in Anspruch genommener Dispositionskredite.

Firmen-konten

Situation zu den Aufgaben I-75 und I-76

Simone Esch möchte bei der *Nordbank AG* ein Geschäftskonto für die Möbelhaus Höffner KG eröffnen lassen. Sie legt der *Nordbank AG* den folgenden aktuellen, beglaubigten Handelsregisterauszug vor:

Amtsgericht Norderstedt					**HR A 1238**
Nr. der Eintragung	a) Firma b) Sitz c) Gegenstand des Unternehmens	Geschäftsinhaber Persönlich haftende Gesellschafter Abwickler	Prokura	Rechtsverhältnisse	a) Tag der Eintragung b) Bemerkung
1	2	3	4	5	6
1	a) Möbelhaus Höffner KG b) Norderstedt c) Verkauf von Wohnungseinrichtungen	Silke Wohltmann geb. Höffner, 15.03.1965, Hamburg Hans-Peter Höffner 18.03.1972, Lübeck	Simone Esch Sandra Schön Allen Vorgenannten ist Gesamtprokura erteilt.	Kommanditgesellschaft Der Gesellschaftsvertrag ist am 19.06.1985 geschlossen. Gesellschafter Jürgen Carstens, Kaufmann, wohnhaft in Pinneberg, Einlage in Höhe von 70.000,00 EUR. Hans-Peter Höffner ist von der Vertretung ausgeschlossen.	a) 09.01.1985 b) Gesellschaftervertrag Bl. 7-14

Aufgabe I-75

Welche der folgenden Aussagen sind im Zusammenhang mit der Kontoeröffnung richtig?

A Die *Nordbank AG* bereitet mit Frau Esch den Kontoeröffnungsantrag vor und lassen diesen von Herrn Carstens unterschreiben.

B Die *Nordbank AG* bereitet mit Frau Esch den Kontoeröffnungsantrag vor, der erst mit Unterzeichnung aller Gesellschafter rechtswirksam wird.

C Sie informieren Frau Esch, dass sie gemeinsam mit Frau Schön die Kontoeröffnung vornehmen kann.

D Aufgrund der Gesamtprokura ist Frau Esch berechtigt, das Geschäftskonto für das Möbelhaus Höffner alleine zu eröffnen.

E Die *Nordbank AG* weist Frau Esch darauf hin, dass sie gemeinsam mit Herrn Höffner zur Kontoeröffnung berechtigt ist.

F Unabhängig von der Handelsregistereintragung darf Herrn Höffner eine Kontovollmacht auf dem Geschäftskonto der Möbelhaus Höffner KG erteilt werden.

Aufgabe I-76

Im Rahmen der Kontoeröffnung für die Möbelhaus Höffner KG sind die AGB anerkannt worden. Frau Esch teilt der *Nordbank AG* mit, dass die Möbelhaus Höffner KG ihre gesamten zukünftigen Bankgeschäfte über diese Kontoverbindung abwickeln wird. Sie bittet die *Nordbank AG* um Informationen über die Erteilung von Bankauskünften über die Möbelhaus Höffner KG. Welche der folgenden Aussagen über die Erteilung von Bankauskünften ist richtig?

A Die *Nordbank AG* verlangt eine schriftliche Einwilligung von Frau Wohltmann, um generell Bankauskünfte erteilen zu dürfen.

B Wegen des Bankgeheimnisses darf die *Nordbank AG* keinerlei Auskünfte an Dritte erteilen.

C Die *Nordbank AG* benötigt keine weitere Einwilligung zur Erteilung von Bankauskünften, da dieses Verfahren bei Firmenkonten möglich ist.

D Jede einzelne Auskunftserteilung durch die *Nordbank AG* bedarf einer schriftlichen Einwilligung durch eine vertretungsberechtigte Person.

E Frau Wohltmann kann als Gesamtprokuristin die Erteilung von Bankauskünften nicht verhindern.

☐

Aufgabe I-77

Partnerschafts-konto

Andrea Manz und Paul Junge eröffnen ein Architektenbüro. Die Partnerschaftsgesellschaft ist als „Andrea Manz und Partner – Architekten“ im Partnerschaftsregister eingetragen. Bei der Vertretung gilt die gesetzliche Regelung. Herr Junge möchte für diese Gesellschaft ein Konto bei der *Nordbank AG* eröffnen. Welche der folgenden Vorgehensweisen des Kundenberaters bei der Eröffnung des Kontos ist richtig?

Der Kundenberater

A eröffnet das Konto unter der Bezeichnung „Manz & Junge“.

B bittet darum, dass Frau Manz und Herr Junge zur Kontoeröffnung anwesend sind, damit der Kontovertrag rechtswirksam unterzeichnet werden kann.

C teilt Herrn Junge mit, dass Konten von Partnerschaften auf den Namen aller Partner lauten müssen.

D erklärt, dass für Konten von Partnerschaften Kontovollmachten nicht erteilt werden können.

E benötigt zur Legitimationsprüfung neben dem Personalausweis von Herrn Junge einen beglaubigten Auszug neuesten Datums aus dem Partnerschaftsregister.

☐

Konto-eröffnung

Aufgabe I-78

Bei der *Nordbank AG* beantragen die unten genannten Personen die Eröffnung eines Kontokorrentkontos. Welche der folgenden Legitimationsunterlagen müssen für den rechtswirksamen Abschluss eines Kontovertrages vorgelegt werden? Bei der Vertretung gelten die gesetzlichen Regelungen.

Legitimationsunterlagen

1 Nur amtlicher Lichtbildausweis des Antragstellers

2 Nur amtliche Lichtbildausweise der Antragsteller

3 Auszug aus dem Handelsregister A (beglaubigt und neuesten Datums) und amtlicher Lichtbildausweis des Antragstellers

4 Auszug aus dem Handelsregister B (beglaubigt und neuesten Datums) und amtliche Lichtbildausweise der Antragsteller

Antragsteller

A Björn Uhlig als einer der beiden Gesellschafter für die Firma „Meyer & Söhne Tischlerei OHG“

B Hans-Peter Carstens, Bezirksschornsteinfeger

C Gerhard Schürmann und Tanja Rossler, Geschäftsführer der „Hansebäckerei GmbH“

D Die Steuerberater Hansen, Hallbauer und Stegemann für ihre „Steuerberatersozietät Hansen, Hallbauer und Stegemann GbR“

E Paul Klute e.K.

A	B	C	D	E

Bank-auskunft

Aufgabe I-79

Ute Blechen beantragt bei der *Nordbank AG* die Eröffnung eines Girokontos. Im Rahmen des Beratungsgesprächs möchte Frau Blechen Informationen über die Erteilung von Bankauskünften über Sie durch die *Nordbank AG*. Wie informieren Sie Frau Blechen richtig?

A Bankauskünfte werden nur an Kunden der *Nordbank AG* erteilt. Diese müssen ein berechtigtes Interesse an der Auskunft haben.

B Erteilt die *Nordbank AG* einem anderen Kreditinstitut eine Bankauskunft über einen Kunden, darf dieses Kreditinstitut die Auskunft nie für eigene Zwecke verwenden.

C Eine Bankauskunft enthält allgemein gehaltene Feststellungen und Bemerkungen über die wirtschaftlichen Verhältnisse des Kunden.

D Die *Nordbank AG* ist befugt, über alle gewerbetreibenden Kunden Bankauskünfte zu erteilen, sofern diese die Allgemeinen Geschäftsbedingungen (AGB) anerkannt haben.

E Betragsmäßige Angaben über Kontostände darf die *Nordbank AG* machen, wenn sie schutzwürdigen Belangen des Kunden nicht entgegenstehen.

Aufgabe I-80

Mietkautions-konto

Die Speditionskauffrau Martina Schön hat nach längerer Suche eine Zwei-Zimmer-Wohnung gefunden. Nach Festlegung der monatlichen Miete in Höhe von 850,00 EUR verlangt der Vermieter Carsten Gloor zusätzlich als Sicherheit eine Mietkaution über 1.700,00 EUR. Die Art der Kautionsstellung ist Frau Schön freigestellt. Welche der folgenden Aussagen ist in diesem Zusammenhang zutreffend?

A Der Mietkautionsbetrag sollte auf einem Festgeldkonto mit der Kontobezeichnung „Martina Schön, Sonderkonto Mietkaution" angelegt werden.

B Über die Zinsen aus der angelegten Mietkaution kann Frau Schön jährlich verfügen.

C Die Mietkaution sollte auf ein Gemeinschaftskonto, Kontobezeichnung: „Carsten Gloor und Martina Schön", mit Einzelverfügungsberechtigung eingezahlt werden.

D Es kann ein Sparkonto mit dreimonatiger Kündigungsfrist auf den Namen von Frau Schön eröffnet werden. Die angelegte Mietkaution wird Herrn Gloor als Vermieter verpfändet.

E Wenn eine Spareinlage als Mietkaution zu Gunsten des Vermieters verpfändet wird, ist die Erteilung eines Freistellungsauftrags nicht möglich.

☐

Situation zu den Aufgaben I-81 bis I-83

Konto–eröffnung

Sabrina Stelter (17 Jahre alt) und ihre Mutter Sarah Stelter (51 Jahre alt) nehmen heute einen Beratungstermin bei Ihnen in der *Nordbank AG* wahr. Beide Frauen möchten jeweils ein Kontokorrentkonto für sich bei *Nordbank AG* eröffnen lassen.

Aufgabe I-81

Legitimations–prüfung

Zunächst möchte Sarah Stelter wissen, aus welchem gesetzlichen Grund sie ihre gültigen amtlichen Lichtbildausweise vorlegen müssen. Stellen Sie fest, wie Sie Frau Stelter richtig informieren!

A Die *Nordbank AG* benötigt einen gültigen amtlichen Lichtbildausweis, da man nur so ihre Adressen gemäß § 154 Abgabenordnung überprüfen kann.

B Die *Nordbank AG* benötigt einen gültigen amtlichen Lichtbildausweis, da niemand Konten auf einen falschen oder erdichteten Namen eröffnen darf.

C Die *Nordbank AG* verlangt aus eigenem Interesse einen gültigen amtlichen Lichtbildausweis, da diesem immer die aktuelle Anschrift der beiden Frauen zu entnehmen ist.

D Die *Nordbank AG* benötigt einen gültigen amtlichen Lichtbildausweis, um festzustellen, ob die beiden Frauen auf eigene Rechnung handeln.

E Die *Nordbank AG* benötigt einen gültigen amtlichen Lichtbildausweis, um den Kundinnen die richtige Konfession zuzuordnen.

Rechtliche Grundlagen

Aufgabe I-82

Sabrina Stelter teilt Ihnen mit, dass sie in einigen Tagen ihre Ausbildung zur Einzelhandelsfachfrau in der Supermarkt AG beginnt und das Girokonto benötigt, damit ihr die Ausbildungsvergütung überwiesen werden kann. Prüfen Sie, was Sie bei der Kontoeröffnung beachten müssen!

A Das Konto darf aufgrund gesetzlicher Vorschriften nur gegen Vorlage des Ausbildungsvertrags eröffnet werden.

B Im Rahmen der Kontoeröffnung muss eine Anfrage bei der SCHUFA Holding AG erfolgen, da dies gesetzlich vorgeschrieben ist.

C Da ihre Eltern bereits dem Ausbildungsvertrag zugestimmt haben, kann Sabrina Stelter den Kontoeröffnungsantrag rechtswirksam alleine stellen.

D Die Eröffnung des Kontos ist nur mit der Zustimmung der gesetzlichen Vertretung möglich.

E Für die Eröffnung des Kontos bedarf es der Zustimmung des Familiengerichts.

SCHUFA-Klausel

Aufgabe I-83

Beide Kundinnen haben nach dem Beratungsgespräch bei der *Nordbank AG* einen Kontoeröffnungsantrag für ein Girokonto unterzeichnet. Nun sollen sie die von der *Nordbank AG* vorgeschriebene SCHUFA-Klausel ebenfalls unterschreiben. Beiden Frauen ist die SCHUFA nicht bekannt. Stellen Sie fest, wie Sie die Kundinnen im Zusammenhang mit der SCHUFA richtig informieren!

A Fällt die SCHUFA-Auskunft negativ aus, muss die *Nordbank AG* die Kontoeröffnung aufgrund gesetzlicher Regelungen ablehnen.

B Der Eintrag einer Kreditaufnahme bei einer anderen Bank ist ein Negativmerkmal in der SCHUFA-Auskunft.

C Eintragungen bei der SCHUFA werden nicht gelöscht, sie erhalten aber einen Erledigungsvermerk.

D Das Abhandenkommen einer Kreditkarte ist ein Negativmerkmal in der SCHUFA-Auskunft.

E Verweigern die beiden Frauen die Unterzeichnung der SCHUFA-Klausel, kann die *Nordbank AG* entscheiden, diese Konten nur auf Guthabenbasis zu führen.

Situation zu den Aufgaben I-84 bis I-87

Konto–eröffnung

Tobias Heuer ist Sportlehrer an der Berufsschule für Wirtschaft und Verwaltung in Norderstedt. Herr Heuer möchte bei der *Nordbank AG* in Norderstedt ein neues Girokonto für ihn eröffnen lassen.

Aufgabe I-84

AGB SCHUFA-Klausel

Im Rahmen der Kontoeröffnung bitten Sie den Neukunden Herrn Heuer, die Allgemeinen Geschäftsbedingungen (AGB) anzuerkennen und der *Nordbank AG* die Einwilligung zur Datenübermittlung an die SCHUFA Holding AG (SCHUFA) zu erteilen. In diesem Zusammenhang möchte Herr Heuer von Ihnen einige Informationen über die SCHUFA und die Übermittlung bzw. Speicherung von Daten erhalten. Welche Information darf die *Nordbank AG* Herrn Heuer geben?

A Durch die Einwilligung zur Datenübermittlung befreit Herr Heuer die *Nordbank AG* vom Bankgeheimnis und ermächtigt die SCHUFA, seine Daten zu speichern.

B Alle über Herrn Heuer bei der SCHUFA gespeicherten Negativmerkmale werden spätestens drei Jahre nach der Übermittlung wieder gelöscht.

C Die SCHUFA ist eine Schutzorganisation für allgemeine Kreditsicherung, an die die *Nordbank AG* verpflichtet ist, personenbezogene Daten und kreditrelevante Informationen aller ihrer Privat- und Firmenkunden zu melden.

D Sollte Herr Heuer kurzfristig einen Kredit benötigen, kann sich die *Nordbank AG* durch eine SCHUFA-Abfrage schnell und unbürokratisch über seine Kontoguthaben bei anderen Kreditinstituten informieren und somit die Kreditvergabe erheblich beschleunigen.

E Die Inanspruchnahme eines Dispositionskredits bei der *Nordbank AG* wird der SCHUFA übermittelt, da dieses als Positivmerkmal gilt.

☐

Aufgabe I-85

Legitimations–prüfung

Auf welche Angabe von Herrn Heuer können Sie bei der Kontoeröffnung verzichten, ohne gesetzliche Bestimmungen zu verletzen?

A vollständiger Name gemäß amtlichen Lichtbildausweis

B Geburtsort

C vollständige Adresse gemäß amtlichen Lichtbildausweis

D Beschäftigungsverhältnis gemäß Arbeitsvertrag

E Art, Nummer und ausstellende Behörde des amtlichen Lichtbildausweises

☐

Rechnungs–abschluss

Aufgabe I-86

Im Verlauf des Kundengesprächs über die Kontoeröffnung teilen Sie Herrn Heuer mit, dass die *Nordbank AG* für dieses Konto in regelmäßigen Abständen einen Rechnungsabschluss erstellt. Herr Heuer möchte von Ihnen über den Rechnungsabschluss und dessen Bedeutung informiert werden. Welche Aussage hierzu trifft zu?

A Der Rechnungsabschluss unterscheidet sich von einem Kontoauszug nur dadurch, dass er dem Kunden außer dem Saldo auch die von der *Nordbank AG* berechneten Soll- und Habenzinsen sowie die Kontoführungsentgelte anzeigt.

B Mit dem ersten Umsatz nach einem Rechnungsabschluss hat der Kontoinhaber gleichzeitig auch den Rechnungsabschluss der *Nordbank AG* genehmigt.

Es können dann keine nachträglichen Korrekturen mehr vorgenommen werden.

C Der Rechnungsabschluss erfolgt einmal jährlich. Eine unterjährige Erstellung eines Rechnungs-abschlusses ist bei einem Girokonto nicht zulässig.

D Eine Stornobuchung von Gutschriften oder Belastungen ist nach einem erfolgten Rechnungs-abschluss gemäß unserer AGB nur noch mit Ihrer Einwilligung möglich.

E Einwendungen gegen einen Rechnungsabschluss müssen gemäß der AGB der *Nordbank AG* von Herrn Heuer unverzüglich, spätestens aber sechs Wochen nach dessen Zugang erhoben werden, ansonsten gilt der Rechnungsabschluss als genehmigt.

☐

Konto–vollmacht

Aufgabe I-87

Die *Nordbank AG* führt unter der Bezeichnung „FC Norderstedt e. V.“ ein Girokonto. Herr Heuer ist auch Mitglied im Vorstand des FC Norderstedt. Heute kommt Herr Heuer zu Ihnen und möchte der auf der letzten Mitgliederversammlung als Kassiererin gewählten Susanne Köhler Vollmacht über das Vereinskonto erteilen. Zu Beginn des Gespräches hat sich die *Nordbank AG* den aktuellen Vereinsregisterauszug angesehen.

Vereinsregister des Amtsgerichts Norderstedt			Nummer des Vereins: VR 1080	
Nr. der Eintragung	a) Name b) Sitz	a) Allgemeine Vertretungsregelung b) Vertretungsberechtigte und c) besondere Vertretungsbefugnis	a) Satzung b) Sonstige Rechtsverhältnisse	a) Tag der Eintragung b) Bemerkungen
1	2	3	4	5
1	a) FC Norderstedt b) Norderstedt	a) Der vertretungsberechtigte Vorstand besteht aus den/der Vorsitzenden und den/der stellvertretenden Vorsitzenden. Jeweils zwei Vorstandsmitglieder vertreten den Verein gemeinsam. b) Vorsitzende: Schramm, Veronika, Sekretärin, Norderstedt, *14.08.1956 stellvertretende Vorsitzende: Gloor, Carsten, Elmshorn, * 01.05.1972 stellvertretende Vorsitzende: Dr. Urban, Frank , Rechtsanwalt, Hamburg, * 05.06.1969	a) eingetragener Verein Satzung vom 15.06.1928 zuletzt geändert am 05.11.2007	a) 09.06.2005 b) Tag der ersten Eintragung: 11.03.1925 Dieses Blatt ist zur Fortführung auf EDV neu gefasst worden und dabei an die Stelle des bisherigen Registerblattes getreten.
2		b) Nicht mehr Vorsitzende: Schramm, Veronika, Sekretärin, Nor- *14.08.1956 Bestellt als Vorsitzende: Heuer, Tobias, Sportlehrer, Norderstedt *23.07.1975	a) Die Mitgliederversammlung vom 06.03.2018 hat die Änderung der Satzung in § 20 beschlossen.	a) 03.05.2012, Norderstedt

Welche zwei Informationen dürfen Sie Herrn Heuer hinsichtlich der Voraussetzungen für die rechtswirksame Erteilung und Ausübung der Kontovollmacht geben?

A Da es sich bei einer Vollmacht um ein einseitiges nicht empfangsbedürftiges Rechtsgeschäft handelt, kann Herr Heuer diese Kontovollmacht allein rechtswirksam erteilen.

B Damit Frau Köhler rechtswirksam über das Vereinskonto verfügen kann, muss sie die Kontovollmacht durch ihre Unterschrift auf dem betreffenden Formular annehmen.

C Da es sich bei dem Vereinskonto um ein Gemeinschaftskonto handelt, muss die Kontovollmacht von allen Vertretungsberechtigten des Vereins gemeinsam erteilt werden.

D Diese Vollmacht ist rechtswirksam erteilt, wenn Herr Heuer die betreffende Erklärung gemeinsam mit Herrn Gloor oder Herrn Dr. Urban unterschrieben hat.

E Nach rechtswirksamer Erteilung der Vollmacht und vor ihrer ersten Verfügung über das Vereinskonto muss sich Frau Köhler durch Vorlage eines gültigen amtlichen Lichtbildausweises legitimieren und eine Unterschriftsprobe bei der *Nordbank AG* hinterlegen.

F Da Frau Köhler im Rahmen der Vollmacht für fremde Rechnung handelt, muss sie nach den Vorschriften des Geldwäschegesetzes (GWG) identifiziert werden, bevor sie das erste Mal über das Vereinskonto verfügen kann.

Daten-sicherung

Aufgabe I-88

Welche Erläuterung erklärt den Begriff „Backup" korrekt!

A Ein Zugriff auf Daten ist nur gemeinsam mit dem Datenschutzbeauftragten möglich.

B Alle Datenträger werden mit einem Schreibschutz gegen versehentliches Löschen geschützt.

C Von allen relevanten Daten werden regelmäßig Sicherheitskopien angefertigt.

D Die Passwörter der Mitarbeiter der *Nordbank AG* müssen aus Sicherheitsgründen regelmäßig geändert werden.

E Die Datenträger müssen in einem feuerfesten Tresor gelagert werden.

☐

Kautions-konto

Aufgabe I-89

Frau Sandra Umland ist Kundin der *Nordbank AG*. Frau Umland wird im nächsten Monat eine neue Wohnung beziehen und soll für ihre neue Wohnung eine Kaution für die Wohnungsgesellschaft TAG GmbH hinterlegen. Die Vermieterin ist ebenfalls Kundin der *Nordbank AG* und unterhält ein Kontokorrentkonto unter der Bezeichnung Wohnungsgesellschaft TAG GmbH. Für die Anlage der Mietkaution soll bei der *Nordbank AG* gemäß den Vorschriften des Bürgerlichen Gesetzbuchs (BGB) ein Mietkautionskonto auf den Namen der Wohnungsgesellschaft TAG GmbH eröffnet werden. Wie informieren Sie Frau Umland über das Kautionskonto richtig?

A Die Spareinlage wird verpfändet und Die GmbH wird Gläubigerin der Einlage.

B Die Laufzeit der Spareinlage auf dem Mietkautionskonto endet mit der Laufzeit des Mietvertrags, da es sich um eine akzessorische Mietsicherheit handelt.

C Frau Umland kann über das Mietkautionskonto bei der *Nordbank AG* verfügen, um damit anfallende Nebenkosten für ihre neue Wohnung zu begleichen.

D Da es sich um ein Mietkautionskonto handelt, das auf Rechnung von Frau Umland geführt wird, kann sie das Konto in ihren Freistellungsauftrag einbeziehen.

E Dieses Mietkautionskonto unterliegt nicht dem AGB-Pfandrecht der *Nordbank AG*, sofern diese mit dem Kontoguthaben eine Forderung aus einem Darlehen an die Wohnungsgesellschaft TAG GmbH ausgleichen möchte.

☐

Aufgabe I-90

Anderkonto

Der Notar Dr. Marius Sonntag hat eine Anwaltskanzlei in Norderstedt eröffnet. Heute kommt Herr Dr. Sonntag zu Ihnen in die *Nordbank AG*, Filiale Norderstedt, um erstmals ein Notar-Anderkonto eröffnen zu lassen. Das Anderkonto soll für die Abwicklung eines Grundstückkaufvertrags für die Blütenbau GmbH eröffnet werden. Wie informieren Sie Dr. Sonntag über das Notar-Anderkonto richtig.

A Die *Nordbank AG* prüft regelmäßig aufgrund gesetzlicher Vorschriften, ob die Voraussetzungen zur Führung eines Notar-Anderkontos noch gegeben sind.

B Das Notar-Anderkonto muss auf den Namen von Herrn Dr. Sonntag eröffnet werden und erhält den Zusatz „Notaranderkonto" Blütenbau GmbH.

C Frau Grundmer, Geschäftsführerin der Blütenbau GmbH, muss als wirtschaftlich Berechtigte bei der Kontoeröffnung identifiziert werden.

D Frau Grundmer kann über das Notar-Anderkonto eine Vollmacht erhalten.

E Herr Dr. Sonntag muss nicht identifiziert werden. Die vereinfachten Sorgfaltspflichten des Geldwäschegesetzes bei Notar-Anderkonten entbinden Sie von der Pflicht zur Identifizierung.

☐

Aufgabe I-91

SCHUFA

Die Angestelltin Hella Süßmilch, 24 Jahre alt, möchte erstmals ein Girokonto bei der *Nordbank AG* eröffnen lassen. In diesem Zusammenhang bitten Sie Frau Süßmilch, die SCHUFA-Klausel mit ihrer Unterschrift anzuerkennen. Welche Auswirkungen hat die Anerkennung der SCHUFA-Klausel für Frau Süßmilch?

A Da Frau Süßmilch dieses Konto auch überziehen kann, meldet die *Nordbank AG* nach Anerkennung der SCHUFA-Klausel nur Negativmerkmale an die SCHUFA.

B Sofern Frau Süßmilch eine einwandfreie Bonität hat, meldet die *Nordbank AG* nach Anerkennung der SCHUFA-Klausel keine Merkmale an die SCHUFA.

C Frau Süßmilch kann sich bei der SCHUFA über ihre dort gespeicherten Daten mit Genehmigung der *Nordbank AG* informieren.

D Verweigert Frau Süßmilch die Anerkennung der SCHUFA-Klausel, kann die *Nordbank AG* entscheiden, das zu eröffnende Konto ausschließlich kreditorisch zu führen.

E Fällt die SCHUFA-Abfrage für Frau Süßmilch negativ aus, so ist die *Nordbank AG* nach den AGB der Banken und Sparkassen verpflichtet, die Eröffnung des Kontokorrentkontos abzulehnen.

☐

Schufa-Auskunft

Aufgabe I-92

Die Schufa ist eine Unternehmung, die aufgrund des Bedarfs an Kreditwürdigkeitsprüfungen bei Ratenzahlungen entstanden ist. Welche Aussagen über die Schufa und den Schufa-Score sind richtig?

A Der Schufa-Score wird dem anfragenden Unternehmen in Prozentangabe mitgeteilt. Die beste Bonitätsbewertung ist bei 99,9 %.

B Hauptanteilseigner der Schufa sind private Unternehmen und private Haushalte.

C Mit der Neuberechnung des Schufa-Scores hat sich die persönliche Bonität für die meisten Verbraucher in Deutschland verbessert.

D Eine Schufa-Abfrage wird i.d.R. bei Online-Käufen auf Rechnung, bei Ratenkrediten oder bei 24-Monats-Mobiifunkverträgen durchgeführt.

E Die Schufa speichert Daten über die Anzahl von Krediten, Bankkonten, die Anschrift, evtl. Probleme beim Tilgen von Darlehen und Bezahlen von Rechnungen. Die Schufa hat auch Informationen über das Guthaben auf dem Konto oder den monatlichen Verdienst der gespeicherten Person.

F 999 Punkte ist der höchste Score-Wert, bis 776 Punkte gilt der Score als hervorragend, von 709 bis 775 Punkte gilt der Score noch als gut. Werte darunter werden von Unternehmen in der Regel schon als höheres Ausfallrisiko bewertet.

☐☐

Nachlass-konto

Aufgabe I-93

Im Todesfall eines Kontoinhabers muss das kontoführende Kreditinstitut grundsätzlich die Erbschaftsteuerstelle informieren. In welchem Fall kann diese Meldung unterbleiben?

A Der Verstorbene unterhält ein Girokonto, das am Todestag des Kontoinhabers ein Guthaben von 12.300,00 EUR aufweist. Weitere Konten oder Depots bestehen nicht.

B Der Verstorbene unterhält ein Sparkonto, das am Todestag des Kontoinhabers ein Guthaben von 880,47 EUR aufweist. Außerdem liegt in der Silberkammer des Kreditinstituts ein verplombtes Verwahrstück.

C Der Verstorbene unterhält ein Girokonto, das am Todestag des Kontoinhabers ein Guthaben von 420,00 EUR aufweist. Für den Verstorbenen wird außerdem ein Depot geführt, das am Todestag einen Bestand von 200 Automobil-Stammaktien zum Kurswert von 63,00 EUR je Aktie zeigt.

D Der Verstorbene unterhält ein Girokonto, das am Todestag des Kontoinhabers nach gleichtägiger Barabhebung von 20.000,00 EUR ein Guthaben von 2.430,00 EUR aufweist.

E Der Verstorbene unterhält ein Girokonto mit einem Guthaben von 1.312,49 EUR und ein Sparkonto mit einem Guthaben einschließlich aufgelaufener Zinsen von 800,91 EUR.

☐

Aufgabe I-94

Kontoarten

Die Nordbank AG führt für ihre Kunden verschiedene Kontoarten.

Ordnen Sie die Kontoarten den entsprechenden Informationen zu!

Kontoarten

1. Pfändungsschutzkonto
2. Notaranderkonto
3. Mietkautionskonto auf den Namen des Mieters
4. keine Zuordnung

Informationen

A Das Führen dieses Kontos wird nach Meldung durch die Nordbank AG von der SCHUFA gespeichert.

B Für dieses Konto ist die Erteilung eines Freistellungsauftrags ausgeschlossen.

C Das Konto wird nur eröffnet, wenn der Nordbank AG keine Negativmerkmale der SCHUFA über den Kontoinhaber bekannt sind.

D Das Kontoguthaben wird an einen Dritten verpfändet.

A	B	C	D

Aufgabe I-95

Kontovollmacht

Falko Lindeholz (25 Jahre alt) unterhält bei der *Unionbank AG* ein Girokonto und ein Sparkonto. Er hat seiner Lebensgefährtin Josefine Fraedrich Kontovollmacht für beide Konten erteilt. Welche Aussage trifft zu?

A Beide Vollmachten erlöschen mit dem Tod des Vollmachtgebers.

B Die Kontovollmachten können nur innerhalb des von der *Unionbank AG* festgelegten Verfügungsrahmens ausgeübt werden.

C Verfügungen des Bevollmächtigten, z. B. eine Barabhebung, werden zu Lasten des Vollmachtgebers ausgeführt.

D Die Vollmachten geben Frau Fraedrich stets das Recht, Untervollmachten zu erteilen.

E Vollmachten für Sparkonten werden in der Bankpraxis als „Vollmacht bis zum Todesfall", Vollmachten für Girokonten als „Vollmacht über den Tod hinaus" erteilt.

II. Inländischer Zahlungsverkehr

Lösungen ab Seite 305

Aufgabe II-1

Online-Banking

Marian Gerhard ist seit kurzem Girokunde bei der *Nordbank AG*. Er möchte künftig das Online-Banking nutzen. Sie teilen Herrn Gerhard mit, dass er für die Teilnahme am Online-Banking personalisierte Sicherheitsmerkmale, z. B. PIN, TAN oder den Nutzungscode für die elektronische Signatur und Authentifzierungsinstrumente, z. B. TAN-Generator Mobiltelefon zum Empfang von TAN per SMS oder Banking-App benötigt. Herr Gerhard hat allerdings Bedenken, dass unberechtigte Dritte auf sein Konto zugreifen können und er für den eventuellen Schaden haftbar ist. Herr Gerhard besitzt ein Handy, das er für das Online-Banking nutzen möchte. Wie informieren Sie Herrn Gerhard richtig!

A Ein unberechtigter Zugriff Dritter wird erschwert, da bei erstmaliger Eingabe einer falschen PIN der Zugang zum Onlinebanking sofort gesperrt wird.

B Bei einem unberechtigten Zugriff Dritter liegt die gesetzliche Haftungsgrenze für Herrn Gerhard beim Onlinebanking bei maximal 150,00 EUR.

C Die TAN wird vom der *Nordbank AG* aus Bestandteilen des Kundenauftrages ermittelt. Die *Nordbank AG* übermittelt die TAN und die Auftragsdaten per SMS an Herrn Gerhard.

D Für dieses Verfahren benötigt der Kunde einen QR-Chipcode, einen QR-Kartenleser und eine QR-Software. Nach Eingabe der PIN in den Kartenleser werden die Daten mit einer elektronischen Signatur versehen und verschlüsselt an die *Nordbank AG* übertragen. Die Bank entschlüsselt die Daten und prüft die elektronische Signatur mit Hilfe eines öffentlichen Prüfschlüssels.

E Bei diesem Verfahren erhält Herr Gerhard eine TAN-Liste. Bei jeder Transaktion fordert die *Nordbank AG* eine bestimmte TAN-Nummer von der Liste an.

F Bei diesem Verfahren scannt Herr Gerhard einen QR-Code auf dem Bildschirm mit seinem Handy und übermittelt damit die Auftragsdaten an die Bank.

Aufgabe II-2

Überweisungs-rückruf

Herr Gerhard nutzt jetzt für den Zahlungsverkehr das Online-Banking. Bei der Kontrolle der Ausdrucke seiner Eingaben am PC stellt Herr Gerhard am Samstag, den 04.05. fest, dass er aus Versehen eine falsche IBAN verwendet hat. Herr Gerhard möchte deshalb den Überweisungsauftrag korrigieren. Bis zu welchem Zeitpunkt ist eine Korrektur bzw. Löschung des im Online-Banking-Verfahren erteilten Überweisungsauftrags möglich?

A Eine Korrektur bzw. Löschung des Überweisungsauftrags ist nur möglich, solange der Überweisungsauftrag mit einem QR-Code versehen aber noch nicht von Herrn Gerhard bestätigt wurde.

W. Grundmann et al., *Bankwirtschaft und Controlling Teil 1*, Prüfungstraining für Bankkaufleute, https://doi.org/10.1007/978-3-658-52865-2_2

B Eine Korrektur bzw. Löschung des Überweisungsauftrags ist nur am gleichen Tag bis 16 Uhr möglich.

C Eine Korrektur bzw. Löschung des Überweisungsauftrags ist nur bis zum Abschluss der Eingabesitzung möglich.

D Eine Korrektur bzw. Löschung ist nur bis Beginn des nächsten Werktags möglich.

E Eine Korrektur bzw. Löschung des Überweisungsauftrags ist nicht mehr möglich, wenn Herr Gerhard den Freigabecode eingetragen hat.

Charge-Card

Aufgabe II-3

In einem weiteren Beratungsgespräch beantragt Herr Gerhard eine Kreditkarte mit monatlicher Abrechnung (Charge-Card). Da Herr Gerhard bisher keine Erfahrungen mit Kreditkarten hat, möchte er über diese Kreditkarte informiert werden.

Wie informieren Sie Herrn Gerhard richtig?

A Mit dieser Kreditkarte erhält Herr Gerhard einen Verfügungsrahmen, über den innerhalb eines Monats mit der Charge-Card verfügt werden kann. Nicht ausgenutzte Beträge werden auf den nächsten Abrechnungszeitraum übertragen.

B Herr Gerhard erhält bei dieser Kreditkarte keine PIN, da die Autorisierung der Zahlung mit einer Unterschrift auf einem Leistungsbeleg erfolgen muss.

C Sollte die Belastungsbuchung der monatlichen Kartenumsätze zu einer Überziehung des Kontokorrentkontos von Herrn Gerhard führen, ist die *Nordbank AG* berechtigt, diese Lastschrift mangels Deckung zurückzugeben.

D Die Autorisierung der Zahlung mittels Unterschrift von Herrn Gerhard stellt die Erteilung eines Mandats für eine SEPA-Basislastschrift dar.

E Über die Umsätze, die mit dieser Kreditkarte getätigt werden, erhält Herr Gerhard eine monatliche Aufstellung. Der Gesamtbetrag aller Transaktionen im Abrechnungszeitraum wird seinem Konto belastet.

Gesetzliches Zahlungsmittel

Aufgabe II-4

Herr Klaus König ist Privatkunde der *Nordbank AG*. Heute kommt Herr König zu Ihnen an den Kassenterminal. Er legt Ihnen jeweils eine Münzrolle der Münzwerte 0,01, 0,02, 0,05, 0,10, 0,20, 0,50, 1,00 und 2,00 EUR zur Gutschrift auf sein Girokonto vor.

Ermitteln Sie den Gegenwert in EUR, den Herr König auf sein Konto gutgeschrieben bekommt.

EUR

Aufgabe II-5

Zahlungsformen

Der 38-jährige Kunde der *Nordbank AG*, Wilhelm Schlüter, ist seit einiger Zeit stark gehbehindert. Bislang hat er sein Zeitungsabonnement mit dem iTAN-Verfahren autorisiert. da das TAN-Verfahren nicht mehr zulässig ist, verwendet Herr Schlüter seither auch aus Sicherheitsgründen das Chip-TAN-Verfahren, bei dem ein TAN-Generator mit optischen Sensoren verwendet wird. Bringen Sie die folgenden Schritte in die richtige Reihenfolge.

A Am Display des Generators erscheinen die Empfängerkontonummer sowie der Überweisungsbetrag

B Erfassung einer Überweisung im Online-Banking

C Der TAN-Generator mit eingesteckter persönlicher Bankkarte wird an den Bildschirm gehalten

D Die TAN wird zur Autorisierung eingegeben

E Am Bildschirm erscheint eine Grafik, die fünf flackernde Schwarz-Weiß-Flächen enthält

F Der TAN-Generator errechnet eine Auftragsbezogene TAN

1	2	3	4	5	6

Aufgabe II-6

Verlust der Girocard

Ein Unberechtigter nutzt missbräuchlich im electronic-cash-Verfahren die gestohlene Girocard von Frau Ehlers. Der Schaden vor der Kartensperre beläuft sich auf 120,39 EUR. Der Karteninhaberin Simone Ehlers, Kundin der *Nordbank AG*, ist die Girocard unverschuldet abhandengekommen. Wer haftet für den entstandenen Schaden?

A Simone Ehlers hat nach Benachrichtigung der *Nordbank AG* eine Wartezeit von 6 Monaten hinzunehmen. Danach erfolgt die Erstattung des Betrages durch die *Nordbank AG*.

B Der Supermarkt, der die Kartenzahlung im ELV akzeptiert hat, ist zum Ersatz des Schadens verpflichtet, da er nicht die Berechtigung des Karteninhabers geprüft hat.

C Die Kreditinstitute haben für solche Schäden einen Sicherungsfonds gegründet, der Frau Ehlers den entstandenen Schaden ersetzt.

D Frau Ehlers hat den Verlust in Höhe von 50,00 EUR selbst zu tragen, da die Haftung bei einem missbräuchlichen Einsatz der Girocard vor der Kartensperre auf 50,00 EUR begrenzt ist.

E Die Schadensregulierung übernimmt zu 90 % die *Nordbank AG*, Frau Ehlers trägt 10 % des entstandenen Schadens.

Bareinzahlungen

Aufgabe II-7

Der Kassiererin der *Nordbank AG* Anja Thiede fällt bei einer Einzahlung auf ein Sparkonto ein 50,00 EUR-Schein auf, der möglicherweise gefälscht sein könnte. Wie verhält sich Frau Thiede richtig?

A Frau Thiede hat die 50,00 EUR-Banknote anzuhalten und dem Einzahler im Austausch eine andere, nicht gefälschte Banknote auszuhändigen.

B Der Betrag wird dem Sparkonto bis zur endgültigen Klärung des Sachverhalts unter Vorbehalt gutgeschrieben.

C Frau Thiede hält die Personalien des Einzahlers fest und gibt die Banknote an den Sparer zurück mit dem Hinweis, dass die Banknote wahrscheinlich gefälscht ist.

D Frau Thiede muss die als Falschgeld verdächtige Banknote unverzüglich der Deutschen Bundesbank zur Überprüfung weiterleiten.

E Die *Nordbank AG* hat die verdächtige Banknote mit einem Bericht der Polizei zu übersenden und die Deutsche Bundesbank über diesen Vorgang zu informieren.

☐

NFC

Aufgabe II-8

Herr Torsten Schäfer ist Kunde der *Nordbank AG*. In einem Beratungsgespräch über Zahlungsarten bittet Herr Schäfer um nähere Informationen zum NFC-Logo und den damit verbundenen Funktionen. Wie informieren Sie Herrn Schäfer richtig?

A NFC-Bezahlkarten haben eine kontaktlose Bezahlfunktion, mit der Beträge bis zu 100,00 EUR kontaktlos nach dem PayPal-Verfahren bezahlt werden können.

B NFC-Bezahlkarten können durch einen Überweisungsauftrag auf das NFC-Konto geladen werden.

C NFC-Bezahlkarten haben eine kontaktlose Bezahlfunktion, mit der Einkaufsbeträge an Kassenlesegeräten bis zu 50,00 EUR kontaktlos bezahlt werden können.

D NFC-Bezahlkarten sind für beschränkt geschäftsfähige Personen geeignet, da diese bis zu einem Maximalbetrag von 50,00 EUR aufgeladen werden können, die dann zum kontaktlosen Bezahlen zur Verfügung stehen.

E NFC-Bezahlkarten haben die identischen Funktionen und Bedingungen wie eine Kreditkarte.

☐

Aufgabe II-9

Banknoten

Frau Ingrid Seidel ist Kundin der *Nordbank AG*. Sie hatte auf dem Weg zur *Nordbank AG* eine Zwanzig-Euro-Banknote gefunden. Die Echtheit der Banknote steht fest. Allerdings ist die Banknote zerrissen worden und Frau Seidel legt Ihnen weniger als die Hälfte der Banknote zum Eintausch vor. Welche Aussage trifft zu?

A Frau Seidel kann die zerrissene Banknote nur bei einer Hauptstelle der Deutschen Bundesbank eintauschen lassen.

B Die Zwanzig-Euro-Banknote kann von Frau Seidel nur auf ihrem Girokonto gutgeschrieben werden.

C Die Banknote kann von der *Nordbank AG* nur eingetauscht werden, wenn beide Banknoten-Nummern auf der zerrissenen Banknote noch vorhanden sind.

D Die Banknote kann nicht ausgetauscht werden, wenn weniger als die Hälfte der Banknote vorhanden ist.

E Die Banknote kann problemlos in der *Nordbank AG* eingetauscht oder zur Bezahlung in anderen Geschäften verwendet werden, sofern die beschädigte Banknote bei einer Filiale der Deutschen Bundesbank eingereicht wird.

☐

Aufgabe II-10

Bankautomat

In der *Nordbank AG*, Filiale Osterstraße, soll ein beschäftigungsbedingter Bankautomat (BBA) eingesetzt werden. Welche Information zu dem BBA im Hinblick auf die Unfallverhütungsvorschriften (UVV) müssen Sie im Kassenraum der Filiale Osterstraße ihren Kunden geben?

A Der BBA darf nur mit einer programmgesteuerten Bestandsverwaltung betrieben werden. Bei technischen Problemen kann der BBA auch vor Ablauf der Sperrzeit geöffnet werden.

B Am Kundeneingang der Filiale Osterstraße und in den anderen öffentlich zugänglichen Bereichen der Filiale muss darauf hingewiesen werden, dass die Geldbestände zeitschlossgesichert sind und die Mitarbeiter keinen Einfluss auf Abkürzung der eingestellten Sperrzeit haben.

C Zur Nutzung eines BBA durch einen Mitarbeiter müssen ein Fernsprecher sowie eine optische Raumüberwachungsanlage inklusive Alarmknopf in der Filiale Osterstraße installiert werden.

D BBA können vom zuständigen Unfallversicherungsträger geprüft werden. Diese Maßnahme erhöht die Versicherungsgrenzen.

E Zur BBA-Bedienung herrscht eine ständige Anwesenheitspflicht von mindestens drei Mitarbeitern. Diese Anwesenheitspflicht gilt auch an Wochenenden.

☐

SEPA-Lastschrift

Aufgabe II-11

Jürgen Spreizfuß ist Kassierer des Mietervereins Neumünster e. V. Herr Spreizfuß möchte das kürzlich eröffnete Vereinskonto dazu nutzen, die monatlichen Beiträge der Mitglieder des Mietervereins per SEPA-Basislastschrift einzuziehen. Herr Spreizfuß möchte nun wissen, wie das Verfahren funktioniert. Wie beraten Sie Herrn Spreizfuß richtig?

A Die Zahlstelle löst bei nicht ausreichender Kontodeckung nur einen Teilbetrag der Lastschrift ein.

B Sofern ein Vereinsmitglied einer autorisierten Lastschrift widersprechen möchte, muss dies innerhalb von sechs Wochen nach der Belastungsbuchung erfolgen.

C Durch das SEPA-Lastschriftmandat autorisiert das Vereinsmitglied sein Kreditinstitut, die Lastschriften des Vereins einzulösen.

D Die Angabe eines Fälligkeitsdatums im Lastschriftdatensatz durch den Verein ist nicht zulässig.

E Die Zahlstelle ist nicht berechtigt, ein Rückgabeentgelt zu berechnen.

☐

Überweisungsverkehr

Aufgabe II-12

Herr Manfred Heinrich ist Kunde der *Nordbank AG*. Herr Heinrich erteilt am 27. November (Freitag) um 15:30 Uhr der *Nordbank AG* einen Überweisungsauftrag über 2.750,00 EUR. Das Überweisungsformular wurde ordnungsgemäß ausgefüllt. Begünstigter ist die Firma *Bernrath OHG* in Flensburg bei der *Fördebank AG* in Flensburg. Das Preisverzeichnis der *Nordbank AG* sieht als Annahmefrist 15:00 Uhr vor. Das Konto von Herrn Heinrich weist die erforderliche Deckung auf.

Ermitteln Sie,

a) wann der Überweisungsbetrag gemäß den BGB-Bestimmungen zum Überweisungsverkehr dem Konto der *Fördebank AG* spätestens gutgeschrieben sein muss.

Tragen Sie jeweils das Datum (TT.MM.) in die Kästchen ein.

☐☐ . ☐☐ .

b) wann der Gutschriftsbetrag gemäß den BGB-Bestimmungen zum Überweisungsverkehr dem Konto der *Bernrath OHG* gutgeschrieben sein muss.

Tragen Sie jeweils das Datum (TT.MM.) in die Kästchen ein.

☐☐ . ☐☐ .

c) Beschreiben Sie kurz, wie der Überweisungsbetrag dem Zahlungsempfänger innerhalb von einigen Sekunden gutgeschrieben werden kann.

Aufgabe II-13

IBAN

Beschreiben Sie, wie die IBAN (International Bank Account Number) für Deutschland zusammengesetzt ist. Welche Aussage trifft zu?

A Die IBAN für Deutschland hat 32 Stellen, beginnend mit einer Prüfziffer, gefolgt vom Länderkennzeichen und daran anschließend die bisherige Kontonummer ggf. mit führenden Nullen.

B Die IBAN für Deutschland hat 20 Stellen, beginnend mit dem Länderkennzeichen, gefolgt von einer zweistelligen Prüfziffer und daran anschließend Bank- und Kontoidentifikation, bestehend aus Bankleitzahl und Kontonummer, ggf. mit führenden Nullen.

C Die IBAN für Deutschland hat 22 Stellen, beginnend mit einer Prüfziffer, gefolgt vom Länderkennzeichen und daran anschließend die bisherige Kontonummer und Bankleitzahl, ggf. mit führenden Nullen.

D Die IBAN für Deutschland hat 22 Stellen, beginnend mit dem Länderkennzeichen gefolgt von einer zweistelligen Prüfziffer und daran anschließend Bank- und Kontoidentifikation, bestehend aus Bankleitzahl und Kontonummer, ggf. mit führenden Nullen.

E Die IBAN für Deutschland hat 24 Stellen, beginnend mit einer Prüfziffer, gefolgt vom Länderkennzeichen und daran anschließend die bisherige Kontonummer und Bankleitzahl, ggf. mit führenden Nullen.

☐

Aufgabe II-14

Online-Banking

Der 38-jährige Kunde der *Nordbank AG*, Willem Sorglos, ist seit einiger Zeit stark gehbehindert. Herr Sorglos möchte sein Zeitungsabonnement aus Sicherheitsgründen mit dem ChipTAN-Verfahren autorisieren, bei dem ein TAN-Generator mit optischen Sensoren verwendet wird. Bringen Sie die folgenden Schritte in die richtige Reihenfolge.

A Am Display des Generators erscheinen die Empfängerkontonummer sowie der Überweisungsbetrag

B Erfassung einer Überweisung im Online-Banking

C Der TAN-Generator mit eingesteckter persönlicher Bankkarte wird an den Bildschirm gehalten

D Die TAN wird zur Autorisierung eingegeben

E Am Bildschirm erscheint eine Grafik, die fünf flackernde Schwarz-Weiß-Flächen enthält

F Der TAN-Generator errechnet eine Auftragsbezogene TAN

1	2	3	4	5	6

Karten-zahlungen

Aufgabe II-15

Sie sind Mitarbeiter(in) der *Nordbank AG* und beraten den Girokunden Jens Schulz über den Einsatz von Zahlungskarten. Im Beratungsgespräch machen Sie die untenstehenden Aussagen. Welche der untenstehenden Aussagen beziehen sich

1 nur auf Kreditkartenzahlungen (Charge Card)?
2 auf DebetCard- und Kreditkartenzahlungen?
3 nur auf ELV-Zahlungen (ELV = Elektronisches SEPA-Lastschriftverfahren)?
4 nur auf PayPal-Zahlungen?
5 auf DebetCard- und ELV-Zahlungen?
6 Nur Wero-Zahlungen?
7 auf DebetCard-, Kreditkarten und Wero-Zahlungen?
8 auf alle genannten Zahlungen?

Aussagen

A ^Man meldet sich kostenlos beim Zahlungsdienstleister an und hinterlegt sein Bankkonto oder seine Kreditkartendaten. Beim Bezahlen wählt man den Zahlungsdienstleisterund gelangt auf eine abgesicherte Zahlungsseite.

B Sofern keine grobe Fahrlässigkeit vorliegt, beträgt Ihr maximales Risiko bei einem Kartenmissbrauch durch Dritte 50,00 EUR.

C Mit dieser mobilen Zahlungsfunktion in der Banking-App können in Echtzeit ohne die IBAN Geldbeträge direkt und jederzeit über das Handy oder die Mailadresse auf das Konto des Zahlungsempfängers gesendet bzw. empfangen werden.

D Sie können einer Kontobelastung ohne Angabe von Gründen erfolgreich widersprechen.

E Bei der Kartenzahlung werden Sie aufgefordert, Ihre PIN einzugeben.

A	B	C	D	E

SEPA-Lastschrift

Aufgabe II-16

Die Baustoff- und Baumarkt AG verkauft ihre Produkte insbesondere an Handwerksbetriebe und Privatkunden. Die AG ist Kundin der *Nordbank AG*. Die Baustoff- und Baumarkt AG möchte ihren Kunden zukünftig die Möglichkeit bieten, Rechnungen mittels Lastschriften begleichen zu können. Der Einzelprokurist Herr Alfred Runge benötigt von der *Nordbank AG* hierzu noch weitere Informationen. Mit welcher Information beraten Sie Herrn Runge richtig?

A Die Kunden der Baustoff- und Baumarkt AG können bei der Zahlung mittels Lastschrift den Zeitpunkt der Kontobelastung selbst bestimmen.

B Die Baustoff- und Baumarkt AG benötigt eine Gläubiger-Identifikationsnummer, die die Deutsche Bundesbank auf Antrag für natürliche und juristische Personen generiert und diese übermittelt.

C Für die Baustoff- und Baumarkt AG macht es keinen Unterschied, welches lastschriftverfahren sie mit ihren Kunden verwenden wird, da die Zahlungen sowohl beim SEPA-Basis-Lastschriftverfahren als auch beim SEPA-Firmenlastschriftverfahren in jedem Fall garantiert sind,

D Für den Einzug von Forderungen mittels SEPA-Basis-Lastschriften benötigt die Baustoff- und Baumarkt AG die Mandate ihrer Kunden. Diese müssen zusätzlich und separat auch ihre Kreditinstitute mit einem Mandat ausstatten.

E Die Baustoff- und Baumarkt AG ist zum Einzug von Forderungen mittels Lastschriften jederzeit berechtigt, da sie die AGB der *Nordbank AG* bei der Kontoeröffnung anerkannt hat. Weitere Vereinbarungen mit der *Nordbank AG* müssen nicht getroffen werden.

☐

Aufgabe II-17

Debitkarte

Auf Grund einer Kontoeröffnung beantragt Sebastian Lüders (23 Jahre alt) eine Debitkarte. Für welche Dienstleistungen kann Herr Lüders die Debitkarte nutzen? Ordnen Sie zu!

Debitkarten-Einsatz

1 Nur in Verbindung mit der persönlichen Geheimzahl (PIN)

2. mit Angabe der Debitkartennummer und Bestätigung des Zahlungsvorgangs mit der Debit-ID

3 Ohne Einsatz der persönlichen Geheimzahl (PIN)

Dienstleistungen

A Einsatz der Debitkarte für die Kontostandsabfrage an SB-Terminals

B Einsatz der Debitkarte für Hotelreservierungen.

C Einsatz der Debitkarte zum Abheben von Bargeld an Geldautomaten

D Einsatz der Debitkarte zum bargeldlosen Bezahlen an automatisierten Kassen bis 50,00 EUR

E Einsatz der Debitkarte zum bargeldlosen Bezahlen im Internet

F Einsatz der Debitkarte zum Bezahlen von Hotelrechnungen

G Einsatz der Debitkarte als Servicekarte zur Nutzung des Kontoauszugdruckers

A	B	C	D	E	F	G

Aufgabe II-18

Verlust der Debitkarte

Dem langjährigen Kunden der *Nordbank AG* Sven Oswald ist die Debitkarte außerhalb der Geschäftszeit abhandengekommen. Wie muss sich Herr Oswald in dieser Situation korrekt verhalten?

A Herr Oswald muss den Verlust der Debitkarte dem örtlichen Fundbüro unverzüglich mitteilen.

B Herr Oswald informiert die *Nordbank AG* unverzüglich schriftlich.

C Herr Oswald informiert die örtliche Polizeidienststelle vom Verlust seiner Debitkarte.

D Herr Oswald informiert unverzüglich den zentralen Sperrannahmedienst der *Gesellschaft für Zahlungsverkehrssysteme mbH* in Frankfurt am Main.

E Herr Oswald braucht den Sperrannahmedienst nicht zu informieren, sofern kein Schaden entstanden ist. Herr Oswald bestellt dann lediglich eine neue Debitkarte.

☐

Zahlungsarten

Aufgabe II-19

Herr Holger Arnold ist Antiquitätenhändler. Seine Antiquitäten beschafft sich Herr Arnold häufig während öffentlicher Auktionen. Wie muss die Bezahlung der ersteigerten Objekte erfolgen, wenn in diesen Auktionen höchste Anforderungen an die Zahlungssicherheit gestellt werden?

A Barzahlung

B Zahlung mittels Überweisung

C Zahlung mittels BankCard und Eingabe der PIN

D Zahlung mittels bestätigtem Bundesbankscheck

E Einzug des geforderten Betrages mittels einer SEPA-Einmallastschrift

F Zahlung unter Verwendung der Kreditkarte und der Kreditkartennummer sowie der dreistelligen Prüfziffer

☐ ☐

Kartenzahlung

Aufgabe II-20

Frau Susanne Hanke, Kundin der *Nordbank AG*, möchte bei der Firma *Atelco* unter Verwendung ihrer DebetCard mit PIN eine PC-Anlage bezahlen, die 2.480,00 EUR kosten soll. Über welchen Betrag kann Frau Hanke am Terminal maximal verfügen, wenn sie zurzeit ein Guthaben auf ihrem Girokonto von 1.800,00 EUR hat und einen Dispo von 1.000,00 EUR eingeräumt ist?

A Zahlungen mit DebetCard sind nur bis zu 500,00 EUR garantiert.

B Frau Hanke kann über den noch nicht genutzten Betrag ihres Verfügungsrahmens verfügen.

C Die Firma *Atelco* setzt den maximalen Verfügungsrahmen der Kundin aus Sicherheitsgründen selbst fest.

D Frau Hanke kann im Rahmen ihres Kontoguthabens einschließlich des eingeräumten Dispos unbeschränkt verfügen.

E Frau Hanke kann mit ihrer DebetCard über maximal 2.500,00 EUR innerhalb einer Woche verfügen.

☐

Situation zu den Aufgaben II-21 bis I-23

Auf der letzten Jahreshauptversammlung des SC Norderstedt e. V. wurde beschlossen, die fälligen Jahresbeiträge in Zukunft per SEPA-Basis-Lastschriftverfahren einzuziehen. Der SC Norderstedt e. V. unterhält sein Vereinskonto bei der *Nordbank AG*.

Aufgabe II-21

Vorteile des SEPA-Lastschriftverfahrens

Von der Umstellung auf das SEPA-Basis-Lastschriftverfahren erwartet der Verein mehrere Vorteile. Welche der folgenden Aussagen treffen in diesem Zusammenhang zu?

A Nach der Umstellung auf das SEPA-Basis-Lastschriftverfahren hat der Kassierer Arbeitserleichterungen bei der Kontrolle der Zahlungseingänge.

B Mahnschreiben für säumige Vereinsmitglieder entfallen zukünftig, da bei allen Mitgliedern aufgrund der eingereichten SEPA-Basis-Lastschriften die Mitgliedsbeiträge jetzt vom Verein eingezogen werden.

C Auch wenn von einem Vereinsmitglied keine schriftliche Einzugsermächtigung (SEPA-Lastschriftmandat) vorliegt, kann der Kassierer per SEPA-Basis-Lastschrift den fälligen Jahresbeitrag einziehen, da es sich um eine sog. Bagatelllastschrift handelt.

D Die Umstellung auf das SEPA-Basis-Lastschriftverfahren bedeutet pünktliche Zahlungseingänge, da der Verein selbst den Zeitpunkt der Zahlung bestimmen kann.

E Sollte die SEPA-Basis-Lastschrift mangels Deckung zurückkommen, so wird die Lastschrift noch einmal von der *Nordbank AG* erneut zum Einzug gebracht.

F Über die Gesamtgutschrift kann der Verein sofort in voller Höhe verfügen, da SEPA-Basis-Lastschriften in Verbindung mit einem Lastschriftmandat von den Zahlungspflichtigen nicht zurückgegeben werden können.

Aufgabe II-22

Rücklastschriften

Nachdem der Kassierer des SC Norderstedt e. V. für sämtliche Mitglieder die SEPA-Basis-Lastschriften für den Monat Dezember bei der *Nordbank AG* zum Einzug eingereicht hat, kommen in den darauffolgenden Tagen und Wochen einige SEPA-Basis-Lastschriften zurück. Welche der nachfolgenden Aussagen ist in diesem Zusammenhang zutreffend?

A Für eine Rücklastschrift kann durch die betreffende Zahlstelle ein Rückgabeentgelt von höchstens 10,00 EUR berechnet werden.

B Übersteigt der Lastschriftbetrag 3.000,00 EUR, so muss die Rückgabe von der Zahlstelle gegenüber der 1. Inkassostelle durch eine sog. Eilnachricht avisiert werden.

C Bei SEPA-Basis-Lastschriften in Verbindung mit einem Abbuchungsauftrag ist der häufigste Rückgabegrund „Widerspruch durch den Zahlungspflichtigen".

D Ein Rückgabegrund für eine SEPA-Basis-Lastschrift kann die Unanbringlichkeit der SEPA-Basis-Lastschrift sein. Eine SEPA-Basis-Lastschrift ist unanbringlich, wenn das Konto des Zahlungspflichtigen nicht genügend Deckung aufweist.

E Bei der Teileinlösung der SEPA-Basis-Lastschrift müssen Rücklastschriften grundsätzlich beleghaft erfolgen, d. h. es muss die Rückrechnung auf einer sog. Retourenhülle erfolgen.

☐

Rück-lastschriften

Aufgabe II-23

Nach einem längeren Auslandsaufenthalt entdeckt das ehemalige Vereinsmitglied Jan Ehlers am 07. Dezember dieses Jahres bei Durchsicht seiner Kontoauszüge, dass der SC Norderstedt e. V. vor fünf Wochen den Mitgliedsbeitrag von 178,50 EUR von seinem Konto bei der *Sparkasse* Pinneberg per SEPA-Lastschrift abgebucht hatte, obwohl er zum 15. August des Jahres seine Mitgliedschaft im Verein fristgemäß gekündigt hatte. Welche der nachfolgenden Aussagen ist in diesem Zusammenhang zutreffend?

A Da die Frist von acht Wochen nach Belastung seines Kontos verstrichen ist, kann Jan Ehlers bei seiner Sparkasse keinen Widerspruch mehr einlegen.

B Die Sparkasse von Jan Ehlers muss sich mit dem SC Norderstedt e.V. in Verbindung setzen und den Betrag zurückfordern.

C Da es sich um eine nicht autorisierte Kontobelastung handelt, kann Herr Ehlers innerhalb der Widerspruchsfrist von 13 Monaten der Belastung widersprechen.

D Wegen Ablauf der Frist von acht Wochen muss Herr Ehlers im Falle einer Rücklastschrift die anfallende Rücklastschriftgebühr von höchstens 3,00 EUR tragen.

E Beim SEPA-Basis-Lastschriftverfahren hat Herr Ehlers keine Möglichkeit, der Belastung zu widersprechen.

☐

Kontaktloses Bezahlen

Aufgabe II-24

Frau Inge Saß besitzt eine DebetCard mit der kontaktlosen NFC-Funktion. Was muss Frau Saß bei der Nutzung dieser Kartenfunktion beachten?

A Bei kontaktlosen Zahlungen mit der GiroCard muss Frau Saß ihre PIN am Händlerterminal eingeben.

B Bei Zahlungen im NFC-Verfahren muss Frau Saß einen Händlerbeleg unterschreiben, damit der Kaufpreis dem Verkäufer gutgeschrieben werden kann.

C Frau Saß kann im NFC-Verfahren ohne Eingabe ihrer PIN Einkäufe bis zu 50,00 EUR kontaktlos mit ihrer DebetCard am Händlerterminal bezahlen.

D Frau Saß kann gegen Bargeld an ungebundenen Ladeterminals oder durch Kontobelastung den Chip auf der DebetCard wieder aufladen lassen.

E Frau Saß kann im NFC-Verfahren jeden beliebigen Geldbetrag ohne Eingabe der PIN bezahlen.

☐

Aufgabe II-25

SEPA-Lastschrift-verfahren

Herr Arno Schüller, Prokurist der *Wolfen GmbH*, möchte mit einigen seiner Kunden das SEPA-Basis-Lastschriftverfahren vereinbaren. Wie informieren Sie Herrn Schüller richtig?

A „Ihr Kunde gibt Ihnen ein schriftliches SEPA-Basis-Lastschriftmandat."

B „Ihr Kunde kann nach der Erteilung des SEPA-Basis-Lastschriftmandats der Abbuchung nicht mehr widersprechen."

C „Die Hausbank Ihres Kunden löst Lastschriften im SEPA-Basislastschriftverfahren in jedem Fall ein, auch wenn nicht genügend Deckung auf dem Konto Ihres Kunden vorhanden ist."

D „Voraussetzung für Ihre Teilnahme am SEPA-Lastschriftverfahren ist eine schriftliche Inkassovereinbarung mit uns."

E „In der Inkassovereinbarung können Sie Fristen und Termine für Fälligkeiten einzelner SEPA-Lastschriften angeben."

F „Für Schäden, die Ihnen durch nicht eingelöste SEPA-Lastschriften entstehen, haftet stets die Bank Ihres Kunden."

☐☐

Aufgabe II-26

Kartenzahlungen

Immer mehr Kunden verwenden bei ihren täglichen Einkäufen die Debetcard, die Kreditkarte oder das Handy mit dem NFC-Logo im kontaktlosen GiroCard-Verfahren, um kleinere Rechnungsbeträge in Geschäften und an Automaten ohne Eingabe der PIN zu bezahlen. Welche Informationen zur NFC-Funktion treffen zu?

A Dem Kunden werden für den Verfügungsrahmen der Kreditkarte bis zur Verfügung über den Zahlungsdienstleister im NFC-Funktion Habenzinsen in Höhe von 0,5 % verrechnet.

B Da der Zahlungsdienstleister für jede Kreditkarte ein „Schattenkonto" führt, wird bei einer Beschädigung der Kreditkarte dem Kunden das noch vorhandene Guthaben auf Antrag erstattet.

C Bei Zahlungen mit der Debetcard im kontaktlosen NFC-Verfahren werden dem Kunden zusätzlich zum Rechnungsbetrag von dem zertifizierten Netzbetreiber eine Provision von bis zu 2,0 % des Rechnungsbetrages berechnet.

D Das kartenausgebende Institut belastet den Karteninhaber im NFC-Verfahren mit dem Zahlungsbetrag ohne PIN-Eingabe. Eine Rückgabe der Lastschrift mangels Kontodeckung oder Widerruf ist bis maximal 50,00 EUR möglich.

E Der Netzbetreiber stellt im NFC-Verfahren eine Autorisierungsabfrage bei der kartenausgebenden Bank bzw. bei deren Autorisierungszentrale. Nach Prüfung der Gültigkeit der Karte, Sperre der Karte und der Kontodeckung bzw. des Verfügungsrahmens autorisiert die kartenausgebende Bank die Zahlung.

F Hat der Nutzer die digitale Zahlungskarte z. B. in der Apple „Wallet App“ aktiviert, ist beim Bezahlen das Handy z. B. durch den Fingerabdruck zu entsperren und nahe an das Bezahl-Terminal zu halten. Über die NFC-Schnittstelle (Near Field Communication) des Smartphones werden die Daten in das Terminal eingelesen.

Kreditkarte

Aufgabe II-27

Florian Baum beantragt erstmalig eine Kreditkarte (Charge-Karte) bei der *Nordbank AG*. Herr Baum möchte wissen, welche Vorteile und Verpflichtungen mit der Kreditkarte verbunden sind. Welche zwei korrekten Informationen geben Sie Herrn Baum?

A Herr Baum kann mit der Kreditkarte weltweit in allen Geschäften durch Vorlage der Karte und Eingabe seiner PIN oder Unterschrift auf dem Rechnungsbeleg bezahlen.

B Sofern die Lebensgefährtin von Herrn Baum eine Vollmacht für das Kontokorrentkonto hat, darf sie auch Einkäufe mit dieser Kreditkarte tätigen.

C Im Schadensfall ist das Ausmaß der Haftung von Herrn Baum vom Grad der Verletzung seiner Sorgfaltspflichten gemäß den Kartenbedingungen abhängig.

D Das Kontokorrentkonto von Herrn Baum wird sofort nach jedem Kreditkarteneinsatz belastet.

E Durch die halbjährliche Abrechnung der Kartenumsätze und die einmalige Belastung am Jahresende spart Herr Baum Buchungsentgelte und Sollzinsen.

F Bis zur Belastung des Kontokorrentkontos werden Herrn Baum keine Sollzinsen für die Kreditkartenumsätze in Rechnung gestellt.

Aufgabe II-28

Zahlungsformen

Ordnen Sie drei der Zahlungsarten den Vorteilen für den Zahlungsempfänger zu!

Zahlungsarten

1 Überweisung am Selbstbedienungsterminal
2 ELV-Einmallastschriftverfahren
3 Dauerauftrag
4 SEPA-Basis-Lastschrift
5 SEPA-Firmenlastschrift
6 Kreditkarte Charge Card

Vorteile für den Zahlungsempfänger

A Der Zahlungsempfänger hat die gleiche Sicherheit wie bei Barzahlung.

B Der Zahlungsempfänger löst den Zahlungsvorgang aus. Der Zahlungspflichtige kann nach der Einlösung der Lastschrift der Kontobelastung nicht mehr widersprechen.

C Der Kunde führt die BankCard in das Kassenterminal ein. Es wird ein Beleg erstellt und der Kunde unterschreibt ein Lastschriftmandat für eine einmalige nicht wiederkehrende Lastschrift.

A	B	C

Aufgabe II-29

SEPA-Lastschrift

Das SEPA-Basis-Lastschriftmandat erhält vom Lastschrifteinreicher eine individuelle Mandatsreferenz.

Welche Aussage zur Mandatsreferenz trifft zu?

A Die Mandatsreferenznummer wird von der Deutschen Bundesbank vergeben und ermöglicht eine Identifizierung des Zahlungsempfängers.

B Die Mandatsreferenznummer wird von der Hausbank des Zahlungsempfängers vergeben und ermöglicht eine Identifizierung des Zahlungsempfängers.

C Die Mandatsreferenznummer wird vom Zahlungspflichtigen vergeben und ermöglicht in Verbindung mit der Gläubiger-Identifikationsnummer eine Identifizierung des Zahlungspflichtigen.

D Die Mandatsreferenznummer wird von der Hausbank des Zahlungsempfängers vergeben und ermöglicht eine Identifizierung des Zahlungspflichtigen.

E Die Mandatsreferenznummer wird vom Zahlungsempfänger vergeben und ermöglicht in Verbindung mit der Gläubiger-Identifikationsnummer eine eindeutige Zuordnung des Zahlungsvorgangs.

Girocard

Aufgabe II-30

Frau Schmalfuß will erstmalig eine DebetCard beantragen.

Wie informieren Sie Frau Schmalfuß richtig?

A Bei Postzustellung werden DebetCard und PIN getrennt verschickt.

B Die DebetCard kann nur für eine Person, aber für mehrere Konten ausgestellt werden.

C Bei fehlender Kontodeckung bzw. fehlender Kreditlinie können dem Kundenkonto bei Vorlage der Debitkarte keine Beträge belastet werden, die über den individuellen Verfügungsrahmen des Kunden hinausgehen.

D Pro Konto wird stets nur eine PIN vergeben.

E Die Debitkarte kann nur auf den Namen des Kontoinhabers oder eines Bevollmächtigten ausgestellt werden.

F Über Sparguthaben können Kontoinhaber auch mittels DebetCard an Kassenterminals verfügen.

Online-Banking

Aufgabe II-31

Herr Andreas Kollmann ist Neukunde der *Nordbank AG*. Herr Kollmann interessiert sich für die Eröffnung eines Online-Kontos mit HBCI-Nutzung. Mit welcher der nachstehenden Aussagen wird Herr Kollmann richtig beraten?

A Herr Kollmann benötigt für die Eröffnung eines Online-Kontos als Nutzer HBCI mit Chipkarte.

B Um HBCI mit Chipkarte nutzen zu können, benötigt Herr Kollmann immer einen passenden Kartenleser.

C Auch bei Verwendung von HBCI mit Chipkarte muss eine kontorelevante Eingabe mit einer TAN bestätigt werden.

D Falls Herr Kollmann eine Überweisung durchführen will und HBCI mit Chipkarte nutzt, muss er am HBCI-Lesegerät die PIN eingeben. Die PIN wird lokal überprüft und verlässt den Rechner nicht.

E Beim HBCI-Verfahren wird eine Photo-TAN erstellt, d. h. die PIN wird am Bildschirm verschlüsselt und dient als elektronische Unterschrift.

SEPA-Lastschrift-verfahren

Aufgabe II-32

Das SEPA-Basis-Lastschriftverfahren bietet u. a. sowohl Vermietern als auch Mietern verschiedene Vorteile im Zahlungsverkehr. Ordnen Sie die Beteiligten am Lastschriftverkehr den jeweiligen Aussagen über die Vorteile des SEPA-Basis-Lastschriftverfahrens zu.

Beteiligte

1 Mieter
2 Vermieter

Aussagen:

A Er bestimmt den Zeitpunkt des Forderungseingangs.

B Er braucht seine Zahlungstermine nicht zu überwachen.

C Er erhält von seinem Kreditinstitut bei Einreichung den Gesamtbetrag der eingereichten Lastschriften E. v. gutgeschrieben.

D Er braucht keine Überweisungen mehr auszuschreiben und sie seinem Kreditinstitut monatlich einzureichen.

E Er kann seine eigenen Zahlungsverpflichtungen besser koordinieren, da er zu einem bestimmten Zeitpunkt über eine bestimmte Summe auf seinem Bankkonto verfügen kann.

F Er braucht die Zahlungseingänge nicht zu überwachen und erzielt damit Kostenersparnisse.

G Er erfährt von seinem Kreditinstitut durch einen entsprechenden Text im Kontoauszug, dass seine Zahlung erfüllt worden ist.

H Er kann anhand von Rücklastschriften das Mahnverfahren einleiten.

A	B	C	D	E	F	G	H

Aufgabe II-33

Rücküberweisung

Am 20.06.20.. bittet die Firma *Glaserei Meier & Söhne OHG* die *Nordbank AG* um Rücküberweisung von 150,00 EUR, die infolge eines Abrechnungsfehlers dem Konto des Mitarbeiters Olaf Rheinfeld zu viel überwiesen worden seien. Der Betrag wurde von der Nordbank AG dem Konto von Herrn Rheinfeld bereits am 13.06. gutgeschrieben. Prüfen Sie, ob die *Nordbank AG* die Rücküberweisung durchführen kann!

A Um die Rücküberweisung veranlassen zu können, benötigt die *Nordbank AG* einen Überweisungsauftrag von Herrn Rheinfeld.

B Eine Rücküberweisung ist ohne weiteres möglich, sofern Herr Rheinfeld über den Differenzbetrag noch nicht verfügt hat.

C Die *Nordbank AG* kann nur dann eine Rücküberweisung veranlassen, wenn Herr Rheinfeld von der Gutschrift noch keine Kenntnis erhalten hat.

D Eine Rücküberweisung ist nur in Höhe des Gesamtbetrages möglich.

E Gemäß AGB darf die *Nordbank AG* ohne weiteres die Rücküberweisung veranlassen.

SEPA-Lastschrift-verfahren

Aufgabe II-34

Im SEPA-Basis-Lastschriftverfahren werden hauptsächlich wiederkehrende Zahlungen eingezogen, während im SEPA-Firmen-Lastschriftverfahren hauptsächlich Forderungen aus Kaufverträgen zwischen Wirtschaftsunternehmen eingezogen werden. Welche der nachstehenden Aussagen treffen auf das SEPA-Firmen-Lastschriftverfahren zu?

A Bei diesem Verfahren ist Widerspruch gegen eine erfolgte Belastung möglich.

B Bei diesem Verfahren liegt dem Zahlungsempfänger ein gültiges schriftliches Lastschriftmandat des Zahlungspflichtigen vor. Der Zahlungspflichtige kann binnen einer Frist von acht Wochen ab Belastungsbuchung ohne Angabe von Gründen Erstattung des Lastschriftbetrages verlangen.

C Bei diesem Verfahren erteilt der Zahlungspflichtige der Zahlstelle gegenüber den Einlösungsauftrag.

D Bei diesem Verfahren liegt dem Zahlungspflichtigen ein gültiges schriftliches Lastschriftmandat der 1. Inkassostelle vor. Der Zahlungspflichtige kann binnen einer Frist von dreizehn Monaten ab Belastungsbuchung ohne Angabe von Gründen Erstattung des Lastschriftbetrags verlangen.

E Bei diesem Verfahren ist ein Widerspruch gegen eine erfolgte Belastung ausgeschlossen.

F Bei wiederkehrenden Lastschrifteinlösungen muss die Vorlage der Lastschrift spätestens zwei Geschäftstage vor Fälligkeit bei der Zahlstelle erfolgen.

Kreditkarte

Aufgabe II-35

Frau Irene Rabe ist Girokundin der *Nordbank AG*. Frau Rabe interessiert sich für die Zahlung mit Kreditkarte (Chargecard). Bringen Sie die folgenden Vorgänge bei der Ausgabe und Verwendung der Kreditkarte in die richtige Reihenfolge. Beginnen Sie mit „Ausfüllen des Kartenantrags“!

A Ausfüllen des Kartenantrags

B Bei Zahlung: Prüfung des Kartenlimits und der Unterschrift

C Monatliche Belastung des Kundenkontos

D Erstellung der Sammelabrechnung

E Prüfung der Bonität vor Kartenbestellung

1	2	3	4	5

Aufgabe II-36

Kreditkarte

Herr und Frau Brinkmann sind Kunden der *Nordbank AG*. Sie beabsichtigen in Kürze eine mehrwöchige Urlaubsreise durch die USA anzutreten. Als Reisezahlungsmittel wollen sie eine Kreditkarte (Chargecard) mitnehmen. Die Kreditkarte soll auf Herrn Brinkmann ausgestellt werden.

Wie beraten Sie die Kunden richtig?

A Die Kreditkarte von Herrn Brinkmann kann auch von Frau Brinkmann genutzt werden.

B Die Kreditkarte berechtigt Herrn Brinkmann, im Rahmen des Bargeldauszahlungs-Service im In- und Ausland Bargeld abzuheben.

C Die Haftung von Herrn Brinkmann ist auch ohne Verlustanzeige auf 150,00 EUR beschränkt.

D Bei Benutzung der Kreditkarte ist der Leistungsbeleg von Herrn Brinkmann mit seinem Namenszug und der Kartennummer sowie der dreistelligen Prüfziffer zu kennzeichnen.

E Die Kreditkarte ist sofort bei der Antragstellung auf dem dafür vorgesehenen Unterschriftsblatt zu unterzeichnen.

Aufgabe II-37

Karten-zahlungen

Sie sollen einen Privatkunden über die Verwendungsmöglichkeiten von der Debitkarte und der Kreditkarte informieren. Welche der folgenden Aussagen treffen

1 nur auf die Debitkarte

2 nur auf die Kreditkarte (Chargecard)

3 sowohl auf die Debitkarte als auch auf die Kreditkarte (Chargecard) zu?

Aussagen

A Barverfügungen am Geldausgabeautomat mit PIN sind möglich.

B Die Hotelrechnung kann im ELV-Einmallastschriftverfahren bezahlt werden.

C Die Kartenumsätze werden von der Kartengesellschaft einmal monatlich dem Konto des Karteninhabers belastet. Der Rechnungsbetrag wird der Akzeptanzstelle unter Abzug eines Disagios gutgeschrieben.

D Mit dieser Karte kann der Karteninhaber am Kontoauszugsdrucker Kontoauszüge ziehen.

E Bei Verlust der Karte und sofortiger Verlustmeldung hat der Karteneigentümer keinen Schaden, sofern er nicht grob fahrlässig gehandelt hat.

A	B	C	D	E

SEPA-Überweisung

Aufgabe II-38

Herr Werner Clemenz erteilt der *Nordbank AG* einen Überweisungsauftrag zugunsten des Möbelhauses *Unger GmbH* in Hamburg über 3.470,00 EUR. Bringen Sie den Gang der Überweisung in die richtige Reihenfolge.

Begriffe aus dem Überweisungsvorgang:

A Kontogutschrift

B Prüfung der Kontodeckung und der Unterschrift

C Kontobelastung

D Erteilung des SEPA-Überweisungsauftrags mit Angabe von IBAN und BIC

E Betragsweiterleitung

1	2	3	4	5

NFC-Funktion

Aufgabe II-39

Herr Carsten Kohlmorgen ist Kunde der *Nordbank AG*. In einem Beratungsgespräch über Zahlungsarten bittet Herr Kohlmorgen um nähere Informationen zum NFC-Logo und den damit verbundenen Funktionen. Wie informieren Sie Herrn Kohlmorgen richtig?

A NFC-Bezahlkarten haben eine kontaktlose Bezahlfunktion, mit der Beträge bis zu 100,00 EUR kontaktlos nach dem Prepaid-Verfahren bezahlt werden können.

B NFC-Bezahlkarten können durch einen Überweisungsauftrag auf das NFC-Konto geladen werden.

C NFC-Bezahlkarten haben eine kontaktlose Bezahlfunktion, mit der Beträge bis zu 50,00 EUR kontaktlos bezahlt werden können.

D NFC-Bezahlkarten können bis zu einem Maximalbetrag von 25,00 EUR aufgeladen werden, die dann zum kontaktlosen Bezahlen zur Verfügung stehen.

E NFC-Bezahlkarten haben die identischen Funktionen und Bedingungen wie eine Kundenkarte.

Online-Banking

Aufgabe II-40

Frau Britta Heldmann äußert Bedenken über die Sicherheit beim Online-Banking. Sie ist der Auffassung, dass unberechtigte Dritte ihre Kontostände abrufen und Überweisungen zu Lasten ihres Girokontos ausführen könnten. Wie informieren Sie Frau Heldmann richtig?

A Da alle Kontodaten in einem speziellen Code verschlüsselt werden, der nur Frau Heldmann und der *Nordbank AG* bekannt ist, können Dritte nicht unberechtigt in das Online-System eingreifen.

B Sofern Frau Heldmann ihre persönliche Identifikationsnummer (PIN) und ihre Transaktionsnummer (TAN) verschlüsselt und an Dritte nicht weitergibt, ist ein Missbrauch weitestgehend ausgeschlossen.

C Da ein Schaden durch unberechtigte Dritte nicht ganz auszuschließen ist, übernimmt die *Nordbank* in solchen Fällen nach den Sonderbedingungen für das Online-Banking die Haftung.

D Sofern Frau Heldmann ihre persönliche Identifikationsnummer (PIN) und ihren Benutzernamen verschlüsselt und bei einer Transaktion eine Photo-TAN erstellt und diese in die Tastatur eingibt, wird Frau Heldmann vor missbräuchlichen Transaktionen weitgehend geschützt.

E Durch die Datenschutz-Grundverordnung, die zwischen Frau Heldmann und der *Nordbank AG* gilt, wird ein Missbrauch durch Unberechtigte ausgeschlossen.

☐

Aufgabe II-41

SEPA-Lastschriftmandat

Bettina Schönfeld ist Kundin der *Nordbank AG*. Im Rahmen eines Beratungsgesprächs teilt Frau Schönfeld ihrem Kundenberater Jens Weiß mit, dass sie im Internet einen Esszimmertisch erwerben möchte. Der Preis in Höhe von 250,00 EUR soll vor Auslieferung in einem geschützten Bezahlverfahren ausgeführt werden. Frau Schönfeld ist sich unsicher, ob es überhaupt ein sicheres Bezahlverfahren im Internet gibt. Wie informiert Herr Weiß Frau Schönfeld richtig?

A Bei PayPal gibt es keine Möglichkeit, eine Originalunterschrift zu geben. Daher ist eine Anwendung für Lastschriften ausgeschlossen.

B Für die Nutzung dieses Verfahrens ist ein Handy und /oder eine Mailadresse erforderlich. Der Kaufpreis kann über das Handy oder die Mailadresse auf das Konto des Verkäufers überwiesen werden.

C Ein SEPA-Basis-Lastschriftmandat muss auch bei Käufen im Internet dem Zahlungsempfänger schriftlich in Papierform mit Originalunterschrift vorliegen.

D PayPal-Zahlungen gelten als sicher, da die Zahlung im direkten geschützten Dialog auf der PayPal-App ausgeführt wird. Der Zahlungsempfänger (Onlineshop) hat keine Einsicht in die Kundendaten. Dieses Verfahren bietet auch Käuferschutz für Nichtversendung der Ware oder mangelhafter Lieferung.

E Frau Schönfeld sollte über ihre Banking-App eine Echtzeitüberweisung nutzen. Der Kaufpreis wird dann dem Verkäufer in einigen Sekunden auf seinem Konto gutgeschrieben.

☐ ☐

Aufgabe II-42

Überweisungsverkehr

Herr Harke ist Privatkunde der *Nordbank AG*. Am 07.10.20.. (Freitag) erteilt Herr Harke am SB–Terminal der *Nordbank AG* rechtzeitig einen elektronischen Überweisungsauftrag. Es sollen 10.000,00 EUR an den Zahlungsempfänger, die *Immobilien GmbH*, überwiesen werden, Empfängerbank ist die *Südbank AG* in München. Kontodeckung auf dem Konto von Herrn Harke ist vorhanden. Am 12.10. (Mittwoch) erfährt Herr Harke, dass der Überweisungsbetrag auf dem Konto der *Immobilien GmbH* noch nicht eingegangen ist. Stellen Sie das Datum fest, bis zu dem der Überweisungsbetrag nach dem BGB dem Zahlungsempfänger spätestens hätte gutgeschrieben werden müssen.

		.			.				

Karten-zahlungen

Aufgabe II-43

Ordnen Sie die folgenden Situationen den Kartenarten zu!

Kartenarten:

1 nur Debitkarte
2 nur Kreditkarte Charge Card
3 sowohl Debitkarte als auch Kreditkarte Charge Card
4 weder Debitkarte noch Kreditkarte Charge Card

A Nach der Verlustmeldung haftet der Karteninhaber nicht für Schäden durch Kartenmissbrauch, sofern die Kartenbedingungen beachtet wurden.

B Kartenumsätze werden gesammelt und in einer Summe dem Kontoinhaber einmal monatlich in Rechnung gestellt.

C Bareinzahlungen am Geldautomaten (Cash-Recycler) können vorgenommen werden.

D Die Hotelrechnung kann im Internet mit dieser Karte bezahlt werden.

E Barverfügungen am Geldausgabeautomaten mit PIN sind möglich.

A	B	C	D	E

SEPA-Lastschrift-verfahren

Aufgabe II-44

Welche der nachstehenden Aussagen zum SEPA-Lastschriftverfahren beziehen sich

1 nur auf das SEPA-Firmen-Lastschriftverfahren?
2 nur auf das SEPA-Basis-Lastschriftverfahren?
3 sowohl auf das SEPA-Firmen- als auch auf das SEPA-Basis-Lastschriftverfahren?

Aussagen

A Nach Einlösung der SEPA-Lastschrift zum Fälligkeitstag ist kein Erstattungsanspruch bzw. keine Rückgabe der SEPA-Lastschrift wegen Widerspruchs mehr möglich.

B Die SEPA-Lastschrift muss spätestens einen Geschäftstag vor Fälligkeit bei der Zahlstelle vorliegen.

C Das Kreditinstitut schließt einen Vertrag zum Einzug der Forderungen mit dem Zahlungsempfänger ab.

D Ohne Mandatsbestätigung durch den Zahlungspflichtigen werden keine Lastschriften eingelöst.

E Das Kreditinstitut zieht die Forderungen beleglos ein.

A	B	C	D	E

Aufgabe II-45

SEPA-Firmenlastschrift

Die Stroer GmbH beliefert bundesweit Unternehmen mit Werbematerialien. Die Stroer GmbH ist Firmenkundin der *Nordbank AG*. Im Rahmen eines Beratungsgesprächs informiert sich der Prokurist Jürgen Eichhorn über das Firmenlastschriftverfahren, mit dem er fällige Forderungen der Kunden der Stoer GmbH einziehen lassen möchte.

Welche Information über das Firmenlastschriftverfahren ist richtig?

A Beim SEPA-Firmenlastschriftverfahren ist es erforderlich, dass das Lastschriftmandat der Kunden sowohl der Stroer GmbH als Zahlungsempfänger als auch der Zahlstelle vorliegt.

B Das SEPA-Firmenlastschriftverfahren kann die Stroer GmbH mit ihren Kunden nur vereinbaren, wenn auch diese über eine Mandatsreferenznummer verfügen.

C Das SEPA-Firmenlastschriftverfahren bietet der Stroer GmbH die Sicherheit, dass die Lastschriften eingelöst werden.

D Beim SEPA-Firmenlastschriftverfahren besteht für die Stroer GmbH bei gültigem Lastschriftmandat die Gefahr, dass ihre Kunden die Lastschrift bis zu acht Wochen nach Belastung zurückgeben können.

E Zur Nutzung des SEPA-Firmenlastschriftverfahrens benötigt die Stroer GmbH eine Gläubiger-Identifikationsnummer, die bei der *Nordbank AG* beantragt werden muss.

☐

Aufgabe II-46

Falschgeld

Ein Kunde der *Nordbank AG* möchte auf sein Sparkonto 120,00 EUR bar einzahlen. Dabei stellen Sie als Mitarbeiter(in) der *Nordbank AG* fest, dass eine der vorgelegten Banknoten über 20,00 EUR gefälscht ist. Wie verhalten Sie sich in dieser Situation richtig?

A Sie geben dem Kunden die gefälschte Banknote mit dem Hinweis zurück, dass er künftig das angenommene Bargeld sorgfältiger prüfen müsse.

B Sie händigen dem Kunden die gefälschte Banknote wieder aus, damit er diese bei der Deutschen Bundesbank zum Ersatz einreicht.

C Sie händigen dem Kunden eine Empfangsbescheinigung über die gefälschte Banknote aus und senden die Banknote zur Vernichtung an die Deutsche Bundesbank.

D Sie händigen dem Kunden eine Empfangsbescheinigung aus, senden die gefälschte Note mit einem Bericht an die Polizei und melden dies an die Deutsche Bundesbank.

E Sie geben die gefälschte Banknote mit dem Hinweis zurück, dass der Kunde selbst Anzeige bei der Polizei erstatten muss. Ein Ersatz der gefälschten Note erfolgt nicht.

☐

Karten-zahlungen

Aufgabe II-47

Die *Nordbank AG* händigt ihrem Kunden Tobias Henkel eine Debitkarte für sein neu eröffnetes Girokonto aus.

Welche der folgenden Vorteile bietet die Nutzung der Debitkarte Herrn Henkel?

A Herr Henkel hat kein Risiko bei Verlust oder Missbrauch seiner Debitkarte, da dieses Risiko von den Händlern getragen wird, die am Kartenzahlungssystem teilnehmen.

B Bei Einkäufen im Internet hat Herr Henkel den Vorteil, dass die Bezahlung der Ware mit der Debitkarte unter Eingabe der Kartennummer und Bestätigung mit der Bezahl-App auf seinem Handy erfolgen kann.

C Die Nutzung der Debitkarte macht Herrn Henkel unabhängig von seinem Dispositionsrahmen, weil der Rechnungsbetrag immer am 15. eines jeden Monats abgebucht wird.

D Wenn Herr Henkel den PIN-Code vergessen hat, kann er die Debitkarte noch im NFC-Verfahren einsetzen, indem er auf dem Leistungsbeleg des Händlers die Kartennummer einträgt.

E Auf den Kontoauszügen wird für die Verfügungen mit der Debitkarte das Kaufdatum, der Rechnungsbetrag und das Konto des Händlers ausgewiesen. Dadurch hat Herr Henkel gleichzeitig einen Beleg für Garantieansprüche gegen den Händler.

Aufgabe II-48

Im Rahmen einer Kreditkartenbeantragung händigen Sie Ihrem Kunden Herrn Theo Finke die Kreditkarte der *Nordbank AG* mit dem NFC-Logo aus. Sie erläutern Herrn Finke, dass die Kreditkarte zur Near-Field-Communication (NFC) fähig ist. Herr Finke möchte von Ihnen wissen, wie eine Zahlung mit der Kreditkarte über NFC bis 50,00 EUR funktioniert.

Bringen Sie die folgenden Schritte in die Reihenfolge.

A Die Kreditkarte muss mit einem Abstand von maximal 4 cm vor das Terminal gehalten werden.

B Der zu zahlende Betrag (50,00) erscheint auf dem Display des Terminals.

C Herr Finke erkennt ein NFC-fähiges Terminal anhand des NFC-Logos.

D Ein optisches und akustisches Signal bestätigt den Zahlungsvorgang.

E Der Betrag wird vom Konto des Karteninhabers abgebucht.

1	2	3	4	5

Situation zu den Aufgaben II-49 bis II-54

Frau Sabrina Seipel (17 Jahre) und ihre Mutter Sarah Seipel (51 Jahre) nehmen heute einen Beratungstermin bei Ihnen in der *Nordbank AG* wahr. Beide Frauen besitzen jeweils ein Kontokorrentkonto bei der Nordbank AG.

Aufgabe II-49

Rücküberweisung

In einem Beratungsgespräch teilt Frau Sarah Seipel ihrem Kundenberater/in der *Nordbank AG* mit, dass sie vor einer Woche ihrer Autowerkstatt statt 280,00 EUR den Betrag von 820,00 EUR überwiesen hat. Die Autowerkstatt unterhält bei der *Nordbank AG* ebenfalls ein Kontokorrentkonto. Frau Seipel fordert nun von der *Nordbank AG* die Rücküberweisung von 540,00 EUR vom Kontokorrentkonto der Autowerkstatt. Wie informieren Sie Frau Seipel richtig?

A Eine Rücküberweisung eines Teilbetrags einer Überweisung ist nicht zulässig, sofern die Autowerkstatt bereits über den Betrag der Rechnungsgutschrift verfügt hat.

B Bis zum nächsten Rechnungsabschluss ist die Rücküberweisung der 540,00 EUR rechtlich zulässig.

C Die *Nordbank AG* darf der Bitte von Frau Seipel nicht entsprechen, da die Rechnungsgutschrift dem Kontokorrentkonto der Autowerkstatt bereits gutgeschrieben wurde.

D Die *Nordbank AG* prüft, ob die Autowerkstatt bereits Kenntnis von der Rechnungsgutschrift hat. Wenn dies nicht der Fall ist, darf die *Nordbank AG* die 540,00 EUR zurücküberweisen

E Eine Rücküberweisung durch die *Nordbank AG* ist zulässig, da die Frist von sechs Wochen nach Rechnungsabschluss noch nicht abgelaufen ist.

☐

Aufgabe II-50

Bankkarten

In einem weiteren Beratungsgespräch beantragt Sarah Seipel eine Debitkarte. Da Frau Seipel noch keine Erfahrungen mit Bankkarten hat, fragt sie nach deren Vorteilen. Welche Aussage trifft zu?

A Frau Seipel kann mit ihrer Debitkarte bargeldlos zahlen, wobei alle Zahlungen eines Monats gesammelt werden und der Gesamtbetrag zu einem bestimmten Termin des Folgemonats ihrem Konto belastet wird.

B Frau Seipel kann mit der Debitkarte Hotelreservierungen vornehmen.

C Frau Seipel kann beim Bezahlen mit ihrer Debitkarte beim Händler selbst bestimmen, ob sie die PIN eingeben oder eine Unterschrift leisten möchte.

D Frau Seipel trägt im Zusammenhang mit der Nutzung der Debitkarte kein Risiko, da bei Verlust oder Missbrauch in jedem Fall die *Nordbank AG* haftet.

E Frau Seipel kann jeder Belastungsbuchung widersprechen, die aus dem Einsatz der Debitkarte resultiert.

☐

Kassen-geschäfte

Aufgabe II-51

Sabrina Seipel hat versehentlich einen 10-Euro-Schein zerrissen. Die Echtheit der Banknote steht fest. Frau Seipel möchte zwei Teile der zerrissenen Banknote bei der *Nordbank AG* gegen einen unbeschädigten 10-Euro-Geldschein eintauschen. Können Sie dem Wunsch der Kundin entsprechen?

A Die Banknote kann nicht mehr umgetauscht werden, da sie so stark beschädigt ist, dass ihre Umlauffähigkeit beeinträchtigt ist.

B Da die Banknote zerrissen wurde, erlischt die Zahlungsmitteleigenschaft dieser Banknote.

C Die Banknote kann die *Nordbank AG* umtauschen, da alle Teile vorhanden sind.

D Wenn Frau Seipel die zerrissene Banknote sorgfältig mit einem Papierstreifen klebt, bleibt die Wirkung der Banknote als gesetzliches Zahlungsmittel erhalten.

E Frau Seipel kann nur Ersatz der Banknote von der Europäischen Zentralbank verlangen.

☐

Falschgeld

Aufgabe II-52

An der Kasse der *Nordbank AG* möchte Sarah Seipel eine Banknote über 20,00 EUR in kleinere Stückelung wechseln. Sie sind sich nicht sicher, ob die Banknote echt ist. Wie verhalten Sie sich in dieser Situation richtig?

A Sie bitten Frau Seipel, auf das Eintreffen der Polizei zu warten, damit sie die vermutlich gefälschte Banknote an die Polizei übergeben kann.

B Sie stellen Frau Seipel eine Empfangsbescheinigung aus, übergeben der Polizei die als Falschgeld verdächtige Banknote mit einem Bericht und informieren die Deutsche Bundesbank über diesen Vorgang.

C Sie geben Frau Seipel die verdächtige Banknote zurück, und bitten sie um eine schriftliche Erklärung, wie sie in den Besitz der Banknote gekommen ist. Diese Erklärung senden Sie an die Polizei.

D Sie wechseln die verdächtige Banknote und senden das vermutliche Falschgeld mit einem Bericht an die Deutsche Bundesbank.

E Sie stellen Frau Seipel eine Empfangsbescheinigung aus, leiten die als Falschgeld verdächtige Banknote an die Deutsche Bundesbank weiter.

☐

Konto-vollmacht

Aufgabe II-53

Frau Sarah Seipel teilt Ihnen heute mit, dass sie aus beruflichen Gründen drei Monate im Ausland sein wird. Daher soll ihr Lebensgefährte Björn Leihmann eine Kontovollmacht erhalten. Hierfür gelten bei der *Nordbank AG* u. a. die folgenden Regelungen:

Umfang der Vollmacht

Die Vollmacht berechtigt gegenüber der Bank zur Vornahme aller Geschäfte, die mit der Kontoführung im Zusammenhang stehen. Die Bevollmächtigten - und zwar, soweit nicht anders vermerkt, jeder für sich allein - können insbesondere

- über Guthaben (z. B. durch Überweisungsaufträge, Barabhebungen, Schecks) verfügen - bei Einlagen umfasst dies auch das Recht zur Änderung und zur Kündigung der Vertragsbedingungen - und in diesem Zusammenhang auch die Eröffnung weiterer Konten zur Geldanlage beantragen,
- eingeräumte Kredite in Anspruch nehmen,
- von der Möglichkeit vorübergehender Kontoüberziehungen im banküblichen Rahmen Gebrauch machen,
- Wertpapiere und Devisen an- und verkaufen sowie die Auslieferung an sich verlangen,
- Abrechnungen, Kontoauszüge, Wertpapier-, Depot- und Erträgnisaufstellungen sowie sonstige Abrechnungen und Mitteilungen entgegennehmen und anerkennen,
- NordbankCard, Nordbank-SparCard und Nordbank-ServiceCard beantragen,
- Teilnahmevereinbarungen für das Telefon- und Online-Banking abschließen.

Informieren Sie Frau Seipel darüber, welches Geschäft ihr Lebensgefährte als Bevollmächtigter vornehmen darf.

A Die Beantragung einer Kreditkarte für Björn Leihmann

B Die Beantragung der Erhöhung des Dispositionskredits auf dem Kontokorrentkonto

C Die Erteilung einer Kontovollmacht für den Vater von Frau Seipel

D Der Abschluss eines Schrankfachmietvertrags

E Die Eröffnung eines Festgeldkontos für Sarah Seipel

☐

Aufgabe II-54

Nachlass–konto

Sarah Seipel teilt Ihnen heute mit, dass ihre Mutter Maria Tillmann, Kundin der *Nordbank AG*, vor einigen Tagen verstorben ist. Frau Seipel hat für die Konten ihrer Mutter eine Kontovollmacht über den Tod hinaus. Sie bittet die *Nordbank AG* um eine Teilauszahlung des Guthabens ihrer Mutter Girokonto, um damit einige offene Rechnungen von Frau Tillmann zu bezahlen. Stellen Sie fest, wie sich die *Nordbank AG* richtig verhält!

A Eine Auszahlung ist nur gegen Vorlage des Erbscheins möglich.

B Eine Auszahlung ist nicht möglich, da das Konto zum Nachlasskonto umgeschrieben und damit gesperrt wird.

C Eine Auszahlung ist möglich, da Frau Seipel eine Kontovollmacht hat.

D Eine Auszahlung ist nur gegen Vorlage der Sterbeurkunde möglich.

E Eine Auszahlung ist ohne Vorlage des Testaments mit zugehörigem Eröffnungsprotokoll nicht möglich.

☐

Situation zu den Aufgaben II-55 bis II-58

Tobias Holthoff ist Sportlehrer an der Berufsschule für Wirtschaft und Verwaltung in Norderstedt. Für Herrn Holthoff wurde vor kurzem bei der *Nordbank AG* ein Girokonto eingerichtet.

Bankkarten

Aufgabe II-55

Im Rahmen des Beratungsgesprächs mit der *Nordbank AG* interessiert sich Herr Holthoff für die Ausgabe einer Kreditkarte Charge Card und einer Girocard. Herr Holthoff kennt allerdings nicht die Details zu den beiden Kartenarten und auch nicht den Unterschied der Kreditkarte zur Girocard. Welche zwei Informationen der *Nordbank AG* zu diesen Kartenarten treffen zu?

A Wenn Herr Holthoff seine Einkäufe mit der Girocard bezahlt, erhält er eine monatliche Aufstellung seiner Kartenumsätze. Die Abbuchung der Einzelbeträge erfolgt in einer Summe.

B Bei Einsatz dieser Karten in den USA wird Herrn Holthoff der verfügte Betrag zum Devisenbriefkurs der *Nordbank AG* in Rechnung gestellt.

C Bei Diebstahl der Girocard ist Herr Holthoff verpflichtet, der *Nordbank AG* dies unverzüglich anzuzeigen, um missbräuchlichen Verfügungen vorzubeugen. Für nach der Sperre entstehende Schäden haftet Herr Holthoff nicht.

D Bei Verlust einer Prepaid-Kreditkarte ist keine Sperre möglich. Das Guthaben auf der Karte kann nicht ersetzt werden.

E Wenn die monatlichen Kreditkartenumsätze das Guthaben auf dem Konto von Herrn Holthoff übersteigen, wird die *Nordbank AG* die entsprechende Lastschrift trotzdem einlösen, auch wenn dadurch eine Überziehung auf dem Konto entsteht.

F Bei Bezahlung mit der Girocard erhält der Zahlungsempfänger eine Zahlungsgarantie, wenn Herr Holthoff den Einzugsbeleg unterschreibt.

Verlust einer Bankkarte

Aufgabe II-56

Im Rahmen des Beratungsgesprächs möchte Herr Holthoff wissen, wie er sich im Falle eines Abhandenkommens der Girocard oder Kreditkarte verhalten muss. In diesem Zusammenhang bittet Herr Holthoff, ihm die Telefonnummer des zentralen Sperr-Notrufs mitzuteilen. Wie lautet die Telefonnummer des zentralen Sperr-Notrufs?

Aufgabe II-57

Online-Banking

Da Herr Holthoff in Zukunft im Internet an Versteigerungen teilnehmen will, beantragt er bei der *Nordbank AG* das Online-Banking.

Sie als Kundenberater/in informieren Herrn Holthoff darüber, dass im Online-Handel verschiedene Zahlungsformen mit unterschiedlichen Sicherheitsrisiken unterschieden werden. Wie beraten Sie Herrn Holthoff, der jetzt Geschäfte mit seiner Kreditkarte im Internet abwickeln will, richtig?

A Die Angabe der dreistelligen Kartenprüfziffer ist verpflichtend und erhöht die Sicherheit im Online-Zahlungsverkehr und befindet sich auf der Rückseite der Kreditkarte.

B Die dreistellige Kartenprüfziffer und zusätzlich die Kreditkartennummer erhöhen die Sicherheit im Online-Zahlungsverkehr. Beide Nummern befinden sich auf der Rückseite der Kreditkarte.

C Der Name des Kreditkartenemittenten, die Gültigkeit der Kreditkarte und die dreistellige Kartenprüfziffer erhöhen die Sicherheit beim Bezahlen mit der Kreditkarte im Online-Banking.

D Der Name des Kreditkarteninhabers, die Kreditkartennummer, die Gültigkeit der Kreditkarte die dreistellige Kartenprüfziffer sowie die Zwei-Faktor-Authentifizierung des Zahlers erhöhen die Sicherheit beim Bezahlen mit Kreditkarte im Internet und sind verpflichtend.

E Die dreistellige Kartenprüfziffer und die Eingabe der PIN erhöhen die Sicherheit bei Bezahlvorgängen im Internet.

☐

Aufgabe II-58

Sorten

Herr Holthoff hat für seine Familie eine zweiwöchige Reise durch Kanada gebucht. Herr Holthoff möchte kanadische Dollar (CAD) in bar im Werte von maximal 2.000,00 EUR mitnehmen und die CAD bar bezahlen. Die kleinste vorhandene Stückelung beträgt 20,00 CAD.

Es gelten folgende Kurse:

Sortenkurse für 1 EUR	Verkauf	Ankauf
Kanada (CAD)	1,2726	1,4131

Ermitteln Sie den Betrag, mit dem das Konto von Herrn Holthoff belastet wird. (Entgelte bleiben unberücksichtigt)!

EUR

Aufgabe II-59

Preisaushang

Heute telefoniert der Prokurist des Sporthauses „Golf und Tennis KG", Herr Torsten Schreiner, mit einem Firmenkundenberater der Nordbank AG. Herr Schreiner beschwert sich darüber, dass die dem Firmenkonto belasteten Kontoführungsgebühren höher sind als die im Preisaushang für Girokonten aufgeführten Gebührensätze. Wie informieren Sie Herrn Schreiner richtig?

A Die Gebühren im Privatkundengeschäft sind aus dem Preisaushang ersichtlich. Bei Firmenkunden gelten die Gebühren aus dem ausliegenden Preisverzeichnis.

B Die Gebühren des Sportgeschäftes wurden richtig berechnet, da die im Preisaushang aufgeführten Entgelte Mindestgebühren sind, die je nach Zeitaufwand für bestimmte Kontoangelegenheiten auch höher liegen können.

C Der Preisaushang enthält nur die Entgelte für Regelsätze im standardisierten Privatkundengeschäft. Die Entgelte für Geschäftskonten sind darin nicht enthalten.

D Das Sporthaus erhält eine Gebührenerstattung, da die Preise für Privatkunden auch für die Geschäftsverbindung mit Geschäftskunden gelten.

E Die im Preisaushang genannten Entgelte gelten für Konten mit monatlicher Abrechnung. Das Geschäftskonto des Sporthauses wird aber halbjährlich abgerechnet.

☐

Situation zu den Aufgaben II-60 bis II-67

Paul Grossmann ist seit kurzem Girokunde bei der *Nordbank AG*. Er möchte künftig das Online-Banking nutzen.

Authentifizierung

Aufgabe II-60

Sie teilen Herrn Grossmann mit, dass er für die Teilnahme am Online-Banking personalisierte Sicherheitsmerkmale, z. B. PIN, TAN oder den Nutzungscode für die elektronische Signatur und Authentifizierungsinstrumente, z. B. TAN-Generator Mobiltelefon zum Empfang von TAN per SMS oder Banking-App benötigt. Herr Grossmann hat allerdings Bedenken, dass unberechtigte Dritte auf sein Konto zugreifen können. Der Kunde besitzt ein Handy, das er für das Online-Banking nutzen möchte.
Wie beraten Sie Herrn Grossmann richtig?

A Zur Erzeugung der TAN benötigt Herr Grossmann einen TAN-Generator und eine zum Konto gehörende Bankkarte. Nach der Auftragserteilung wird auf dem Bildschirm ein Code angezeigt, den Herr Grossmann mit den Daten der Transaktion in den Generator eingibt. Aus den eingegebenen Daten errechnet der Generator über den Chip eine auftragsbezogene TAN.

B Die TAN wird vom der *Nordbank AG* aus Bestandteilen des Kundenauftrages ermittelt. Die *Nordbank AG* übermittelt die TAN und die Auftragsdaten per SMS an Herrn Grossmann.

C Für dieses Verfahren benötigt der Kunde eine HBCI-Chipkarte, einen HBCI-Kartenleser und eine HBCI-Software. Nach Eingabe der PIN in den Kartenleser werden die Daten mit einer elektronischen Signatur versehen und verschlüsselt an die *Nordbank AG* übertragen. Die Bank entschlüsselt die Daten und prüft die elektronische Signatur mit Hilfe eines öffentlichen Prüfschlüssels.

D Bei diesem Verfahren erhält Herr Grossmann eine TAN-Liste. Bei jeder Transaktion fordert die *Nordbank AG* eine bestimmte TAN-Nummer von der Liste an.

E Bei diesem Verfahren scannt Herr Grossmann einen QR-Code auf dem Bildschirm mit seinem Handy und übermittelt damit die Auftragsdaten an die Bank.

F Herr Grossmann ruft das Online-Banking auf und gibt die Auftragsdaten online in seinen PC ein. Danach erhält Herr Grossmann telefonisch von seinem Kundenberater eine TAN mit der er den Überweisungsauftrag auslöst.

Aufgabe II-61

Überweisungs-rückruf

Herr Grossmann nutzt jetzt für den Zahlungsverkehr das Online-Banking. Bei der Kontrolle der Ausdrucke seiner Eingaben stellt Herr Grossmann am Samstag, den 14.11.20.. fest, dass er aus Versehen eine falsche IBAN verwendet hat. Herr Grossmann möchte deshalb den Überweisungsauftrag stornieren. Bis zu welchem Zeitpunkt ist eine Stornierung des im Online-Banking-Verfahren erteilten Überweisungsauftrags möglich?

A Eine Stornierung des Überweisungsauftrags ist grundsätzlich nicht möglich.

B Eine Stornierung ist nur am gleichen Tag bis 16 Uhr möglich.

C Eine Stornierung ist nur bis zum Abschluss der Eingabesitzung möglich.

D Eine Stornierung des Überweisungsauftrags ist nur bis Beginn des nächsten Werktags möglich.

E Eine Stornierung des Überweisungsauftrags ist nur möglich, solange der erstellte QR-Code vom Kontoinhaber am PC noch nicht bestätigt wurde.

Aufgabe II-62

Haftung bei Überweisungen

Im Rahmen eines Beratungsgesprächs informieren Sie Ihren Kunden Paul Grossmann über die Haftungsregelungen der *Nordbank AG* im Überweisungsverkehr. Welche Information trifft zu?

A Im Falle eines nicht autorisierten Überweisungsauftrags hat Herr Grossmann einen verschuldensabhängigen Anspruch auf Erstattung des Überweisungsbetrags.

B Im Falle eines nicht ausgeführten Überweisungsauftrags hat Herr Grossmann einen verschuldensabhängigen Anspruch auf Erstattung des Überweisungsbetrages.

C Im Falle eines nicht autorisierten Überweisungsauftrags hat Herr Grossmann einen verschuldensunabhängigen Anspruch auf Erstattung des Überweisungsbetrages.

D Im Falle einer verspäteten aber erfolgten Überweisung hat Herr Grossmann einen verschuldensunabhängigen Anspruch auf Erstattung des Überweisungsbetrags.

E Im Falle eines fehlerhaft ausgeführten Überweisungsauftrags hat Herr Grossmann einen verschuldensabhängigen Anspruch auf unverzügliche Erstattung des Überweisungsbetrags.

☐

SEPA-Überweisung

Aufgabe II-63

Herr Grossmann hat eine SEPA-Überweisung mittels Selbstbedienungsterminal in einer Zweigstelle der *Nordbank AG* veranlasst. Er möchte jetzt wissen, wann das Geld spätestens auf dem Konto des Zahlungsempfängers bei der *Isarbank AG* in München angekommen sein wird. Wie informieren Sie Herrn Grossmann richtig?

A Inländische Überweisungen in Inlandswährung sind binnen 4 Bankgeschäftstagen dem Konto des Begünstigten bei der *Isarbank AG* gutzuschreiben.

B Inländische Überweisungen in Inlandswährung sind bald möglichst dem Konto des Begünstigten bei der *Isarbank AG* gutzuschreiben.

C Inländische Überweisungen in Inlandswährung sind binnen 1 Geschäftstag dem Konto des Begünstigten bei der *Isarbank AG* gutzuschreiben.

D Überweisungen in Inlandswährung innerhalb einer Haupt- oder einer Zweigstelle eines Kreditinstituts sind beleghaft binnen 4 Bankgeschäftstagen dem Begünstigten der *Isarbank AG* gutzuschreiben.

E Überweisungen in Inlandswährung innerhalb einer Haupt- oder einer Zweigstelle eines Kreditinstituts sind binnen 2 Bankgeschäftstagen gutzuschreiben.

☐

Einlagensicherung

Aufgabe II-64

Herr Grossmann interessiert sich in einem Beratungsgespräch auch für Anlageprodukte der *Nordbank AG*. In diesem Zusammenhang fragt er Sie nach der Einlagensicherung der *Nordbank AG*. Sie teilen Herrn Grossmann mit, dass die *Nordbank AG* Mitglied im Einlagensicherungsfonds des Bundesverbandes deutscher Banken ist. Welche Information trifft zu?

A Wenn Herr Grossmann in Inhaberschuldverschreibungen der *Nordbank AG* investiert, ist seine Anlage durch die gesetzliche Einlagensicherung geschützt.

B Die Sicherungsgrenze des Einlagensicherungsfonds beträgt zurzeit 8,75 % des haftenden Eigenkapitals der *Nordbank AG*.

C Wenn Herr Grossmann mehr als 100.000,00 EUR auf Konten bei der *Nordbank AG* anlegt, ist der Mehrbetrag unbegrenzt und in voller Höhe durch den Einlagensicherungsfonds geschützt.

D Neben Anteilen an Rentenfonds sind auch Spareinlagen durch die gesetzliche Einlagensicherung geschützt.

E Jedes deutsche Kreditinstitut ist Mitglied in der Entschädigungseinrichtung deutscher Banken GmbH.

☐

Aufgabe II-65

Bareinzahlung

Herr Grossmann hat beim Autohaus Schreiner einen gebrauchten VW Golf zum Preis von 9.900,00 EUR erworben. Das Autohaus teilte Herrn Grossmann mit, dass er den Golf direkt in der Werkstatt des Autohauses abholen kann, wenn er den Kaufpreis der Firma Schreiner auf das entsprechende Konto bei der *Unionbank AG* überwiesen oder bar bezahlt hat.

Herr Grossmann hat sich entschieden, den geforderten Kaufpreis auf das Konto des Autohauses bar einzuzahlen. Herr Grossmann ist der *Unionbank AG* nicht bekannt.

Die Stückelung der vorgelegten Banknoten beträgt 50,00 EUR und 100,00 EUR. Wie verhält sich die *Unionbank AG* richtig?

A Die *Unionbank AG* lehnt die Einzahlung unter Hinweis auf das Geldwäschegesetz ab, weil der Betrag 5.000,00 EUR übersteigt.

B Die *Unionbank AG* nimmt die Einzahlung ohne weitere Formalitäten entgegen, da der Betrag unter 15.000,00 EUR liegt.

C Die *Unionbank AG* meldet die Einzahlung dem Geldwäschebeauftragten, der eine Verdachtsmeldung an die Zentralstelle für Verdachtsmeldungen sendet.

D Die *Unionbank AG* nimmt die Einzahlung ohne weitere Formalitäten entgegen, da Sie aufgrund des Sachverhalts einen Verdacht auf Geldwäsche ausschließen können.

E Die *Unionbank AG* identifiziert Herrn Grossmann anhand der Daten seines Personalausweises und nimmt die Einzahlung an.

☐

Aufgabe II-66

DM-Altbestände

Herr Grossmann fragt Sie, ob sie bei Ihnen noch Deutsche Mark (DM)-Banknoten in Euro wechseln könne. Beim Aufräumen habe er noch sechs 50-DM-Banknoten gefunden. Wie informieren Sie Herrn Grossmann richtig?

A Der Umtausch von DM-Banknoten und -Münzen ist bei der Deutschen Bundesbank kostenlos sowie zeitlich und betraglich unbegrenzt möglich.

B Der Umtausch von DM-Banknoten und -Münzen ist bei der Deutschen Bundesbank kostenpflichtig sowie zeitlich und betraglich begrenzt möglich.

C Der Umtausch von DM-Banknoten und -Münzen ist bei der Deutschen Bundesbank kostenlos aber zeitlich und betraglich begrenzt möglich.

D Der Umtausch von DM-Banknoten und -Münzen ist bei der Deutschen Bundesbank kostenpflichtig aber zeitlich und betraglich unbegrenzt möglich.

E Der Umtausch von DM-Banknoten und -Münzen ist nicht mehr möglich.

☐

NFC

Aufgabe II-67

Im Rahmen einer Kreditkartenbeantragung händigen Sie Herrn Grossmann die Kreditkarte der *Nordbank AG* mit dem NFC-Logo aus.

Sie erläutern Herrn Grossmann, dass die Kreditkarte zur „Near-Field-Communication" (NF**C)** fähig ist. Herr Grossmann möchte von Ihnen wissen, wie eine Zahlung mit der Kreditkarte über NFC bis zum Betrag von 50,00 EUR funktioniert.
Bringen Sie die folgenden Schritte in die Reihenfolge von 1 bis 5.

A Die Kreditkarte muss mit einem Abstand von maximal 4 cm vor das Terminal gehalten werden.

B Der zu zahlende Betrag erscheint auf dem Display des Terminals.

C Herr Grossmann erkennt ein NFC-fähiges Terminal anhand des NFC-Logos.

D Ein optisches und akustisches Signal bestätigt den Zahlungsvorgang.

E Der Betrag wird vom Konto von Herrn Grossmann abgebucht.

1	2	3	4	5

SEPA-Lastschrift

Aufgabe II-68

Ein Lieferant von Haustüren hat einem Bauunternehmen im Rahmen des SEPA-Lastschriftverfahrens eine Mandatsreferenznummer angegeben. Die Bauunternehmung ist Kundin der *Nordbank AG*. Ein Mitarbeiter der Bauunternehmung möchte von der *Nordbank AG* wissen, was unter der Mandatsreferenznummer zu verstehen ist. Welche Auskunft trifft zu?

A Die Mandatsreferenznummer wird von der Hausbank des Lieferanten vergeben und ermöglicht eine Identifizierung des Zahlungspflichtigen.

B Die Mandatsreferenznummer wird von der Europäischen Zentralbank vergeben und ermöglicht eine Identifizierung des Zahlungspflichtigen.

C Die Mandatsreferenznummer wird von der Hausbank des Lieferanten vergeben und ermöglicht eine Identifizierung des Zahlungsempfängers.

D Die Mandatsreferenznummer dient in Verbindung mit der Gläubigeridentifikationsnummer der Identifizierung des SEPA-Mandats. Sie wird vom Lastschrifteinreicher individuell für jedes Mandat vergeben.

E Die Mandatsreferenznummer wird von der Bauunternehmung vergeben und ermöglicht in Verbindung mit der Gläubiger-Identifikationsnummer eine eindeutige Zuordnung des Zahlungsvorgangs.

SEPA-Lastschrift-verfahren

Aufgabe II-69

Welche der nachstehenden Aussagen trifft

A nur auf das SEPA-Basis-Lastschriftverfahren zu?

B nur auf das SEPA-Firmen-Lastschriftverfahren zu?

C auf beide Verfahren zu?

Aussagen

1 Der Zahlungspflichtige erteilt dem Zahlungsempfänger ein SEPA-Lastschriftmandat sowie der Zahlstelle den Zahlungsauftrag, vom Zahlungsempfänger eingereichte SEPA-Lastschriften einzulösen (Doppelmandat).

2 Der Zahlungspflichtige kann binnen einer Frist von acht Wochen ab Belastungsbuchung ohne Angabe von Gründen die Erstattung des Lastschriftbetrags verlangen.

3 Der Zahlungspflichtige kann einer nicht autorisierten Lastschrift widersprechen und erhält unverzüglich Erstattung des Lastschriftbetrags durch die Zahlstelle.

4 Die eingereichten Lastschriften müssen spätestens einen Target-Arbeitstag vor Fälligkeit bei der Zahlstelle vorliegen.

5 Der Zahlungsempfänger muss eine Inkassovereinbarung mit der 1. Inkassostelle treffen.

6 Eine Lastschriftrückgabe durch die Zahlstelle muss bis maximal fünf Target-Arbeitstage nach Belastungsbuchung erfolgen.

1	2	3	4	5	6

Aufgabe II-70

SEPA-Basis-Lastschrift

Der Golfclub Holm-Seppensen e.V. nutzt das SEPA-Basis- Lastschriftverfahren bei der *Nordbank AG* für den Einzug der Mitgliedsbeiträge. Welche Aussage zu diesem Verfahren trifft zu?

A Die *Nordbank AG* muss den Golfclub innerhalb von zwei Bankarbeitstagen informieren, wenn ein Clubmitglied einer Lastschrift widersprochen hat.

B Kündigt ein Clubmitglied seine Mitgliedschaft, muss es das SEPA-Lastschriftmandat durch eine schriftliche Erklärung gegenüber der *Nordbank AG* widerrufen.

C Weist das Konto eines Clubmitglieds nicht genügend Deckung auf, ist auch eine Teileinlösung der Lastschrift zulässig.

D Der Golfclub darf Lastschriften, die seinem Konto zurückbelastet wurden, entsprechend den Bedingungen für den Lastschriftverkehr nicht erneut zum Einzug einreichen, wenn das Mandat widerrufen wurde.

E Der Golfclub muss der *Nordbank AG* beim SEPA-Basis-Lastschriftverfahren zusammen mit den Lastschriften die Inkassovereinbarung und die SEPA-Lastschriftmandate einreichen.

Charge-Card

Aufgabe II-71

Ihr Kunde Manuel Brandt fliegt in drei Wochen nach Manfis in den USA. Sie empfehlen ihm die Mitnahme einer Kreditkarte (charge card), Wie beraten Sie Herrn Brandt über die Charge-Card richtig?

A Da die Kreditkartenumsätze am Ende eines Abrechnungszeitraums in einer Summe dem Verrechnungskonto von Herrn Brandt belastet werden, fallen für die Zeit bis zur Belastung Sollzinsen an.

B Bei dieser Kreditkartenart werden Herrn Brandt die getätigten Umsätze täglich seinem Verrechnungskonto belastet.

C Herr Brandt kann weltweit in allen Geschäften mit der Kreditkarte bezahlen.

D Im Fall einer nicht autorisierten Zahlung haftet Herr Brandt der *Nordbank AG* gegenüber bis zur Sperranzeige in voller Höhe für den entstandenen Schaden, wenn er sich grob fahrlässig verhalten hat.

E Nimmt Herr Brandt innerhalb eines Abrechnungszeitraums mehrere Transaktionen mit der Karte vor, stellt der Verfügungsrahmen, den die Kreditkartengesellschaft einräumt, den Höchstbetrag für jede einzelne Transaktion dar.

SEPA-Basis-Lastschrift

Aufgabe II-72

Bringen Sie die folgenden Schritte beim Ablauf des SEPA-Basis-Lastschriftverfahrens in die richtige Reihenfolge.

A Vorlage der Lastschrift bei der Zahlstelle

B Zahlungsverrechnung zwischen der 1. Inkassostelle und der Zahlstelle

C Unterschriebenes Lastschriftmandat geht an den Zahlungsempfänger

D Vorabinformation des Zahlungspflichtigen

E Inkassovereinbarung zwischen dem Zahlungsempfänger und der 1. Inkassostelle

F Kontobelastung des Zahlungspflichtigen

G Einreichung der Lastschrift bei der 1. Inkassostelle

1	2	3	4	5	6	7

Aufgabe II-73

Kreditkarte

Auch im nationalen Reise- und Zahlungsverkehr erfreuen sich die Kreditkarten zunehmender Beliebtheit. Wie sind Ausgabe und Verwendung der Kreditkarten (Chargecards) geregelt?

A Die Haftung des Karteninhabers vor der Verlustanzeige bei Verlust oder Diebstahl der Karte ist auf maximal 50,00 EUR begrenzt, sofern der Karteninhaber nicht grob fahrlässig gehandelt hat.

B Für die Kreditkarte kann keine PIN vergeben werden, wenn es sich um die Chargecard handelt.

C Bei Verlust der Kreditkarte und Meldung des Verlusts beim Sperrannahmedienst kann vom Karteninhaber eine neue Kreditkarte beantragt werden.

D Die Bargeldauszahlung beträgt 5.000,00 EUR alle 7 Tage bei allen Kreditinstituten.

E Einmal pro Woche erfolgt durch die Kreditkartengesellschaft eine Abrechnung der fälligen Beträge.

F Bei Geschäften im Internet ist die Zahlung mittels Kreditkarte bei der Angabe der Kreditkartennummer garantiert.

Aufgabe II-74

Kreditkarte

Welcher Nachteil ergibt sich für Unternehmen, wenn in ihren Geschäftsräumen Kartenzahlungen an automatisierten Kassen möglich sind?

A Die Zahlungseingänge, die durch die Vorlage von Bankkarten und Kreditkarten mit PIN-Eingabe ausgelöst werden, sind von den kartenausgebenden Instituten garantiert.

B Zusätzliche Gebühren für den Händler verlangt der Zahlungsdienstleister für den Zahlungsvorgang mit der Girocard, der Kreditkarte oder dem Smartphone im Vergleich zu Barzahlungen.

C Verringerung der Bargeldbestände und der damit verbundenen Kostenersparnisse

D Risikobegrenzung durch Falschgeld, Kassendifferenzen und Diebstahl

E Spontankäufe von Kunden, die keine ausreichenden Bargeldbestände mit sich führen.

III. Ausländischer Zahlungsverkehr

Lösungen ab Seite 321

Aufgabe III-1

Auslands-geschäft

Im Zahlungsverkehr unterscheidet man zwischen

1 Inlandszahlungen,
2 Auslandszahlungen.

Ordnen Sie den Geschäftsvorgängen die entsprechende Zahlungsart zu!

A Ein Hamburger Importeur überweist 120.000 EUR auf das Konto des französischen Exporteurs, der bei der *Nordbank AG* in Hamburg ein EUR-Konto unterhält.

B Ein Bremer Importeur überweist von seinem US-Dollar-Konto auf sein eigenes Konto bei der *Chase Manhattan Bank*, New York.

C Ein Kunde der *Nordbank AG* kauft an der Hanseatischen Wertpapierbörse zu Hamburg 100 *IBM*-Aktien und wird mit dem Gegenwert von 9.260 EUR auf seinem Konto belastet.

D Ein dänischer Spediteur überweist von seinem EUR-Konto bei der *Fördebank Flensburg* 45.000 EUR auf das Konto eines dänischen Subunternehmers bei derselben Bank.

E Ein Rostocker Handelshaus überweist 2 Millionen britische Pfund an seine Londoner Niederlassung.

A	B	C	D	E

Situation zu den Aufgaben III-2 und III-3

Die *Cepaco GmbH* unterhält bei der *Nordbank AG* ein Geschäftskonto. Mit der *Overprint Ltd.* in New York wurde ein Kontrakt über die Lieferung einer Druckmaschine im Wert von 280.000 US-Dollar geschlossen.

Aufgabe III-2

Fremd-währungs-konto

Sie empfehlen der Geschäftsleitung der *Cepaco GmbH* die Einrichtung eines US-Dollar-Fremdwährungskontos zur Abwicklung von Zahlungen in US-Dollar. Welche der nachstehenden Argumente für ein solches Fremdwährungskonto treffen zu?

A Die *Cepaco GmbH* kann kurzfristig Fremdwährungskredite aufnehmen bzw. freie Gelder zum Zinssatz in den USA anlegen.

B Mit der Einrichtung eines US-Dollar-Währungskontos kann die *Cepaco GmbH* bei Exportgeschäften das Zahlungseingangsrisiko eingrenzen.

C Bei der Abwicklung von Zahlungen in ausländischer Währung verlangen Kreditinstitute i. d. R. die Einrichtung von Fremdwährungskonten.

D Wenn die *Cepaco GmbH* bei der *Nordbank AG* ein US-Dollar-Fremdwährungskonto unterhält, können Zahlungen per S.W.I.F.T. zuverlässig dem Konto des amerikanischen Exporteurs übertragen werden.

W. Grundmann et al., *Bankwirtschaft und Controlling Teil 1*, Prüfungstraining für Bankkaufleute,
https://doi.org/10.1007/978-3-658-52865-2_3

E Die *Cepaco GmbH* kann bei Export- und Importgeschäften die sich bei An- und Verkauf von Devisen ergebende Geld-/Briefspanne sowie die anfallende Courtage vermeiden.

F Mit einem US-Dollar-Fremdwährungskonto kann sich die *Cepaco GmbH* gegen das Währungsrisiko absichern.

Banken-orderscheck

Aufgabe III-3

Aus welchen Gründen könnte die *Overprint Ltd.* von der *Cepaco GmbH* einen von der *Nordbank AG* auf US-Dollar ausgestellten Bankenorderscheck verlangen?

A Für den amerikanischen Exporteur entfällt bei der Zahlung mit Bankenorderschecks das Währungsrisiko.

B Mit einem Bankenorderscheck kann das Exportgeschäft durch die Vertragspartner „Zug um Zug" erfüllt werden.

C Der amerikanische Exporteur verlangt einen Bankenorderscheck, da er die Bonität der *Nordbank AG* höher einschätzt als die Bonität der *Cepaco GmbH.*

D Mit einem Bankenorderscheck wird sichergestellt, dass das Kreditinstitut, welches die Zahlung ausgelöst hat, auch belastet werden kann.

E Durch die Ausstellung eines Bankenorderschecks wird der amerikanische Exporteur vor eventuellen Zahlungsschwierigkeiten der *Nordbank AG* geschützt.

Kurssicherung im Auslands-geschäft

Aufgabe III-4

Ein Hamburger Exporteur will Waren im Wert von 1,5 Millionen US-Dollar exportieren. Das Zahlungsziel soll 90 Tage betragen. Wie kann er eine sichere EUR-Kalkulationsbasis schaffen?

A Der Hamburger Exporteur kalkuliert die Lieferung mit dem US-Dollar-Devisenbriefkurs von heute und wartet den Zahlungseingang ab.

B Der Exporteur schließt ein Devisen-Optionsgeschäft ab.

C Der Exporteur kalkuliert die Lieferung mit dem heutigen 3-Monats-Dollar-Terminkurs und wartet den Zahlungseingang ab.

D Da der Abnehmer bisher mit Schecks gezahlt hat, kalkuliert der Exporteur mit dem Scheckankaufskurs von heute.

E Der Exporteur schließt ein Devisentermingeschäft über den Betrag und die Laufzeit ab.

F Für den Hamburger Exporteur gibt es bei Auslandsgeschäften auf US-Dollar-Basis keine Möglichkeit, eine sichere EUR-Kalkulationsbasis zu schaffen.

Aufgabe III-5

Auslands-zahlungs-verkehr

Welche Aussagen über die Ausführung von Zahlungsaufträgen im Außenwirtschaftsverkehr treffen zu?

A Zahlungen über nicht konvertierbare Währungen bedürfen der Zustimmung der Deutschen Bundesbank.

B Das ausführende Kreditinstitut haftet grundsätzlich für Schäden, die seinen Kunden aus Übermittlungsfehlern im Auslandszahlungsverkehr entstehen.

C Zahlungsaufträge ohne Angabe des Verwendungszwecks können nur ausgeführt werden, wenn die Außenwirtschaftsmeldung ordnungsgemäß ausgefüllt ist oder der Betrag 12.500 EUR nicht übersteigt.

D Kreditinstitute haften ihren Kunden für alle Folgeschäden, die sich aus einer unvollständigen oder ungenauen Prüfung von Auslandszahlungsaufträgen ergeben.

E Auslandszahlungen werden über S.W.I.F.T. ausgeführt oder brieflich, drahtlich oder per Scheck geleistet.

F Auslandsüberweisungen können im Rahmen des Clearingsystems TARGET schnell und kostengünstig weltweit über die Deutsche Bundesbank abgewickelt werden.

Aufgabe III-6

Devisenkurse

Ein Hamburger Importeur möchte bei seiner kontoführenden Filiale der *Nordbank AG* seinem Lieferanten in den USA 8.500,00 US-Dollar überweisen. Ein Währungskonto existiert nicht..

Welcher Kurs dient bei der Durchführung der Überweisung zur Umrechnung von Euro in US-Dollar als Berechnungsgrundlage. Wie informieren Sie den Importeur richtig?

A Wenn der Importeur den Überweisungsbetrag bar in Euro auf sein Geschäftskonto zur Überweisung einzahlt, wird der Sortenkurs zur Berechnung verwendet.

B Da die Überweisung in die Vereinigten Staaten von Amerika einige Tage dauert, wird in diesem Fall der aktuelle Devisenterminkurs für US-Dollar als Berechnungsgrundlage verwendet.

C Der Rechnungsbetrag wird in Euro an die Empfängerbank überwiesen. Diese rechnet den Betrag vor der Gutschrift zu dem dann in den USA gültigen Devisen- geldkurs um.

D Der Überweisungsbetrag wird von der *Nordbank AG* zum Devisengeldkurs für US-Dollar abgerechnet und der Gegenwert in Euro dem Konto des Importeurs belastet.

E Die *Nordbank AG* muss den an der Frankfurter Devisenbörse festgesetzten Devisenmittelkurs des Vortags als Berechnungsgrundlage zur Umrechnung verwenden.

Auslandsüberweisung

Aufgabe III-7

Der Girokunde Florian Giebel möchte von Ihnen wissen, in welcher Form Auslandsüberweisungen veranlasst werden können. Beraten Sie Herrn Giebel!

A Mit der SEPA-Überweisung können Beträge in allen europäischen Währungen überwiesen werden.

B Mit der SEPA-Überweisung können Sie Beträge bis 12.500,00 EUR in alle europäischen Länder überweisen.

C Die SEPA-Überweisung können Sie nur nutzen für Überweisungen in EU-Länder.

D Den Zahlungsauftrag im Außenwirtschaftsverkehr können Sie für alle Auslandszahlungen verwenden.

E Die SEPA-Überweisung können Sie für Zahlungen in ein EU-Land oder ein Land im Europäischen Wirtschaftsraum ohne Betragsbegrenzung verwenden.

F Die SEPA-Überweisung können Sie nur für Zahlungen in ein EU-Land oder ein Land im Europäischen Wirtschaftsraum verwenden, wenn der Betrag 50.000,00 EUR oder den Gegenwert in der Währung des Empfängerlandes nicht übersteigt.

Bankenorderscheck

Aufgabe III-8

Ein Hamburger Importeur teilt seiner Hausbank, der *Nordbank AG*, mit, dass er wegen der Begleichung eines Importgeschäfts einen Bankenorderscheck in Höhe von 34.500,00 US-Dollar benötigt. Der Importeur erteilt der *Nordbank AG* einen entsprechenden Zahlungsauftrag für diesen Bankenorderscheck. Ihnen liegen folgende Kursinformationen vor:

Kassakurse EUR/US-Dollar		Sichtkurs EUR/US-Dollar
Geld	Brief	
1,1530	1,1590	1,1620

Die *Nordbank AG* stellt für diese Zahlungsverkehrsleistung die folgenden Entgelte in Rechnung:

Abwicklungsprovision	1,5 Promille, mindestens 12,00 EUR
Courtage	0,25 Promille, mindestens 2,50 EUR
Spesen für die Scheckausstellung	10,00 EUR

Erstellen Sie unter Angabe des Rechenweges die Scheckabrechnung. Der Gesamtbetrag wird dem EUR-Konto des Importeurs belastet.

EUR

Aufgabe III-9

Devisentermingeschäft

Aufgrund eines Exportgeschäfts erwartet die *Metallbau GmbH* in drei Monaten einen Betrag von 450.000,00 USD. Die *Nordbank AG* bietet der *Metallbau GmbH* den Abschluss eines Termingeschäfts als Möglichkeit zur Kurssicherung zu folgenden Konditionen an:

Devisenkurs für 1 Euro	Kassakurse		Terminkurse 3 Monate	
	Geld	Brief	Geld	Brief
US-Dollar	1,1582	1,1642	1,1640	1,1700

a) Ermitteln Sie den Gutschriftsbetrag für die *Metallbau GmbH* bei Fälligkeit des Termingeschäfts, wenn die *Nordbank AG* eine Provision von 80,00 EUR in Rechnung stellt.

	EUR

b) Der Prokurist der *Metallbau GmbH* möchte wissen, warum die Terminkurse über den Kassakursen liegen. Welche der folgenden Begründungen trifft zu?

A Die Zinsen für 3-Monatsgelder sind in den USA niedriger als im Euro-Raum.

B Die Marktteilnehmer rechnen in den nächsten Monaten mit einem schwächeren Euro.

C Die Marktteilnehmer rechnen in den nächsten Monaten mit einem stärkeren Euro.

D Der Kursabschlag dient der Deckung der bei Termingeschäften entstehenden Kurssicherungskosten.

E Die Zinsen für 3-Monatsgelder sind in den USA höher als im Euro-Raum.

Aufgabe III-10

Abrechnung eines Auslandsgeschäfts

Die *Kora Stahlbau GmbH* exportiert 2 Maschinen nach Schweden. Der Warenwert inkl. Transportkosten beträgt 22.680,00 EUR. Der Rechnungsbetrag lautet auf 30.870,00 US-Dollar. Nach erfolgter Lieferung wurde der Rechnungsbetrag vereinbarungsgemäß durch Überweisung bezahlt. Am Montag, dem 5. November ging der Betrag bei der *Nordbank AG* ein, der Hausbank der *Kora Stahlbau GmbH*. Die *Kora Stahlbau GmbH* wünscht eine Gutschrift in EUR.

Konditionen im Devisengeschäft:

Abwicklungsprovision	1,50 Promille
Courtage	0,25 Promille

Kurse für EUR in US-Dollar-Devisen am Tag des Geldeingangs:
1,1631 (Geld)
1,1691 (Brief)

Ermitteln Sie in EUR

a) den Kurswert für den Verkaufspreis.

EUR

b) den Erfolg aus diesem Exportgeschäft.

EUR

TARGET

Aufgabe III-11

Welche Aussagen zum TARGET-System treffen zu?

A Das TARGET-System dient primär als weltweit genutztes Interbanken-Überweisungssystem.

B Es handelt sich um ein Echtzeit-Bruttozahlungssystem, das Zahlungen erst dann dem Empfänger gutschreibt, wenn sichergestellt ist, dass das Kreditinstitut, welches die Zahlung ausgelöst hat, auch belastet werden konnte.

C Das TARGET-System ist S.W.I.F.T.-gesteuert und bietet die Möglichkeit zur Verrechnung gegenseitiger Forderungen und Verbindlichkeiten der Teilnehmer über die entsprechenden Zentralbankkonten.

D Das TARGET-System kann erst ab Zahlungen von 12.500,00 EUR und mehr von inländischen und ausländischen Kreditinstituten genutzt werden.

E TARGET ist eine Gesellschaft, die ein internationales Datenübertragungsnetz für Finanznachrichten zwischen Kreditinstituten betreibt.

F Das TARGET-System kann nur für Europa-Überweisungen bis zu 12.500,00 EUR eingesetzt werden.

Devisen-termin-geschäft

Aufgabe III-12

Ein Exporteur teilt seiner Hausbank, der *Nordbank AG*, mit, dass er in 6 Monaten einen Zahlungseingang in Höhe von 120.000,00 US-Dollar erhalten wird. Das daraus resultierende Kursrisiko möchte der Exporteur bereits heute durch den Abschluss eines Devisentermingeschäfts ausschließen.

Folgende Informationen zur Berechnung eines 6-Monats-Terminkurses liegen vor:

Kassakurse EUR/USD	
Geld	Brief
1,1530	1,1590
Deport: 0,0090	

Ermitteln Sie unter Angabe des Rechenweges den Devisenterminkurs für das vom Hamburger Exporteur gewünschte Kurssicherungsgeschäft.

USD

IV. Anlage auf Konten

Lösungen ab Seite 325

Aufgabe IV-1

Staatliche Sparförderung

Welche Verfügung führt zum Verlust der Wohnungsbau-Prämie?

A Carsten Wohlfahrt tritt seinen Kindern seinen Bausparvertrag für den Bau des Einfamilienhauses der Kinder ab.

B Der Bausparer Reinhard Lechner erwirbt mit seinem Bausparguthaben Anteile an einem offenen Immobilienfonds.

C Der Bausparer Wilfried Domhoff verwendet den angesparten Betrag auf seinem Bausparkonto zur Finanzierung der Modernisierung seiner Eigentumswohnung.

D Der Bauherr Jürgen Kapellmann verwendet einen zugeteilten Bausparvertrag zur Ablösung eines bereits gewährten Hypothekarkredits (Zwischenkredit).

E Simon Nicklas verwendet das Bausparguthaben zum Ersterwerb von Anteilen an einer Wohnungsbaugenossenschaft.

☐

Aufgabe IV-2

Geldanlage

Welchen Nachteil können Sparbriefe für einen Geldanleger bieten?

A Sparbriefe verbriefen keine Spareinlagen gemäß § 21 Abs. 4 Rechnungslegungsverordnung.

B Sparbriefe erleiden bei rückläufiger Zinsentwicklung (Zeiten sinkender Zinsen) keine Kursverluste.

C Sparbriefe werden mit verschiedenen Laufzeiten und Zinssätzen angeboten.

D Sparbriefe bieten i. d. R. über die gesamte Laufzeit einen Festzins.

E Sparbriefe werden mit laufender Zinszahlung sowie als auf- oder abgezinste Papiere angeboten.

F Sparbriefe sind wegen fester Laufzeit und vereinbarter Unkündbarkeit wenig liquide.

☐

Aufgabe IV-3

Vermögenswirksame Leistungen

Hans-Jörg Unrat legt seine vermögenswirksamen Leistungen nach dem Fünften Vermögensbildungsgesetz in einen sparzulagenbegünstigten Aktienfonds an. Er hat Anspruch auf Arbeitnehmer-Sparzulage. Wie erhält Herr Unrat die festgesetzte Arbeitnehmer-Sparzulage?

Die festgesetzte Arbeitnehmer-Sparzulage wird ...

A nach Beantragung beim zuständigen Finanzamt in der Einkommensteuererklärung einmal jährlich seinem Anlagekonto gutgeschrieben.

W. Grundmann et al., *Bankwirtschaft und Controlling Teil 1*, Prüfungstraining für Bankkaufleute,
https://doi.org/10.1007/978-3-658-52865-2_4

B nach jährlicher Beantragung bei seinem Finanzamt und nach Ablauf der Sperrfrist auf seinem Anlagekonto gutgeschrieben.

C auf Antrag jährlich von seinem Arbeitgeber auf sein Anlagekonto überwiesen.

D auf Antrag nach Ablauf der Sperrfrist von seinem Arbeitgeber auf sein Anlagekonto überwiesen.

E formlos am 15. März eines jeden Jahres auf sein Anlagekonto von seinem Finanzamt überwiesen.

☐

Geldanlage

Aufgabe IV-4

Die *Frank Kemper Moden OHG* möchte in unregelmäßigen Abständen Geldbeträge für einen Mitarbeiterurlaubsgeldfonds auf einem Sparkonto bei der *Sparkasse Wolfsburg* anlegen. Welche Aussage trifft zu?

A Die Geldbeträge können gemäß § 21 Abs. 4 Nr. 3 Rechnungslegungsverordnung auf einem Sparkonto angesammelt werden, weil sie für gemeinnützige Aufgaben verwendet werden sollen.

B Die Geldbeträge dürfen nicht auf ein Sparkonto eingezahlt werden, da sie einem festgelegten Sparzweck dienen sollen.

C Die *Frank Kemper Moden OHG* kann kein Sparkonto eröffnen, da nur natürliche Personen und gemeinnützige Vereinigungen Sparkonten eröffnen können.

D Die Geldbeträge können nicht angenommen werden, da sie von vornherein zeitlich befristet angelegt werden müssen.

E Die Beträge gelten als Spareinlagen, wenn sie mit einer Mindestkündigungsfrist von drei Monaten angelegt und durch Ausfertigung einer entsprechenden Urkunde als Spareinlage gekennzeichnet sind.

☐

Geldhandel

Aufgabe IV-5

Die *Isarbank AG* in München benötigt für einen Tag 20 Millionen EUR. Der Betrag soll bei einer Korrespondenzbank gleichtägig aufgenommen und auf dem Bundesbankkonto bereitgestellt werden. Welcher Zinssatz wird der *Isarbank AG* in Rechnung gestellt?

A Tagesgeld unter Banken 0,15 G

B Termingeld unter Banken ein Monat 0,20 G

C Tagesgeld unter Banken 0,25 B

D EZB-Leitzins von - 0,40 %

E Termingeld unter Banken ein Monat 0,25 B

F Mindestreservezinssatz von 0,10 %

☐

Aufgabe IV-6

Bausparen

Ein Kunde der *Nordspar AG* interessiert sich in einem Beratungsgespräch für das Bausparen. Sie sind Kundenberater/in der *Nordspar AG* und erläutern dem Kunden die Bestandteile des Bausparvertrags. Wie informieren Sie den Kunden richtig?

A Bei Abschluss eines Bausparvertrags verpflichtet sich ein Bausparer zur Inanspruchnahme des Bauspardarlehens. wenn die Zuteilung durch die *Nordspar AG* erfolgt.

B Bei Aufnahme des Bauspardarlehens muss der Bausparer keine Sicherheiten stellen, da bei Bausparverträgen die Stellung von Sicherheiten wegen des vorhandenen Bausparguthabens nicht vorgesehen ist.

C Die Höhe der Abschlussgebühr, die dem Bausparer berechnet wird, ist nicht Bestandteil des Bausparvertrags.

D Nach Abschluss des Bausparvertrags kann der Bausparer im Rahmen des von ihm gewählten Tarifs durch eine Verkürzung der Ansparphase die Höhe des Darlehenszinssatzes beeinflussen.

E Bei Abschluss eines Bausparvertrags wird der Zinssatz für die Ansparzeit und der Zinssatz für das Bauspardarlehen und die Voraussetzungen für die Auszahlung der Bausparsumme entsprechend eines Tarifs mit dem Bausparer vereinbart.

☐

Aufgabe IV-7

Vermögenswirksame Leistungen

Herr Christian Dupont (35 Jahre alt, ledig, wohnhaft in Hamburg) erhält von seinem Arbeitgeber insgesamt 870,00 EUR jährlich an vermögenswirksamen Leistungen, die er in Vermögensbeteiligungen (400,00 EUR) und in einem Bausparvertrag (470,00 EUR) anlegen möchte. Zusätzlich zahlt Herr Dupont noch jährlich 700,00 EUR auf einen Bausparvertrag ein. Ermitteln Sie für Herrn Dupont die jährliche staatliche Förderung, wenn für die Berechnung ein zu versteuerndes Einkommen von 30.700,00 EUR angesetzt werden kann. Welche der staatlichen Sparförderungen erhält Herr Dupont?

	20 % Arbeitnehmer-Sparzulage für maximal	9 % Arbeitnehmer-Sparzulage für maximal	10 % Wohnungsbau-Prämie für maximal
A	400,00 EUR	470,00 EUR	700,00 EUR
B	870,00 EUR	keine Arbeitnehmer-Sparzulage	700,00 EUR
C	keine Arbeitnehmer-Sparzulage	870,00 EUR	700,00 EUR
D	400,00 EUR	keine Arbeitnehmer-Sparzulage	700,00 EUR
E	400,00 EUR	470,00 EUR	keine Wohnungsbau-Prämie

☐

Freistellungsauftrag

Aufgabe IV-8

Sebastian Krumme Ist Auszubildender der *Speditions-AG* in Hamburg. Die Speditions-AG zahlt ihren Beschäftigten vermögensbildende Leistungen von monatlich 40,00 EUR. Herr Krumme möchte die vermögenswirksamen Leistungen in einen sparzulagenbegünstigten Investmentfonds anlegen. In diesem Zusammenhang möchte sich Herr Krumme auch über die Erteilung eines Freistellungsauftrags pro Person informieren. Welche Aussage hierzu ist richtig?

A Erteilt Herr Krumme der *Nordbank AG* einen Freistellungsauftrag für Erträge aus diesem Investmentfonds, so gilt dieser auch für Erträge aus anderen Kapitalanlagen, z. B. Sparzinsen aus einem Bausparvertrag bei der Bauspar AG.

B Ein im Jahr 2025 nicht ausgeschöpfter Freibetrag kann auf den Freistellungsauftrag für das Jahr 2026 übertragen werden und erhöht den Freibetrag für das kommende Kalenderjahr.

C Der Freistellungsauftrag berücksichtigt Einkünfte aus Kapitalvermögen bis zur Erreichung der Freigrenze von 1.000,00 EUR.

D Der Freistellungsauftrag gilt für sämtliche Einkünfte, die Herr Krumme im Kalenderjahr 2026 erzielt, unabhängig von der Einkunftsart.

E Wird der Freistellungsauftrag im Jahr 2026 in Anspruch genommen, so kann sich ein verbleibender Freibetrag wieder erhöhen, wenn Verluste aus dem Verkauf von Investmentanteilen im selben Jahr realisiert werden.

Vermögensbildung

Aufgabe IV-9

Welche der nachstehenden Anlagen werden nach dem Fünften Vermögensbildungsgesetz mit einer Arbeitnehmer-Sparzulage gefördert?

A Anlage auf Grund eines Sparvertrages mit einem Kreditinstitut über Vermögensbeteiligungen

B Anlage auf Grund eines Kontensparvertrages mit einem Kreditinstitut

C Anlage auf Grund eines Kapitalversicherungsvertrages mit einem Versicherungsunternehmen

D Anlage auf Grund eines Vertrages nach dem Wohnungsbau-Prämiengesetz

E Anlage in Schuldverschreibungen der öffentlichen Hand

F Anlage in einem staatlich geförderten Vertrag zur privaten Altersvorsorge, z. B. in einer fondsgebundenen Lebensversicherung

Geldanlage auf Konten

Aufgabe IV-10

Der vermögende Privatkunde Gerrit Schuchert möchte bei der *Westbank AG* in Emmerich für einen Zeitraum von 3 bis 6 Monaten 200.000,00 EUR zinsbringend und sicher bzw. kursrisikofrei anlegen. Welche Anlageform ist geeignet?

A Spareinlage mit einer Kündigungsfrist von drei Monaten

B Anlage auf einem Termingeldkonto, Festlegungsfrist 1 bis 3 Monate

C Abgezinster Sparbrief, Erwerb zum Barwert und Rückzahlung zum Nennwert, Laufzeit 5 Jahre

D Öffentlicher Pfandbrief mit einer Restlaufzeit von sechs Monaten

E NordRenta Rentenfonds, börsentäglich handelbar

☐

Aufgabe IV-11

Riester-Rente

Hans-Georg Pauly (27 Jahre alt) ist Substitut bei einem Hamburger Supermarkt. Sein sozialversicherungspflichtiges Bruttoeinkommen des letzten Jahres beträgt 31.000,00 EUR. Herr Pauly ist verheiratet und möchte von Ihnen als Kundenberater(in) wissen, ob seine nicht berufstätige Frau Anspruch auf staatliche Zulagen hat, wenn sie einen eigenen Altersvorsorgevertrag abschließt. Welche Aussage trifft zu?

A Nein, da nur Erwerbstätige Anspruch auf staatliche Zulagen haben.

B Nein, da nur einer der Ehepartner Anspruch auf staatliche Zulagen hat.

C Ja, wenn Herr Pauly einen Altersvorsorgevertrag abgeschlossen hat.

D Ja, aber nur wenn Frau Pauly den monatlichen Mindesteigenbeitrag in Höhe von 700,00 EUR leistet.

E Ja, wenn Frau Pauly Kindererziehungszeiten nachweisen kann, die von der Deutsche Rentenversicherung Bund anerkannt werden.

☐

Aufgabe IV-12

Riester-Rente

Susanne Kleeberg (25 Jahre alt, ledig, kinderlos) hat ein sozialversicherungspflichtiges jährliches Bruttoeinkommen von 22.500,00 EUR. Sie hatte im Januar 2023 einen fondsgebundenen Altersvorsorgevertrag mit Ihrem Arbeitgeber abgeschlossen. Sie möchte von Ihnen wissen, welche staatliche Zulage/n sie in 2026 im Zusammenhang mit ihrem Altersvorsorgevertrag maximal erhalten wird, wenn sie den vorgesehenen Mindesteigenbeitrag in diesem Jahr einzahlt.

A Nur 175,00 EUR Grundzulage

B 175,00 EUR Grundzulage zuzüglich 200,00 EUR Einsteigerbonus

C 175,00 EUR Grundzulage zuzüglich 2.100,00 EUR Sonderausgabenabzug

D 20 % Arbeitnehmer-Sparzulage auf den Mindesteigenbeitrag im Jahr 2026

E 175,00 EUR Grundzulage abzüglich einer evtl. Steuerersparnis, die sich im Rahmen einer Günstigerprüfung durch das Finanzamt ergeben kann.

☐

Riester-Rente

Aufgabe IV-13

Bevor der Privatkunde Jens Knabe (27 Jahre alt) einen privaten Altersvorsorgevertrag abschließt, bittet er um Auskunft über die Folgen einer vorzeitigen Auflösung des Vertrags während der Ansparphase. Welche Aussage trifft zu?

A Während der Ansparphase kann ein staatlich geförderter Altersvorsorgevertrag nicht aufgelöst werden.

B Eine vorzeitige Auflösung eines Altersvorsorgevertrags während der Ansparphase ist nur in geregelten Ausnahmefällen möglich, z. B. wenn der Begünstigte völlig erwerbsunfähig werden sollte.

C Eine vorzeitige Auflösung des Altersvorsorgevertrags ist nur unter Einhaltung einer vorher vereinbarten Kündigungsfrist möglich.

D Eine vorzeitige Kündigung des Altersvorsorgevertrags ist nur unter Verlust bereits gewährter Zulagen und Steuerersparnisse möglich.

E Eine vorzeitige Verfügung über einen Altersvorsorgevertrag ist zwar nicht möglich, es können aber jederzeit im Falle von finanziellen Engpässen bis zu 10.000,00 EUR dem Vertrag entnommen werden, die bis zum Renteneintrittsalter aber wieder eingezahlt werden müssen.

☐

Riester-Rente

Aufgabe IV-14

Die Auszubildende Jessika Nottebaum (19 Jahre alt, ledig) hatte 2025 eine Ausbildungsvergütung in Höhe von 9.000,00 EUR brutto erhalten. Frau Nottebaum möchte jetzt bei der *Nordbank AG* einen Riester-Vertrag abschließen. Welchen Eigenbeitrag muss sie leisten, um die staatlichen Zulagen zu erhalten?

A 60,00 EUR

B Die Hälfte des Sockelbetrages, weil Frau Nottebaum Auszubildende ist.

C 175,00 EUR

D Frau Nottebaum braucht keinen Eigenbeitrag zu leisten.

E Auszubildende gehören nicht zum geförderten Personenkreis für die staatliche Zulage.

☐

Termineinlagen

Aufgabe IV-15

Welche Faktoren beeinflussen die Höhe der Zinsen für Termineinlagen?

A Die Höhe der Verzinsung richtet sich nach der Absprache zwischen Kreditinstitut und seinen Kunden und ist abhängig vom Betrag und der Laufzeit der Anlage.

B Zinsänderungen der Europäischen Zentralbank haben unmittelbare Auswirkungen auf die Zinssätze aller Termineinlagen, die von Kunden bei den Kreditinstituten unterhalten werden.

C Bei der Verzinsung von Termineinlagen müssen sich die Kreditinstitute nach den Zinsen im standardisierten Kreditgeschäft richten.

D Die Berechnung von Vorschusszinsen für Termineinlagen ist in der Rechnungslegungsverordnung der Kreditinstitute geregelt.

E Die Zinssätze für Termineinlagen berechnen sich aus der Marge zwischen Soll- und Habenzinsen.

☐

Aufgabe IV-16

Verlust des Sparbuches

Herr Friedhelm Neubert hat im Zuge eines Wohnungswechsels sein Sparbuch verloren. Herr Neubert möchte jetzt bei seinem sparkontoführenden Kreditinstitut 300,00 EUR abheben. Bringen Sie die folgenden Schritte, um den Wunsch nach Auszahlung erfüllen zu können, in die richtige Reihenfolge, indem Sie die Ziffern 1 bis 5 eintragen!

A Nachdem Herr Neubert sich legitimiert hat, zeigt er seinem sparkontoführenden Kreditinstitut schriftlich, in der Regel mittels Vordruck, den Verlust des Sparbuchs an.

B Das sparkontoführende Kreditinstitut erstellt ein Ersatzsparbuch bzw. überträgt das Guthaben auf ein neu eröffnetes Sparkonto mit dazugehörigem Sparbuch.

C Das sparkontoführende Kreditinstitut nimmt eine Legitimationsprüfung vor, da ihm Herr Neubert nicht bekannt ist.

D Herr Neubert unterschreibt einen Auszahlungsbeleg und lässt sich die 300,00 EUR an der Kasse auszahlen.

E Das sparkontoführende Kreditinstitut lässt sich von Herrn Neubert eine Haftungsausschlusserklärung unterzeichnen, gegebenenfalls lässt es die Sparurkunde für kraftlos erklären.

A	B	C	D	E

Aufgabe IV-17

Vermögenswirksame Leistungen

Der Versicherungskaufmann Georg Münch (ledig) hatte vor kurzem einen Bausparvertrag abgeschlossen, auf den sein Arbeitgeber die vermögenswirksamen Leistungen für ihn monatlich einzahlen soll. Herr Münch möchte sich heute bei Ihnen als Kundenberater(in) der *Bauspar AG* über die Arbeitnehmer-Sparzulage informieren. Geben Sie ihm die richtige Auskunft!

A „Die Arbeitnehmer-Sparzulage muss von Ihrem Arbeitgeber aufgebracht werden."

B „Sie erhalten die Arbeitnehmer-Sparzulage, da Ihr zu versteuerndes Bruttoeinkommen über maximal 40.000,00 EUR liegt."

C „Sofern Sie den maximal geförderten Betrag sparen und Ihr zu versteuerndes Einkommen im Rahmen der gesetzlich zulässigen Einkommensgrenzen liegt, beträgt die Arbeitnehmer-Sparzulage für Sie 42,30 EUR pro Jahr."

D „Sie können über die angesparten Beträge frühestens sieben Jahre nach Vertragsabschluss verfügen, ohne die Arbeitnehmer-Sparzulage zu verlieren."

E „Da Sie volljährig sind, gehören Sie zum sparzulagengeförderten Personenkreis."

☐

Situation für die Aufgaben IV-18 bis IV-20

Frau Irina Marten führt bei der *Nordbank AG* seit Jahren mehrere Sparbücher mit einem Gesamtbetrag von 27.500,00 EUR. In einer Wirtschaftszeitschrift hat Frau Marten gelesen, dass Festgeldanlagen besser verzinst werden als Spareinlagen. Aus diesem Grund möchte sie von Ihnen beraten werden.

Festgeld

Aufgabe IV-18

Wie beraten Sie Frau Marten hinsichtlich der Anlagedauer von Festgeldanlagen richtig?

A Festgelder haben eine feste Laufzeit von mindestens zwei Wochen oder ein Vielfaches davon.

B Festgelder haben eine Kündigungsfrist von 30 Tagen. Ihre Laufzeit beträgt zwischen 30 und 180 Tagen.

C Festgelder haben in der Regel eine Mindestlaufzeit von 30 Tagen. Darüber hinaus kann jede andere Laufzeit frei gewählt werden.

D Festgelder dürfen nicht von vornherein befristet angenommen werden.

E Bei Festgeldern muss gemäß Rechnungslegungsverordnung eine Kündigungsfrist von mindestens 30 Tagen eingehalten werden.

☐

Termineinlagen

Aufgabe IV-19

Frau Marten möchte wissen, unter welcher der nachfolgenden Voraussetzungen sie über eine Festgeldanlage wieder verfügen kann.

A Eine Verfügung per Überweisung bei Fälligkeit auf ein anderes Konto muss der *Nordbank AG* schriftlich mitgeteilt werden.

B Über Festgeldanlagen können nur Firmenkunden bar verfügen.

C Nach Einhaltung der Kündigungssperrfrist kann jederzeit bis zu 2.000,00 EUR über eine Festgeldanlage verfügt werden.

D Über Festgeldanlagen kann während des Festlegungszeitraums grundsätzlich nicht verfügt werden.

E Verfügungen während der Laufzeit sind für Privatkunden jederzeit zulässig.

☐

Aufgabe IV-20

Zinsberechnung

Frau Marten entscheidet sich zur Anlage von 20.000,00 EUR auf einem Festgeldkonto mit einer vereinbarten Fälligkeit in 90 Tagen. Ihr Zinstableau zeigt die nachfolgenden Konditionen:

Festgelder Mindestanlage 2.500,00 EUR	**bis unter 10.000,00 EUR**	**bis unter 20.000,00 EUR**	**bis unter 50.000,00 EUR**
30 Tage	0,45 %	0,50 %	0,60 %
60 Tage	0,50 %	0,60 %	0,70 %
90 Tage	0,60 %	0,70 %	0,80 %
180 Tage	0,70 %	0,75 %	0,85 %

Welchen Zinsertrag erzielt Frau Marten bei Fälligkeit ihrer Festgeldanlage, wenn ein Freistellungsauftrag in ausreichender Höhe vorliegt (Zinsmethode 30/360)?

EUR

Aufgabe IV-21

Bausparen

Sie sind Kundenberater/in der *Bauspar AG*. Im Rahmen eines Beratungsgesprächs zum Bausparen empfehlen Sie den Eheleuten Franziska und Martin Brandt zur Finanzierung einer Eigentumswohnung den Abschluss eines Bausparvertrages über 120.000,00 EUR zu folgenden Bedingungen:

Auszug aus den Bedingungen

Tarif Vario III

Sparphase	
Sparzins	0,05 % p.a.
Regelsparbeitrag	4 Promille von der Bausparsumme
Mindestguthaben	45 % der Bausparsumme
Mindestsparzeit	2 Jahre
Darlehensphase	Sollzinssatz 1,95 % p.a.
Effektiver Jahreszins (gemäß Preisangabenverordnung)	2,2 % bis 2,55 % p.a.
Monatlicher Zins- und Tilgungsbeitrag	6 Promille der Bausparsumme
Maximale Darlehenslaufzeit	8 Jahre und 4 Monate

Sie erläutern dem Ehepaar Brandt die einzelnen Positionen dieses Angebots. Wie informieren Sie das Ehepaar Brandt richtig?

A Das Ehepaar Brandt muss während der Darlehensphase monatlich eine Rate von 480.00 EUR zahlen

B Der Zins- und Tilgungsbeitrag von anfänglich 6 % pro Monat sinkt während der Darlehensphase, da der Zinsanteil in der Darlehensrate durch die monatlichen Tilgungsleistungen sinkt.

C Das Ehepaar Brandt kann frühestens nach zwei Jahren ein Bauspardarlehen in Anspruch nehmen, sofern das Ehepaar dann bereits 54.000.00

EUR in diesen Bausparvertrag angespart hat und die notwendige Bewertungszahl erreicht ist

D Das Ehepaar Brandt kann die Mindestsparzeit verkürzen, wenn man das Mindestguthaben bei Vertragsabschluss in einer Summe einzahlt.

E Der effektive Jahreszins ist als Bandbreite angegeben, weil der Sparzins regelmäßig an das aktuelle Zinsniveau angepasst wird.

Verlust des Sparbuches

Aufgabe IV-22

Der Sparer Joachim Kremer hatte der *Sparkasse Wetzlar* am 25. April schriftlich mitgeteilt, dass ihm sein Sparkassenbuch (Saldo 6.780,00 EUR) abhandengekommen ist. Die letzte Abhebung war am 04. April. Am 27. Juni wird das Sparkassenbuch vorgelegt und die Auszahlung von 2.000 EUR verlangt. Wie muss sich die Sparkasse verhalten?

A Sie darf mit schuldbefreiender Wirkung an den Vorleger des Sparkassenbuchs bis zu 2.000,00 EUR in einem Kalendermonat auszahlen.

B Sie darf die 2.000,00 EUR mit schuldbefreiender Wirkung auszahlen, wenn sich der Vorleger legitimiert.

C Sie darf den Betrag nicht auszahlen, da sie nur an den im Sparbuch genannten Berechtigten auszahlen darf.

D Sie darf den geforderten Betrag nur auszahlen, wenn der Vorleger ihr eine Freihalteerklärung unterschreibt.

E Sie darf den geforderten Betrag nicht auszahlen, sondern muss das Sparkassenbuch gegen Aushändigung einer Quittung an den Vorleger einbehalten.

Sparbriefe

Aufgabe IV-23

Welche Aussage über Sparbriefe ist richtig?

A Durch Sparbriefe beschaffte Mittel werden in der Bilanz der Kreditinstitute als Spareinlagen ausgewiesen.

B Bei Sparbriefen sind Einzel- und Sammelsparbriefe zu unterscheiden. Sammelsparbriefe sind Gemeinschaftsurkunden.

C Sparbriefe ermöglichen die Übertragung und den Handel von Spareinlagen auf dem Kapitalmarkt.

D Sparbriefe werden von den Kreditinstituten jederzeit zu täglich veröffentlichten Rücknahmepreisen zurückgenommen.

E Sparbriefe dienen zur Beschaffung mittel- und langfristiger Mittel für das Aktivgeschäft.

F Abgezinste Sparbriefe werden zum Barwert erworben und zum Nennwert zurückgezahlt.

Aufgabe IV-24

Spareinlagen

Im Rahmen eines Seminars über die Anlage auf Konten werden Sie gebeten, rechtliche Rahmenbedingungen zum Thema „Spareinlagen" vorzustellen. Wie informieren Sie die Teilnehmer des Seminars richtig?

A Für Spareinlagen gibt es keine gesetzliche Grundlage, sondern nur eine Anweisung der Deutschen Bundesbank.

B Die Allgemeinen Geschäftsbedingungen der Kreditinstitute mit den Sparbedingungen sind die Rechtsgrundlage für die Spareinlagen.

C Für Spareinlagen gibt es keine gesetzliche Grundlage. Alle Regelungen sind zwischen Sparer und Kreditinstitut frei vereinbar.

D Die Rechtsgrundlage für die Spareinlagen ist das Kreditwesengesetz, da die Spareinlagen aus der Sicht der Kreditinstitute Kredite darstellen.

E Die Rechtsgrundlage für die Spareinlagen ist die Rechnungslegungsverordnung der Kreditinstitute, in der die Regelungen zum Sparverkehr untergebracht sind.

☐

Aufgabe IV-25

Zinsberechnung

Die *Nordbank AG* führt für Frau Hase ein Sparkonto mit vereinbarter Kündigungsfrist von drei Monaten. Ermitteln Sie die Höhe des Saldovortrages für das Jahr 2025! Berücksichtigen Sie die folgenden Daten:
Zinssatz: 0,10 % p. a.
Ein Freistellungsauftrag liegt in ausreichender Höhe vor.

Wert	Text	Einzahlung	Saldo	Zinstage	Zinsen
31.12.2024	Saldovortrag		5.500,00		
19.09.2025		2.400,00	7.900,00		

Ermitteln Sie die Höhe des Saldovortrages für das neue Jahr 2026!

EUR

Aufgabe IV-26

Vermögenswirksame Leistungen

Herr Simon Schreck ist Kunde der *Nordbank AG*. Herr Schreck hatte im letzten Monat seinen Arbeitgeber gewechselt, der neben dem Gehalt eine vermögenswirksame Leistung von monatlich 40,00 EUR zahlt.
Herr Schreck möchte sich von Ihnen über die Anlage der vermögenswirksamen Leistungen beraten lassen. Welche Aussage trifft in diesem Zusammenhang zu?

A „Sie müssen die Arbeitnehmer-Sparzulage von 40,00 EUR von Ihrem Girokonto monatlich auf ein Sonderkonto „VL" überweisen, um die staatliche Sparförderung zu erhalten."

B „Sie können als staatlich geförderte Anlageprodukte zwischen Fondssparplänen, Lebensversicherungsverträgen sowie Bausparverträgen wählen."

C „Ihnen wird die Arbeitnehmer-Sparzulage jährlich nachträglich auf ihrem Förderkonto gutgeschrieben."

D „Sie können die Arbeitnehmer-Sparzulage mit Hilfe eines Dauerantrags einmalig bei ihrem zuständigen Finanzamt beantragen."

E „Um die höchstmögliche Arbeitnehmer-Sparzulage zu erhalten, müssen Sie einen Bausparvertrag und einen Beteiligungssparvertrag abschließen und zusätzliche Einzahlungen vornehmen lassen."

Vermögenswirksame Leistungen

Aufgabe IV-27

Herr Nelle möchte wissen, ob die vermögenswirksamen Leistungen wie sein Lohn der Sozialversicherung bzw. dem Lohnsteuerabzug unterliegen. Mit welcher der folgenden Aussagen beraten Sie Herrn Nelle über den Sachverhalt richtig?

A Die vom Arbeitgeber gezahlten vermögenswirksamen Leistungen sind arbeitsrechtlich, aber nicht steuerrechtlich Bestandteil des Entgelts, und unterliegen damit nur der Sozialversicherung.

B Die Leistungen des Arbeitgebers sind weder sozialversicherungs- noch einkommensteuerpflichtig.

C Die Leistungen des Arbeitgebers unterliegen der Lohnsteuer und der Sozialversicherungspflicht.

D Der vom Arbeitgeber gezahlte Anteil an den vermögenswirksamen Leistungen wird pauschal versteuert.

E Die vom Arbeitgeber gezahlten vermögenswirksamen Leistungen sind kein Entgelt im Sinne der Sozialversicherung, sondern sogenannte Sozialleistungen. Sie müssen aber versteuert werden.

Sparformen

Aufgabe IV-28

Frank Lindemann unterhält bei der *Havelbank AG* in Potsdam ein Sparkonto mit vereinbarter Kündigungsfrist von drei Monaten und ein Girokonto. Welche Aussagen sind zutreffend?

A Vom Sparkonto kann Herr Lindemann monatlich 2.000,00 EUR ohne vorherige Kündigung abheben.

B Bevollmächtigte für das Girokonto sind auch für das Sparkonto verfügungsberechtigt.

C Bei vorzeitiger Verfügung über Spareinlagen muss die *Havelbank AG* gemäß § 21 Rechnungslegungsverordnung ein Vorfälligkeitsentgelt in Rechnung stellen.

D Die *Havelbank AG* kann an einen Vorleger des Sparbuchs nur dann mit schuldbefreiender Wirkung auszahlen, wenn es sich bei der Zahlung um eine fällige Leistung handelt.

E Im Rahmen von Freizügigkeitsregeln kann Herr Lindemann Überweisungen auch von seinem Sparkonto ausführen.

F Herr Lindemann kann mit seiner Girocard bis zu 2.000,00 EUR monatlich vorschusszinsfrei auch über sein Sparguthaben verfügen.

Aufgabe IV-29

Zinssatz-änderung

Die *Nordbank AG* senkt die Leitzinsen für Einlagen und eigene Emissionen. Welche der folgenden bereits bestehenden Kapitaleinlagen werden davon betroffen?

A Sparbriefe mit laufender jährlicher Zinszahlung

B Spareinlagen mit vereinbarter Kündigungsfrist von 12 Monaten

C Festgeld

D Schuldverschreibungen der *Nordbank AG* mit einer Laufzeit von mehr als 4 Jahren

E Spareinlagen mit dreimonatiger Kündigungsfrist

F Fondsgebundene Lebensversicherung auf Grund eines staatlich geförderten Altersvorsorgevertrages

Aufgabe IV-30

Verfügungen über Spareinlagen

Zum 31. Dezember 20.. wurden einem Sparkonto mit dreimonatiger Kündigungsfrist der Kundin Sigrid Schlösser 538,27 EUR Zinsen gutgeschrieben. In welchen Fällen war eine Abhebung der Zinsen ohne Berechnung von Vorschusszinsprovision möglich?

A Frau Schlösser hob die Zinsen am 25. Februar des Folgejahres bar ab.

B Frau Schlösser hob am 5. Januar des Folgejahres 2.538,27 EUR ab.

C Die Sparerin legte die Zinsgutschrift zuzüglich 4.000,00 EUR von ihrem Sparkonto am 4. März des Folgejahres in Festgeld mit einer Laufzeit von 30 Tagen an.

D Frau Schlösser hob am 15. April des Folgejahres einen Teilbetrag von 2.500,00 EUR bar ab.

E Die Sparerin erwarb am 17. März des Folgejahres Investmentzertifikate eines Aktienfonds über 4.500,00 EUR. Der Kaufbetrag wurde vom Sparkonto auf ihr Girokonto übertragen. Die Zertifikate sollten ihrem Depot gutgeschrieben werden.

F Frau Schlösser kann über gutgeschriebene Zinsen für Spareinlagen jederzeit im Folgejahr vorschusszinsfrei verfügen.

Aufgabe IV-31

Vermögens-wirksame Leistungen

Ein Bausparvertrag über 30.000,00 EUR, der nach dem Wohnungsbau-Prämiengesetz gefördert wurde, soll vor Ablauf der Bindungsfrist vorzeitig aufgelöst werden. In welchen der nachstehenden Fälle ist eine prämienunschädliche Auflösung zulässig?

A Der Bausparer wurde nach Vertragsabschluss völlig erwerbsunfähig.

B Der Bausparer nimmt eine selbstständige Tätigkeit auf und will das Bausparguthaben für die Betriebsgründung einsetzen.

C Der Bausparer hat geheiratet, der Bausparvertrag besteht seit drei Jahren.

D Der Bausparer beantragt die Auszahlung des Bausparguthabens und des zuteilungsreifen Bauspardarlehens für den Kauf einer Eigentumswohnung.

E Der Bausparer möchte den zuteilungsreifen Bausparvertrag anlässlich der Geburt seines Kindes für den Kauf einer Kinderzimmereinrichtung verwenden.

F Der Bausparer ist seit einem Jahr arbeitslos; die Arbeitslosigkeit dauert zum Zeitpunkt der Auflösung des Bausparvertrages noch an.

Sparformen

Aufgabe IV-32

Anke Schellhase hat bei der *Leinebank AG* einen unwiderruflichen Sparvertrag zu Gunsten ihrer Enkelin Simone Lehr, geb. 18. August 2010, abgeschlossen und 30.000,00 EUR eingezahlt. Simone soll mit Vollendung des 18. Lebensjahres verfügen dürfen. Welche Aussagen sind richtig?

A Frau Schellhase bleibt bis zum Eintritt der Bedingung (Vollendung des 18. Lebensjahres der Enkelin) Gläubigerin der Spareinlage. Frau Schellhase kann den Sparvertrag in diesem Fall zwar nicht mehr lösen, sie kann aber das gesamte Guthaben abheben.

B Beim Tode von Frau Schellhase wird Simone Lehr sofort Gläubigerin der Spareinlage. Die übrigen Erben können aber Pflichtteilansprüche gegen Simone geltend machen.

C Beim Tode von Frau Schellhase wird Simone zusammen mit den übrigen Erben in ungeteilter Erbengemeinschaft Gläubigerin der Spareinlage.

D Falls Simone vor der Großmutter sterben sollte, fällt das Sparguthaben in Simone Lehrs Nachlass.

E Zinsgutschriften sind von Frau Schellhase zu versteuern.

F Zinsgutschriften werden als Einkünfte von Simone besteuert.

Staatliche Sparförderung

Aufgabe IV-33

Stellen Sie fest, für welche beiden der folgenden Zwecke ein Bauspardarlehen nicht verwendet werden darf.

A Finanzierung eines Wohnmobils

B Renovierung einer erworbenen Eigentumswohnung

C Kauf einer Ferienwohnung im Ausland

D Finanzierung einer Lagerhalle zur Gründung einer Kfz-Werkstatt

E Rückzahlung eines Hypothekendarlehens

F Finanzierung eines Einfamilienhauses

Aufgabe IV-34

Bausparen

Klaus und Bettina Abel möchten sich bei Ihnen über das Bausparen informieren. Welche Information zum Bausparen trifft zu?

A Der Zinssatz für Bausparguthaben wird monatlich der jeweiligen Marktlage angepasst, der Zinssatz für Darlehen wird bei Vertragsabschluss von uns festgelegt.

B Der Zinssatz für das Bauspardarlehen ist während der Laufzeit variabel, der Zinssatz für das Bausparguthaben wird von uns bei Vertragsabschluss je nach Höhe der Bausparsumme festgelegt.

C Sie können über Ihr Bausparguthaben frühestens nach erfolgter Zuteilung ohne Einschränkung auf die Verwendungsmöglichkeiten verfügen.

D Der Zinssatz für das Bausparguthaben und der Zinssatz für Darlehen werden bei Vertragsabschluss von vornherein für die gesamte Vertragslaufzeit festgelegt.

E Die Einlagen auf Bausparkonten bei Bausparkassen sind besonders geschützt, da sie der gesetzlichen Aufsicht der Bausparkassen nach dem Bausparkassengesetz unterliegen.

[ ]

Aufgabe IV-35

Termin-einlagen

Rainer Schulze ist Kunde der *Nordbank AG*. Er legte Festgeld in Höhe von 10.000,00 EUR zunächst für 60 Tage bei der *Nordbank AG* an. In der Folgezeit wurde das Festgeld zweimal für jeweils 30 Tage verlängert. Die Zinsgutschrift erfolgt auf dem Festgeldkonto. Ein Freistellungsauftrag in ausreichender Höhe liegt vor. Bei Vertragsabschluss lag der Zinssatz für Festgelder mit einer Laufzeit von 30 bis 90 Tagen bei 2 % p. a., 30 Tage nach Vertragsabschluss wurden die Zinsen für Festgelder mit einer Laufzeit von 30 bis 90 Tagen um 0,25 % erhöht. Berechnen Sie den Saldo, den das Festgeldkonto am Ende der gesamten Laufzeit ausweist. (Ergebnis auf zwei Stellen nach dem Komma runden)

[EUR]

Aufgabe IV-36

Mietkaution

Sabine Fiebig ist Kundin der *Nordbank AG*. Im Rahmen eines Wohnungswechsels soll Frau Fiebig ihrem neuen Vermieter eine Kaution hinterlegen. Frau Fiebig möchte auf ihren Namen ein Sparbuch eröffnen lassen, das nach § 1280 BGB zugunsten des Vermieters verpfändet werden soll. Welche der folgenden Aussagen zu diesem Mietkautionskonto sind zutreffend?

A Bei Mietrückständen kann der Vermieter bei der *Nordbank AG* die Auszahlung der fälligen Mieten vom Mietkautionskonto unter Einhaltung der vereinbarten Frist fordern.

B Die Mietkaution wird verzinslich bei der *Nordbank AG* angelegt. Die Zinserträge stehen Frau Fiebig zu.

C Aufgrund der Verpfändung des Guthabens wird der Vermieter neuer Gläubiger der Einlage.

D Die Laufzeit der Spareinlage auf dem Mietkautionskonto endet mit der Laufzeit des Mietvertrags.

E Frau Fiebig kann über das Mietkautionskonto bei der *Nordbank AG* verfügen, um damit anfallende Nebenkosten für ihre neue Wohnung zu begleichen.

F Da es sich um ein Mietkautionskonto handelt, kann Frau Fiebig dieses Konto nicht in den Freistellungsauftrag einbeziehen.

Vermögenswirksame Leistungen

Aufgabe IV-37

Isabell Reinhard hat einen Ausbildungsvertrag zur Speditionskauffrau abgeschlossen. Der Ausbildungsbetrieb zahlt 40,00 EUR vermögenswirksame Leistungen monatlich. Wegen der Anlage der vermögenswirksamen Leistungen bittet Frau Reinhard Sie als Kundenberater(in) der *Nordbank AG* um Informationen. Für welche der folgenden Anlageformen wird aktuell Arbeitnehmer-Sparzulage gewährt?

A Kontensparen und Bausparen

B Bausparen und Lebensversicherungen

C Beteiligungssparen und Kontensparen

D Bausparen und Beteiligungssparen

E Lebensversicherungen und Beteiligungssparen

Vermögenswirksame Leistungen

Aufgabe IV-38

Frau Reinhard entscheidet sich für das Beteiligungssparen. Ab dem 01.09.2026 erhält sie ihre vermögenswirksamen Leistungen, die sie in Aktienfondsanteile investieren möchte. Welcher Betrag sollte monatlich noch in den Aktienfonds investiert werden, um für 2026 die optimale staatliche Förderung für Beteiligungssparen zu erhalten?

EUR

Vermögenswirksame Leistungen

Aufgabe IV-39

Ermitteln Sie das Datum, an dem die Sperrfrist für den Wertpapier-Kaufvertrag über Aktienfonds beginnt und endet. Die ersten vermögenswirksamen Leistungen werden im September 2026 auf den Wertpapier-Kaufvertrag vom Ausbildungsbetrieb von Frau Reinhard überwiesen.

. .

. .

Aufgabe IV-40

Bausparen

Herr Neumann teilt Ihnen als Kundenberater/in der *Nordbank AG* mit, dass die *ABX AG* vermögenswirksame Leistungen in Höhe von 35,00 EUR monatlich zahlt. Die erste Zahlung wird noch Ende 2025 durch den Arbeitgeber auf einen Bausparvertrag erfolgen, der am 02.11.2025 abgeschlossen wurde. Wie informieren Sie Herrn Neumann richtig?

A Die Festlegungsfrist beginnt am 02.11.2025 und endet am 01.11.2032.

B Herr Neumann darf auf diesen Vertrag nicht mehr als 35,00 EUR monatlich ansparen, um nicht den Anspruch auf die Arbeitnehmer-Sparzulage zu verlieren.

C Bei der gewählten Sparform gewährt der Staat eine Arbeitnehmer-Sparzulage von 20 %.

D Bei Heirat im Mai 2026 kann Herr Neumann im gleichen Monat ohne Verlust der staatlichen Förderung über den Sparvertrag verfügen.

E Im Falle der Arbeitslosigkeit kann Herr Neumann jederzeit und ohne Verlust der staatlichen Förderung über den Sparvertrag verfügen.

☐

Aufgabe IV-41

Sonder-sparformen

Herr Friedhelm Ehring hat bei der *Nordsparkasse* ein Sparkonto eröffnen lassen. Kurze Zeit später erhält Herr Ehring folgendes Schreiben von der *Nordsparkasse*:

Sehr geehrter Herr Ehring,

wir bestätigen Ihnen als Gläubiger der Spareinlage die Eröffnung o. g. Sparkontos sowie den Abschluss des Sparvertrages auf Ihren Namen.

Vertragsbedingungen:	
- Vertragssumme:	10.000,00 EUR
- Sparurkunde:	Lose-Blatt-Sparbuch
- Kündigungsfrist:	2 Monate
- Einzahlung:	Wert 31.03.2018
- Kündigungssperrfrist:	12 Monate
- Ende der Sonderzinsvereinbarung:	31.03.2023

Für die Dauer der Sonderzinsvereinbarung gelten die folgenden Konditionen:

gültig ab (Wert)	Zinssatz (%)
31.03.2021	1,00
31.03.2022	1,50
31.03.2023	2,00
31.03.2024	2,50
31.03.2025	2,75
31.03.2026	3,00

Die Rückzahlung ist nur gegen Vorlage des Sparbuches möglich. Es besteht aber kein Anspruch auf vorzeitige Rückzahlung. Bei Abhebung von Teilbeträgen endet die Sonderzinsvereinbarung für den Restbetrag des Guthabens.

Nach Ablauf der Sonderzinsvereinbarung vergütet die Sparkasse den Zinssatz für Spareinlagen mit dreimonatiger Kündigungsfrist. Dasselbe gilt, falls

Teilbeträge vorzeitig zurückgefordert werden, für den Restbetrag vom Zeitpunkt der Verfügung an.

Der erteilte Freistellungsauftrag gilt für dieses Konto.

Die AGB, die Bedingungen für den Sparverkehr und die Sonderbedingungen für den Sparverkehr liegen in den Kassenräumen der Nordsparkasse aus.

In diesem Schreiben der *Nordsparkasse* ist bezüglich der rechtlichen Grundlagen der Spareinlagen gemäß Rechnungslegungsverordnung ein Fehler enthalten. Welche der nachfolgenden Aussagen enthält den Fehler im Anschreiben der *Nordsparkasse*?

A Einmalige Einzahlungen von Spareinlagen dürfen nur als Einzelsparurkunde (Sparzertifikat) verbrieft werden.

B Die Sonderzinsvereinbarung muss mit fallenden Zinssätzen ausgestattet sein.

C Die Angabe „Ende der Sonderzinsvereinbarung: 31.03.2026" muss ersatzlos entfallen, weil sie eine Befristung der Spareinlage darstellt.

D Die Kündigungsfrist muss von 2 Monaten auf mindestens 3 Monate heraufgesetzt werden.

E Bei Sondersparformen sind Loseblatt-Sparbücher unzulässig.

[ ]

Vorschusszinsberechnung

Aufgabe IV-42

Für eine Spareinlage mit einer Kündigungsfrist von 3 Monaten wurden 1.115,00 EUR Zinsen, Wert 31. Dezember, gutgeschrieben. Am 26. Februar des folgenden Jahres verfügt der Kunde ohne vorherige Kündigung über 4.115,00 EUR seiner Spareinlage. Auf welchen Betrag berechnen Sie als Mitarbeiter(in) der *Nordbank AG* für diese Verfügung Vorschusszinsen, wenn die *Nordbank AG* die 90-Tage-Methode anwendet?

[ ] EUR

Vermögenswirksame Leistungen

Aufgabe IV-43

Ein Kunde der *Nordbank AG* teilt Ihnen in einem Beratungsgespräch mit, dass er von seinem Arbeitgeber eine vermögensbildende Maßnahme von monatlich 40,00 EUR erhält. Der Kunde möchte über die Anlagemöglichkeiten der vermögenswirksamen Leistungen informiert werden. Welche Aussage hierzu trifft zu?

A Durch die Anlage der vermögenswirksamen Leistungen in offene Immobilienfonds erwirbt der Kunde einen Anspruch auf Arbeitnehmer- Sparzulage.

B Durch die Anlage der vermögenswirksamen Leistungen in einen Bausparvertrag erwirbt der Kunde einen Anspruch auf Arbeitnehmer- Sparzulage.

C Durch die Anlage der vermögenswirksamen Leistungen in einen Banksparplan erwirbt der Kunde einen Anspruch auf Arbeitnehmer-Sparzulage.

D Durch die Anlage der vermögenswirksamen Leistungen in einen Lebensversicherungsvertrag erwirbt der Kunde einen Anspruch auf Arbeitnehmer-Sparzulage.

E Durch die Verwendung der vermögenswirksamen Leistungen zur Darlehenstilgung bei einer vermieteten Immobilie würde der Kunde einen Anspruch auf Arbeitnehmer-Sparzulage erwerben.

☐

Aufgabe IV-44

Festgeld

Sie sind Kundenberater/in der *Nordbank AG*. Ihre Kundin Annika Wagner kommt zu Ihnen an den Schalter der *Nordbank AG* und möchte das auf ihrem Girokonto bestehende Guthaben von 45.000 EUR für drei Monate anlegen, da sie dann ihre bestellte Wohnungseinrichtung bezahlen muss. Sie empfehlen Frau Wagner die Anlage des Guthabens auf einem Termingeldkonto mit 90 Tagen Laufzeit und einem Zinssatz von 0,40 % p.a.

Der bestehende Freistellungsauftrag ist bereits vollständig ausgeschöpft. Frau Wagner ist konfessionslos.

Berechnen Sie den Betrag der Zinsgutschrift bei Fälligkeit.

[EUR]

Aufgabe IV-45

Abgeltungssteuer

Im Zusammenhang mit der Zinsberechnung erklären Sie Frau Wagner den Steuerabzug auf Kapitalerträge aus Geld- und Vermögensanlagen. Wie informieren Sie Frau Wagner richtig?

A Bei jeder Auszahlung von Kapitalerträgen wird bei Kreditinstituten ein Steuerabzug (Abgeltungssteuer) von 25 % vorgenommen.

B Zusätzlich zur Abgeltungssteuer sind die Nettozinsen in der Einkommensteuererklärung anzugeben und erhöhen das zu versteuernde Einkommen.

C Ein Abzug der Abgeltungssteuer kann durch Vorlage einer Nichtveranlagungsbescheinigung vermieden werden.

D Neben der Abgeltungssteuer behält die *Nordbank AG* den Solidaritätszuschlag in Höhe von 5,5 % des Zinsbetrages ein.

E Die *Nordbank AG* behält neben der Abgeltungssteuer noch die Kirchensteuer in Höhe von 5,5 % der Abgeltungssteuer ein.

☐

Sparbrief

Aufgabe IV-46

Sie sind Kundenberater/in der *Nordbank AG*. Ihr Kunde Werner Strobel hatte am 30.12.2023 einen Betrag von 40.000 EUR in einen normal verzinslichen Sparbrief mit jährlicher Zinszahlung von 1 % und einer 5-jährigen Laufzeit bei der *Nordbank AG* angelegt. Herr Strobel bittet Sie, die zum 30.12.2026 anfallende Zinsgutschrift zu berechnen, da er diesen Betrag seinem Enkel zum 18. Geburtstag schenken möchte. Aus dem vorliegenden Freistellungsbetrag für 2026 ist noch ein Betrag von 300 EUR verfügbar. Berechnen Sie den Gutschriftsbetrag.

EUR

Altersvorsorge

Situation zu den Aufgaben IV-47 bis IV-49

Sandra und Martin Schubert sind bei der *KALO AG* in Hamburg beschäftigt. Das Bruttojahreseinkommen des letzten Jahres betrug bei Frau Schubert: 24.000,00 EUR und Herrn Martin Schubert: 48.000,00 EUR.
Das Ehepaar hat drei Kinder im Alter von 3, 5 und 7 Jahren. Das Ehepaar möchte bei der *Nordbank AG* einen Altersvorsorgevertrag abschließen.

Aufgabe IV-47

Ermitteln Sie den Eigenbeitrag und den Gesamtsparbeitrag für die beiden Ehepartner
Frau Schubert:

EUR
EUR

Herr Schubert:

EUR
EUR

Aufgabe IV-48

Ermitteln Sie die Grundzulage für die Ehepartner

EUR

Aufgabe IV-49

Ermitteln Sie die Summe der Kinderzulagen.

EUR

Situation zu Aufgaben IV-50 und IV-51

Altersvorsorge

Ihre Kundin Svenja Schön, 28 Jahre, Angestellte, alleinstehend, ein Kind (2009 geboren), möchte Geld für ihre Altersvorsorge anlegen. Nach Ihrer Beratung interessiert sich Frau Schön für die staatlich geförderte private Zusatzversorgung (Riester-Rente).

Aufgabe IV-50

Frau Schön entscheidet sich für die Einzahlung in einen Fondssparplan. Stellen Sie fest, mit welcher Auskunft Sie Frau Schön richtig beraten!

A Frau Schön hat nur dann einen Anspruch auf staatliche Förderung, wenn die Einzahlungen in den Riester-Vertrag durch ihren Arbeitgeber erfolgen.

B Je nach steuerlicher Situation von Frau Schön kann sie zusätzlich zu den erhaltenen Zulagen durch den Sonderausgabenabzug auch eine Steuerersparnis erzielen.

C Frau Schön kann sich einen beliebigen Fonds einer Kapitalverwaltungsgesellschaft für die regelmäßigen Einzahlungen aussuchen.

D Da Frau Schön alleinerziehend ist, erhält sie auch dann die vollen Grundzulagen, wenn sie den jährlichen Mindesteigenbeitrag nicht aufbringen kann.

E Die Auszahlung der Rente ist steuerfrei, wenn sie nicht vor Vollendung des 62. Lebensjahrs erfolgt.

[ ]

Aufgabe IV-51

Frau Schön hatte im Jahr 2025 ein rentenversicherungspflichtiges Einkommen von 42,000,00 EUR.
Berechnen Sie den Beitrag, den Frau Schön im Jahr 2026 selber in den Vertrag einzahlen muss, damit sie die vollen Zulagen erhält!

[ ] EUR

Aufgabe IV-52

Spareinlagen

Karin Zöllner ist Kundin der *Nordbank AG*.
Frau Zöllner unterhält bei der *Nordbank AG* ein Sparkonto mit einer 3-monatigen Kündigungsfrist. Das Konto weist einen Saldo von 18.500,00 EUR auf und wird mit 0,8 % p. a. verzinst. Frau Zöllner hat zum 04.Februar 5.000,00 EUR fristgerecht gekündigt. Da sie sich ein neues Auto kaufen möchte, bittet Frau Zöllner Sie um die Auszahlung von 12.300,00 EUR. In diesem Zusammenhang fragt sie nach der Höhe der anfallenden Vorschusszinsen (Vorfälligkeitsentgelt). In diesem Monat wurden noch keine Verfügungen vorgenommen. Der Zinssatz für die Berechnung der Vorschusszinsen (Vorfälligkeitsentgelt) beträgt ein Viertel des zu vergütenden Habenzinssatzes.
Berechnen Sie das Vorfälligkeitsentgelt für Frau Zöllner!

[ ] EUR

Bausparen

Aufgabe IV-53

Ihr Kunde Leon Schramm möchte einen Bausparvertrag bei der *Bauspar AG* abschließen. Der Tarif der Bausparkasse sieht einen monatlichen Regelsparbeitrag von 4 Promille der Bausparsumme vor. Entsprechend wird Herr Schramm monatlich 160,00 EUR in diesen Bausparvertrag einzahlen. Berechnen Sie für Herrn Schramm die sich hieraus ergebende Bausparsumme!

EUR

Bausparen

Aufgabe IV-54

Zur Finanzierung eines Eigenheims will das Ehepaar Brigitte und Roland Dwenger einen Bausparvertrag abschließen. Welche Aussagen treffen zu?

A Die Zuteilung des Bauspardarlehens setzt in der Regel ein Mindestguthaben und das Erreichen einer bestimmten Bewertungsziffer voraus.

B Ein niedriger Darlehenszins kann nur bei Verträgen mit längeren Ansparzeiten vereinbart werden.

C Bauspardarlehen werden grundsätzlich durch Eintragung eines Grundpfandrechts an erster Rangstelle gesichert.

D Die nicht steuerpflichtigen Bausparprämien werden bei der Ermittlung des Mindestguthabens und/oder der Bewertungsziffer berücksichtigt.

E Zinsen für Bausparguthaben zählen zur erbrachten Sparleistung und sind prämienbegünstigt.

F Sonderzahlungen über die vertraglich vereinbarten Raten hinaus sind nur möglich, solange das Bauspardarlehen nicht ausgezahlt ist.

Spareinlagen

Aufgabe IV-55

Welche Aussage über das Sparbuch ist richtig?

A Da das Sparbuch ein Inhaberpapier ist, muss der Aussteller auf Verlangen an jeden Vorleger des Sparbuchs Zahlung leisten.

B Der Aussteller des Sparbuchs kann an jeden Vorleger mit schuldbefreiender Wirkung Zahlung leisten, sofern es sich um die versprochene fällige Leistung aus dem Sparguthaben handelt.

C Bei Rückzahlung des Gesamtguthabens kann das nicht entwertete Sparbuch dem Kontoinhaber für weitere Einzahlungen überlassen werden.

D Der Vorleger des Sparbuchs kann ohne vorherige Kündigung gegenüber dem Kreditinstitut auf Auszahlungen in jeder Höhe bestehen, sofern er Vorschusszinsen zahlt.

E Auszahlungen von 2.000,00 EUR pro Monat können auch ohne Vorlage des Sparbuches an den Sparer vorgenommen werden.

Aufgabe IV-56

Vermögens-wirksame Leistungen

Ihre Kundin Sarah Knop, ledig, hat eine Ausbildung begonnen und erhält vermögenswirksame Leistungen (VL). Frau Knop bittet Sie Um Informationen zur Anlage der vermögenswirksamen Leistungen.

Wie beraten Sie Frau Knop richtig!

A Wenn der Gesamtbetrag ihrer Einkünfte im Jahr vor der Anlage der VL 35.000,00 EUR nicht Übersteigt, erwirbt Frau Knop mit der Anlage einen Anspruch auf Arbeitnehmer-Sparzulage.

B Wenn Frau Knop ihre VL in einen Sparvertrag über Wertpapiere oder andere Vermögensbeteiligungen anlegt, kann sie eine Förderung von 20 % der Sparbeiträge von bis zu 470,00 EUR pro Jahr erhalten.

C Die Arbeitnehmer-Sparzulagen von 20 % bzw. 9 % können nebeneinander in Anspruch genommen werden, sodass Frau Knop VL bis zu einem Betrag von 870,00 EUR jährlich gefördert werden können.

D Die von ihrem Arbeitgeber gezahlten VL sind zwar einkommensteuerpflichtig, aber nicht sozialversicherungspflichtig.

E Um die Arbeitnehmer-Sparzulage zu erhalten, muss Frau Knop sie spätestens im Jahr nach Ablauf des Sparjahrs mit ihrer jährlichen Einkommensteuererklärung beim zuständigen Finanzamt beantragen.

☐

Situation zu den Aufgabe IV-57 und IV-58

Sparkonto

Ihre Kundin Birgit Knappe hat bei der Nordbank AG am Dienstag, 28.04., ein Sparkonto zu folgenden Konditionen eröffnet und 23.000,00 EUR eingezahlt:

Anlageart	Spareinlage
Kündigungsfrist	3 Monate
Verzinsung	0,2 % p. a.
Vorfälligkeitsentgelt	Ein Viertel des zu vergütenden Guthabenzinssatzes

Aufgabe IV-57

Am Dienstag, 25.08., hob Frau Knappe 1.500,00 EUR von diesem Sparkonto ab. Weitere Kontobewegungen fanden in diesem Jahr nicht statt.

Berechnen Sie den Gesamtbetrag der vorzutragenden Zinsen zum Jahresende, der sich aufgrund der beiden Kontobewegungen ergibt!

[EUR]

Aufgabe-IV-58

Frau Knappe hat 10.000,00 EUR fristgerecht zum 24.11. gekündigt. Da sie sich ein neues Auto kaufen möchte, bittet sie Sie am 24.11. um die Auszahlung von 18.000,00 EUR.

Berechnen Sie die Höhe des Vorfälligkeitsentgelts!

[EUR]

Arbeitnehmer-Sparzulage

Aufgabe IV-59

Herr Schuster ist Bausparer bei der Nordspar AG. Herr Schuster möchte von Ihnen wissen, in welchem Fall er vorzeitig über seinen Bausparvertrag verfügen kann, ohne die staatliche Arbeitnehmer-Sparzulage zurückzahlen zu müssen. Wie informieren Sie ihn richtig?

A Bei einem Arbeitsplatzwechsel

B Bei Heirat, wenn seit Beginn der Sperrfrist mindestens sechs Monate vergangen sind

C Bei Aufnahme eines Studiums nach Kündigung des Arbeitsverhältnisses

D Bei Aufnahme einer selbstständigen Erwerbstätigkeit unter Aufgabe der unselbstständigen Tätigkeit

E Bei Kündigung des Arbeitsverhältnisses

Vermögenswirksame Leistungen

Aufgabe IV-60

Frau Reinhard ist Depotkundin der *Nordbank AG*. Frau Reinhard hatte sich in einem Beratungsgespräch über die Anlage der vermögenswirksamen Leistungen informiert. Sie hatte sich überlegt, die vermögenswirksamen Leistungen entweder in einen Bausparvertrag einzubringen oder in einem Aktienfonds anzulegen. Frau Reinhard entscheidet sich für das Beteiligungssparen. Ab dem 01.07.2026 möchte sie ihre vermögenswirksamen Leistungen in Aktienfondsanteile investieren.

a) Welcher Betrag sollte von ihren vermögenswirksamen Leistungen in den Aktienfonds investiert werden, um die optimale staatliche Förderung für 2026 zu erhalten?

EUR

b) Nennen Sie das Datum, bis zudem Frau Reinhard spätestens den Antrag auf Gewährung der Arbeitnehmer-Sparzulage für 2026 beim zuständigen Finanzamt stellen muss!

__ __ . __ __ . __ __ __ __

Vermögenswirksame Leistungen

Aufgabe IV-61

Herr Martin Krause (ledig) ist Kaufmann für Speditions- und Logistikdienstleistungen bei der *Schencker AG* in Hamburg. Herr Krause ist Kunde der *Nordbank AG*. Die *Schencker AG* zahlt an ihre Arbeitnehmer vermögenswirksame Leistungen nach dem laufenden Tarifvertrag. Herr Krause informiert sich heute bei der *Nordbank AG* über Anlage- und Fördermöglichkeiten nach dem 5. VermBG. Welche Information der *Nordbank AG* ist richtig?

A Tariflich vereinbarte vermögenswirksame Leistungen mit dem Arbeitgeber kann Herr Krause auch dann in Anspruch nehmen, wenn sein zu versteuerndes Einkommen im Jahr der Sparleistung 40.000,00 EUR übersteigt.

B Der Anspruch auf Arbeitnehmer-Sparzulage ist vom zu versteuernden Einkommen abhängig.

C Für Anlagen nach dem Wohnungsbau-Prämiengesetz und für andere begünstigte Baumaßnahmen beträgt die Arbeitnehmer-Sparzulage 10 %.

D Maßgebend für die staatliche Förderung ist das Bruttoeinkommen im Jahr der Sparleistung.

E Für Anlagen nach dem Wohnungsbau-Prämiengesetz und für andere begünstigte Beteiligungsmaßnahmen beträgt die Arbeitnehmer-Sparzulage 20 %.

F Die Anträge auf staatliche Förderung sind spätestens bis zum 31. Dezember des Anlagejahres zu stellen.

V. Allgemein-Verbraucherdarlehen

Lösungen ab Seite 341

Aufgabe V-1

Restschuldversicherung

Welche der folgenden Aussagen zu den Leistungen einer Restschuldversicherung ist zutreffend?

A Die verbleibenden Raten eines Verbraucherdarlehens werden durch die Restschuldversicherung bezahlt, sobald der Kreditnehmer mit den Rückzahlungen mit mindestens zwei aufeinander folgenden Raten in Verzug ist.

B Das kreditgebende Institut erhält den noch ausstehenden Darlehensbetrag aus der Versicherung, wenn der Kreditnehmer während der Darlehenslaufzeit erwerbsunfähig wird.

C Wird das Darlehen durch das kreditgebende Kreditinstitut fällig gestellt und reicht eine im Vertrag vereinbarte Sicherheit bei der Verwertung nicht aus, so wird der Differenzbetrag durch die Restschuldversicherung getragen.

D Die Verbindlichkeiten werden durch die Restschuldversicherung abgedeckt, wenn der Kreditnehmer eine Verbraucherinsolvenz beantragt hat.

E Mit der Restschuldversicherung werden während der Kreditlaufzeit Kapitalbeträge angespart, mit dem das Darlehen am Ende der Laufzeit in einer Summe abgelöst wird.

Aufgabe V-2

Kreditwürdigkeitsprüfung

Welche der nachfolgenden Aussagen zur Prüfung der Kreditwürdigkeit treffen zu?

A Sie ermitteln die materielle Kreditwürdigkeit, indem Sie sich über den beruflichen Werdegang des Kreditnehmers informieren.

B Im Rahmen der persönlichen Kreditwürdigkeitsprüfung stellen Sie fest, ob der Kreditnehmer voll geschäftsfähig ist.

C Zur Beurteilung der persönlichen Kreditwürdigkeit benötigen Sie u. a. Angaben zum beruflichen Werdegang des Kreditnehmers.

D Bei der Beurteilung der persönlichen Kreditwürdigkeit wird auch die Dauer des derzeitigen Arbeitsverhältnisses des Kreditnehmers berücksichtigt.

E Zur Feststellung der persönlichen Kreditwürdigkeit informieren Sie sich über die Höhe des Gehalts des Kreditnehmers.

F Eine Meldung der SCHUFA über bereits getilgte Kredite wirkt sich positiv auf die materielle Kreditwürdigkeit des Kreditnehmers aus.

W. Grundmann et al., *Bankwirtschaft und Controlling Teil 1*, Prüfungstraining für Bankkaufleute,
https://doi.org/10.1007/978-3-658-52865-2_5

Mahnbescheid

Aufgabe V-3

Welche Folgen hat ein fristgerechter Widerspruch des Schuldners Jürgen Bauer gegen einen Mahnbescheid?

A Gegen einen Mahnbescheid kann Herr Bauer keinen Widerspruch einlegen.

B Der Gläubiger muss in diesem Fall beim zuständigen Amtsgericht einen Vollstreckungsbescheid beantragen.

C In diesem Fall kann kein Vollstreckungsbescheid mehr ergehen. Der Gläubiger muss einen Antrag auf Durchführung eines streitigen Verfahrens vor dem zuständigen Gericht stellen.

D Es ergeht in diesem Fall ein Vergleichsurteil.

E Die Kosten des gesamten Gerichtsverfahrens erhöhen sich.

F Mit dem Widerspruch von Herrn Bauer erhält der Gläubiger einen vollstreckbaren Titel beim zuständigen Gericht.

Notleidender Kredit

Aufgabe V-4

Welche Möglichkeiten hat die *Nordbank AG*, der ein vollstreckbarer Titel vorliegt, sofortige Befriedigung für ihren gekündigten Kredit zu erlangen?

A Die *Nordbank AG* kann beim zuständigen Amtsgericht ein vorläufiges Zahlungsverbot beantragen.

B Die *Nordbank AG* kann einen Zwangsvollstreckungsauftrag an den zuständigen Gerichtsvollzieher erteilen.

C Die *Nordbank AG* kann mit Hilfe des vollstreckbaren Titels einen Pfändungs- und Überweisungsbeschluss auch in der Berufungsinstanz erstreiten.

D Die *Nordbank AG* kann beim Gerichtsvollzieher einen richterlichen Pfändungs- und Überweisungsbeschluss erwirken.

E Der vollstreckbare Titel berechtigt die *Nordbank AG* nicht, eine sofortige Zwangsvollstreckung zur Befriedigung ihrer Kreditforderung zu erwirken.

F Mit dem vollstreckbaren Titel kann die *Nordbank AG* das gerichtliche Klageverfahren einleiten.

Aufgabe V-5

Forderungsausfall

Durch welche Maßnahmen können Kreditinstitute

1 ausgefallene Forderungen eintreiben?

2 Verluste durch Forderungsausfälle vermeiden?

Ordnen Sie zu!

A Vergabe von erstrangig gesicherten verbraucherkrediten

B Sperrung aller Werte nach AGB

C Kreditwürdigkeitsprüfung

D Bestellung von Kreditsicherheiten

E Verwertung der Sicherheiten

F Kreditstreuung

G Kreditüberwachung

H Abschluss von Kreditversicherungen

I Offenlegung von Zessionen, z. B. Gehaltsabtretung

A	B	C	D	E	F	G	H	I

Aufgabe V-6

Sicherungsübereignung

Welche der nachstehenden Aussagen trifft auf eine Kreditfinanzierung eines Pkw zu, der durch die Sicherungsübereignung des Pkw abgesichert ist?

A Der Kreditnehmer ist während der Laufzeit des Finanzierungsvertrags Eigentümer des Pkw.

B Diese Finanzierungsform bringt dem Kreditnehmer steuerliche Vorteile.

C Mit Zahlung der letzten Rate aus dem Finanzierungsvertrag hat der Kreditnehmer einen Anspruch auf Rückübertragung des Eigentums am Sicherungsgut.

D Im Falle einer vorzeitigen Beendigung des Finanzierungsvertrages verliert der Kreditnehmer das Eigentum am Pkw.

E Der Kreditnehmer kann den Pkw nur während der Vertragslaufzeit wirtschaftlich nutzen.

Verpfändung eines Wertpapierdepots

Aufgabe V-7

Die Absicherung eines Kredits der *Nordbank AG* an ihren Kunden Gerhard Schneider soll durch Verpfändung von Wertpapieren des Kunden erfolgen, die in einem bei der *Nordbank AG* für den Kunden geführten Depot verbucht sind. Die Wertpapiere befinden sich in Girosammelverwahrung. Welche der folgenden Aussagen sind richtig?

A Nach Rückzahlung des Kredits ist die *Nordbank AG* verpflichtet, das Eigentum an den Wertpapieren auf ihren Kunden zurück zu übertragen.

B Die Hereinnahme einer besonderen Verpfändungserklärung ist nicht notwendig, da die Wertpapiere ohnehin dem AGB-Pfandrecht unterliegen.

C Für Aktien und festverzinsliche Wertpapiere gelten unterschiedliche Beleihungssätze.

D Da sich die zu verpfändenden Wertpapiere in einem bei der *Nordbank AG* für den Kunden geführten Depot befinden, genügt bei Auszahlung des Kredits die Einigung über die Entstehung des Pfandrechts für eine Verpfändung.

E Die Verpfändung muss der *Clearstream Banking AG* angezeigt werden und der Herausgabeanspruch an die *Nordbank AG* abgetreten werden.

F Hat die *Nordbank AG* den Kredit gekündigt, kann sie die verpfändeten Wertpapiere an der Börse sofort freihändig verkaufen und den noch offenen Kreditbetrag ausgleichen.

Beleihungswertermittlung

Aufgabe V-8

Für ein Verbraucherdarlehen bietet ein Kunde der *Spreebank AG* in Berlin als Sicherheit die Verpfändung der folgenden Wertpapiere an:

1. 40.000,00 EUR 3,375 % Anleihe der Stadt Dresden 2012/2022, Börsenkurs 103 %
2. 40.000,00 EUR 3,5 % Sparbriefe der *Spreebank AG*, fällig 01.Juli 2022
3. 100 Stück *Abaton AG*-Aktien, Börsenkurs 120,00 EUR je Stück

Bewertungssätze der *Spreebank AG*:

- mündelsichere Schuldverschreibungen bis 80 % Kurswert
- eigene Sparbriefe bis 100 % Nennwert
- andere börsenfähige Wertpapiere bis 60 % Kurswert

Wie hoch ist der Beleihungswert?

EUR

Aufgabe V-9

Verpfändung von Wertpapieren

Zur Sicherung eines Ratenkredits bietet Ihnen die Kundin Susanne Schöpf die Verpfändung von Wertpapieren an. Die Wertpapiere befinden sich in Girosammelverwahrung bei der *Nordbank AG*. Welche der nachstehenden Aussagen sind in diesem Zusammenhang richtig?

A Mit der Einigung über den Pfandvertrag wird die *Nordbank AG* Eigentümerin der Wertpapiere.

B Mit dem Pfandvertrag wird zwischen der *Nordbank AG* und Frau Schöpf ein Besitzmittlungsverhältnis begründet. Frau Schöpf ist nur noch mittelbare Besitzerin der Wertpapiere.

C Im Pfandvertrag muss vereinbart werden, dass nach Rückführung des Ratenkredits durch Frau Schöpf das Pfandrecht am Wertpapierdepot erlischt.

D Das Pfandrecht entsteht in diesem Fall mit der Einigung über die Bestellung des Pfandrechts.

E Bei starken Kursverlusten ist die *Nordbank AG* sofort berechtigt, die Wertpapiere „bestens" über die Börse zu verkaufen.

F Zur Rechtswirksamkeit des Pfandvertrages ist die notarielle Beurkundung erforderlich.

Aufgabe V-10

Vergleich von Kreditsicherheiten

Ordnen Sie den drei Kreditsicherheiten je eine zutreffende Aussage zu!

Kreditsicherheiten

1 Verpfändung von Sachen
2 Sicherungszession
3 Sicherungsübereignung

Aussagen

A Wolfgang Gabriel übergibt der *Nordbank AG* vinkulierte Namensaktien im Kurswert von 20.000,00 EUR als Sicherheit.

B Der *Nordbank AG* wird ein Pfändungs- und Überweisungsbeschluss zugestellt.

C Ein Verbraucherdarlehen für die *Kundin Sarah Knappe* wird durch ein Übereignungsvertrag mit der Nordbank AG besichert.

D Klaus Renne verzichtet als Bürge auf die Einrede der Vorausklage.

E Die *Nordbank AG* ist berechtigt, den Arbeitgeber von der Gehaltsabtretung in Kenntnis zu setzen.

1	2	3

Kredit-würdigkeit

Aufgabe V-11

Vor Abschluss eines Kreditvertrages prüfen Kreditinstitute die Kreditfähigkeit und die persönliche und materielle Kreditwürdigkeit des Kreditnehmers. Mit welchen Unterlagen können diese Prüfungen vorgenommen werden? Ordnen Sie zu!

Kreditnehmer

1 Kreditfähigkeit der Privatkundin Gisela Birke, 37 Jahre
2 Materielle Kreditwürdigkeit der *Online OHG*
3 Persönliche Kreditwürdigkeit des Rentners Timo Scholle
4 Materielle Kreditwürdigkeitsprüfung der Angestellten Sara Mausch
5 Kreditfähigkeit der *Chemie AG*

Unterlagen

A Aktueller Handelsregisterauszug
B Bestallungsurkunde des Amtsgerichts
C Personalausweis
D Bilanzen und Gewinn- und Verlustrechnungen der letzten 3 Jahre
E Personalausweise der Vorstandsmitglieder
F 3 aktuelle Gehaltsabrechnungen
G Beurteilung der bisherigen Kontoführung

1	2	3	4	5

Verpfändung einer Spareinlage

Aufgabe V-12

Welche Aussage über die Verpfändung eines Sparguthabens zu Gunsten der *Nordbank AG* trifft zu, wenn das Sparkonto bei einem fremden Kreditinstitut geführt wird?

A Zur Rechtswirksamkeit des Pfandrechts muss die Verpfändung dem kontoführenden Institut angezeigt und offenkundig gemacht werden.

B Zur Rechtswirksamkeit des Pfandrechts an einem Sparguthaben ist die Übergabe des Sparbuchs erforderlich.

C Durch die Verpfändung des Sparguthabens verliert der Kreditnehmer (Sparer) seine Gläubigerstellung.

D Ist das Kredit gebende Institut gleichzeitig Schuldner der Spareinlage, kann ein Pfandrecht nicht bestellt werden.

E Zinsen aus einer Spareinlage, die als Sicherheit für einen Kredit verpfändet wurden, sind in jedem Fall abgeltungssteuerpflichtig.

Aufgabe V-13

Notleidender Kredit

Für den Kunden Michael Börensen werden von der *Nordbank AG* ein Girokonto, ein Sparkonto mit dreimonatiger Kündigungsfrist und ein Depotkonto mit amtlich notierten Wertpapieren geführt. Trotz mehrerer Mahnungen hat Herr Börensen eine Überziehung seines Girokontos nicht ausgeglichen. Zum Ausgleich des Sollsaldos will sich die *Nordbank AG* aus den vorhandenen Vermögenswerten von Herrn Börensen gemäß AGB befriedigen. Welche Aussage ist richtig?

A Die *Nordbank AG* muss unter Hinweis auf ihr AGB-Pfandrecht einen Pfändungs- und Überweisungsbeschluss zur Verwertung der Vermögenswerte von Herrn Börensen besorgen.

B Da die *Nordbank AG* unter mehreren Sicherheiten wählen kann, darf die Verwertung nur in Abstimmung mit Herrn Börensen erfolgen.

C Die *Nordbank AG* darf zum Ausgleich der Forderungen Wertpapiere aus dem Depot von Herrn Börensen über die Börse verkaufen.

D Das Sparguthaben muss von den Sicherheiten zuerst verwendet werden.

E Die *Nordbank AG* muss den Gerichtsvollzieher mit dem Einzug des Sparguthabens und dem Verkauf der Wertpapiere im Depot von Herrn Börensen beauftragen.

☐

Aufgabe V-14

Zuordnung von Kreditrisiken

Susanne Köhler ist Kundin der Nordbank AG. Frau Köhler hatte ein Allgemein-Verbraucherdarlehen über 15.000,00 EUR bei der Nordbank AG aufgenommen. Die Laufzeit gemäß Kreditvertrag beträgt 48 Monate. Die monatliche Rate beträgt 348,23 EURUR.

Ermitteln Sie mithilfe des abgebildeten Auszugs aus dem Bürgerlichen Gesetzbuch (BGB) die Anzahl von aufeinander folgenden Raten, die Frau Köhler in Verzug sein muss. damit die Nordbank AG das Darlehen fällig stellen kann!

☐

Auszug aus dem BGB

§ 498 Gesamtfälligstellung bei Teilzahlungsdarlehen

(1) Der Darlehensgeber kann den Verbraucherdarlehensvertrag bei einem Darlehen, das in Teilzahlungen zu tilgen ist. wogen Zahlungsverzugs des Darlehensnehmers nur dann kündigen, wenn 1 der Darlehensnehmer

Verwertung von Sicherheiten

Aufgabe V-15

Nachdem die *Nordbank AG* bei einem Kreditnehmer, der nach zwei Jahren mit mehreren Raten im Rückstand ist (Finanzierung eines Pkw bei gleichzeitiger Sicherungsübereignung des Pkw), ohne Ergebnis die gesetzlich vorgesehenen Schritte durchgeführt hat, soll der sicherungsübereignete Pkw verwertet werden. Was muss die *Nordbank AG* hinsichtlich der Verwertung beachten?

A Eine Verwertung ist nur möglich, wenn die *Nordbank AG* beim Gericht des Kreditnehmers einen vollstreckbaren Titel erwirkt hat.

B Eine Verwertung kann erst im Rahmen einer öffentlichen Versteigerung erfolgen.

C Die *Nordbank AG* kann die Verwertung des Pkw durch einen freihändigen Verkauf selbstständig durchführen.

D Der Verwertungserlös muss gemäß der Schwackeliste mindestens 80 % des Verkehrswerts betragen.

E Ein Mehrerlös beim Verkauf des Pkw über die Restschuld hinaus steht der *Nordbank AG* zu.

F Bei der Verwertung des Pkw muss die *Nordbank AG* kaufmännische Grundsätze beachten. So darf die Bank den Pkw nicht zu einem „Schleuderpreis" verkaufen.

Einlagenschutz

Aufgabe V-16

Welche Aussagen über die Einlagensicherung im deutschen Bankgewerbe sind richtig?

A Die Kreditinstitute sind nach dem Kreditwesengesetz verpflichtet, die Einlagen ihrer Kunden in einer entsprechenden Sicherungseinrichtung zu versichern.

B Die Kreditinstitute sind nach dem Kreditwesengesetz verpflichtet, ihre Kunden bei der Kontoeröffnung in geeigneter Form über die Einbeziehung in die Einlagensicherung zu unterrichten.

C Die Einlagensicherungssysteme sollen verhindern, dass bei Zahlungsunfähigkeit von Kreditinstituten bestimmte Gläubiger Ausfälle erleiden.

D Für das gesamte deutsche Bankwesen besteht ein einheitliches Einlagensicherungssystem, das von der Europäischen Zentralbank getragen wird.

E Einlagen bei öffentlich-rechtlichen Kreditinstituten sind bis zum Gegenwert von 100.000,00 EUR pro Gläubiger und Einlageart durch eine entsprechende Entschädigungseinrichtung abgesichert.

F Die Einlagen von Gläubigern im deutschen Bankensystem sind bis zu 500.000,00 EUR pro Gläubiger abgesichert.

Aufgabe V-17

Gehalts-abtretung

Zur Absicherung eines Anschaffungsdarlehens tritt der Privatkunde der *Nordbank AG* Torben Weng (28 Jahre alt, ledig) sein Gehalt in Höhe von monatlich 2.040,50 EUR netto an die *Nordbank AG* ab. Eine Anzeige an den Arbeitgeber, die *Junge GmbH*, erfolgte nicht. Nach Auszahlung des Darlehens stellt Herr Weng nach zwei Jahren ordnungsgemäßer Tilgung die Ratenzahlungen ein. Die *Nordbank AG* wendet sich wegen der noch verbleibenden Restschuld in Höhe von 1.300,41 EUR an den Arbeitgeber und bittet unter Vorlage der Abtretungserklärung um Überweisung der 1.300,41 EUR. Aus welchem Grund kann der Arbeitgeber die Auszahlung des Betrages an die *Nordbank AG* zu Recht verweigern?

A Die *Nordbank AG* hätte der *Junge GmbH* die Abtretung sofort bei Vertragsabschluss offenlegen müssen.

B Ohne Vorlage des Pfändungs- und Überweisungsbeschlusses darf die *Junge GmbH* nicht zahlen.

C Die Abtretung von Gehaltsforderungen ist gesetzlich nicht zulässig.

D Die *Nordbank AG* muss erst nachweisen, dass zuvor eine fruchtlose Pfändung durch den Gerichtsvollzieher vorgenommen wurde.

E Bei der *Junge GmbH* ist durch eine Betriebsvereinbarung festgelegt, dass Gehaltsansprüche nicht abgetreten werden dürfen.

☐

Situation zu den Aufgaben V-18 bis V-20

Frau Jasmin Schwarz plant den Kauf eines VW Golf im Gesamtwert von 25.000,00 EUR. Ein Teil des Kaufpreises soll durch ein Anschaffungsdarlehen finanziert werden.

Aufgabe V-18

Bürgschaft

Da keine Sicherheiten vorhanden sind, schlagen Sie als Kundenberater(in) der *Nordbank AG* Frau Schwarz die Bürgschaft ihres Bruders vor, der selbstständiger Kaufmann und im Handelsregister eingetragen ist. Welche Aussagen zu dieser Bürgschaft sind zutreffend?

A Obwohl Herr Schwarz als Kaufmann im Handelsregister eingetragen ist, muss seine Bürgschaftserklärung in diesem Fall schriftlich erfolgen, da Herr Schwarz als Privatperson handelt.

B Die Bürgschaft muss nach den Bestimmungen des BGB schriftlich erfolgen und auf mindestens sechs Monate befristet sein.

C **Eine** Bürgschaftserklärung muss nach dem Handelsgesetzbuch stets schriftlich erfolgen.

D Die Bürgschaft ist ein zweiseitig verpflichtendes Rechtsgeschäft. Daher muss die *Nordbank AG* Herrn Schwarz schriftlich anzeigen, dass er für die Verbindlichkeiten seiner Schwester haftet.

E Die Bürgschaftserklärung von Herrn Schwarz kann entfallen, wenn er sich als Mitantragsteller des Darlehens gegenüber der *Nordbank AG* verpflichtet.

F Die Bürgschaft ist eine einseitige Willenserklärung. Daher ist eine Bürgschaft notariell zu beglaubigen.

Bürgschaft

Aufgabe V-19

Die Bürgschaftserklärung des Herrn Schwarz erfolgt selbstschuldnerisch. Welche der nachfolgenden Aussagen treffen auf diese Bürgschaft zu?

A Herr Schwarz verzichtet auf die Einrede der Vorausklage.

B Die Bürgschaft erlischt nicht mit Rückzahlung des Darlehens, sondern erst nach Erledigung sämtlicher Kreditverpflichtungen des Darlehensnehmers.

C Die Bürgschaft bedarf zur Rechtswirksamkeit einer notariellen Beurkundung.

D Herr Schwarz hat als eingetragener Kaufmann ein jederzeitiges Kündigungsrecht.

E Herr Schwarz hat nach Unterzeichnung der Bürgschaftserklärung ein 14-tägiges Widerrufsrecht.

F Herr Schwarz kann ohne den Nachweis einer erfolglosen Zwangsvollstreckung sofort bei Ausfall des Hauptschuldners in Anspruch genommen werden.

Leasing

Aufgabe V-20

Frau Schwarz entscheidet sich statt des Kaufs eines Pkw für ein interessantes Leasingangebot einer Pkw-Leasinggesellschaft. Welche der nachstehenden Aussagen trifft zu?

A Rechtlicher Eigentümer des Pkw ist die Leasinggesellschaft.

B Der Leasingvertrag kann jederzeit innerhalb der betriebsgewöhnlichen Nutzungsdauer des Pkw steuerunschädlich gekündigt werden.

C Nach Ablauf der Vertragsdauer wird Frau Schwarz rechtliche und wirtschaftliche Eigentümerin des Pkw.

D Private Leasingnehmer erhalten immer höhere Rabatte durch die Kfz-Händler als Barzahler.

E Die Leasingrate enthält i. d. R. den vollen Versicherungsschutz für einen Pkw.

Aufgabe V-21

Gehalts-abtretung

Zur Sicherung eines Ratenkredits hatte die *Nordbank AG* die Gehaltsabtretung mit einem Kreditnehmer vereinbart. Welche der folgenden Aussagen zu einer Gehaltsabtretung als Sicherheit für einen Ratenkredit treffen zu? Ein Abtretungsverbot zwischen dem Arbeitgeber und dem Betriebsrat wurde nicht vereinbart.

A Mögliche Unterhaltsverpflichtungen des Kreditnehmers haben keinen Einfluss auf den Wert der Gehaltsabtretung.

B Wird der Ratenkredit fällig gestellt und die Gehaltsabtretung in Anspruch genommen, hat die *Nordbank AG* einen Mindestanspruch in Höhe der Pfändungsfreigrenze nach der Zivilprozessordnung, bis das Darlehen getilgt ist.

C Die Gehaltsabtretung wird erst rechtswirksam durch eine Anzeige an den Arbeitgeber und dessen Bestätigung.

D Wird die Gehaltsabtretung dem Arbeitgeber des Kreditnehmers angezeigt, ist der Arbeitgeber verpflichtet, die *Nordbank AG* von einem evtl. Arbeitsplatzwechsel des Kreditnehmers zu informieren.

E Tritt der Kreditnehmer sein Gehalt noch ein weiteres Mal an einen anderen Gläubiger ab, so behält die Nordbank AG ihre Rechte an der Forderung.

F Aufgrund der Gehaltsabtretung wird die *Nordbank AG* treuhänderische Gläubigerin des pfändbaren Teils der Gehaltsansprüche.

Aufgabe V-22

Sicherungs-übereignung

Die *Nordbank AG* vereinbart zur Absicherung der Finanzierung eines Pkw die Sicherungsübereignung des Pkw. Welche Aussage trifft zu?

A Da die Sicherungsübereignung akzessorisch ist, wird die *Nordbank AG* erst mit Auszahlung des Kredits Eigentümerin des Pkw.

B Die *Nordbank AG* kann Rechte aus dem Sicherungsübereignungsvertrag erst dann geltend machen, wenn sie vom Kreditnehmer die Zulassungsbescheinigung 2 (vormals Fahrzeugbrief) erhalten hat.

C Die *Nordbank AG* ist erst dann uneingeschränkte Eigentümerin des übereigneten Pkw, wenn sich die Zulassungsstelle bereit erklärt hat, für dieses Fahrzeug keine neue Zulassungsbescheinigung 2 (vormals Fahrzeugbrief) auszustellen.

D Neben der Einigung mit dem Kreditnehmer über die Eigentumsübertragung wird die erforderliche Übergabe des Pkw an die *Nordbank AG* durch die Vereinbarung eines Besitzmittlungsverhältnisses ersetzt.

E Bei Tilgungsausfällen kann die *Nordbank* erst dann den Pkw verwerten, wenn die Kfz-Versicherungsgesellschaft auf die Rechte aus dem Sicherungsschein verzichtet hat.

Selbstschuldnerische Bürgschaft

Aufgabe V-23

Ein Ratenkredit wurde von der *Nordbank AG* mit einer selbstschuldnerischen Bürgschaft mit engem Sicherungszweck besichert. Welche Aussagen über die Beendigung dieser Bürgschaft treffen zu?

A Die Bürgschaftsverpflichtung endet, wenn der Bürge verstirbt.

B Die Bürgschaftsverpflichtung endet, wenn der Darlehensnehmer verstirbt.

C Die Bürgschaftsverpflichtung endet, wenn der Bürge das Darlehen vollständig zurückgezahlt hat.

D Die Bürgschaftsverpflichtung endet, wenn das Darlehen nachträglich durch weitere Sicherheiten abgesichert wird.

E Die Bürgschaftsverpflichtung endet, wenn der Kreditnehmer völlig erwerbsunfähig wird und eine Erwerbsunfähigkeitsrente bei der zuständigen Berufsgenossenschaft beantragt hat.

F Die Bürgschaftsverpflichtung endet, wenn eine vereinbarte Befristung der Bürgschaft abläuft.

Pfändungsfreigrenzen

Aufgabe V-24

Ermitteln Sie zur Beurteilung des Sicherungswertes der Gehaltsabtretung für das Einkommen von Monika Stiehl den pfändbaren Betrag anhand des § 850 c ZPO. Frau Stiehl hat keine Unterhaltsverpflichtungen gegenüber anderen Personen.

Auszug aus § 850 c ZPO

Pfändungsfreigrenzen für Arbeitseinkommen

(1) Arbeitseinkommen ist unpfändbar, wenn es, je nach Zeitraum, für den es gezahlt wird, nicht mehr als 1.590,00 EUR monatlich ... beträgt.

(2) Übersteigt das Arbeitseinkommen den Betrag, bis zu dessen Höhe es ... nach Abs. 1 unpfändbar ist, so ist es hinsichtlich des überschießenden Betrages zu einem Teil unpfändbar, und zwar in Höhe von drei Zehnteln ...

Einkommen von Frau Stiehl	
Bruttolohn	3.025,00 EUR
Abzüge für Lohnsteuer und Sozialversicherung	1.195,00 EUR
Nettolohn	1.830,00 EUR

EUR

Aufgabe V-25

Verwertung eines Wertpapierdepots

Nachdem die *Nordbank AG* bei einem Kreditnehmer, der nach zwei Jahren mit mehreren Raten im Rückstand ist, erfolglos die gesetzlich vorgesehenen Schritte durchgeführt hat, soll das verpfändete Wertpapierdepot verwertet werden. Was muss die *Nordbank AG* hinsichtlich der Verwertung des Depots beachten?

A Eine Verwertung der Wertpapiere ist nur möglich, wenn die *Nordbank AG* beim Gericht des Kreditnehmers einen vollstreckbaren Titel erwirkt hat.

B Eine Verwertung des Depots kann erst nach Einhaltung einer Wartefrist von zwei Wochen seit Kündigung des Kreditvertrags erfolgen.

C Die *Nordbank AG* kann die Verwertung des Depots durch Verkauf der Wertpapiere zum aktuellen Börsenkurs selbstständig durchführen.

D Der Verkauf der Wertpapiere muss mindestens einen Verwertungserlös von 80 % des Nennwertes der Wertpapiere erbringen.

E Ein Mehrerlös beim Verkauf des Pkw über die Restschuld hinaus steht der *Nordbank* zu.

F Reicht der Verwertungserlös aus dem Verkauf der Wertpapiere zur Abdeckung der Restschuld nicht aus, kann die *Nordbank AG* im Rahmen eines gerichtlichen Mahnverfahrens beim zuständigen Amtsgericht einen vollstreckbaren Titel erlangen.

Situation zu den Aufgaben V-26 und V-27

Zur Finanzierung eines Mercedes 170 CX für private Zwecke im Wert von 17.890,00 EUR wendet sich Ihr Kunde Thilo Wiese an Sie als Kreditsachbearbeiter(in) der *Nordbank AG*. Ihre Bank wirbt zurzeit mit einem Effektivzinssatz für Ratenkredite von 2,27% p. a. Alternativ kommt für Herrn Wiese auch eine Leasingfinanzierung in Frage. Zur Absicherung des Kredits verlangt die *Nordbank AG* die Sicherungsübereignung des Mercedes 170 CX oder die Abtretung der Gehaltsansprüche von Herrn Wiese gegenüber seinem Arbeitgeber.

Aufgabe V-26

Sicherungs-übereignung

Welche Besonderheiten weist in diesem Zusammenhang der Sicherungsübereignungsvertrag auf?

A Zur Rechtswirksamkeit eines Sicherungsübereignungsvertrages ist nach dem Bürgerlichen Gesetzbuch die Schriftform zwingend erforderlich.

B Der Sicherungsübereignungsvertrag ist ein Vertrag, durch den der Sicherungsnehmer zum unmittelbaren Eigentümer der Sache wird.

C Mit Abschluss des Sicherungsübereignungsvertrags und Übergabe der Zulassungsbescheinigung 2 (vormals Kfz-Brief) wird die *Nordbank AG* unmittelbare Besitzerin des Pkw.

D Der Sicherungsübereignungsvertrages ist erst rechtswirksam, wenn der Darlehensbetrag ausgezahlt worden ist und der Sicherungszweck im Vertrag vermerkt worden ist.

E Die *Nordbank AG* muss im Vertrag sicherstellen, dass der Mercedes 170 CX jedem Dritten gegenüber durch entsprechende Merkmale im Sicherungsübereignungsvertrag eindeutig bestimmt ist.

Gehalts-abtretung

Aufgabe V-27

Worauf muss die *Nordbank AG* bei der alternativ angebotenen Gehaltsabtretung von Herrn Wiese achten?

A Bei der Inanspruchnahme dieser Sicherheit im Falle eines notleidenden Kredits, müssen Kreditinstitute Pfändungsfreigrenzen beachten.

B Wird das Gehalt später ein zweites Mal an ein anderes Kreditinstitut abgetreten, so verliert die *Nordbank AG* die Rechte an der Gehaltsforderung.

C Gehaltsabtretungen sind nach dem Betriebsverfassungsgesetz dem Arbeitgeber anzuzeigen und von diesem zu bestätigen.

D Sofern Herrn Wieses Arbeitgeber die Gehaltsabtretung vertraglich ausgeschlossen hat, kann die *Nordbank AG* die Forderung nicht rechtswirksam erwerben.

E Bei der Bewertung der Abtretung muss die *Nordbank AG* beachten, dass nur das Nettoeinkommen in voller Höhe als Sicherheit zur Verfügung steht.

F Beim Ausbleiben einer Tilgungsrate darf die *Nordbank AG* sich an den Arbeitgeber des Herrn Wiese wenden. Dieser muss die Forderung der *Nordbank AG* unverzüglich begleichen.

Restschuldv ersicherung

Aufgabe V-28

Sina Klinke ist Abteilungsleiterin bei der Supermarkt AG. Frau Klinke ist Kundin der Nordbank AG. Frau Klinke will bei der Nordbank AG ein Darlehen über 48.000,00 EUR aufnehmen, um den Kauf eines Wohnmobils über 72 Monate zu finanzieren. Sie beraten Frau Klinke über den Abschluss einer Restschuldversicherung mit Absicherung des Todesfalls und der Arbeitsunfähigkeit. Hierzu liegt Ihnen der abgebildete Auszug aus den Allgemeinen Versicherungsbedingungen für die Restschuldversicherung vor.

Mit welcher Information beraten Sie Frau Klinke richtig!

A Da Frau Klinke die Versicherungsprämie zahlt, ist sie die versicherte Person und zugleich auch die Versicherungsnehmerin.

B Sollte der Versicherungsfall bis zur vollständigen Rückzahlung des Darlehens nicht eingetreten sein, wird die Versicherungssumme zuzüglich erwirtschafteter Überschüsse an Frau Klinke ausgezahlt.

C Sollte der Versicherungsfall während der Laufzeit des Darlehens eintreten, zahlt die Versicherungsgesellschaft das Garantiekapital in der ursprünglichen Höhe an die Nordbank AG aus.

D Die Versicherungsleistung in Höhe des Restkreditbetrags wird im Todesfall von Frau Klinke in einer Summe an die Nordbank AG ausgezahlt, bei ihrer Arbeitsunfähigkeit erhält Frau Klinke eine Rentenzahlung.

E Falls Frau Klinke arbeitslos wird, erhält sie nach Ablauf von sechs Wochen Leistungen aus dieser Restschuldversicherung.

Auszug aus den Allgemeinen Versicherungsbedingungen für die Restschuldversicherung

A) Allgemeines zu Ihrer Versicherung

Der Versicherungsnehmer ist der Gläubiger der Zahlungsverpflichtung (z. B. das Kreditinstitut), der die versicherte Person zum Vertrag angemeldet hat.

Die versicherte Person im Sinne dieser Bedingungen ist diejenige Person - bei Partnerversicherungen, soweit nicht anders geregelt, all diejenigen Personen -, auf deren Leben der Baustein zur Restschuldversicherung abgeschlossen worden ist.

B) Allgemeine Versicherungsbedingungen

§ 1 Was ist versichert?

(1) Bei Tod der versicherten Person während der Versicherungsdauer zahlen wir die Versicherungsleistung in Höhe der am Tag des Todes bestehenden Restforderung des Kreditgebers aus dem Kredit, zu dem diese Restschuldversicherung abgeschlossen wurde, maximal jedoch das vereinbarte Garantiekapital. Das Garantiekapital reduziert sich monatlich um den im Vertrag angegebenen Betrag.

(2) Die Versicherung ist nicht überschussberechtigt, es werden keine Überschussanteile fällig.

(3) Ist die Versicherung auch auf den Arbeitsunfähigkeitsfall abgeschlossen und wird die versicherte Person während der Versicherungsdauer arbeitsunfähig, so zahlen wir eine monatliche Arbeitsunfähigkeitsrente an die versicherte Person.

Der Anspruch auf Arbeitsunfähigkeitsrente entsteht nach Ablauf von sechs Wochen nach Eintritt der Arbeitsunfähigkeit. ...

§ 2 Wann beginnt der Versicherungsschutz?

Der Versicherungsschutz beginnt, wenn der Einmalbetrag gezahlt wurde, frühestens jedoch zu dem im Versicherungsvertrag genannten Versicherungsbeginn. Vor Abschluss des Versicherungsvertrags sowie vor Auszahlung der Darlehenssumme besteht jedoch noch kein Versicherungsschutz....

☐

Aufgabe V-29

Verpfändung

Birgit Friedrich hat sich eine neue Kücheneinrichtung gekauft, die mit einem Allgemein-Verbraucherdarlehen über 20.000,00 EUR bei der Nordbank AG finanziert wird. Zur Besicherung dieses Darlehens verpfändete Frau Friedrich 800 Stück ihrer insgesamt 1.200 Stück Flughafen AG-Aktien, die sich im Depot bei der Nordbank AG befinden. Das Darlehen valutiert zurzeit noch mit 12.500,00 EUR. In einem Gespräch teilen Sie Frau Friedrich mit, dass durch den Kursrückgang der Flughafen AG-Aktie auf aktuell 26,00 EUR pro Stück der noch geschuldete Darlehensbetrag nicht mehr vollständig besichert ist.

Berechnen Sie unter Berücksichtigung eines Beleihungssatzes von 50 % den ungesicherten Teil des noch geschuldeten Darlehensbetrags!

EUR

Grundbuch

Aufgabe V-30

Frau Friedrich hat im Rahmen des Beratungsgesprächs mit der Nordbank AG noch eine Frage zu den gesetzlichen Vorschriften bei einer vorzeitigen Rückzahlung ihres Allgemein-Verbraucherdarlehens in voller Höhe.

Mit welcher Aussage informieren Sie Frau Friedrich richtig!

A Zusätzlich zu ihrem Anspruch auf Vorfälligkeitsentschädigung hat die Nordbank AG einen gesetzlichen Anspruch auf Erstattung ihrer Bearbeitungskosten in Höhe von 20,00 EUR.

B Die Nordbank AG ist berechtigt aber nicht verpflichtet, Frau Friedrich eine Vorfälligkeitsentschädigung in Rechnung zu stellen.

C Frau Friedrich kann ihr Allgemein-Verbraucherdarlehen sofort ohne Einhaltung einer Kündigungsfrist kündigen und zurückzahlen, weil die Restlaufzeit kürzer als sechs Monate ist.

D Frau Friedrich muss der Nordbank AG aufgrund gesetzlicher Vorgaben die vorzeitige Rückzahlung ihres Allgemein-Verbraucherdarlehens schriftlich bestätigen.

E Die Nordbank AG wird nach der vorzeitigen Rückzahlung des Darlehens den SCHUFA-Eintrag zum Darlehen mit sofortiger Wirkung löschen lassen.

Mahnbescheid

Aufgabe V-31

Welches Rechtsmittel kann der Schuldner Bauer gegen einen Vollstreckungsbescheid einlegen?

A Gegen einen Vollstreckungsbescheid kann Herr Bauer innerhalb von 14 Tagen nach Zustellung einen Einspruch einlegen.

B Der Vollstreckungsbescheid kann nur durch ein Revisionsverfahren beim Oberlandesgericht aufgehoben werden.

C Gegen einen Vollstreckungsbescheid kann der Schuldner Bauer nicht mehr widersprechen.

D Gegen einen Vollstreckungsbescheid ist ein Widerspruch des Schuldners innerhalb von einem Monat nach Zustellung zulässig.

E Gegen einen Vollstreckungsbescheid kann der Schuldner Bauer beim zuständigen Landgericht Berufung einlegen.

F Gegen einen Vollstreckungsbescheid kann der Schuldner Bauer beim Gerichtsvollzieher reklamieren.

G Gegen einen Vollstreckungsbescheid kann der Schuldner Bauer eine sofortige Beschwerde einlegen.

Aufgabe V-32

Abtretung von Gehaltsansprüchen

Zur Absicherung eines Anschaffungsdarlehens bietet ein Kreditnehmer der *Nordbank AG* die Abtretung seiner Gehaltsansprüche an. Welche Aussage ist richtig?

A Gehaltsansprüche können grundsätzlich nicht abgetreten werden.

B Wechselt der Kreditnehmer seinen Arbeitgeber während der Kreditlaufzeit, gilt die Gehaltsabtretung nicht für die Gehaltsansprüche gegen den neuen Arbeitgeber.

C Es kann nur der pfändbare Teil der Gehaltsforderungen abgetreten werden.

D Mangels Bestimmbarkeit ist eine Gehaltsabtretung rechtsunwirksam.

E Von einer Sicherungsabtretung ist abzuraten, da sie im Falle eines Arbeitgeberwechsels hinter eine spätere Pfändung der Gehaltsansprüche zurücktreten muss.

Aufgabe V-33

Abtretung einer Kapitallebensversicherung

Zur Besicherung eines Ratenkredits bietet die Kreditnehmerin Frau Mangold der *Nordbank AG* die Abtretung ihrer kapitalbildenden Lebensversicherung an, Laufzeit 15 Jahre, Abschluss vor zwei Jahren.
Welche der folgenden Aussagen zur Besicherung durch die Abtretung von Ansprüchen aus dieser Kapitallebensversicherung sind zutreffend?

A Eine Rückübertragung der Ansprüche aus dieser Kapitallebensversicherung auf Frau Mangold ist nach ordnungsgemäßer Rückzahlung des Ratenkredits nicht erforderlich, da Frau Mangold die versicherte Person ist.

B Bei der Abtretung von Rechten aus der Kapitallebensversicherung ist die Werthaltigkeit der Sicherheit abhängig von der Summe der geleisteten Beiträge.

C Die *Nordbank AG* verlangt die Übergabe des Versicherungsscheins, da die Versicherungsgesellschaft die Zahlung der Versicherungssumme von dessen Vorlage abhängig machen kann.

D Die Abtretung von Ansprüchen aus dieser Kapitallebensversicherung wird erst mit Auszahlung des Ratenkredits an Frau Mangold rechtswirksam.

E Die Rechtswirksamkeit der Abtretung von Ansprüchen aus dieser Kapitallebensversicherung ist von der Zustimmung der Versicherungsgesellschaft abhängig.

F Im Todesfall von Frau Mangold während der Kreditlaufzeit zahlt die Versicherungsgesellschaft nicht die gesamte Versicherungssumme an die *Nordbank AG*, sondern lediglich die Restforderung der *Nordbank AG*.

Besicherung eines Verbraucher-darlehens

Aufgabe V-34

Ein Verbraucherdarlehen eines Kreditnehmers bei der *Nordbank AG* soll durch ein Sparguthaben, das bei der *Nordbank AG* geführt wird, abgesichert werden. Wie erfolgt die rechtswirksame Besicherung des Verbraucherdarlehens?

A Die rechtswirksame Besicherung entsteht durch die Hinterlegung des Sparbuchs im Schließfach des Kreditnehmers.

B Die rechtswirksame Besicherung entsteht durch die Verpfändung des Sparguthabens an die *Nordbank AG*.

C Die rechtswirksame Besicherung entsteht durch die Abtretung des Sparguthabens an die *Nordbank AG*.

D Die rechtswirksame Besicherung entsteht durch die Übergabe des Sparbuchs an die *Nordbank AG*.

E Die rechtswirksame Besicherung entsteht durch die Anbringung eines Sperrvermerks im Sparbuch.

☐

Konsumenten-darlehen

Situation zu den Aufgaben V-35 bis V-37

Das Ehepaar Helge und Bettina Fröhlich ist vor zwei Monaten aus Süddeutschland nach Norderstedt in eine Mietwohnung gezogen, da Herr Fröhlich von seinem Arbeitgeber versetzt wurde. Das Ehepaar hat am 09.11.20.. bei der *Nordbank AG* in Norderstedt einen Kreditantrag über 15.000,00 EUR zur Finanzierung einer Kücheneinrichtung und eines Schlafzimmers im Gesamtwert von 21.500,00 EUR gestellt. Der Restkaufpreis wird aus der Rückzahlungssumme fälliger Bundesobligationen (Serie 115 v. 2021/2026) bezahlt. Die Antragsteller möchten den Kredit innerhalb von 3 Jahren zurückzahlen. Das Ehepaar hat einen Sohn (5 Jahre alt). Herr Fröhlich (35 Jahre alt) ist seit zwei Jahren Einkäufer eines Baumarktes, Frau Fröhlich (31 Jahre alt) ist seit zwei Jahren Arzthelferin. Das monatliche Nettoeinkommen der Familie beträgt 3.500,00 EUR.

Zur Sicherstellung des Kredits bietet das Ehepaar Fröhlich folgende Sicherheiten an:

- das Wertpapierdepot bei der *Nordbank AG*
- den Lebensversicherungsvertrag
- ein *NordInvest*-Investmentdepot
- die neue Kücheneinrichtung und die neuen Schlafzimmermöbel

Engagementabfrage am 09.11.20..:

Kontoinhaber Helge Fröhlich

1. Kontoverbindung seit 22.07.20..
2. Girokonto IBAN: DE31206907500100743850; Sollsaldo 485,74 EUR; Limit 5.000,00 EUR; keine Dispoüberschreitungen
3. Depotkonto
   - 4 % Bundesanleihe 2019/2029; Nennwert 10.000,00 EUR; Kurs 105,34 % fällig am 12.11.2029
   - 2,875 % Bundesobligation Serie 115 v. 2021/2026 fällig am 8.11.2026; Nennwert 6.500,00 EUR

- 100 Stück *Internet-AG*-Aktien, Kurs 66,50 EUR
- 50 Stück *Sport-AG*-Aktien, Kurs 89,00 EUR

Kontoinhaberin Bettina Fröhlich

1. Kontoverbindung seit 22.07.20..
2. Girokonto IBAN: DE59206907500100743771; Guthaben 1.459,74 EUR; Limit 2.000,00 EUR; keine Dispoüberschreitungen

Die Schufa-Auskunft ergibt keine laufenden Kredite und zwei erledigte Kredite.

Richtlinien der *Nordbank AG* für Privatkredite/Konsumentenkredite (Auszug)

1. Die Ermittlung des frei verfügbaren Einkommens und der zumutbaren monatlichen Belastung erfolgt unter Berücksichtigung folgender Mindestbedarfssätze:
   a) Lebenshaltungskosten von 400,00 EUR für jeden Erwachsenen und 200,00 EUR für jedes Kind
   b) Kosten je Pkw 200 EUR
   c) Für unvorhergesehene Ausgaben werden 30 % vom restlichen Einkommen angesetzt.
2. Beleihungsgrundsätze:
   a) Für Wertpapiere inländischer Emittenten:
      - Gläubigerpapiere der öffentlichen Hand: 90 % des Kurswertes, maximal der Nennwert
      - Aktien: 60 % des Kurswertes
      - Investmentanteile: 70 % des Anteilwertes

Die Beleihungswerte sollen auf volle 1.000,00 EUR gerundet werden.

Selbstauskunft des Ehepaares Fröhlich

1. Durchschnittliche monatliche Ausgaben

Gesamtmiete (einschl. Nebenkosten)	1.000,00 EUR
Gesamtkosten für 2 Pkw (Benzin, Steuer, Versicherung)	450,00 EUR
Geschätzte Lebenshaltungskosten	600,00 EUR
Prämie Lebensversicherung	250,00 EUR
Bausparen	100,00 EUR
Leasingrate für einen Pkw (Restlaufzeit 2 Jahre)	225,00 EUR

Keine weiteren Kreditverpflichtungen

Die Kapitaldienstfähigkeit wird von der *Nordbank AG* aus der Selbstauskunft der Eheleute mit 30 % ermittelt.

2. Vermögensverhältnisse
   - Depotkonto bei der *Nordbank AG*
   - Sparkonto bei der *Nordbank AG*
   - Investmentdepot bei der *NordInvest-Investment GmbH*, 50 Anteile am *WEKANORD*, Rücknahmepreis 129,20 EUR, Ausgabepreis 132,43 EUR (Angabe per 09.11.20..)
   - Kapitalversicherungsvertrag mit der *Nordleben Versicherungs AG* vom 01.11.2016, Versicherungssumme 100.000,00 EUR, monatliche Prämie 250,00 EUR

Konsumentendarlehen

Aufgabe V-35

Ermitteln Sie folgende Daten für die Antragsprüfung und das Kreditangebot der *Nordbank AG*:

a) die für die Bank maßgebliche Höhe der monatlichen Lebenshaltungskosten von Familie Fröhlich

EUR

b) die Summe der monatlichen Verpflichtungen einschl. der von Ihnen ermittelten Lebenshaltungskosten

EUR

c) das frei verfügbare Einkommen

EUR

d) Im Rahmen der Kreditwürdigkeitsprüfung beurteilen Sie die Bonität des Ehepaares Fröhlich mit Hilfe des nachfolgenden Scoringbogens. Ermitteln Sie die Scores-Summe. Gehen Sie davon aus, dass sich ein Score von 600 Punkten oder mehr positiv auf die Kreditentscheidung auswirkt. Tragen Sie Ihre Scorepunkte unter der Ziffer 1 ein, wenn Sie zu einer positiven unter der Ziffer 2 ein, wenn Sie zu einer negativen Kreditentscheidung gekommen sind.

1	2
Scores:	Scores:

Scoringbogen der *Nordbank AG*

Bonitätsmerkmale			**Score**
1. Kapitaldienstfähigkeit			
Deckung bis 5 %		0	
Deckung bis 20 %		100	
Deckung über 20 %		200	
2. Alter des Kreditnehmers			
unter 21 Jahre		0	
21 – 25 Jahre		20	
26 – 45 Jahre		50	
46 – 65 Jahre		40	
66 – 70 Jahre		20	
über 70 Jahre		0	
3. Familienstand	**ohne Kind**	**mit Kind**	
verheiratet	100	80	
ledig/verwitwet	60	40	
geschieden	40	20	
getrennt lebend	20	10	
4. Ausgeübte Tätigkeit/Funktion			
Meister/Abteilungsleiter etc. (gehobene Funktion)		100	
Geselle/Facharbeiter/Angestellter		80	
Hilfsarbeiter/Sonstige (ohne Ausbildung)		20	
Beamte/Pensionäre/Rentner		300	

5. Branche des Arbeitgebers		
Handwerk	130	
Handel/Dienstleistung	110	
Industrie	80	
Öffentlicher Dienst	150	
6. Beschäftigungsdauer		
kürzer als sechs Monate	0	
sechs Monate bis drei Jahre	20	
länger als drei Jahre	50	
7. Wohnung		
Eigenheim	100	
Mietwohnung, Dauer des Wohnverhältnisses:		
kürzer als sechs Monate	0	
sechs Monate bis drei Jahre	20	
länger als drei Jahre	50	
8. Schufa		
erledigte Kredite	50	
laufende Kredite	20	
9. Kontoführung		
Ratenkredit ohne Zahlungsstörungen	50	
Kein Ratenkredit, aber Giroverbindung länger als drei Jahre	50	
Geldanlage über 2.000,00 EUR	50	
Girokonto		
Keine Überschreitung des Dispos in den letzten 3 Monaten	100	
Überschreitung des Dispos zuzüglich Toleranz	50	
Verfügungssperre		
10. Verwendungszweck des Kredits		
Reise	20	
Anschaffung langlebiger Wirtschaftsgüter	40	
Immobilie	100	
Endsumme	**Scores**	

Aufgabe V-36

Konsumentendarlehen

Die *Nordbank AG* macht den Eheleuten Fröhlich ein schriftliches Kreditangebot. Welche der folgenden Angaben sind als Mindestangaben gemäß § 492 BGB und Art. 247 §§ 6 bis 13 des Einführungsgesetzes zum BGB in den Vertragstext aufzunehmen?

A Das von der *Nordbank AG* ermittelte frei verfügbare Einkommen der Eheleute Fröhlich

B Die Einwilligung der Eheleute Fröhlich zur Schufa-Klausel

C Die Höhe der Zinsen und Rechtsverfolgungskosten bei Fälligstellung des Kredits aufgrund von Schuldnerverzug

D Der Gesamtbetrag aller Zahlungen der Kreditnehmer Fröhlich

E Der Verwendungszweck des Darlehens der Eheleute Fröhlich

F Die Art und Weise der Rückzahlung des Kredits der Eheleute Fröhlich

Beleihungswert

Aufgabe V-37

Die *Nordbank AG* möchte auf eine Sicherung des Darlehens nicht verzichten. Sie ermitteln als Privatkundenbetreuer(in) den Beleihungswert der angebotenen Kreditsicherheiten (auf volle 1.000,00 EUR abrunden). Welche Aussage zum Beleihungswert ist zutreffend? Der Beleihungswert ...

A des Lebensversicherungsvertrags beträgt 100.000,00 EUR.

B der Lohn- und Gehaltsabtretungen des Ehepaares Fröhlich beträgt 3.500,00 EUR.

C der WEKANORD-Anteile beträgt 4.522,00 EUR.

D des Wertpapierbestands im Depot bei der *Nordbank AG* beträgt 16.000,00 EUR.

E der Einrichtungsgegenstände von Küche und Schlafzimmer beträgt 21.500,00 EUR.

☐

Verbraucherdarlehen

Aufgabe V-38

Zur Finanzierung eines Pkw beantragt Harry Ordner bei der *Nordbank AG* ein Anschaffungsdarlehen über 20.000,00 EUR. Er ist aber nicht Kunde der *Nordbank AG*. Welche Regelungen muss die *Nordbank AG* bei Ratenkrediten beachten?

A Wenn Herr Ordner den Kreditbetrag binnen zwei Wochen nach Auszahlung des Kreditbetrags wieder zurückzahlt und die Bank über seinen Widerruf rechtzeitig informiert, gilt der Widerruf als erfolgt.

B Wenn Herr Ordner der *Nordbank AG* persönlich bekannt ist, kann die Kreditzusage auch stillschweigend durch Bereitstellung des Darlehensbetrages auf einem Darlehenskonto erfolgen.

C Die Kreditkosten erhöhen die Darlehensverpflichtungen von Herrn Ordner, da sie gleich zu Beginn der Laufzeit des Ratenkredits auf den Darlehensbetrag aufgeschlagen werden müssen.

D Im Kreditvertrag muss der effektive Jahreszins ausgewiesen werden, der nach der französischen Berechnungsmethode ermittelt wird.

E Im Verzugsfall dürfen eingehende Ratenzahlungen von Herrn Ordner nicht auf die Rechtskosten, sondern nur auf ausstehende Kapital- und Zinszahlungen angerechnet werden.

F Die *Nordbank AG* kann den Kreditvertrag kündigen, wenn Herr Ordner mit mindestens zwei aufeinander folgenden Teilzahlungen ganz oder teilweise in Verzug ist und ihm erfolglos eine zweiwöchige Zahlungsfrist gesetzt worden ist.

☐ ☐

Aufgabe V-39

Dispositions-kredit

Welche Situationen führen zur Löschung eines Dispositionskredits?

A Der Tod des Kontoinhabers

B Die Nichtanerkennung des Rechnungsabschlusses

C Die Übernahme einer selbstschuldnerischen Bürgschaft

D Die Pfändung des Guthabens durch einen Gläubiger des Kontoinhabers

E Die Einrichtung eines Pfändungsschutzkontos

F Die Nichteinlösung einer Lastschrift mangels Deckung

Aufgabe V-40

Kündigung eines Verbraucher-darlehens

Die Privatkundin Susanne Freitag hatte am 17.10. mit der *Nordbank AG* einen Verbraucherdarlehensvertrag über 10.000,00 EUR, Laufzeit 60 Monate, rechtswirksam abgeschlossen. Der Kreditbetrag wurde der Kundin am 18.10. auf ihrem Girokonto zur Verfügung gestellt. Nach einem Jahr möchte Frau Freitag das gesamte Darlehen zurückzahlen. Wie ist die Rechtslage?

A Eine vorzeitige Rückzahlung des Kreditbetrages durch Frau Freitag ist nicht zulässig.

B Eine vorzeitige Rückzahlung des Kreditbetrages ist nur zulässig, wenn im Kreditvertrag eine variable Verzinsung vereinbart wurde.

C Der Kreditbetrag kann erst nach Ablauf von einem Jahr unter Einhaltung einer Kündigungsfrist von sechs Monaten gekündigt werden.

D Frau Freitag hat das Recht, den Kreditbetrag jederzeit ganz oder teilweise ohne Einhaltung einer Kündigungsfrist zu tilgen. Die *Nordbank AG* kann im Falle einer vorzeitigen Rückzahlung allerdings eine angemessene Vorfälligkeitsentschädigung verlangen.

E Frau Freitag hat bei einem Verbraucherdarlehen ein außerordentliches Kündigungsrecht, wenn sich ihre Vermögensverhältnisse wesentlich verschlechtert oder verbessert haben.

Aufgabe V-41

Verbraucher-darlehen

Der Kreditnehmer Walter Pigges hatte vor zwei Jahren einen Verbraucherkreditvertrag über 15.000,00 EUR mit der *Nordbank AG* abgeschlossen, Laufzeit 60 Monate, monatliche Rate 300,00 EUR. Als Sicherheit wurden die Gehaltsabtretung und die Mitantragstellung der Ehefrau vereinbart. Außerdem wurde eine Restschuldversicherung abgeschlossen. In den letzten Monaten stellte die *Nordbank AG* fest, dass Herr Pigges den Dispositionskredit auf seinem Girokonto dauerhaft überzieht und dass Ratenrückstände drohen. Welche der folgenden Maßnahmen sollte die *Nordbank AG* ergreifen, um das erhöhte Ausfallrisiko zu begrenzen?

A Die *Nordbank AG* erkundigt sich beim Arbeitgeber von Herrn Pigges, ob das Arbeitsverhältnis noch besteht.

B Die *Nordbank AG* macht von ihrem außerordentlichen Kündigungsrecht Gebrauch und verlangt die sofortige Rückzahlung des Darlehens.

C Die *Nordbank AG* sucht das Gespräch mit Herrn Pigges und legt Lösungen vor, die Herrn Pigges bei der Beseitigung seiner Zahlungsschwierigkeiten unterstützen.

D Die *Nordbank AG* verlangt von Frau Pigges als Mitantragstellerin, dass sie das Girokonto ausgleicht und die künftigen Ratenzahlungen übernimmt.

E Die *Nordbank AG* leitet sofort das gerichtliche Klageverfahren ein.

☐

Verbraucherkredit

Aufgabe V-42

Als Kundenberater/in der *Nordbank AG* müssen Sie bei der Vergabe von Verbraucherdarlehens die Vorschriften des BGB über Verbraucherdarlehen beachten. Welche der folgenden Aussagen trifft auf die Vorschriften zum Verbraucherdarlehen zu?

A Verschlechtert sich die Bonität des Kreditnehmers nach Darlehensauszahlung, ist die *Nordbank AG* berechtigt, zusätzliche Sicherheiten vom Kreditnehmer nachzufordern.

B Wird das Darlehen variabel verzinst, muss der anfängliche effektive Jahreszins im Darlehensvertrag nicht angegeben werden.

C Der Kreditnehmer hat das Recht, das Darlehen jederzeit unter Einhaltung einer Frist von sechs Monaten zu kündigen.

D Die *Nordbank AG* kann die Gehaltsabtretung vom Kreditnehmer nur verlangen, wenn diese Sicherheit im Darlehensvertrag benannt wurde.

E Ein Widerruf des Verbraucherdarlehensvertrags durch den Kreditnehmer muss schriftlich begründet werden.

☐

Verbraucherdarlehen

Aufgabe V-43

Frau Irmgard Müller beantragt bei der *Nordbank AG* ein Verbraucherdarlehen über 15.000,00 EUR. Mit welchen der folgenden Aussagen zum Verbraucherdarlehen informieren Sie Frau Müller richtig?

A Bei einem Verbraucherdarlehen mit veränderlicher Verzinsung profitiert man von fallenden Zinsen.

B Bei einem Verbraucherdarlehen beträgt die Kündigungssperrfrist für beide Vertragspartner sechs Monate.

C Bei einem Verbraucherdarlehen mit variabler Verzinsung muss im Fall einer vorzeitigen Rückzahlung des Darlehens eine Kündigungssperrfrist eingehalten werden.

D Bei einem Verbraucherdarlehen mit einer Laufzeit von bis zu 48 Monaten kann der Kreditnehmer gemäß den Bestimmungen des BGB Sondertilgungen bis maximal 10 % des Nettokreditbetrags vornehmen.

E Die Widerrufsfrist für das Verbraucherdarlehen beginnt immer mit Abschluss des Kreditvertrags, unabhängig vom Zeitpunkt der Information über das Widerrufsrecht.

F Die *Nordbank AG* ist bei Verbraucherdarlehen gesetzlich verpflichtet, den Kredit der Schufa zu melden.

Aufgabe V-44

Kreditangebot

Gerhard Müller beabsichtigt den Kauf eines Katamarans. Er benötigt dafür einen Kredit von 20.000,00 EUR. Bisher besteht mit Gerhard Müller keine Kontoverbindung. In einem Gespräch erklärt er, dass er auf Grund seiner Einkommenssituation eine monatliche Rate von höchstens 570,00 EUR tragen könne. Aus den folgenden Tabellen können Sie die Werte für ein Kreditangebot an Herrn Müller ermitteln.

Raten für Darlehen– Sollzinssatz 8,75 % p. a.

Laufzeit	30 Monate	36 Monate	42 Monate	47 Monate
Darlehen in EUR	Rate in EUR	Rate in EUR	Rate in EUR	Rate in EUR
10.000,00	371,01	315,25	275,42	250,00
20.000,00	742,01	630,50	550,84	500,00

Gesamtkosten

Laufzeit	30 Monate	36 Monate	42 Monate	47 Monate
Darlehen in EUR	20.000,00	20.000,00	20.000,00	20.000,00
Zinsen für die gesamte Laufzeit	2.260,43	2.697,92	3.135,40	3.500,01
Gesamtkosten	22.260,43	22.697,92	23.135,40	23.500,01

Ermitteln Sie für Herrn Müller anhand der Tabellen folgende Daten für das Kreditangebot:

a) Laufzeit des Darlehens in Monaten

b) Gesamtzinsen

EUR

c) Sie beraten Herrn Müller im Zusammenhang mit der Beantragung dieses Anschaffungsdarlehens über sein Widerrufsrecht gemäß BGB. Welche Aussagen sind richtig?

A Der Widerruf muss der *Nordbank AG* gegenüber vor Auszahlung des Kreditbetrags schriftlich erklärt werden.

B Das Widerrufsrecht erlischt erst nach beiderseits vollständiger Erbringung der Leistung, spätestens ein Jahr und 14 Tage nach Abgabe der Willenserklärung des Kreditnehmers.

C Der Kreditnehmer hat den Widerruf binnen sechs Wochen nach Unterzeichnung des Kreditvertrags gegenüber der *Nordbank AG* schriftlich zu erklären.

D Wurde der Kreditnehmer erst einen Monat nach Abschluss des Kreditvertrages über sein Widerrufsrecht von der *Nordbank AG* informiert, beginnt die Widerrufsfrist von 14 Tagen erst an dem Tag, an dem der Kreditnehmer zutreffend und formgerecht über sein Widerrufsrecht informiert wurde.

E Der Kreditnehmer kann auch nach Auszahlung des Darlehns noch vom Vertrag zurücktreten. Ein ausdrücklicher Widerruf ist nicht erforderlich, wenn der Kreditnehmer den Kreditbetrag erst sechs Wochen nach Auszahlung an die *Nordbank AG* zurückzahlt.

F Der Widerruf des bereits unterzeichneten Kreditvertrags ist nicht mehr möglich; der Vertrag kann lediglich in beiderseitigem Einvernehmen zwischen der *Nordbank AG* und dem Kreditnehmer aufgehoben werden.

Kredit-fähigkeit

Aufgabe V-45

Als Kundenberater(in) prüfen Sie im Rahmen der Bearbeitung des Kreditantrags die Kreditfähigkeit und die Kreditwürdigkeit von Frau Leffers. Welche der folgenden Aussagen zur Prüfung der Kreditfähigkeit und Kreditwürdigkeit von Frau Leffers sind zutreffend?

A Zur Feststellung der Kreditfähigkeit informieren Sie sich bei Frau Leffers über die Höhe ihres Nettogehalts.

B Zur Feststellung der persönlichen Kreditwürdigkeit prüfen Sie, ob Frau Leffers voll geschäftsfähig ist.

C Zur Beurteilung der persönlichen Kreditfähigkeit benötigen Sie das persönliche polizeiliche Führungszeugnis von Frau Leffers.

D Zur Beurteilung der persönlichen Kreditwürdigkeit prüfen Sie, ob Frau Leffers bisherige Verpflichtungen im Rahmen ihrer Kontoführung ordnungsgemäß erfüllt hat.

E Zur Beurteilung der Kreditfähigkeit ziehen Sie unter anderem die Selbstauskunft von Frau Leffers heran.

F Zur Beurteilung der persönlichen Kreditwürdigkeit lassen Sie sich Dokumente über berufliche Qualifikationen von Frau Leffers vorlegen.

Aufgabe V-46

Finanzierungsplan

Ihre Kundin Hanne Glohr, 47 Jahre alt, ledig, möchte sich einen neuen Pkw für 25.000,00 EUR kaufen. Frau Glohr ist Prokuristin in einem bekannten Hamburger Warenhauskonzern. Zur Finanzierung will sie bei der *Nordbank AG* ein Verbraucherdarlehen über 18.000,00 EUR aufnehmen. Frau Glohr verdient im Monat netto 3.700,00 EUR. Sie hat vor einem Jahr in guter Wohnlage eine neue Wohnung gemietet. Die monatliche Warmmiete einschließlich der Nebenkosten beträgt 1.150,00 EUR. Für eine Lebensversicherung hat sie monatlich 100,00 EUR zu zahlen. Ein für die Wohnungseinrichtung vor 12 Monaten aufgenommenes Anschaffungsdarlehen (Gesamtlaufzeit 36 Monate) zahlt sie mit monatlich 370,00 EUR pünktlich zurück. Die *Nordbank AG* rechnet bei Privatdarlehen mit folgenden monatlichen Pauschalsätzen.

Lebenshaltungskosten:
1. Person 500,00 EUR
2. Person 300,00 EUR
Pkw-Kosten: 300,00 EUR

Welcher monatliche Einkommensbetrag steht Frau Glohr zur Bedienung des gewünschten Darlehens zur freien Verfügung?

[EUR]

Aufgabe V-47

Angaben im Kreditangebot

Die *Nordbank AG* macht einem Kreditnehmer ein schriftliches Kreditangebot. Welche der folgenden Angaben sind als vorvertragliche Informationen gemäß Artikel 247 § 3 des Einführungsgesetzes zum BGB (EGBGB) mindestens in den Vertragstext aufzunehmen?

A Das von der *Nordbank AG* ermittelte frei verfügbare Einkommen des Kreditnehmers

B Die Einwilligung des Kreditnehmers zur Schufa-Klausel

C Die Höhe der Zinsen und Rechtsverfolgungskosten bei Fälligstellung des Kredits aufgrund von Schuldnerverzug

D Der Gesamtbetrag aller Zahlungen des Kreditnehmers

E Der Verwendungszweck des Darlehens des Kreditnehmers

F Betrag, Zahl und Fälligkeit der einzelnen Teilzahlungen

[ ] [ ]

Aufgabe V-48

Leasing

Jürgen Becker ist Privatkunde der *Nordbank AG*. Herr Becker möchte ein neues Auto anschaffen. Er überlegt, ob er zum Kauf des Autos einen Kredit bei der *Nordbank AG* aufnehmen oder das Fahrzeug leasen soll. Welche der folgenden Aussagen zum Leasing treffen zu?

A Das Leasing mit Restwertabrechnung ohne Sonderzahlung bietet Liquiditätsvorteile, da die monatlichen Leasingraten bei gleich langer Kreditlaufzeit häufig niedriger als die Kreditraten sind.

B Der Leasinggeber ist Eigentümer und Halter des Fahrzeugs.

C Beim Leasing mit Kilometerabrechnung trägt Herr Becker als Leasingnehmer das Restwertrisiko.

D Beim Leasing mit Restwertabrechnung trägt der Leasinggeber das Restwertrisiko.

E Wenn beim Leasing mit Kilometerabrechnung die tatsächliche Gesamtfahrleistung die vereinbarte Gesamtfahrleistung übersteigt, erfolgt i. d. R. eine Nachberechnung.

F Die Leasingraten kann Herr Becker als Arbeitnehmer steuerlich als Werbungskosten geltend machen.

Restschuld-versicherung

Aufgabe V-49

Bei Ratenkrediten werden häufig Restschuldversicherungen abgeschlossen, die den Todesfall und die Arbeitsunfähigkeit absichern sollen. Welche Aussagen zur Restschuldversicherung treffen zu?

A Versicherungsleistungen aufgrund von Arbeitsunfähigkeit erfolgen nur, wenn die Arbeitsunfähigkeit ärztlich nachgewiesen wurde.

B Die Versicherungsprämie ist während der gesamten Kreditlaufzeit monatlich zu zahlen.

C Der Versicherungsschutz beginnt mit Abschluss des Ratenkredits unabhängig von der Auszahlung des Darlehens.

D Während der Laufzeit des Ratenkredits bleibt das Garantiekapital in voller Höhe bestehen.

E Der Kreditnehmer ist sowohl versicherte Person als auch gleichzeitig Versicherungsnehmer.

F Die Versicherungsleistung in Höhe des Restkredits wird im Todesfall in einer Summe ausgezahlt, bei Arbeitsunfähigkeit in Raten.

Umschuldung

Situation zu den Aufgaben V-50 bis V-51

Eva Schlüter ist Kundin der Nordbank AG. Frau Schlüter möchte ihr Allgemein-Verbraucherdarlehen für eine Wohnmobil-Finanzierung vorzeitig zum 30. dieses Monats zurückzahlen.

Folgende Angaben zum Darlehen liegen Ihnen vor:
Aktuelle Darlehenssumme 2.500,00 EUR; Restlaufzeit 11 Monate
Aktuelle Rate, fällig am 31.10. 600,00 EUR
davon Tilgungsanteil 595,00 EUR
Gebundener Sollzinssatz 3,00 % p. a.
Nächste Rate fällig am 30.11.

Aufgabe V-50

Berechnen Sie den Zinsanteil in der Rate per 30.11.!

EUR

Aufgabe V-51

Berechnen Sie die Höhe der gesetzlich maximal zulässigen Vorfälligkeitsentschädigung, die der Nordbank AG nach der Buchung der Rate bei einer vorzeitigen Ablösung des Darlehens am 30.11. zusteht.

Auszug aus dem BGB § 502

(3) Bei Allgemein-Verbraucherkreditverträgen darf die Vorfälligkeitsentschädigung folgende Beträge jeweils nicht überschreiten:

1. 1% des vorzeitig zurückgezahlten Betrags oder, wenn der Zeitraum zwischen der vorzeitigen und der vereinbarten Rückzahlung ein Jahr nicht überschreitet, 0,5% des vorzeitig zurückgezahlten Betrags,
2. den Betrag der Sollzinsen, den der Darlehensnehmer in dem Zeitraum zwischen der vorzeitigen und der vereinbarten Rückzahlung entrichtet hätte.

EUR

Situation zu den Aufgaben V-52 bis V-54

Umschuldung

Frau Claudia Tillmann (31 Jahre alt, Angestellte) ist Kundin der *Nordbank AG*. Frau Tillmann wurde am 14.09.2026 von der *Nordbank AG* angeschrieben, da sie ihren Dispositionskredit seit längerer Zeit ständig in Anspruch nimmt und es zu Überschreitungen der von der *Nordbank AG* eingeräumten Kreditlinie gekommen ist.

Frau Tillmann gibt der *Nordbank AG* folgende Informationen über ihre Kontostände an:

Konto/Depot	EUR	Zusatzinformationen
Girokonto bei der *Nordbank AG*	4.861,67 S	Dispositionskredit 5.000,00 EUR Sollzinssatz 9,5 % p.a. Bankkarte und Rechnungsabschluss quartalsweise
Allgemein-Verbraucherdarlehen bei der *Unionbank AG*	3.240,00 S	Monatliche Rate 140,00 EUR Tilgungsverrechnung jeweils zum 30. eines Monats Gebundener Sollzinssatz für die gesamte Laufzeit 5,9 % p. a. Die noch zu zahlenden Sollzinsen bis zum vertraglich vereinbarten Ende der Laufzeit des Darlehens belaufen sich auf 207,71 EUR. Restlaufzeit zwei Jahre
Pkw-Leasing bei der *Sixt AG*	5.150,00 S	Monatliche Rate 199,00 EUR, jeweils zum 30. eines Monats. Die letzte Ratenzahlung von 5.150,00 EUR mit Übertragung des Eigentums an dem Pkw erfolgt am 30. April 2026

Frau Tillmann verfügt über keine weiteren Vermögenswerte. Die *Nordbank AG* schlägt Frau Tillmann vor, ihre gesamten Verbindlichkeiten, die sich aus der Geschäftsverbindung mit der *Nordbank AG* und aus den anderen Geschäftsverbindungen ergeben, durch ein Allgemein-Verbraucherdarlehen der *Nordbank AG* abzulösen.

Zu den anderen Verbindlichkeiten liegen folgende Informationen vor:

Die *Unionbank AG* legt bei der vorzeitigen Rückzahlung eines Allgemein-Verbraucherdarlehens die gesetzlichen Vorschriften zugrunde. Mit Zahlung der letzten Rate ist das Pkw-Leasing beendet.

Aufgabe V-52

Frau Tillmann möchte ihre gesamten Verbindlichkeiten zum 31. Oktober 2026 ablösen.

Informieren Sie Frau Tillmann, wann und in welchem Umfang sie aufgrund der gesetzlichen Regelung zur vorzeitigen Rückzahlung des Allgemein-Verbraucherdarlehens an die *Unionbank AG* berechtigt ist. Welche Aussage trifft zu?

A Frau Tillmann kann einen Allgemein-Verbraucherdarlehensvertrag, bei dem eine Zeit für die Rückzahlung bestimmt ist, nicht kündigen.

B Frau Tillmann kann einen Allgemein-Verbraucherdarlehensvertrag, bei dem eine Zeit für die Rückzahlung bestimmt ist, ganz oder teilweise mit einer Kündigungsfrist von drei Monaten kündigen.

C Frau Tillmann kann ein Allgemein-Verbraucherdarlehensvertrag, bei dem eine Zeit für die Rückzahlung nicht bestimmt ist, ganz oder teilweise Mit einer dreimonatigen Kündigungsfrist kündigen.

D Frau Tillmann kann ihre Verbindlichkeiten aus einem Verbraucherdarlehensvertrag jederzeit ganz oder teilweise vorzeitig erfüllen.

E Frau Tillmann kann einen Allgemein-Verbraucherdarlehensvertrag, bei dem eine Zeit für die Rückzahlung bestimmt ist, mit einer Kündigungsfrist von sechs Monaten ganz oder teilweise kündigen.

☐

Aufgabe V-53

Die *Nordbank AG* teilt Frau Tillmann mit, dass die *Unionbank AG* aber berechtigt ist, eine Vorfälligkeitsentschädigung zu verlangen. Mit welchem Betrag kann Frau Tillmann im Rahmen der Ablösung des Allgemein-Verbraucherdarlehens insgesamt von der *Unionbank AG* belastet werden?

Auszug aus dem BGB § 502

(3) Bei Allgemein-Verbraucherkreditverträgen darf die Vorfälligkeitsentschädigung folgende Beträge jeweils nicht überschreiten:

1. 1% des vorzeitig zurückgezahlten Betrags oder, wenn der Zeitraum zwischen der vorzeitigen und der vereinbarten Rückzahlung ein Jahr nicht überschreitet, 0,5% des vorzeitig zurückgezahlten Betrags,
2. den Betrag der Sollzinsen, den der Darlehensnehmer in dem Zeitraum zwischen der vorzeitigen und der vereinbarten Rückzahlung entrichtet hätte.

______ EUR

Aufgabe V-54

Über welchen Betrag muss das Darlehen lauten, den die *Nordbank AG*, Frau Tillmann zur Ablösung ihrer gesamten Verbindlichkeit anbieten muss.

______ EUR

Aufgabe V-55

Verbraucherdarlehen

Sascha Weber hat bei der Nordbank AG einen Kreditantrag zur Finanzierung eines Pkw gestellt. Herr Weber ist Lohnbuchhalter bei der Supermarkt AG und bereit, zur Besicherung des Darlehens einen Teil seines Gehalts in Form einer stillen Zession an die Nordbank AG abzutreten. Der Arbeitgeber von Herrn Weber hat die Abtretung des Gehalts nicht ausgeschlossen. Welches Risiko kann sich bei der Abtretung des Gehalts für die Nordbank AG ergeben!

A Da Herr Weber nur den pfändbaren Teil seiner Gehaltsforderungen abtritt, besteht das Risiko, dass im Abtretungsvertrag dieser Teil falsch berechnet wird.

B Es besteht das Risiko eines Formmangels, wenn die Abtretungserklärung von Herrn Weber nicht notariell beglaubigt wird.

C Es besteht das Risiko, dass Herr Weber der Nordbank AG einen Wechsel des Arbeitgebers nicht anzeigt.

D Da die Supermarkt AG durch die Einrede der Vorausklage die Zahlung verzögern kann, besteht für die Nordbank AG das Risiko, dass im Wege der Zwangsvollstreckung die Forderung nicht vollständig gedeckt wird.

E Es besteht das Risiko, dass die Supermarkt AG nach Offenlegung der Zession weiterhin das gesamte Gehalt mit schuldbefreiender Wirkung an Herrn Weber zahlt.

☐

Aufgabe V-56

Verbraucherdarlehen

Die *Nordbank AG* bietet ihrem Kunden Leon Saffert (45 Jahre alt; Handwerker) folgendes Allgemein-Verbraucherdarlehen an:

Nettodarlehensbetrag:	14.000,00 EUR
Monatliche Rate:	260,00 EUR
Laufzeit:	5 Jahre
Gebundener Sollzinssatz:	3,90 % p.a.

Berechnen Sie den anfänglichen Tilgungssatz in Prozent p. a. des Allgemein-Verbraucherdarlehens (nach der zweiten Kommastelle runden).

☐ %

VI. Geld- und Vermögensanlage

Lösungen ab Seite 341

Aufgabe VI-1

Festverzinsliche Wertpapiere

Ordnen Sie folgende Aussagen den genannten Wertpapierarten zu!

Wertpapiere

1 Bundesanleihen
2 öffentliche Pfandbriefe
3 Investmentzertifikate
4 Inhaberaktien

A Die Wertpapiere besitzen in der Hauptversammlung ein volles Stimmrecht.

B Das Forderungsrecht ist durch Deckungswerte gesichert, die in das für die jeweilige Gattung geführte Deckungsregister eingetragen sind.

C Es handelt sich um Gläubigereffekten, die vom Bund emittiert und mit einer festen oder auch variablen Verzinsung mit einer Laufzeit von ca. 10 bis 30 Jahren ausgestattet sind.

D Die ‚Wertpapiere haben einen Ausgabe- und einen Rücknahmepreis Und können aktiv und passiv gemanagt werden

E im DAX sind zurzeit 40 dieser Wertpapierart vertreten.

F Im Rahmen des Bookbuilding-Verfahrens sind bei einer Kapitalerhöhung Bezugsverhältnis und Bezugskurs geregelt.

G Der jeweilige Gesamtbetrag der im Umlauf befindlichen Wertpapiere einer Gattung muss in Höhe des Nennwertes jederzeit durch Werte von mindestens gleicher Höhe und gleichem Zinsertrag gedeckt sein.

H Der Inhaber dieser Wertpapiere hat kein Teilnahmerecht an dem im Fonds enthaltenen Wertpapieren.

A	B	C	D	E	F	G	H

Aufgabe VI-2

Fondsarten

Jürgen Schrader ist Kunde der *Nordbank AG*. Aufgrund des niedrigen Zinsniveaus für Spareinlagen sucht Herr Schrader in einem Beratungsgespräch bei der *Nordbank AG* nach einer alternativen Geldanlage. Die *Nordbank AG* stellt Herrn Schrader u. a. die Besonderheiten eines thesaurierenden Investmentfonds gegenüber anderen Fondsarten vor. Welche Aussage zu einem thesaurierenden Investmentfonds trifft zu?

A Thesaurierende Fonds haben einen höheren Ausgabeaufschlag als andere Fondsarten, aber keine jährliche Verwaltungsvergütung.

B Thesaurierende Investmentfonds haben im Gegensatz zu den anderen Fondsarten keinen Rücknahmepreis.

W. Grundmann et al., *Bankwirtschaft und Controlling Teil 1*, Prüfungstraining für Bankkaufleute,
https://doi.org/10.1007/978-3-658-52865-2_6

C Inhaber von Anteilen an thesaurierenden Aktienfonds haben ein Stimmrecht auf der Hauptversammlung der Fondsgesellschaften.

D Die Erträge bei thesaurierenden Fonds werden nicht ausgeschüttet, sondern verbleiben im Fondsvermögen und werden wieder in Wertpapieren investiert.

E Der Anleger erhält in Höhe der Erträge eines thesaurierenden Fonds neue Anteile, die als BonusInvestmentanteile bezeichnet werden und im Jahr der Ausgabe versteuert werden müssen.

Bankschuldverschreibungen

Aufgabe VI-3

Frau Susanne Grigoleit ist Kundin der *Nordbank AG*. Frau Grigoleit möchte am 5. Juli 25.000,00 EUR langfristig in Anleihen anlegen. Sie bittet Sie um Beratung. Aus Ihren Beratungsunterlagen wissen Sie, dass Frau Grigoleit ihren steuerlichen Freibetrag aus Kapitaleinkünften bereits voll ausgeschöpft hat. Der Zins am Kapitalmarkt zeigt seit etwa sechs Monaten eine kontinuierlich steigende Tendenz. Sie haben die nachstehenden Neuemissionen im Angebot. Alle angebotenen Anleihen sind für den Emittenten und die Gläubiger unkündbar. Die Tilgung erfolgt jeweils zum Nennwert. Frau Grigoleit möchte wissen, bei welcher/n der angebotenen Anleihen sie sicher sein kann, dass die versprochene Nominalverzinsung – außer im Fall der Insolvenz des Emittenten – während der gesamten Laufzeit erzielt werden kann.

	Lfd. Nr. 1	Lfd. Nr. 2	Lfd. Nr. 3
Währung	EUR	EUR	US-Dollar
Nominalzins (v.H.)	4,00	5,00	6,875
Schuldner	Nord/LB, Inhaber-Schuldverschreibungen, S 392	Sydbank AG Hamburg, Inhaberschuldverschreibungen	Cybernet
WKN	309921	273370	-
Laufzeit/ Endfälligkeit	20.03.2025	20.03.2025	04.08.2025
Preis in v. H.	96,70	94,00	99,68
Rendite v. H.	4,68	5,81	6,92

Welche der folgenden Auskünfte an Frau Grigoleit ist zutreffend?

A Nur bei lfd. Nr. 1

B Bei sämtlichen der angebotenen lfd. Nummern

C Nur bei lfd. Nr. 2

D Nur bei lfd. Nr. 3

E Bei keiner der angebotenen lfd. Nummern

Aufgabe VI-4

Effektenarten

Ordnen Sie folgende Aussagen den nachstehenden Effekten zu!

1 Bundesanleihen
2 Industrieobligationen
3 Stammaktien
4 Investmentzertifikate

A Diese Effekten dienen zur Beschaffung von Fremdkapital und zur Finanzierung von Unternehmensinvestitionen.

B Bei zehnjährigen und 30-jährigen Laufzeiten dieses Wertpapiers ist die Möglichkeit des Stripping gegebenen, d. h. das Wertpapier wird in Kapitalbetrag (Mantel) und Zinsanspruch (Kupon) getrennt.

C Der Inhaber dieses Wertpapiers ist mit dem Nennwert am Grundkapital des Emittenten beteiligt.

D Diese Wertpapiere können durch Umwandlung von offenen Rücklagen in Grundkapital ausgegeben werden.

E Der Erlös aus dem Verkauf dieser Wertpapiere wird zum Erwerb von Effekten und Grundstücken nach dem Prinzip der Risikomischung verwendet.

F Diese Wertpapiere werden im amtlichen Kursblatt als Stücknotiz veröffentlicht.

G Diese Effekten können börsentäglich zum Rücknahmepreis zurück gegeben werden.

A	B	C	D	E	F	G

Aufgabe VI-5

Altersvorsorge

Eine Möglichkeit der privaten Altersvorsorge ist die kapitalbildende Lebensversicherung. Welche Aussage trifft zu?

A Die Kapitallebensversicherung wird aktuell mit einer gesetzlichen Garantieverzinsung in Höhe von 1,75 % p. a. verzinst.

B Ist der Versicherungsnehmer gleichzeitig die versicherte Person, kann eine Kapitallebensversicherung nur gegen laufende Beitragszahlungen, nicht aber gegen Zahlung eines Einmalbetrages abgeschlossen werden.

C Die Ablaufleistung einer kapitalbildenden Lebensversicherung errechnet sich aus den eingezahlten Beiträgen, der Garantieverzinsung und der Überschussbeteiligung.

D Die Erträge aus der Kapitallebensversicherung sind im Erlebensfall steuerfrei, wenn die Laufzeit mindestens zwölf Jahre beträgt und die Auszahlung nach Vollendung des 67. Lebensjahres erfolgt.

E Dynamisierte Kapitallebensversicherungen bieten den Vorteil einer inflationsgeschützen Anleihe bei konstanten Beitragszahlungen.

Effektivverzinsung

Aufgabe VI-6

Herr Eichhorn ist Depotkunde der *Nordbank AG* in Hamburg. Er plant, 15.000,00 EUR in Pfandbriefen anzulegen. Herr Eichhorn möchte sich über die Höhe der Effektivverzinsung (Rendite) des folgenden Pfandbriefes informieren.

Nominalwert	15.000,00 EUR
Zinssatz	4,625 % p. a.
Kaufkurs	97,50 %
Restlaufzeit	6 Jahre

Kosten und steuerliche Aspekte bleiben unberücksichtigt.
Berechnen Sie die Effektivverzinsung (Rendite).
(Zwischenergebnisse mit 4 Stellen nach dem Komma berücksichtigen, das Ergebnis ist kaufmännisch auf 2 Stellen nach dem Komma zu runden).

%

Effekten

Aufgabe VI-7

Wertpapiere unterscheiden sich u. a. nach den Rechten, die sie den Eigentümern der Wertpapiere verbriefen. Ordnen Sie den im Folgenden genannten Rechten die entsprechenden Wertpapiere zu!

Wertpapierarten
1 Stammaktie
2 Vorzugsaktie
3 Thesaurierender Investmentfonds
4 Bundesobligation
5 Investmentzertifikate

A Recht auf jährliche Zinszahlung und Rückzahlung zum Nennwert

B Teilnahme- und Stimmrecht in der virtuellen Hauptversammlung

C Der Anleger erwirbt Miteigentum am Sondervermögen, das in verschiedenen Anlageformen investiert wird.

D Anspruch auf eine Mehrdividende von z. B. 2 %

E Recht auf eine Ertragsbeteiligung. Die erzielten Erträge verbleiben für die Wiederanlage im Fondsvermögen, werden also nicht an die Anleger ausgeschüttet.

A	B	C	D	E

Situation zu den Aufgaben VI-8 und VI-9

Frau Verena Burger ist Depotkundin der *Nordbank AG*. Sie bittet ihren Kundenberater Tilo Schulz am 30.08. um ein Beratungsgespräch wegen eines variabel verzinslichen öffentlichen Pfandbriefs der *Nordhypobank AG*. Es gibt folgende Angaben zu dem Pfandbrief:

Pfandbrief der *Nordhypobank AG*

Serie 09/20..

Fälligkeit: Dezember 20..

Zinstermine: vierteljährlich 10. März/Juni/September/Dezember (act. 360)

Zinssatz: 3-Monats-Euribor am 5. des Monats der Zinszahlung + 0,5 Prozentpunkte

Aktueller Börsenpreis: 102,2 %

Aufgabe VI-8

Pfandbrief

Frau Burger bittet Herrn Schulz um Auskunft zu diesem Pfandbrief. Welche Aussage trifft zu?

A Die Liquidität dieser Anleihe ist eingeschränkt, da die *Nordhypobank AG* laufend öffentliche Pfandbriefe emittiert.

B Im Falle einer Insolvenz der *Nordhypobank AG* unterliegt diese Anleihe dem Einlagensicherungsfonds der deutschen Banken.

C Aufgrund der unterjährigen Zinszahlungen kann Frau Burger bei einer Wiederanlage der Zinserträge einen Zinseszinseffekt erzielen.

D Diese Anleihe weist ein geringes Bonitätsrisiko des Emittenten auf, da sie nach dem Pfandbriefgesetz grundpfandrechtlich besichert ist.

E Gegen Laufzeitende steigt das Kursrisiko bei dieser Anleihe aufgrund der Anpassung des Zinssatzes an den 3-Monats-Euribor.

☐

Aufgabe VI-9

Zinsberechnung

a) Frau Burger erteilt Herrn Schulz am 01.09. (Donnerstag) die Order zum Kauf von nominal 20.000,00 EUR dieser Anleihe. Am 02. September betrug der 3-Monats-Euribor 0,85 %. Stellen Sie die Zinsvaluta fest!

☐☐ . ☐☐ . ☐☐☐☐

b) Ermitteln Sie den ausmachenden Betrag, den Frau Burger zu zahlen hat.

☐ EUR

c) Frau Burger möchte von Ihnen wissen, welche Zinszahlung sie am nächsten Zinstermin erwarten kann. Berechnen Sie die Höhe der Zinszahlung für den nächsten Zinstermin.

☐ EUR

Situation zu den Aufgaben VI-10 bis VI-12

Frau Franziska Bohlen ist Kundin der *Nordbank AG*. Frau Bohlen hat vor kurzem 30.000,00 EUR geerbt, die sie jetzt in verschiedene Anlagen investieren will. Sie wendet sich wegen der Geldanlage an die *Nordbank AG*.

Ausmachender Betrag

Aufgabe VI-10

Frau Bohlen entscheidet sich für den Erwerb von Bundesobligationen. Sie kauft am Freitag, 23. September 20.. (Schlusstag) 1,5 % Bundesobligation im Nennwert von 10.000,00 EUR zum Kurs von 101 %. Der Zinstermin ist der 21.11. gzj. (act/act;).

a) Nennen Sie das Datum der Zinsvaluta.

☐☐ . ☐☐ . ☐☐☐☐

b) Nennen Sie das Datum der Geldvaluta.

☐☐ . ☐☐ . ☐☐☐☐

c) Ermitteln Sie die Stückzinstage.

☐

d) Ermitteln Sie die Stückzinsen.

☐ EUR

e) Ermitteln Sie den ausmachenden Betrag, mit dem Frau Bohlen belastet wird (ohne Berücksichtigung von Makler- und Bankprovisionen sowie der Spesen).

☐ EUR

Aktien

Aufgabe VI-11

Den restlichen Teil der Erbschaft von 20.000,00 EUR möchte Frau Bohlen in Aktien der *Telekom AG* investieren. Bei den Aktien der *Telekom AG* handelt es sich um „auf den Namen lautende Stückaktien". Welche der nachfolgenden Aussagen sind in diesem Zusammenhang richtig?

A Durch die Ausgabe von Namensaktien können feindliche Übernahmeversuche ausgeschlossen werden.

B Stückaktien haben keinen Nennwert und sind daher nicht dividendenberechtigt.

C Stückaktien haben einen rechnerischen Anteil am Grundkapital der *Telekom AG* von mindestens 1,00 EUR.

D Namensaktionäre können ihre Stimmrechte nicht an Dritte übertragen.

E Die Umstellung auf Namensaktien erleichtert den Aktiengesellschaften den Zugang zu internationalen Kapitalmärkten, da insbesondere in den USA Namensaktien Voraussetzung für einen Börsengang sind.

F Die Übertragung von Namensaktien ist grundsätzlich von der Zustimmung der AG abhängig.

☐☐

Aufgabe VI-12

Depotgeschäft

Frau Bohlen bittet die *Nordbank AG* im Zusammenhang mit einer möglichen Kauforder um Verwahrung und Verwaltung der Aktien. Welche der nachfolgenden Aussagen ist in diesem Zusammenhang richtig?

A Die Aktien werden in die Sonderverwahrung genommen, damit Frau Bohlen gemäß Aktiengesetz eine Stimmrechtsvollmacht einem Dritten erteilen kann.

B Die Aktien werden in die Sonderverwahrung genommen, da das Depotgesetz die Sonderverwahrung als Regelfall vorschreibt.

C Die Aktien werden in Sonderverwahrung genommen, da Namensaktien nicht girosammelverwahrfähig sind.

D Die Aktien werden in die Girosammelverwahrung bei der *Clearstream Banking AG* genommen, da Namensaktien sammelverwahrfähig sind.

E Die Aktien können kostenlos bei der *Telekom AG* verwahrt werden, da sie dort im Aktienbuch auch eingetragen sind und damit auch dort verwahrt werden können.

☐

Aufgabe VI-13

Euro-Anleihen

Die Depotkundin Susanne Hessler ist Kundin der *Nordbank AG*. Sie interessiert sich für höherverzinsliche Euroanleihen ausländischer Emittenten. Die *Nordbank AG* zeigt ihr im Zusammenhang mit der Anlage in Auslandsanleihen die Beurteilungen einzelner Emittenten durch Rating-Agenturen. Welche Information zum Rating trifft zu?

A Für Anleger, die Anleihen halten, bei denen sich das Rating der Emittenten während der Laufzeit verschlechtert, erhöht sich das Zinsausfall- und Rückzahlungsrisiko.

B Das Rating legt der Emittent einmalig bei Emission einer Euro-Anleihe auf Basis von Angebot und Nachfrage fest.

C Anleihen von Emittenten mit einem „AAA-Rating“ werden in Analystenkreisen auch als Junk-Bonds bezeichnet.

D Anleihen, deren Emittenten ein „AAA-Rating“ haben, zeichnen sich durch sehr kurze Restlaufzeiten und überdurchschnittlich hohe Renditen aus.

E Das Rating ist ein Instrument des Bundesaufsichtsamtes für Finanzdienstleistungsaufsicht, mit dem die Bank die Mindestanforderung für eine anleger- und anlagegerechte Kundenberatung gemäß Wertpapierhandelsgesetz erfüllt.

☐

Rendite-berechnung

Aufgabe VI-14

Herr Tobias Mencke möchte 30.000,00 EUR in Anleihen anlegen. Als Kundenberater(in) der *Nordbank AG* bieten Sie ihm folgende Anleihe an:

Anleihekonditionen	
Restlaufzeit	4 Jahre
Nominalzins	4,375 % p. a.
Aktueller Kurs	100,8 %
Rückzahlungskurs	100 %

Ermitteln Sie die Rendite der Anleihe, auf zwei Stellen nach dem Komma runden.

%

Anleihearten

Aufgabe VI-15

Sie beraten verschiedene Kunden bei einer Geldanlage in Schuldverschreibungen. Ordnen Sie den Kundenwünschen die entsprechenden Anlagearten zu.

Anlageformen

1 Pfandbriefe

2 Bundesobligationen

3 Bundesanleihen mit einer Laufzeit von 10 Jahren

4 Zerobonds mit einer Laufzeit von 10 Jahren (beste Emittentenbonität)

5 Floating Rate Notes der *Nordbank AG* mit einer Laufzeit von 15 Jahren (gute Emittentenbonität)

Fälle

A Ein Kunde möchte ein börsenfähiges Wertpapier mit einer mittelfristigen Laufzeit ohne laufende Zinszahlungen erwerben.

B Eine Kundin möchte börsennotierte langfristige Schuldverschreibungen ohne Rückzahlungsrisiko erwerben.

C Eine Kundin erwartet steigende Marktzinsen und möchte daher einen börsennotierten Titel mit variabler Verzinsung erwerben.

D Eine Kundin möchte eine Schuldverschreibung mit möglichst hoher und fester Verzinsung erwerben, die mit verschiedenen Werten, z. B. Grundstücken, in einem Deckungsregister abgesichert ist.

A	B	C	D

Aufgabe VI-16

Verjährung von Zinsansprüchen

Bis wann sollte ein am 25. November 2026 fälliger Zinsschein dem Emittenten spätestens zur Einlösung vorgelegt werden, um den Eintritt der Verjährung zu verhindern?

Nennen Sie das Datum (TT.MM.JJJJ).

☐☐.☐☐.☐☐☐☐

Aufgabe VI-17

Emission von Pfandbriefen

Hypothekenpfandbriefe und öffentliche Pfandbriefe werden regelmäßig als Daueremissionen begeben. Welche Aussage über die bei solchen Begebungen übliche Emissionsmodalität trifft zu?

A Bei der Emission von Hypothekenpfandbriefen und öffentlichen Pfandbriefen findet ein freihändiger Verkauf so lange statt, bis die Emission untergebracht ist. Es erfolgt eine tägliche Zuteilung und Abrechnung der abgeforderten Anleihebeträge.

B Öffentliche Pfandbriefe werden in der Regel mittels eines Mengentenders bei den Anlegern platziert. Die Konditionen stehen von vornherein fest. Die Anleger geben ihre Zeichnungsbeträge auf, und der Emittent kann bei gutem Zeichnungserfolg über die Zuteilungshöhe das jeweilige Emissionsvolumen steuern.

C Eine zur öffentlichen Zeichnung aufgelegte Pfandbriefemission wird nicht sofort zugeteilt und abgerechnet. Der Anleger muss sich erst als Zeichner vormerken lassen. Eine Zeichnungsfrist von etwa 14 Tagen wird festgelegt. Danach wird zugeteilt und abgerechnet.

D Öffentliche Pfandbriefe werden bei institutionellen Anlegern vorwiegend börsenmäßig platziert.

E Pfandbriefe werden üblicherweise mittels eines Zinstenders emittiert. Bei diesem Verfahren kann der Emittent eine maximale Rendite über Nominalzins und Mindestkurs vergeben.

☐

Aufgabe VI-18

Unterscheidung festverzinslicher Wertpapiere

Der Anlageberater der *Nordbank AG*, Felix Böhme, beschreibt im Rahmen eines Anlagegesprächs Anlagealternativen. Ordnen Sie den drei Wertpapierbeschreibungen die entsprechenden Wertpapierarten zu!

1 Die Laufzeit dieser börsenfähigen Wertpapiere beträgt etwa 5 bis 10 Jahre. Sie haben eine feste Verzinsung und dienen der Finanzierung langfristiger Kommunaldarlehen.

2 Es handelt sich um Wertpapiere, deren Zinssatz, Rückzahlung oder andere vertragliche Rechte an einen Index gebunden sind. Neben einem Aktienindex können auch Rentenindizes oder Inflationsraten zur Indexierung herangezogen werden.

3 Diese Wertpapierart begibt der Bund langfristig mit einem festen Zinssatz über die gesamte Laufzeit von meistens 10 Jahren.

Wertpapierarten:

A Bundesobligationen
B Indexanleihe
C Bundesanleihen
D Öffentliche Pfandbriefe
E Hypothekenpfandbriefe

1	2	3

Bundeswertpapiere

Aufgabe VI-19

Frau Schulz möchte 20.000,00 EUR in Bundeswertpapieren anlegen, die sie für besonders sicher hält. Die Anlage soll langfristig sein, aber auch jederzeit die Möglichkeit der vorzeitigen Verfügbarkeit bieten. Welche der nachfolgenden Empfehlungen sollten Frau Schulz gegeben werden?

A Bundesanleihen eignen sich für die Anlage, da sie zwar eine Laufzeit von i. d. R. 10 Jahren haben, aber jederzeit mit unterschiedlichen Restlaufzeiten an der Börse erworben und verkauft werden können.

B Bundesanleihen eignen sich nicht für die Anlage des Geldes, da sie eine feste Laufzeit von i. d. R. 10 Jahren haben und deshalb nicht jederzeit liquide sind.

C Bundesanleihen sind zu empfehlen, da sie jederzeit zum Rückkaufswert an den Bund zurückgegeben werden können.

D Bundesobligationen sind zu empfehlen, da sie zwar eine Laufzeit von 10 Jahren haben, aber jederzeit an der Börse verkauft werden können.

E Öffentliche Pfandbriefe sind zu empfehlen, da sie vom Bund emittiert werden, grundbuchlich gesichert und daher besonders sicher sind und jederzeit an den Bund zurückgegeben werden können.

☐

Pfandbriefe

Aufgabe VI-20

Im Rahmen eines Beratungsgesprächs erläutern Sie Herrn Eichhorn den Zusammenhang zwischen dem allgemeinen Zinsniveau und dem Kurs des folgenden Pfandbriefes.

Nominalwert	15.000,00 EUR
Zinssatz	4,625 % p. a.
Kaufkurs	97,50 %
Restlaufzeit	6 Jahre

Wie wirken sich steigende Kapitalmarktzinsen auf den Pfandbriefkurs aus?

A Dies hat keine Auswirkungen auf den Kurs des Pfandbriefs.

B Der Kurs des Pfandbriefes wird steigen.

C Der Kurs des Pfandbriefes wird fallen.

D Da der Emittent den Nominalzinssatz des Pfandbriefes erhöht, ändert sich der Kurs nicht.

E Da der Emittent den Nominalzinssatz des Pfandbriefes ermäßigt, ändert sich der Kurs nicht.

☐

Aufgabe VI-21

Verlustverrechnungstopf

Frau Katrin Alt ist Depotkundin der *Nordbank AG*. Aufgrund einer Kauforder in Bundesobligationen mit einer Restlaufzeit von 2 Jahren waren Frau Alt Stückzinsen in Höhe von 483,18 EUR berechnet worden. Mit welcher der folgenden Aussagen informieren Sie Frau Alt über die Bedeutung des allgemeinen Verlustverrechnungstopfes richtig?

A Dividendenerträge aus Aktien können nur mit Veräußerungsverlusten aus Aktiengeschäften verrechnet werden, aber nicht mit den gezahlten Stückzinsen.

B Da es sich bei den zu zahlenden Stückzinsen um einen Aufwand handelt, erhöhen diese Stückzinsen den Saldo des allgemeinen Verrechnungstopfes von Frau Alt.

C Bei künftigen Zinszahlungen aus dieser Bundesobligation wird zunächst ein noch nicht ausgeschöpfter Freistellungsbetrag in Anspruch genommen, bevor eine Verrechnung mit dem Saldo des allgemeinen Verrechnungstopfes erfolgt.

D Auf die gezahlten Stückzinsen muss Frau Alt anteilige Abgeltungssteuer zuzüglich Solidaritätszuschlag zahlen. Diese Beträge werden im Verlustverrechnungstopf erfasst.

E Spätere Veräußerungsverluste beim Verkauf von Aktien kann Frau Alt mit den gezahlten Stückzinsen dieser Wertpapierorder über Bundesobligationen verrechnen.

☐

Aufgabe VI-22

Floating-Rate-Notes

Der Depotkunde Rainer Hempel interessiert sich im Rahmen eines Beratungsgesprächs für die Floating Rate Notes (Floater) der *DG HYP AG*. Welche der folgenden Aussagen zu den Floatern sind zutreffend?

DG HYP AG EUR 511.291.881,20 Bankschuldverschreibung mit variablem Zinssatz von 2019/2029 Zinsperiode: 10. September 2026 bis 10. Dezember 2026 Nächster Zinstermin: 10. Dezember 2026 Börsenplatz: Frankfurt Gemäß § 2 der Anleihebedingungen wurde der Zinssatz wie folgt festgesetzt: 2,15 % p. a.

A Der Floater kann von Herrn Hempel nur zu den jährlichen Zinsterminen am 10. Dezember wieder verkauft werden.

B Zum Kaufzeitpunkt kann die Rendite für die gesamte Anlagedauer ermittelt werden.

C Herr Hempel erhält erst am Ende der Laufzeit Zinsen aus dem Floater, da die Zinsen automatisch wieder mit angelegt (thesauriert) werden.

D Der Floater beinhaltet ein erhöhtes Kursrisiko, da seine Verzinsung regelmäßig an den Marktzinssatz angepasst wird.

E Bei Anlage in diesen Floater profitiert Herr Hempel von der unterjährigen Zinszahlung.

F Zinsniveauänderungen am Geld- bzw. Kapitalmarkt werden sich nur gering auf den Kurs des Floaters auswirken, da die Verzinsung vierteljährlich angepasst wird.

Rendite-berechnung

Aufgabe VI-23

Ein Kunde der *Nordbank AG* möchte für 10.000,00 EUR 4,75 %ige Öffentliche Pfandbriefe der *Deutschen Hypothekenbank* erwerben. Der Ausgabekurs beträgt 100,80 %. Die Laufzeit des Öffentlichen Pfandbriefs beträgt 66 Monate. Der Kunde möchte von Ihnen die Rendite dieses Pfandbriefs vor Steuern wissen. Er beabsichtigt, die Wertpapiere bis zur Rückzahlung des Emittenten am Ende der Laufzeit zu behalten.

A 4,75 %

B 4,8565 %

C 4,7123 %

D 4,568 %

E 4,7243 %

Vergleich von Wertpapieren

Aufgabe VI-24

Frau Britta Behrens möchte 10.000,00 EUR in abgezinsten Sparbriefen oder Bundesanleihen anlegen. Ordnen Sie den nachstehenden Aussagen über die Verzinsung (Zinssatz; Zinszahlung) sowie Liquidität und Rückzahlung dieser beiden Anlageformen die entsprechenden Wertpapiere zu!

Aussagen

A Dieses Wertpapier wird nicht an der Börse gehandelt.

B Dieses Wertpapier wird zum Nennwert ausgegeben abzüglich Zinsen und Zinseszinsen für die gesamte Laufzeit.

C Bei diesem Wertpapier werden die Zinsen und Zinseszinsen vom Emittenten am Ende der Laufzeit gezahlt.

D Diese Wertpapiere haben eine Laufzeit von 10 und mehr Jahren und sind börsenfähig.

E Dieses Wertpapier hat eine feste Verzinsung über die gesamte Laufzeit, in einigen Fällen kommt aber auch eine variable Verzinsung vor.

Wertpapiere

1 Trifft nur auf Bundesanleihen zu.

2 Trifft nur auf abgezinste Sparbriefe zu.

A	B	C	D	E

Aufgabe VI-25

Merkmale festverzinslicher Wertpapiere

Ordnen Sie die nachstehenden Anlageformen nach der Laufzeit bzw. Verfügbarkeit. Tragen Sie die Anlageform mit der kürzesten Laufzeit bzw. frühesten Verfügbarkeit unter der Ziffer 1 und die Anlageform mit der längsten Laufzeit bzw. spätesten Verfügbarkeit unter der Ziffer 7 ein.

A Bundesanleihe mit einer Restlaufzeit von 8 Jahren

B Bundesobligation als Neuemission

C Sparbrief mit einer einjährigen Restlaufzeit

D Industrieanleihe mit einer Restlaufzeit von 2 Jahren

E Spareinlage mit dreimonatiger Kündigungsfrist

F Aktienanleihe mit einer Restlaufzeit von fünf Monaten

G Festgeld für 30 Tage

1	2	3	4	5	6	7

Aufgabe VI-26

Rentenfonds

Alexander Gerber ist Depotkunde der *Nordbank AG*. Herr Gerber interessiert sich für den Rentenfonds NordRenta, der in festverzinsliche Euroanleihen vorwiegend deutscher Emittenten mit einer durchschnittlichen Restlaufzeit von bis zu zwei Jahren investiert. Neben einem einmaligen Ausgabeaufschlag von 5 % fällt eine Verwaltungsvergütung in Höhe von 0,5 % p. a. an. Wie beraten Sie Herrn Gerber über den NordRenta-Rentenfonds richtig?

A Die Volatilität des NordRenta ist unabhängig von den Schwankungen der Kapitalmarktzinsen und somit grundsätzlich geringer als bei einem Geldmarktfonds.

B Durch die breite Diversifizierung hat Herr Gerber bei dieser Anlagestrategie keine Risiken zu tragen.

C Die Fondsanteile des NordRenta können von Herrn Gerber grundsätzlich börsentäglich zum Rücknahmepreis an die Kapitalanlagegesellschaft zurückgegeben werden.

D Die im NordRenta enthaltenen Anleihen unterliegen nach dem Kauf des jeweiligen Anteils auch bei Veränderungen des Kapitalmarktzinses keinen Kursveränderungen.

E Der NordRenta nutzt die unterschiedlichen Zinsniveaus im Ausland zum Vorteil des Anlegers und kann daher nur zu Ausschüttungsterminen gehandelt werden.

Anlageberatung

Aufgabe VI-27

Frau Helene Hagen ist Kundin der *Nordbank AG*. Frau Hagen möchte erstmalig einen Betrag in Wertpapieren anlegen. Die *Nordbank AG* ist vor einer Anlageempfehlung gesetzlich verpflichtet, von Frau Hagen umfassende Informationen über ihre finanziellen Verhältnisse, ihre Anlageziele, ihre Kenntnisse und Erfahrungen in Bezug auf Wertpapiere einzuholen und zu dokumentieren sowie zu prüfen, ob diese Anlage für sie geeignet ist. Frau Hagen ist zunächst nicht bereit, Auskünfte über ihre wirtschaftlichen und finanziellen Verhältnisse zu geben. Mit welcher Aussage informiert die *Nordbank AG* Frau Hagen über die Folge der Informationsverweigerung richtig?

A Die *Nordbank AG* darf hier keine Anlageempfehlung geben.

B Die *Nordbank AG* haftet nicht mehr für ihre Wertpapierempfehlung.

C Die *Nordbank AG* darf in diesem Fall für Frau Hagen Wertpapierkaufaufträge nur über das Online-Banking entgegennehmen und ausführen.

D Die *Nordbank AG* darf für Frau Hagen nur Kaufaufträge über mündelsichere und deckungsstockfähige Wertpapiere entgegennehmen und ausführen.

E Die *Nordbank AG* muss Frau Hagen an eine Direktbank verweisen, die den Kaufauftrag anonym entgegennehmen und ausführen kann.

☐

Risiken bei festverzinslichen Effekten

Aufgabe VI-28

Der Depotkunde Rainer Lange erwartet von Ihnen eine Information über sein Kursrisiko während der Laufzeit der nachfolgenden Anleihen, wenn sich die Bonität der drei Emittenten nicht verändert.

	Lfd. Nr. 1	Lfd. Nr. 2	Lfd. Nr. 3
Währung	Euro	Euro	US-Dollar
Nominalzins (v.H.)	4,00	5,00	8,875
Schuldner	*Nordbank AG*, Inhaber-Schuldverschr. S 392	*Eurohypo AG*, Inhaberschuldverschreibungen	*Kimberly-Clark*
WKN	309921	273370	-
Laufzeit/Endfälligkeit	20.11.2026	20.07.2026	04.08.2026
Preis in v.H.	9 6,70	94,00	99,68
Rendite v.H.	4,68	5,81	8,92

Welche der Informationen ist zutreffend?

A Da sämtliche Anleihen nahezu gleiche Laufzeiten haben, besteht nur ein geringes Kursrisiko während der Anlagedauer.

B Das Kursrisiko der Inhaberschuldverschreibung der *Eurohypo AG* ist höher als das der *Nordbank AG*, weil diese das höhere Disagio hat.

C Das Kursrisiko der Anleihe von *Kimberly-Clark* ist am höchsten, weil neben dem Zinsrisiko auch ein Währungsrisiko besteht.

D Eine Auskunft über das Kursrisiko kann bei einer derart langen Laufzeit nicht gegeben werden.

E Die Anleihe von *Kimberly-Clark* hat das geringste Kursrisiko, da die Rendite des Wertpapiers am höchsten ist.

☐

Aufgabe VI-29

Stückzins-berechnung

Am Donnerstag, den 22. Februar 20.., führte die *Nordbank AG* im Auftrag der Depotkundin Simone Zander eine Wertpapier-Verkaufsorder aus: Verkauf 20.000,00 EUR 0,25 % Bundesobligationen Emission 2015/2020, Zinstermin: 01.02. gzj.

Kurs	102,5 %
Provision vom Kurswert, mindestens 20,00 EUR	0,5 %
Maklergebühr vom Kurswert, mindestens 3,00 EUR	0,075 %

a) Nennen Sie das Datum (TT.MM.JJJJ) für die Wertstellung der Gutschrift auf dem Konto von Frau Zander.

☐☐ . ☐☐ . ☐☐☐☐

b) Ermitteln Sie die Frau Zander zustehenden Stückzinsen (act/act)

EUR

c) Ermitteln Sie den Gutschriftsbetrag für Frau Zander. Ein Freistellungsauftrag liegt der Bank nicht vor. Frau Zander ist nicht kirchensteuerpflichtig. Für Frau Zander werden keine Verrechnungstöpfe geführt.

EUR

Situation zu den Aufgaben VI-30 und VI-31

Der Kunde Heinz Rheinfeld interessiert sich für Neuemissionen in Technologieaktien.

Aufgabe VI-30

Neuemission

Herr Rheinfeld hat das nachstehende Verkaufsangebot im Handelsblatt gelesen und bittet Sie um Beratung. Er möchte 100 Stück dieser Neuemission erwerben. Herr Rheinfeld möchte von Ihnen wissen, ob er fest mit der Zuteilung der gewünschten Stückzahl von Aktien rechnen kann und wie hoch der Kaufpreis sein wird.

Auszug aus dem Verkaufsangebot der *Software AG*
Verkaufsangebot über bis zu 525.000,00 EUR Inhaber-Stammaktien im Nennbetrag von je EUR 1,00 der *Software AG* Husum, jeweils mit voller Gewinnanteilberechtigung für das Geschäftsjahr 2026/2027, d. h. ab 1. Januar 2026, WKN 700100. Interessierte Anleger haben die Möglichkeit, in der Zeit vom 28. Juni bis 30. Juni 2026 – vorbehaltlich einer Verkürzung der Angebotsfrist – Kaufangebote abzugeben bei der *Nordbank AG*. Kaufangebote werden freibleibend entgegengenommen und können mit einem Preislimit versehen werden. Die Festsetzung des Kaufpreises erfolgt voraussichtlich am 30. Juni 2026. Die Aktien sind im Prime Standard mit Aufnahme des Handels an der Frankfurter Wertpapierbörse zugelassen. Die Aufnahme des Handels der neuen Aktien ist für den 02. 07. 2026 vorgesehen.

Welche der Auskünfte ist zutreffend?

A Sowohl die Menge als auch der Preis sind noch völlig offen.

B Die gewünschte Stückzahl kann zugesagt werden, der Preis bleibt aber noch offen.

C Falls Herr Rheinfeld den Auftrag „billigst" erteilt, erhält er die gewünschten 100 Aktien auf jeden Fall zum Emissionskurs.

D Die Frage lässt sich erst nach der Aufnahme des Handels der neuen Aktien im Prime Standard beantworten.

E Wenn Herr Rheinfeld einen Auftrag mit einer vorher festgelegten Stückzahl limitiert, hat er bei Überzeichnung der Emission Anspruch auf Zuteilung einer Quote.

☐

Greenshoe

Aufgabe VI-31

Beim Börsengang der *Software AG* haben die Konsortialbanken die Greenshoe-Option vollständig ausgeübt. Welche Aussagen zu diesem Vorgang treffen zu? Die Greenshoe-Option bedeutet:

A Die Konsortialbanken können aus eigenen Beständen bei Überzeichnung der Emission den Nachfrageüberhang ausgleichen.

B Die *Software AG* hat den Konsortialbanken die Option eingeräumt, zusätzlich bis zu einem bestimmten Umfang junge Aktien zum Platzierungspreis je Aktie zu erwerben.

C Das beabsichtigte Emissionsvolumen wurde bei den institutionellen Investoren vollständig untergebracht.

D Das Emissionsvolumen konnte nicht vollständig bei den Anlegern untergebracht werden.

E Der Umfang einer Zuteilungsreserve ist von Emittent und Konsortialbanken vor der Emission festgelegt worden.

F Bei wenig nachgefragten Neuemissionen durch den Greenshoe kann die Nachfrage gesteigert und damit der Kurs stabilisiert werden.

☐☐

Aufgabe VI-32

Investment-zertifikate

Paul Jürgens ist Depotkunde der *Nordbank AG*. Im Rahmen eines Beratungsgesprächs interessiert sich Herr Jürgens auch für die Anlage in Investmentfonds.

a) Welche Vorteile bietet die Anlage in inländischen Investmentfonds?

A Kleinste Beträge können als indirekte Beteiligungen in Wertpapieren oder Grundstücken angelegt werden.

B Erträge und Ausschüttungen aus Investmentfonds sind im Erwerbsjahr steuerfrei.

C Diese Anlageform ist für solche Anleger vorteilhaft, die ihre Einkünfte durch die Realisierung von Kursgewinnen innerhalb des Investmentfonds erhöhen wollen.

D Die Anlage in Investmentfonds ist mündelsicher und können daher für Anlagen von Mündelgeldern genutzt werden.

E Investmentfonds erlauben eine schnelle und zielgerichtete Vermögensumschichtung.

F Die Sondervermögen von Kapitalanlagegesellschaften werden bei aktiv gemanagten Fonds von Experten verwaltet, die gute Informationen über die Marktentwicklung haben.

b) Als Kundenberater der *Nordbank AG* stellen Sie Herrn Jürgens verschiedene Investmentfonds vor. Ordnen Sie die nachfolgenden Beschreibungen den entsprechenden Arten von Investmentfonds zu! Beschreibungen von Investmentfonds:

A Der Anlageschwerpunkt liegt bei Aktien und Wandelschuldverschreibungen sowie Optionsanleihen und Optionsscheinen.

B Bei diesen Investmentfonds erfolgt keine Ertragsausschüttung an die Anteilsinhaber. Die Gewinne werden wieder in neue Anlagen investiert.

C Das Anlageverhalten ist hochspekulativ und risikobereit mit nahezu keiner Beschränkung der Anlageinstrumente und Anlagepolitik.

D Der Anlageschwerpunkt liegt bei Schuldverschreibungen, z. B. Bundeswertpapieren, Pfandbriefen, Bankschuldverschreibungen sowie Fremdwährungsanleihen.

E Dieser Fonds legt seine Mittel kurzfristig in Geldmarktpapieren und Floating Rate Notes an und hat daher nur minimale Kursrisiken.

F Bei dieser Fondsart bestimmt sich die Zusammensetzung seines Fondsvermögens nach z. B. dem Deutschen Aktienindex. Die Wertentwicklung des Fonds entspricht weitgehend der Performance des zugrunde gelegten Index, z. B. Dax40.

Fondsarten

1 Rentenfonds
2 Geldmarktfonds
3 **ETF** Indexfonds
4 Aktienfonds

5 Hedgefonds
6 Thesaurierungsfonds

A	B	C	D	E	F

Kapitalerhöhung

Aufgabe VI-33

Die Supermarkt *AG* erhöht ihr Grundkapital von 1,5 Mrd. EUR auf 1,75 Mrd. EUR. Die alten Aktien werden mit 191,00 EUR an der Börse notiert. Die jungen Aktien sollen den Aktionären zu einem Kurs von 170,00 EUR je Stück angeboten werden.
Ermitteln Sie den Wert des rechnerischen Bezugsrechts, wenn keine Dividendenvor- und -nachteile berücksichtigt werden müssen?

Situation zu den Aufgaben VI-34 bis VI-37

Rainer Bergmann ist Depotkunde der *Nordbank AG* in Hamburg. Nachdem er mehrere Jahre in Rentenpapiere und Investmentfonds investiert hat, will er nun auch Aktien kaufen.

Aktienarten

Aufgabe VI-34

Da ihm die Unterscheidung der verschiedenen Aktienarten noch nicht so geläufig ist, bittet Herr Bergmann Sie um Auskunft. Auf welche Aktienarten treffen die nachfolgenden Aussagen zu?

Aktienarten
1 Stammaktien sowie Namensaktien
2 Vorzugsaktien
3 Junge Aktien
4 Namensaktien
5 Berichtigungs- bzw. Gratisaktien
6 Vinkulierte Namensaktien

Aussagen
A Der Inhaber dieser Aktie wird im Aktienregister der Unternehmung eingetragen. Der Vorstand der AG muss einem Aktionärswechsel nicht zustimmen.
B Diese Aktien haben i. d. R. kein Stimmrecht in der Hauptversammlung. Als Ausgleich können die Aktionäre eine höhere Dividende bekommen.
C Die Aktien werden ausgegeben, wenn die AG Gewinnrücklagen in gezeichnetes Kapital umwandelt.
D Die Aktie verbrieft ohne Einschränkung alle Aktionärsrechte.
E Die Aktiengesellschaft erhöht das gezeichnete Kapital gegen Bareinlagen.
F Bei dieser Aktie muss der Vorstand der AG dem Aktionärswechsel ausdrücklich zustimmen.

A	B	C	D	E	F

Aufgabe VI-35

Aktienregister

Herr Bergmann entscheidet sich zum Kauf von 200 Stück *Nordleben AG*-Aktien. Da bei dieser Aktie der Name des Eigentümers ins Aktienregister eingetragen wird, möchte Herr Bergmann wissen, wo das Aktienregister geführt wird. Bei welcher der folgenden Stellen wird das Aktienregister geführt?

A Zuständiges Handelsregister

B Hauptsitz der *Nordleben AG*

C Hausbank der *Nordleben AG*

D Bundesaufsichtsamt für den Wertpapierhandel

E *Clearstream Banking AG* als zuständige Wertpapiersammelbank

☐

Aufgabe VI-36

Aktionärsrechte

Welches der untenstehenden Rechte erwirbt Herr Bergmann mit dem Kauf dieser 200 *Nordleben AG*-Aktien?

A Anspruch auf Prämienrabatte, sofern er Dienstleistungen der *Nordleben AG* in Anspruch nimmt.

B Uneingeschränktes Auskunftsrecht gegenüber dem Vorstand der *Nordleben AG*

C Stimmrecht im Aufsichtsrat

D Stimmrecht in der Hauptversammlung der *Nordleben AG*

E Anspruch auf Zahlung einer jährlichen Dividende

☐

Aufgabe VI-37

Eigene Aktien

Nach einiger Zeit zeigt Herr Bergmann Ihnen als Anlageberater(in) der *Nordbank AG* einen Aktionärsbrief der *Nordleben AG*, in dem darauf hingewiesen wird, dass der Vorstand in der ordentlichen Hauptversammlung zum Rückkauf eigener Aktien im gesetzlich zulässigen Umfang ermächtigt werden soll. Herr Bergmann möchte von Ihnen wissen, welchen Zweck der Vorstand mit dieser Maßnahme verfolgen könnte. Welche Informationen treffen zu?

A Diese Aktien sollen Arbeitnehmern, die im Arbeitsverhältnis zu der Gesellschaft stehen, zum Erwerb angeboten werden.

B Mit diesen Aktien sollen im Falle der Übernahme einer anderen AG die ausscheidenden Aktionäre dieser anderen AG abgefunden werden.

C Mit diesen Aktien soll der Vorstand die Möglichkeit erhalten, den Handel in eigenen Aktien aufzunehmen.

D Mit dieser Maßnahme beabsichtigt der Vorstand der AG, die in der Hauptversammlung beschlossene Dividendenzahlung an die Aktionäre zu finanzieren.

E Mit dieser Maßnahme soll ein größerer Teil des Bilanzgewinns in der Gesellschaft einbehalten werden, ohne die laufende Dividende an die Aktionäre kürzen zu müssen.

F Mit dieser Maßnahme soll der Vorstand im Laufe des kommenden Geschäftsjahres den Stammaktionären Aktien zum Vorzugskurs anbieten können. Mit dieser Maßnahme soll eine kursbeeinflussende Kapitalerhöhung vermieden werden.

Hauptversammlungsbeschlüsse

Aufgabe VI-38

Auf der ordentlichen virtuellen Hauptversammlung der *Lösche AG* stehen die folgenden Tagesordnungspunkte. Ordnen Sie zu, ob eine Beschlussfassung erforderlich ist und mit welchen Mehrheiten die einzelnen Punkte beschlossen werden müssen! Die Satzung sieht keine anderen Kapitalmehrheiten als das Aktiengesetz vor.

Beschlussfassung/Mehrheiten:

1 Keine Beschlussfassung erforderlich

2 Beschlussfassung mit einfacher Stimmenmehrheit

3 Beschlussfassung mit qualifizierter Mehrheit von drei Vierteln des bei der Beschlussfassung auf der Hauptversammlung vertretenen Grundkapitals

A Vorlage des festgestellten Jahresabschlusses und des Lageberichts

B Bericht des Vorstands und des Aufsichtsrats

C Verwendung des Bilanzgewinns für das abgelaufene Geschäftsjahr

D Entlastung der Mitglieder des Vorstands und des Aufsichtsrats

E Neuwahl von Aufsichtsratsmitgliedern

F Kapitalerhöhung aus Gesellschaftsmitteln und entsprechende Satzungsänderung

G Ermächtigung des Vorstands zur Ausgabe von Genussscheinen – auch mit Wandlungs- und Optionsrechten – sowie Schaffung bedingten Kapitals

H Antrag auf Herabsetzung der Vergütung der Aufsichtsratsmitglieder durch Satzungsänderung

I Wahl des Abschlussprüfers

A	B	C	D	E	F	G	H	I

Aufgabe VI-39

Berechnung eines Investmentzertifikats

Von der *Neptun*-Investmentgesellschaft werden folgende Angaben zu einem Rentenfonds gemacht:

Inventarwert	260.000.000,00	EUR
Anteile im Umlauf	4.700.000	Stück
Ausgabekosten für die Zertifikate	5	%

Wie viel EUR beträgt der Ausgabepreis für ein Zertifikat (auf volle 10 Cent aufgerundet)?

A 55,30 EUR
B 58,20 EUR
C 55,20 EUR
D 55,40 EUR
E 58,10 EUR
F 58,00 EUR

☐

Aufgabe VI-40

Rendite

Frau Sabine Klages ist Depotkundin der *Nordbank AG*. Frau Klages hat in der Zeitung gelesen, dass deutsche Aktien zurzeit ein niedriges Kurs-Gewinn-Verhältnis aufweisen und eine relativ hohe Dividendenrendite erzielen. Frau Klages beabsichtigt den Erwerb von Aktien entweder der *Versorger AG* oder der *Elektro AG*.

Auszug aus dem aktuellen Börsenblatt:

	Versorger AG	*Elektro AG*
Kurs der Aktie	31,80 EUR	33,80 EUR
Erwartete Dividendenzahlung für 20..	1,40 EUR	0,93 EUR
Erwarteter Gewinn je Aktie für 20..	3,13 EUR	2,81 EUR

a) Ermitteln Sie das Kurs-Gewinn-Verhältnis für 20.. jeweils für die Aktie der (Ergebnisse auf eine Stelle nach dem Komma runden)

aa) *Versorger AG* ☐ %

ab) *Elektro AG* ☐ %

b) Welche der beiden Aktien sollte Frau Klages auf Grund Ihrer Ergebnisse unter Frage a) erwerben?

☐

Berechnung von Investmentanteilen

Aufgabe VI-41

Die Depotkundin der *Nordbank AG*, Frau Annika Paulsen will 3.000,00 EUR in einem Aktienfonds anlegen. Sie bittet Sie, ihr zu erklären, wie der Preis für einen Anteil zustande kommt. Am folgenden Beispiel für den *WEKANord* Aktienfonds wollen Sie ihr das erklären. Der *WEKANord* Aktienfonds hat folgendes Fondsvermögen:

Stück	Vermögenswerte	Preis pro Stück in EUR	Kurswert in EUR
20.000	A-Aktien	25,20	
20.000	B-Aktien	30,10	
10.000	C-Aktien	40,50	
90.000	weitere Aktien		5.841.000,00

Zum Fondsvermögen gehört ein Bankguthaben von 300.000,00 EUR. Es sind 200.000 Stück Fondsanteile im Umlauf.

Auszug aus den Fondsbedingungen:

- Ausgabeaufschlag 3 % des Anteilwertes (auf volle 0,10 EUR aufrunden)
- Rücknahme zum Anteilwert abzüglich 0,3 % Rücknahmekosten (auf volle 0,10 EUR abrunden)

Ermitteln Sie für einen Anteil

a) den Inventarwert.

EUR

b) den Verkaufspreis.

EUR

c) den Rücknahmepreis.

EUR

Investmentzertifikate

Aufgabe VI-42

Im Rahmen einer Anlageberatung haben Sie Ihrer Privatkundin Frau Sigrid Müller Investmentzertifikate angeboten. Frau Müller bittet Sie um nähere Erläuterungen zu diesem Produkt. Welche Auskunft ist richtig?

A Der Preis von Investmentzertifikaten bildet sich direkt durch Angebot und Nachfrage, da alle Fondsanteile an der Börse gehandelt werden.

B Rentenfonds beinhalten kein Kursrisiko, da sie laufend Zinszahlungen aus den enthaltenen Rentenpapieren beziehen.

C Erträge aus Investmentfondsanlagen sind abgeltungssteuerfrei.

D Für die Veräußerung von Anteilen an offenen Immobilienfonds gilt eine Spekulationsfrist von 10 Jahren.

E Grundlage für die Ermittlung des Anteilwerts ist die Ermittlung des Inventarwerts, geteilt durch die Anzahl der umlaufenden Anteile.

Aufgabe VI-43

Investment-Sondervermögen

Welche der folgenden Anlagen durch Publikumsfonds entspricht nicht den Vorschriften der EU-Investmentrichtlinie?

A Aktien, die an der Londoner Stock Exchange gehandelt werden.
B Euroanleihen ausländischer Emittenten
C Bankguthaben mit einer Laufzeit von höchstens 36 Monaten
D Index-Optionsscheine auf den Dax40
E Erwerb von Edelmetallen und Zertifikaten auf Edelmetalle
F Einlagenzertifikate von Kreditinstituten

Aufgabe VI-44

Kapitalerhöhung

Die *Adler AG* beabsichtigt eine Erweiterung ihrer Produktionsanlagen. Das Finanzierungsvolumen beträgt 4 Millionen EUR. Der Vorstand prüft u. a. die Möglichkeit einer Kapitalerhöhung gegen Bareinlagen im Verhältnis 5 : 1. Der gegenwärtige Börsenkurs der *Adler*-Aktie beträgt 12 EUR je 5,00 EUR-Aktie.

Bilanz der *Adler AG*

Aktiva:	Grundstücke und Gebäude	8.000.000,00 EUR
	Technische Anlagen	11.000.000,00 EUR
	Rohstoffe	1.000.000,00 EUR
	Fertige Erzeugnisse	1.000.000,00 EUR
	Forderungen	3.500.000,00 EUR
	Zahlungsmittel	500.000,00 EUR
	Bilanzsumme	25.000.000,00 EUR
Passiva:	Gezeichnetes Kapital	10.000.000,00 EUR
	Rücklagen	5.000.000,00 EUR
	Jahresüberschuss	2.000.000,00 EUR
	Verbindlichkeiten	8.000.000,00 EUR
	Bilanzsumme	25.000.000,00 EUR

Wie hoch muss der Ausgabekurs der jungen Aktien sein, damit die Investition von 4 Millionen EUR finanziert werden kann?

EUR

Aufgabe VI-45

Hauptversammlung einer AG

Welche Mehrheiten sieht das Aktiengesetz für die Beschlussfassung der nachstehenden Tagesordnungspunkte der Hauptversammlung der *ARGO AG* vor? Ordnen Sie zu!

Mehrheiten

1 Qualifizierte Mehrheit
2 Einfache Mehrheit
3 Die Zustimmung der Hauptversammlung ist nicht erforderlich

A 5 % des Bilanzgewinns sollen den gesetzlichen Rücklagen zugeführt werden.

B Gewinnrücklagen sollen durch Ausgabe von Berichtigungsaktien an die Aktionäre in gezeichnetes Kapital umgewandelt werden.

C Auf Grund eines Antrages des Kleinaktionärs Uwe Heinemann soll der Aufsichtsrat nicht entlastet werden.

D Beschlussfassung über die Verwendung des Bilanzgewinns: Vorstand und Aufsichtsrat schlagen die Zahlung einer Dividende von 0,60 EUR je Aktie im Nennbetrag von 1,00 EUR vor.

E Ermächtigung des Vorstands der *ARGO AG* zur Erhöhung des Grundkapitals (Genehmigtes Kapital) um einen Nennbetrag von 50 Mio. EUR.

F Zur Finanzierung eines Investitionsvorhabens soll über die Hausbank der *ARGO AG* eine Anleihe im Gesamtnennwert von 100 Millionen EUR emittiert werden.

G Zur Sicherung der inländischen Produktion beabsichtigt der Vorstand der *ARGO AG* die Errichtung eines Zweigwerks in Polen.

H Umstellung der bisherigen auf 5,00 EUR lautenden Inhaberaktien in nennwertlose Namensaktien

I Ermächtigung des Vorstandes zum Rückkauf eigener Aktien innerhalb von 18 Monaten

A	B	C	D	E	F	G	H	I

Emissionsverfahren

Aufgabe VI-46

Die *Internet AG* plant im Rahmen des Bookbuilding-Verfahrens neue Aktien zu emittieren. Welche der folgenden Aussagen zum Ablauf dieses Emissionsverfahrens ist zutreffend?

A Beim Bookbuilding-Verfahren wird ein Verkaufsprospekt mit einem festen Ausgabepreis veröffentlicht.

B Zum festgelegten Ausgabepreis geben die Anleger in ihrem Zeichnungsangebot lediglich die gewünschte Stückzahl an.

C Der Konsortialführer hat das Recht, den festgelegten Emissionspreis in beliebiger Höhe an die aktuelle Marktsituation anzupassen.

D Wenn das Angebot größer als die Nachfrage ist, wird der Überhang entsprechend der Zeichnungsgebote an die Bieter verteilt.

E Falls die Nachfrage das Platzierungsvolumen überschreitet, können vom Emittenten zusätzliche Aktien zur Ausgabe zur Verfügung gestellt werden.

Aufgabe VI-47

Investment-sparen

Sie haben die Aufgabe, die Kundin Silke Brandt von den Vorteilen des Investmentsparens zu überzeugen. Welches Argument ist im Hinblick auf reine Aktienfonds und gemischte Fonds stichhaltig?

A Investmentzertifikate bieten bereits bei der Anlage eines relativ geringen Kapitals die Möglichkeit einer breiten Risikostreuung.

B Investmentzertifikate deutscher Kapitalanlagegesellschaften können jederzeit an der Börse verkauft werden.

C Der Investmentsparer kann an den virtuellen Hauptversammlungen der im Investmentfonds enthaltenen Aktiengesellschaften teilnehmen.

D Durch die direkte Beteiligung am Vermögen verschiedener Unternehmen sind die Ertragschancen auf längere Sicht geringer als bei einer Direktanlage in Aktien.

E Der ETF-Investmentsparer übernimmt kein größeres Risiko als der Kontensparer.

☐

Aufgabe VI-48

Cost-Average-Effekt

Klaus Müller ist Depotkunde der *Nordbank AG*. Herr Müller kommt zu Ihnen an den Beratungspoint und bittet um eine Beratung. Er ist sich unschlüssig, ob er monatlich regelmäßig einen Betrag von 300,00 EUR in Investmentanteilen des *WEKANord* anlegen soll oder monatlich regelmäßig 100 Investmentanteile des *WEKANord* erwerben soll.
Der *WEKANord* hatte in den letzten drei Monaten folgende Ausgabepreise:

Datum	Ausgabepreis
1. August	65,36 EUR
1. September	63,26 EUR
1. Oktober	59,13 EUR

Berücksichtigen Sie bei Ihren Berechnungen jeweils vier Stellen nach dem Komma!

a) Ermitteln Sie für Herrn Müller die Anzahl der Investmentanteile, die er in den drei Monaten bei einem Anlagebetrag von regelmäßig 300,00 EUR erworben hätte.

[Stück]

b) Ermitteln Sie den durchschnittlichen Ausgabepreis für die erworbenen Investmentanteile.

[EUR]

c) Wie hätte sich der Durchschnittspreis für einen *WEKANord*-Anteil verändert, wenn Herr Müller am 1. September zusätzlich für 1.000,00 EUR *WEKANord*-Anteile erworben hätte?

[EUR]

d) Welchen Durchschnittspreis hätte Herr Müller erzielt, wenn er in den drei Monaten regelmäßig 100 Investmentanteile des *WEKANord* erworben hätte?

EUR

Kapitalerhöhung

Aufgabe VI-49

Herr Prill hat von seiner Depotbank, der *Nordbank AG*, die Nachricht über eine Kapitalerhöhung der *Edelstahl AG* erhalten. Die jungen Stammaktien werden zum Bezugspreis von 23,00 EUR emittiert. Durch die Kapitalerhöhung wird das Grundkapital von 1,2 Milliarden EUR auf 1,3 Milliarden EUR erhöht. Der letzte Börsenkurs der alten *Edelstahl*-Aktien vor dem Bezugsrechtshandel beträgt 38,00 EUR. Das Geschäftsjahr der *Edelstahl AG* entspricht dem Kalenderjahr. Die letzte Hauptversammlung fand am 11. Mai 20.. statt. Die voraussichtliche Dividende beträgt für das laufende Jahr 2,40 EUR. Die jungen Aktien sind ab 1. Juni 20.. dividendenberechtigt.

Berechnen Sie

a) das Bezugsverhältnis.

b) den rechnerischen Wert des Bezugsrechts (das Ergebnis ist kaufmännisch auf 2 Stellen nach dem Komma zu runden).

EUR

Investmentzertifikate

Aufgabe VI-50

Hans-Jürgen Hedrich (21 Jahre alt) ist Auszubildender der *Kaufhaus AG*. Die vermögensbildenden Leistungen seines Ausbildungsbetriebes hat Herr Hedrich im sparzulagenbegünstigten Investmentfonds *WEKANord* der *NordInvest* angelegt, der vorwiegend in Unternehmen deutscher Aktiengesellschaften investiert.

Da er bisher noch keine Einladung zu den Hauptversammlungen der Aktiengesellschaften erhalten hat, in deren Aktien der *WEKANord* investiert, bittet er Sie als Anlageberater(in) der *Nordbank AG* um Auskunft, wie er sein Stimmrecht bei diesen Unternehmen ausüben kann. Wie beraten Sie Herrn Hedrich richtig?

A „Da Sie nicht am Grundkapital der Aktiengesellschaften des *WEKANord*, sondern lediglich am Sondervermögen des *NORDINVEST* beteiligt sind, übt die Kapitalanlagegesellschaft das Stimmrecht für die Zertifikatsinhaber aus."

B „Da Sie nicht direkt an den einzelnen Aktiengesellschaften beteiligt sind, übt die *NORDINVEST* als depotführendes Kreditinstitut im Rahmen des Depotstimmrechts die Stimmrechte für Sie aus."

C „Sie können an allen Hauptversammlungen der im Sondervermögen befindlichen Aktiengesellschaften teilnehmen und dort Ihr Stimmrecht ausüben. Auf Antrag erhalten Sie von der Investmentgesellschaft die entsprechenden Eintrittskarten."

D „Da eine Depotbank die Verwahrung des Sondervermögens übernimmt, übt diese auch treuhänderisch das Stimmrecht für die Anleger aus."

E „Da die vom *WEKANord* erworbenen Aktien Ihnen nicht direkt zugeschrieben werden können, dürfen für diese Aktien auch keine Stimmrechte ausgeübt werden."

Aufgabe VI-51

Kapitalerhöhung

Der Vorstand der *Fernheizwerke Neukölln AG* plant eine Kapitalerhöhung. Bei den Aktien der *Fernheizwerke Neukölln AG* handelt es sich um Stückaktien. Welche der folgenden Aussagen zur Kapitalerhöhung sind zutreffend?

A Beschließt die Hauptversammlung ein „genehmigtes Kapital", so muss die Kapitalerhöhung in den nächsten drei Jahren durchgeführt werden.

B Werden Aktien zu einem Ausgabepreis über dem rechnerischen Nennwert emittiert, entsteht eine Gewinnrücklage.

C Die Emission von Wandelanleihen, bei denen der Gläubiger das Umtauschrecht in Aktien der *Fernheizwerke Neukölln AG* hat, führt zu einer bedingten Kapitalerhöhung.

D Durch die Ausgabe von Berichtigungsaktien fließt zusätzliches Kapital in das Unternehmen.

E Bei einer bedingten Kapitalerhöhung darf der Vorstand das festgelegte Emissionsvolumen um 10 % erhöhen.

F Bei Ausgabe neuer Aktien bestimmt die Hauptversammlung gemäß AktG über einen möglichen Ausschluss des Bezugsrechtes.

Aufgabe VI-52

Investmentanteile

Frederike Hansen ist Kundin der *Nordbank AG* und möchte für 50,00 EUR monatlich Anteile des Investmentfonds *Globalinvest* erwerben. Der Fonds enthält sowohl Renten- als auch Aktienwerte.

Tagesaktuelle Fondspreise		
Fondsname	Ausgabepreis	Rücknahmepreis
Globalinvest	38,30 EUR	36,10 EUR

Welche der folgenden Aussagen zur Anlage in diesem Fonds sind zutreffend?

A Durch die Aktien im Fonds wird Frau Hansen keine Aktionärin der im *Globalinvest* enthaltenen Aktiengesellschaften.

B Aufgrund des Rentenanteils im Fondsvermögen besteht für Frau Hansen nicht die Gefahr, dass der Rücknahmepreis unter den Wert von 04. Juli sinkt.

C Ein Ausgabeaufschlag fällt für Frau Hansen nur beim ersten Kauf von Fondsanteilen an.

D Bei dieser Form der regelmäßigen Anlage kann Frau Hansen nur ganze Fondsanteile erwerben.

E Da der Fonds auch Rentenwerte beinhaltet, kann der Cost-Average-Effekt bei dieser Form der Anlage nicht genutzt werden.

F Die Ausgabe- und Rücknahmepreise werden börsentäglich durch die Depotbank ermittelt.

Aktienregister

Aufgabe VI-53

In einem Aktionärsbrief informiert die Ionos *AG* ihre Aktionäre über die Umstellung ihrer bisher emittierten Inhaberaktien in Namensaktien und die Eintragung ihrer Aktionäre in ein bei der Gesellschaft geführtes Aktienregister. Welche Aussage zum Aktienregister trifft zu?

A Die Teilnahme an der Hauptversammlung und die Ausübung des Stimmrechts können nur noch von Kreditinstituten oder deren Bevollmächtigten ausgeübt werden.

B Die Umstellung auf Namensaktien hat einkommensteuerliche Konsequenzen für den Aktionär, d.h. Dividenden müssen als Kapitaleinkünfte in der Einkommensteuererklärung angegeben werden.

C Auf Grund aktienrechtlicher Bestimmungen enthält das Aktienregister den Namen, die Adresse und den Beruf des Aktionärs.

D Nur die im Aktienregister eingetragenen Personen gelten der Gesellschaft gegenüber als Aktionäre.

E Auf Grund der aktienrechtlichen Bestimmungen kann jeder Interessierte Einblick in das zentral geführte Aktienregister nehmen.

Aktienanleihe

Aufgabe VI-54

Christiane Saß ist Depotkundin der *Nordbank AG*. Sie möchte 10.000,00 EUR in Aktienanleihen anlegen. Sie bieten der Kundin die 6 %ige *Commerzbank*-Aktienanleihe, Nennwert 5.000,00 EUR je Stück, Laufzeit 1 Jahr, Rückzahlung wahlweise zum Nennwert oder Andienung von CTS-Aktien, Strike 89,40 EUR als attraktive Anlagemöglichkeit an. Welche Aussagen zu dieser Anlageform treffen zu?

A Die Aktienanleihe ist börsenfähig und damit eine liquide Anlageform. Beim Verkauf dieser Anlage werden die aufgelaufenen Zinsen dem Käufer der Anlage gutgeschrieben.

B Die Rückzahlung dieser Schuldverschreibung erfolgt entweder zum Nennwert, falls der Schlusskurs der Basisaktie am Bewertungstag mindestens den festgesetzten Kurs erzielt, oder durch Lieferung einer bestimmten Zahl von CTS-Aktien, falls der Schlusskurs unter dem festgesetzten Kurs liegt.

C Bei einem Kurs der CTS-Aktie am Bewertungsstichtag von z. B. 79,90 EUR erhält Frau Saß von der *Commerzbank AG* die Rückzahlung der Schuldverschreibung zum Nennwert zuzüglich der vereinbarten Zinsen.

D Die Aktienanleihen sind nicht börsenfähig; sie können jedoch börsentäglich an den Emittenten zum Hauskurs zurückgegeben werden.

E Frau Saß erwirbt mit dieser Anlage sowohl ein Forderungsrecht, d. h. den Anspruch auf die Rückzahlung der Wertpapiere zum Nennwert, als auch ein Umtauschrecht in Aktien der vereinbarten Gattung zu einem vorher festgelegten Umtauschkurs.

F Frau Saß erhält bei einer Anlage in Aktienanleihen eine hohe Verzinsung unabhängig von der Kursentwicklung der Basisaktie; sie nimmt allerdings mittelbar an Kursverlusten der Basisaktie teil, ohne jedoch an Wertsteigerungen der Aktie teilzunehmen.

Situation zu den Aufgaben VI-55 bis VI-59

Aktien–anleihe

Riccarda Lange ist Depotkunde der *Nordbank AG*. Frau Lange interessiert sich für die Anlage in Aktienanleihen. Da sie vor kurzem 5.000,00 EUR geerbt hat, bittet Frau Lange ihren Anlageberater der *Nordbank AG* um Informationen über diese Anlageart. Der Anlageberater der *Nordbank AG* stellt Frau Lange die folgende Aktienanleihe der Energie AG vor:
Ausstattungsmerkmale der Aktienanleihe der Energie AG

Emittentin	Unionbank AG
Stückelung	1.000,00 EUR Nennwert
Ausgabetag	16.07.2025
Zinssatz	3,65 %
Zinstermin	16. 07. gzj.
Fälligkeit	16.07.2027
Basiswert	Energie AG-Aktien
Feststellungstag	09.07.2026
Tilgung	Nennwert oder 33 Aktien je 1.000,00 EUR Nennwert
Basispreis	30,30 EUR

Aufgabe VI-55

Aktien–anleihe

Welche der nachfolgenden Merkmale beschreibt die Energie AG Aktienanleihe nicht zutreffend?

A Die Energie AG Aktienanleihe ist ein Wertpapier, das Elemente von Aktien und Anleihen aufweist.

B Die Energie AG Aktienanleihe ist eine Schuldverschreibung mit einer festen Laufzeit. Die Prämie wird in Form einer jährlichen Zinszahlung gezahlt. Die Zinsen unterliegen der pauschalen Abgeltungssteuer in Höhe von 25 Prozent zuzüglich dem Solidaritätszuschlag und ggf. Kirchensteuer.

C Notiert die Energie AG Aktie am Stichtag zum Basispreis oder unter dem festgelegten Basispreis, wird die Aktienanleihe zum Nennbetrag getilgt. Notiert der Basiswert über dem Basispreis, erhält der Anleger eine bestimmte Anzahl von Aktien zum Basispreis.

D Die Art der Rückzahlung des eingesetzten Kapitals hängt davon ab, ob der der Anleihe zugrunde liegende Basiswert, eine Einzelaktie oder ein Index, an einem zuvor festgelegten Stichtag einen bestimmten Kurs (Basispreis) erreicht hat.

E Bei der Energie AG Aktienanleihe besteht neben dem Emittentenrisiko ein Aktienkursrisiko.

☐

Aktien–anleihe

Aufgabe VI-56

Frau Lange entscheidet sich zum Erwerb der Energie AG-Aktienanleihe. Der Kurs der Energie AG-Aktienanleihe notiert am 29.05.20.. (Donnerstag) 103,45 %.

Ermitteln Sie die Zinsvaluta

☐☐ . ☐☐ . ☐☐☐☐

und die Stückzinsen, für diese Anlage (Zinsberechnung act./act. 20.. ist ein Schaltjahr.

☐ EUR

Aktien–anleihe

Aufgabe VI-57

Mit welchem Betrag wird das Konto von Frau Lange belastet (1 % Provision vom Kurswert mindestens vom Nennwert; Maklergebühr 0,75 Promille vom Kurswert)?

☐ EUR

Aktien–anleihe

Aufgabe VI-58

An welchem Tag wird das Konto von Frau Lange belastet?

☐☐ . ☐☐ . ☐☐☐☐

Aktien–anleihe

Aufgabe VI-59

Angenommen die Energie AG-Aktie notiert am Fälligkeitstag der Bankschuldverschreibung im XetraHandel bei 21,45 EUR. Welchen Anspruch hat Frau Lange bezüglich ihrer Energie AG Aktienanleihe?

Frau Lange hat

A Anspruch auf Rückzahlung der Aktienanleihe zum Nennwert zuzüglich der aufgelaufenen Zinsen.

B Anspruch auf 33 Aktien der Energie AG zuzüglich der aufgelaufenen Zinsen.

C Anspruch auf 165 Unionbank AG-Aktien.

D Anspruch auf 165 Energie AG-Aktien zuzüglich der aufgelaufenen Zinsen.

E Anspruch auf 165 Energie AG-Aktien.

☐

Aufgabe VI-60

Vergleich von Effekten

Welche der nachstehenden Aussagen treffen

1 nur für die kumulative Vorzugsaktie zu?
2 nur für Investmentzertifikate (Aktienfonds) zu?
3 sowohl für die kumulative Vorzugsaktie als auch für die Investmentzertifikate (Aktienfonds) zu?

Aussagen

A Der Inhaber dieses Wertpapiers ist am Grundkapital der Gesellschaft beteiligt.

B Der Inhaber dieses Wertpapiers hat Miteigentum am Sondervermögen nach Bruchteilen.

C Diese Wertpapiere werden in EUR pro Stück notiert.

D Der Inhaber dieser Wertpapiere hat kein Stimmrecht in der Hauptversammlung.

E Es handelt sich hierbei um eine Anlage, die nach dem Grundsatz der Risikomischung bereits mit kleineren Beträgen ermöglicht wird.

F Der Inhaber dieses Wertpapiers hat einen vorrangigen Anspruch auf den Bilanzgewinn.

A	B	C	D	E	F

Aufgabe VI-61

Geldmarktfonds

Welche der folgenden Aussagen zu Geldmarktfonds trifft zu?

Geldmarktfonds sind Investmentfonds, deren Sondervermögen gemäß Fondsbedingungen nach dem Gesetz über die Kapitalanlagegesellschaften (KAGG) aus Forderungen aus Bankguthaben, variabel verzinslichen Anleihen sowie aus …

A Geldmarktpapieren und Anteilen an Immobilienfonds

B Schuldverschreibungen mit kurzer Restlaufzeit und Geldmarktpapieren

C Geldmarktpapieren und Dax-Aktien

D Schuldverschreibungen mit kurzer Restlaufzeit und Zertifikaten über Edelmetalle

E Geldmarktpapieren und öffentlichen Pfandbriefen bis sechs Jahre bestehen.

Bezugsrechte

Aufgabe VI-62

Die *Internet AG* erhöht ihr gezeichnetes Kapital von 63 Mio. EUR (12,6 Millionen Stammaktien) um 18 Mio. EUR (3,6 Millionen Stammaktien). Der Ausgabepreis der jungen Aktie soll 120,00 EUR betragen. Der aktuelle Börsenkurs der *Internet* Aktie beträgt 180,00 EUR. Für das laufende Geschäftsjahr wird eine Dividende in Höhe von 0,96 EUR je Stammaktie erwartet. Die jungen Aktien sind für das laufende Geschäftsjahr nur zu $^2/_3$ dividendenberechtigt. Wie hoch ist der rechnerische Wert des Bezugsrechts?

A 13,33 EUR
B 17,14 EUR
C 13,12 EUR
D 13,26 EUR
E 16,96 EUR

☐

Kurszusätze

Aufgabe VI-63

Herr Simon Engel ist Depotkunde der *Nordbank AG*. Herr Engel erteilt Ihnen am 7. Mai rechtzeitig vor Börsenbeginn einen Kaufauftrag über 200 *FHW*-Aktien, Limit 23,10 EUR, Börsenplatz Berlin. Herr Engel hatte eine Weisung zur Gültigkeitsdauer "Ultimo gültig" erteilt. Die *FHW AG* zahlt am Mittwoch, den 9. Mai eine Dividende von 1,30 EUR. Am Montag und am Dienstag wurde das Kurslimit nicht erreicht. Es wurden am Montag und an den Folgetagen folgende Kurse notiert:

Börsen-tag	Montag 7. Mai	Dienstag 8. Mai	Mittwoch 9. Mai	Donnerstag 10. Mai
Kurse	23,10 G	23,20 bG	22,50 exD	23,00 b

Welche Aussage zum Auftrag von Herrn Engel trifft zu?

A Der Auftrag erlosch mit Ablauf des 8. Mai.
B Der Auftrag wurde am 7. Mai ausgeführt, weil zu dem Kurs von 23,10 EUR noch *FHW*-Aktien angeboten wurden.
C Der Auftrag wurde bis zum 10. Mai nicht ausgeführt, bleibt aber bis Monatsultimo bestehen.
D Der Auftrag wurde am 9. Mai ausgeführt, weil unter Berücksichtigung des Dividendenabschlags das Kurslimit unterschritten wurde.
E Der Auftrag wurde am 10. Mai ausgeführt, weil das Limit unterschritten wurde und Umsätze stattfanden.

☐

Aufgabe VI-64

Emissionsverfahren

Im Emissionsgeschäft ist der Kurs der Regulator, der Angebot und Nachfrage ausgleicht. Ordnen Sie die folgenden Aussagen den unten stehenden Verteilungsmechanismen zu.

A Am Ende einer Preisbietungszeit, bei der die Bieter neben der gewünschten Stückzahl ihre Kursvorstellung angeben müssen, wird aus der Gesamtzahl aller Gebote ein einheitlicher Verkaufskurs festgelegt.

B Der Preis bildet sich auf einem organisierten Markt mit Angebot und Nachfrage in der Weise, dass der Preis einheitlich gilt, bei dem der größtmögliche Umsatz stattfindet.

C Das angebotene Wertpapier wird während der festgelegten Frist solange zum immer neu festgesetzten Kurs verkauft, wie der Vorrat reicht.

D Nachdem die Nachfrager limitierte Kaufangebote abgegeben haben, wird vom höchsten gebotenen Kurs beginnend solange zum jeweils gebotenen Kurs verteilt, bis das Angebot vollständig verteilt ist.

Verteilungsmechanismen

1 Nicht zuzuordnen
2 Bookbuilding-Verfahren
3 Freihändiger Verkauf
4 Tender – Amerikanisches Verfahren

A	B	C	D

Aufgabe VI-65

Bezugsrechte

Der Kunde Christian Strippel hat bei der *Nordbank AG* ein Wertpapierdepot. U. a. sind in dem Depot 200 Aktien der *Versorger AG*. Am 04.07.20.. erhält Herr Strippel von der *Nordbank AG* folgendes Schreiben:

Sehr geehrter Depotkunde,

die *Versorger AG* hat eine Kapitalerhöhung gegen Bareinzahlung zu folgenden Bedingungen beschlossen:

Ex-Tag	11.07.20..
Bezugsverhältnis	5 : 2
Bezugspreis	14,00 EUR
Bezugsrechtshandel	Vom 11.07.20.. bis 17.07.20..
Zahlbarkeitsdatum	18.07.20..
Dividendenberechtigt ab	01.01.20..

Ihr Bestand: 200 Stück Versorger AG Inh.-St.Akt. o. N.
Lagerland: Bundesrepublik Deutschland
Zu Ihrer Information: Kurs der Versorger AG -Aktie vom 04.07.20..: EUR 17,08
Wir werden Ihnen per 11.07.20.. je Versorger AG-Aktie 1,0000 Bezugsrecht(e) (WKN 368229) einbuchen. Somit stehen Ihnen insgesamt 200,0000 Bezugsrechte zur Verfügung. Sie haben die Möglichkeit, unter Zukauf oder Verkauf weiterer Bezugsrechte, Versorger AG-Aktien zu beziehen.
Erteilen Sie uns bitte bis spätestens zum 17.07.20.. 10:00 Uhr auf dem anhängenden Vordruck Ihre Weisungen, wie Sie Ihre Bezugsrechte verwenden möchten.

Sollten wir bis zu dem oben angegebenen letzten Handelstag 10:00 Uhr keinen Auftrag erhalten haben, nehmen wir an, dass Sie Ihre Bezugsrechte verkaufen möchten. Wir werden uns dann bemühen, diese am letzten Handelstag für Ihre Rechnung bestens zu verkaufen.

Herr Strippel möchte mit seinem Depotbestand an *Versorger AG*-Aktien an der Kapitalerhöhung teilnehmen. Welche Alternativen stehen Herrn Strippel zur Verfügung?

Unter Bezugnahme auf Ihr Schreiben vom 04.07.20.. beauftrage ich Sie hiermit

A zum Zukauf von 0,0000 Bezugsrecht(en) und Bezug von 80,0000 *Versorger AG*-Aktie(n).

B zum Verkauf von 100,0000 Bezugsrecht(en) und Bezug von 40,0000 *Versorger AG*-Aktie(n).

C zum Zukauf von 100,0000 Bezugsrecht(en) und Bezug von 100,0000 *Versorger AG*-Aktie(n).

D zum Verkauf von 100,0000 Bezugsrecht(en) und Bezug von 60,0000 *Versorger AG*-Aktie(n).

E zum Verkauf sämtlicher Bezugsrechte.

Investmentfonds

Aufgabe VI-66

Ihr Kunde Daniel Böse interessiert sich für eine Geldanlage in Investmentfondsanteilen. Mit welchen der folgenden Aussagen informieren Sie Herrn Böse über Investmentfonds und Investmentfondsanteile richtig?

A Werden Investmentfondsanteile über die Börse gehandelt, entfallen Ausgabeaufschlag und Rücknahmeabschlag.

B Aufgrund der geringen Preisschwankungen bietet es sich an, regelmäßig eine bestimmte Anzahl von Anteilen zu kaufen, um den Cost-Average-Effekt zu nutzen.

C Da Erträge aus den Investmentzertifikaten der Fondsgesellschaft zuzurechnen sind, unterliegen diese Erträge nicht der Vorabbesteuerung.

D Bei einem thesaurierenden Investmentfonds erhält der Kapitalanleger statt der Ertragsausschüttung neue Investmentfondsanteile.

E Bei einem Investmentfonds gibt die Kapitalanlagegesellschaft die Fondsanteile aus und nimmt sie auch zurück.

F Ein Dachfonds ist ein Investmentfonds, der das Geld der Kapitalanleger in Anteilen an anderen Investmentfonds investiert.

Kapitalerhöhung

Aufgabe VI-67

Ihr Kunde Carsten Schnappauf besitzt 500 Aktien der Nordwindkraft AG, die im offenen Depot bei der Nordbank AG verwahrt werden. Herr Schnappauf möchte über die anstehende Kapitalerhöhung der Nordwindkraft AG beraten werden, zu der Ihnen die folgenden Informationen vorliegen:

· Bezugsverhältnis: 5:3

- Grundkapital der Nordwindkraft AG vor der Kapitalerhöhung: 50,0 Mio. EUR
- Nennwert der Nordwindkraft AG-Aktie: 1,00 EUR
- Ausgabekurs der neuen Aktien: 12,00 EUR
- Aktueller Kurs der alten Aktien: 18,00 EUR

a) Mit welcher Aussage zur Kapitalerhöhung der Nordwindkraft AG informieren Sie Herrn Schnappauf richtig?

A Die Nordwindkraft AG führt eine Kapitalerhöhung gegen Einlagen durch, wodurch der rechnerische Kurs der Aktie nach der Kapitalerhöhung steigt.

B Beim veröffentlichten Bezugsverhältnis von 5:3 stehen Herrn Schnappauf für 3 alte Aktien 5 neue Aktien zu.

C Herr Schnappauf muss für die neuen Aktien nur dann den Bezugspreis bezahlen, wenn er mehr neue Aktien beziehen möchte, als ihm aufgrund seiner Bezugsrechte zustehen.

D Der Kurswert seiner alten Aktien wird sinken. Dies wird rechnerisch durch den Wertzuwachs der neuen Aktien ausgeglichen, wenn Herr Schnappauf all seine Bezugsrechte ausübt.

E Wenn Herr Schnappauf weitere Bezugsrechte hinzukauft und ausübt, fällt die Kapitalerhöhung der Nordwindkraft AG größer aus, als von der Hauptversammlung beschlossen.

☐

b) Berechnen Sie den rechnerischen Wert eines Bezugsrechts der Nordwindkraft AG-Aktie!

[ ] EUR

d) Berechnen Sie den Betrag in Mio. EUR, um den die Kapitalrücklage der Nordwindkraft AG aufgrund der Kapitalerhöhung steigt (Geben Sie das Ergebnis mit 1 Nachkommastelle an!)

[ ] Mio. EUR

Aufgabe VI-68

Bookbuilding

Die Krones AG plant mithilfe der Nordbank AG die Platzierung ihrer Aktien an der Börse. Hierbei soll das Bookbuilding-Verfahren zur Anwendung kommen.

Welches Merkmal kennzeichnet dieses Verfahren?

A Es ist Aufgabe des Konsortialführers (Bookrunner), nach dem Meistausführungsprinzip einen fairen Emissionspreis festzusetzen, der sowohl den Interessen der Anleger als auch dem Interesse des Emittenten gerecht wird.

B Die Investoren werden in die Preisfindung einbezogen. Der Emissionspreis ergibt sich als Gleichgewichtspreis aus Angebot und Nachfrage auf einem vollkommenen Markt.

C Der Emittent hat bei diesem Verfahren keine Möglichkeit, bestimmte Anlegergruppen zu bevorzugen.

D Nach erfolgreicher Zuteilung kann vom Emittenten ein weiterer Teilbetrag (Greenshoe) zu den ursprünglichen Bedingungen zwecks Marktpflege bereitgestellt werden.

E Im Gegensatz zum Festpreisverfahren ist bei diesem Verfahren keine Überzeichnung möglich.

Aufgabe VI-69

Die Deutsche Börse AG betreibt mit der „Eurex Exchange" eine Terminbörse, an der Optionen und Futures gehandelt werden. In einem Beratungsgespräch erläutern Sie Ihrem Kunden Herrn Olaf Schenker die wesentlichen Unterschiede von Optionen und Futures.

Ordnen Sie zu!

Varianten

1. Die Beschreibung trifft nur auf die Option zu.

2. Die Beschreibung trifft nur auf den Future zu.

3. Die Beschreibung trifft sowohl auf die Option als auch auf den Future zu.

4. Die Beschreibung trifft weder auf die Option noch auf den Future zu.

Beschreibungen

A Dieser Vertrag verpflichtet Käufer und Verkäufer zur Vertragserfüllung am Ende der Laufzeit.

B Dieser Vertrag gewährt dem Käufer und dem Verkäufer ein Wahlrecht zur Vertragserfüllung.

C Bei Abschluss des Vertrags ist eine Prämie zu entrichten.

D Diesem Vertrag liegt eine standardisierte Kontraktlaufzeit zugrunde.

A	B	C	D

Girosammelverwahrung

Aufgabe VI-70

Frau Luisa Köhler hat in ihrem Depot bei der *Nordbank AG* 650 Anteile des WEKA-Aktienfonds. Welche der folgenden Aufgaben übernimmt die *Nordbank AG* für Frau Köhler, wenn sich diese Investmentanteile in Girosammelverwahrung bei der *Clearstream Banking AG* befinden?

A Die *Nordbank AG* übernimmt für Frau Köhler die börsentägliche Ermittlung der Ausgabe- und Rücknahmepreise des Aktienfonds.

B Die *Nordbank AG* übernimmt für Frau Köhler die Weiterleitung von Informationen über anstehende Kapitalerhöhungen der im Aktienfonds vertretenen Aktiengesellschaften.

C Die *Nordbank AG* übernimmt für Frau Köhler die Gutschrift der Erträge auf das von Frau Köhler bestimmte Konto.

D Die *Nordbank AG* übernimmt für Frau Köhler die Beschaffung eines Erneuerungsbogens gegen Vorlage des Talons.

E Die *Nordbank AG* übernimmt für Frau Köhler die Trennung und Vorlage der fälligen Coupons.

☐

Aufgabe VI-71

NV-Bescheinigung

Frau Juliana Günter (21 Jahre alt) ist Kundin der *Nordbank AG*. Frau Günter ist Auszubildende der *Speditons AG* in Hamburg und erhält derzeit eine monatliche Ausbildungsvergütung von 1.190,00 EUR. Frau Günter hat von ihren Großeltern ein Wertpapierdepot geerbt, in dem 50.000,00 EUR nominal Bundesanleihen mit einer Verzinsung von 1,25 % und einer Restlaufzeit von 8 Jahren verwahrt werden. Im Rahmen eines Beratungsgesprächs informiert die *Nordbank AG* Frau Günter über die Vorteile der Nichtveranlagungsbescheinigung (NV-Bescheinigung) für ihr Depot. Welche Aussage trifft zu?

A Bei der Vorlage einer NV-Bescheinigung kann Frau Günter Kapitalerträge bis zur Höhe des jährlichen Grundfreibetrages abgeltungssteuerfrei vereinnahmen.

B Wenn Frau Günter der *Nordbank AG* eine NV-Bescheinigung vorlegt, kann sie ihre Kapitalerträge bis zur Höhe von 1.000,00 EUR abgeltungssteuerfrei vereinnahmen.

C Die NV-Bescheinigung kann Frau Günter bei ihrem kontoführenden Kreditinstitut beantragen.

D Bei Vorlage einer NV-Bescheinigung bei der *Nordbank AG* werden Frau Günter alle dort anfallenden Kapitalerträge ohne Steuerabzug gutgeschrieben.

E Erst bei Vorlage einer NV-Bescheinigung zahlt die *Nordbank AG* die Kapitalerträge bis zu 1.000,00 EUR jährlich für Alleinstehende ohne Steuerabzug aus.

☐

Aufgabe VI-72

Kapitalerhöhung

Frau Ingrid Schneider ist Depotkundin der *Nordbank AG*. Sie besitzt u. a. 1000 Stück der *Luftfahrt AG*. Die AG unterbreitet Frau Schneider aufgrund der Kapitalerhöhung das Angebot, ihre Bezugsrechte zum Bezug junger Luftfahrt-Aktien auszuüben. Frau Schneider hat noch einige Fragen zur Kapitalerhöhung. Mit welchen der folgenden Aussagen informiert die *Nordbank AG* Frau Schneider richtig?

A Das Agio fließt in die Rückstellungen der Luftfahrt AG. Dies erhöht die Bonität der Luftfahrt AG.

B Der Kurs der alten Aktien wird um den Wert des Bezugsrechts steigen.

C Frau Schneider hat ein gesetzliches Bezugsrecht. Sie kann einen Vermögensausgleich erzielen, falls sie das Bezugsangebot nicht annimmt.

D Frau Schneider hat bei diesem Angebot kein Wahlrecht, da ihr die neuen Berichtigungsaktien automatisch zugeteilt werden.

E Übt Frau Schneider ihr Bezugsrecht aus, so kann sie die neuen Aktien nur mit Zustimmung der Luftfahrt AG veräußern.

F Frau Schneider kann die Bezugsrechte verkaufen, da sie separat an der Börse gehandelt werden.

Industrie-anleihe

Aufgabe VI-73

Ihre Kundin Juliane Bültemann ist Aktionärin der *Nordbank AG*. Frau Bültemann hat folgendes Bezugsangebot erhalten:

Auszug aus dem Bezugsangebot für Genussscheine:

Emittent	*Nordbank AG*
Verkaufskurs	101 %
Laufzeitbeginn	16. März 2026
Rückzahlung	16. März 2033 zum Nennwert
Mindestzeichnungssumme	1.000,00 EUR und ein Vielfaches
Ausschüttung	4 % p. a. vom Nennwert; jeweils zahlbar am 16. März eines Jahres, erstmals zahlbar am 16. März 2027; die Ausschüttung entfällt, soweit sie zu einem Bilanzverlust führt.
Nachrangigkeit	Genussrechtskapital kann im Falle der Insolvenz der Bank erst nach Befriedigung der nicht nachrangigen Gläubiger der Bank zurückgefordert werden.
Teilnahme am Verlust	Genussrechtskapital nimmt während der Dauer der Laufzeit bis zur vollen Höhe am Bilanzverlust der Bank teil.

Wie informieren Sie Frau Bültemann über die Genussscheine richtig?

A Die Genussscheine bieten Frau Bültemann die Aussicht auf eine höhere Rendite als Inhaberschuldverschreibungen der *Nordbank AG* mit gleicher Laufzeit, bergen aber ein höheres Risiko.

B Die Genussscheine sind von der *Nordbank AG* emittierte festverzinsliche Wertpapiere, bei denen Frau Bültemann die Rückzahlung und die jährlich nachträglich zu zahlenden Zinsen garantiert sind.

C Die Genussscheine zählen unter bestimmten Voraussetzungen zum haftenden Eigenkapital der *Nordbank AG*.

D Die Genussscheine sind den Aktien ähnliche Wertpapiere, die Frau Bültemann neben einer festen Verzinsung auch das Teilnahmerecht an der Hauptversammlung gewähren.

E Die Genussscheine können von der *Nordbank AG* nur ausgegeben werden, wenn hierzu ein Beschluss der Hauptversammlung über eine bedingte Kapitalerhöhung vorliegt.

F Die Nachrangigkeit der Genussscheine bedeutet für Frau Bültemann, dass die Ausschüttungen auf die Genussscheine erst gezahlt werden, wenn die Dividendenansprüche der Aktionäre befriedigt sind.

Aufgabe VI-74

Aktienarten

Frau Saskia Strippel ist Depotkundin der *Nordbank AG*. Im Rahmen eines Beratungsgesprächs möchte sie sich über die Unterschiede einzelner Aktienarten informieren, da ihr die Unterscheidung der verschiedenen Aktienarten noch nicht so geläufig ist. Auf welche Aktienarten treffen die nachfolgenden Aussagen zu?

Aktienarten

1 Stammaktien sowie Namensaktien

2 Vorzugsaktien

3 Junge Aktien

4 Namensaktien

5 Bonusaktien

6 Aktiensplit

Aussagen

A Der Inhaber dieser Aktie wird im Aktienregister der Unternehmung eingetragen. Der Vorstand der AG muss einem Aktionärswechsel nicht zustimmen.

B Diese Aktien haben i. d. R. kein Stimmrecht in der Hauptversammlung. Als Ausgleich kann den Aktionären eine höhere Dividende bezahlt werden.

C Die Aktien werden z. B. aufgrund eines Jubiläumsjahrs oder wegen einer Vorabzeichnung im Rahmen einer Neuemission an die Aktionäre kostenlos ausgegeben; dieser Vorgang ist allerdings einkommensteuerpflichtig.

D Die Aktie verbrieft ohne Einschränkung alle Aktionärsrechte.

E Die Aktiengesellschaft erhöht das gezeichnete Kapital gegen Bareinlagen.

F Bei dieser Maßnahme setzt die AG den Nennwert der Aktien herab oder erhöht die Anzahl der ausgegebenen Aktien, um den Kurs einer börsennotierten Aktie zu reduzieren und die Aktie damit leichter handelbar zu machen.

A	B	C	D	E	F

Industrie-anleihe

Aufgabe VI-75

Frau Theresa Koch ist Depotkundin der *Nordbank AG*. Im Rahmen eines Beratungsgesprächs teilt Ihnen Frau Koch mit, dass sie Im „Handelsblatt" gelesen habe, dass bei einer Geldanlage in Industrieanleihen mit einer Verzinsung von bis zu 4 % gerechnet werden kann.
Wie informieren Sie Frau Koch richtig?

A Industrieanleihen sind gemäß Aktiengesetz (AktG} nicht zum Börsenhandel zugelassen, sondern nur außerbörslich zu handeln.

B Die Ausgabe von Industrieanleihen kann bei einer Aktiengesellschaft ohne Beschluss der Hauptversammlung erfolgen.

C Die Ertragsausschüttung bei Industrieanleihen erfolgt aus dem Gewinn der Aktiengesellschaft.

D Bei Industrieanleihen ist die Auszahlung der Zinserträge jährlich garantiert.

E Industrieanleihen verbriefen das Recht zur Teilnahme an der Hauptversammlung des Emittenten, wenn in zwei aufeinanderfolgenden Geschäftsjahren keine Gewinnausschüttung erfolgte.

☐

Options-schein

Aufgabe VI-76

Frank Baumann ist Kunde der *Nordbank AG*. Herr Baumann ist am Erwerb des nachstehenden Optionsscheins interessiert. Der Optionsschein berechtigt zum Bezug von Aktien der *Fording AG* zu folgenden Bedingungen:

Basispreis	45,00 EUR
Bezugsverhältnis	10 : 1 (je 10 Optionsscheine berechtigen zum Bezug einer Aktie)
Restlaufzeit	12 Monate
Aktuelle Börsenpreise:	
Optionsschein	0,50 EUR
Aktie	41,00 EUR

Sie erläutern Herrn Baumann die Hebelwirkung dieses Optionsscheines.

a) Ermitteln Sie den Hebel.

☐

b) Welche der folgenden Aussagen zum Hebel sind zutreffend?

A Der Hebel kann auch negativ sein.

B Je größer der Hebel, desto höher ist tendenziell die Gewinnchance für Herrn Baumann.

C Der Hebel wird vom Emittenten des Optionsscheins, der *Fording AG*, in den Emissionsbedingungen festgelegt und gilt für die gesamte Laufzeit.

D Der Hebel gibt die erwartete Rendite von Herrn Baumann an.

E Der Hebel ist Faktor, um den die relative Änderung des Optionsscheinkurses größer ist als die relative Änderung des Aktienkurses.

F Der Hebel ist der Faktor, um den die absolute Änderung des Optionsscheinkurses größer ist als die absolute Änderung des Aktienkurses der *Fording AG*.

Aufgabe VI-77

Genussrechte

Frau Hurrle hat im Handelsblatt die Ankündigung einer Neuemission von Genussrechten gelesen. Potenziellen Anlegern wird in der Anzeige eine im Vergleich zu herkömmlichen festverzinslichen Wertpapieren relativ hohe Verzinsung zugesagt. Sie bittet Sie deshalb um Aufklärung über Begriff und Inhalt von Genussscheinen. Welche der folgenden Aussagen zu Genussscheinen ist richtig?

A Genussscheine erhöhen das Grundkapital des Emittenten.

B Genussscheine verbriefen dem Erwerber in dividendenlosen Jahren das Stimmrecht auf der Hauptversammlung.

C Genussrechte verbriefen dem Anleger eine vor den Altaktionären bevorzugte Dividendenzahlung.

D Die Erträge aus Genussscheinen können abhängig von der Ertragslage des Emittenten sein.

E Genussscheine verbriefen u. a. auch Eigentumsrechte des Aktionärs.

Aufgabe VI-78

Börse

Am 09. Juli wurde die FHW-Aktie in der Schlussauktion der Frankfurter Wertpapierbörse zum Schlusskurs von 23,80 bG notiert. Welche Kauf- und Verkaufsaufträge wurden zu diesem Kurs nur teilweise ausgeführt?

A Die zum festgestellten Kurs limitierten Kaufaufträge

B Die über dem Schlusskurs limitierten Kaufaufträge

C Die zum Schlusskurs limitierten billigst-Kaufaufträge

D Die Bestens-Verkaufsaufträge

E Die unter dem Schlusskurs limitierten Verkaufsaufträge

Kurszusätze

Aufgabe VI-79

Ein Spezialist an der Frankfurter Wertpapierbörse stellte heute für die nachstehenden Wertpapiere die folgenden Kurse fest. Welche Börseninformation wird mit den Kurszusätzen ausgedrückt? Ordnen Sie den Notierungen die Kurszusätze bzw. Kurshinweise zu!

Kurszusätze und Kurshinweise:

1 Alle Aufträge wurden ausgeführt.
2 Die zum festgestellten Kurs limitierten Kaufaufträge müssen nicht vollständig ausgeführt sein. Es bestand weitere Nachfrage.
3 Die zum festgestellten Kurs limitierten Verkaufsaufträge müssen nicht vollständig ausgeführt sein. Es bestand ein weiteres Angebot.
4 Zum festgestellten Kurs bestand nur Nachfrage.
5 Zum festgestellten Kurs bestand nur Angebot.
6 Ein Kurs konnte nicht festgestellt werden. Der Preis ist geschätzt.

A	Heidelberger Material StA	172,00	B
B	Adidas	221,50	b
C	Apple Comp. Dt. Zert. (USA)	208,40	bB
D	BDAG Balcke-Dürr	80,10	bG
E	Gerresheimer	71,00	-T
F	Frankf. Bankges. 1899	210,00	G

A	B	C	D	E	F

Börse

Aufgabe VI-80

Frau Iris Wegener ist Depotkundin der *Nordbank AG*. Heute sprechen Sie mit Frau Wegener über eine Geldanlage in Aktien. Mit welchen der folgenden Aussagen informieren Sie Frau Wegener über die Märkte des Aktienhandels und über Aktienindizes richtig?

A Die Aktien des MDAX werden im General Standard gehandelt.
B Der DAX beinhaltet 40 Aktienwerte, die u. a. nach dem Streubesitz gewichtet sind.
C Der SDAX beinhaltet die 50 größten deutschen Aktienwerte, die auf den DAX folgen.
D Der Handel im Freiverkehr wird durch die Vorschriften des Wertpapierhandelsgesetzes reglementiert.
E Der Prime Standard und der General Standard sind Teilbereiche des regulierten Markts.
F Im Entry Standard werden die Aktien der größten deutschen Aktiengesellschaften gehandelt.

Aufgabe VI-81

Fundamental-analyse

Herr Daniel Kramer ist Depotkunde der *Nordbank AG*. In einem Beratungsgespräch teilt Ihnen Herr Kramer mit, dass er in der Zeitung über Möglichkeiten der Bewertung von Aktien und deren Kursprognose gelesen hat. Herr Kramer möchte von Ihnen über die Fundamentalanalyse informiert werden. Welche Aussagen über die Fundamentalanalyse sind richtig?

A Ziel der Fundamentalanalyse ist die Ermittlung des fairen Preises einer Aktie.

B Im Rahmen der Fundamentalanalyse werden die Bilanz und die Erfolgsrechnung von Unternehmen analysiert.

C Ziel der Fundamentalanalyse sind Kursprognosen durch Analyse der Kursbewegungen in der Vergangenheit.

D Die Fundamentalanalyse gibt nur zuversichtliche Hinweise auf eine überbewertete Aktie.

E Ziel der Fundamentalanalyse ist die frühzeitige Erkennung von Trendverläufen einzelner Aktienkurse mithilfe typischer Formationen von Kurs- und Umsatzentwicklungen.

F Die Fundamentalanalyse benutzt grafische Darstellungen von Kurs- und Umsatzverläufen von Aktien.

☐☐

Aufgabe VI-82

Wertpapier-abwicklung

Am 20. Januar erteilte der Depotkunde Frederik Hartmann der *Nordbank AG* einen Wertpapierkaufauftrag über 200 Rüstungs- *AG Aktien*, limitiert zu 147,50 EUR, ultimo gültig. Welches der nachfolgenden Ereignisse in dieser Aktie führt nicht zum Erlöschen dieses Kaufauftrags?

A Kursaussetzung der Rüstungs-Aktie

B Dividendenzahlung von 1,20 EUR je Rüstungs-Aktie

C Aufnahme des Bezugsrechtshandels für junge Rüstungs-Aktien

D Durchführung der Kapitalerhöhung aus Gesellschaftsmitteln der Rüstungs-*AG* am ...

E Kursanstieg bzw. Kursrückgang der Rüstungs-Aktie von mehr als 10 % an einem Börsentag

☐

Wertpapier-Auftrags-erteilung

Aufgabe VI-83

Kauf- und Verkaufsaufträge von Kunden für Wertpapiere können befristet und unbefristet erteilt werden. Welche Regelungen treffen auf die folgenden Aufträge zu?

Regelung:

1 Tagesorder (gültig nur für den laufenden Börsentag)
2 Tagesorder (gültig für den folgenden Börsentag)
3 Ultimo-Order (gültig bis zum letzten Börsentag des laufenden Monats)
4 Ultimo-Order (gültig bis zum letzten Börsentag des folgenden Monats)
5 Auftrag erlischt mit Ablauf des Börsentages vor Beginn der Frist.
6 Auftrag erlischt mit Ablauf des letzten Notierungs-/Handelstages vor dem Termin/vor Ablauf der Frist.
7 Auftrag erlischt bei Eintritt des Ereignisses.

A Limitierter, unbefristeter Kaufauftrag über nom. 100.000 EUR Schuldverschreibungen; Notierung wird wegen Auslosungstermin ausgesetzt.
B Unlimitierter Kaufauftrag über 20 BASF-Aktien – ohne Angabe einer Gültigkeitsdauer – um 15:30 Uhr für den Xetra-Handel erteilt.
C Unlimitierter, unbefristeter Kaufauftrag über 200 Stück *BMW*-Aktien, bisher nicht ausgeführt, neue Kursnotierung exD.
D Limitierter, unbefristeter Kaufauftrag über 1.000 *VW*-Stammaktien, Kurs wird ausgesetzt.
E Limitierter, unbefristeter Verkaufsauftrag über 50 Stück *Siemens*-Aktien, bisher nicht ausgeführt, neue Kursnotiz exD.
F Limitierter Kaufauftrag über Cobk. Chemieanleihe, unbefristet erteilt während der Börsenzeit.

A	B	C	D	E	F

Kurszusätze und Kurshinweise

Aufgabe VI-84

Für die Touristik AG-Aktie liegen dem Spezialisten der Frankfurter Wertpapierbörse zu Beginn der Börsensitzung nur Kaufaufträge vor. Welcher Kurszusatz drückt diesen Sachverhalt aus?

A 7,25 b
B 7,25 bB
C 7,25
D 7,25 B
E 7,25 -T
F 7,25 G
G 7,25 T
H 7,25 bG

Aufgabe VI-85

Wertpapieraufträge

Der Kunde Klaus Harke hat Ihnen am Freitag, den 15. Februar einen Kaufauftrag über 100 Stück *Pfeiffer Vacuum AG*-Aktien, Limit 143,00 EUR, erteilt. Eine Angabe, wie lange der Auftrag bei Nichtausführung am gleichen Tag gültig sein soll, hatte Herr Harke mit „Ultimo gültig“ angegeben. Am folgenden Tag entnimmt er der Tageszeitung den Kurs von 143,30 EUR. Herr Harke stellt am folgenden Montag fest, dass sein Auftrag am 15. Februar wegen Nichterreichung des Kauflimits nicht ausgeführt wurde. Der Kunde möchte nun von Ihnen wissen, ob seine Order weiterhin gültig bleibt. Welche der nachfolgenden Informationen ist in diesem Fall zutreffend?

A Die Order ist noch den gesamten Februar über gültig (Ultimo-Order).

B Die Order ist am letzten Börsentag der Woche eingegangen und konnte nicht gleichtägig ausgeführt werden. Deshalb wird sie für den gesamten nächsten und übernächsten Monat vorgemerkt.

C Die Order ist solange gültig, bis sie ausgeführt werden kann.

D Die Order wird wegen der Limitierung spätestens zwei Tage nach Auftragserteilung, also am 18. Februar ausgeführt.

E Die Order hat nur für einen Tag gegolten (Tagesorder).

☐

Aufgabe VI-86

Auftragserteilung

Der Kunde Rainer Edelmann erteilt Ihnen am Schluss eines ausführlichen Beratungsgesprächs den Auftrag, 100 Stück *Freenet AG*-Aktien zu verkaufen. Welche Angaben muss dieser Auftrag enthalten?

A Kennzeichnung des Auftrags als Kaufauftrag

B Angabe eines Limits oder die Angabe „bestens“

C Anweisung über die Gutschrift auf ein entsprechendes Konto

D Eintragung des Nominalwerts

E Angabe eines Limits oder die Angabe „billigst“

F Angabe des Belastungskontos

☐☐

Aufgabe VI-87

Xetra-Handel

In der Auktion im Xetra-Handel werden alle zu einem bestimmten Zeitpunkt für ein Wertpapier vorliegenden Kauf- und Verkaufsaufträge berücksichtigt. Die Auktion findet in einer festgelegten Reihenfolge statt. Bringen Sie die nachfolgenden Schritte in die entsprechende Reihenfolge der Auktionsphasen.

A Aufgrund eines Angebotsüberhangs wird ein Marktausgleich vorgenommen.

B Auf der Basis der Orderbuchlage wird nach dem Meistausführungsprinzip binnen weniger Sekunden der Auktionspreis ermittelt.

C In dieser Phase geben die Teilnehmer ihre Orders ein.

D Alle Kontrahenten erhalten eine Ausführungsbestätigung über die zustande gekommenen Abschlüsse, die über Ausführungspreis, -zeit und -volumen informieren.

E Einige Teilnehmer löschen ihre bereits abgegebenen Orders.

1	2	3	4	5

Preisermittlung bei Aktien

Aufgabe VI-88

Dem Spezialisten der Frankfurter Wertpapierbörse liegen zu Beginn der Börsensitzung die nachstehenden Kauf- und Verkaufsaufträge in der *Touristik AG*-Aktie zur Eröffnungskursermittlung vor:

Kaufaufträge/ Stückzahl	Kurslimit	Verkaufsaufträge/ Stückzahl	Kurslimit	Bei einem Kurs von … finden … Umsätze statt.
7500	Billigst	8000	Bestens	
2500	64,05	5500	64,80	
2700	64,20	4500	64,75	
2500	64,35	500	64,70	
4700	64,60	5700	64,60	
4000	64,70	3000	64,20	
2000	64,80	3000	64,10	

a) Ermitteln Sie den Eröffnungskurs für die Touristik-Aktie, rechnerischer Nachweis erforderlich.

b) Ermitteln Sie den Umsatz, der beim Eröffnungskurs zustande kommt.

c) Welche beiden Kurszusätze sind in diesem Fall möglich?

Preisnotierungen an Effektenbörsen

Aufgabe VI-89

Ordnen Sie den nachstehenden Wertpapieren die entsprechenden Preisnotierungen zu.

Notierungen

1 Stücknotierung
2 Prozentnotierung

Wertpapiere

A Bezugsrechte auf Aktien
B Industrieanleihen
C Aktien

D Investmentanteile

E Optionsscheine

F Bundesanleihen

G Aktienanleihen

A	B	C	D	E	F	G

Aufgabe VI-90

Aktienertragssicherung

Frau Doris Klein ist Depotkundin der *Nordbank AG*. Sie hat u. a. 3000 Stück *EON*-Aktien in ihrem Depot, Kaufkurs 7,10 EUR, derzeitiger Kurs 15,24 EUR. Da Frau Klein in Kürze für sechs Wochen eine Südamerikareise antritt, bittet sie die *Nordbank AG* um Beratung. Mit welchem Auftrag kann Frau Klein ihren bisherigen Kursgewinn in *EON*-Aktien für diese Zeit vor einem Kursrutsch absichern und gleichzeitig die möglichen zukünftigen Kurschancen in dieser Aktie nutzen?

A Frau Klein erteilt einen limitierten Verkaufsauftrag über 15,24 EUR.

B Frau Klein erteilt einen unlimitierten Bestens-Verkaufsauftrag.

C Frau Klein erteilt einen Stop-loss-Verkaufsauftrag über 12,00 EUR.

D Frau Klein erteilt einen Stop-buy-Kaufauftrag über 16,24 EUR.

E Frau Klein erteilt den Auftrag, während ihrer Abwesenheit die 3000 Stück *EON*-Aktien auf jeden Fall dann zu verkaufen, wenn sie aus der Gewinnzone ist.

☐

Aufgabe VI-91

Die *Deutsche Börse AG* unterteilt den Aktienhandel in verschiedene Börsensegmente. Welche Information zu Börsensegmenten trifft zu?

A Die Börsensegmente sowie die im jeweiligen Segment gehandelten Wertpapiere sind im Börsengesetz geregelt.

B Die Einhaltung der Regelwerke eines Börsensegments wird von den Börsenmaklern bzw. Spezialisten überwacht.

C Die *Clearstream Banking AG* für Finanzdienstleistungsaufsicht entscheidet über die Zulassung eines Wertpapiers zu einem bestimmten Börsensegment.

D Die für die Börsenunternehmen geltenden Publizitätspflichten sind bei den Börsensegmenten gleich.

E Die Börsensegmente unterscheiden sich durch die Zulassungsvoraussetzungen.

☐

Meistausführungsprinzip

Aufgabe VI-92

Ein Spezialist an der Frankfurter Wertpapierbörse stellt im Rahmen der Preisermittlungsauktion für die Chemie-Aktie nach dem Meistausführungsprinzip den Kurs 43,65 bG fest. Der Spezialist hat die Aufgabe, den Kurs festzustellen, zu dem der größtmögliche Umsatz zustande kommt. Welche der nachfolgenden Aussagen sind nicht zutreffend?

A Zum festgestellten Kurs müssen alle nicht limitierten Aufträge ausgeführt werden.

B Zum festgestellten Kurs müssen alle über dem Kurs limitierten Verkaufsaufträge ausgeführt werden.

C Alle über dem Kurs limitierten Kaufaufträge müssen ausgeführt werden.

D Alle unter dem Kurs limitierten Verkaufsaufträge müssen ausgeführt werden.

E Zum Kurs limitierten Kauf- und Verkaufsaufträge müssen wenigstens teilweise ausgeführt werden.

F Alle unter dem Kurs limitierten Kaufaufträge müssen ausgeführt werden.

Optionen

Aufgabe VI-93

Ihr Kunde Sebastian Börner interessiert sich für eine Call-Option auf die Aktie der Chemie AG an der EUREX. Welche Information zu dieser Call-Option ist richtig?

A Befindet sich die Option „aus dem Geld", so sind der Zeitwert und der Preis der Option identisch.

B Der Hebel ist eine über die gesamte Laufzeit der Option konstante Größe, die das Risiko der Option angibt.

C Der innere Wert der Option setzt sich zusammen aus dem Zeitwert und dem Preis der Option.

D Hat die Option einen inneren Wert, lohnt sich die Ausübung, weil die Aktie dann immer billiger erworben wird, als bei einem Direkterwerb über die Börse.

E Je kürzer die Restlaufzeit der Option ist, desto größer wird der Zeitwert der Option.

Kurszusätze und Kurshinweise

Aufgabe VI-94

Herr Fabian Runge ist Depotkunde der *Nordbank AG*. In seinem Depot werden zurzeit 250 Aktien der *KWS Saat AG* verwahrt. Herr Runge bittet heute um eine Beratung. Er teilt Ihnen mit, dass der Kurs der *KWS Saat AG* gestern mit der Kursnotiz 45,00 exBA notierte. Welches Ereignis führte zu dieser Kursnotiz?

Diese Kursnotiz kam zur Anwendung, weil die *KWS Saat AG* ...

A eine bedingte Kapitalerhöhung durchgeführt hatte und am Tag des Bezugsrechtshandels exBA notierte.

B eine Kapitalerhöhung aus Gesellschaftsmitteln durchgeführt hatte und am 1. Tag des Berichtigungsabschlags exBA notierte.

C eine ordentliche Kapitalerhöhung durchgeführt hatte und am 1. Tag des Berichtigungsabschlags mit der Kursnotiz exBA notierte.

D eine Aussetzung des Kurses wegen eines Überangebots an *KWS Saat Aktien* im Xetra-Handel beantragt hatte.

E weil an diesem Tag die Aktionäre der *KWS Saat AG* zum Bezug von Berichtigungsaktien aufgefordert wurden.

☐

Aufgabe VI-95

Aktienindex

in einem Beratungsgespräch informieren Sie als Kundenberater/in der *Nordbank AG* Ihre Depotkundin Angela Möckershoff über den Deutschen Aktienindex (DAX40). Welche Information dazu trifft zu?

A Der DAX misst die Wertentwicklung der 50 größten Unternehmen des Präsenzhandels des deutschen Aktienmarkts.

B Der DAX wird als Performance-Index berechnet und veröffentlicht.

C Die Werte im DAX werden nach den Bilanzsummen der Unternehmen und ihrem Kurs-Gewinn-Verhältnis gewichtet.

D Der DAX wird zwei Mal täglich zu Beginn und nach Abschluss des Börsenhandels berechnet und veröffentlicht.

E Die Gewichtung der DAX-Werte wird alle zwei Jahre neu berechnet.

☐

Aufgabe VI-96

Kaufoption

Welche Rechte bzw. Pflichten entstehen einem Käufer durch den Kauf einer Kaufoption (Call)?

A Er kann die Lieferung der Effekten innerhalb der vereinbarten Optionsfrist jederzeit zum Basispreis vom Verkäufer der Kaufoption fordern.

B Er hat innerhalb der vereinbarten Optionsfrist in Effekten stillzuhalten.

C Er hat die Effekten nach Ablauf der Optionsfrist fristgerecht zu liefern.

D Er muss auf Verlangen des Verkäufers die Effekten zum vereinbarten Basispreis abnehmen.

E Bei Abschluss einer Kaufoption muss der Käufer der Kaufoption den Optionspreis entrichten.

F Er hat den Optionspreis erst bei Ausübung der Option an den Verkäufer zu zahlen.

☐ ☐

Kaufoption

Aufgabe VI-97

Welche der folgenden Aussagen zur Kaufoption (Long Call) sind zutreffend?

A Mit Erwerb der Kaufoption ist der Anleger Stillhalter in Wertpapieren.

B Der Optionspreis wird ermittelt durch Subtraktion des aktuellen Aktienkurses vom Basispreis.

C Das Verlustrisiko für den Anleger ist auf den Optionspreis begrenzt.

D Der Verkäufer der Kaufoption ist jederzeit berechtigt, dem Anleger die vereinbarte Anzahl Aktien des Basiswertes zum Basiskurs anzudienen.

E Der Anleger ist während der Laufzeit jederzeit berechtigt, die Lieferung der vereinbarten Anzahl Aktien des Basiswertes vom Verkäufer der Option zum Basispreis zu verlangen.

F Der Zeitwert der Option nimmt im Zeitverlauf zu.

EUREX

Aufgabe VI-98

Paul Hansen erwarb an der EUREX vier Kontrakte CALL (amerikanische Art) mit Optionen auf insgesamt 400 Stück Aktien der *Internet AG* zu den nachstehenden Konditionen. Am 17. Mai 20.. möchte Herr Hansen seine Anlage liquidieren.

Konditionen

Verfallmonat	Juni 2022
Basispreis	38,00
Preis CALL	3,50
Preis PUT	5,50

Folgende Notierungen der EUREX liegen vor:
Internet AG Aktienkurs: 41,75

Verfall-monat	Basispreis	Preis CALL	Offene Kontrakte	Preis PUT	Offene Kontrakte
06	38,00	4,25	877	2,95	4002
	40,00	2,15	1779	3,85	5827
	42,00	0,75	4885	5,15	9816

Verfall-monat	Basispreis	Preis CALL	Offene Kontrakte	Preis PUT	Offene Kontrakte
07	38,00	5,30	253	4,45	3867
	40,00	4,40	1664	4,70	6280
	42,00	3,05	1465	4,90	3208

a) Welches der folgenden Geschäfte muss Herr Hansen zur Glattstellung seines Engagements abschließen?

A Herr Hansen muss vier Kontrakte CALL auf die Aktie der *Internet AG* mit Basispreis 38,00 zum Verfallmonat Juni 2022 kaufen.

B Herr Hansen muss vier Kontrakte CALL auf die Aktie der *Internet AG* mit Basispreis 38,00 zum Verfallmonat Juni 2022 verkaufen.

C Herr Hansen muss vier Kontrakte PUT auf die Aktie der *Internet AG* mit Basispreis 38,00 zum Verfallmonat Juni 2022 kaufen.

D Herr Hansen muss vier Kontrakte PUT auf die Aktie der *Internet AG* mit Basispreis 38,00 zum Verfallmonat Juni 2022 verkaufen.

E Herr Hansen muss sich im Freiverkehr mit 400 Aktien der *Internet AG* eindecken und dann die Option ausüben.

☐

b) Ermitteln Sie den Gesamterfolg der Anlage, den Herr Hansen erzielt hat (Nebenkosten sind nicht zu berücksichtigen).

[ ] EUR

Aufgabe VI-99

Optionen

Frau Sarah Henkel schließt derzeit fallende Kurse ihrer Energie *AG*-Aktien nicht aus. Sie will die Aktien aber nicht verkaufen. Mit welchem der folgenden Optionsgeschäfte kann sie sich vor größeren Kursverlusten schützen?

A Long Call

B Short Call

C Kauf eines Dax-Futures

D Long Put

E Short Put

☐

Aufgabe VI-100

Optionen

Für ihre *Internet AG*-Aktien hat Frau Henkel einen Call erworben. Der Basispreis beträgt 30,00 EUR, Verfalltermin ist der 19. Dezember. Der Kurswert der Aktien am 30. November beträgt 31,00 EUR. Der Optionspreis beträgt 4,00 EUR.

a) Berechnen Sie den inneren Wert dieser Option.

[ ] EUR

b) Berechnen Sie den Zeitwert dieser Option.

[ ] EUR

Anlage-beratung

Aufgabe VI-101

Die in die Risikokategorie „konservativ" eingestufte Depotkundin Sonja Beer möchte die Hälfte ihres Sparguthabens von 20.000,00 EUR in *Sartorius AG* Aktien anlegen. Sie hat einen Tipp einer Freundin, die in der Entwicklungsabteilung der *Sartorius AG* arbeitet, über eine neue Anwendungstechnik erhalten. Wie muss sich die *Nordbank AG* verhalten?

A Die *Nordbank AG* darf den Auftrag nicht ausführen, da Frau Beer wegen der Risikoeinschätzung „konservativ" nicht für Aktiengeschäfte zugelassen werden kann.

B Da in diesem Fall die Insiderregelungen des Wertpapierhandelsgesetzes verletzt wurden, kann die *Nordbank AG* den Auftrag erst nach Beratung der Kundin und unter Einschaltung der Bundesanstalt für Finanzdienstleistungsaufsicht (BaFin) ausführen.

C Die *Nordbank AG* hält noch einmal Rücksprache mit Frau Beer, ob es ihr wirklich ernst mit dem risikobehafteten Kundenauftrag ist, und führt den Auftrag bei Bestätigung durch die Kundin unverzüglich aus.

D Die *Nordbank AG* kann den Auftrag auf Weisung von Frau Beer ausführen, wenn sie Frau Beer ausdrücklich in einer Geeignetheitserklärung über die Risiken einer Aktienanlage beraten hat und das Anlagegespräch dokumentiert hat.

E Die *Nordbank AG* kann den Auftrag ohne Weiteres ausführen, da er nicht gegen die Insiderregeln des Wertpapierhandelsgesetzes verstößt.

☐

Anlage-beratung

Aufgabe V 102

Frau Bettina Fisch ist Kundin der *Nordbank AG*. Im Rahmen eines Beratungsgesprächs über eine Geldanlage bittet Frau Fisch Sie um Eine Erläuterung zur Geeignetheitserklärung. Welche Erklärung trifft zu?

A Die Geeignetheitserklärung muss bei allen Beratungsgesprächen über eine Geldanlage erstellt werden.

B Bei einer Geldanlage in Bundeswertpapieren darf auf die Erstellung einer Geeignetheitserklärung verzichtet werden, da diese Wertpapiere besonders sicher sind.

C Die Geeignetheitserklärung muss Frau Fisch spätestens mit der Abrechnung über den Kauf eines Wertpapiers zur Verfügung gestellt werden.

D Die Geeignetheitserklärung muss den Anlass, den Umfang der Geldanlage und die Dauer des Beratungsgesprächs protokollieren und vom Berater unterzeichnet werden.

E Bei einer Empfehlung zur Geldanlage in Aktien muss eine Geeignetheit-erklärung erstellt werden.

☐

Aufgabe VI-103

Anlageberatung

Die Kundin Beate Baum möchte sich wegen eines kurzfristigen Geldbedarfs über die Verfügbarkeit ihrer Anlagen informieren. Ordnen Sie zu!

Verfügbarkeit

1 2.000,00 EUR innerhalb eines Kalendermonats
2 Börsentäglich zum Kurswert
3 Börsentäglich zum Rücknahmepreis
4 Am Ende des Festlegungszeitraums
5 Eine vorzeitige Verfügbarkeit ist ausgeschlossen.
6 Börsentäglich zum Nennwert

A 100 Stück *Brau*-Aktien, Kurs 30,40 EUR, Girosammelverwahrung

B Spareinlage mit dreimonatiger Kündigungsfrist, aktuelles Guthaben 15.437,78 EUR

C 30-Tage-Termineinlage über 30.000,00 EUR

D Abgezinster Sparbrief der Hamburger Sparkasse, Rückzahlung am 01.06.2026 zum Nennwert von 30.000,00 EUR

E Unifonds, Ausgabepreis 23,13 EUR, Rücknahmepreis 21,15 EUR, Girosammelverwahrung

A	B	C	D	E

Aufgabe VI-104

Anlageberatung

Die Rechtsanwältin Julia Klingenberg erteilt der *Saalebank AG* in Halle den Auftrag, auf Grund der erwarteten guten Konjunkturlage für sie an der Frankfurter Wertpapierbörse 30.000,00 EUR in *Energie AG*-Optionsscheine 2026, Laufzeit 07. Dezember 2026, anzulegen. Die *Saalebank AG* ist keine Börsenbank. Prüfen Sie, ob und unter welcher Voraussetzung die *Saalebank AG* den Auftrag ausführen kann!

A Die *Saalebank AG* kann den Wertpapier-Kaufauftrag sofort ausführen, da Frau Klingenberg freiberuflich tätig ist.

B Das Börsentermingeschäft kann erst ausgeführt werden, wenn Frau Klingenberg vor dem Geschäftsabschluss ausführlich beraten worden ist und in dem Beratungsgespräch über mögliche Verlustrisiken informiert worden ist und dieses durch ihre Unterschrift bestätigt wurde.

C Die *Saalebank AG* kann Börsentermingeschäfte nur mit Vollkaufleuten abschließen und kann den Kaufauftrag daher nicht ausführen.

D Da das Börsentermingeschäft für Frau Klingenberg Nachteile bringen kann, z. B. die aus Börsentermingeschäften erworbenen befristeten Rechte verfallen können, kann das Geschäft nicht ausgeführt werden.

E Frau Klingenberg kann das Geschäft nur von einem Kreditinstitut ausführen lassen, das an einer deutschen Wertpapierbörse zugelassen ist.

☐

Anlage-beratung

Aufgabe VI-105

Welche Ziele verfolgen die in § 31 Wertpapierhandelsgesetz festgelegten allgemeinen Verhaltensregeln?

A Der Wettbewerb der Kreditinstitute um die vermögende Privatkundschaft soll durch eine standardisierte Anlageberatung vermindert werden.

B Durch die allgemeinen Verhaltensregeln sollen deutsche Anleger vor aggressiven ausländischen Wettbewerbern geschützt werden.

C Mit Hilfe der allgemeinen Verhaltensregeln sollen depotführende Kreditinstitute Einblick in die Vermögensverhältnisse ihrer Kunden erhalten.

D Die allgemeinen Verhaltensregeln verpflichten Kreditinstitute, dem Kundeninteresse Vorrang vor Eigeninteressen zu geben.

E Mit den allgemeinen Verhaltensregeln wird das Ziel verfolgt, Kreditinstitute zu verpflichten, alle zweckdienlichen Informationen ihren Kunden mitzuteilen, soweit dies zur Wahrung der Interessen der Kunden und im Hinblick auf Art und Umfang der beabsichtigten Geschäfte erforderlich ist.

F Mit den allgemeinen Verhaltensregeln verfolgen die Kreditinstitute das Ziel, ihre Kosten im Wertpapiergeschäft zu senken.

Fundamental-analyse

Aufgabe VI-106

Bei der Beratung Ihres Kunden Sebastian Enzlinger über verschiedene Aktien ist mehrfach der Ausdruck „fundamental gesehen" verwendet worden. Herr Enzlinger fragt daraufhin nach, was unter „Fundamentalanalyse" zu verstehen ist. Welche der nachfolgenden Aussagen treffen auf die Fundamentalanalyse zu?

A Ziel der Fundamentalanalyse ist die Ermittlung des „fairen Preises" einer Aktie unter Verwendung externer und interner Daten des Unternehmens.

B Typische Begriffe der Fundamentalanalyse sind Schulter-Kopf-Schulter-Formation und Widerstandslinien.

C Die Fundamentalanalyse kann Hinweise auf unter- oder überbewertete Aktien geben.

D Eine hohe Dividendenrendite deutet in der Fundamentalanalyse auf eine Überhöhung des Aktienkurses hin.

E Ziel der Fundamentalanalyse sind Kursprognosen durch Analyse der Kursbewegungen der Vergangenheit.

F Hohe Kurs-Gewinn-Verhältnisse zeigen in der Fundamentalanalyse, dass Aktien unterbewertet sind.

G Die Fundamentalanalyse bezeichnet man auch als technische Analyse.

Aufgabe VI-107

Kurs-Gewinn-Verhältnis

In einem Beratungsgespräch in der *Nordbank AG* fällt der Begriff „Kurs-Gewinn-Verhältnis“. Welche Erklärung zum Kurs-Gewinn-Verhältnis trifft zu?

A Diese Kennzahl stellt das Verhältnis des erzielten Kursgewinns in Prozent zum aktuellen Aktienkurs dar.

B Das KGV gibt die Anzahl der Jahre an, die bei gleichbleibendem Gewinn je Aktie erforderlich ist, um den Aktienkurs zu erwirtschaften.

C Diese Kennzahl beschreibt das Verhältnis zwischen dem Aktienkurs und dem Jahresüberschuss des Unternehmens des vergangenen Jahres.

D Die Angabe des KGV unterliegt der Preisangabenverordnung und berücksichtigt die Kosten und Entgelte bei einem Wertpapierkauf.

E Das KGV stell den für das kommende Geschäftsjahr zu erwartenden Kursgewinn je Aktie in Bezug zum aktuellen Börsenkurs dar.

☐

Aufgabe VI-108

Vollmacht-stimmrecht

Sabine Hövelborn hat der *Leinebank AG* in Hannover für ihr Depot Vollmachtstimmrecht erteilt. Bei Ausübung des Vollmachtstimmrechts muss die *Leinebank AG* mehrere Vorschriften beachten. Welche der folgenden Regelungen treffen nicht zu?

A Werden die Aktien im Depot der *Leinebank AG* verwahrt, kann Frau Hövelborn keinen Dritten zur Wahrnehmung der Stimmrechtsvollmacht beauftragen, z. B. die Schutzgemeinschaft der Kapitalanleger e. V. oder die Deutsche Schutzvereinigung für Wertpapierbesitz e. V.

B Die Depotbank muss Frau Hövelborn um Weisungen für die Ausübung des Stimmrechts zu den einzelnen Punkten der Tagesordnung bitten.

C Die Depotbank darf von den Weisungen Frau Hövelborns auf keinen Fall abweichen.

D Erteilt Frau Hövelborn keine Weisungen, darf die Depotbank auf keinen Fall von ihren Vorschlägen abweichen.

E In der eigenen Hauptversammlung darf die Depotbank das Vollmachtstimmrecht nur ausüben, wenn Frau Hövelborn zu den einzelnen Tagesordnungspunkten ausdrückliche Weisungen erteilt.

F Die allgemeine Stimmrechtsvollmacht gilt nur für inländische Aktien im Depot von Frau Hövelborn.

G Eine unbefristet erteilte Stimmrechtsvollmacht gilt bis auf Widerruf. Dabei ist der Kunde einmal jährlich vom Kreditinstitut auf die Möglichkeit des jederzeitigen Widerrufs der Vollmacht und auf andere Vertretungsmöglichkeiten hinzuweisen.

☐☐

Depotgeschäft

Aufgabe VI-109

Welche Tätigkeiten gehören nicht zu den Verwaltungsaufgaben im Effektenverwahrgeschäft?

A Benachrichtigung des Hinterlegers über Ort und Zeit von Hauptversammlungen

B Besorgung von Stimmkarten

C Durchführung von Feststellungsklagen gegen Mitglieder des Vorstands oder des Aufsichtsrats

D Ausübung von Bezugsrechten

E Besorgung neuer Gewinnanteilscheinbogen

F Verlesung von Stellungnahmen im Rahmen des Depotstimmrechts auf Hauptversammlungen

G Benachrichtigung des Hinterlegers über Konvertierungen

H Inkasso verloster und gekündigter festverzinslicher Wertpapiere

Abgeltungssteuer

Aufgabe VI-110

Ihr Kunde Günter Busse kommt heute zu Ihnen, um sich über Wertpapiere beraten zu lassen. Herr Busse besitzt ein Depot und hatte folgende Aktie gekauft und verkauft:

Stück	Aktien	Kauf/Verkauf	Tageskurs
400	Chemie-Aktien	Kauf: 04.01.2021	25,58 EUR
400	Chemie-Aktien	Verkauf: 23.11.2021	31,80 EUR

Weitere Käufe und Verkäufe fanden in diesem Jahr nicht statt.

a) Ermitteln Sie den Kursgewinn. Die Kosten pro ausgeführten Wertpapierauftrag belaufen sich bei der *Nordbank AG* auf 25,00 EUR je Auftrag.

EUR

b) Ermitteln Sie den Steuerbetrag für diesen Kursgewinn nach dem Abgeltungssteuerverfahren. Im Verlustverrechnungstopf sind keine Verluste zu berücksichtigen. Herr Busse ist mit 9 % kirchensteuerpflichtig.

EUR

Einkunftsarten

Aufgabe VI-111

Herr Busse fragt Sie als Kundenberater(in) der *Nordbank AG*, zu welcher Einkunftsart die Kursgewinne im Rahmen der Einkommensteuererklärung zu zählen sind. Zu welcher Einkunftsart zählen Kursgewinne aus der Veräußerung von Aktien?

A Einkünfte aus nicht selbstständiger Arbeit

B Einkünfte aus Kapitalvermögen

C Einkünfte aus selbstständiger Arbeit

D Sonstige Einkünfte

E Einkünfte aus Betriebsvermögen
F Kursgewinne werden keiner Einkunftsart zugerechnet.

☐

Aufgabe VI-112

Abgeltungssteuer

Peter Landau, Kunde der *Nordbank AG*, besitzt 1600 Stück Aktien der *Transfer AG*. Die *Transfer AG* schüttet 0,62 EUR Dividende pro Aktie aus. Das Volumen des Freistellungsauftrags von Herrn Landau ist zum Zeitpunkt der Dividendengutschrift bis auf einen Betrag von 301,00 EUR aufgebraucht. Herr Landau ist nicht kirchensteuerpflichtig. Im allgemeinen Verrechnungstopf sind noch 200,00 EUR wegen gezahlter Stückzinsen zu berücksichtigen. Ermitteln Sie den ...

a) Steuerabzug für Herrn Landau (Abgeltungssteuer + SolZ).

EUR

b) Gutschriftsbetrag auf dem Erträgniskonto von Herrn Landau.

EUR

Situation zu Aufgaben VI-113 bis VI-115

Investmentbesteuerung

Für den thesaurierenden Fonds „Thesaurus" wurde am 02.01.2025 ein Rücknahmepreis pro Anteil von 150,00 EUR ermittelt. Am 30.12.2025 wurde ein Rücknahmepreis je Anteil von 170,00 EUR ermittelt. 80 % des Fondsvermögens wird fortlaufend in inländischen und ausländischen Aktien angelegt; dies ist auch in den Anlagebedingungen niedergelegt. Der Fonds hatte im letzten Geschäftsjahr einen Ertrag von 0,50 EUR je Anteil erzielt, der nicht ausgeschüttet wurde, sondern im Fonds verblieben ist.

Aufgabe VI-113

Der konfessionslose Depotkunde Ullrich Raabe besitzt 500 Anteile dieses Fonds.
Ermitteln Sie

a) den Basisertrag

EUR

b) die Vorabpauschale

EUR

c) die steuerpflichtige Vorabpauschale und

EUR

d) den steuerpflichtigen Ertrag für die 500 Investmentanteile für Herrn Raabe bei einem angenommenen Basiszinssatz von 1 %.

EUR

Teilfreistellung von Investmentfonds	
	Freistellungsquote
Aktienfonds (mind. 51 % Aktien)	30 %
Mischfonds (mind. 25 % Aktien)	15 %
Immobilienfonds (mind. 51 % Immobilien/ Immobiliengesellschaften)	60 %
Immobilienfonds mit Schwerpunkt im Ausland (mind. 51 % ausländische Immobilien / Immobiliengesellschaften)	80 %

Aufgabe VI-114

Herr Raabe hatte der depotführenden Stelle einen Freistellungsauftrag in Höhe von 801,00 EUR erteilt. Ermitteln Sie den verbleibenden Freistellungsbetrag von Herrn Raabe.

EUR

Aufgabe VI-115

Am 1. Februar 2025 gibt Herr Raabe seine „Thesaurus" Fondsanteile zum Rücknahmepreis von 180,00 EUR an den Fonds zurück.
Ermitteln Sie

a) den steuerpflichtigen Kapitalertrag pro Anteil unter Berücksichtigung der Teilfreistellung von 70 %

EUR

b) den Gesamtertrag ohne Steuern und

EUR

c) den Gesamtertrag, den die depotführende Stelle unter Berücksichtigung der Abgeltungssteuer, des Solidaritätszuschlags und dem vorhandenen Freistellungsbetrag Herrn Raabe überweist.

EUR

Investment-besteuerung

Aufgabe VI-116

Am 06.01.2026 veröffentlichte der Mischfonds *TS3* folgende Infos an seine Anleger:
Der *TS3* investiert mindestens 30 % des Fondsvermögens in inländische und ausländische Aktien.
Basiswert (Rücknahmepreis) am 02.01.2024 (Donnerstag) 135,00 EUR;
Ausschüttung 2024 pro Anteil 0,30 EUR.
Basiswert (Rücknahmepreis) am 06.01.2024 (Montag) 140,00 EUR.
Die Depotkundin Britta Opitz besitzt 1.500 Anteile des *TS3*-Investmentfonds. Ein Freistellungsauftrag in Höhe von 500,00 EUR wurde der Depotbank für 2026 erteilt. Frau Opitz gehört keiner Religionsgemeinschaft an.

Ermitteln Sie für Frau Opitz

a) den Basisertrag pro Anteil

EUR

b) die Vorabpauschale pro Anteil für 2026 und

EUR

c) die steuerpflichtige Vorabpauschale für einen Anteil unter Berücksichtigung der Teilfreistellung von 70% (Basiszinssatz 1 %).

EUR

d) den Gutschriftsbetrag aufgrund der Ausschüttung von 2025 unter Berücksichtigung eines Freistellungsbetrages von 500 EUR!

EUR

e) die steuerpflichtige Vorabpauschale für die 1500 Investmentanteile für 2026. Berücksichtigen Sie den Freistellungsbetrag von 500,00 EUR.

EUR

Aufgabe VI-117

virtuelle Hauptversammlung

Aktionärinnen und Aktionäre können heute ohne Anwesenheit am Versammlungsort an der Hauptversammlung ihrer AG teilnehmen. Gesetzlich wurde dafür ein neuer § 118a in das Aktiengesetz (AktG) eingefügt.

Welche Aussage zur virtuellen Hauptversammlung einer Aktiengesellschaft trifft zu?

A Auf der ordentlichen Hauptversammlung einer AG entscheiden die Aktionäriinnen und Aktionären mit einfacher Mehrheit, ob die nächste Hauptversammlung virtuell abgehalten werden soll.

B Die Abhaltung einer virtuellen Hauptversammlung erfordert eine Grundlage in der Satzung; entweder als direkte Festlegung oder als Ermächtigung für den Vorstand.

C Die gesamte Hauptversammlung muss in Bild und Ton übertragen werden. Aktionärinnen und Aktionäre müssen aber ihr Stimmrecht auf schriftlichen Weg ausüben.

D Die Satzungsregelung oder -ermächtigung muss auf bis zu fünf Jahre befristet werden.

E Den Aktionärinnen und Aktionären steht das Recht zu, eine Rede im Wege der Videokommunikation in der Hauptversammlung zu halten. Das Rederecht kann zeitlich eingegrenzt werden.

F Anträge und Fragen dürfen nicht in Redebeiträgen gestellt werden, sondern müssen eine Woche vor der Hauptversammlung schriftlich eingereicht werden.

VII. Baufinanzierung

Lösungen ab Seite 391

Aufgabe VII-1

Grundbuch-eintragungen

In Abteilung III eines Grundbuchs befindet sich unter dem Datum 17. September 20.. folgende Eintragung: „100.000,00 EUR Grundschuld nebst 15 % Jahreszinsen für die *Südbank AG* in München. Sofort gegen den Grundstückseigentümer vollstreckbar“. Wie ist diese Eintragung zu interpretieren?

A Wenn die *Südbank AG* das gewährte Darlehen kündigt, wird auch die Grundschuld fällig.

B Für dieses Grundpfandrecht muss im Zwangsvollstreckungsfall von der *Südbank AG* keine Klage auf Duldung der Zwangsvollstreckung geführt werden.

C Der *Südbank AG* steht für das von ihr gewährte Darlehen ein Darlehenszins von 15 % zu.

D Die Eintragung sichert der *Südbank AG* im Falle der Zwangsversteigerung ein Vorkaufsrecht am Grundstück.

E Diese Eintragung sichert der *Südbank AG* ein außerordentliches Kündigungsrecht.

☐

Aufgabe VII-2

Grunddienst-barkeiten

In Abteilung II eines Grundbuchs finden sich die nachstehenden Eintragungen. Bei welchen Eintragungen handelt es sich um Grunddienstbarkeiten?

A Rechte der *Deutschen Telekom AG* zur Auslegung und Unterhaltung eines Fernmeldekabels

B Die Holzbrücke auf dem Grundstück „Flur 12“, Flurstück 123/2 ist auf Dauer in benutzbarem Zustand zu halten.

C Lebenslanges, unentgeltliches Wohn- und Mitbenutzungsrecht für die Eheleute Schulze als Gesamtberechtigte

D Untersagung des Betriebes jeglichen Gewerbes, das zu Lärm- und/oder Geruchsbelästigung führt. Eingetragen zu Gunsten des jeweiligen Eigentümers des Grundstücks Appen, Flur 23, Flurstück 123/3.

E Das Grundstück ist bei einer Veräußerung an Dritte zunächst Herrn Torsten Schröder in Pinneberg zum Kauf anzubieten.

F Auflassungsvormerkung zu Gunsten der Eheleute Möller.

☐☐

W. Grundmann et al., *Bankwirtschaft und Controlling Teil 1*, Prüfungstraining für Bankkaufleute, https://doi.org/10.1007/978-3-658-52865-2_7

Grundbuch

Aufgabe VII-3

Beim Amtsgericht (Grundbuchamt) wird ein Grundbuch für alle privaten Grundstücke des jeweiligen Amtsgerichtsbezirks geführt. Das Grundbuch besteht aus verschiedenen Teilen.

Teile des Grundbuches

1 Aufschrift
2 Bestandsverzeichnis
3 Erste Abteilung
4 Zweite Abteilung
5 Dritte Abteilung
6 Keine dem Grundbuch zu entnehmende Information

Welche der nachfolgenden Informationen können Sie den genannten Teilen des Grundbuches entnehmen?

Informationen

A Miteigentum nach Bruchteilen
B Wegerecht zu Lasten des Nachbargrundstücks
C Auflassungsvormerkung
D Höhe der Grundsteuer
E Grundschuld
F Gesetzliches Vorkaufsrecht
G Dinglicher Zinssatz
H Wirtschaftsart des Grundstücks

A	B	C	D	E	F	G	H

Grundschuld

Aufgabe VII-4

Ein Bauspardarlehen soll durch eine Grundschuld abgesichert werden. Welche der folgenden Aussagen zu einer Grundschuld sind zutreffend?

A Die Eintragung der Grundschuld erfolgt auf Antrag und Bewilligung des Grundstückseigentümers.

B Aus Gründen der Beweissicherung muss der vereinbarte Zinssatz für die Grundschuld im Grundbuch eingetragen werden.

C Die Laufzeit der Grundschuld sollte mit der Laufzeit des Bauspardarlehens identisch sein.

D Ein Zinssatz für eine Grundschuld sollte nur vereinbart werden, wenn für das Darlehen ein variabler Zinssatz gelten soll.

E Bei der Gewährung von Bauspardarlehen akzeptieren Bausparkassen zur Sicherung ihrer Darlehensforderungen nur die Eintragung zweitrangiger Grundschulden.

F Bei der Finanzierung eines Mietobjektes sollte grundsätzlich aus Beweissicherungsgründen eine Briefgrundschuld der Buchgrundschuld vorgezogen werden.

G Die Grundschuld ist zur schnelleren Verwertungsmöglichkeit mit einer Zwangsvollstreckungsklausel ausgestattet.

Aufgabe VII-5

Grundbucheintragungen

Welche Aussagen über Grundbucheintragungen sind richtig?

A Rechte, die mit dem Eigentum am Grundstück verbunden sind, werden in Abteilung I eingetragen.

B Die Eintragung einer Grundschuld bedarf der Bewilligung in Form einer öffentlichen Urkunde oder öffentlich beglaubigten Urkunde.

C In Abteilung II eingetragene Rechte genießen Vorrang vor in Abteilung III eingetragenen Rechten.

D Die Eintragung des Eigentumsübergangs an einem Grundstück setzt das Vorhandensein einer Auflassungsvormerkung voraus.

E Ein Rangvorbehalt wird im Grundbuch bei dem im Rang zurücktretenden Recht eingetragen.

F Eine Briefgrundschuld wird durch mündliche Abtretung des dinglichen Anspruchs und Übergabe des Grundschuldbriefs übertragen.

Aufgabe VII-6

Grundbuch

Im Grundbuch von Harksheide befinden sich die nachstehenden Eintragungen. Ordnen Sie zu!

Eintragungen

1 Jens-Dieter Kolbe, geb. 05. Juni 1962, Marina Kolbe, geb. Meyer, geb. am 18. Mai 1962, je zur Hälfte als Miteigentümer – aufgelassen am 29. September 2010, eingetragen am 05. Januar 2011

2 50.000 EUR Grundschuld für *Centralboden Kreditbank AG* gemäß Bewilligung brieflos eingetragen am 05. Februar 2015

3 Hof- und Gebäudefläche einschließlich Grenzweg 894 Quadratmeter

4 Duldung und Unterhaltung eines Regenwassersiels. Die Stadt Harksheide ist berechtigt, einen fünf Meter breiten, die Hamburger Chaussee entlangführenden Streifen des Grundstücks Flur 16 Flurstück 3208 zu betreten und zu bepflanzen.

5 Amtsgericht Harksheide, Grundbuch von Harksheide, Blatt 4120

Grundbuchabteilungen

A Aufschrift

B Bestandsverzeichnis

C I. Abteilung

D II. Abteilung

E III. Abteilung

1	2	3	4	5

Erbbaurecht

Aufgabe VII-7

Welche Aussage über das Erbbaurecht ist richtig?

A Das Erbbaurecht ist ein grundstücksgleiches Recht, für das ein gesondertes Grundbuchblatt (Erbbaugrundbuch) angelegt wird.

B Das Erbbaurecht wird im Grundbuch des Grundstückseigentümers im Bestandsverzeichnis eingetragen.

C Der an den Grundstückseigentümer zu zahlende Erbbauzins wird in Abteilung III des Grundbuchs eingetragen.

D Gebäude, die der Erbbauberechtigte erstellt, gehen bei Fertigstellung in das Eigentum des Grundstückseigentümers über.

E Das Erbbaurecht kann vom Erbbauberechtigten nicht veräußert werden.

☐

Grundbucheintragungen

Aufgabe VII-8

Auf Grund eines Grundstückskaufvertrages und zur Sicherung eines Hypothekardarlehens in Höhe von 220.000 EUR wurden im Handblatt zum Grundbuch von Volksdorf Blatt 638 einige Grundbucheintragungen vorgenommen. Welche Aussage über Grundbucheintragungen trifft zu?

A Die eingetragenen Grundpfandrechte in Abteilung III genießen absoluten Vorrang vor den Eintragungen in Abteilung II.

B Als Belastungen des Grundstücks können Grunddienstbarkeiten und Erbbaurecht in Abteilung III eingetragen werden.

C Das Bestandsverzeichnis, aus dem die Größe und Lage des Grundstücks hervorgeht, ist aus der Abteilung I ersichtlich.

D Für die Eintragung einer Grundschuld mit Zwangsvollstreckungsklausel in das Grundbuch ist u. a. die Bewilligung in notariell beurkundeter Form erforderlich.

E Bevor eine Eintragung über den Eigentumsübergang an einem Grundstück im Grundbuch erfolgen kann, muss zunächst eine Auflassungsvormerkung in Abteilung II eingetragen werden.

☐

Grundbucheintragungen

Aufgabe VII-9

Welche Bedeutung haben im Zusammenhang mit der Gewährung eines Hypothekardarlehens die Eintragungen in Abteilung II des Grundbuchs für ein Kreditinstitut?

A Im Falle der Verwertung des Grundstücks haben die Eintragungen in Abteilung II des Grundbuchs keine Bedeutung, da sie vom zuständigen Gericht gelöscht werden.

B Sie sind ohne Bedeutung, da die zu Gunsten des Kreditinstituts eingetragenen Grundschulden stets vor den Ansprüchen der Rechte in Abteilung II des Grundbuchs rangieren.

C Im Verwertungsfall werden nur die Ansprüche in Abteilung III des Grundbuchs berücksichtigt.

D Die Eintragungen in Abteilung II des Grundbuchs sind von Bedeutung, obwohl der überwiegende Teil der Belastungen in Abteilung II sich nicht wertmindernd auswirkt.

E Sie sind von Bedeutung, weil sie je nach Eintragungsdatum den Grundpfandrechten im Rang vorgehen.

☐

Aufgabe VII-10

Grundbuch-eintragungen

Im Grundbuch von Harckesheyde sind folgende verkürzt dargestellte Eintragungen verzeichnet:
Grundbuchauszug für das Grundstück Blatt 5713

II. Abteilung: Lasten und Beschränkungen
1. Der jeweilige Eigentümer des im Grundbuch von Harckesheyde, Blatt 5712 verzeichneten Grundstücks hat das Geh- und Fahrrecht am Grundstück Blatt 5713. Unter Bezugnahme auf die Bewilligung vom 23. März 1994 eingetragen am 10. Mai 1994
2. Die Mobilcom AG hat das Recht, eine Mobilfunkantenne auf dem Grundstück zu unterhalten. Unter Bezugnahme auf die Bewilligung vom 12. August 2002 eingetragen am 20. September 2002
3. Lebenslanges unentgeltliches Wohnrecht für Bernd Harms, geb. 12. August 1948. Zur Löschung des Rechts genügt der Nachweis des Todes. Unter Bezugnahme auf die Bewilligung vom 6. Februar 2003 eingetragen am 15. April 2003
4. Bernd Harms, geb. 12. August 1948, hat das Recht auf eine lebenslängliche monatliche Geldzahlung von 1.200,00 EUR. Zur Löschung des Rechts genügt der Nachweis des Todes. Vorbehalten bleibt der Vorrang für ein noch einzutragendes Grundpfandrecht von einhundertsechzigtausend Euro nebst 15 % p. a. Zinsen. Unter Bezugnahme auf die Bewilligung vom 18. Juni 2004 eingetragen am 5. August 2004.
5. Vormerkung zur Sicherung des Rechts auf Eigentumsübertragung zu Gunsten von Daniel Schwertfeger, geb. 27. Oktober 1962. Unter Bezugnahme auf die Bewilligung vom 21. März 2005 eingetragen am 18. April 2005.
III. Abteilung: Grundpfandrechte
6. Fünfundsiebzigtausend Euro Grundschuld mit 15 % p. a. Zinsen für die *Nordbank AG*. Nach § 800 ZPO ist der jeweilige Eigentümer der sofortigen Zwangsvollstreckung unterworfen. Gemäß Bewilligung vom 17. September 2004 unter Ausnutzung des Rangvorbehalts mit dem Rang vor dem Recht Abteilung II Nr. 4 eingetragen am 30. Oktober 2004.

Sie sollen die Rangfolge aller im Grundbuch eingetragenen Belastungen ermitteln. Bringen Sie die o.a. Belastungen Nr. 1 bis 6 in die richtige Rangfolge.

1. Rang	2. Rang	3. Rang	4. Rang	5. Rang	6. Rang

Grundbuchblatt

Aufgabe VII-11

Welche Angaben stammen aus Abteilung II eines Grundbuchblattes?

A Löschungsvermerk gemäß §§ 1179, 1163 BGB

B Vormerkung zur Sicherung des Anspruchs auf Eigentumsübertragung für Anton Fleischer

C 120.000 EUR Grundschuld vom 01. Januar 2000 ab mit jährlich 15 vom Hundert zu verzinsen für die *Moselbank AG*

D Wegerecht am Grundstück Koblenz Flur 12, Flurstück 222, eingetragen in Band 13 Blatt 22

E Sicherungshypothek zu 20.000 EUR zu Gunsten Arne und Edith Kugler als Gesamtgläubiger, 10 vom Hundert Zinsen jährlich, sofort vollstreckbar

F Wohnungsrecht gemäß § 1093 BGB für Birte Hoppe, geb. am 17. Oktober 1965, Mainz

Grundbuch

Aufgabe VII-12

Das Ehepaar Claudia und Andreas Braumann beabsichtigt den Erwerb eines Mehrfamilienhauses in Eimsbüttel, Kaufpreissumme 1,3 Mio. EUR. Ein Teil des Kaufpreises soll über ein Hypothekardarlehen bei der *Unionbank AG* in Hamburg finanziert werden. Im Zusammenhang mit der Finanzierung des Objekts möchte das Ehepaar von Ihnen als Kreditsachbearbeiter(in) wissen, welche Auskünfte aus dem Grundbuch zu entnehmen sind. Welche der nachstehenden Informationen über das Grundbuch treffen zu?

A „Aus dem Grundbuch entnimmt die *Unionbank AG* die Höhe des Beleihungswertes des Objekts in Eimsbüttel"

B „Aus dem Grundbuch erkennt die *Unionbank AG* alle Lasten und Beschränkungen, die auf dem Grundstück ruhen."

C „Aus dem Grundbuch eines Grundbuchbezirkes kann die *Unionbank AG* erkennen, welche Grundstücke eines Grundbuchbezirkes privat und gewerblich genutzt werden."

D „Das Grundbuch eines Grundbuchbezirkes enthält neben den Eigentümern auch die Namen der Mieter und die Höhe der jeweiligen Miete der vermieteten Wohnungen."

E „Das Grundbuch informiert die *Unionbank AG* über die aktuellen Eigentumsverhältnisse z. B. am Grundstück in Eimsbüttel."

F „Aus dem Grundbuch entnimmt die *Unionbank AG* den Verkehrswert des Mehrfamilienhauses in Eimsbüttel."

Aufgabe VII-13

Auflassung

Im Zusammenhang mit der Finanzierung des Objekts in Eimsbüttel (vgl. vorige Aufgabe) möchte das Ehepaar Braumann von Ihnen auch wissen, was eine Auflassung ist. Welche Aussage zur Auflassung trifft zu?

A „Die Auflassung ist eine Erklärung, dass die Eigentumsumschreibung unverzüglich im Grundbuch vorgenommen werden soll."

B „Mit der Auflassung wird festgestellt, dass sich Käufer und Verkäufer über den Eigentumsübergang einig sind."

C „Mit der Auflassung stellen Käufer und Verkäufer eines Grundstücks unter Mitwirkung eines Notars fest, dass der Grundstückskaufvertrag zwischen dem Käufer und dem Verkäufer abgeschlossen worden ist."

D „Die Auflassung ist eine Erklärung, dass sich Käufer und Verkäufer eines Grundstücks über den Eigentumsübergang zu einem späteren Zeitpunkt einigen wollen."

E „Die Auflassung ist eine notarielle Erklärung des Verkäufers eines Grundstücks, das Grundstück lastenfrei dem Käufer zu übergeben."

☐

Aufgabe VII-14

Grundbucheintragungen

Frau Sabine Wollnic hat bei der *Nordbank AG* einen Hypothekarkredit in Höhe von 150.000,00 EUR zur Finanzierung eines Mietobjekts beantragt, das grundbuchlich gesichert werden soll. Als Kreditsachbearbeiter(in) finden Sie im Grundbuch folgende Eintragungen:

Grundbuchauszug für das Grundstück Blatt 1271

II. Abteilung: Lasten und Beschränkungen	
1.	Der jeweilige Eigentümer des im Grundbuch von Harkesheyde, Blatt 1270 verzeichneten Grundstücks hat das Geh- und Fahrrecht am Grundstück Blatt 1271. Unter Bezugnahme auf die Bewilligung vom 13. November 1985 eingetragen am 15. Januar 1986
2.	Die Freenet AG hat das Recht, eine Mobilfunkantenne auf dem Grundstück zu unterhalten. Unter Bezugnahme auf die Bewilligung vom 21. April 2000 eingetragen am 20. Juni 2000.
3.	Lebenslanges unentgeltliches Wohnrecht für Bernd Harms, geb. 12. 02.1942. Zur Löschung des Rechts genügt der Nachweis des Todes. Unter Bezugnahme auf die Bewilligung vom 15. Mai 2000 eingetragen am 23. Juni 2000
4.	Bernd Harms, geb. 12. Februar 1942, hat das Recht auf eine lebenslängliche monatliche Geldzahlung von 1.850,00 EUR. Zur Löschung des Rechts genügt der Nachweis des Todes. Vorbehalten bleibt der Vorrang für ein noch einzutragendes Grundpfandrecht von einhundertfünfzigtausend Euro nebst 18 % p. a. Zinsen. Unter Bezugnahme auf die Bewilligung vom 28. Mai 2001 eingetragen am 5. Juli 2001.
5.	Vormerkung zur Sicherung des Rechts auf Eigentumsübertragung zu Gunsten von Sabine Wollnic, geb. 27. Oktober 1962. Unter Bezugnahme auf die Bewilligung vom 21. März 2002 eingetragen am 18. April 2002.

III. Abteilung: Grundpfandrechte
6. Einhundertfünzigtausend Euro Grundschuld mit 18 % p. a. Zinsen für die *Nordbank AG*. Nach § 800 ZPO ist der jeweilige Eigentümer der sofortigen Zwangsvollstreckung unterworfen. Gemäß Bewilligung vom 17. Juli 2002 unter Ausnutzung des Rangvorbehalts mit dem Rang vor dem Recht Abteilung II Nr. 4 eingetragen am 30. August 2002.

Welche der obenstehenden Grundbucheintragungen ist ein/e

A Beschränkt persönliche Dienstbarkeit?

B Grunddienstbarkeit?

C Wohnrecht?

A	B	C

Ertragswert-verfahren

Aufgabe VII-15

Welche der folgenden Aussagen zur Beleihungswertermittlung nach dem Ertragswertverfahren sind richtig?

A Der Ertragswert wird ermittelt aus dem Boden- und dem Bauwert der Immobilie.

B Die Höhe des Zinssatzes, zu dem der Jahresreinertrag kapitalisiert wird, richtet sich nach dem aktuellen Zinssatz am Geldmarkt.

C Der Beleihungswert nach dem Ertragswertverfahren entspricht dem Marktpreis der Immobilie am Tag der Wertermittlung.

D Bei der Berechnung des Beleihungswertes nach dem Ertragswertverfahren werden die Kosten berücksichtigt, die bei gewöhnlicher Bewirtschaftung der Immobilie entstehen.

E Das Ertragswertverfahren muss stets bei wohnwirtschaftlich genutzten Immobilien angewendet werden.

F Der Ertragswert eines Mietobjektes ist der kapitalisierte Gebäudereinertrag zuzüglich des Bodenwertes.

Annuitäten-darlehen

Aufgabe VII-16

Für den Finanzierungsbedarf des Kaufs einer Immobilie im Wert von 800.000,00 EUR unterbreitet Ihnen der Kreditberater der *Nordbank AG* das folgende Angebot:

Annuitätendarlehen:

Sollzinssatz	1,75 % p. a.
Anfängliche Tilgung	2 % p. a.
Zahlungsweise	monatlich
Auszahlung/Valutierung	am 01.01.20..

Ermitteln Sie

a) die monatliche Annuität.

EUR

b) die Tilgung in den ersten drei Monaten.

	EUR

Aufgabe VII-17

Bauspar-darlehen

Welche der folgenden Aussagen über Bauspardarlehen sind richtig?

A Das Bauspardarlehen wird für die gesamte Laufzeit mit einem festen Zinssatz gewährt.

B Der Zinssatz für Bauspardarlehen liegt unter dem allgemeinen Zinsniveau, weil die monatliche Tilgungsrate während der Darlehensphase konstant bleibt.

C Bausparkassen beleihen wohnwirtschaftliche Objekte mit max. 60 % des Beleihungswertes, wenn sie zweitrangig im Grundbuch abgesichert sind.

D Nach der Zuteilung des Bausparvertrags kann der Bausparer für das Bauspardarlehen zwischen einem gebundenen und einem veränderlichen Sollzinssatz wählen.

E Bauspardarlehen sind durch lange Laufzeiten (ca. 25 Jahre) gekennzeichnet, damit die monatliche Rate möglichst gering ist und damit für den Bauherren tragbar ist.

F Bauspardarlehen werden auch durch nachrangige Grundpfandrechte gesichert.

Aufgabe VII-18

Sachwert

Welche der folgenden Unterlagen

1 Statische Berechnung des Gebäudes
2 Bodenrichtwertkarte
3 Bauzeichnung einschl. Baubeschreibung
4 Fotos des unbebauten Grundstücks
5 Fotos mit Außenansichten von vergleichbaren Objekten
6 Nachweis über die Erschließungskosten durch die Gemeinde
7 Einkommensteuererklärung
8 Kalkulation der Herstellungskosten durch den Architekten

sind notwendig für die Berechnung des

A Bodenwertes,

B Bauwertes?

Ordnen Sie zu.

A		B	

Bau-finanzierung

Aufgabe VII-19

Für den Finanzierungsbedarfs eines Immobilienkaufs liegen Ihnen die nachstehenden Informationen vor:

- Das erschlossene Grundstück kostet laut notariell beurkundetem Kaufvertrag 82.500,00 EUR. Der Preis beträgt 150,00 EUR pro qm.
- Die Erschließungskosten betragen 30,00 EUR pro qm.
- Grunderwerbsteuer von 3,5 % muss noch bezahlt werden.
- Die Notar- und Gerichtskosten belaufen sich auf 1.200,00 EUR.
- Die Höhe der veranschlagten Baukosten einschl. Nebenkosten betragen 190.000,00 EUR.
- Der Bauherr verfügt über Sparguthaben in Höhe von 56.000,00 EUR; davon sollen 16.000,00 EUR als Reserve verbleiben.
- Ein Bausparvertrag wurde vor 6 Jahren abgeschlossen. Bausparsumme 60.000,00 EUR, Bausparguthaben 28.000,00 EUR, Zuteilung voraussichtlich in zwei Jahren.

Ermitteln Sie

a) die Erschließungskosten für das gesamte Grundstück.

EUR

b) die Grunderwerbsteuer.

EUR

c) den Darlehensbetrag zur Zwischenfinanzierung (Festdarlehen).

EUR

d) den Betrag des Annuitätendarlehens für den verbleibenden Finanzierungsbedarf.

EUR

Annuitäten-darlehen

Aufgabe VII-20

Das Ehepaar Irene und Gerhard Scheffler finanziert den Kauf einer Eigentumswohnung u. a. mit einem Annuitätendarlehen, Sollzinssatz 3,25 %, effektiver Jahreszins 3,31 %. Wie erklären Sie dem Ehepaar Scheffler den effektiver Jahreszins für die Wohnungsfinanzierung richtig?

A Der effektive Jahreszins wird auf den aktuellen Betrag des Annuitätendarlehens berechnet. Durch die monatliche Tilgungsverrechnung entsteht dadurch ein niedrigerer Sollzinssatz.

B Der Zinsanteil der monatlichen Annuitäten wird aus dem aktuellen Stand des Annuitätendarlehens ermittelt.

C Der effektive Jahreszins berücksichtigt neben dem Sollzinssatz auch alle weiteren Kreditkosten für dieses Annuitätendarlehen, z. B. eine Darlehensauszahlungsgebühr von 0,5 % der Darlehenssumme.

D Der effektive Jahreszins gibt die Obergrenze an, auf die die *Nordbank AG* den Sollzinssatz während der Kreditlaufzeit erhöhen darf.

E Der effektive Jahreszins liegt nur dann über dem Sollzinssatz, wenn die ersten Raten zur Tilgung der Restschuldversicherung verwendet werden.

F Der effektive Jahreszins soll im Falle einer Neufinanzierung des Annuitätendarlehens die durch eine Zinsanpassung zusätzlich entstehenden Zinskosten decken.

Aufgabe VII-21

Beleihungswertermittlung

Für die Ermittlung des Beleihungswertes für ein Objekt mit 16 2-Zimmer-Wohnungen stehen Ihnen die folgenden Angaben zur Verfügung:

Baujahr des Wohnhauses	2001
Bodenwert	350.000,00 EUR
Herstellungskosten	1.230.000,00 EUR
Baunebenkosten	110.000,00 EUR
Risikoabschlag vom Herstellungswert	30 %
Wohnfläche je Wohnung	48 qm
Vergleichsmiete pro qm	monatlich 11,00 EUR
Bewirtschaftungskosten	30 % der Jahresnettomiete
Bodenwertverzinsung	5 %
Kapitalisierungszinsfuß	6 %
Darlehenslaufzeit	15 Jahre

Rentenbarwertfaktoren

Restnutzungsdauer der Gebäude	Kapitalisierungszinssatz			
	5 %	6 %	7 %	8 %
15 Jahre	10,379658	9,712249	9,107914	8,559479
19 Jahre	12,085321	11,158116	10,335595	9,603599

Ermitteln Sie im Rahmen der Beleihungswertermittlung (auf volle 10.000,00 EUR abrunden)

a) den Sachwert.

EUR

b) den Ertragswert (Nutzungsdauer 15 Jahre).

EUR

Bau-finanzierung

Situation zu den Aufgaben VII-22 und VII-23

Die Eheleute Jürgen und Julia Rohde sind Kunden der *Nordbank AG*. Sie beabsichtigen, ein Grundstück zu erwerben und darauf ein Einfamilienhaus mit Doppelgarage zu errichten und es anschließend zu vermieten. Aus den Ihnen vorgelegten Unterlagen entnehmen Sie folgende Angaben:

Grundstücksgröße	652 m²
Wohnhaus	550 m³ umbauter Raum
Wohnfläche	125 m²
Grundstückskosten	220,00 EUR pro m²
Erschließungskosten (Grundstücksnebenkosten)	30,00 EUR pro m²
Baukosten je m³ umbauter Raum	450,00 EUR
Doppelgarage	20.000,00 EUR
Außenanlagen	30.000,00 EUR

Die *Nordbank AG* betrachtet die oben angegebenen Kosten als angemessen.

Sachwert-verfahren

Aufgabe VII-22

Sie bestimmen den Beleihungswert der Immobilie. Ermitteln Sie den ...

a) Bodenwert.

EUR

b) Bauwert unter Berücksichtigung eines Risikoabschlags in Höhe von 15 %.

EUR

c) Sachwert (auf volle 1.000,00 EUR abrunden).

EUR

Ertragswert-berechnung

Aufgabe VII-23

Die Eheleute Lange überlegen, das Einfamilienhaus zu den folgenden Konditionen zu vermieten.

Monatliche Kaltmiete für das Wohnhaus	9,50 EUR/m²
Monatliche Miete für die Doppelgarage	75,00 EUR
Bewirtschaftungskosten für Wohnhaus und Garage	25 % der Mieteinnahmen

Ermitteln Sie ...

a) den Jahresrohertrag.

EUR

b) den Jahresreinertrag.

EUR

c) den Gebäudereinertrag (Bodenwertverzinsung 2 %).

EUR

d) den Ertragswert bzw. den auf volle 10.000,00 EUR abgerundeten Rentenbarwert (Rentenbarwertfaktor 10,379658).

EUR

e) den Darlehensbetrag, mit dem das Objekt maximal erstrangig nach dem Ertragswertverfahren beliehen werden könnte. Die *Nordbank AG* legt eine Beleihungsgrenze von 55 % zugrunde (Darlehensbetrag auf volle 1.000,00 EUR abrunden).

EUR

Aufgabe VII-24

Baufinanzierung

Zur Finanzierung einer Eigentumswohnung im Wert von 245.000,00 EUR beantragt der Privatkunde Matthias Reimann bei der *Nordbank AG* einen Hypothekarkredit in Höhe von 147.000,00 EUR. Welche Auskunft der *Nordbank AG* trifft zu?

A Das von der *Nordbank AG* gewährte Hypothekardarlehen wird durch die Eintragung einer Grundschuld im Wohnungsgrundbuch dinglich abgesichert.

B Hypothekardarlehen werden von der *Nordbank AG* in der Regel mit einer Hypothek dinglich abgesichert.

C Es ist gesetzlich vorgeschrieben, Hypothekardarlehen, mit denen Eigentumswohnungen finanziert werden, im Grundbuch an erster Rangstelle abzusichern.

D Mit einer Grundschuld kann nur ein bebautes Grundstück, aber keine einzelne Eigentumswohnung belastet werden.

E Da die Eigentumswohnung nicht durch ein Grundpfandrecht belastet werden kann, muss zur Sicherung des Hypothekardarlehens mit der *Nordbank AG* ein Besitzkonstitut vereinbart werden.

Aufgabe VII-25

Eigentumsübertragung von Immobilien

Im Vorgespräch einer Immobilienfinanzierung informieren Sie Ihren Kunden Herrn Sengelmann, wie er Eigentümer der gewünschten Immobilie werden kann.

Die Eigentumsübertragung erfolgt durch

A die notariell beglaubigte Auflassung.

B den notariell beurkundeten Kaufvertrag und die Bewilligung der Umschreibung des Grundbuches.

C die Bewilligung und Eintragung einer Auflassungsvormerkung.

D die Auflassung und Eintragung des Eigentümerwechsels im Grundbuch.

E die Einreichung der Auflassungsvormerkung beim Grundbuchamt und die Begleichung der Grunderwerbsteuer.

Bau-finanzierung

Aufgabe VII-26

Zur Finanzierung eines Eigenheims werden von Bauherren sowohl Eigenmittel als auch Fremdmittel benötigt. Welche der nachfolgenden Aussagen ist in diesem Zusammenhang richtig?

A Die Bausparsumme, die dem Bausparer zur Verfügung steht, zählt zu den Eigenmitteln.

B Hypothekenpfandbriefe, die in einem Wertpapierdepot verwahrt werden, gelten aufgrund ihrer niedrigen Verzinsung und des geringen Kursrisikos als Eigenmittel.

C Bei der Vorfinanzierung eines Bausparvertrags erhöht sich nach dessen Zuteilung der Anteil der Fremdmittel.

D Während der Bauphase fällige Bundesobligationen können zum Nennwert als Eigenmittel angesetzt werden.

E Eigene Arbeitsleistungen des Bauherrn werden grundsätzlich nicht in die Finanzierungsplanung mit einbezogen, da ihre Qualität im Voraus nicht einzuschätzen ist.

Beleihungs-wert

Aufgabe VII-27

Welche Aussage im Zusammenhang mit der Bewertung von Sicherheiten für Realkredite trifft zu?

A Der Beleihungswert entspricht dem tatsächlichen Verkehrswert einer Immobilie am Tag der Wertermittlung.

B Die Lage des Grundstücks hat keinen Einfluss auf die Höhe des Ertragswerts.

C Der Beleihungswert ist der kapitalisierte Jahresbruttoertrag einer Immobilie.

D Die Summe aus Bau- und Bodenwert stellt den Sachwert des Beleihungsobjekts dar.

E Mit einem Wertgutachten über den Sachwert eines Beleihungsobjekts sollen Verluste bei der Verwertung dieses Objekts ausgeschlossen werden.

Aufgabe VII-28

Hypothekardarlehen

Arno Kemper möchte eine Eigentumswohnung im Wert von 300.000,00 EUR erwerben. Zur Finanzierung dieser Wohnung beantragt Herr Kemper ein Hypothekardarlehen in Höhe von 140.000,00 EUR. Welche Information aus dem Bekanntenkreis von Herrn Kemper ist richtig?

A Mit einer zweitrangigen Hypothek kann Herr Kemper keine Eigentumswohnung mit Sondereigentumsrechten, sondern nur ein Grundstück belasten.

B Ein Hypothekardarlehen kann nur mit einer erstrangigen Hypothek, nicht aber mit einer zweitrangigen Grundschuld abgesichert werden.

C Durch Vereinbarung eines Tilgungsstreckungsdarlehens lässt sich die effektive Zinsbelastung senken.

D Das Hypothekardarlehen muss durch Eintragung eines Grundpfandrechts im Wohnungsgrundbuch dinglich gesichert werden.

E Nach dem Kreditwesengesetz dürfen Hypothekardarlehen nur gewährt werden, wenn im Wohnungsgrundbuch eine dingliche Sicherheit an erster Rangstelle eingetragen wird.

☐

Aufgabe VII-29

Baufinanzierung

Herr Jan Plate ist Kunde der *Nordbank AG*. Herr Plate möchte eine Eigentumswohnung zum Preis von 130.000,00 EUR zuzüglich Nebenkosten von 10.000,00 EUR erwerben. Die Wohnung soll anschließend vermietet werden. An eigenen Mitteln hat Herr Plate 20.000,00 EUR. Ein Bausparvertrag in Höhe von 50.000,00 EUR ist vorhanden, der allerdings erst in einem Jahr zuteilungsreif ist. Der Bausparvertrag ist mit 50 % voll angespart.

Folgende Informationen liegen Ihnen zur Wohnung vor:

Wohnfläche	72 qm
Baujahr	2002
Stellplatz	für 1 Pkw
Kaufpreis inkl. Stellplatz	130.000,00 EUR
erzielbare Kaltmiete	10,50 EUR/qm inkl. Stellplatz
Bewirtschaftungskosten	pauschal 25 % der Kaltmiete

Die *Nordbank AG* hält die obigen Daten für angemessen und übernimmt diese unverändert für die Beleihungswertermittlung.

a) Berechnen Sie den Ertragswert der Wohnung nach dem vereinfachten Ertragswertverfahren ohne Berücksichtigung der Bodenwertverzinsung. Legen Sie einen Kapitalisierungszinssatz von 5,5 % und einem Kapitalisierungsfaktor von 18,182 zugrunde. Setzen Sie den Beleihungswert fest (Beleihungswert auf volle 1.000,00 EUR abrunden).

__________ EUR

b) Ermitteln Sie unter Einbeziehung der eigenen Mittel und des Bausparvertrags die Höhe des von Herrn Plate zu beantragenden Hypothekardarlehens.

EUR

c) Ermitteln Sie die monatliche Belastung für Herrn Plate vor der Zuteilung des Bauspardarlehens. Aktuelle Darlehenskonditionen der *Nordbank AG:*

Zwischenkredite, Festschreibung 1 Jahr: Zinssatz: 1,85 % p. a.
Annuitätendarlehen, Festschreibung 10 Jahre: Zinssatz: 1,45 % p. a. für erstrangige Darlehen, anfängliche Tilgung: 2 % p. a.

EUR

d) Ermitteln Sie die Höhe der monatlichen Gesamtbelastung nach Zuteilung des Bausparvertrags, Leistungsrate: 5 Promille von der Bausparsumme monatlich.

EUR

e) Überprüfen Sie, ob die Beleihungsgrenzen für die *Nordbank AG* (Beleihungssatz 60 %) und für die Bausparkasse (Beleihungssatz 80 %) nach Zuteilung des Bausparvertrags eingehalten werden.

Bei Überschreitung der Beleihungsgrenze tragen Sie die Ziffer (1) vor das jeweilige Darlehen ein, und tragen Sie den Betrag ein, um wie viel EUR dieses Darlehen den Wert der Beleihungsgrenze übersteigt.

Bei Unterschreitung der Beleihungsgrenze tragen Sie die Ziffer (2) vor das jeweilige Darlehen ein, und tragen Sie den Betrag ein, um wie viel EUR dieses Darlehen den Wert der Beleihungsgrenze unterschreitet.

Ziffer	Darlehensarten	Betrag
	Hypothekardarlehen	
	Bauspardarlehen	

Bauspardarlehen

Aufgabe VII-30

Im Rahmen der Finanzierung eines Eigenheims schließt das Ehepaar Klinger mit der *Bauspar AG* einen Bausparvertrag über die Vertragssumme von 40.000,00 EUR ab. Der Kundenberater informiert das Ehepaar über die Vorteile eines Bauspardarlehens im Rahmen der Eigenheimfinanzierung. Welche Aussagen zum Bauspardarlehen treffen in diesem Zusammenhang zu?

A Die Laufzeit von Bauspardarlehen liegt zwischen 20 und 30 Jahren. Dadurch ergibt sich eine relativ niedrige Annuität.

B Der Sollzinssatz für Bauspardarlehen ist für die gesamte Laufzeit gebunden.

C Die Höhe des Sollzinssatzes beim Bauspardarlehen richtet sich nach der Bonität der Eheleute Klinger.

D Sondertilgungen sind bei Bauspardarlehen nicht zulässig.

E Die Tilgungsleistungen für das Bauspardarlehen werden mit Wohnungsbauprämie in Höhe von 10 % gefördert, wenn das jährliche Nettoeinkommen des Ehepaars 70.000,00 EUR nicht übersteigt.

F Das Bauspardarlehen kann durch ein nachrangiges Grundpfandrecht gesichert werden.

Aufgabe VII-31

Grundschuld

Welche der folgenden Aussagen zu der für die *Nordbank AG* eingetragenen Grundschuld ist zutreffend?

A Die Grundschuld ist akzessorisch.

B Das Darlehen wurde zu einem Zinssatz von 15 % gewährt.

C Im Falle der Verwertung muss die *Nordbank AG* die Höhe der tatsächlichen Forderungen beweisen.

D Zur Zwangsvollstreckung in das Grundstück benötigt die *Nordbank AG* wegen der Grundschuldeintragung keinen weiteren vollstreckbaren Titel.

E Zur Löschung der Grundschuld muss der Kreditnehmer einen Nachweis über die vollständige Rückzahlung des Kredits beim Amtsgericht vorlegen.

Aufgabe VII-32

Grundbucheintragung

Was bedeutet die Eintragung zu Gunsten von Heinrich Rheinfeld für die Grundstückseigentümer Lothar und Angelika Winkler?

> Auszug aus dem Grundbuch des Amtsgerichts Norderstedt
>
> Blatt 1577 Abteilung III
>
> Fünfzigtausend Euro Grundschuld, brieflos, verzinslich mit 15 v. H. jährlich und jederzeit fällig für den Kaufmann Heinrich Rheinfeld, Elmshorn. Sofort vollstreckbar gemäß § 800 ZPO gegen den jeweiligen Grundstückseigentümer.

A Im Falle der Verwertung muss der Grundschuldgläubiger die Höhe der tatsächlichen Forderungen beweisen.

B Bei diesem Grundpfandrecht entfällt für den Gläubiger die Klage auf Duldung der Zwangsvollstreckung.

C Das der Eintragung zu Grunde liegende Darlehen ist mit 15 % jährlich zu verzinsen.

D Durch diese Grundbucheintragung können damit gesicherte Kredite ohne Kündigung jederzeit fällig gestellt werden.

E Bei dieser Eintragung handelt es sich um eine Buchgrundschuld.

F Zur Löschung der Grundschuld muss der Kreditnehmer einen Nachweis über die vollständige Rückzahlung des Kredits beim Amtsgericht vorlegen.

Grundbuch

Aufgabe VII-33

Welche Informationen können Sie durch Einblick in den Grundbuchauszug entnehmen?

A Im Bestandsverzeichnis wurde ein herrschendes Wegerecht eingetragen.

B Im Bestandsverzeichnis wurde das Baujahr des Hauses unter den grundstückstechnischen Daten vermerkt.

C In Abteilung II wurde die Baulast, die dem Nachbarn eine Grenzbebauung eines Carports gestattet, eingetragen.

D In Abteilung II des Grundbuchs wurden die wesentlichen Bestandteile und das Zubehör des Grundstücks vermerkt.

E In Abteilung III wurde die aktuelle Höhe der auf dem Grundstück lastenden Darlehenssumme einschließlich der Zinsen eingetragen.

☐

Grundbuch

Aufgabe VII-34

In Abteilung II eines Grundbuchs wurde ein Wegerecht eingetragen. Welche Auswirkung hat das Wegerecht auf das Grundstück und seinem Eigentümer?

A Es erlaubt dem Grundstückseigentümer, das Nachbargrundstück zu betreten und zu nutzen.

B Es bedeutet, dass das belastete Grundstück öffentlich zugänglich ist.

C Es gewährt dem Eigentümer des Nachbargrundstücks das Recht, einen Weg auf dem belasteten Grundstück zu nutzen.

D Es verpflichtet den belasteten Grundstückseigentümer, den Weg zu pflegen und instand zu halten.

E Es hat keinen Einfluss auf den Verkehrswert des belasteten Grundstücks.

☐

Grundbuch

Aufgabe VII-35

Welche Aussage zum Grundbuch ist richtig?

A Jede natürliche Person kann Einsicht in das Grundbuch nehmen und beglaubigte Grundbuchabschriften erhalten.

B Der öffentliche Glaube des Grundbuches bezieht sich nicht auf Angaben über Größe, Wirtschaftsart und Lage des Grundstücks.

C Die Grundpfandrechte sind der Abteilung II des Grundbuchs zu entnehmen.

D Die Rechte, die mit dem Eigentum an einem Grundstück verbunden sind, z. B. ein Wohnrecht, stehen in Abteilung I des Grundbuches.

E Das gesetzliche Vorkaufsrecht der Gemeinde steht in der Abteilung II des Grundbuchs.

☐

Aufgabe VII-36

Im Grundbuchauszug ist in Abteilung II ein Altenteil eingetragen. Welches Recht hab en die in Abteilung II eingetragenen Eheleute Fred und Ilse Richter durch diese Eintragung an dem Einfamilienhaus?

A Das Ehepaar Richter bleibt lebenslang Eigentümer des Grundstücks.

B Das Ehepaar Richter hat das Recht, Teile des Grundstücks an Dritte zu vermieten. Dem Ehepaar Richter steht die Miete zu.

C Das Ehepaar Richter hat ein lebenslanges Vorkaufsrecht für das Grundstück.

D Die spezifischen Regelungen und Vereinbarungen zum Altenteil sind dem Altenteilervertrag zu entnehmen, der in der Grundakte verwahrt wird.

E Das Ehepaar Richter hat das Recht, landwirtschaftliche Nutzfläche des Grundstücks zu bewirtschaften.

☐

VIII. Firmenkredite

Lösungen ab Seite 405

Aufgabe VIII-1

Sicherungsübereignung

Die Scheffler *GmbH* hat wegen der Finanzierung einer Produktionsanlage mit der *Nordbank AG* einen Sicherungsübereignungsvertrag geschlossen. Welche Aussagen über die Risiken dieser Sicherungsübereignung treffen zu?

A Falls die Produktionsanlage bereits von der *Scheffler GmbH* sicherungsübereignet wurde, erhält die *Nordbank AG* die Eigentumsrechte an der Produktionsanlage erst, wenn sie dem ersten Sicherungsnehmer die Sicherungsübereignung angezeigt hat.

B Ist auf dem Firmengrundstück bereits eine Grundschuld für die *Nordbank AG* eingetragen, so haftet die Produktionsanlage für diese Grundschuld, wenn die Sicherungsübereignung erst nach Montage der Anlage erfolgte.

C Steht die Produktionsanlage in einer gemieteten Produktionshalle, so steht dem Vermieter ein gesetzliches Vermieterpfandrecht zu.

D Falls die *Scheffler GmbH* die sicherungsübereignete Produktionsanlage an einen gutgläubigen Dritten weiterverkauft, so hat die *Nordbank AG* gegen diesen einen Herausgabeanspruch.

E Kauft die *Scheffler GmbH* die Produktionsanlage unter Eigentumsvorbehalt, so erwirbt die *Nordbank AG* die Eigentumsrechte an der Anlage erst mit Abschluss des Sicherungsübereignungsvertrags.

F Eine Produktionsanlage kann nur im Rahmen eines Leasingvertrages rechtswirksam sicherungsübereignet werden.

Aufgabe VIII-2

Notleidende Kredite

Welche Auswirkung hat die Eröffnung eines Insolvenzverfahrens auf die Verfügungsberechtigung über das Geschäftskonto des Gemeinschuldners?

A Insolvenzverwalter und Gemeinschuldner können nur gemeinsam über das Konto verfügen.

B Neben den vorhandenen Verfügungsberechtigten erhält auch der Insolvenzverwalter Verfügungsberechtigung.

C An der bei der Eröffnung des Insolvenzverfahrens gegebenen Verfügungsberechtigung ändert sich nichts.

D Die vorhandenen Verfügungsberechtigungen erlöschen. Alleinverfügungsberechtigt wird der Insolvenzverwalter.

E Verfügungsberechtigte können über das Konto nur noch im Rahmen vorhandener Kontoguthaben verfügen.

W. Grundmann et al., *Bankwirtschaft und Controlling Teil 1*, Prüfungstraining für Bankkaufleute,
https://doi.org/10.1007/978-3-658-52865-2_8

Insolvenzverfahren

Aufgabe VIII-3

Im Zuge eines Insolvenzverfahrens hat der vom Amtsgericht beauftragte Insolvenzverwalter das Vermögen des Gesamtschuldners festzustellen, die Insolvenzmasse zu verwerten und in der durch die Insolvenzordnung festgelegten Rangfolge an die Insolvenzgläubiger zu verteilen. Ordnen Sie die angemeldeten Ansprüche einzelner Gläubiger zu!

Die Rangfolge der Gläubiger:

1 Gläubiger mit Aussonderungsrechten
2 Gläubiger mit Absonderungsrechten
3 Massegläubiger

A Die Kundin Birte Schumann hatte vor der Eröffnung des Insolvenzverfahrens einen Warengutschein im Wert von 1.000,00 EUR zu ihrer Hochzeit geschenkt bekommen.

B Das Finanzamt stellt Ansprüche in Höhe von 18.000,00 EUR wegen fälliger rückständiger Gewerbesteuer.

C Die Firma *A. Rose KG* lieferte vor der Eröffnung des Insolvenzverfahrens Waren im Wert von 35.000,00 EUR gegen Rechnung unter Eigentumsvorbehalt.

D Die Verkäuferin Vera Saffert hat Lohnforderungen in Höhe von 2.800,00 EUR aus der Zeit vor der Eröffnung des Insolvenzverfahrens.

E Der Lagerarbeiter Bernd Wille wurde vom Insolvenzverwalter wegen der notwendigen Lagerräumung befristet eingestellt. Seine Lohnforderungen belaufen sich auf 1.300,00 EUR.

F Die *Nordbank AG* in Hamburg fordert die Rückzahlung eines grundbuchlich abgesicherten Darlehens in Höhe von 130.000,00 EUR.

A	B	C	D	E	F

Abtretung von Forderungen

Aufgabe VIII-4

Firmenkredite werden häufig durch Zessionen gesichert. Welche Aussagen über Zessionen treffen zu?

A Bei der stillen Zession kann der Drittschuldner mit befreiender Wirkung nur noch an den Zessionar zahlen.

B Der Zessionar ist bei der stillen Zession verpflichtet, den Zahlungseingang an den Zedenten abzuführen.

C Bei der Mantelzession hat die Einreichung von Debitorenlisten nur deklaratorische Wirkung.

D Bei der Mantelzession wird eine Abtretung wirksam, sobald die Forderung der Bank gegenüber bestimmt worden ist.

E Bei Globalzessionen hat die Übergabe monatlicher Bestandsmeldungen, die die Forderungsbeträge und die Drittschuldner ausweisen, nur deklaratorische Bedeutung.

F Mantelzessionen sind gesetzlich nicht zulässig.

Aufgabe VIII-5

Sicherungsübereignung

Welche Aussage kann der Sicherungsübereignung als Möglichkeit der Kreditsicherung zugeordnet werden?

A Für die Rechtswirksamkeit ist vor allem eine ausreichende Individualisierung der übereigneten Gegenstände erforderlich.

B Im Vertrag muss die Mitteilung an eine Evidenzstelle vereinbart werden.

C Der Kreditnehmer bleibt auch nach Übergabe der Sache Eigentümer.

D Für den Gläubiger besteht eine Gefahr darin, dass diese Art der Kreditsicherung nach außen nicht erkennbar gemacht wird.

E Zum Zwecke der Kreditsicherung muss der Gegenstand beim Schuldner von anderen Gegenständen räumlich abgesondert werden.

☐

Aufgabe VIII-6

Globalzession

Die *Fischer Moden GmbH* verfügt über einen Kontokorrentkredit in Höhe von 250.000,00 EUR, der durch eine stille Globalzession gesichert ist. Welche Aussagen zur stillen Globalzession treffen zu?

A Die Globalzession wird wirksam, sobald sie im Sicherungsvertrag bestimmt worden ist.

B Die Einreichung monatlicher Bestandsmeldungen über die Forderungsbeträge und die betroffenen Drittschuldner hat nur deklaratorische Bedeutung.

C Die Drittschuldner des Kunden können mit befreiender Wirkung nur noch an die kreditgebende Bank zahlen.

D Die *Fischer Moden GmbH* ist verpflichtet, nach Zahlungseingängen von Drittschuldnern laufend neue Forderungen an die kreditgebende Bank abzutreten.

E Die Kredit gebende Bank verzichtet auf die Einreichung von Blankobenachrichtigungsschreiben an die Drittschuldner des Kunden.

F Globalzessionen dürfen aus Sicherheitsgründen nur offen abgetreten werden.

☐ ☐

Aufgabe VIII-7

Vergleich von Sicherheiten

Ordnen Sie den genannten Kreditsicherheiten je eine der Vereinbarungen aus Kreditverträgen zu.

Kreditsicherheiten

1 Bürgschaft
2 Pfandrecht an Rechten
3 Sicherungsabtretung
4 Sicherungsübereignung
5 Grundpfandrecht

Vereinbarungen

A Die Bank überlässt dem Sicherungsgeber die als Sicherheit dienenden Gegenstände leihweise und gestattet ihm, vorbehaltlich jederzeitigen Widerrufs, die Weiterbenutzung der Gegenstände.

B Die Grundschuld über 100.000,00 EUR ist ab dem 01. Oktober 20.. mit jährlich 15 vom Hundert für die *Nordbank AG* in Hamburg zu verzinsen.

C Die Bank ist berechtigt, auch bevor ihre eigene Forderung fällig ist, die Zinsen bzw. Gewinnanteile sowie etwaige sonstige Erträgnisse der verpfändeten Wertpapiere ohne Mitwirkung des Verpfänders bei Fälligkeit einzuziehen.

D Die gegenwärtigen Forderungen gehen mit Abschluss dieses Vertrages, die künftigen mit ihrer Entstehung auf die Bank über.

E Für alle bestehenden und künftigen – auch bedingten oder befristeten – Ansprüche der *Fördebank AG* aus der Geschäftsverbindung, insbesondere aus der Gewährung von Krediten jeder Art, übernehmen wir hiermit selbstschuldnerisch einen Betrag bis zur Höhe von 50.000,00 EUR.

1	2	3	4	5

Sicherungsverträge

Aufgabe VIII-8

Zur Sicherung eines Darlehens werden der *Lahnbank AG* in Marburg die nachstehenden Sicherheiten angeboten. Ordnen Sie den Sicherheiten die entsprechenden Sicherungsverträge zu.

Angebotene Sicherheiten:

1 Praxiseinrichtung eines Zahnarztes

2 Inhaberaktien

3 Bestehende Eigentümergrundschuld

4 Vermögender Verwandter

5 Sparbrief der *Lahnbank AG*

Sicherungsverträge

A Bürgschaft

B Sicherungsübereignung

C Bestellung eines Pfandrechts

D Abtretung

1	2	3	4	5

Aufgabe VIII-9

Verwertung von Sicherheiten

Ordnen Sie den verschiedenen Sicherheiten die entsprechenden Verwertungsarten zu!

Sicherheiten

1 Grundschuld
2 Abtretung offener Buchforderungen gegen Drittschuldner
3 verpfändbares Wertpapierdepot
4 selbstschuldnerische Höchstbetragsbürgschaft
5 Sicherungsübereignung eines Warenlagers
6 Abtretung einer kapitalbildenden Lebensversicherung
7 Sicherungsübereignung eines Kraftfahrzeugs

Verwertungsarten

A Die Forderung kann eingezogen werden.
B Der Sicherungsgegenstand kann zwangsversteigert oder zwangsverwaltet werden.
C Das Sicherungsgut kann freihändig verkauft werden.
D Der Sicherungsgegenstand kann börsenmäßig verkauft werden.
E Die Schuld wird von einem Dritten übernommen.

1	2	3	4	5	6	7

Aufgabe VIII-10

Sicherungsübereignung

Die *Finnberg Alarm- und Sicherheitstechnik KG* plant den Kauf von zwei Fahrzeugen zum Preis von 68.000,00 EUR beim *Autohaus Dello* und möchte diese bei der *Nordbank AG* finanzieren. Die *Nordbank AG* fordert zur Besicherung von der *Finnberg Alarm- und Sicherheitstechnik KG* die Sicherungsübereignung der Fahrzeuge. Welche der folgenden Aussagen in Bezug auf die Sicherungsübereignung der Fahrzeuge ist richtig?

A Durch die Sicherungsübereignung wird die *Finnberg Alarm- und Sicherheitstechnik KG* Eigentümerin und die *Nordbank AG* unmittelbare Besitzerin der Fahrzeuge.

B Die *Nordbank AG* wird erst mit Bereitstellung des Kredits Eigentümerin der Fahrzeuge, weil die Sicherungsübereignung vom Bestehen einer Forderung abhängig ist.

C Beinhaltet der Kaufvertrag einen Eigentumsvorbehalt und überweist die *Nordbank AG* nach Abschluss des Sicherungsübereignungsvertrages den Kaufpreis direkt an das *Autohaus Dello*, erwirbt sie das Eigentum an den Fahrzeugen.

D Mit der Einräumung des Besitzkonstituts wird die *Nordbank AG* Eigentümerin der beiden Fahrzeuge und muss diese auf der Aktivseite ihrer Bilanz ausweisen.

E Erst mit der Übergabe der Zulassungsbescheinigungen 2 an die *Nordbank AG* ist der Eigentumsübergang vollzogen worden.

Sicherungsübereignung

Aufgabe VIII-11

Zur Absicherung eines Firmenkredits wurde zwischen der *Nordbank AG* und der *KTG GmbH* die Sicherungsübereignung eines Lkw vereinbart. Die Zulassungsbescheinigung 2 (vormals Fahrzeugbrief) wurde der *Nordbank AG* übergeben. Welche Bedeutung hat in diesem Zusammenhang die Übergabe der Zulassungsbescheinigung 2 für die *Nordbank AG*?

A Die *Nordbank AG* überträgt die Daten des Lkw von der Zulassungsbescheinigung 2 in den Sicherungsübereignungsvertrag. Dadurch kann das Sicherungsgut eindeutig bestimmt werden.

B Mit der Zulassungsbescheinigung 2 kann die *Nordbank AG* ihre Rechtstellung als Eigentümerin des Lkw nachweisen, da die Zulassungsbescheinigung 2 die Daten der *Nordbank AG* als Fahrzeughalterin enthält.

C Mit der Übergabe der Zulassungsbescheinigung 2 wird die *Nordbank AG* Eigentümerin des Lkw. Die *Nordbank AG* kann ohne Übergabe der Zulassungsbescheinigung 2 nicht Eigentümerin des Lkw werden.

D Die Übergabe der Zulassungsbescheinigung 2 hat für die *Nordbank AG* keine weitere Bedeutung, da die *KTG GmbH* den Lkw auch ohne die Zulassungsbescheinigung 2 im guten Glauben weiterverkaufen kann.

E Da der Fahrzeugführer die Zulassungsbescheinigung 2 ständig bei sich führen muss, erhält die *Nordbank AG* aus Sicherheitsgründen eine beglaubigte Fotokopie der Zulassungsbescheinigung 2.

F Die *Nordbank AG* lässt sich aus Sicherheitsgründen die Zulassungsbescheinigung 2 von der *KTG GmbH* übergeben, um bei einem Fahrzeugverkauf einen gutgläubigen Erwerb des Fahrzeugs zu erschweren.

Sicherungsübereignung

Aufgabe VIII-12

Zur Erneuerung des Fuhrparks beantragt die *WiWa Schoko GmbH* bei der *Nordbank AG* einen Investitionskredit. Zur Sicherung des Kredits bietet die *WiWa GmbH* die Sicherungsübereignung des Fuhrparks an. Welche Aussagen zur Sicherungsübereignung von Kraftfahrzeugen treffen zu?

A Zur rechtswirksamen Eigentumsübertragung auf die *Nordbank AG* ist die Übergabe der Zulassungsbescheinigung 2 (vormals Fahrzeugbrief) erforderlich.

B Die Übereignung des Fuhrparks wird rechtswirksam, sobald die Zulassungsbescheinigung 2 (vormals Fahrzeugbrief) auf die *Nordbank AG* umgeschrieben worden ist.

C Der finanzierte und zu übereignende Fuhrpark ist im Sicherungsübereignungsvertrag durch Angabe der Fabrikate, der Fahrgestell- und Motornummern und der polizeilichen Kennzeichen genau zu bezeichnen.

D Sobald die Haftpflichtversicherung über das Besitzkonstitut informiert worden ist, geht das Sicherungseigentum auf die *Nordbank AG* über.

E Aus Sicherheitsgründen verlangt die *Nordbank AG* die Übergabe der Zulassungsbescheinigung 2 (vormals Fahrzeugbrief).

F Für die Rechtswirksamkeit der Übereignung des Fuhrparks ist eine Anzeige an die Zulassungsstelle erforderlich.

Aufgabe VIII-13

Kreditantrag

Die *Friedhelm Hellbrinck KG* hat bei Ihnen einen Kontokorrentkredit über 100.000,00 EUR beantragt. Welche der nachfolgenden Aussagen zur Prüfung des Kreditantrags sind richtig?

A Rechtswirksame Erklärungen für die KG können sowohl Komplementäre der *Friedhelm Hellbrinck KG* als auch einer der Kommanditisten abgeben.

B Bei der Kreditwürdigkeitsprüfung ist zu berücksichtigen, dass Kommanditisten Gläubigern der KG gegenüber nicht persönlich haften, wenn sie ihre Einlagen bereits in voller Höhe geleistet haben.

C Für die Prüfung der Kreditfähigkeit kommen auch Informationen der Schufa in Betracht.

D Die Höhe der Einlage der Kommanditisten kann aus dem Handelsregister entnommen werden.

E Bei Prüfung des Kreditantrags muss eine Bonitätsprüfung der Kommanditisten der Gesellschaft durchgeführt werden.

F Der Kreditantrag muss von allen Komplementären und Kommanditisten gemeinsam gestellt und unterschrieben werden.

Aufgabe VIII-14

Verwertung von Sicherheiten

Für einen Betriebsmittelkredit über 50.000,00 EUR bietet die *Friedhelm Hellbrinck KG* der *Nordbank AG* verschiedene Sicherheiten an. Welche dieser Sicherheiten sind unter Berücksichtigung einer schnellen Verwertung und hohen Werthaltigkeit geeignet?

A Sicherungsübereignung eines Oldtimer-Pkw eines Kommanditisten der *Friedhelm Hellbrinck KG* (Schätzwert 80.000,00 EUR)

B Abtretung der Rechte und Ansprüche aus einer Risikolebensversicherung der Ehefrau eines Komplementärs der *Friedhelm Hellbrinck KG* über die Versicherungssumme von 120.000,00 EUR. Der Versicherungsvertrag wurde vor einem Jahr abgeschlossen.

C Verpfändung des Depots der *Friedhelm Hellbrinck KG* bei der *Nordbank AG*, mit 6 % Inhaber-Schuldverschreibungen der *Nordhypo*, Restlaufzeit zwei Jahre, Depotwert zurzeit 60.000,00 EUR

D Verpfändung von Goldschmuck eines Komplementärs, Wert 60.000,00 EUR (Wertgutachten liegt bei)

E Gehaltsabtretung der Ehefrau eines Komplementärs der KG

F Abtretung einer Spareinlage eines Komplementärs über 55.000,00 EUR bei einem anderen Kreditinstitut

Sicherungs-übereignung

Aufgabe VIII-15

Zur Sicherung eines Investitionskredits wurde von der *Spedition Werner Jahnke KG* der erworbene Lkw sicherungsübereignet. Welche der nachfolgenden Aussagen sind in diesem Zusammenhang zutreffend?

A Bei der Verwertung des Lkw müssen sowohl die Zulassungsbescheinigung 2 (vormals Kfz-Brief) als auch der Lkw im Besitz der *Nordbank AG* sein.

B Die *Werner Jahnke KG* ist verpflichtet, die Prämien für die bestehende Haftpflicht- und Kaskoversicherung zu zahlen.

C Der Lieferant des Lkw muss von der *Nordbank AG* über die Sicherungsübereignung informiert werden, damit das Eigentum direkt auf die *Nordbank AG* übergeht.

D Der Lkw wird durch die Sicherungsübereignung Eigentum der *Nordbank AG*, die ihn auch bilanziert.

E Die *Nordbank AG* erwirbt mit dem Sicherungsübereignungsvertrag das Eigentum und den unmittelbaren Besitz an dem Lkw.

F Die *Nordbank AG* verlangt die Übergabe der Zulassungsbescheinigung 2 (vormals Kfz-Brief), um im Falle einer zukünftigen Verwertung des Lkw sicherzustellen, dass zu Gunsten des neuen Eigentümers die Zulassungsbescheinigung 2 umgeschrieben werden kann.

Sicherungs-übereignung von Geräten

Aufgabe VIII-16

Die Gesamtinvestitionen der Modernisierung einer Zahnarztpraxis belaufen sich auf 270.000,00 EUR. Davon sollen 135.000,00 EUR fremdfinanziert werden. Zur Sicherung des bei der Nord*bank AG* beantragten Kredits wird die sicherungsweise Übereignung der medizinischen Geräte der Praxis angeboten, die nur mit 50 % als Beleihungswert bewertet werden können. Welche Aussage trifft auf diese Sicherungsübereignung zu?

A Bei dieser Kreditsicherheit bleibt die Zahnarztpraxis Eigentümerin der medizinischen Instrumente und Geräte. Dies erschwert der Nordbank AG im Verwertungsfall den Zugriff auf die medizinischen Instrumente und Geräte und bringt erhöhte Kosten mit sich.

B Aufgrund der Bonität der Zahnarztpraxis geht die Nordbank AG davon aus, dass in den ersten zwei Jahren der Kreditlaufzeit keine Risiken auftreten werden. Danach sind die Instrumente und Geräte höchstens nur noch maximal 60 % des Kaufpreises wert.

C Da die Instrumente und Geräte wesentlicher Bestandteil des Zahnarztgrundstücks wird, darf die Nordbank AG gemäß den Vorschriften des Pfandbriefgesetzes keine Beleihung von mehr als 60 % der Werte der medizinischen Instrumente und Geräte vornehmen.

D Die Nordbank AG hat im Verwertungsfall das Risiko, keinen Käufer für diese medizinischen Instrumente und Geräte zu finden. Aus diesem Grund wird ein Sicherheitsabschlag von 50 % vorgenommen.

E Die Nordbank AG darf die medizinischen Instrumente und Geräte nicht mit dem vollen Kaufpreis bewerten, da das Investitionsdarlehen auch nur 50 % des Kaufpreises ausmacht. Diese Höhe stellt die gesetzliche Obergrenze der Beleihung dar.

Aufgabe VIII-17

Kreditrisiken

Welche der folgenden Kreditrisiken stellen finanzierungsbedingte Risiken dar?

A Die Bildung von Rückstellungen oder Wertberichtigungen zur Risikovorsorge ist unzureichend.

B Sicherungsübereignete Gegenstände des Kreditnehmers sind mit Eigentumsvorbehalten belastet.

C Der Kreditnehmer hat eine schwache Eigenkapitalbasis.

D Die erzielten Erlöse werden zu wachsenden Teilen durch Gewährleistungsansprüche aufgezehrt.

E Die Preisvorstellungen des Kreditnehmers lassen sich auf dem Absatzmarkt auf Grund starken Wettbewerbs nicht durchsetzen.

F Der Kreditnehmer ist bei der Beschaffung auf wenige marktbeherrschende Lieferanten angewiesen.

Aufgabe VIII-18

Sicherungsübereignung von Vorräten

Werden Waren oder Vorräte sicherungsübereignet, schließen das Kreditinstitut und der Kreditnehmer einen Raumsicherungsvertrag, in dem zur Verminderung von Risiken mit dem Sicherungsgeber entsprechende Vereinbarungen getroffen werden. Ordnen Sie den nachfolgenden Risiken die entsprechenden Vereinbarungen zu.

Vereinbarungen

1. Soweit der Sicherungsgeber ein Anwartschaftsrecht auf Eigentumserwerb an den von seinen Lieferanten unter Eigentumsvorbehalt gelieferten Waren hat, überträgt er hiermit der Bank dieses Anwartschaftsrecht.
2. Der Sicherungsgeber verpflichtet sich, das Sicherungsgut für die Dauer der Übereignung auf eigene Kosten in voller Höhe gegen die üblichen Gefahren zu versichern. Dabei ist der Sicherungsgeber zur Aufhebung der Versicherung ohne Zustimmung der Bank nicht berechtigt.
3. Der Sicherungsgeber hat der Bank in monatlichen Abständen eine Bestandsliste über das an die Bank übertragene Sicherungsgut einzureichen.
4. Der Sicherungsgeber ist verpflichtet, jeweils nach Fälligkeit des Mietzinses dessen Zahlung der Bank nachzuweisen.
5. Die Bank ist berechtigt, das Sicherungsgut am jeweiligen Standort zu überprüfen. Der Sicherungsgeber hat jede zu diesem Zweck erforderliche Auskunft zu erteilen und die betreffenden Unterlagen zur Einsicht vorzulegen.

6. Handelt es sich bei dem Sicherungsgut um Warenvorräte oder Rohstoffe, wird ein Sicherheitsabschlag von 40 % wegen möglicher Mindererlöse durch veraltetes Sicherungsgut vorgenommen.

Risiken

A Preisrückgang sowie Verwertungsschwierigkeiten der eingelagerten Ware

B Gefahr der Doppelübereignung

C Auf dem Sicherungsgut lastet ein Eigentumsvorbehalt des Lieferanten.

D Eigentumsgefährdung durch Verarbeitung des Sicherungsgutes

E Ein Vermieterpfandrecht lastet auf dem Sicherungsgut.

F Die Ware kann durch Brand oder Überschwemmung vernichtet werden.

A	B	C	D	E	F

Sicherungsübereignung

Aufgabe VIII-19

Im Zusammenhang mit der Sicherungsübereignung von Kraftfahrzeugen verlangen Kreditinstitute die Hinterlegung der Zulassungsbescheinigung 2. Welche der folgenden Aussagen dazu sind richtig?

A Die Zulassungsbescheinigung 2 wird der Versicherung zum Beweis der Sicherungsübereignung geschickt.

B Die Übergabe der Zulassungsbescheinigung 2 ersetzt die Fahrzeugübergabe.

C Die Zulassungsbescheinigung 2 wird zur Eigentumsumschreibung an die Zulassungsstelle geschickt.

D Durch den Verbleib der Zulassungsbescheinigung 2 beim Kreditinstitut soll ein gutgläubiger Erwerb des Kraftfahrzeugs durch Dritte verhindert werden.

E Mit der Übergabe der Zulassungsbescheinigung 2 lässt sich das Kreditinstitut zusätzlich belegen, dass der Sicherungsgeber Eigentümer ist.

F Die Rechtshandlung der Sicherungsübereignung bedarf nicht der Übergabe der Zulassungsbescheinigung 2.

Kreditsicherheiten

Aufgabe VIII-20

Welche Aussage über Kreditsicherheiten ist richtig?

A Das AGB-Pfandrecht erfasst nur solche Vermögenswerte, die sich im unmittelbaren Besitz des Kreditinstituts befinden.

B Bei der Globalzession werden die vereinbarten Forderungen mit der Übergabe der Debitorenlisten abgetreten.

C Bei der Sicherungsübereignung erwirbt das Kreditinstitut ein treuhänderisches Eigentum an den übereigneten Gegenständen.

D Eine Bürgschaftserklärung, die der Geschäftsführer einer GmbH im Rahmen seines Handelsgewerbes mündlich abgibt, ist unwirksam.

E Bei der Mantelzession gelten von vornherein festgelegte Forderungen mit dem Zeitpunkt ihres Entstehens als abgetreten.

Aufgabe VIII-21

Bilanzkennzahlen

Ihnen liegen als Firmenkundenkreditberater(in) die folgenden aufbereiteten Zahlen für drei Geschäftsjahre der *Krones GmbH* vor (jeweils in TEUR):

Kennziffer	2023	2024	Planzahlen für 2025
Betriebsergebnis	115	123	145
Zuführung zu den Pensionsrückstellungen	51	50	52
Zuführung zur Gewinnrücklage	11	8	18
Abschreibungen auf Sachanlagen	20	23	47

Ermitteln Sie den erwarteten Cash-flow für das Geschäftsjahr 2025.

TEUR

Aufgabe VIII-22

Bilanzanalyse

Die *ABX GmbH* hat der *Nordbank AG* die Bilanz und die Gewinn- und Verlustrechnung für das vergangene Geschäftsjahr eingereicht (verkürzte Darstellung).

Aktiva	Bilanz zum 31.12.2024 in TEUR		**Passiva**
Sachanlagen	273	Gezeichnetes Kapital	50
Finanzanlagen	27	Rücklagen	20
Vorräte	207	Jahresüberschuss	18
Forderungen aus Lieferungen und Leistungen	156	Langfristige Rückstellungen	61
Wertpapiere	28	Langfristige Darlehen	147
Kassenbestand	1	Bankverbindlichkeiten (kurzfr.)	162
	--------	Verbindlichkeiten aus Lieferungen u. Leistungen	234
	692		692

Gewinn- und Verlustrechnung zum 31.12.2024 in TEUR	
Umsatzerlöse	1.280
Bestandsveränderungen	-10
Gesamtleistung	1 270
Materialaufwand	944
Personalaufwand	192
Abschreibungen auf Sachanlagen	56
Zinsaufwand	22
Betriebsergebnis	56

außerordentlicher Aufwand/ außerordentlicher Ertrag	-38
Jahresüberschuss	18

Für das Geschäftsjahr 2023 hatte die *Nordbank AG* für die *ABX GmbH* folgende Kennzahlen errechnet:

Eigenkapitalquote	25 %
Gesamtkapitalrentabilität	16,4 %
Kreditorenziel	22 Tage

Ermitteln Sie aufgrund der aktuellen Zahlen von 2024 die Kennzahlen für

a) Eigenkapitalquote

	%

b) Gesamtkapitalrentabilität

	%

c) Kreditorenziel

	Tage

Sicherungs-übereignung von Maschinen

Aufgabe VIII-23

Die *Arno Junge GmbH* beantragt bei der *Nordbank AG* einen Investitionskredit in Höhe von 100.000,00 EUR. Zur Sicherung des Kredits wurde das Investitionsobjekt der *Nordbank AG* sicherungsübereignet. Mit welchen Sicherungsmaßnahmen kann die *Nordbank AG* die mit der Sicherungsübereignung des Investitionsobjekts verbundenen Risiken minimieren? Ordnen Sie die Maßnahmen der *Nordbank AG* den entsprechenden Risiken zu.

Schutzmaßnahmen:

1 Erklärung des Vermieters, auf sein Sicherungsrecht zu verzichten.

2 Einsichtnahme ins Grundbuch und ggf. Bestellung weiterer Sicherheiten

3 Übertragung des Anwartschaftsrechts auf Eigentumserwerb an die *Nordbank AG*; Lieferantenverbindlichkeiten sind sofort zu begleichen.

4 Angemessene Kreditüberdeckung; Abschluss einer Versicherung und Abtretung der Versicherungsansprüche an die *Nordbank AG*.

Risiken:

Das Investitionsobjekt ...

A unterliegt einem Eigentumsvorbehalt.

B verliert an Wert oder wird zerstört.

C haftet als wesentlicher Bestandteil oder Zubehör eines Grundstücks für ein Grundpfandrecht.

D unterliegt einem gesetzlichen Pfandrecht.

A	B	C	D

Aufgabe VIII-24

Kreditüberwachung

Die *Nordbank AG* hat der *Blume & Lange KG* einen Investitionskredit über 50.000,00 EUR gewährt. Um das Kreditrisiko während der Kreditlaufzeit zu minimieren, hat die *Nordbank AG* Maßnahmen zur Kreditüberwachung bei Firmenkrediten ergriffen. Welche der folgenden Aussagen bezüglich der Kreditüberwachung sind zutreffend?

A Die *Nordbank AG* bewertet nach Ablauf der Abschreibungsdauer der Investition deren Restwert, um bei Bedarf neue Sicherheiten anzufordern.

B Die *Nordbank AG* überprüft einmal jährlich die wirtschaftliche Entwicklung der *Blume & Lange KG*, wobei die Branchenentwicklung nicht von Bedeutung ist.

C Die *Nordbank AG* beobachtet das wirtschaftliche Umfeld der *Blume & Lange KG*, ihrer Lieferanten und Kunden, um auf eine negative Entwicklung frühzeitig reagieren zu können.

D Die *Nordbank AG* überwacht die Umsätze auf dem Konto der *Blume & Lange KG* sowie die Art der Kontoführung, um Risiken vorbeugen zu können.

E Die *Nordbank AG* überprüft laufend die familiäre Situation der Komplementäre der KG, um Anhaltspunkte für deren Kreditwürdigkeit zu erlangen.

F Die *Nordbank AG* muss regelmäßig Betriebsbesichtigungen bei der *Blume & Lange KG* durchführen, um die stillen Reserven der KG zu bewerten.

Aufgabe VIII-25

Kreditwürdigkeitsprüfung

Bevor die *Nordbank AG* der *Blume & Lange KG* den Investitionskredit gewährt, prüft die *Nordbank AG* die Kreditwürdigkeit der *Blume & Lange KG*. Welche der folgenden Aussagen zur persönlichen Kreditwürdigkeitsprüfung ist zutreffend?

A Die *Nordbank AG* analysiert im Rahmen der Kreditwürdigkeitsprüfung unter anderem die Auftragslage sowie die Markt- und Konkurrenzverhältnisse der *Blume & Lange KG*.

B Wenn der *Nordbank AG* die letzten drei Jahresabschlüsse der *Blume & Lange KG* vorliegen, brauchen aktuelle betriebswirtschaftliche Auswertungen nicht mehr vorgenommen werden.

C Um die persönliche Kreditwürdigkeit der *Blume & Lange KG* zu überprüfen, lässt sich die *Nordbank AG* einen aktuellen Handelsregisterauszug B aushändigen.

D Die *Nordbank AG* nimmt Einsicht in den Gesellschaftervertrag, um sich Klarheit über die Haftungsverhältnisse innerhalb der *Blume & Lange KG* zu verschaffen.

E Die Höhe der Einlagen der Kommanditisten der *Blume & Lange KG* ist für die persönliche Kreditwürdigkeitsprüfung von entscheidender Bedeutung, da die *Blume & Lange KG* mit den Einlagen der Kommanditisten haftet.

Kontokorrentkredit

Aufgabe VIII-26

Die *Hellbrinck GmbH* beantragt bei der *Eiderbank AG* in Husum einen Kontokorrentkredit in Höhe von 300.000,00 EUR. Welche Vorteile bietet der Kontokorrentkredit der *Hellbrinck GmbH*?

A Der Kontokorrentkredit wird durch laufende Tilgungsraten zurückgezahlt.

B Der Kontokorrentkredit hat einen festen Zinssatz und ist nicht durch eine festgelegte Laufzeit begrenzt.

C Der Kontokorrentkredit kann sehr flexibel eingesetzt werden, da er jederzeit zurückgeführt, aber auch immer wieder neu in Anspruch genommen werden kann.

D Der Kontokorrentkredit ist der kostengünstigste Kredit, da der Zeitpunkt der Inanspruchnahme und der Zeitpunkt der Rückführung des Kredits frei durch den Kreditnehmer beansprucht werden können.

E Der Kontokorrentkredit wird erst am Ende der vereinbarten Laufzeit fällig.

F Die Besicherung des Kontokorrentkredits erfolgt problemlos zum Beispiel durch die Abtretung laufender Kundenforderungen.

G Eingeräumte, nicht in Anspruch genommene Kontokorrentkredite stellen für die *Hellbrinck GmbH* Liquiditätsreserven dar.

Finanzierungsarten

Aufgabe VIII-27

Die *Supermarkt AG* beabsichtigt die Durchführung einer Neuinvestition. Welche der folgenden Finanzierungen sind Selbstfinanzierung?

A Die Finanzierungsmittel werden durch Inanspruchnahme eines Investitionskredits beschafft.

B Die *Supermarkt AG* emittiert junge Aktien zum Bezugspreis von 175,00 EUR pro Stück, um die Investition zu finanzieren.

C Die *Supermarkt AG* finanziert die Investition durch Verkauf von Wertpapieren, die sie im Bestand hat.

D Die *Supermarkt AG* erhöht die Rücklagen aus dem Jahresüberschuss.

E Die *Supermarkt AG* verkauft von Kunden akzeptierte Handelswechsel an ihre Bank.

F Die *Supermarkt AG* emittiert über ihre Hausbank eine Industrieschuldverschreibung mit entsprechendem Emissionsvolumen.

Situation zu den Aufgaben VIII-28 bis VIII-32

Die *Max Bauhof GmbH* ist ein mittelständisches Unternehmen, das neben inländischen und ausländischen Kunden auch verschiedene Baumärkte in Deutschland mit Sanitärbedarfsartikeln beliefert. Jens Wewer ist Geschäftsführer der *Max Bauhof GmbH*. Er plant den Kauf von drei zusätzlichen Gabelstaplern im Wert von 850.000,00 EUR. Der Kaufpreis muss in voller Höhe finanziert werden. Bisher ist die GmbH noch nicht Kunde der *Nordbank AG*. Als Herr Weber den Termin für das Beratungsgespräch vereinbart, bitten Sie ihn, die Jahresabschlüsse der letzten drei Jahre mitzubringen.

Aufgabe VIII-28

Kreditfähigkeit

Welche Prüfung der *Nordbank AG* bezieht sich auf die Feststellung der Kreditfähigkeit der *Max Bauhof GmbH*?

A Prüfung der letzten Gehaltsabrechnungen des Geschäftsführers Herrn Weber

B Prüfung der bisherigen Kontoführung der *Max Bauhof GmbH*

C Prüfung der fachlichen Fähigkeiten des Herrn Weber anhand von Zeugnissen

D Prüfung, ob Herr Weber als Geschäftsführer Kreditverträge rechtswirksam für die *Max Bauhof GmbH* abschließen kann

E Prüfung der Umsatz- und Ertragsentwicklung der *Max Bauhof GmbH*

☐

Aufgabe VIII-29

Investitionskredit

In welcher der folgenden Rechtsgrundlagen ist geregelt, dass Jens Weber die wirtschaftlichen Verhältnisse der *Max Bauhof GmbH* der *Nordbank AG* grundsätzlich offenlegen muss?

A Handelsgesetzbuch (HGB): Die *Nordbank AG* ist nach § 1 HGB ein Handelsunternehmen.

B Allgemeine Geschäftsbedingungen (AGB), die eine Rahmenvereinbarung zwischen der *Nordbank AG* und der *Max Bauhof GmbH* darstellen.

C Kreditwesengesetz (KWG): Das KWG soll riskante Geschäfte der Kreditinstitute zum Schutz der Gläubiger einschränken.

D Bürgerliches Gesetzbuch (BGB): Als Grundlage der Vertragsbeziehung entsteht ein Darlehensvertrag zwischen der *Nordbank AG* und der *Max Bauhof GmbH*.

E In keiner gesetzlichen Vorschrift. Die *Nordbank AG* verlangt die Offenlegung nur auf Grund der eigenen Sorgfaltspflicht.

☐

Bilanzkennziffern

Aufgabe VIII-30

Im Rahmen der Kreditwürdigkeitsprüfung berechnen Sie an Hand der Bilanzen die Eigenkapitalquote der *Max Bauhof GmbH*. Dabei haben Sie folgende Werte ermittelt:

Jahr	2021	2022	2023
Eigenkapitalquote	29,6	35,0	36,7

Welche Aussage zu diesen Werten ist richtig? Die Entwicklung der Eigenkapitalquote ist ...

A positiv, weil sich das Eigenkapital und die langfristigen Verbindlichkeiten im Verhältnis zum Anlagevermögen vergrößert haben.

B negativ, weil sich das Eigenkapital und die langfristigen Verbindlichkeiten im Verhältnis zum Anlagevermögen vergrößert haben.

C positiv, weil sich das Eigenkapital im Verhältnis zur Bilanzsumme vergrößert hat.

D negativ, weil sich das Eigenkapital im Verhältnis zur Bilanzsumme vergrößert hat.

E positiv, weil sich der Jahresüberschuss im Verhältnis zur Bilanzsumme vergrößert hat.

F negativ, weil sich der Jahresüberschuss im Verhältnis zur Bilanzsumme vergrößert hat.

☐

Globalzession

Aufgabe VIII-31

Zur Absicherung des Darlehens verlangt die *Nordbank AG* u. a. eine Globalzession von Kundenforderungen der *Max Bauhof GmbH*. Welche Aussage über die Globalzession ist richtig?

A Die Abtretung erfolgt durch Einigung und Besitzkonstitut.

B Bei der Globalzession gehen die abgetretenen Forderungen erst mit Übergabe der Debitorenliste auf das Kreditinstitut über.

C Die Globalzession muss als stille Zession vereinbart werden.

D Bei der Globalzession wird ein Rahmenvertrag abgeschlossen, in dem nur alle bestehenden Forderungen abgetreten werden.

E Um die Bestimmbarkeit der Forderungen in dem Rahmenvertrag zu gewährleisten, werden z. B. die Anfangsbuchstaben möglicher Drittschuldner festgehalten.

☐

Aufgabe VIII-32

Risiken der Globalzession

Die Globalzession von Kundenforderungen bringt für die *Nordbank AG* Vorteile und Risiken mit sich. Welche Aussage hinsichtlich dieser Vorteile und Risiken ist richtig?

A Bei einer Globalzession kann der Drittschuldner nicht zahlungsunfähig werden, da die Forderungen innerhalb einer kurzen Fristbeglichen werden müssen.

B Erfolgt die Globalzession in stiller Form, können die entsprechenden Forderungen noch Dritten zustehen.

C Der Drittschuldner einer abgetretenen Forderung kann keine Einreden (z. B. wegen mangelhafter Lieferung) gegen die *Nordbank AG* geltend machen.

D Bei einer stillen Abtretung zahlt der Zedent mit schuldbefreiender Wirkung nur an die *Nordbank AG*.

E Eine Globalzession wird nichtig, wenn sie nicht schriftlich erfolgt. Ausnahme ist eine Abtretung durch einen eingetragenen Kaufmann (EK) im Rahmen seines Handelsgeschäfts.

☐

Aufgabe VIII-33

Betriebsmittelkredit

Die *Nordbank AG* gewährt der *Stahlbau GmbH*, vertreten durch den Geschäftsführer Harald Jung, einen Betriebsmittelkredit. Welche der folgenden Aspekte müssen Sie bei der Vertragsgestaltung beachten?

A Der Kreditvertrag muss von der Gesellschafterversammlung genehmigt werden.

B Der Kreditvertrag kann formfrei abgeschlossen werden, wird aber zu Beweiszwecken schriftlich verfasst.

C Die Rückzahlungsmodalitäten des Betriebsmittelkredits, z. B. die Höhe der monatlichen Tilgungsleistungen müssen angegeben werden, sonst ist der Vertrag nichtig.

D Fehlt die Angabe des effektiven Jahreszinses, so gilt der Basiszinssatz der EZB.

E Fehlen Angaben über zu bestellende Sicherheiten, so können diese nicht nachverlangt werden.

☐

Aufgabe VIII-34

Betriebsmittelkredit

Die *WiWa Schoko GmbH* beantragte die Erhöhung ihres Betriebsmittelkredits bei der *Nordbank AG* um 500.000,00 EUR. Als Sicherheit wurden der *Nordbank AG* die Verpfändung des Wertpapierdepots des alleinigen Geschäftsführers Uwe Jackisch und die Sicherungsübereignung der im eigenen Warenlager gelagerten Schoko-Fertigprodukte angeboten. Welche Rechtsfolgen ergeben sich im Falle einer Verpfändung von Wertpapieren bzw. einer Sicherungsübereignung eines Warenlagers? Ordnen Sie zu!

Die Rechtsfolge betrifft

1 nur das Pfandrecht
2 nur die Sicherungsübereignung
3 sowohl das Pfandrecht als auch die Sicherungsübereignung

Rechtsfolgen

A Der Kreditnehmer bleibt unmittelbarer Besitzer der Sache bzw. der Wertpapiere.

B Der Kreditnehmer bleibt Eigentümer und mittelbarer Besitzer der Sache bzw. Wertpapiere.

C Das Kreditinstitut wird unmittelbarer Besitzer.

D Der Kreditnehmer bleibt wirtschaftlicher Eigentümer.

E Das Kreditinstitut wird mittelbarer Besitzer und fiduziarischer Eigentümer.

F Das Kreditinstitut erwirbt ein bedingtes Verwertungsrecht.

A	B	C	D	E	F

Avalkredit

Aufgabe VIII-35

Welche Aussagen über den Avalkredit sind richtig?

A Die Kreditkosten hängen von der Bonität des Kreditnehmers und von den gestellten Sicherheiten ab und belaufen sich zwischen 2 % und 4 % pro Monat.

B Eingeräumte Avalkredite werden als Eventualverbindlichkeiten unter dem Strich der Bilanz ausgewiesen.

C Bei Gewährung eines Avalkredits stellt das Kreditinstitut dem Kunden keine liquiden Mittel zur Verfügung.

D Das Avalkreditgeschäft birgt für ein Kreditinstitut außer dem Provisionseingangsrisiko keine Risiken.

E Mit Abschluss des Avalkreditvertrags übernimmt der Kreditnehmer eine Bürgschaft oder Garantie.

F Im Avalkreditvertrag wird regelmäßig eine Festzinsvereinbarung mit dem Kreditnehmer vereinbart.

Betriebsmittelkredit

Aufgabe VIII-36

Die *Pfeiffer GmbH* beantragt bei der *Nordbank AG* die Einräumung eines Betriebsmittelkredits als Kontokorrentkredit über 50.000,00 EUR. Welche der folgenden Aussagen zum Kontokorrentkredit ist zutreffend?

A Die Sollzinsen beim Kontokorrentkredit werden immer auf die volle Kreditlinie gerechnet.

B Beim Kontokorrentkredit hat die *Pfeiffer GmbH* einen gebundenen Sollzinssatz über die gesamte Laufzeit.

C Kreditrückführungen durch Überweisungseingänge und Scheckgutschriften führen zu einer Reduzierung der Kreditlinie.

D Bei einem Kontokorrentkredit kann die *Nordbank AG* den Sollzinssatz während der Laufzeit verändern.

E Die Abrechnung eines Kontokorrentverhältnisses muss nach dem HGB mindestens einmal jährlich erfolgen; die Laufzeit des Kontokorrentkredits darf maximal ein Jahr betragen.

☐

Aufgabe VIII-37

Finanzierungsformen

Finanzierungsformen werden nach der Rechtstellung der Kapitalgeber und nach der Herkunft des Kapitals unterschieden. Welche Aussagen treffen auf die Fremdfinanzierung zu?

A Die Kapitalgeber sind am Jahresüberschuss beteiligt.

B Voraussetzung für diese Art der Finanzierung ist eine ausreichende Kreditwürdigkeit.

C Zur Kapitalbeschaffung werden neue Gesellschafter aufgenommen.

D Das Kapital muss langfristig bereitgestellt werden.

E Die Kapitalgeber haben Anspruch auf Rückzahlung des Kapitals.

F Die Kapitalbeschaffung erfolgt über die Ausgabe von jungen Aktien.

☐☐

Aufgabe VIII-38

Avalkredit

Welche der folgenden Besonderheiten zum Avalkredit treffen zu?

A Die Bankbürgschaft ist vom Bestehen der zugrunde liegenden Forderung abhängig.

B Das avalkreditgebende Kreditinstitut ist erst bei Vorlage eines vollstreckbaren Titels zur Zahlung verpflichtet.

C Da das avalkreditgebende Kreditinstitut keine liquiden Mittel zur Verfügung stellt, kann auf eine Bonitätsprüfung des Kreditnehmers verzichtet werden.

D Die Avalprovision fällt an, sobald das avalkreditgebende Kreditinstitut in Anspruch genommen wird.

E Das avalkreditgebende Kreditinstitut schreibt den Betrag aus dem Avalkredit dem Kontokorrentkonto des Kreditnehmers gut.

F Die Bürgschaftsverpflichtung bleibt auch bestehen, wenn der Kreditnehmer Insolvenz anmeldet.

☐☐

Aufgabe VIII-39

Leasingfinanzierung

Worin liegt der wesentliche Nachteil des Leasings?

A Die Bilanzsumme des Leasingnehmers wird in der Regel nicht ausgeweitet.

B Die Leasingentgelte übersteigen die Anschaffungskosten beträchtlich.

C Leasinggesellschaften kalkulieren immer mit höheren Zinssätzen als die Banken bei ihren Kreditfinanzierungen.

D Die Leasingraten mindern den Gewinn des Leasinggebers.

E Nach Ablauf der Grundleasingzeit wird die Leasinggesellschaft Eigentümerin des Leasingobjektes.

☐

Kreditsicherheiten

Aufgabe VIII-40

Die Supermarkt AG beantragt einen Betriebsmittelkredit bei der Nordbank AG. Die Supermarkt AG ist in der Lage, unterschiedliche Kreditsicherheiten anzubieten. Das Vorstandsmitglied Sascha Fischer möchte von Ihnen über Kreditsicherheiten beraten werden.

Mit welcher Aussage zu den Kreditsicherheiten informieren Sie Herrn Fischer richtig!

A Bei der Sicherungsübereignung von Firmenfahrzeugen handelt es sich um eine akzessorische Sicherheit, da diese mit dem Darlehen der Nordbank AG verbunden ist.

B Die Globalzession von Forderungen aus Lieferungen und Leistungen an Kunden der Supermarkt AG wird erst rechtswirksam mit Entstehung der Forderung aus dem Betriebsmittelkredit.

C Bürgschaften der Vorstandsmitglieder der Supermarkt AG zählen für das Unternehmen zu den fiduziarischen Sicherheiten, da mit der Tilgung des Darlehens eine Übertragung der Forderung auf den Bürgschaftsgeber verbunden ist.

D Die Fiduziarität der Grundschuld, mit der das Firmengrundstück der Supermarkt AG belastet ist, hat für die Nordbank AG ein eingeschränktes Verwertungsrecht zur Folge.

E Um die Fiduziarität der Verpfändung von Termineinlagen der Supermarkt AG bei der Unionbank AG zu berücksichtigen, zeigt die Nordbank AG die Verpfändung der Unionbank AG an.

☐

Kreditrisiken

Aufgabe VIII-41

Ordnen Sie die nachstehenden Risiken den entsprechenden Vereinbarungen zu, mit denen sich Kreditinstitute in ihren Sicherungsverträgen vor dem Verlust ihrer Sicherheit schützen wollen.

Vereinbarungen

1 Der Kreditnehmer ist verpflichtet, nach Abschluss des Sicherungsvertrages der Bank das Sparbuch auszuhändigen.

2 Die Bürgschaft ist zeitlich nicht begrenzt.

3 Die Ware darf aus dem im Sicherungsvertrag bezeichneten Lagerraum nicht an einen anderen Ort verbracht werden.

4 Vorbehaltlich einer abweichenden Vereinbarung, wird grundsätzlich der realisierbare Wert der verpfändeten Werte für
- Pfandbriefe mit 80 % und
- Inhaberaktien sowie inländische Investmentzertifikate mit 60 % und
- Bezugsrechte zum Bezug inländischer Aktien mit 40 % des jeweils aktuellen Kurswertes bzw. Rücknahmepreises festgesetzt.

5 Der Sicherungsgeber ist verpflichtet, dieses Risiko durch Zahlung des Kaufpreises zum Erlöschen zu bringen. Die Bank ist befugt, eine Kaufpreisrestschuld des Sicherungsgebers auf dessen Kosten an den Lieferanten zu zahlen.

6 Falls der Bank eine Forderung abgetreten ist, die von einem Lieferanten des Sicherungsgebers gegenwärtig oder künftig berechtigterweise in Anspruch genommen werden kann, wird die Abtretung erst mit Begleichung der Lieferantenrechnung wirksam.

7 Der Sicherungsgeber hat der Bank auf ihre Anforderung Blanko-Benachrichtigungsschreiben zur Unterrichtung der Drittschuldner über die Abtretung auszuhändigen.

Risiken

A Kursrisiko

B Eigentumsvorbehalt

C Doppelabtretung

D Unzulässige Verfügungen

E nicht zuzuordnen

1	2	3	4	5	6	7

Aufgabe VIII-42

Grundpfandrechte

Die Baustoffhandlung *Wibau & Co. KG* hat bei der *Nordbank AG* einen langfristigen Kredit in Höhe von 1,2 Millionen EUR zum Bau eines neuen Bürogebäudes mit Lagerhalle beantragt. Der Kredit soll grundpfandrechtlich abgesichert werden. Zur Feststellung der Werthaltigkeit des Grundpfandrechts ist daher der Beleihungswert des Grundstücks zu ermitteln. Welche Aussagen treffen zu?

Bei der Ermittlung des Beleihungswerts ist zu beachten,

A dass bei der Ermittlung des Bodenwertes auch die Erschließungskosten zu berücksichtigen sind.

B dass zur Ermittlung des Beleihungswertes der Gebäudereinertrag kapitalisiert werden muss.

C dass die Erschließungskosten und Baunebenkosten bei der Berechnung des Bauwertes anzusetzen sind.

D dass für die Berechnung des Bodenwertes stets der gezahlte Kaufpreis anzusetzen ist.

E dass ein Risikoabschlag nur vom Bauwert der gewerblich genutzten Räume abzusetzen ist.

F dass für die Berechnung des Ertragswertes als Anlage noch der umbaute Raum benötigt wird.

Kreditarten

Aufgabe VIII-43

Ordnen Sie den nachstehenden drei Kreditarten die passenden Erklärungen zu.

Kreditarten
1 Ratenkredit
2 Betriebsmittelkredit
3 Avalkredit

Erklärungen
A Meist durch eine Gehaltsabtretung abgesichertes Darlehen, das über mehrere Jahre zurückgezahlt wird
B Kreditlinie für periodisch auftretenden erhöhten Kreditbedarf, z. B. zur Finanzierung der Saisonkollektion
C Kredit, der dem Kunden von dritter Seite gewährt und unter treuhänderischer Haftung des vermittelnden Kreditinstituts verwaltet wird
D Möglichkeit zur Refinanzierung der Kreditinstitute
E Eventualverbindlichkeit eines Kreditinstituts
F Kreditlinie, bis zu der das Kreditinstitut Wechsel vom Kreditnehmer ankauft

1	2	3

Tilgungsdarlehen

Aufgabe VIII-44

Die Eckardt & Ziegler *GmbH* beantragt zur Finanzierung eines Investitionsvorhabens einen Investitionskredit in Höhe von 350.000,00 EUR. Sie bieten dem Geschäftsführer der Eckardt & Ziegler *GmbH*, Herrn Schreiner ein Tilgungsdarlehen über 350.000,00 EUR zu folgenden Konditionen an:

Sollzinssatz	4,65 % p. a. auf den tatsächlichen Kreditbetrag
Tilgung	20 % p. a. vom ursprünglichen Kreditbetrag
Ratenzahlung	Monatlich

a) Wie hoch ist der Tilgungsanteil der 3. Rate?

EUR

b) Wie hoch ist der Zinsanteil am Ende des 2. Monats?

EUR

Beleihungswertermittlung

Aufgabe VIII-45

Die Wohlfahrt & Lange OHG hatte wegen einer Finanzierung einer Baumaschine von der *Nordbank AG* einen Investitionskredit in Höhe von 30.000,00 EUR erhalten.
Zur Sicherung dieses Darlehens verpfändete die OHG 1.000 Stück ihrer insgesamt 1.500 Stück *Chemie AG*-Aktien, die sich im Depot bei der *Nordbank AG* befinden. Das Darlehen valutiert zurzeit noch mit 28.000,00 EUR. In einem Gespräch teilen Sie der Wohlfahrt & Lange OHG mit, dass durch

den Preisrückgang der *Chemie AG*-Aktien auf aktuell 40,00 EUR pro Stück der noch geschuldete Darlehensbetrag nicht mehr vollständig besichert ist. Ermitteln Sie unter Beibehaltung des Beleihungssatzes von 60 % den ungesicherten Teil des noch geschuldeten Darlehensbetrags.

EUR

Aufgabe VIII-46

Beleihungswertermittlung

Wegen eines Investitionskredits in Höhe von 20.000,00 EUR bietet Herr Peter Kramer, Prokurist der Ludwig Hartmann KG, der *Nordbank AG* die Verpfändung des Wertpapierdepots der KG an. In dem Depot befinden sich deutsche Industrieanleihen. Der Beleihungssatz für inländische Anleihen beträgt bei der *Nordbank AG* 80 % vom Kurswert. Bei Abschluss des Pfandvertrags werden die Industrieanleihen mit 101 % an der Börse notiert. Errechnen Sie den Nennwert der Industrieanleihen, mit dem der Investitionskredit abgesichert werden kann (Nennwert auf volle 100 EUR runden!).

EUR

IX. Controlling

Lösungen ab Seite 419

<u>Hinweis</u>: Während der IHK-Abschlussprüfung Teil II bekommen Sie eine **Formelsammlung** (siehe ab Seite 271). Benutzen Sie die Formelsammlung daher bei den folgenden Aufgaben, soweit sie hilfreich ist.

Aufgabe IX-1

Betrieb-ergebnis

Welche der folgenden Posten werden <u>nicht</u> bei der Ermittlung des Betriebsergebnisses der *Nordbank AG* berücksichtigt?

A Kontoführungsgebühren für Girokonten

B Provisionen für den Verkauf von Reiseschecks

C Tilgung eines Darlehns

D Zinsen für Eigenkapital

E Ertrag aus dem Verkauf von PCs, die vollständig abgeschrieben waren

F Aufwand für die Bildung von Pensionsrückstellungen

Aufgabe IX-2

Kostenarten

Ordnen Sie jeweils einem Geschäftsfall den passenden Begriff zu!
Begriffe

1 Betriebskosten

2 Betriebserlöse

3 Wertkosten

4 Werterlöse

5 keine Kosten oder Erlöse

Geschäftsfälle

A Kontoführungsgebühren für Geschäftskonten

B Spenden an die Caritas

C Gehälter für die Mitarbeiter der Firmenkreditabteilung

D Zinsen für Gewerbekredite an Kunden

A	B	C	D

Aufgabe IX-3

Kostenarten

Nach der Zuordnungsmöglichkeit von Kosten zu einer Bankleistung unterscheidet man Einzelkosten und Gemeinkosten.
Entscheiden Sie, ob folgende Kosten

1 Einzelkosten oder
2 Gemeinkosten sind:

A Raumkosten der Buchhaltung

B Kinderpräsente zum Weltspartag

W. Grundmann et al., *Bankwirtschaft und Controlling Teil 1*, Prüfungstraining für Bankkaufleute,
https://doi.org/10.1007/978-3-658-52865-2_9

C Sponsoring der Nationalmannschaft
D Rechtanwaltskosten für zweifelhafte Debitoren
E Porto für das Versenden der Aktienfond-Werbung

A	B	C	D	E

Kosten bei Abschreibung

Situation zu den Aufgaben IX-4 bis IX-6

Die *Nordbank AG* hat im Kellergeschoss einer Filiale eine Kundentresoranlage (umsatzsteuerpflichtiger Bereich) einbauen lassen. Die Anlage wurde am 21. Januar fertig gestellt und durch eine Überweisung in Höhe von 190.400,00 EUR bezahlt. Die betriebsgewöhnliche Nutzungsdauer lt. AfA-Tabelle beträgt 25 Jahre. In der Kostenrechnung gehen Sie von einer jährlichen Wertminderung in Höhe von 5,00 % aus, Sie rechnen bei Wiederbeschaffung mit einer Preissteigerung von 10,00 %.

Aufwendungen

Aufgabe IX-4

Berechnen Sie die Aufwendungen für die Tresoranlage im 1. Nutzungsjahr in EUR!

EUR

Kosten

Aufgabe IX-5

Berechnen Sie die Kosten für die Tresoranlage im 1. Nutzungsjahr in EUR!

EUR

Zusatzkosten

Aufgabe IX-6

Berechnen Sie die Zusatzkosten für die Tresoranlage im 1. Nutzungsjahr in EUR!

EUR

Betriebskostenrechnung

Situation zu den Aufgaben IX-7 bis IX-10

Der Kostenuntersuchung eines Geldautomaten liegen für das abgelaufene Geschäftsjahr folgende Daten zugrunde:

- Gesamte Fixkosten 8.000,00 EUR
- Variable Kosten je Geldausgabe 0,50 EUR
- Anzahl der Geldausgaben im Erfassungsjahr 80.000 Stück
- durchschnittlicher Betriebserlös je Geldausgabe 1,80 EUR

Kosten

Aufgabe IX-7

Ermitteln Sie die Gesamtkosten des Geldausgabeautomaten im Erfassungsjahr!

EUR

Kosten

Aufgabe IX-8

Ermitteln Sie die Gesamtkosten je Geldausgabe im gleichen Zeitraum!

EUR

Aufgabe IX-9

Kosten-deckungsgrad

Ermitteln Sie den Kostendeckungsgrad (Prozentsatz der Deckung der Gesamtkosten durch die Betriebserlöse in %)!

%

Aufgabe IX-10

Kosten-deckung

Ermitteln Sie die Anzahl der jährlichen Geldausgaben, die zur Deckung der Gesamtkosten notwendig sind!

Situation zu den Aufgaben IX-11 und IX-12

Bruttozins-spanne

Der Controlling-Abteilung der *Nordbank AG* liegen folgende Informationen zur Auswertung vor:

	Verbraucher-darlehen	Eigene Wertpapiere	Spareinlagen	Kunden-festgeld
Volumen in TEUR	50.000	25.000	20.000	55.000
Laufzeit	5 Jahre	6 Jahre	1 Jahr	5 Jahre
Zinssatz p. a.	8,20 %	3,60 %	0,40 %	1,80%
Alternativer Geld- und Kapitalmarktzinssatz	3,85 %	2,95 %	2,45 %	3,85 %

Aufgabe IX-11

Bruttozins-spanne

Ermitteln Sie die Bruttozinsspanne in Prozent p. a., die sich für die *Nordbank AG* ergibt!

%

Aufgabe IX-12

Erhöhung der Bruttozins-spanne

Die *Nordbank AG* beabsichtigt, die Bruttozinsspanne für die dargestellten Geschäfte um 46 TEUR zu erhöhen. Hierzu sollen zu Lasten des Wertpapierbestands weitere Verbraucherdarlehen vergeben werden. Ermitteln Sie den Betrag in TEUR, um den die Verbraucherdarlehen erhöht werden müssen!

TEUR

Aufgabe IX-13

Standard-einzelkosten-rechnung

Zur Ermittlung der Betriebskosten wird in Kreditinstituten die prozessorientierte Standardeinzelkostenrechnung zugrunde gelegt. Entscheiden Sie, welche der nachfolgenden Aussagen diese Methode richtig beschreibt.

A Werden die in der prozessorientierten Standardeinzelkostenrechnung ermittelten Kosten von Erlösen gedeckt, kann das Betriebsergebnis nicht negativ werden.

B Die Gesamtkosten des Kreditinstituts werden nach einem bestimmten Schlüssel auf Kostenstellen verteilt, die Produkte am Markt verkaufen. Die Gesamtkosten je Kostenstelle werden dann durch die Anzahl der erstellten Bankleistungen dividiert.

C Die sogenannten Overheadkosten bleiben unberücksichtigt.

D Bei jeder Erstellung einer Bankleistung werden die Kosten des Personals, der EDV-Nutzung und der verbrauchten Formulare etc. individuell gemessen.

E Es werden nur die Einzelkosten der Bankleistung berücksichtigt. Dabei unterscheidet man Personal- und EDV-Kosten sowie Stückkosten für Büromaterial. Entstandene Gemeinkosten werden produktunabhängig kalkuliert.

Gesamtbetriebskalkulation

Situation zu den Aufgaben IX-14 bis IX-17

Zur Gesamtbetriebskalkulation stehen der Controllingabteilung der *Nordbank AG* auszugsweise folgende Daten zur Verfügung:

Zinsaufwendungen	2.030 TEUR
Provisionsaufwendungen	400 TEUR
Personalaufwendungen	1.000 TEUR
Abschreibungen auf Sachanlagen	205 TEUR
Andere Verwaltungsaufwendungen	35 TEUR
Sonstige betriebliche Aufwendungen	90 TEUR
Zinserträge	4.100 TEUR
Provisionserträge	550 TEUR
Sonstige betriebliche Erträge	105 TEUR
Nettoerfolg des Handelsgeschäftes	27 TEUR
Bewertungsergebnis	-12 TEUR
Durchschnittliche Bilanzsumme	90.000 TEUR

Zinsüberschuss

Aufgabe IX-14

Ermitteln Sie den Zinsüberschuss in TEUR.

TEUR

Handelsergebnis

Aufgabe IX-15

Ermitteln Sie das Handelsergebnis in Prozent.

%

Betriebsergebnis

Aufgabe IX-16

Ermitteln Sie das Betriebsergebnis aus normaler Geschäftstätigkeit in TEUR.

TEUR

Nettogewinnspanne

Aufgabe IX-17

Ermitteln Sie die Nettogewinnspanne in Prozent.

%

Aufgabe IX-18

Gesamtbetriebskalkulation

Die Ertragslage der *Nordbank AG* zeigt sich an der Veränderung verschiedener Kennzahlen. Entscheiden Sie, welche der 3 Kennzahlen durch die Vorgänge geändert wird! Wird durch den Vorgang keine der genannten Kennzahlen geändert, tragen Sie eine 9 ein!

Kennzahlen

1 Provisionsspanne

2 Bewertungs-/ Risikospanne

3 Bruttobedarfsspanne

Vorgänge

A Ein Teil der befristeten Arbeitsverträge wird von der *Nordbank AG* nicht mehr verlängert.

B Die *Nordbank AG* erfährt von der Eröffnung des Insolvenzverfahrens über das Vermögen ihrer Kundin, der Gas GmbH, und trifft dafür Vorsorge.

C Die *Nordbank AG* erhöht die Kontoführungspauschale für die Girokonten.

D Die *Nordbank AG* erhöht die Zinsen für Spareinlagen.

A	B	C	D

Aufgabe IX-19

Gesamtbetriebskalkulation

Entscheiden Sie wie oben, welche der 3 Kennzahlen durch die Vorgänge geändert wird! Wird durch den Vorgang keine der genannten Kennzahlen geändert, tragen Sie eine 9 ein!

Kennzahlen

1 Bruttozinsspanne

2 Handelsspanne

3. Bruttobedarfsspanne

Vorgänge

A Die *Nordbank AG* erhöht gemäß dem letzten Tarifabschluss die Gehälter und Auszubildendenvergütungen.

B Die *Nordbank AG* verkauft aus ihrem Handelsbestand Aktien der Solar AG mit Gewinn.

C Die *Nordbank AG* gibt eine eigene Inhaberschuldverschreibung heraus.

D Die *Nordbank AG* schreibt geringwertige Wirtschaftsgüter ab.

A	B	C	D

Marktzinsmethode

Aufgabe IX-20

Entscheiden Sie, welche der folgenden Aussagen über die Marktzinsmethode richtig sind.

A Kundengeschäfte der Aktiv- und Passivseite werden bei der Marktzinsmethode voneinander getrennt beurteilt.

B Die Marktzinsmethode ist eine in die Vergangenheit gerichtete Kalkulationsmethode zur Ermittlung von Preisuntergrenzen im Wertbereich.

C Um die Konditionenbeiträge zu ermitteln, werden die Erfolge von Aktiv- und Passivgeschäften an den jeweiligen Vergleichszinssätzen alternativer Geschäfte mit gleicher Fristigkeit am Geld- und Kapitalmarkt gemessen.

D Die Konditionen- und Strukturbeiträge werden jeweils den Sachbearbeitern als Erfolgsbeitrag angerechnet.

E Der Konditionenbeitrag ergibt sich aus der Fristentransformation, das heißt, die Fristen zwischen Mittelbeschaffung und Mittelverwendung sind nicht mehr identisch.

Konditionen- und Strukturbeitrag

Situation zu den Aufgaben IX-21 bis IX-28

Die *Nordbank AG* hat Kunden

- 6-jährige Festzinskredite über insgesamt 80.000 EUR zu 8,0 % eingeräumt. Auf der Passivseite stehen dem Kredit
- 3-jährige Sparbriefe über insgesamt 30.000 EUR zu 4,0 % und
- 1-jährige Festgelder von insgesamt 50.000 EUR zu 3,0 % gegenüber.

Zinssätze am Geld- und Kapitalmarkt:

Tagesgeld	1,0 %
1-Jahresgeld	2,5 %
3-Jahresgeld	3,0 %
6-Jahresgeld	5,0 %

Konditionenbeitrag

Aufgabe IX-21

Ermitteln Sie den Konditionenbeitrag des Aktivgeschäfts in EUR pro Jahr.

EUR

Konditionenbeitrag

Aufgabe IX-22

Ermitteln Sie den Konditionenbeitrag des Passivgeschäfts Festgeld in EUR pro Jahr.

EUR

Konditionenbeitrag

Aufgabe IX-23

Ermitteln Sie den Konditionenbeitrag des Passivgeschäfts Sparbriefe in EUR pro Jahr.

EUR

Aufgabe IX-24

Konditionenbeitrag

Wie hoch ist der gesamte Konditionenbeitrag in %?

	%

Aufgabe IX-25

Strukturbeitrag

Ermitteln Sie in EUR pro Jahr den Strukturbeitrag des Aktivgeschäfts.

	EUR

Aufgabe IX-26

Strukturbeitrag

Ermitteln Sie in EUR pro Jahr den Strukturbeitrag des Passivgeschäfts Festgeld.

	EUR

Aufgabe IX-27

Strukturbeitrag

Ermitteln Sie in EUR pro Jahr den Strukturbeitrag des Passivgeschäfts Sparbriefe.

	EUR

Aufgabe IX-28

Strukturbeitrag

Wie hoch ist der gesamte Strukturbeitrag in %?

	%

Aufgabe IX-29

Begriffe

Als Mitarbeiter/-in der Controlling-Abteilung der *Nordbank AG* erstellen Sie Schulungsunterlagen, die den Nachwuchscontrollern einige Begriffe aus dem Bereich Controlling erläutern sollen. Ordnen Sie zu, indem Sie die Kennziffern der 3 Begriffe aus dem Controlling in die Kästchen eintragen! Tragen Sie eine 9 ein, falls keiner der Begriffe zutreffend ist.

Begriffe aus dem Controlling

1. Bruttozinsspanne
2. Aktiver Strukturbeitrag
3. Beitrag zum Betriebsergebnis

Erläuterungen

A Enthält sowohl aperiodische Erträge als auch außerordentliche Aufwendungen
B Zur Berechnung wird der Tagesgeldzinssatz benötigt
C Ist eine andere Bezeichnung für den Deckungsbeitrag III
D Ist der Zinsüberschuss aus der Gewinn- und Verlustrechnung, angegeben in Prozent von der Bilanzsumme

A	B	C	D

Struktur-beitrag

Aufgabe IX-30

Wem ist der Strukturbeitrag zuzurechnen?

A dem Anlageberater
B dem Kreditberater
C dem Wertpapierberater
D der Geschäftsleitung
E dem Controlling

Risikokosten

Aufgabe IX-31

Stellen Sie fest, welche Information zu Risikokosten in der Bankkalkulation zutreffend ist!

A Risikokosten werden als Verzinsung für die durch eine Kreditvergabe gebundenen Eigenmittel angesetzt.
B Risikokosten sind die Beiträge für Versicherungen zur Abdeckung der allgemeinen Geschäftsrisiken eines Kreditinstituts.
C Risikokosten sind ein wichtiger Faktor bei der Festsetzung der Preisuntergrenze eines Aktivprodukts.
D Risikokosten decken das Risiko ab, dass die Refinanzierung eines Aktivgeschäfts nur zu schlechteren Konditionen im Vergleich zum Kundengeschäft erfolgen kann.
E Risikokosten werden bei der Kalkulation eines Passivproduktes wegen des Zinsänderungsrisikos berücksichtigt.

Preisgrenze

Aufgabe IX-32

Die *Nordbank AG* steht in Verhandlung mit dem Geschäftsführer der *Internet GmbH*. Er möchte 250.000 EUR als Festgeld über für einen Monat anlegen.

Ihnen stehen für Kalkulationen im Aktiv- und Passivbereich für Geschäfte mit einer Laufzeit von einem Monat folgende Daten zur Verfügung:

GKM-Satz Tagesgeld	1,75 % p.a.
GKM-Satz Monatsgeld	2,00 % p.a.
Risikokostensatz	0,40 % p.a.
Vergütung für Eigenkapital	0,60 % p.a.
Standardbetriebskosten	10,00 EUR für diese Anlage

Berechnen Sie die Preisgrenze der *Nordbank AG*.

%

Handelt es sich um eine Preisuntergrenze oder Preisobergrenze?

Situation zu den Aufgaben IX-33 bis IX-35

Aktiv-kalkulation

Die *Textil GmbH* beantragt zur Finanzierung einer neuen Fabrikationsstätte einen Investitionskredit von 300.000 EUR, der in drei gleichen Jahresraten (zuzüglich Zinsen) jeweils zum Jahresende getilgt werden soll.

Zur Kalkulation stehen dem Controlling folgende Daten zur Verfügung:

- Eigenkapitalkostensatz: 2,00 % p.a.
- vergleichbarer Zins am Geld- und Kapitalmarkt: 4,00 % p.a.
- Bearbeitungskosten je Kredit: 6.000,00 EUR
- Risikokosten: 1,50 % p.a.

Aufgabe IX-33

durchschnittlicher Kreditbetrag

Wie hoch ist der durchschnittliche Kreditbetrag in den 3 Jahren?

[ ] EUR

Aufgabe IX-34

Bearbeitungs-kosten

Errechnen Sie die Bearbeitungskosten in % p.a.!

[ ] %

Aufgabe IX-35

Preisgrenze

Wie hoch ist die Preisuntergrenze?

[ ] %

Situation zu den Aufgaben IX-36 bis IX-38

Aktiv-kalkulation

Gemäß dem Kundeninformationssystem der *Nordbank AG* hatte die Darlehenskundin *Lehmann KG* einen durchschnittlichen Deckungsbeitrag III in Höhe von 5600,00 EUR. Die *Lehmann KG* hat ein endfälliges Darlehen in Höhe von 200.000,00 EUR. Der Prozentsatz der Eigenkapitalkosten liegt bei der *Nordbank AG* bei 0,12 % p.a., derjenige für die Risikokosten bei 0,70 % p.a.. Die direkt zurechenbaren Betriebskosten für dieses Darlehen betragen 120,00 EUR pro Jahr, der durchschnittliche GKM-Satz für eine alternative Kapitalanlage lag bei 3,2 % p.a..

Aufgabe IX-36

Preisgrenze

Ermitteln Sie die Preisuntergrenze in Prozent p.a., die sich für die *Nordbank AG* für das Darlehen ergibt!

[ ] %

Aufgabe IX-37

Deckungs-beitrag I

Ermitteln Sie den Deckungsbeitrag I in Prozent p.a., den die *Nordbank AG* mit der *Lehmann KG* erzielt hat!

[ ] %

Aufgabe IX-38

Zinserlöse

Ermitteln Sie die jährlichen Zinserlöse in EUR, die die *Nordbank AG* mit dem Darlehen der *Lehmann KG* erzielt hat!

[ ] EUR

Preisgrenze

Aufgabe IX-39

Welche der folgenden Aussagen trifft auf die Kalkulation der Preisuntergrenze für einen Ratenkredit der *Nordbank AG* zu? Die Preisuntergrenze ergibt sich aus ...

A dem Zinssatz für eine alternative Kapitalbeschaffung am Geld- und Kapitalmarkt plus der Summe der Risikokosten und der Bearbeitungskosten.

B dem Zinssatz am Geld- und Kapitalmarkt für eine alternative Geld- und Kapitalanlage plus der Summe der Risikokosten, der Eigenkapitalkosten und der Bearbeitungskosten des Kreditinstituts.

C dem Zinssatz am Geld- und Kapitalmarkt für eine alternative Kapitalbeschaffung abzüglich der Risikokosten und der Eigenkapitalkosten des Kreditinstituts.

D dem Zinssatz am Geld- und Kapitalmarkt für eine alternative Kapitalanlage abzüglich der Risikokosten und abzüglich der Eigenkapitalkosten des Kreditinstituts.

E der Differenz des Zinssatzes für eine alternative Kapitalanlage am Geld- und Kapitalmarkt und den Bearbeitungskosten für ein Darlehen plus der Summe der Risiko-und Eigenkapitalkosten des Kreditinstituts.

[ ]

Produkt-kalkulation

Situation zu den Aufgaben IX-40 bis IX-42

Die Kundin Jessica Demming will 10.000 EUR in einem Sparbrief anlegen. Folgende Angaben liegen Ihnen vor:
Laufzeit5 Jahre

- Zinssatz 3,5 % p.a.
- gesamte Betriebskosten 100,00 EUR
- Eigenkapitalkostensatz 1,5 % p.a.
- Gewinnmarge 4,3 % p.a.
- GKM-Satz 4,5 % p.a.

Deckungs-beitrag I

Aufgabe IX-40

Ermitteln Sie bei diesem Anlagebetrag den Deckungsbeitrag I (Zinsüberschuss) pro Jahr.

[ ] EUR

Deckungs-beitrag II

Aufgabe IX-41

Ermitteln Sie bei diesem Anlagebetrag den Deckungsbeitrag II (Netto-Konditionenbeitrag) pro Jahr.

[ ] EUR

Deckungs-beitralllg

Aufgabe IX-42

Ermitteln Sie bei diesem Anlagebetrag den Deckungsbeitrag III (Beitrag zum Betriebsergebnis) pro Jahr.

[ ] EUR

Situation zu den Aufgaben IX-43 bis IX-45

Produktkalkulation

Ein Kunde möchte bei der *Nordbank AG* in Höhe von 100.000 EUR für 3 Monate Festgeld anlegen. Kalkulationsgrundlagen:

- Kundenzinssatz 2,9 % p.a.
- Direkt zurechenbare Stückkosten 15 EUR
- Zinssatz am Geld- und Kapitalmarkt für 3 Monate 3,2 % p.a.

Aufgabe IX-43

Deckungsbeitrag I

Ermitteln Sie für diese 3-monatige Anlage den Deckungsbeitrag I in EUR (Zinsüberschuss, Zins-Konditionenbeitrag).

EUR

Aufgabe IX-44

Deckungsbeitrag II

Ermitteln Sie für diese 3-monatige Anlage den Deckungsbeitrag II in EUR (Netto-Konditionenbeitrag).

EUR

Aufgabe IX-45

Deckungsbeitrag III

Ermitteln Sie für diese 3-monatige Anlage den Deckungsbeitrag III in EUR (Beitrag zum Betriebsergebnis).

EUR

Situation zu den Aufgaben IX-46 bis IX-50

Kundenkalkulation

Die *Nordbank AG* führt zum 30.06. den Abschluss des Privatgirokontos für Jessica Demming durch. Die Kontenabfrage zeigt für die letzten 6 Monate folgende Werte:

durchschnittlicher Habensaldo	1.000 EUR
Habenzinssatz	0,2 % p.a.
durchschnittlicher Sollsaldo	2.000 EUR
Sollzinssatz	12,0 % p.a.
Monatspauschale für Kontoführung	10,00 EUR
Buchungen	30 Stück

Die Controllingabteilung gibt bekannt:

Risikokosten für Kontokorrentkredite	0,5 % p.a.
Eigenkapitalkostensatz	1,0 % p.a.
tatsächliche Betriebskosten pro Buchung	1,00 EUR
GKM-Satz für Tagesgelder	0,5 % p.a.

Im Wertbereich verwendet die *Nordbank AG* die Marktzinsmethode.

Aufgabe IX-46

Deckungsbeitrag I

Ermitteln Sie für die letzten 6 Monate die Zinskonditionenmarge (Deckungsbeitrag I) für die Sichteinlagen in EUR.

EUR

Deckungsbeitrag I

Aufgabe IX-47

Ermitteln Sie für die letzten 6 Monate die Zinskonditionenmarge (Deckungsbeitrag I) für den Kontokorrentkredit in EUR.

EUR

Deckungsbeitrag II

Aufgabe IX-48

Ermitteln Sie für die letzten 6 Monate den Nettokonditionenbeitrag des Privatgirokontos (Deckungsbeitrag II) in EUR.

EUR

Risiko-, Eigenkapitalkosten

Aufgabe IX-49

Ermitteln Sie für die letzten 6 Monate die direkt zurechenbaren Risikokosten und Eigenkapitalkosten insgesamt in EUR.

EUR

Deckungsbeitrag III

Aufgabe IX-50

Ermitteln Sie für die letzten 6 Monate den Beitrag des Kundenkontos zum Betriebsergebnis (Deckungsbeitrag III) in EUR.

EUR

Formelsammlung

Die Formelsammlung ist Bestandteil des **IHK-Prüfung**saufgabensatzes und bei der Bearbeitung der Prüfungsaufgaben verbindlich zu verwenden!!!

1. Kontoabschluss, Verzinsung und Zinstageermittlung

1.1 Abschluss eines Kontokorrentkontos

- Der Abschluss eines Kontokorrentkontos von Privatkunden erfolgt zum Ablauf eines Kalenderquartals, von gewerblichen Kunden zum Ablauf eines Kalendermonats.

1.2 Verzinsungen

- Es werden auch Bruchteile von Euro (Cent) verzinst.

1.3 Sichteinlagen und Einlagen auf Tagesgeldkonten

- Die Verzinsung beginnt mit dem Tag der Einzahlung und endet mit dem der Rückzahlung vorhergehenden Kalendertag.
- Deutsche Methode der Zinsrechnung (30/360)

1.4 Termineinlagen

- Die Verzinsung beginnt mit dem Tag der Einzahlung und endet mit dem der Rückzahlung vorhergehenden Kalendertag.
- Privatkunden: Deutsche Methode der Zinsrechnung (30/360)
- Gewerbliche Kunden: Eurozinsmethode (act/360)

1.5 Spareinlagen mit 3-monatiger Kündigungsfrist

- Die Verzinsung beginnt mit dem Tag der Einzahlung und endet mit dem der Rückzahlung vorhergehenden Kalendertag.
- Deutsche Methode der Zinsrechnung (30/360)
- Progressive Zinsberechnung
- Die Berechnung der Kündigungsfrist beginnt mit dem auf den Tag der Kündigung folgenden Kalendertag.
- Verfügungen über Zinsen innerhalb von 2 Monaten nach Kapitalisierung erfolgen ohne Berechnung eines Vorfälligkeitsentgelts (Vorschusszinsen).
- Verfügungen bis zu einem Gesamtbetrag von 2.000,00 EUR innerhalb eines Kalendermonats erfolgen ohne Berechnung eines Vorfälligkeitsentgelts (Vorschusszinsen).
- Die Berechnung eines Vorfälligkeitsentgelts (Vorschusszinsen) erfolgt nach der 90-Tage-Methode.
- Wird über einen gekündigten Betrag nicht innerhalb eines Monats verfügt, unterliegt dieser Betrag wieder der vereinbarten Kündigungsfrist.

1.6 Sparbriefe

- Die Verzinsung beginnt mit dem Tag des Erwerbs und endet mit dem der Rückzahlung vorhergehenden Kalendertag.
- Deutsche Methode der Zinsrechnung (30/360)

1.7 Rentenwerte (Zinsmethode)

- Euro-Rentenwerte act/act
- Anleihen mit einer Gesamtlaufzeit unter 2 Jahren und Floater act/360

W. Grundmann et al., *Bankwirtschaft und Controlling Teil 1*, Prüfungstraining für Bankkaufleute,
https://doi.org/10.1007/978-3-658-52865-2

1.8 Effektivverzinsung (Rendite)

$$\text{Rendite} = \frac{\left[\text{Nominalzinssatz} + \dfrac{(100 - \text{Erwerbskurs})}{\text{Laufzeit}}\right] \times 100}{\text{Erwerbskurs}}$$

2. Kennziffern

Der **Bilanzgewinn** ist, sofern nichts anderes angegeben ist, als **kurzfristiges Fremdkapital** anzusehen.

$$\text{Eigenkapitalquote} = \frac{\text{Eigenkapital} \times 100}{\text{Bilanzsumme}}$$

$$\text{Anlagendeckungsgrad I} = \frac{\text{Eigenkapital} \times 100}{\text{Anlagevermögen}}$$

$$\text{Anlagendeckungsgrad II} = \frac{(\text{Eigenkapital} + \text{langfristiges Fremdkapital}) \times 100}{\text{Anlagevermögen}}$$

Cash-flow = Betriebsergebnis
+ Planmäßige Abschreibungen auf Sachanlagen
+ Zuführung zu den langfristigen Rücklagen

$$\text{Cash-flow-Rate} = \frac{\text{Cash-Flow} \times 100}{\text{Umsatzerlöse}}$$

$$\text{Eigenkapitalrentabilität} = \frac{\text{Betriebsergebnis} \times 100}{\text{Eigenkapital}}$$

$$\text{Umsatzrentabilität} = \frac{\text{Betriebsergebnis} \times 100}{\text{Umsatzerlöse}}$$

$$\text{Debitorenziel (Kundenziel)} = \frac{\text{Forderungen aus Lieferungen und Leistungen} \times 365}{\text{Umsatzerlöse}}$$

$$\text{Kreditorenziel (Lieferantenziel)} = \frac{\text{Verbindlichkeiten aus Lieferungen und Leistungen} \times 365}{\text{Materialaufwand bzw. Wareneinsatz}}$$

$$\text{KGV} = \frac{\text{Börsenkurs}}{\text{Erwarteter Gewinn pro Aktie}}$$

$$\text{Dividendenrendite} = \frac{\text{Veröffentlichte Dividende} \times 100}{\text{Kapitaleinsatz}}$$

3. Definition des Betriebsergebnisses für die Jahresabschlussanalyse

Umsatzerlöse (netto)
+/- Bestandsveränderungen
+ andere aktivierte Eigenleistungen
+ sonstige betrieblichen Erträge
- Materialaufwand
-- Personalaufwand
-- planmäßige Abschreibungen auf Sachanlagen
-- sonstige betriebliche Aufwendungen
= **Betriebsergebnis**

4. Gesamtbetriebskalkulation auf Basis GuV zur Ermittlung des Teilbetriebsergebnisses und des Betriebsergebnisses

Prozentuale Auswertungen am Beispiel einer durchschnittlichen Bilanzsumme von 2.200 Mio. EUR:

	Mio. EUR		
Zinserträge	235,0		
+ lfd. Erträge aus Aktien und Beteiligungen	0,0		
+ Erträge aus Gewinngemeinschaften, Gewinnabführungs- oder Teilgewinnabführungsverträgen	0,0	Zinserträge	10,68 %
- Zinsaufwendungen	175,0	Zinsaufwendungen	7,95 %
= Zinsüberschuss (1)	**60,0**	**Bruttozinsspanne**	**2,73 %**
Provisionserträge	80,0		
- Provisionsaufwendungen	30,0		
= Provisionsüberschuss (2)	**50,0**	**Provisionsspanne**	**2,27 %**
Personalaufwand	45,0	Personalaufwandspanne	2,05 %
+ andere Verwaltungsaufwendungen	30,0		
+ Abschreibungen und Wertberichtigungen auf immaterielle Anlagewerte und Sachanlagen	16,0	Sachaufwandsspanne	2,09 %
= Verwaltungsaufwand (3)	**91,0**	**Bruttobedarfsspanne**	**4,14 %**
Teilbetriebsergebnis (1) + (2) – (3)	**19,0**		
Erträge des Handelsbestands	8,0		0,36 %
Aufwendungen des Handelsbestands	5,0		0,22 %
Nettoergebnis des Handelsbestands (4)	**3,0**	**Handelsspanne (Handelsergebnis)**	**0,14 %**
Sonstige betriebliche Erträge	20,0		
- Sonstige betriebliche Aufwendungen	5,0		
= Saldo der sonstigen betrieblichen Aufwendungen und Erträge (5)	**15,0**	**Sonstige Ertragsspanne**	**0,68 %**
Abschreibungen und Wertberichtigungen auf Forderungen und bestimmte Wertpapiere sowie Zuführungen zu Rückstellungen im Kreditgeschäft	21,0		0,95 %
- Erträge aus Zuschreibungen zu Forderungen und bestimmten Wertpapieren sowie aus der Auflösung von Rückstellungen im Kreditgeschäft	2,0		0,09 %
= Bewertungsergebnis (Risikovorsorge) (6)	**19,0**	**Bewertungsspanne (Risikospanne)**	**0,86 %**
Betriebsergebnis aus normaler Geschäftstätigkeit (1) bis (6)	**18,0**	**Nettogewinnspanne**	**0,82 %**

Bruttozinsspanne (1)	**2,73 %**
+ Provisionsspanne (2)	**2,27 %**
+ Handelsergebnis (4)	**0,14 %**
+ sonstige Ertragsspanne (5)	**0,68 %**
= Bruttoertragsspanne	**5,82 %**

Personalaufwandspanne	**2,05 %**
+ Sachaufwandsspanne	**2,09 %**
= Bruttobedarfsspanne (3)	**4,14 %**

Bruttoertragsspanne	**5,82 %**
- Bruttobedarfsspanne (3)	**- 4,14 %**
= Bruttogewinnspanne	**1,68 %**
- Bewertungsspanne (6)	**- 0,86 %**
= Netto(rein)gewinnspanne	**0,82 %**

5. Kalkulation

Der Kalkulation im Betriebsbereich liegt die Teilkostenrechnung (prozessorientierte Standardeinzelkostenrechnung) zu Grunde.
Jeder Prozentsatz wird als Prozentsatz p. a. angegeben.

5.1 Produktkalkulation im Aktivgeschäft

Ermittlung der **Preisuntergrenze** eines Produktes:

Alternativzinssatz für Anlagen am GKM
+ Mindestkonditionenmarge, bestehend aus:
direkt zurechenbare Betriebskosten in %
Risikokosten in %
Eigenkapitalkosten in %
= Preisuntergrenze Aktivprodukt in %

Ermittlung des **Deckungsbeitrags**:

Zinserlöse
- Alternativzinsen für Anlage am GKM
= **Deckungsbeitrag I** (Zinsüberschuss, Zins-Konditionenbeitrag)
+ direkt zurechenbare Provisionserlöse
- direkt zurechenbare Betriebskosten
= **Deckungsbeitrag II** (Netto-Konditionenbeitrag)
- Risikokosten
- Eigenkapitalkosten
= **Deckungsbeitrag III** (Beitrag zum Betriebsergebnis)

Deckungsbeitrag III ohne Berücksichtigung der Overhead-Kosten.
Die Kosten für die Unterlegung mit Eigenkapital werden angegeben.

5.2 Produktkalkulation im Passivgeschäft

Ermittlung der **Preisobergrenze** eines Produktes:

  Alternativzinssatz für Beschaffung am GKM
- direkt zurechenbare Betriebskosten in %

= Preisobergrenze Passivprodukt in %

Ermittlung des **Deckungsbeitrags**:

  Alternativzinsen für Beschaffung am GKM
- Zinskosten

= **Deckungsbeitrag I** (Zins-Konditionenbeitrag)
+ direkt zurechenbare Provisionserlöse
- direkt zurechenbare Betriebskosten

= **Deckungsbeitrag II** (Netto-Konditionenbeitrag)
= **Deckungsbeitrag III** (Beitrag zum Betriebsergebnis)

Deckungsbeitrag II und III ohne Berücksichtigung der Overhead-Kosten

5.3 Kundenkalkulation

  Konditionenbeiträge der Aktivgeschäfte
+ Konditionenbeiträge der Passivgeschäfte

= **Deckungsbeitrag I** (Zins-Konditionenbeitrag)
+ direkt zurechenbare Provisionserlöse
- direkt zurechenbare Betriebskosten

= **Deckungsbeitrag II** (Netto-Konditionenbeitrag)
- direkt zurechenbare Risikokosten
- direkt zurechenbare Eigenkapitalkosten

= **Deckungsbeitrag III** (Deckungsbeitrag der Kunden)

Aktuelle Eurobeträge, Freigrenzen und Freibeträge

Meldung an die Erbschaft-steuerstelle im Todesfall	Kontoguthaben über 5.000,00 EUR
Pfändungsschutz auf dem P-Konto	1.590,00 EUR im Kalendermonat pro Person ab 01.07.2026 (§ 850 c ZPO),
Identifizierungspflicht des Kunden nach dem GwG	bei der Annahme oder Abgabe von Bargeld, Wertpapieren oder Edelmetallen im Wert von 15.000,007.20260 EUR oder mehr
Verfügung über Spareinlagen ohne vorherige Kündigungsfrist nach der Rechnungslegungs-verordnung	2.000,00 EUR
Haftungshöchstgrenze bei Bank- und Kreditkarten für Kunden vor Verlustmitteilung	50,00 EUR
EU-Einlagensicherung	100.000,00 EUR pro Anleger
Einlagensicherung des Bundes-verbandes deutscher Banken	8,75 % des haftenden Eigenkapitals mind. 438.000,00 EUR pro Gläubiger
Sparen nach dem Vermögensbildungsgesetz	
Vermögenswirksames Sparen	
Sparhöchstbetrag	470,00 EUR jährlich pro Arbeitnehmer
Arbeitnehmersparzulage für Arbeitnehmer in % pro Jahr	9 % höchstens 43,00 EUR
Einkommensgrenzen	40.000,00 EUR / 80.000,00 EUR jährlich für Ledige / Verheiratete
Mindestsparleistung	13,00 EUR monatlich regelmäßig bzw. 39,00 EUR im Kalenderjahr
Sperrfrist	7 Jahre ab Vertragsschluss
Beteiligungssparen	
Arbeitnehmersparzulage für Beteiligungssparen pro Jahr	20 %
Sparhöchstbetrag für Beteiligungssparen u. ä.	400,00 EUR jährlich je Arbeitnehmer
Einkommensgrenzen	40.000,00 EUR / 80.000,00 EUR jährlich für Ledige / Verheiratete
Sperrfrist	Ansparzeit 6 Jahre, 7 Jahre ab 01.01. des Jahres der ersten Einzahlung
Mindestsparleistung	13,00 EUR monatlich bzw.39,00 EUR im Kalenderjahr

W. Grundmann et al., *Bankwirtschaft und Controlling Teil 1*, Prüfungstraining für Bankkaufleute, https://doi.org/10.1007/978-3-658-52865-2

Sparen nach dem Wohnungsbauprämiengesetz	
Jährlicher Sparhöchstbetrag	700,00 EUR p.P.
Wohnungsbauprämie	10 % jährlich
Einkommensgrenzen	35.000,00 EUR / 70.000,00 EUR jährlich für Ledige / Verheiratete
Sperrfristen	Bei Bausparverträgen: 7 Jahre beginnend mit dem Tag des Vertragsabschlusses Bei Wertpapiersparverträgen: 7 Jahre beginnend mit dem 01.01. des Jahres der ersten Einzahlung
Mindestsparleistung	50,00 EUR je Person
Zulagen nach dem Altersvorsorgegesetz (Riesterrente)	
Gesamtbeitrag pro Jahr in % des sozialversicherungspflichtigen Vorjahreseinkommens	4 %, maximal 2.100,00 EUR
Jährliche Grundzulage	Maximal 175,00 EUR
Maximale jährliche Kinderzulage je Kind	185,00 EUR Kinder, die nach dem 01.01.2008 geboren sind, erhalten eine Kinderzulage von 300,00 EUR.
Zulage für Berufseinsteiger unter 25 Jahre	Einmalige zusätzliche Grundzulage von 200,00 EUR
Sockelbetrag	60,00 EUR pro Jahr
Freibeträge bei Einkünften aus Kapitalerträgen nach dem EStG	
Sparer-Pauschbetrag für Ledige/Verheiratete pro Jahr	1.000,00 EUR / 2.000,00 EUR
Werbungskostenpauschbetrag	1.230,00 EUR jährlich pro Arbeitnehmer
Sonderausgaben-Pauschbetrag **Ausbildungsfreibetrag (auswärtige Unterbringung)**	36,00 EUR / 72,00 EUR Ledige/Verheiratete 1.200,00 EUR
Eingangssteuersatz **Spitzensteuersatz**	14 % 45 %
Abgeltungsteuer **Körperschaftsteuer**	25 % 15 %
Grundfreibetrag	2026: 12.348,00/24.696,00 EUR Ledige/Verheiratete

Internationaler Zahlungsverkehr			
EU-Überweisung	Gemäß der EU-Preisverordnung darf ein Kreditinstitut für grenzüberschreitende Überweisungen in EUR bis zu einem Betrag von 50.000 EUR, die mit S.W.I.F.T.-BIC und IBAN und Kontonummer versehen sind, keine höheren Entgelte erheben, als für entsprechende Inlandsüberweisungen.		
Meldepflichten im Außenwirtschaftsverkehr: Geleistete und empfangene Zahlungen aus Transithandel, sonstigem Warenverkehr, Dienstleistungen, Übertragungen, Kapitalverkehr	ab 12.500,00 EUR		
Beitragsbemessungsgrenzen der Sozialversicherungen für 2026 pro Monat / Jahr			
Ges. Krankenversicherung und Ges. Pflegeversicherung	5.812,50 EUR p. M./ 69.750,00 EUR p. a.		
Rentenversicherung und Arbeitslosenversicherung	8.450,00 EUR p. M./ 101.400,00 EUR p. a.		
Versicherungspflichtgrenze in der gesetzlichen Krankenkasse und Pflegeversicherung	6.450,00 EUR p. M./ 77.400,00 EUR p. a.		
Beitragssätze der Sozialversicherungen für 2026			
Krankenversicherung	14,6 % + Zuschlag je nach Krankenkasse		
Ges. Pflegeversicherung	Der AG-Anteil beträgt immer 1,8 %		
		AN-Anteil	insgesamt
	AN unter 23 Jahre kinderlos,	1,80 %	3,60 %
	AN ab 23 Jahre kinderlos	2,40 %	4,20 %
	AN mit 1 Kind (Alter egal)	1,80 %	3,60 %
	AN mit 2 Kinder unter 25 Jahren	1,55 %	3,35 %
	AN mit 3 Kinder unter 25 Jahren	1,30 %	3,10 %
	AN mit 4 Kinder unter 25 Jahren	1,05 %	2,85 %
	AN mit 5 und mehr Kindern unter 25 Jahren	0,80 %	2,60 %
Rentenversicherung	18,6 %		
Arbeitslosenversicherung	2,6 %		
Weitere wichtige Beträge			
Mindestgrundkapital bei der Rechtsform der AG	50.000,00 EUR		
Mindeststammkapital bei der Rechtsform der GmbH	25.000,00 EUR		

LÖSUNGEN

I. Konto

Aufgabe I-1:

A	B	C	D	E
1	**5**	**3**	**6**	**1**

Kontokorrentkonto: Es dient der Abwicklung von Bankgeschäften, insbesondere der Verbuchung von Sichteinlagen.
Nachlasskonto: Konten und Depots eines Erblassers werden mit seinem Tod Nachlasskonten.
Depotkonto: Depotkonten dienen der Verbuchung von Wertpapieren, die die Banken von ihren Kunden zur Verwahrung und Verwaltung übernehmen.
Konto zugunsten Dritter: Bei einem Kontovertrag zugunsten eines Dritten wird vereinbart, dass die Forderungsrechte aus einem Konto bei Eintritt einer bestimmten Bedingung auf einen Dritten übergehen sollen, vgl. §§ 328 ff. BGB.
Termingeldkonto: Auf diesem Konto werden Gelder als befristete Anlage verbucht, die vorübergehend nicht benötigt werden.

Aufgabe I-2: A und E

A: vgl. § 1901 BGB Umfang der Betreuung, Pflichten des Betreuers: Die Betreuung umfasst alle Tätigkeiten, die erforderlich sind, um die Angelegenheiten des Betreuten rechtlich zu besorgen.
E: vgl. § 1806 und § 1807 BGB Anlegung von Mündelgeld: Der Betreuer muss das Vermögen des Betreuten verzinslich und mündelsicher anlegen, z. B. in mündelsicheren Wertpapieren oder als Spareinlage bei Kreditinstituten, die einer Einlagensicherungseinrichtung angehören.
Der Betreuer hat die Rechtsstellung eines gesetzlichen Vertreters. Die Anordnung einer Betreuung bedeutet nicht, dass der Betreute dadurch geschäftsunfähig oder beschränkt geschäftsfähig wird. Soweit eine Betreuung für Geld- und Vermögensangelegenheiten bestellt wurde, kann sowohl der Betreute als auch der Betreuer über Konten des Betreuers verfügen.
Liegt ein Einwilligungsvorbehalt des Betreuungsgerichts vor, dann gelten die Regelungen über die Rechtswirksamkeit von Willenserklärungen beschränkt Geschäftsfähiger.

Aufgabe I-3: A und B (vgl. §§ 1903, 1908 i BGB)

Besonderheiten bei Betreuerkonten

Verfügungsmöglichkeiten einer nicht befreiten Betreuung nach §§ 1813, 1901 BGB	Der nicht befreite Betreuer bedarf nicht der Genehmigung des Betreuungsgerichts, - wenn der Anspruch nicht mehr als 3.000,00 EUR beträgt, z. B. Abhebung einer Spareinlage bis 3.000,00 EUR vom Sparkonto des Betreuten. - wenn er über Gelder verfügt, die auf einem Girokonto bzw. Kontokorrentkonto des Betreuten angelegt worden sind (ohne Betragsgrenze). - wenn Geld zurückgezahlt wird, das der Betreuer z. B. auf einem Termingeldkonto des Betreuten angelegt hatte.
Befreite Betreuung nach § 1817 BGB	Die Einschränkung für die nicht befreite Betreuung gilt für den befreiten Betreuer nicht. Befreite Betreuer sind i. d. R. Verwandte des Betreuten (Vater, Mutter, Kind, Ehegatte) oder Vereins- oder Behördenbetreuer.

Eine unter Einwilligungsvorbehalt stehende Betreuung nach § 1903 BGB	Liegt ein Einwilligungsvorbehalt vor, benötigt der Betreute z. B. bei der Eröffnung eines Kontos die Einwilligung des Betreuers. In der Regel wird der Betreute behandelt wie ein beschränkt Geschäftsfähiger.
Betreuung ohne Einwilligungsvorbehalt	Ohne Einwilligungsvorbehalt kann der Betreute weiter Rechtsgeschäfte abschließen, ohne die Genehmigung des Betreuers einzuholen. Er bleibt voll geschäftsfähig.
Mündelsichere Anlageformen	Nach § 1807 BGB sind z. B. folgende Anlageformen mündelsicher: - Verbriefte Forderungen gegen den Bund oder ein Land sowie Forderungen, die in das Bundesschuldbuch oder Landesschuldbuch eines Landes eingetragen sind. - Wertpapiere, insbesondere Pfandbriefe sowie verbriefte Forderungen jeder Art gegen eine inländische kommunale Körperschaft, sofern die Wertpapiere oder die Forderungen von der Bundesregierung mit Zustimmung des Bundesrates zur Anlage von Mündelgeld für geeignet erklärt sind.

Aufgabe I-4: B und **F** (vgl. §§ 1807 und 1908 i BGB)

Aufgabe I-5: B (vgl. §§ 1817, 1908 i BGB)

Aufgabe I-6:
B und **C** sind richtig. Börsentermingeschäfte sind durch eine Kontovollmacht nicht abgedeckt. Die bankübliche Kontovollmacht berechtigt nicht zur Beantragung von Bank- und Kreditkarten.

Aufgabe I-7: E, vgl. § 154 AO Kontenwahrheit
Für die Eröffnung des Firmenkontos sind
- eine persönliche Legitimation der vertretungsberechtigten Antragsteller und
- ein beglaubigter Auszug neueren Datums aus dem Handelsregister erforderlich.

Konten für Firmen werden unter dem Firmennamen geführt. Die Kontobezeichnung der Firma entspricht den Eintragungen im Handelsregister.
Die Erteilung der Prokura hat nur ausdrücklich (schriftlich/mündlich) zu erfolgen. Bei der GmbH erfolgt die Bestellung von Prokuristen durch Gesellschafterbeschluss. Die Prokura wird ins HR eingetragen und hat deklaratorische Wirkung. Der Prokurist ist bevollmächtigt zu allen Arten von gerichtlichen und außergerichtlichen Geschäften und Rechtshandlungen, die der Betrieb eines Handelsgewerbes mit sich bringt. Die Belastung und Veräußerung von Grundstücken ist nur mit Sondervollmacht zulässig.

Aufgabe I-8: B, vgl. Ziffer 2 der AGB der Banken (Bankgeheimnis und Bankauskunft)
Eine Bankauskunft enthält allgemein gehaltene Feststellungen und Bemerkungen über die wirtschaftlichen Verhältnisse des Kunden, seine Kreditwürdigkeit und Zahlungsfähigkeit; betragsmäßige Angaben über Kontostände, Sparguthaben, Depot- oder sonstige der Bank anvertraute Vermögenswerte sowie Angaben über die Höhe von Kreditinanspruchnahmen werden nicht gemacht.
Erteilung einer Bankauskunft an juristische Personen bzw. Gewerbetreibende:
Die Auskunft wird erteilt, sofern sich die Anfrage auf die geschäftliche Tätigkeit bezieht und keine gegenteilige Kundenweisung vorliegt.

Bei Privatpersonen und Freiberuflern wird eine Bankauskunft erteilt, wenn wenn der Kunde ausdrücklich der Erteilung der Bankauskunft zugestimmt hat.

Empfänger von Bankauskünften:

Bankauskünfte erhalten nur eigene Kunden sowie andere Kreditinstitute für deren Zwecke oder die ihrer Kunden.

Form: Auskunftsanfragen erfolgen grundsätzlich schriftlich.

Aufgabe I-9: A und **E,** vgl. Auskunftserteilung in den Grundsätzen für die Durchführung des Bankauskunftsverfahrens zwischen Kreditinstituten

Auskunftsanfragen sollen schriftlich gestellt werden. Sie müssen den Anfragegrund enthalten, mit dem das berechtigte Interesse an der Bankauskunft glaubhaft gemacht wird. Bankauskünfte sollen allgemein gehalten werden. Sie werden nur aufgrund von Erkenntnissen erteilt, die der Auskunft gebenden Stelle vorliegen. Auskunftsverweigerungen sollen allgemein gehalten werden. Sie sollen so formuliert werden, dass sie nicht als negative Auskunft verstanden werden.

Aufgabe I-10: C und **D,** vgl. Ausführungen zur SEPA-Firmen-Lastschrift in Lösung II-34

Zu A: Nach Einlösung der SEPA-Lastschrift zum Fälligkeitstag gibt es für den Kunden keinen Erstattungsanspruch nach § 675 X BGB, d. h. er kann der Abbuchung nicht mehr widersprechen.

Zu B: Einlösung erfolgt nur, wenn ausreichendes Guthaben oder ausreichender Kreditrahmen vorhanden ist, keine Teileinlösungen.

Zu E: Die Inkassovereinbarung zwischen Zahlungsempfänger und 1. Inkassostelle enthält keine Termine für evtl. Lastschrifteinzüge.

Zu F: Das Risiko der Nichteinlösung trägt der Zahlungsempfänger.

Aufgabe I-11: B und **D**

Die Identifizierungspflicht entfällt, wenn Mitarbeiter von gewerblichen Beförderungsunternehmen für ihre Auftraggeber Bargeld einliefern oder abholen (§ 2 Abs. 2 GwG). Durch die Einzahlungs-/Auszahlungsbelege wird eine nachvollziehbare Papierspur gelegt, sodass aus taktischen Erwägungen auf eine ständig wiederholte Identifizierung verzichtet werden kann. Die Freistellung der Bank von der Identifizierungspflicht setzt jedoch voraus, dass die einzahlende oder abhebende Person dem Institut zuvor namentlich zusammen mit der Erklärung des Kontoinhabers bekannt gegeben worden ist, dass er durch die Person in Zukunft wiederholt Bargeld auf ein eigenes Konto einzahlen oder abheben wird (§ 9 Abs. 1 Satz 5 GwG). Bei der ersten Einzahlung oder Abhebung ist die Person vom Kreditinstitut zu identifizieren. Bei späteren Geschäftsvorfällen hat das Kreditinstitut lediglich zu überprüfen, ob die auftretende Person in der entsprechenden Erklärung des Kontoinhabers genannt ist. Außerdem ist der wirtschaftlich Berechtigte festzustellen.

Eine besondere Regelung existiert im GwG für den Fall der Nachttresoreinzahlung. Danach muss die Bank den Benutzer des Nachttresors verpflichten, über den Nachttresor nur Geld für eigene Rechnung einzuzahlen. Bei Nutzung des Nachttresors ist eine Identifizierung aus praktischer Notwendigkeit nicht erforderlich. Da mit dem Kunden ein Nachttresorvertrag geschlossen wird und der Kunde ein Konto mit dem Institut unterhält, ist dieser Fall mit den regelmäßigen Barein- oder Barauszahlern vergleichbar. Eine Identifizierung hat gemäß § 154 AO bereits bei der Kontoeröffnung stattgefunden.

Aufgabe I-12: C (vgl. § 106 BGB)
Zu B: Der Abschluss des Ausbildungsvertrages berechtigt den minderjährigen Auszubildenden nicht, auf dieser Rechtsgrundlage Bankgeschäfte ohne die Zustimmung der gesetzlichen Vertreter vorzunehmen. Nur ein Arbeitsverhältnis mit einem Minderjährigen, dem die gesetzlichen Vertreter zugestimmt haben, berechtigen den Minderjährigen Bankgeschäfte, z. B. eine Kontoeröffnung oder den Abschluss eines Bausparvertrages für die Anlage der vermögenswirksamen Leistungen, rechtswirksam ohne die Zustimmung der gesetzlichen Vertreter abzuschließen.

Aufgabe I-13: B und **F** (vgl. § 154 AO)
Zu C: vgl. § 347 (Sorgfaltspflicht) HGB:
(1) Wer aus einem Geschäft, das auf seiner Seite ein Handelsgeschäft ist, einem anderen zur Sorgfalt verpflichtet ist, hat für die Sorgfalt eines ordentlichen Kaufmanns einzustehen.
(2) Unberührt bleiben die Vorschriften des BGB, nach welchen der Schuldner in bestimmten Fällen nur grobe Fahrlässigkeit zu vertreten oder nur für diejenige Sorgfalt einzustehen hat, welche er in eigenen Angelegenheiten anzuwenden pflegt.

Aufgabe I-14: D, vgl. auch § 1643 in Verbindung mit § 1822 Ziffer 8 BGB (genehmigungspflichtige Verträge).

Aufgabe I-15: A und **E**

Mietkautionskonto auf den Namen des Mieters	Mietkautionskonto auf den Namen des Vermieters
Frau Bechtle eröffnet ein Sparkonto auf ihren Namen mit dem Zusatz „wegen Mietkaution ..." und verpfändet das Sparguthaben an die Wohnungsgesellschaft *Schaum GmbH*.	Die Wohnungsgesellschaft *Schaum GmbH* muss die Mietkaution getrennt von ihrem Vermögen bei einem Kreditinstitut zu dem für Spareinlagen mit dreimonatiger Kündigungsfrist üblichen Zinssatz anlegen. Das Konto wird als offenes Treuhandkonto mit dem Zusatz „wegen Mietkaution ..." angelegt.
Die Verpfändung muss dem kontoführenden Kreditinstitut angezeigt werden (§ 1280 BGB). Der Name des Vermieters wird in den Kontounterlagen festgehalten.	Name und Anschrift von Frau Bechtle (wirtschaftlich Berechtigte) sind dem Kreditinstitut mitzuteilen.
Das Sparbuch wird der Wohnungsgesellschaft *Schaum GmbH* übergeben. Sie allein ist der *Nordbank AG* gegenüber verfügungsberechtigt. Üblicherweise wird vor einem Auszahlungsverlangen des Vermieters der Mieter von der Auszahlung unterrichtet und die Auszahlung erst nach Ablauf von vier Wochen vorgenommen.	Nur die Wohnungsgesellschaft *Schaum GmbH* ist dem Kreditinstitut gegenüber allein berechtigt und verpflichtet. Sie hat jederzeitigen Zugriff auf das Sparguthaben.
Die Zinsen stehen Frau Bechtle zu, sie erhöhen die Sicherheit.	Die Zinsen stehen Frau Bechtle zu und erhöhen die Sicherheit für die Wohnungsgesellschaft.

Die Erteilung eines Freistellungsauftrags ist möglich.	Die Erteilung eines Freistellungsauftrags ist nicht möglich. Der Vermieter erteilt der Frau Bechtle eine Bescheinigung über die entrichtete Zinsabschlagsteuer.

Aufgabe I-16: B (vgl. § 1626 sowie § 1680 BGB)

§ 1626 (Elterliche Sorge; ...)
(1) Die Eltern haben die Pflicht und das Recht, für das minderjährige Kind zu sorgen (elterliche Sorge). Die elterliche Sorge umfasst die Sorge für die Person des Kindes (Personensorge) und das Vermögen des Kindes (Vermögenssorge).

§ 1680 (Tod eines Elternteils; Entziehung der elterlichen Sorge)
(1) Stand die elterliche Sorge den Eltern gemeinsam zu und ist ein Elternteil gestorben, so steht die elterliche Sorge dem überlebenden Elternteil zu.

Aufgabe I-17: A und **C**

Zu B: Es gilt der Schwellenwert von 15.000,00 EUR und darüber.
Zu D: Nur Personalausweis und Reisepass
Zu E: Besteht eine Pflicht zur Identifizierung nach dem GwG, so hat die Bank anhand eines amtlichen Personaldokumentes (Personalausweis oder Reisepass) den Namen und das Geburtsdatum und die Anschrift desjenigen, der ihm gegenüber auftritt, festzustellen. Ebenso sind die Art und die Nummer des Personaldokumentes sowie die ausstellende Behörde zu erheben.
Zu F: Bei der Anmietung und jeder Nutzung des Schließfaches ist der Kunde zu identifizieren.
Annahme oder Abgabe von Bargeld, Wertpapieren oder Edelmetallen im Wert von 15.000,00 EUR und mehr:
Die Annahme und Abgabe von Edelmetallen (Gold- und Silberbarren) löst ab dem gesetzlichen Schwellenwert von 15.000,00 EUR die Identifizierungspflicht aus. Die körperliche Entgegennahme durch die Bank oder die Übergabe an den Kunden ist ein identifizierungspflichtiges Geschäft, und zwar unabhängig davon, ob der zugrunde liegende Kaufvertrag über ein Konto abgewickelt wird. So fällt auch die Ein- oder Auslieferung in ein oder aus einem Depot in den Rahmen der Identifizierungspflicht.
Die Einlösung von Schecks und Wechseln fällt nur dann unter die Abgabe der Identifizierungspflicht, wenn das Geschäft nicht über ein Konto abgewickelt, sondern bar vorgenommen und damit Bargeld abgegeben wird.
Reine Buchforderungen lösen eine Identifizierungspflicht nicht aus, weil keine physische Annahme oder Abgabe vorliegt. Der Erwerb von Wertpapieren zu Lasten eines Kundenkontos und zur wertpapiermäßigen Verwahrung durch das Kreditinstitut ist ebenso wie die Abhebung von einem Sparkonto unter gleichzeitiger Einzahlung auf ein anderes Konto des Kunden, ohne dass diesem Bargeld ausgehändigt wird, eine reine Buchtransaktion.
Bei Tafelgeschäften, bei denen Leistung und Gegenleistung Zug um Zug erfolgen, liegt ein einheitlicher Vorgang vor, der die einmalige Identifizierung erfordert. Liegen dagegen mehrere Tage zwischen der Einlieferung von Wertpapieren oder Edelmetallen und der Auszahlung eines Bargeldbetrages aufgrund einer durchzuführenden Echtheitsprüfung vor, so liegt kein einheitliches Geschäft vor, sodass in beiden Fällen eine Identifizierung vorgenommen werden muss.

Aufgabe I-18: A, vgl. § 328 Absatz 1 BGB
Durch Vertrag kann eine Leistung an einen Dritten mit der Wirkung bedungen werden, dass der Dritte unmittelbar das Recht erwirbt, die Leistung zu fordern.

Aufgabe I-19: D, vgl. AGB Ziffer 5: Verfügungsberechtigung nach dem Tod des Kunden
Nach dem Tod des Kunden kann die Bank zur Klärung der Verfügungsberechtigung die Vorlegung eines Erbscheins, eines Testamentsvollstreckerzeugnisses oder weiterer hierfür notwendiger Unterlagen verlangen; fremdsprachige Urkunden sind auf Verlangen der Bank in deutscher Übersetzung vorzulegen. Die Bank kann auf die Vorlage eines Erbscheins oder eines Testamentsvollstreckerzeugnisses verzichten, wenn ihr eine Ausfertigung oder eine beglaubigte Abschrift der letztwilligen Verfügung (Testament, Erbvertrag) nebst zugehöriger Eröffnungsniederschrift vorgelegt wird. Die Bank darf denjenigen, der darin als Erbe oder Testamentsvollstrecker bezeichnet ist, als Berechtigten ansehen, ihn verfügen lassen und insbesondere mit befreiender Wirkung an ihn leisten. Dies gilt nicht, wenn der Bank bekannt ist, dass der dort Genannte (z. B. nach Anfechtung oder wegen Nichtigkeit des Testaments) nicht verfügungsberechtigt ist, oder wenn ihr dies in Folge Fahrlässigkeit nicht bekannt geworden ist.
Vgl. § 33 Erbschaftsteuergesetz (Anzeigepflicht der Vermögensverwahrer, Vermögensverwalter ...)
(1) Wer sich geschäftsmäßig mit der Verwahrung und Verwaltung fremden Vermögens befasst, hat diejenigen in seinem Gewahrsam befindlichen Vermögensgegenstände und diejenigen gegen ihn gerichteten Forderungen, die beim Tod eines Erblassers zu dessen Vermögen gehörten oder über die dem Erblasser zur Zeit seines Todes die Verfügungsmacht zustand, dem für die Verwaltung der Erbschaftsteuer zuständigen Finanzamt anzuzeigen. Die Anzeige ist zu erstatten:
1. in der Regel: innerhalb eines Monats, seit dem der Todesfall dem Verwahrer oder Verwalter bekannt geworden ist ...

Vgl. Erbschaftsteuer-Durchführungsverordnung zu § 33 ErbStG
§ 1 (Anzeigepflicht der Vermögensverwahrer und der Vermögensverwalter)
(1) Wer zur Anzeige über die Verwahrung oder Verwaltung von Vermögen eines Erblassers verpflichtet ist, hat die Anzeige nach § 33 Abs. 1 des Gesetzes mit einem Vordruck nach Muster 1 zu erstatten. Die Anzeigepflicht bezieht sich auch auf die für das Jahr des Todes bis zum Todestag errechneten Zinsen für Guthaben, Forderungen und Wertpapiere (Stückzinsen). Die Anzeige ist bei dem für die Verwaltung der Erbschaftsteuer zuständigen Finanzamt (§ 35 des Gesetzes) einzureichen.
(2) Die Anzeigepflicht besteht auch dann, wenn an dem in Verwahrung oder Verwaltung befindlichen Wirtschaftsgut außer dem Erblasser auch noch andere Personen beteiligt sind.
(3) Befinden sich am Todestag des Erblassers bei dem Anzeigepflichtigen Wirtschaftsgüter in Gewahrsam, die vom Erblasser verschlossen oder unter Mitverschluss gehalten wurden (z. B. in Schließfächern), genügt die Mitteilung über das Bestehen eines derartigen Gewahrsams und, soweit er dem Anzeigepflichtigen bekannt ist, die Mitteilung des Versicherungswerts.
(4) Die Anzeige darf nur unterbleiben,

1. wenn es sich um Wirtschaftsgüter handelt, über die der Erblasser nur die Verfügungsmacht hatte, insbesondere als gesetzlicher Vertreter, Betreuer, Liquidator, Verwalter oder Testamentsvollstrecker, oder
2. wenn der Wert der anzuzeigenden Wirtschaftsgüter 2.500 Euro nicht übersteigt.

Aufgabe I-20: D

Bei diesem Kontovertrag zugunsten der Enkelin wird vereinbart, dass die Forderungsrechte aus dem Sparkonto im Todesfall von Frau Wetter auf die Enkelin übergehen sollen. In rechtlicher Hinsicht unterbreitet Frau Wetter mit der Kontoeröffnung der Enkelin ein Schenkungsangebot. Die Schenkung wird jedoch erst wirksam, wenn die Enkelin bzw. deren gesetzliche Vertretung die Schenkung angenommen hat und die definierte Bedingung des Rechtserwerbs eingetreten ist. Bis zu diesem Zeitpunkt kann Frau Wetter ohne Zustimmung der Enkelin über das Konto verfügen oder das Schenkungsangebot widerrufen.

Aufgabe I-21: D

	Oder-Konto	**Und-Konto**
Rechtstellung	Jeder der Kontoinhaber ist Gläubiger des Kreditinstituts (Gesamtgläubiger nach § 428 BGB).	Die Kontoinhaber sind gemeinschaftlich Gläubiger des Kreditinstituts.
Verfügungsmöglichkeiten über das Konto	Jeder Kontoinhaber kann allein über das Kontoguthaben und eingeräumte Kredite verfügen sowie das Konto mit Wirkung gegenüber dem anderen Kontoinhaber im banküblichen Rahmen überziehen.	Die Kontoinhaber können nur gemeinsam über das Kontoguthaben verfügen.
Tod eines Kontoinhabers	Beim Tod eines Kontoinhabers bleibt das Verfügungsrecht des überlebenden Kontoinhabers uneingeschränkt bestehen.	Beim Tod eines Kontoinhabers kann der überlebende Kontoinhaber nur gemeinsam mit den Erben verfügen.

Aufgabe I-22: A (vgl. BGB) und **C**

Bei Vorlage des Erbscheins treten die Erben an die Stelle des verstorbenen Kontoinhabers. Der Bevollmächtigte des Kontos handelt nun im Namen der Erben. Die Kontovollmacht muss von den Erben gemeinsam widerrufen werden. Dann erlischt die Kontovollmacht.

§ 167 BGB (Erteilung der Vollmacht)

(1) Die Erteilung der Vollmacht erfolgt durch Erklärung gegenüber dem zu bevollmächtigenden oder dem Dritten, dem gegenüber die Vertretung stattfinden soll.

Im Falle einer Erteilung einer Bankvollmacht über Konten und Depots muss der Vollmachtgeber im Beisein eines Bankmitarbeiters die Bankvollmacht gegenüber einem oder mehreren Bevollmächtigten schriftlich erklären. Die Vollmachtsurkunde wird vom Vollmachtgeber unterschrieben; der bzw. die Bevollmächtigte(n) geben im Beisein des Bankmitarbeiters eine Unterschriftsprobe ab und legitimieren sich mit seinem bzw. ihren gültigen Personalausweis(en).

§ 168 (Erlöschen der Vollmacht)

Das Erlöschen der Vollmacht bestimmt sich nach dem ihrer Erteilung zugrunde liegenden Rechtsverhältnisses. Die Vollmacht ist auch bei dem Fortbestehen des Rechtsverhältnisses widerruflich, sofern sich nicht auf diesem ein Anderes ergibt.

Aufgabe I-23:

1	2	3	4	5
A	**B**	**D**	**C**	**E**

Vgl. auch § 154 AO

Aufgabe I-24: D

Aufgabe I-25: E

Bankauskünfte

Situationen	**Bankauskunft nur mit Zustimmung des Kontoinhabers bzw. entsprechender Legitimation**	**Bankauskunft ohne Zustimmung des Kontoinhabers**
Erbfall	Erben: mit Erbschein oder Testament mit Eröffnungsprotokoll	- Das Kreditinstitut ist verpflichtet, alle Konto- und Depotguthaben an die Erbschaftsteuerstelle des Finanzamtes zu melden bei Gesamtguthaben größer als 5.000,00 EUR. - Meldung auf jeden Fall: Schließfach und Verwahrstücke - Gesetzliche Grundlage: § 33 ErbStG - Gemeldete Guthaben zuzgl. Zinsen: Kontoguthaben Todestag 0:00 Uhr - Gemeldete Depotguthaben: Kurse am Todestag des Kontoinhabers - Zeitpunkt der Meldung: spätestens 1 Monat ab Kenntnis vom Todesfall
Freistellungsauftrag (FSA) (1.000 EUR bzw. 2.000 EUR)		Das Kreditinstitut meldet bei FSA dem Bundeszentralamt für Steuern (BZSt) die Daten des Freistellungsauftrags und die tatsächlich freigestellten Kapitalerträge des Kunden: - Name und Anschrift des Kunden - Höhe des FSA - Höhe des ausgenutzten FSA
Online-Kontoabfrage (automatisierter Abruf von Kontoinformationen)		- Kreditinstitute sind verpflichtet, dem BZSt den jederzeitigen Online-Abruf von Kontostammdaten zu ermöglichen (§ 93 Nr. 7 und 8 und § 93 b der Abgabenordnung). - Abrufbar sind folgende Daten: Vor- und Nachname, Geburtsdatum, Anschrift, Anzahl aller Konten und Depots, Verfügungsberechtigte, Errichtungs- und Auflösungstag. - Nicht abrufbar: Kontostände, Kontobewegungen

Situationen	**Bankauskunft nur mit Zustimmung des Kontoinhabers bzw. entsprechender Legitimation**	**Bankauskunft ohne Zustimmung des Kontoinhabers**
Sozialbehörden z. B. Arbeitsagentur, Familienkassen Sozialämter BAföG-Ämter	Bei Anträgen verlangen die Sozialämter von Leistungsempfängern die Einverständniserklärung darüber, dass die Behörde berechtigt ist, Bankauskünfte über das Einkommen und Vermögen einzuholen (§ 60 SGB I).	Anforderung einer Online-Abfrage beim BZSt und Prüfung der Daten der Freistellungsaufträge
Ermittlungsbehörden, z. B. Staatsanwaltschaft, Strafgerichte, Zoll- und Steuerfahndung		- Mit richterlicher Anordnung sind Durchsuchungen und Beschlagnahme von Kundenunterlagen möglich. - Auskunftspflicht für Bankberater
Geldwäsche		Ermittlungsbehörden können über das Bundesamt für Finanzdienstleistungsaufsicht (BaFin) eine Online-Kontoabfrage zu Finanztransaktionen, die der Geldwäsche verdächtig sind, durchführen (§ 24 c KWG).
Pfändungsgläubiger (§ 829, 835, 840 ZPO)		Bei Zwangsvollstreckungen oder Pfändungsbeschlüssen muss das Kreditinstitut dem Gläubiger Auskunft über Konten, Depots und sonstige Vermögenswerte erteilen.
Einzelauskunftsersuchen		Im Verdachtsfall ist ein Einzelauskunftsersuchen des Finanzamts zulässig, wenn zuvor die Recherchen beim Steuerpflichtigen ergebnislos verlaufen sind. Dabei sind alle Kontostammdaten sowie alle Kontostände und Kontobewegungen eines Kunden der Finanzbehörde gegenüber offenzulegen.
Bankauskünfte	Bankauskunft über Privatpersonen	Bankauskunft über Firmenkunden (jur. Personen und Kaufleute)

Aufgabe I-26: C

Aufgabe I-27: C

Die Firma bleibt bestehen, die Prokura gilt weiter, vgl. HGB

§ 52 (Widerruflichkeit; Unübertragbarkeit; Tod des Inhabers)

(1) Die Prokura ist ohne Rücksicht auf das der Erteilung zugrunde liegende Rechtsverhältnis jederzeit widerruflich ...

(2) Die Prokura ist nicht übertragbar.

(3) Die Prokura erlischt nicht durch den Tod des Inhabers des Handelsgeschäfts.

Aufgabe I-28: 20.08.20..
Vgl. Ziffer 7 Abs. 2 der AGB der Banken (Rechnungsabschlüsse bei Kontokorrentkonten)
(2) Einwendungen wegen Unrichtigkeit oder Unvollständigkeit eines Rechnungsabschlusses hat der Kunde spätestens innerhalb von 6 Wochen nach dessen Zugang zu erheben; macht er seine Einwendungen geltend, genügt die Absendung innerhalb der 6-Wochen-Frist. Das Unterlassen rechtzeitiger Einwendungen gilt als Genehmigung. Auf diese Folge wird die Bank bei Erteilung des Rechnungsabschlusses besonders hinweisen. Der Kunde kann auch nach Fristablauf eine Berichtigung des Rechnungsabschlusses verlangen, muss dann aber beweisen, dass zu Unrecht sein Konto belastet oder eine ihm zustehende Gutschrift nicht erteilt wurde.

Aufgabe I-29: E und **F**, vgl. auch die allgemeinen Bankvollmachten der Kreditinstitute.
zu A und B: vgl. § 1967 BGB (Erbenhaftung)
zu C und D: vgl. allgemeine Bankvollmacht, die Verfügungen dieser Art vorsehen.

Aufgabe I-30:

A	B	C	D	E	F	G
3	**2**	**7**	**6**	**5**	**1**	**4**

Aufgabe I-31: A, vgl. § 78 AktG (Vertretung der AG).

Aufgabe I-32:

A	B	C	D	E
5	**4**	**6**	**2**	**7**

Aufgabe I-33: A, vgl. § 428 BGB (Gesamtgläubiger)
Sind mehrere eine Leistung in der Weise zu fordern berechtigt, dass jeder die ganze Leistung fordern kann, der Schuldner aber die Leistung nur einmal zu bewirken verpflichtet ist (Gesamtgläubiger), so kann der Schuldner nach seinem Belieben an jeden der Gläubiger leisten. Dies gilt auch dann, wenn einer der Gläubiger bereits Klage auf die Leistung erhoben hat.

Aufgabe I-34: D
Umstellung auf Nachlasskonten: Wenn die Bank vom Tod eines Kunden Kenntnis erlangt, bittet es um die Vorlage einer Sterbeurkunde, die vom Standesamt am Wohnsitz des Verstorbenen ausgestellt wird. Das Konto erhält den Vermerk „Nachlasskonto".
BankCard, SparkassenCard und Kreditkarten des Verstorbenen werden gesperrt und eingezogen.
Verfügungsberechtigte und Legitimation:
Verfügungsberechtigte können Einzelerben oder Erbengemeinschaften sein. Die Erben müssen ihre Berechtigung mit einem Erbschein oder einer beglaubigten Abschrift des Testamentes bzw. Erbvertrages mit zugehöriger Eröffnungsniederschrift nachweisen.
Bevollmächtigte: Grundlage ist eine Kontovollmacht. Die Kontovollmacht können die Erben gemeinsam widerrufen.
Legitimation: Vollmacht über den Tod hinaus oder Vollmacht für den Todesfall.
Weiterhin können in besonderen Fällen ein Testamentsvollstrecker, ein Nachlassverwalter oder ein Nachlasspfleger bedeutsam sein. Bei einer Erbengemeinschaft können nur alle Erben gemeinsam über das Nachlasskonto verfügen. Jeder Miterbe hat allerdings allein ein Auskunftsrecht gegenüber der Bank, z. B. Mitteilung der Kontoguthaben.

Mit dem Tod des Kontoinhabers erlischt der Freistellungsauftrag. Beim Tod eines Ehegatten verlieren die gemeinsam erteilten Freistellungsaufträge ihre Gültigkeit für alle Konten, die auf den Namen beider Eheleute oder allein auf den Namen des verstorbenen Ehegatten lauten.
Meldung an das Finanzamt: Die Bank muss alle Konten- und Depotguthaben binnen eines Monats nach Kenntnis vom Todesfall an das für die Erbschaftssteuer des Erblassers zuständige Finanzamt melden, sofern der Gesamtwert der Guthaben 5.000,00 EUR übersteigt. Die Existenz von Schließfächern oder Verwahrstücken ist immer zu melden. Maßgeblich ist das Guthaben zu Beginn des Todestages, also der Tagesendsaldo des Vortodestages.

Aufgabe I-35: D
Eine GmbH & Co. KG ist eine Rechtsform, bei der eine GmbH persönlich haftender Gesellschafter ist (auch sog. Komplementär-GmbH) und andere Rechtspersonen (meist die Gesellschafter dieser GmbH) Kommanditisten sind. Juristisch handelt es sich um eine Personengesellschaft.
Durch die Beteiligung der juristischen Person (GmbH) wird die Haftung des persönlich haftenden Gesellschafters auf deren Vermögen beschränkt.
Die GmbH & Co. KG wird nach den Grundsätzen der Errichtung der KG gegründet. In der Firmenbezeichnung muss die GmbH erscheinen, auch bei Gesellschafterwechsel durch Ausscheiden einer natürlichen Person als persönlich haftender Gesellschafter und Eintritt einer GmbH an seine Stelle.

Aufgabe I-36: A und **D**, vgl. AGB der Sparkassen Ziffer 5.

Aufgabe I-37: B und **C**
An die Schufa werden folgende Sachverhalte gemeldet:
- Eröffnung und Schließung von Girokonten sowie nicht vertragsgemäßes Verhalten bei der Benutzung von Girokonten
- Ausgabe von Kreditkarten sowie nicht vertragsgemäßes Verhalten bei der Benutzung von Kreditkarten
- Vergabe von Krediten und Übernahme von Bürgschaften sowie deren vertragsgemäße bzw. nicht vertragsgemäße Abwicklung

Im Schufa-Datenbestand gespeicherte Informationen haben unterschiedliche Speicherfristen. Auf dem Datenbestand gelöscht werden
- Giro- und Kreditkartenkonten sofort, wenn das Konto aufgelöst wird,
- Angaben über Anfragen durch Schufa-Vertragspartner nach zwölf Monaten,
- erledigte Kreditverpflichtungen drei Jahre nach Zahlungsausgleich,
- Bürgschaften nach der Rückzahlung der Kreditverpflichtung,
- Daten über nicht vertragsgemäß abgewickelte Geschäfte einschließlich ihrer Erledigung zum Ende des dritten Kalenderjahres nach dem Jahr der Speicherung.

Aufgabe I-38: A und **F**
Identifizierungspflicht: Ist Frau Lüders der *Nordbank AG* persönlich bekannt, kann von der Identifizierung abgesehen werden, wenn eine Legitimationsprüfung schon früher, z. B. bei der Kontoeröffnung durchgeführt wurde.
Anzeige von Verdachtsfällen: Jedes Kreditinstitut hat einen Geldwäschebeauftragten zu bestellen, der Ansprechpartner für die Mitarbeiter des Kreditinstituts und der Strafverfolgungsbehörden ist (§ 14 GwG). Verdachtsfälle werden vom Bankmitarbeiter zunächst dem Geldwäschebeauftragten gemeldet, der dann entscheidet, ob eine Verdachtsanzeige beim zuständigen Landeskriminalamt erstattet wird. Die Anzeige hat unverzüglich zu erfolgen.

Anhaltefrist: Eine angetragene Finanztransaktion darf frühestens durchgeführt werden, wenn dem Kreditinstitut die Zustimmung der Staatsanwaltschaft übermittelt ist oder wenn der 2. Werktag nach der Anzeige verstrichen ist, ohne dass die Durchführung der Finanztransaktion untersagt wurde (§ 11 GwG).

Aufgabe I-39: 1.735,04 EUR

Pfändungsfreibetrag Dezember 20..	1.590,00 EUR
+ nicht verbrauchter Pfändungsfreibetrag November 20..	145,04 EUR
= Dezember 20..	1.735,04 EUR

Bei einem Pfändungsschutzkonto (P-Konto) kann Frau Schlösser trotz Pfändung im jeweiligen Kalendermonat über Guthaben in Höhe der monatlichen Pfändungsfreibeträge verfügen. Guthaben dieser Art werden nicht von der Pfändung erfasst. Falls in den letzten drei Kalendermonaten nicht die gesamten pfändungsfreien Guthaben verbraucht wurden, wird es zu dem im nächsten Kalendermonat geltenden Pfändungsfreibetrag gerechnet und bleibt pfändungsfrei.

Aufgabe I-40: B

Kontoinhaber sind mehrere natürliche, juristische Personen. Die Kontoinhaber haften als Gesamtschuldner für die Verbindlichkeiten aus dem Gemeinschaftskonto. Bei Gemeinschaftskonten müssen sich alle Kontoinhaber bei der Kontoeröffnung legitimieren. Hinsichtlich der Verfügungsberechtigung sind Oder- und Und-Konten zu unterscheiden.

Beim Und-Konto sind die Kontoinhaber nur gemeinschaftlich verfügungsberechtigt. Änderungen der Verfügungsberechtigung sind nur gemeinsam möglich.

Eine Kontovollmacht kann nur von allen Kontoinhabern gemeinsam erteilt werden. Ein Widerruf der Kontovollmacht ist durch jeden Kontoinhaber einzeln möglich.

Ein Freistellungsauftrag kann grundsätzlich nicht erteilt werden, es sei denn, das Gemeinschaftskonto betrifft ein Ehepaar.

Bei Kreditaufnahme haften alle Kontoinhaber als Gesamtschuldner. Auch Kreditverträge können nur gemeinschaftlich geschlossen werden.

Die Kontoinhaber können nur gemeinsam die Kontoverbindung bei Zahlungsverkehrskonten beenden.

Im Todesfall eines Kontoinhabers sind Verfügungen nur zusammen mit den Erben möglich, und auch die Kontoauflösung ist nur zusammen mit den Erben möglich.

Aufgabe I-41: D und **E**

Da Carsten beschränkt geschäftsfähig ist, können nur Verfügungen auf Guthabenbasis zugelassen werden.

Zu A und B: Zustimmung der gesetzlichen Vertreter erforderlich

Zu C: Die Scheckfähigkeit erlangt man erst mit der Geschäftsfähigkeit.

Aufgabe I-42: B und **E**, vgl. § 166 BGB.

Zu A: Einer Vollmacht muss von einem oder mehreren Erben widersprochen werden.

Zu C: Eine Vollmacht erlischt nicht automatisch mit Vorlage eines Erbscheins.

Zu D: Herr Gerke handelt als Bevollmächtigter des verstorbenen Kontoinhabers.

Zu F: Nach § 167 BGB ist eine Vollmacht durch eine Erklärung gegenüber dem zu Bevollmächtigenden zu erteilen. Die Form der Vollmacht muss nicht der Form des Rechtsgeschäftes entsprechen.

Aufgabe I-43: C

Anderkonten sind nur bestimmten Berufsgruppen vorbehalten.

Rechtsgrundlage: AGB und Sonderbedingungen für Anderkonten und Anderdepots
Kontoinhaber: Notare, Rechtsanwälte Wirtschaftsprüfer, Steuerberater usw.
Kontobezeichnung: Name des Treuhänders mit dem Zusatz „Anderkonto"
Der wirtschaftlich Berechtigte kann in der Kontobezeichnung angegeben werden.
Verfügungsberechtigte: Kontoinhaber, Bevollmächtigte bei Notaranderkonten nur der amtlich bestellte Vertreter, bei den übrigen Anderkonten können nur Vollmachten an Personen erteilt werden, die selbst zur Eröffnung eines solchen Kontos berechtigt sind.
Die Inhaber von Anderkonten sind grundsätzlich verpflichtet, jeden Treuhandvorgang über ein besonderes Konto abzuwickeln.
Legitimation: Einmal bei erstmaliger Eröffnung eines Anderkontos.
Besondere Regelung:
Der Kontoinhaber erklärt, dass das Konto nicht eigenen Zwecken des Kontoinhabers dient.
Der Notar z. B. ist verpflichtet, den Namen desjenigen mitzuteilen, für dessen Rechnung er handelt.
Kontoüberziehungen sind grundsätzlich nicht möglich.
Die Bank besitzt kein Pfand- oder Zurückbehaltungsrecht an dem Guthaben.
Die Bank haftet nicht für unrechtmäßige Verfügungen des Kontoinhabers.
Der Treugeber (wirtschaftlich Berechtigte) besitzt kein Auskunfts- und Verfügungsrecht gegenüber dem Kreditinstitut.
Das Kontoguthaben ist steuerlich dem Treugeber zuzurechnen. Es kann kein Freistellungsauftrag erteilt werden.

Aufgabe I-44: E

vgl. AGB der Banken in Verbindung mit dem Bankauskunftsverfahren.
Im Kundeninteresse bei Dritten eingeholte Auskünfte werden inhaltlich unverändert weitergeben. Der Kunde wird darauf hingewiesen, dass die Bank die erhaltene Auskunft nur für den angegebenen Zweck verwenden und nicht an Dritte weitergeben darf.

Aufgabe I-45: A und E

vgl. Bedingungen für Anderkonten und Anderdepots

Aufgabe I-46: B

Bankauskünfte sind zulässig:
- Wenn der Kunde seine Bank als Referenzadresse angeben hat oder seine Bank ausdrücklich zur Erteilung von Bankauskünften ermächtigt hat.
- Gegenüber Finanzbehörden sind im allgemeinen Besteuerungsverfahren und im Steuerfahndungsverfahren Einzelauskunftsersuchen an Kreditinstitute zulässig.
- Aufgrund des Gesetzes zur Förderung der Steuerehrlichkeit können die Finanzbehörden über das Bundeszentralamt für Steuern auch das Kontenabrufsystem nach § 24 c KWG nutzen. Weder Kreditinstitut noch Kunden erfahren von der Abfrage.
- Im Steuerstrafverfahren haben die Finanzbehörden die gleichen Rechte und Pflichten wie die Staatsanwaltschaft im Strafermittlungsverfahren.
- Dem Bundeszentralamt für Steuern müssen die Kreditinstitute im Rahmen der Zinsbesteuerung die Daten sämtlicher bei ihnen vorliegender Freistellungsaufträge mitteilen (Namen, Vornamen, Geburtsdatum und Anschriften für jeden Auftraggeber). Darüber hinaus ist der tatsächlich in Anspruch genommene Freistellungsbetrag zu melden.
- An das zuständige Erbschaftsteuerfinanzamt müssen Kreditinstitute im Todesfall eines Kunden innerhalb von einem Monat nach Bekanntwerden des Todes eine Anzeige senden, sofern der Gesamtwert aller Konten und Depots zu Beginn des Todestages 5.000,00 EUR

übersteigt bzw. ein Schließfach oder Verwahrstück beim Kreditinstitut angemietet bzw. verwahrt wurde.
- Der Deutschen Bundesbank sind Groß- und Millionenkredite anzuzeigen.
- Der Deutschen Bundesbank sowie der BaFin sind auf Verlangen Auskünfte über alle Geschäftsangelegenheiten zu erteilen und Unterlagen vorzulegen.
- Der Arbeitsagentur ist über die Finanzbehörden und das Bundeszentralamt für Steuern der Zugriff auf die Kontenabrufdatei nach dem KWG gestattet. Die Arbeitsagentur kann Bankauskünfte einholen, sofern sie der Bedürftigkeitsüberprüfung bei der Zahlung von Arbeitslosengeld II dienen. Auskünfte werden über den Arbeitslosen und dessen Ehegatten erteilt. Auskünfte werden über alle Geld- und Depotkonten erteilt.

Aufgabe I-47: B und **D**, vgl. §§ 145 und 151 BGB

Aufgabe I-48: D und **E**, vgl. §§ 104 ff. BGB

Aufgabe I-49: D

Kontovollmachten berechtigen zur Vornahme aller Geschäfte, die mit der Kontoführung in unmittelbarem Zusammenhang stehen. Bevollmächtigte können über Konten und Depots Auskunft verlangen und über Kontoguthaben verfügen, auch nach dem Tod des Kontoinhabers. Sie können eingeräumte Kredite in Anspruch nehmen und von der Möglichkeit vorübergehender Kontoüberziehungen im banküblichen Rahmen Gebrauch machen. Sie können Abrechnungen und Kontoauszüge entgegennehmen und anerkennen.

Aufgabe I-50: C

Mehrere Erben können nur gemeinsam verfügen. Das bisherige Einzelkonto des verstorbenen Kunden Franke wird in diesem Fall zu einem Gemeinschaftskonto mit gemeinschaftlicher Verfügungsberechtigung aller Erben (gesetzliches Und-Konto). Ein Miterbe einer Erbengemeinschaft kann nicht allein über seinen Anteil am Konto- oder Depotguthaben verfügen. Willenserklärungen von Herrn Franke bleiben über den Tod hinaus bis zum Widerruf durch die Erben gültig. Kontovollmachten, die Herr Franke zu seinen Lebzeiten erteilt hatte, erlöschen nicht mit seinem Tode. Sie bleiben als Vollmachten über den Tod hinaus bis zum Widerruf durch die Erben in Kraft.

Aufgabe I-51:

a)	Guthaben Girokonto am 12.10.20.. 00:00 Uhr	3.598,19 EUR
	Guthaben Sparkonto am 12.10.20.. 00:00 Uhr	23.477,76 EUR
	Summe^^	**27.075,95 EUR**
b)	Wertpapiere	Kurswerte am 15.10.20..
	200 Stück *Touristik AG*, Kurs 17,56	3.512,00 EUR
	300 Stück *Handelsbank AG*, Kurs 16,29	4.887,00 EUR
	50.000 NW Kurs 99,50	49.750,00 EUR
	Summe	**58.149,00 EUR**

c) **17.11.20..**

Die Bank muss alle Konten- und Depotguthaben binnen eines Monats nach Kenntnis vom Todesfall an das zuständige Erbschaftsteuerfinanzamt melden. Der Gesamtwert muss 5.000,00 EUR übersteigen bzw. Schließfächer oder Verwahrstücke sind vorhanden.

Es gelten folgende Grundsätze:
- Maßgeblich ist das Guthaben zu Beginn des Todestages, also der Tagesendsaldo des Vortodestages.

- Die bis zum Todestag aufgelaufenen Zinsen sind ebenfalls zu melden.
- Wertpapiere werden zum Kurswert des Todestages bewertet.

Aufgabe I-52: D

Frau Schlüter sollte ihrer Tochter eine Kontovollmacht erteilen, damit sie über das Konto der Mutter verfügen kann. Auf dieser Grundlage könnte Frau Schlüter für ihre Tochter Julia eine BankCard beantragen. Julia ist zwar minderjährig, aber die Folgen ihrer Verfügungen muss Frau Schlüter tragen, vgl. §§ 164 und 165 BGB:

§ 164 (Wirkung der Erklärung des Vertreters)

(1) Eine Willenserklärung, die jemand innerhalb der ihm zustehenden Vertretungsmacht im Namen des Vertretenden abgibt, wirkt unmittelbar für und gegen den Vertretenen. ...

§ 165 (Beschränkt geschäftsfähiger Vertreter)

Die Wirksamkeit einer von oder gegenüber einem Vertreter abgegebenen Willenserklärung wird nicht dadurch beeinträchtigt, dass der Vertreter in der Geschäftsfähigkeit beschränkt ist.

Aufgabe I-53: C und **E**

§ 355 HGB (Laufende Rechnung, Kontokorrent)

(1) Steht jemand mit einem Kaufmanne derart in Geschäftsverbindung, dass die aus der Verbindung entspringenden beiderseitigen Ansprüche und Leistungen nebst Zinsen in Rechnung gestellt und in regelmäßigen Zeitabständen durch Verrechnung und Feststellung des für den einen oder anderen Teil sich ergebenden Überschusses ausgeglichen werden (laufende Rechnung), Kontokorrent), so kann derjenige, welchem bei dem Rechnungsabschluss ein Überschuss gebührt, von dem Tage des Abschlusses an Zinsen von dem Überschuss verlangen, auch soweit in der Rechnung Zinsen enthalten sind.

(2) Der Rechnungsabschluss geschieht jährlich einmal ...

(3) Die laufende Rechnung kann im Zweifel auch während der Dauer einer Rechnungsperiode jederzeit mit der Wirkung gekündigt werden, dass derjenige, welchem nach der Rechnung ein Überschuss gebührt, dessen Zahlung beanspruchen kann.

Aufgabe I-54: D und **E**

Die Tätigkeit der Schufa muss sich im Rahmen der Regelungen des § 29 BDSG bewegen. Kreditinstitute sind verpflichtet, vor der Weitergabe personenbezogener Daten die Einwilligung des Betroffenen einzuholen. Sie lassen sich daher bei der Eröffnung eines Girokontos oder eines Kreditkartenkontos, bei Abschluss eines Kreditvertrags und bei Ausfertigung von Bürgschaftserklärungen von ihren Kunden die Schufa-Klausel unterschreiben.

Aufgabe I-55: B und **C,** vgl. § 492 und §§ 766 ff. BGB in Verbindung mit § 126 BGB:

§ 126 (Schriftform)

Ist durch Gesetz schriftliche Form vorgeschrieben, so muss die Urkunde von dem Aussteller eigenhändig durch Namensunterschrift ... unterzeichnet werden.

§ 492 (Schriftform bei Verbraucherdarlehen)

(1) Verbraucherdarlehensverträge sind ... schriftlich abzuschließen. (...)

§ 766 (Schriftform der Bürgschaftserklärung)

Zur Gültigkeit des Bürgschaftsvertrags ist schriftliche Erteilung der Bürgschaftserklärung erforderlich. (...)

Zu A, D, E und F: Bei diesen Verträgen ist keine Schriftform erforderlich. Die Widerrufsbelehrung kann nach Gesetzeslage in Textform erfolgen.

Aufgabe I-56: A

Aufgabe I-57: B und **D**, vgl. §§ 2 und 8 des Geldwäschegesetzes
Identifizierungsdokumente: gültiger Personalausweis oder Reisepass
Identifizierungsanlässe:
- Kontoeröffnungen
- Annahme von Bargeld, Wertpapieren und Edelmetallen im Wert von 15.000,00 EUR oder mehr
- Durchführung von Transaktionen, die zusammen gerechnet 15.000,00 EUR oder mehr ausmachen, wenn zwischen ihnen ein erkennbarer Zusammenhang besteht.
- An- oder Verkauf von Sorten ohne Einschaltung eines Kundenkontos ab einem Transaktionsbetrag von 2.500,00 EUR

Feststellung des wirtschaftlich Berechtigten: Erkundigung beim Kunden, ob dieser für fremde oder eigene Rechnung handelt.

Aufgabe I-58

a)	Girokonto	3.680,00 EUR
	Sparkonto einschließlich Zinsen	38.255,00 EUR
	Wertpapierdepot Tageswert	126.800,00 EUR
	Summe	**168.735,00 EUR**

b) **22.10.20..**

c) **A**

Aufgabe I-59

a) B

Eine GmbH & Co. KG ist eine Rechtsform, bei der eine GmbH persönlich haftender Gesellschafter ist (auch sog. Komplementär-GmbH) und andere Rechtspersonen (meist die Gesellschafter dieser GmbH) Kommanditisten sind. Juristisch handelt es sich um eine Personengesellschaft.
Durch die Beteiligung der juristischen Person (GmbH) wird die Haftung des persönlich haftenden Gesellschafters auf deren Vermögen beschränkt.
Die GmbH & Co. KG wird nach den Grundsätzen der Errichtung der KG gegründet. In der Firmenbezeichnung muss die GmbH erscheinen, auch bei Gesellschafterwechsel durch Ausscheiden einer natürlichen Person als persönlich haftender Gesellschafter und Eintritt einer GmbH an seine Stelle.

b) **C**, vgl. § 355 Abs. 2 HGB: Der Rechnungsabschluss geschieht jährlich einmal.

Aufgabe I-60: D, vgl. § 52 HGB:
§ 52 (... Tod des Inhabers)
(3) Die Prokura erlischt nicht durch den Tod des Inhabers des Handelsgeschäfts.

Aufgabe I-61: E, vgl. § 113 BGB:
(1) Ermächtigt der gesetzliche Vertreter den Minderjährigen, in Dienst oder in Arbeit zu treten, so ist der Minderjährige für solche Rechtsgeschäfte unbeschränkt geschäftsfähig, welche die Eingehung oder Aufhebung eines Dienst- oder Arbeitsverhältnisses der gestatteten Art oder die Erfüllung der sich aus einem solchen Verhältnis ergebenden Verpflichtungen betreffen. Ausgenommen sind Verträge, zu denen der Vertreter der Genehmigung des Familiengerichts bedarf.

Aufgabe I-62: D, vgl. Partnerschaftsgesetz (PartGG):

§ 2 (Name der Partnerschaft)
Der Name der Partnerschaft muss den Namen mindestens eines der Partner, den Zusatz „und Partner“ oder „Partnerschaft“ sowie die Berufsbezeichnungen aller in der Partnerschaft vertretenen Berufe enthalten. Die Beifügung von Vornamen ist nicht erforderlich. Die Namen anderer Personen als der Partner dürfen nicht in den Namen der Partnerschaft aufgenommen werden.

Aufgabe I-63: B und **F**

Die Partnerschaft ist nach § 1 PartGG eine Gesellschaft, in der sich Angehörige Freier Berufe zur Ausübung ihrer Berufe zusammenschließen. Sie übt kein Handelsgewerbe aus. Angehörige einer Partnerschaft können nur natürliche Personen sein. Bloße Kapitalbeteiligung ist nicht zulässig.
Der Partnerschaftsvertrag bedarf gemäß § 3 Abs. 1 PartGG der Schriftform. Der Partnerschaftsvertrag muss nach § 3 Abs. 2 PartGG

- den Namen und den Sitz der Partnerschaft,
- den Namen und den Vornamen sowie den in der Partnerschaft ausgeübten Beruf und den Wohnort eines jeden Partners und
- den Gegenstand der Partnerschaft enthalten.

Eine bestimmte Mindestkapitaleinlage ist gesetzlich nicht vorgeschrieben. Die Gesellschafter der Partnerschaft müssen nach § 4 Abs. 1 PartGG die Partnerschaft im Partnerschaftsregister eintragen lassen.
Zur Führung der Geschäfte sind grundsätzlich alle Partner berechtigt und verpflichtet, es sei denn, im Partnerschaftsvertrag ist etwas anderes vereinbart. Die Partner einer Partnerschaft haften für die Verbindlichkeiten der Partnerschaft den Gläubigern als Gesamtschuldner persönlich. Scheidet ein Partner aus, haftet er für die bis dahin begründeten Verbindlichkeiten weiter.

Aufgabe I-64: B und **D**

Aufgabe I-65: B und **F**

Die Kommanditgesellschaft (KG) ist eine handelsrechtliche Personengesellschaft, die sich von der oHG dadurch unterscheidet, dass bei einem Teil der Gesellschafter (Kommanditisten) die Haftung gegenüber den Gesellschaftsgläubigern auf ihre Einlage begrenzt ist. Im Übrigen müssen alle Voraussetzungen einer oHG erfüllt sein. Danach sind die gesetzlichen Vorschriften über die oHG auch auf die KG anzuwenden. Die persönlich haftenden Gesellschafter heißen bei der KG Komplementäre. Die Kommanditisten haften nur eingeschränkt und haben dementsprechend nur eingeschränkte Rechte, z. B. keine Geschäftsführungsbefugnis und keine Vertretungsmacht. Die Komplementäre haften persönlich, also auch mit ihrem gesamten Privatvermögen.

Aufgabe I-66: C und **F**

Pfändungsschutzkonto (P-Konto)
Bei Banken und Sparkassen können sog. P-Konten eingerichtet werden. Guthaben von 1.590,00 EUR bei Arbeitseinkommen sind ab Juli 2026 auf einem solchen Konto vor Pfändungen geschützt. Damit macht der Gesetzgeber den bislang nötigen Gerichtsbeschluss auf Pfändungsschutz unnötig. Das bedeutet im Umkehrschluss: Guthaben auf gängigen Girokonten können nicht mehr vor Pfändung geschützt werden! Schuldner müssen ihr Girokonto in ein P-Konto umwandeln lassen, um ihr Existenzminimum schützen zu können.
Der oben erwähnte Schutzbetrag bezieht sich immer auf einen Kalendermonat und gilt jeden Monat neu. Der Betrag erhöht sich, wenn der Kontoinhaber den Betrag oder Teile davon in

den letzten drei Vormonaten nicht angetastet hat. (Beispiel: Der Schuldner hat im Januar vom Schutzbetrag 200,00 Euro nicht gebraucht, also beträgt der Schutzbetrag im Februar 1.799,99 Euro). Weiter erhöht sich dieser Schutzbetrag für Unterhaltspflichtige, für Ehegatten und für jeden, für den Unterhalt zu leisten ist. Dafür sind der Bank die Unterhaltsverpflichtungen nachzuweisen. Mit einem Bescheid der Familiengeldkasse ist es außerdem möglich, das Kindergeld vor Pfändungen zu schützen, werden Sozialleistungen empfangen, kann sich der Schutzbetrag ebenfalls erhöhen.
Das P-Konto kann von jedem Schuldner eingerichtet werden und Banken sind verpflichtet, das Girokonto binnen vier Geschäftstagen umzuwandeln. Schuldner stellen dafür einen Antrag bei der Bank; das Umwandeln des Girokontos verursacht keine Kosten. Gemeinschaftskonten sind ausgeschlossen. Schuldner haben Anspruch darauf, bestehende Girokonten in ein P-Konto umwandeln zu lassen, nicht aber darauf, ein P-Konto einrichten zu lassen (was das Eröffnen eines Girokontos voraussetzt, da P-Konten nur auf Antrag umgewandelt werden können). Die Kontoführung verursacht Kosten, die nicht zu knapp bemessen sind: 10 Euro und mehr verlangen die Banken pro Monat.

Aufgabe I-67: C

Gesetzliche Vertreter von natürlichen Personen sind die Eltern für ihre minderjährigen Kinder (§ 1629 BGB) und der Vormund für das Mündel (§ 1773 BGB).

Aufgabe I-68: A und **D**

Legitimation durch

- Geburtsurkunde, Kinderausweis, Personalausweis ab 16 Jahre
- amtliche Lichtbildausweise der gesetzlichen Vertreter

Nach § 107 BGB bedarf der Minderjährige zu einer Willenserklärung, durch die er nicht lediglich einen rechtlichen Vorteil erlangt, der Einwilligung seines gesetzlichen Vertreters. Zu Rechtsgeschäften für Minderjährige bedürfen die Eltern der Genehmigung des Familiengerichts in den Fällen, in denen nach § 1821 und § 1822 BGB ein Vormund der Genehmigung bedarf. Rechtsgeschäfte mit Minderjährigen sind schwebend unwirksam.

Aufgabe I-69: B und **D**

Zu den allgemeinen Sorgfaltspflichten nach § 3 GwG gehört die Abklärung des wirtschaftlich Berechtigten.

Aufgabe I-70: A und **E**

A: Vgl. § 1 BGB: Die Rechtsfähigkeit des Menschen beginnt mit Vollendung der Geburt.
E: Vgl. § 36 Aktiengesetz: Die Gesellschaft ist bei dem Gericht von allen Gründern und Mitgliedern des Vorstands und des Aufsichtsrats zur Eintragung in das Handelsregister anzumelden.

Aufgabe I-71: A

Beim Gemeinschaftskonto ist mit Einzelverfügungsberechtigung (Oder-Konto) ist jeder Kontoinhaber Gläubiger der Bank. Jeder Kontoinhaber kann allein über das gesamte Guthaben verfügen, eingeräumte Kreditlinien ausnutzen und das Konto im banküblichen Rahmen überziehen. Eine Kontoauflösung ist nur durch alle Kontoinhaber gemeinschaftlich zulässig. Beim Tod eines Kontoinhabers bleibt das Verfügungsrecht des überlebenden Kontoinhabers uneingeschränkt bestehen. Die Umwandlung in ein Und-Konto kann jeder Kontoinhaber alleine vornehmen. Bei der Erteilung einer Kontovollmacht müssen alle Inhaber des Oder-Kontos mitwirken.

Aufgabe I-72: D
Der zugewiesene Aufgabenkreis ist im Betreuerausweis vermerkt. Der Betreuerausweis genießt keinen öffentlichen Glauben. Eine betreuungsgerichtliche Genehmigung für Verfügungen entfällt bei befreiten Betreuungen. Die Geschäftsfähigkeit des Betreuten bleibt erhalten. Das Betreuungsgericht kann aber einen Einwilligungsvorbehalt anordnen. Dadurch wird der Betreute beschränkt geschäftsfähig.

Aufgabe I-73:
a) **1 Monat**
b) **19.11.20..**, vgl. Meldung § 33 Erbschaftsteuergesetz und § 1 Abs. 4 Erbschaftsteuerdurchführungsverordnung

Aufgabe I-74: B und **C**
Banken, die Vertragspartner der SCHUFA sind, melden der SCHUFA Daten aus dem Privatkundengeschäft sowie aus dem Geschäft mit Freiberuflern und Kleingewerbetreibenden. Gemeldet werden die Eröffnung und Schließung von Girokonten, die Vergabe von Krediten und Übernahme von Bürgschaften, die Einrichtung von P-Konten sowie die Ausgabe von Kreditkarten und nicht vertragsgemäßes Verhalten bei der jeweiligen Nutzung. Im SCHUFA-Datenbestand gespeicherte Informationen werden sofort gelöscht, wenn ein Giro- oder Kreditkartenkonto aufgelöst wird, erledigte Kreditverpflichtung drei Jahre nach Zahlungsausgleich.

Aufgabe I-75: C und **F**
Der persönlich haftende Gesellschafter bei der KG haftet wie der Gesellschafter einer OHG gesamtschuldnerisch für die gesamten Schulden der Gesellschaft, unbeschränkt mit seinem Privatvermögen und unmittelbar, d. h. jeder Gläubiger kann sich statt an die KG an ihn wenden und direkt Befriedigung seiner Forderung verlangen.
Gesamtprokura bedeutet, dass die Prokuristen immer gemeinsam handeln müssen.

Aufgabe I-76: C
Banken erteilen Auskünfte über Geschäftskunden, sofern keine anderslautende Weisung des Firmenkunden vorliegt.

Aufgabe I-77: E
Der Name einer Partnerschaftsgesellschaft muss wenigstens den Namen eines Partners mit dem Zusatz „& Partner" oder „Partnerschaft" sowie die Berufsbezeichnungen aller in der Partnerschaft vertretenen Berufe enthalten. Die Kontobezeichnung muss mit dem Namen der Partnerschaft übereinstimmen.

Aufgabe I-78:

A	B	C	D	E
3	**1**	**4**	**2**	**3**

Aufgabe I-79: C
Bankauskünfte sind allgemein gehaltene Feststellungen über die wirtschaftlichen Verhältnisse des Kunden, seine Kreditwürdigkeit und Zahlungsfähigkeit. In der Bankauskunft werden keine betragsmäßigen Angaben über Konto- und Depotguthaben und Kredite gemacht. (vgl. AGB der Banken).
Erteilung einer Bankauskunft an juristische Personen bzw. Gewerbetreibende:
Die Auskunft wird erteilt, sofern sich die Anfrage auf die geschäftliche Tätigkeit bezieht und keine gegenteilige Kundenweisung vorliegt.

Bei Privatpersonen und Freiberuflern wird eine Bankauskunft erteilt, wenn wenn der Kunde ausdrücklich der Erteilung der Bankauskunft zugestimmt hat.
Empfänger von Bankauskünften: Bankauskünfte erhalten nur eigene Kunden sowie andere Kreditinstitute für deren Zwecke oder die ihrer Kunden.
Form: Auskunftsanfragen erfolgen grundsätzlich schriftlich.

Aufgabe I-80: D

Mietkautionskonto auf den Namen des Mieters: Der Mieter eröffnet ein Sparkonto auf seinen Namen mit dem Zusatz „wegen Mietkaution". Der Mieter verpfändet das Sparguthaben an den Vermieter. Die Verpfändung wird dem kontoführenden Kreditinstitut angezeigt. Der Name des Vermieters wird von der Bank in den Kontounterlagen festgehalten. Das Sparbuch wird dem Vermieter übergeben. Nur der Vermieter ist der Bank gegenüber allein verfügungsberechtigt.
Üblicherweise wird vor der Inanspruchnahme des Vermieters der Mieter von der Bank unterrichtet und die Auszahlung erst 4 Wochen nach Mitteilung vorgenommen. Der Mieter hat damit Gelegenheit, gegen die drohende Verfügung rechtlich vorzugehen. Die Bank verzichtet auf ihr AGB-Pfandrecht.
Ein Freistellungsauftrag ist zulässig. Die Zinsen stehen dem Mieter zu und erhöhen die Sicherheit. Das Pfandrecht erlischt nach störungsfreier Beendigung des Mietverhältnisses. Das Sparbuch wird dem Mieter zurückgegeben.

Aufgabe I-81: B

- Nach § 154 Abgabenordnung darf niemand auf einen falschen oder erdichteten Namen für sich oder einen Dritten ein Konto errichten lassen (Vermeidung der Steuerhinterziehung).
- Nach § 11 Geldwäschegesetz hat die Bank Vertragspartner bereits vor Begründung der Geschäftsbeziehung zu identifizieren.
- Zudem möchte die Bank Gewissheit über den Namen und die Anschrift der Antragstellerinnen haben, um eine Bonitätsprüfung durchführen zu können (z. B. SCHUFA-Abfrage) und um ggf. spätere Ansprüche durchsetzen zu können (z. B. Tilgung von Krediten).

Aufgabe I-82: D

Gesetzliche Vertreter legitimieren sich durch die Vorlage amtlicher Lichtbildausweise. Für Minderjährige ist ab 16 Jahre zwingend ein Personalausweis vorzulegen. Zur Rechtswirksamkeit muss der gesetzliche Vertreter nach § 108 BGB den Kontovertrag genehmigen. Verträge mit Minderjährigen ohne vorherige Einwilligung sind schwebend unwirksam. Die Unterzeichnung der Schufaklausel ist nicht gesetzlich vorgeschrieben, sondern erfolgt aus Gründen der Vertragssicherheit.

Aufgabe I-83: E

Aufgabe I-84: A

Die Weitergabe von Kundendaten an die SCHUFA darf nur erfolgen, wenn der Kunde hierzu seine Einwilligung erteilt und die sog. SCHUFA-Klausel unterschrieben hat.

Aufgabe I-85: D

Der Arbeitsvertrag braucht auf Grund der Abgabenordnung bei einer Kontoeröffnung nicht vorgelegt werden.

Aufgabe I-86: E

Die *Nordbank AG* erteilt jeweils zum Ende eines Kalenderquartals einen Rechnungsabschluss. Dabei verrechnet die Bank die im Abrechnungszeitraum entstandenen beiderseitigen Ansprüche einschließlich der Zinsen und Entgelte und ermittelt einen Abschlusssaldo. Der

Kunde muss Rechnungsabschlüsse unverzüglich auf Richtigkeit und Vollständigkeit prüfen und etwaige Einwendungen unverzüglich anzeigen. Wenn der Kunde innerhalb von sechs Wochen nach Zugang des Rechnungsabschlusses keine Einwendungen geltend macht, gilt dieser als genehmigt.

Aufgabe I-87: D und E

Die Vollmachterteilung erfolgt durch Erklärung gegenüber dem zu Bevollmächtigenden oder dem Dritten, dem gegenüber die Vertretung stattfindetl. Bei einem Verein muss die Kontovollmacht vom Vereinsvorsitzenden und einem Vorstandsmitglied gemeinsam erteilt werden.

Aufgabe I-88: C

Datensicherung: „Backup“ bezeichnet das Kopieren von Daten in der Absicht, diese im Fall eines Datenverlustes zurückkopieren zu können. Somit ist Datensicherung eine elementare Maßnahme zur Datensicherheit. Die auf einem Speichermedium redundant gespeicherten Daten werden als Sicherungskopie bezeichnet. Die Wiederherstellung der Originaldaten aus einer Sicherungskopie bezeichnet man als Datenwiederherstellung oder „Restore“.

Aufgabe I-89: E

Zu A: Der richtige Begriff ist „Pfandgläubiger“.
Zu C: Der Mieter hat während der Mietzeit kein Verfügungsrecht über das Mietkautionskonto.
Zu D: Die Erteilung eines Freistellungsauftrages ist bei einem Mietkautionskonto nicht möglich.

Aufgabe I-90: B

Vgl. Infos in Lösung der Aufgabe I-43

Aufgabe I-91: D

Die Schufa AG stellt ihren Vertragspartnern Informationen zur Verfügung, um sie vor Verlusten im Kreditgeschäft mit natürlichen Personen zu schützen und ihnen gleichzeitig eine bessere Beurteilung des Risikos zu ermöglichen.
Zu A: Es werden sowohl positive als auch negative Merkmale der Schufa gemeldet, z. B. eine Kontoeröffnung oder eine Kreditvergabe und Bürgschaftsübernahmen.
Zu B: Die Mitteilung von Merkmalen an die Schufa hängt nicht von der Bonität des Kontoinhabers ab.
Zu C: Jede betroffen Person kann von der Schufa eine unentgeltliche Auskunft in Textform über seine gespeicherten Daten verlangen (vgl. § 34 BDSG). Unrichtige Daten muss die Schufa kostenlos berichtigen.

Wie kann ich meinen Score abrufen?

Man kann seinen Schufa-Score Über seinen kostenlosen Schufa-Account unter app.schufa.de. Dort sieht man zunächst seine persönlichen Daten, also etwa bestehende Finanzverpflichtungen, Ratenkredite oder beantragte Kreditkarten. Es gibt zwei Möglichkeiten für den eigenen Zugang. Das ist der PIN per Brief, dauert zwei oder drei Tage. Die Alternative ist der elektronische Personalausweis. Damit soll kein Unbefugter die persönlichen eigenen Daten sehen können. Der Bonitätsscore der Schufa wird alle drei Monate aktualisiert.

Aufgabe I-92: D und F

Die Schufa ist die bekannteste Auskunftei bei Verbraucher-Scores in Deutschland. Hauptanteilseigner der Schufa sind die deutschen Sparkassen (ca. 26%), genossenschaftliche Banken (ca. 20%) sowie Privatbanken.

Bislang war das Berechnungsverfahren für den jeweiligen Schufa-Score weitgehend unklar. Die neue Berechnungsmethode ist jetzt transparent und vereinfacht worden. Allerdings hat sich die Neuregelung der Score-Berechnung und damit die persönliche Bonität für einige Millionen Menschen in Deutschland verschlechtert.

Wie schnell sich die eigene Bonität verschlechtern kann, zeigt ein Fall aus Hamburg, bei dem ein Rentner aufgrund einer Score-Abfrage bei der Schufa eine Bonitätsverschlechterung auffiel. Der Schufa-Score des Rentners, der sich als Tourist für einige Tage in Hamburg aufgehalten hatte, wurde reduziert. Die Hamburger Hochbahn durchleuchtet Neukunden bei der Schufa, die ein Ticket für etwa drei Euro per Kreditkarte kaufen wollen. Eine Schufa-Abfrage wird i.d.R. bei Online-Käufen auf Rechnung oder bei 24-Monats-Mobiifunkverträgen durchgeführt. Auch ein Ticketkauf von Neukunden mit der Kreditkarte wird von der Schufa als Ratenkredit eingestuft, da der Zahlungsbetrag von der Kreditkartengesellschaft nicht sofort, sondern einmal monatlich eingezogen wird.

Schon ab zwei solcher Anfragen pro Jahr leidet der SchufaScore. Und ab vier dieser Art von Abfragen verschlechtert sich die Bonität um 10 Prozent. Das kann unangenehme Auswirkungen auf die eigene Kreditwürdigkeit haben, wenn man in der nächsten Zeit ein Haus bauen, ein Auto kaufen oder eine Wohnung mieten will. Unnötige Anfragen von Firmen sind also schlecht für die eigene Bonität.

Die Schufa speichert alles, was für die Einschätzung der Kreditwürdigkeit von Personen wichtig ist: die Anzahl von Krediten, Bankkonten, die Anschrift, evtl. Probleme beim Tilgen von Darlehen und Bezahlen von Rechnungen. Die Schufa hat allerdings keine Information über das Guthaben auf dem Konto oder den monatlichen Verdienst der gespeicherten Person.

Die angeschlossenen Unternehmen wie etwa Banken, Sparkassen, Leasinggesellschaften, Telekommunikationsanbieter oder Versandhändler melden Daten an die Schufa und erhalten im Gegenzug Auskünfte über die Bonität der betreffenden Personen. Dieser Übermittlungsmethode haben Verbraucher mit ihrer Unterschrift, z. B. beim Kontoeröffnungsantrag zugestimmt. Zusätzlich werden auch Daten aus öffentlichen Verzeichnissen erfasst, etwa aus Schuldnerverzeichnissen der Amtsgerichte und zu Insolvenzen.

Aufgabe I-93: E

vgl. § 5 der ErbStDV (Anzeigepflicht der Vermögensverwahrer und -verwalter), Betragsmeldegrenze an das zuständige Finanzamt ab 5.000,00 €

Aufgabe I-94

A	B	C	D
1	**2**	**4**	**3**

Aufgabe I-95: C, vgl. § 164 BGB

Danach wirkt eine Willenserklärung, die jemand innerhalb der ihm zustehenden Vertretungsmacht im Namen des Vertretenen abgibt, unmittelbar für und gegen den Vertretenen.

II. Inländischer Zahlungsverkehr

Aufgabe II-1: C und F

Zu E: Dieses Verfahren ist nicht mehr zulässig.

Aufgabe II-2: A

Die Stornierung eines in den PC oder Handy eingegebenen Überweisungsauftrags kann nach der authentifizierten Eingabe nach 15 bis etwa 30 Minuten unter dem Menüpunkt „Umsätze" storniert oder alternativ sofort in einem Telefongespräch mit der Serviceabteilung storniert bzw. mit ungewissem Ausgang bearbeitet werden. Danach ist eine Stornierung des Auftrages nicht mehr möglich. Der Zahlungspflichtige muss sich mit dem Zahlungsempfänger in Verbindung setzen.

Aufgabe II-3: E

Charge-Card: Sie ist in der Praxis üblich.
- Monatliche Abrechnung der Kartenverfügungen
- Einzug per Lastschrift vom Kontokorrentkonto
- Keine Berechnung von Sollzinsen für die Zeit der Kreditgewährung

Aufgabe II-4:

111,00 EUR (50 Stück 0,01; 50 Stück 0,02; 50 Stück 0,05; 40 Stück 0,10; 40 Stück 0,20; 40 Stück 0,50; 25 Stück 1,00; 25 Stück 2,00 EUR)

Aufgabe II-5:

1	2	3	4	5	6
B	**E**	**C**	**A**	**F**	**D**

Aufgabe II-6: D

Vgl. Haftungsumfang der Bedingungen für Bankkarten: „Bei Verlust der Girocard und missbräuchlicher Verwendung der Karte haftet der Karteninhaber vor der Kartensperre maximal mit 50,00 EUR. Nach der Kartensperre haftet die Bank unbegrenzt, sofern der Karteninhaber nicht grob fahrlässig oder vorsätzlich gehandelt hat.

Aufgabe II-7: D, vgl. § 36 Bundesbankgesetz

(1) Die Deutsche Bundesbank, Kreditinstitute ... und ihre Mitarbeiter haben nachgemachte oder verfälschte Banknoten oder Münzen (Falschgeld), als Falschgeld verdächtige Banknoten und Münzen sowie unbefugt ausgegebene Gegenstände der in § 35 genannten Art anzuhalten. Dem Betroffenen ist eine Empfangsbescheinigung zu erteilen.
(2) Falschgeld und Gegenstände der in § 35 genannten Art sind mit einem Bericht der Polizei zu übersenden. Kreditinstitute ... haben der Deutschen Bundesbank hiervon Mitteilung zu machen.
(3) Als Falschgeld verdächtige Banknoten und Münzen sind der Deutschen Bundesbank zur Prüfung vorzulegen. Stellt diese die Unechtheit der Banknoten oder Münzen fest, so übersendet sie das Falschgeld mit einem Gutachten der Polizei und benachrichtigt das anhaltende Kreditinstitut ...

Aufgabe II-8: C

Aufgabe II-9: D

Beschluss der Europäischen Zentralbank vom 20. März 2003 über die Stückelung, Merkmale und Reproduktion sowie den Umtausch und Einzug von Euro-Banknoten (EZB/2003/4)

Artikel 3 Umtausch schadhafter oder beschädigter Euro-Banknoten

(1) Die nationalen Zentralbanken tauschen schadhafte oder beschädigte echte Euro-Banknoten, die als gesetzliches Zahlungsmittel gelten, auf Antrag und unter den in Absatz 2 genannten Voraussetzungen um,
   a) wenn mehr als 50 % einer Banknote vorgelegt wird, oder
   b) wenn 50 % oder weniger als 50 % einer Banknote vorgelegt wird und der Antragsteller den Nachweis erbringt, dass die fehlenden Teile vernichtet wurden.

(2) Zusätzlich zu den in Absatz 1 enthaltenen Bestimmungen gelten die folgenden weiteren Voraussetzungen für den Umtausch schadhafter oder beschädigter, als gesetzliches Zahlungsmittel geltender Euro-Banknoten:
   a) bei Zweifeln über das Eigentum des Antragstellers an den Banknoten oder über die Echtheit der Banknoten muss der Antragsteller einen Nachweis seiner Identität erbringen;
   b) bei Einreichung verfärbter, verunreinigter oder imprägnierter Banknoten muss der Antragsteller eine schriftliche Erklärung über die Art der Verfärbung, Verunreinigung oder Imprägnierung abgeben;

Aufgabe II-10: B

Aufgabe II-11: C

Vgl. Lösung in Aufgabe II-34

Aufgabe II-12

a) Ausführungstag ist der 30.11. (Montag), Gutschrift bei der *Fördebank AG* ist spätestens am **02.12.** (Mittwoch)

b) Gutschrift bei der *Bernrath OHG* ist spätestens am **02.12.** (Mittwoch)

Ausführungsfristen im nationalen und internationalen Überweisungsverkehr (vgl. § 676 s BGB)

Überweisungsraum	Überweisungsart	Währung	Ausführungsfrist
Deutschland und Europäischer Wirtschaftsraum	Elektronisch	Euro	maximal 1 Geschäftstag
	Beleghaft	Euro	maximal 2 Geschäftstage
	elektronisch oder beleghaft	andere EWR-Währung als Euro, z. B. Zloty	maximal 4 Geschäftstage
	elektronisch oder beleghaft	Drittstaatenwährung, z. B. US-Dollar	baldmöglichst

c) Wenn Herr Heinrich das Online-Banking nutzt, kann er eine Echtzeit-Überweisung auslösen. Der Überweisungsbetrag wird dem Zahlungsempfänger dann innerhalb von einigen Sekunden gutgeschrieben.

Aufgabe II-13: D

Die IBAN setzt sich folgendermaßen zusammen:
Zweistelliger Ländercode, z. B. DE
Zweistellige Prüfziffer

Die Stelle 5 bis 22 enthält die Kontoidentifikation, bestehend aus der Bankleitzahl und der Kontonummer aufgefüllt mit Nullen.
Kurze Kontonummern werden nach der Bankleitzahl mit führenden Nullen auf die jeweils notwendige Stellenanzahl aufgefüllt.

Aufgabe II-14

1	2	3	4	5	6
B	**E**	**C**	**A**	**F**	**D**

Aufgabe II-15:

A	B	C	D	E
4	**2**	**7**	**3**	**2**

Wero- Die neue mobile Bezahlfunktion in der Banking App
Wero ist die neue mobile Bezahlfunktion in der Banking App. Mit ihr kann man Geldbeträge jederzeit in Echtzeit senden und empfangen, ohne IBAN, die Handynumer genügt
Mit der neuen Bezahlfunktion Wero in der Banking App kann in unter 10 Sekunden Geld an Freunde und Familie gesendet werden. Mit Wero kann man in Echtzeit Geld von Girokonto zu Girokonto senden und anfordern oder Zahlungsbeträge aufteilen.
Hinter Wero steht die European Payments Initiative, die von mehreren europäischen Banken ins Leben gerufen wurde, um das Bezahlen europaweit für Kunden einfacher zu machen. Zukünftig werden noch mehr Länder und Services dazukommen. Man kann dann mit Wero auf eine flexible Zahlungslösung aus einer Hand zurückgreifen: zum Beispiel für Käufe im Online-Handel.

Vorteile mit Wero

- Nur einmal in der jeweiligen Banking App anmelden
- Man kann jederzeit Geld senden oder empfangen
- Man braucht nur die Handynummer oder E-Mailadresse Ihres Kontakts
- Zahlungen an den Zahlungsempfänger gehen ohne Umweg über Drittanbieter direkt auf dem Konto des Zahlungsempfängers
- Man erhält den Service seiner Bank, die banküblichen Werten verpflichtet ist

Wie funktioniert die Bezahlung über PayPal?

Man meldet sich kostenlos an und hinterlegt sein Bankkonto oder seine Kreditkarte.

Man wählt beim Bezahlen PayPal aus und man gelangt auf eine abgesicherte Zahlungsseite. Nachdem man bezahlt hat, wird der Artikel verschickt, ohne dass der Händler die Bankdaten sieht.

Wie läuft die PayPal-Zahlung ab?
Um Geld zu senden, gibt man die E-Mail-Adresse oder Telefonnummer des Empfängers an, gibt den Betrag ein und bestätigt die Zahlung. Das klappt über die Website von PayPal oder über die App. Wenn man Geld in Euro sendet, ist das kostenlos.

Aufgabe II-16: B

Aufgabe II-17: Vgl. Übersicht über Kartenzahlungen in Lösung II-15

A	B	C	D	E	F	G
1	**2**	**1**	**2**	**2**	**1** oder **3**	**3**

Aufgabe II-18: D
Bei Verlust der Debitkarte ist die *Nordbank AG* als kontoführende Stelle unverzüglich zu benachrichtigen. Der Verlust der Debitkarte kann aber auch beim Zentralen Sperrannahmedienst GZS angezeigt werden. Wird die Debitkarte gestohlen oder missbräuchlich verwendet, ist unverzüglich Anzeige bei der Polizei zu erstatten.

Aufgabe II-19: A und **D**
Kreditinstitute beschaffen ihren Kunden bestätigte Bundesbankschecks, indem sie Schecks auf ihr Bundesbank-Girokonto ziehen, sie bestätigen lassen und den Kunden aushändigen. Die Deutsche Bundesbank versieht auf sie gezogene Schecks mit einem Bestätigungsvermerk. Mit der Bestätigung übernimmt die Bundesbank die Verpflichtung zur Einlösung des Schecks bei Vorlage innerhalb von 8 Tagen nach Ausstellung.
Bei Bank- und Kreditkarten werden i.d.R. Betragsgrenzen vereinbart, sodass größere Beträge nicht eingelöst werden.

Aufgabe II-20: B (vgl. Geschäftsbedingungen für die *Nordbank*-BankCard)
Der Bankkarteninhaber kann bei allen an das Electronic-Cash-System in Inland bzw. an das Maestro-System im Ausland angeschlossenen Unternehmen gegen Eingabe seiner PIN im Rahmen seines individuellen Verfügungsrahmens bargeldlos zahlen. Die Abwicklung der Autorisierung und des Zahlungsvorgangs erfolgt im Online-Verfahren. Die Zahlungen sind durch das Karten ausgebende Kreditinstitut garantiert und werden dem Konto des Kunden sofort belastet. Das Verfügungslimit kann durch den Kontoinhaber beschränkt (z. B. 1.000,00 EUR pro Tag) werden.

Aufgabe II-21: A und **D**
Vorteile des SEPA-Basis-Lastschriftverfahrens für den Verein (Zahlungsempfänger):
- Der Verein bestimmt den Zahlungszeitpunkt, da er den Zahlungsvorgang auslöst.
- Der Verein erhält von der *Nordbank AG* bei Einreichung der SEPA-Basis-Lastschriften den Gesamtbetrag der eingereichten SEPA-Basis-Lastschriften gutgeschrieben.
- Der Verein kann seine eigenen Zahlungsverpflichtungen besser koordinieren, da er zu einem von ihm bestimmten Zeitpunkt über eine bestimmte Summe auf seinem Bankkonto verfügen kann.
- Der Verein braucht die Zahlungseingänge seiner Mitglieder nicht mehr zu überwachen, da Rücklastschriften der Mitglieder im Kontoauszug angezeigt werden.
- Der Verein kann bei Rücklastschriften gleich das Mahnverfahren gegen säumige Mitglieder einleiten.
- Rücklastschriften dürfen nicht noch einmal von der Inkassobank zum Einzug gebracht werden.

Aufgabe II-22: B
Bei Rücklastschriften sind folgende Bestimmungen zu beachten:
- Rücklastschriften müssen beleglos zurückgegeben werden.
- Der Vorlegungsvermerk wird im Rücklastschriftdatensatz verschlüsselt.
- Rückgabegründe: Unanbringlichkeit, mangelnde Kontodeckung, Widerspruch beim SEPA-Lastschriftverfahren
- Der Rückgabeweg ist freigestellt.
- Die Rückrechnung von der Zahlstelle an die 1. Inkassostelle hat bis spätestens an dem auf den Tag des Eingangs folgenden Geschäftstag zu erfolgen.
- Die Rückgabeprovision beträgt höchstens 3,00 EUR.

- Bei Rücklastschriften ab 3.000,00 EUR hat die Zahlstelle die 1. Inkassostelle über die Nichteinlösung bis spätestens 14:30 Uhr an dem auf den Tag des Eingangs folgenden Geschäftstag zu benachrichtigen.
- Nicht eingelöste Lastschriften dürfen nicht erneut zum Inkasso in den Verkehr gebracht werden.

Aufgabe II-23: C
Beim SEPA-Basis-Lastschriftverfahren kann der Zahlungspflichtige einer Belastung innerhalb von acht Wochen nach der Kontobelastung ohne Angabe von Gründen widersprechen. Bei einer nicht autorisierten Kontobelastung (ungültiges oder fehlendes Mandat) beträgt die Widerspruchsfrist dreizehn Monate nach dem Tag der Belastung.

Aufgabe II-24: C

Aufgabe II-25: A und **D**
Zu B: Beim SEPA-Basis-Lastschriftverfahren kann der Zahlungspflichtige einer Belastung innerhalb von acht Wochen nach der Kontobelastung ohne Angabe von Gründen widersprechen. Bei einer nicht autorisierten Kontobelastung (ungültiges oder fehlendes Mandat) beträgt die Widerspruchsfrist 13 Monate nach dem Tag der Belastung.
Zu C: Die Zahlstelle löst SEPA-Lastschriften nur bei ausreichender Kontodeckung ein.
Zu E: In der Lastschrift muss der Zahlungsempfänger ein Fälligkeitsdatum angeben, an dem das Konto des Zahlungspflichtigen belastet werden soll. Die Lastschriften müssen der Zahlstelle bei Erst- und Einmallastschriften mindestens fünf Tage und bei wiederkehrenden Lastschriften mindestens zwei Tage vor Fälligkeit vorliegen.
Zu F: Bei Widerspruch gegen eine Belastungsbuchung mit ungültigem Lastschriftmandat (nicht autorisierte Lastschrift) ist die Bank verpflichtet, unverzüglich den Lastschriftbetrag zu erstatten. Ggf. Schadensersatzsprüche des Kunden gegen die Bank (1. Inkassostelle).

Aufgabe II-26: E und F

Abwicklung von Zahlungen von DebetCard-Zahlungen
1. Bei der Zahlung ist die DebetCard in das Terminal einzuführen oder bei kontaktlosen Zahlungen nah an das Terminal zu halten. Die Kartendaten werden eingelesen und der Karteninhaber zur Eingabe der PIN aufgefordert (Ausnahme: Kontaktlose Zahlungen bis 50,00 EUR).
2. Der Netzbetreiber stellt eine Autorisierungsabfrage bei der kartenausgebenden Bank bzw. bei deren Autorisierungszentrale.
3. Nach Prüfung der Gültigkeit der Karte, Sperre der Karte, der PIN und der Kontodeckung bzw. des Verfügungsrahmens autorisiert die kartenausgebende Bank die Zahlung.
4. In der Regel reicht der Netzbetreiber einmal täglich die Lastschriftdateien über die Zahlungen bei der Händlerbank zum Inkasso ein. Der Händler benötigt dazu eine entsprechende Lastschriftvereinbarung mit seinem Institut.
5. Das Lastschriftinkasso erfolgt über die banküblichen Verrechnungswege (z. B. Bundesbank). Der Händler erhält eine entsprechende Gutschrift auf seinem Konto.

Das kartenausgebende Institut belastet den Karteninhaber mit dem Zahlungsbetrag. Eine Rückgabe der Lastschrift mangels Kontodeckung oder Widerruf ist nicht möglich.
- Für mobile Zahlungen mit einem Apple-Smartphone kann der Nutzer in der Banking-App die App „Apple Pay“ hinzufügen („Zur Apple Wallet hinzufügen“). Alternativ kann der Nutzer die digitale Zahlungskarte in der Apple „Wallet App“ aktivieren.
- Hat der Nutzer die digitale Zahlungskarte z. B. in der Apple „Wallet App“ aktiviert

Ist beim Bezahlen das Handy z. B. durch den Fingerabdruck zu entsperren und nahe an das Bezahl-Terminal zu halten. Über die NFC-Schnittstelle (Near Field Communication) des Smartphones werden die Daten in das Terminal eingelesen. Die Zwei-Faktor-Authentifizierung der Zahlung erfolgt durch

- Besitz des Handys und

Entsperrung des Handys durch Fingerabdruck

Die Zwei-Faktor-Authentifizierung der Zahlung erfolgt durch

- Besitz des Handys und
- Entsperrung des Handys durch Fingerabdruck, Gesichtserkennung, Gerätecode oder Eingabe eines Musters.

Die Zahlung wird – unabhängig von der Betragshöhe – mit der im Smartphone hinterlegten Entsperrmethode freigegeben. Die Eingabe einer PIN ist nicht erforderlich.

Aufgabe II-27: C und F

Kreditkarte (Chargecard)	
Legitimation	Unterschrift auf Leistungsbeleg bzw. PIN-Eingabe und Online-Prüfung der Sperrdatei und des Verfügungsrahmens
Zahlungsgarantie	Zahlungsgarantie für den Händler
Belastung des Karteninhabers	Der Karteninhaber erhält einmal monatlich eine Abrechnung über alle von ihm getätigten Kreditkartenumsätze. Abwickler zieht per Lastschrift den gesamten Rechnungsbetrag in einer Summe vom Girokonto des Karteninhabers ein.
Sicherheit für den Karteninhaber	- Schäden vor der Verlustanzeige: Haftung des Karteninhabers maximal 50 EUR, sofern nicht grob fahrlässig gehandelt wurde - nach der Verlustanzeige: keine Haftung des Karteninhabers
Besondere Dienstleistungen	- Nutzung von Geldautomaten - Nutzung des kontaktlosen NFC-Verfahrens bis 50,00 EUR ohne PIN-Eingabe - Preisnachlässe bei Einkäufen mit Co-Branding-Karten - Ausgabe von Classic-, Premium- und Businesskarten mit Zusatzangeboten von z. B. Hotelreservierungen, Pkw-Leihverträge, Versicherungsleistungen

Aufgabe II-28:

A	B	C
6	**5**	**2**

Wichtige Regeln bei der SEPA-Firmenlastschrift

Teilnahmevoraussetzungen:

- Abschluss einer Inkassovereinbarung zwischen 1. Inkassostelle und Zahlungsempfänger
- Erteilung des SEPA-Lastschriftmandats durch den Zahler an den Zahlungsempfänger vor dem Zahlungsvorgang
- Zahlungspflichtiger gibt seiner Bank (Zahlstelle) eine Bestätigung, dass er dem Zahlungsempfänger das SEPA-Lastschriftmandat erteilt hat.

Vorlegungsfrist:

- Die SEPA-Lastschrift muss spätestens einen Geschäftstag vor Fälligkeit bei der Zahlstelle vorliegen.

Widerspruch gegen Belastungsbuchung mit gültigem Lastschriftmandat:
- Es gibt keinen Erstattungsanspruch nach Einlösung zum Fälligkeitstag nach § 675x BGB.
- Das Lastschriftmandat enthält einen entsprechenden den Hinweis auf Verzicht des Erstattungsanspruchs.

Rücklastschrift gegen Belastungsbuchung mit ungültigem Lastschriftmandat aber möglich, wenn kein Lastschriftmandat vorliegt:
- Unverzügliche Erstattung des Lastschriftbetrags durch die Bank
- Ggf. Schadensersatzansprüche des Kunden
- Ausschluss des Erstattungsanspruchs des Kunden nach Ablauf von dreizehn Monaten nach der Belastungsbuchung

Aufgabe II-29: E

Der Zahlungspflichtige erteilt dem Zahlungsempfänger ein SEPA-Basis-Lastschriftmandat mit folgenden Inhalten: Ermächtigung des ZE, Zahlungen vom Konto des ZPfl. mittels Lastschrift einzuziehen. Weisung an das Kreditinstitut des Zahlungspflichtigen, die vom ZE auf sein Konto gezogenen Lastschriften einzulösen. Name und Anschrift des ZE und des ZPfl., IBAN und ggf. BIC des ZPfl., Gläubiger-Identifikationsnummer und Mandatsreferenznummer, Datum und Unterschrift des ZPfl.

Die Gläubiger-ID dient der Identifikation des Lastschrifteinreichers und kann bei der Deutschen Bundesbank im Internet beantragt werden. Die Mandatsreferenz dient in Verbindung mit der Gläubiger-ID der Identifizierung des SEPA-Mandats. Sie wird vom Lastschrifteinreicher individuell für jedes Mandat vergeben.

Aufgabe II-30: A und **E**

Für Abhebungen an Geldautomaten und Zahlungen an automatisierten Kassen im Debet-System teilt das Kreditinstitut dem Kontoinhaber einen für einen bestimmten Zeitraum geltenden Verfügungsrahmen mit. Innerhalb dieses Rahmens kann der Kunde an Geldautomaten seines Instituts und an fremden Automaten auch mehrfach täglich Barabhebungen vornehmen. Bei jeder Nutzung der Debitkarte wird geprüft, ob der Verfügungsrahmen durch vorangegangene Verfügungen bereits ausgeschöpft ist.

Zu D: Kunden, die z. B. ein Gemeinschaftskonto unterhalten, können auch mit mehreren Debitkarte und unterschiedlichen PIN über ihr Konto verfügen. Sie kann nur auf den Namen des Kontoinhabers oder eines Bevollmächtigten ausgestellt werden.

Zu F: Über Spareinlagen kann mit einer Debitkarte nicht an automatischen Kassen verfügt werden.

Aufgabe II-31: B

Beim HBCI-Verfahren muss der Nutzer eine sog. elektronische Signatur unter Verwendung spezieller Software leisten und ein Chipkartenlesegerät einsetzen.

Beim Photo-TAN-Verfahren kann der Kunde mit Hilfe einer speziellen Bank-App auf seinem Handy und dem Bildschirm am PC einen Code erstellen, der als persönliche Unterschrift fungiert. Mit der Eingabe des Codes kann sich der Kunde in sein Girokonto einwählen. Für jeden weiteren Auftrag muss sich der Kunde dann mit Hilfe einer Photo-TAN legitimieren. .

Aufgabe II-32:

A	B	C	D	E	F	G	H
2	**1**	**2**	**1**	**2**	**2**	**1**	**2**

Aufgabe II-33: A

Die überweisende OHG kann einen Überweisungsauftrag durch schriftliche Erklärung oder auf elektronischem Wege nur bis zum Zugang des Auftrags beim überweisenden Institut widerrufen. Nach Zugang des Überweisungsauftrags ist ein Widerruf ausgeschlossen.

Aufgabe II-34: C und **E**

	SEPA-Basis-Lastschriftverfahren	**SEPA-Firmen-Lastschriftverfahren**
Teilnehmer	Privatkunden	Firmenkunden
Teilnahmevoraussetzungen	- Beitrittserklärung vom Zahlungsempfänger und Kreditinstitut - Zahlungspflichtiger erteilt dem Zahlungsempfänger das SEPA-Lastschriftmandat.	- Beitrittserklärung vom Zahlungsempfänger und Kreditinstitut - Zahlungspflichtiger erteilt dem Zahlungsempfänger das SEPA-Lastschriftmandat. - Zahlungspflichtiger muss der Zahlstelle das SEPA-Lastschriftmandat bestätigen.
Erteilung des SEPA-Lastschriftmandats	Zahlungsautorisierung mittels Lastschriftmandat Weisung des Zahlungspflichtigen: - Einzugsermächtigung des Zahlungspflichtigen an den Zahlungsempfänger - Zahlungsauftrag an die Zahlstelle, vom Zahlungsempfänger eingereichte SEPA-Lastschriften einzulösen. Verfall des Mandats: Nach 36 Monaten, wenn innerhalb dieses Zeitraums keine Folgelastschriften eingereicht wurden. Ansonsten: Das Mandat gilt unbefristet bis zum Widerruf. Informationspflicht: Der Zahlungsempfänger muss den Zahlungspflichtigen über jeden bevorstehenden Lastschrifteinzug informieren (Pre-Notification). In der Lastschrift muss der Zahlungsempfänger ein Fälligkeitsdatum angeben, an dem das Konto des Zahlungspflichtigen belastet werden soll. Lastschriftmandat bleibt beim Zahlungsempfänger; Verwahrung 14 Monate nach dem letzten Lastschrifteinzug	Zahlungsautorisierung mittels Lastschriftmandat Bestätigung der Erteilung eines SEPA-Lastschriftmandats gegenüber der Zahlstelle Weisung des Zahlungspflichtigen: - Einzugsermächtigung des Zahlungspflichtigen an den Zahlungsempfänger - Zahlungsauftrag an die Zahlstelle, vom Zahlungsempfänger eingereichte SEPA-Lastschriften einzulösen. Verfall des Mandats: nach 36 Monaten, wenn innerhalb dieses Zeitraums keine Folgelastschriften eingereicht wurden. Lastschriftmandat bleibt beim Zahlungsempfänger; Verwahrung 14 Monate nach dem letzten Lastschrifteinzug

	SEPA-Basis-Lastschriftverfahren	SEPA-Firmen-Lastschriftverfahren
Erledigung des SEPA-Lastschrift-mandats	Zahlungsempfänger teilt der Zahlstelle die Erledigung des Lastschriftmandats mit Einzug der letzten Lastschrift mit.	
Widerruf des SEPA-Lastschrift-mandats	- jederzeit vom Kunden durch Erklärung gegenüber seinem Kreditinstitut - Widerruf gegenüber dem Zahlungsempfänger	- jederzeit vom Kunden durch Erklärung gegenüber seinem Kreditinstitut - Widerruf gegenüber dem Zahlungsempfänger
Voraussetzungen für die Einlösung der SEPA-Lastschrift	- Kein Widerruf liegt vor. - ausreichendes Guthaben - keine Teileinlösungen - Die IBAN des Zahlungspflichtigen ist zuzuordnen. - Benachrichtigung des Zahlungspflichtigen bei Nichteinlösung einer SEPA-Lastschrift	
Vorlagefristen bei Einreichung von SEPA-Lastschriften	bei Erst- und Einmallastschriften: 5 Tage vor Fälligkeit Folgelastschriften: spätestens 2 Tage vor Fälligkeit	einheitlich 1 Tag vor Fälligkeit
Zurückweisung	Der Kunde kann dem Kreditinstitut gesondert die Weisung erteilen, bestimmte Lastschriften nicht einzulösen.	
Widerspruch gegen Belastungsbuchungen mit gültigem Lastschriftmandat	- Rückerstattungsanspruch 8 Wochen ab Belastungsbuchung ohne Grundangabe - Erlöschen des Erstattungsanspruchs nach Genehmigung der Lastschriftbuchung	kein Erstattungsanspruch nach erfolgter Einlösung
Widerspruch gegen Belastungsbuchungen mit ungültigem Lastschriftmandat	- unverzügliche Erstattung des Lastschriftbetrages - Ausschluss der Ansprüche des Kunden nach Ablauf von 13 Monaten ab Belastungsbuchung	
Lastschrift-rückgabe durch Zahlstelle	bis 5 Tage nach Belastungsbuchung	bis 2 Tage nach Belastungsbuchung

Aufgabe II-35:

1	2	3	4	5
A	**E**	**B**	**D**	**C**

Abwicklungsschritte bei einer Zahlung mittels Kreditkarte:

Schritt 1: Vorlage der Kreditkarte durch den Karteninhaber und Unterschrift auf dem Leistungsbeleg.
Schritt 2: Vertragsunternehmen prüft Kreditkarte und Unterschrift auf dem erstellten Leistungsbeleg, ggf. Online-Autorisierung mit Überprüfung der Sperrdatei und des Verfügungsrahmens
Schritt 3: Karteninhaber erhält eine Kopie des Leistungsbelegs
Schritt 4: Leistungsbeleg wird vom Vertragsunternehmen an die Kreditkartengesellschaft gesandt.
Schritt 5: Der Gegenwert der Gesamtsumme wird dem Vertragsunternehmen abzüglich Disagio gutgeschrieben.
Schritt 6: Kreditkartengesellschaft schickt ihre Monatsabrechnung an den Karteninhaber. Gleichzeitig belastet die Kreditkartengesellschaft per Lastschrifteinzug das Konto des Karteninhabers bei dessen kontoführender Bank.

Aufgabe II-36: B

Zu A: Frau Brinkmann kann eine eigene Kreditkarte beantragen. Die Kreditkarte von Herrn Brinkmann kann nur von ihm genutzt werden.
Zu C: Die Haftung ist vor der Verlustanzeige auf maximal 50,00 EUR beschränkt, sofern nicht grob fahrlässig gehandelt wurde.
Zu D: Nur Unterschrift auf dem Leistungsbeleg anbringen

Aufgabe II-37:

A	B	C	D	E
3	**1**	**2**	**1**	**3**

Aufgabe II-38:

1	2	3	4	5
D	**B**	**C**	**E**	**A**

Aufgabe II-39: C

Das NFC-System ermöglicht ein kontaktloses Bezahlen mit der GiroCard bzw. der Kreditkarte. Beim Zahlungsvorgang hält der Inhaber die mit einem Funkchip (NFC) ausgestattete Karte in einem Abstand von wenigen Zentimetern an die Bezahlfläche des Terminals und das Guthaben auf der Karte wird um den Rechnungsbetrag verringert. Ein optisches oder akustisches Signal bestätigt die erfolgreiche Zahlung. Der Höchstbetrag für eine einzelne NFC-Zahlung beträgt maximal 50,00 EUR.

Aufgabe II-40: D

Sicherheitsvorkehrungen beim PIN-TAN-Verfahren: Bei diesem Verfahren muss sich der Nutzer mit einer PIN legitimieren und bei jeder Transaktion eine TAN verbrauchen. Das TAN-Verfahren ist allerdings nicht mehr zulässig. Alternativen wären die Nutzung einer security-APP. Oder die PhotoTAN oder bei Sparkassen das HBCI-Verfahren.

Aufgabe II-41: D und E

Mit dem Echtzeit-Überweisungsverfahren können Rechnungsbeträge in Sekundenschnelle dem Zahlungsempfänger kostengünstig übermittelt werden.

PayPal: Die PayPal Inc. mit Hauptsitz in den USA bietet dem Käufer verschiedene Zahlungsmöglichkeiten an:

- Einzahlung auf ein Guthabenkonto bei PayPal, von dem die Kaufpreiszahlungen abgebucht werden.
- der Einzug des Kaufpreises erfolgt per Lastschrift, bzw. Belastung einer Kreditkarte

Der Kaufpreis wird dem Konto des Verkäufers sofort gutgeschrieben. PayPal bietet zudem einen Käuferschutz bei Nichtversendung der Ware oder mangelhafter Lieferung.

Aufgabe II-42: 10.10.20.. (Montag)

Ausführungsfristen im nationalen und internationalen Überweisungsverkehr

Überweisungsraum	**Überweisungsart**	**Währung**	**Ausführungsfrist**
Deutschland und Europäischer Wirtschaftsraum	elektronisch	Euro	maximal ein Geschäftstag
	beleghaft	Euro	maximal zwei Geschäftstage
	elektronisch oder beleghaft	andere EWR-Währung als Euro, z. B. Zloty	maximal vier Geschäftstage
	elektronisch oder beleghaft	Drittstaatenwährung, z. B. US-Dollar	baldmöglichst

Aufgabe II-43:

A	B	C	D	E
3	**2**	**1**	**1**	**3**

Aufgabe II-44:

A	B	C	D	E
1	**1**	**3**	**1**	**3**

Vgl. Übersicht über SEPA-Lastschriftverfahren in Lösung II-34

Aufgabe II-45: A, vgl. Lösung in Aufgabe II-34

Aufgabe II-46: D, vgl. § 36 Bundesbankgesetz:

(1) Die Deutsche Bundesbank, Kreditinstitute ... und ihre Mitarbeiter haben nachgemachte oder verfälschte Banknoten oder Münzen (Falschgeld), als Falschgeld verdächtige Banknoten und Münzen sowie unbefugt ausgegebene Gegenstände der in § 35 genannten Art anzuhalten. Dem Betroffenen ist eine Empfangsbescheinigung zu erteilen.

(2) Falschgeld und Gegenstände der in § 35 genannten Art sind mit einem Bericht der Polizei zu übersenden. Kreditinstitute ... haben der Deutschen Bundesbank hiervon Mitteilung zu machen.

(3) Als Falschgeld verdächtige Banknoten und Münzen sind der Deutschen Bundesbank zur Prüfung vorzulegen. Stellt diese die Unechtheit der Banknoten oder Münzen fest, so übersendet sie das Falschgeld mit einem Gutachten der Polizei und benachrichtigt das anhaltende Kreditinstitut.

Aufgabe II-47: B
Zu A: Der Karteninhaber hat die Debitkarte sorgfältig aufzubewahren. Bei Verlust der Karte besteht die Gefahr, dass ein Unberechtigter sie missbräuchlich verwendet. Der Karteninhaber hat dafür zu sorgen, dass keiner Kenntnis von seiner PIN erlangt.
Die Aufteilung des entstandenen Schadens bei missbräuchlicher Verwendung der Girocard ist nach dem Verschulden des Kunden geregelt:
Vor der Verlustanzeige: Trifft den Karteninhaber kein Verschulden, übernimmt die Bank bis auf 50,00 EUR Eigenhaftung in vollem Umfang den Schaden. Bei leicht fahrlässiger Verletzung der Pflichten des Karteninhabers übernimmt die Bank den Schaden nach den Grundsätzen des Mitverschuldens, z. B. 20 % durch den Kontoinhaber, 80 % durch die Bank. Bei grob fahrlässiger Verletzung der Pflichten des Kontoinhabers haftet der Kontoinhaber vollständig.
Nach der Verlustanzeige übernimmt die Bank voll den Schaden.

Aufgabe II-48

1	2	3	4	5
C	**B**	**A**	**D**	**E**

Aufgabe II-49: C

Aufgabe II-50: B
Vgl. Info in Lösung der Aufgabe II-15

Aufgabe II-51: C

Aufgabe II-52: E
Vgl. Info in Lösung der Aufgabe II-46

Aufgabe II-53: E

Aufgabe II-54: C

Aufgabe II-55: C und **E**
Vgl. Info in Lösung der Aufgabe II-15
Zu B: richtig wäre die Abrechnung zum Devisengeldkurs

Aufgabe II-56:
116116

Aufgabe II-57: E
Bei Zahlungen mit der Kreditkarte im Internet sind folgende Eingaben notwendig:
- Name des Karteninhabers
- Kartennummer
- Gültigkeitsdatum
- Kartenprüfziffer (drei oder vierstellige Zahl auf der Rückseite der Kreditkarte)
- Zur Erhöhung der Sicherheit bei Internetzahlungen bieten Mastercard und Visa besondere Authentifizierungsverfahren an. Beim Bezahlvorgang im Internet öffnet sich ein Eingabefenster der Kreditkartengesellschaft im Browser, in dem die Zahlung zu bestätigen und ein Sicherheitscode (persönliches Passwort) oder eine auf dem Handy per SMS oder Banking-App empfangene TAN einzugeben sind.

Aufgabe II-58:
1.995,91 EUR

Rechenweg: 2.000 EUR x 1,2726 = 2.545,20 CAD
2.540,00 CAD: 1,2726 = 1.995,91 EUR

Aufgabe II-59: C

Aufgabe II-60: B und E

Liste mit einmal verwendbarer TAN (iTAN):

Der Kunde erhält eine TAN-Liste in einem verschlossenen Umschlag. Bei jeder Transaktion fordert das Kreditinstitut eine bestimmte TAN-Nummer von der Liste an. Dieses Verfahren ist auf Grund seiner Unsicherheit bei Girokonten nicht mehr zulässig.

TAN-Generator als Bestandteil einer Chipkarte oder eines anderen elektronischen Gerätes zur Erzeugung von TAN (chipTAN; smartTAN)

Zur Erzeugung der TAN benötigt der Kunde einen TAN-Generator und eine zum Konto gehörende Chipkarte (Bankkarte), die in den Generator eingeschoben wird. Nach der Auftragserteilung wird auf dem Bildschirm ein Code angezeigt, den der Kunde mit Daten der Transaktion (z. B. Empfängerkontonummer, Betrag) in den Generator eingibt. Alternativ können diese Daten auch automatisch von einer „Flickergrafik" am Bildschirm in den Generator eingelesen werden. Aus den eingegebenen Daten errechnet der Generator über den Chip eine auftragsbezogene TAN. Zudem zeigt er noch einmal die Daten der Transaktion an. Die TAN ist nur zeitlich begrenzt nutzbar.

Da die TAN aus den Auftragsdaten errechnet wird, kann sie für andere Transaktionen nicht missbraucht werden. TAN-Generator und Onlinebanking-Computer sind zwei voneinander unabhängige Geräte. Transaktionen können nur zusammen mit der für das Konto freigeschalteten Chipkarte ausgeführt werden. Der Kontoinhaber muss die Auftragsdaten auch anhand des Generators prüfen. Es besteht beim TAN-Generator kein Virenrisiko.

Mobiltelefon zum Empfang von TAN per SMS oder Banking-App (smsTAN, mobileTAN, photoTAN, SecureGo, pushTAN):

Die TAN wird vom Kreditinstitut aus Bestandteilen des Kundenauftrages ermittelt. Bei der photoTAN scannt der Nutzer einen QR-Code auf dem Bildschirm mit seinem Handy und übermittelt damit die Auftragsdaten an die Bank. Das Kreditinstitut übermittelt die TAN und Auftragsdaten per SMS oder sendet sie an die Banking-App des Kunden.

Die TAN ist nur zeitlich begrenzt nutzbar.

Es besteht ein Zusammenhang zwischen TAN und Kundenauftrag. Der Kontoinhaber muss die Auftragsdaten anhand der SMS bzw. Banking-App nochmals prüfen. Bei einem Empfang der TAN per SMS darf das Handy aus Sicherheitsgründen nicht zugleich für Bankgeschäfte genutzt werden. Es besteht bei Mobiltelefonen ein Viren- und Diebstahlrisiko.

Chipkarte mit Signaturfunktion (z. B. HBCI-Verfahren):

Für das HBCI-Verfahren benötigt der Kunde eine HBCI-Chipkarte, einen HBCI-Kartenleser und eine HBCI-Software. Auf der Chipkarte ist ein spezieller Onlinebanking-Schlüssel gespeichert. Nach Eingabe der PIN in den Kartenleser werden die Daten mit einer elektronischen Signatur versehen und verschlüsselt an die Bank übertragen. Die Bank entschlüsselt die Daten und prüft die elektronische Signatur mit Hilfe eines „öffentlichen Prüfschlüssels".

Bankgeschäfte sind nur unter Eingabe der PIN unter Verwendung der Chipkarte möglich. Die Verschlüsselung mit einem geheimen (privaten) Signaturschlüssel und die Entschlüsselung mit dem öffentlichen Schlüssel bieten den höchsten Sicherheitsstandard im Onlinebanking. Die Anschaffungskosten für die Chipkarte und für das Lesegerät sind relativ hoch.

Aufgabe II-61: E

Wurde z. B. bei einem Überweisungsauftrag irrtümlich ein falscher Betrag eingegeben, so kann der Kontoinhaber diesen Überweisungsauftrag innerhalb weniger Minuten (z. B. 15 bis 30 Minuten) am PC unter dem Menüpunkt „Umsätze" stornieren. Alternativ kann der Kontoinhaber die Serviceabteilung seiner Bank anrufen und sofort den nicht korrekten Überweisungsauftrag stornieren lassen. Auch dieses Verfahren ist nur binnen weniger Minuten möglich. Ist der Überweisungsauftrag durch die Bank ausgeführt worden, ist eine Stornierung nicht mehr möglich.

Aufgabe II-62: C

Aufgabe II-63: C

Eine gebührenpflichtige Sofortüberweisung kann innerhalb von einigen Minuten dem Konto des Zahlungsempfängers im Inland guteschrieben werden.

Aufgabe II-64: B

Aufgabe II-65: E

Aufgabe II-66: A

Aufgabe II-67

1	2	3	4	5
C	B	A	D	E

Kontaktloses Bezahlen mit GiroCard: Dieses Verfahren ermöglicht ein kontaktloses Bezahlen mit der Bank- oder Kreditkarte. Beim Zahlungsvorgang hält der Inhaber die mit einem Funkchip (NFC) ausgestattete Karte in einem Abstand von einigen Zentimetern an die Bezahlfläche des Terminals. Der Betrag wird mit dem Kundenkonto verrechnet. Ein optisches oder akustisches Signal bestätigt die erfolgreiche Zahlung. Der Höchstbetrag für eine einzelne NFC-Zahlung beträgt maximal 50,00 EUR.

Aufgabe II-68: D

Die Mandatsreferenznummer wird vom Zahlungsempfänger (hier Lieferant) vergeben und ermöglicht in Verbindung mit der Gläubiger-Identifikationsnummer eine eindeutige Zuordnung des Zahlungsvorgangs. Die Gläubiger-ID dient der Identifikation des Lastschrifteinreichers und kann bei der Deutschen Bundesbank im Internet beantragt werden.

Aufgabe II-69

1	2	3	4	5	6
C	A	C	C	C	A

Aufgabe II-70: D

Aufgabe II-71: D

Vgl. Lösung in Aufgabe II-34

Aufgabe II-72:

1	2	3	4	5	6	7
E	C	D	G	A	F	B

Voraussetzungen für den Forderungseinzug mittels Lastschrift sind die Vereinbarungen zwischen dem Zahlungsempfänger und seinem Kreditinstitut (1. Inkassostelle) über den Lastschrifteinzug. Zusätzlich muss der Zahlungsempfänger die Bedingungen für den Lastschriftverkehr anerkennen. Der Zahlungspflichtige muss dem Zahlungsempfänger ein Lastschriftmandat schriftlich erteilen. Das Lastschriftmandat des Zahlungspflichtigen enthält: Name und Anschrift, IBAN und BIC, Gläubiger-ID (Abruf bei der Bundesbank), Mandatsreferenz und Unterschrift des Zahlungspflichtigen und Datum. Mandatsreferenz und Gläubiger-ID dient der Identifizierung des SEPA-Mandats. Die Mandatsreferenz wird vom Lastschrifteinreicher individuell für jedes Mandat vergeben.

Der Zahlungsempfänger ist verpflichtet, den Zahlungspflichtigen spätestens 14 Kalendertage vor dem Lastschrifteinzug über Betrag und Datum des Einzugs zu informieren (Pre-Notification). Bei wiederkehrenden Lastschriften mit gleichen Beträgen genügen eine einmalige Unterrichtung vor dem ersten Lastschrifteinzug und die Angabe der weiteren Fälligkeitstermine.

Aufgabe II-73: A und C

Aufgabe II-74: B

III. Ausländischer Zahlungsverkehr

Aufgabe III-1:

A	B	C	D	E
1	**2**	**1**	**1**	**2**

Aufgabe III-2: A und **E**

Ein Fremdwährungskonto ist ein Konto, das in einer ausländischen Währung geführt wird. Gebietsansässige und Gebietsfremde dürfen im Rahmen der währungsrechtlichen Vorschriften bei Banken in Deutschland Fremdwährungskonten unterhalten. Verfügungen über Guthaben auf solchen Konten werden unter Einbeziehung von Banken im Heimatland der Währung abgewickelt. Ihre Fremdwährungsverbindlichkeiten wird die Bank durch Gutschrift auf dem Konto des Kunden in dieser Währung erfüllen.

Aufgabe III-3: C

Im Auslandszahlungsverkehr erfolgen Zahlungen durch Bankenorderschecks, wenn der Auftraggeber dies ausdrücklich wünscht oder Scheckzahlungen auf Grund der Zahlungsgewohnheiten im Land des Begünstigten üblich sind, z. B. in den USA, oder die Zahlungen in einer Drittwährung erfolgen, z. B. Zahlung in US-Dollar nach Brasilien, oder die Bankverbindung des Begünstigten nicht bekannt ist.

Aufgabe III-4: B und **E**

Devisenoption: Es handelt sich um ein Recht des Optionsinhabers, einen bestimmten Währungsbetrag zu einem vereinbarten Basispreis bis zu einem festgelegten Auslauftag zu kaufen (Kaufoption, Call) oder zu verkaufen (Verkaufsoption, Put). Der Optionsinhaber hat an den Stillhalter dafür eine Optionsprämie zu zahlen. Ob der Optionsinhaber das Recht ausübt, hängt von der jeweiligen Kursentwicklung ab. Das Risiko des Käufers der Option ist auf die Optionsprämie beschränkt.

Devisentermingeschäft: Es ist ein Geschäft in fremder Währung, das zu einem späteren Zeitpunkt als ein Devisenkassageschäft erfüllt wird. Es wird zur Wechselkurssicherung genutzt.

Aufgabe III-5: C und **E**

S.W.I.F.T. steht für „Society for Worldwide Interbank Financial Telecommunication". Dieser Verband von Geldinstituten wurde 1973 gegründet. Er hat zur Aufgabe, den Nachrichtenaustausch mittels eines funktionierenden Telekommunikationsnetzes, auch S.W.I.F.T.-Netz genannt, für seine Mitgliedsbanken zu ermöglichen. Die S.W.I.F.T. ist in Belgien ansässig.

Die S.W.I.F.T. tätigt die Abwicklung des gesamten Finanzverkehrs von mehr als 8.000 Geldinstituten in über 200 Ländern. Der S.W.I.F.T.-Code wird auch SWIFT-BIC genannt. Dies bedeutet „**B**ank **I**dentifier **C**ode" (BIC). Die Bank, an die die Überweisung gehen soll, wird mittels dieser Ziffernfolge identifiziert. S.W.I.F.T.-Adresse ist der korrekte Begriff, der im Zahlungsverkehr dafür verwendet wird. Überall auf der Welt ist dieser Code gleich und kann auch weltweit angewandt werden, um ein bestimmtes Kreditinstitut zu identifizieren. Alle internationalen Devisengeschäfte, Überweisungen, internationalen Kontoauszüge und Avisen von Akkreditiveröffnungen werden mit Hilfe dieses Codes ermöglicht.

Zu A: vgl. auch § 69 der Außenwirtschaftsverordnung

Aufgabe III-6: D

Aufgabe III-7: D und **E**

- SEPA-Überweisungen über 12.500,00 EUR an Gebietsfremde sind nach dem Außenwirtschaftsgesetz (AWV) mit dem Vordruck Z4 an die Deutsche Bundesbank zu melden.
- Mit SEPA-Überweisungen können Euro-Beträge in Deutschland und in andere EU- und EWR-Staaten überwiesen werden.
- Es sind IBAN und BIC als zwingende Angaben zur Identifizierung des Kontos des Zahlungsempfängers anzugeben.
- Die SEPA-Überweisung hat keine Betragsbegrenzung.

Der Zahlungsauftrag im Außenwirtschaftsverkehr kann für alle Auslandszahlungen verwendet werden. Er wird in doppelter Ausfertigung eingereicht. Das Original ist der Auftrag für das Kreditinstitut. Der erste Durchschlag (Anlage Z1) enthält die Meldung über die Auslandszahlung. Sie wird vom Kreditinstitut bei Zahlungen über der Meldefreigrenze an die Deutsche Bundesbank weitergeleitet.

Aufgabe III-8:

Abrechnung zum Geldkurs 1,1530 US-Dollar	
34.500,00 US-Dollar entsprechen	29.921,94 EUR
+ Abwicklungsprovision 1,5 Promille	44,88 EUR
+ Courtage 0,25 Promille	7,48 EUR
+ Spesen für die Scheckausstellung	10,00 EUR
= Gesamtbetrag	**29.984,30 EUR**

Aufgabe III-9:

a) **384.535,38 EUR**

Rechenweg: (450.000,00 : 1,1700) – 80

b) **E**

Report: Bei Devisenterminkursen wird von einem Report gesprochen, wenn der Terminkurs über dem Kassakurs liegt. Die Zinsen im Ausland sind dann höher als die Zinsen im Euroland.

Deport: Bei Devisenterminkursen wird von einem Deport gesprochen, wenn der Kassakurs über dem Terminkurs liegt. Das Zinsniveau im Ausland, z. B. USA ist niedriger als das Zinsniveau im Euroland.

Aufgabe III-10:

a) **26.404,93 EUR**

Rechenweg: (30.870,00 : 1,1691)

b)

Rechnungsbetrag	26.404,93 EUR
./. 1,50 Promille Provision	39,61 EUR
./. 0,25 Promille Courtage	6,60 EUR
Gutschriftsbetrag	26.358,72 EUR
Warenwert	22.680,00 EUR
Geschäftserfolg	**3.678,72 EUR**

Aufgabe III-11: B und **C**

Die Abwicklung grenzüberschreitender Zahlungen innerhalb der EU kann über TARGET (**T**rans European **A**utomated **R**eal Time **G**ross Settlement **E**xpress **T**ransfer) vorgenommen werden. Die Verrechnung und Abwicklung erfolgt über die Zentralbanken der EU. Die Zahlungen werden erst dann dem Empfänger gutgeschrieben, wenn sichergestellt ist, dass das Kreditinstitut, das die Zahlung ausgelöst hat, auch belastet werden konnte. Hierdurch wird das Empfängerinstitut vor evtl. Zahlungsschwierigkeiten des Auftraggeberinstituts geschützt.

Aufgabe III-12:

Kassakurs Brief	1,1590 USD
- Deport	0,0090 USD
= Devisenterminkurs	**1,1500 USD**

Deport: Bei Devisenterminkursen wird von einem Deport gesprochen, wenn der Kassakurs über dem Terminkurs liegt. Das Zinsniveau im Ausland, z. B. USA ist niedriger als das Zinsniveau im Euroland.

Report: Bei Devisenterminkursen wird von einem Report gesprochen, wenn der Terminkurs über dem Kassakurs liegt. Die Zinsen im Ausland sind dann höher als die Zinsen im Euroland. Zurzeit liegt der Terminkurs über dem Kassakurs, da das Zinsniveau in den USA höher ist als das Zinsniveau in Euroland. Der Kassakurs erhält dann einen Aufschlag (Report).

IV. Anlage auf Konten

Aufgabe IV-1: B, vgl. § 2 der WoPDV.
Eine vorzeitige Verfügung führt grundsätzlich zu einem Verlust der Arbeitnehmer-Sparzulage und der Wohnungsbau-Prämie.
Unter bestimmten Voraussetzungen sind vorzeitige, unschädliche Verfügungen möglich:
- z. B. Tod oder Erwerbsunfähigkeit des Sparers oder seines Ehegatten
- Arbeitslosigkeit von mindestens einem Jahr, die darüber hinaus auch weiter anhält
- Zuteilung des Bausparvertrags und Verwendung für wohnwirtschaftliche Maßnahmen

Aufgabe IV-2: F

Sparbriefe	
Arten	- abgezinste Sparbriefe - aufgezinste Sparbriefe
Laufzeit	1 bis 6 Jahre
Verzinsung	Festzins für die gesamte Laufzeit
Rückgabemöglichkeit während der Laufzeit	Die Rückgabe vor Fälligkeit der Sparbriefe ist ausgeschlossen, daher ist der Sparbrief eine nicht liquide Anlage.
Liquidierbarkeit	Sparbriefe sind i. d. R. unkündbar. Der Verkauf von Sparbriefen an Dritte bzw. die Beleihbarkeit von Sparbriefen durch das Kreditinstitut ist möglich.

Aufgabe IV-3: B, vgl. § 14 Abs. 4 5. VermBG

Aufgabe IV-4: C
Nach § 21 Abs. 4. Nr. 3 RechKredV dürfen Spareinlagen u. a. nicht von Personenhandelsgesellschaften angenommen werden, es sei denn, diese Unternehmen dienen gemeinnützigen Zwecken oder es handelt sich bei den von dieser OHG angenommenen Geldern um Sicherheiten gemäß § 550 b BGB (Mietkaution).

Aufgabe IV-5: C
Der Tagesgeldhandel unter Banken läuft über Telefon oder Terminal. Anschließend werden zu Kontrollzwecken Bestätigungen unter den Handelspartnern ausgetauscht. Bei Abschluss eines Geldhandelsgeschäfts muss Übereinstimmung erzielt werden über Betragshöhe, Laufzeit, Zinssatz und Anschaffung. Die Handelspartner nennen im Geldhandel zwei Sätze, den Geldsatz und den Briefsatz, z. B. Tagesgeld 0,50 G zu 0,65 B, das bedeutet, dass die Bank bereit ist, zu 0,65 % Zinsen Tagesgeld auszuleihen bzw. zu 0,50 % Zinsen Tagesgeld aufzunehmen. Das Tagesgeld ist am Tag nach dem Abschluss zuzüglich der Zinsen zurückzuzahlen.

Aufgabe IV-6: E
Vgl. Infos in Lösungen der Aufgabe IV-54

Aufgabe IV-7: A
Vgl. VermBG: Die Einkommensgrenzen von 35.000,00 und 40.000,00 EUR ist nicht überschritten, deshalb erhält der Kunde 10 % Wohnungsbauprämie auf 700,00 EUR Bausparen und 9 % Arbeitnehmer-Sparzulage auf 470,00 EUR Einzahlungen auf einen Bausparvertrag und 20 % auf maximal 400,00 EUR Einzahlungen auf einen Beteiligungssparvertrag.

Sparformen	Einkommens-grenzen	Sparhöchst-betrag	Arbeitnehmer-Sparzulage/ Wohnungs-bau-Prämie	Sperrfristen	Arbeitnehmer-Sparzulage
Bausparen nach dem 5. VermBG	40.000,00 EUR 80.000,00 EUR	470,00 EUR	9 %	7 Jahre ab Vertragsschluss	43,00 EUR
Beteiligungs-sparen	40.000,00 EUR 80.000,00 EUR	400,00 EUR	20 %	7 Jahre, ab 01.01. des Jahres der ersten Einzahlung	80,00 EUR
Bausparen nach dem WoPG	35.000,00 EUR 70.000,00 EUR	700,00 EUR 1.400,00 EUR	10 %	Fällig bei Zuteilung des Bausparvertrages und Verwendung für wohnwirtschaftliche Zwecke. Ausnahme: Freie Verfügung über das Guthaben nach 7 Jahren, wenn der Bausparer bei Vertragsabschluss das 25. Lebensjahr noch nicht vollendet hatte.	70,00 EUR 140,00 EUR

Beantragung der Arbeitnehmer-Sparzulage: Die Investmentgesellschaft bzw. die Bausparkasse teilt der Finanzverwaltung jedes Jahr die Höhe der angelegten vermögenswirksamen Leistungen mit. Der Arbeitnehmer beantragt die Arbeitnehmer-Sparzulage bei seiner Einkommensteuerklärung. Nach Ablauf der Sperrfrist bzw. bei Zuteilung des Bausparvertrages überweist das Finanzamt die gesamte Arbeitnehmer-Sparzulage.
Vermögenswirksame Leistungen können auch zur Entschuldung von Wohnungsbaudarlehen, z. B. Tilgung von Bauspardarlehen eingesetzt werden. Das Finanzamt überweist die Arbeitnehmersparzulage dann jährlich auf das Darlehenskonto.
Der Antrag auf Arbeitnehmersparzulage ist spätestens vier Jahre nach Ablauf des Sparjahres zustellen.
Beantragung der Bausparprämie: Der Bausparer beantragt die Wohnungsbauprämie bei der Bausparkasse mit der Erklärung, dass die Einkommensgrenze von 35.000,00 EUR bzw. 70.000,00 EUR nicht überschritten wurde. Der Antrag ist spätestens zwei Jahre nach der Einzahlung der Bausparbeiträge zu stellen. Der Mindestsparbeitrag beträgt jährlich 50,00 EUR. Die Bauspar-Prämie ist gemäß Einkommensteuergesetz nicht steuerpflichtig.. Bei Zuteilung des Bausparvertrages bzw. bei Ablauf der Bindungsfrist (Bausparer bei Vertragsschluss unter 25 Jahre) wird die gesamte ermittelte Prämie von der Bausparkasse beim Finanzamt angefordert und dem Bausparkonto gutgeschrieben bzw. ausbezahlt (Bei Abschluss des Bausparvertrages vor dem 25. Lebensjahr ist eine einmalige Auszahlung der Bauspar-Prämie möglich.).
Prämienbegünstigt sind nur Beiträge an Bausparkassen in der Ansparphase. Deshalb wird für Tilgungsleistungen auf Bauspardarlehen keine Wohnungsbauprämie gewährt.

Aufgabe IV-8: C

Kapitalerträge sind nur steuerpflichtig, soweit sie den Sparerpauschalbetrag übersteigen.

Alleinstehende haben einen Sparerfreibetrag von 1.000,00 EUR. Zusammen veranlagte Eheleute und eingetragene Lebenspartnerschaften haben einen Sparerfreibetrag von 2.000,00 EUR. Der Abzug von speziellen Werbungskosten (z. B. Depotgebühren, Reisekosten zur Hauptversammlung)bei der Ermittlung des Nettoeinkommens ist nicht möglich.

Abgeltungsteuer und Veranlagungswahlrecht: Mit der Zahlung der Kapitalertragsteuer ist die pauschale Einkommensteuer (Abgeltungsteuer) von 25 % des Anlegers abgegolten. Der Kapitalanleger muss die Kapitalerträge grundsätzlich nicht mehr in seiner Einkommensteuererklärung angeben. Der Anleger hat aber ein Veranlagungswahlrecht, d.h. er kann die Kapitalerträge in seiner Einkommensteuererklärung angeben und zu seinem persönlichen Einkommensteuersatz versteuern. Anleger, deren Grenzsteuersatz unter 25 % liegt, profitieren von dieser Regelung.

Durch die Erteilung eines Freistellungsauftrages an eine Bank, kann der Anleger Kapitalerträge bis zur Höhe des Sparerfreibetrages von 1.000,00/2.000,00 EUR vom Steuerabzug freistellen. Der Sparer kann das ihm zustehende Freistellungsvolumen auf mehrere Stellen z. B. Banken, Investmentgesellschaften) aufteilen. Ein nicht ausgeschöpfter Teil des Freistellungsbetrages verfällt am Jahresende.

Bei Vorlage einer Nichtveranlagungsbescheinigung (NV-Bescheinigung) zahlt die Bank die Kapitalerträge ohne Steuerabzug aus. Eine NV-Bescheinigung stellt das Finanzamt auf Antrag des Steuerpflichtigen aus, wenn seine Kapitalerträge voraussichtlich nicht einkommensteuerpflichtig sind.

Aufgabe IV-9: A und D,

vgl. auch § 2 WoPG und § 2 Fünftes VermBG

Aufgabe IV-10: B

Ein 1- oder 3-Monatstermingeld könnte nach Bedarf am Ende der Festlegungsfrist verlängert werden.

Zu A: Eine Spareinlage darf nicht von vornherein befristet hereingenommen werden.
Zu C: Die Laufzeit des Sparbriefes von fünf Jahren passt nicht zum Wunsch des Kunden.
Zu D: Der öffentliche Pfandbrief unterliegt dem Zinsänderungs- bzw. Kursrisiko.
Zu E: Der Investmentfonds unterliegt dem Kursrisiko und dem Zinsänderungsrisiko.

Aufgabe IV-11: C

Nicht pflichtversicherte Ehegatten haben einen abgeleiteten Zulagenanspruch, wenn der pflichtversicherte Ehegatte seinen Mindesteigenbeitrag erbringt. Voraussetzung ist, dass jeder Ehegatte einen eigenständigen Altersvorsorgevertrag abgeschlossen hat. Der nicht begünstigte Ehegatte erhält auf diese Weise die volle staatliche Förderung.

Zu D: Frau Pauly ist zulagenberechtigt, wenn sie ihren Mindesteigenbeitrag von *jährlich* 60,00 EUR einzahlt.

Aufgabe IV-12: A

Riester-Rente

Drei-Schichten-Modell	Das Alterseinkünftegesetz ordnet die Altersvorsorge in drei Schichten: - Basisversorgung, z. B. gesetzliche Rente, Rürup-Rente - die geförderte, kapitalgedeckte Zusatzversorgung, z. B. Riester-Rente sowie die betriebliche Altersvorsorge - sonstige Kapitalanlagen und Versicherungsprodukte, z. B. kapitalbildende Lebensversicherungen zur privaten Altersvorsorge mit anschließendem Rentenauszahlungsplan
Geförderter Personenkreis	- Arbeitnehmer, die in der gesetzlichen Rentenversicherung pflichtversichert sind - Bezieher von Lohnersatzleistungen, z. B. Arbeitslosengeld I und II - Beamte - Nicht erwerbstätige Eltern in den Kindererziehungszeiten - Wehr- und Zivildienstleistende - Bezieher von Vorruhestandsgeld
Nicht geförderter Personenkreis	- Selbstständige, die nicht in der gesetzlichen Rentenversicherung pflichtversichert sind - Geringfügig Beschäftigte - Rentner und Pensionäre
Besonderheiten bei Eheleuten	Jeder Ehegatte kann unabhängig vom Partner einen eigenen Altersvorsorgevertrag mit dem Anspruch auf staatliche Förderung abschließen. Auch wenn nur ein Ehegatte zum förderfähigen Personenkreis gehört, erhält der eigentlich nicht förderberechtigte Ehegatte ebenfalls die staatliche Förderung, sofern er einen Altersvorsorgevertrag auf seinen Namen abschließt. Der nicht erwerbstätige Ehegatte muss einen jährlichen Mindesteigenbeitrag von 60,00 EUR entrichten (abgeleiteter Zulagenanspruch).
Anlageformen	- Private Altersvorsorge: Banksparplan, Investmentsparplan, Rentenversicherung - Betriebliche Altersvorsorge: Direktversicherungen, Pensionskassen, Pensionsfonds - Bausparverträge, Bauspardarlehen (Wohn-Riester) Beachte: Förderungsfähig sind nur Anlageformen, die im Alter durch lebenslange Zahlungen die gesetzliche Rente ergänzen.
Zertifizierung der geförderten Anlageformen durch BaFin	Merkmale: - Die Auszahlungen dürfen nicht vor dem 62. Lebensjahr beginnen. Das Risiko Erwerbsunfähigkeit und die Hinterbliebenen können zusätzlich abgesichert werden. - Zu Beginn der Auszahlungsphase muss mindestens das eingezahlte Kapital zur Verfügung stehen (Kapitalgarantie). - Die Auszahlung erfolgt grundsätzlich als lebenslange Leibrente (Kapitalverrentung). Bis zu 30 % des bei Rentenbeginn zur Verfügung stehenden Kapitals kann sich der Anleger jedoch zu

	Beginn der Auszahlungsphase direkt auszahlen lassen. - Die Abschluss- und Vertriebskosten sind auf 5 Jahre zu verteilen. - Der Anleger hat das Recht, den Vertrag ruhen zu lassen, zu kündigen und zu wechseln sowie vorübergehend Mittel zum Wohnungsbau zu entnehmen. Der Anleger ist bei Vertragsabschluss zu informieren über: - die Anlage des Geldes, - die kalkulierte Rendite, - das mit der Anlage verbundene Risiko, - die Höhe und Verteilung der Abschluss- und Vertriebskosten, - die Kosten für die Verwaltung der Geldanlage sowie die Kosten beim Wechsel zu einem anderen Produkt. Der Anleger ist jährlich zu informieren über: - die Beitragsverwendung, - die Kapitalverwendung, - die Kosten und Erträge, - ob der Anbieter ethische, soziale oder ökologische Belange bei der Geldanlage berücksichtigen will.
Voraussetzungen für die staatliche Förderung	- Der Anleger gehört zum förderungsfähigen Personenkreis. - Die Anlage von maximal 2.100,00 EUR jährlich erfolgt in einem zertifizierten Altersvorsorgevertrag. - Der Anleger erbringt einen einkommensabhängigen Eigenbeitrag. Dabei beträgt der Mindesteigenbeitrag (Sockelbetrag) 60,00 EUR jährlich. - jährliche Antragstellung auf Zulage beim Anbieter des Vertrags, i. d. R. Erteilung eines Dauerzulagenantrags vom Zulagenberechtigten beim Anbieter des Altersvorsorgevertrags.
Beiträge und staatliche Förderung	Die Einzahlungen auf den Altersvorsorgevertrag (Gesamtbeitrag) setzen sich zusammen aus dem Eigenbeitrag des Anlegers und der staatlichen Altersvorsorgezulage, die aus einer Grundzulage und einer Kinderzulage besteht. Zum Erhalt der vollen staatlichen Förderung ist ein jährlicher Gesamtbeitrag (Eigenbeitrag) zu leisten. Bei einem niedrigeren Eigenbeitrag verringert sich die staatliche Förderung anteilig.
Gesamtbeitrag pro Jahr	4 % des sozialversicherungspflichtigen Vorjahreseinkommens, max. aber 2.100,00 EUR
jährliche Grundzulage	maximal 175,00 EUR
Maximale jährliche Kinderzulage je Kind	185,00 EUR - Kinder, die nach dem 01.01.2008 geboren sind, erhalten eine Kinderzulage von 300,00 EUR. - Eine Kinderzulage gibt es für jedes Kind, für das Kindergeld gezahlt wird. Bei Eheleuten wird die Kinderzulage grundsätzlich der Mutter zugeordnet, auf Antrag beider Eltern dem Vater. Bei Alleinerziehenden steht die Kinderzulage dem Elternteil zu, in dessen Haushalt das Kind lebt.

Gesamtbeitrag Eigenbeitrag	Gesamtbeitrag = Eigenbeitrag + Zulagen Eigenbeitrag = Gesamtbeitrag - Zulagen Wenn beide Eheleute zum geförderten Personenkreis gehören, ist der Mindestgesamtbeitrag für jeden Ehegatten getrennt zu ermitteln. Das Einkommen des Ehegatten ist dabei nicht zu berücksichtigen.
Zulage für Berufseinsteiger unter 25 Jahre	Es gibt eine einmalige zusätzliche Grundzulage von 200,00 EUR.
Sockelbetrag von 60,00 EUR	Der Gesamtbeitrag besteht aus der Summe von Eigenbeitrag des Anlegers und der staatlichen Förderung. Dies würde bei einem niedrigen Einkommen dazu führen, dass der Anleger selbst nur sehr niedrige oder gar keine eigenen Zahlungen leisten müsste. Deshalb verlangt der Staat vom Anleger zumindest die Zahlung eines Sockelbetrages von jährlich 60,00 EUR. Bei Eheleuten ist der Sockelbetrag getrennt festzustellen.
Sonderausgabenabzug und Günstigerprüfung	Altersvorsorgeaufwendungen (Eigenbeitrag des Anlegers plus staatliche Zulagen) sind grundsätzlich bis zu einem bestimmten Höchstbetrag als Sonderausgaben bei der Einkommensteuer abzugsfähig. Im Rahmen einer sog. Günstigerprüfung prüft das Finanzamt von Amts wegen, ob die Steuerersparnis höher als die Zulagen ist. Ggf. erstattet das Finanzamt die Differenz im Rahmen der Einkommensteuerveranlagung.
Antragsverfahren für die Zulagen	Die staatlichen Zulagen sind beim Anbieter des Altersvorsorgesparplanes zu beantragen, der den Antrag an die Zulagenstelle für Altersvermögen (ZfA) weiterleitet. Diese überweist die Zulage auf das Anlagekonto des Anlegers. Bei einem Dauerzulagenantrag bevollmächtigt der Anleger den Anbieter zur jährlichen Antragstellung, sodass der Anleger selbst keinen Antrag stellen muss. Der Anleger ist jedoch verpflichtet, alle Änderungen, die sich auf die Höhe der Zulage auswirken können, z. B. Streichung des Kindergeldes, unverzüglich dem Anbieter mitzuteilen. Zur Feststellung des auf den Vertrag einzuzahlenden Gesamtbeitrages fragt die ZfA direkt beim Rentenversicherungsträger das sozialversicherungspflichtige Einkommen des Anlegers ab. Verkürztes Antragsverfahren für die staatlichen Zulagen: Der Anleger bevollmächtigt den Anbieter zur jährlichen Antragsstellung durch einen Dauerzulagenantrag.
Auswirkung einer zulagenschädlichen Verwendung des angesparten Kapitals	Bei förderschädlichen Verfügungen sind alle Zulagen und Steuervorteile zurückzuzahlen. Zudem sind die im Auszahlungsbetrag enthaltenen Erträge zu versteuern.

Nachgelagerte Besteuerung	- Die Beiträge für die Altersvorsorge mittels Riester-Produkte mindern in der Ansparphase das zu versteuernde Einkommen. - Die daraus entstehenden Renten unterliegen in der Auszahlphase (Rentenphase) der Besteuerung.
Verfügungsmodalitäten	- Auszahlung bis zu 30 % des angesparten Kapitals bei Rentenbeginn möglich - Lebenslange Rente mit Restkapital, z. B. Zahlung einer lebenslangen gleichbleibenden oder steigenden Rente

Aufgabe IV-13: D

Bei schädlicher Verwendung müssen Zulagen und Steuererstattungen ganz oder z. T. zurückgezahlt werden. Außerdem sind die im Auszahlungsbetrag enthaltenen Erträge und Wertsteigerungen als sonstige Einkünfte zu versteuern. Eine schädliche Verwendung liegt vor, wenn Altersvorsorgevermögen vor Rentenbeginn ganz oder teilweise ausgezahlt werden.

Aufgabe IV-14: A, vgl. Info in Lösung der Aufgabe IV-12

Berechnung des Eigenbeitrags:
4 % von 9.000,00 = 360,00 EUR
360,00 - 175,00 - 200,00 = -15,00
Frau Nottebaum muss somit den Sockelbetrag von 60,00 EUR jährlich mindestens auf ihren Riester-Vertrag einzahlen. Als Berufseinsteigerin, die zu Beginn des Kalenderjahres 2020 das 25. Lebensjahr noch nicht vollendet hat, erhält Frau Nottebaum einmalig eine um 200,00 EUR erhöhte Grundzulage.

Aufgabe IV-15: A

Termineinlagen

Wesen	Termineinlagen sind Bankeinlagen mit dem Ziel der kurzfristigen Vermögensanlage. Diese werden auf besonderen Termingeldkonten für einen befristeten Zeitraum (i. d. R. 1 bis 6 Monate) festgelegt und stehen daher für den bargeldlosen Zahlungsverkehr nicht zur Verfügung. Während des Anlagezeitraums kann über das Guthaben nicht verfügt werden. Die Zinsen werden bei Fälligkeit bezahlt.
Arten	**Festgeld:** Festgelder werden bei Fälligkeit entweder prolongiert oder entsprechend der Weisung des Kunden seinem Girokonto gutgeschrieben. **Kündigungsgeld:** Kündigungsgelder werden erst nach Kündigung und Ablauf der vereinbarten Kündigungsfrist fällig.
Betrag	Termineinlagen werden meist erst ab Beträgen von 5.000,00 EUR (oder einem Vielfachen hiervon) entgegengenommen.
Verzinsung	Die Verzinsung ist abhängig von der vereinbarten Laufzeit und der Einlagenhöhe und orientiert sich an den kurzfristigen Marktzinssätzen.
Laufzeit	1 bis 6 Monate
Verwendungsmöglichkeiten für Kreditinstitute	Termineinlagen sind die Hauptrefinanzierungsquelle von Kredit- und Großbanken. Befristete Einlagen sind für Kreditinstitute von großem Interesse. Zum einen ist die eingelegte Geldsumme relativ hoch, zum anderen kann das Institut wegen der vereinbarten Laufzeit oder Kündigungsfrist genau absehen, wie lange ihm die Gelder als Finanzierungsmittel für andere Geschäftsfelder (z. B. das Kreditgeschäft) zur Verfügung stehen.

Aufgabe IV-16:

A	B	C	D	E
2	**4**	**1**	**5**	**3**

Das Abhandenkommen des Sparbuchs muss dem Kreditinstitut unverzüglich angezeigt werden. Aufgrund der Anzeige wird das Sparkonto gesperrt. Dem Sparer wird dann ein neues Sparbuch ausgestellt wegen der Beweisfunktion der Sparurkunde. Wenn der Verlust des Sparbuches glaubhaft nachgewiesen wird, kann dem Sparer ohne Aufgebotsverfahren ein neues Sparbuch ausgestellt werden.

Aufgabe IV-17: C, vgl. Info in Lösung der Aufgabe IV-7
Kriterien für die staatliche Sparzulagenförderung:
Mindestalter: 16 Jahre
Jährliche Mindesteinzahlung: 50,00 EUR:
Berechtigter Personenkreis: Arbeitnehmer/Auszubildender

Aufgabe IV-18: C
Die Termineinlagen werden bei den Banken als Festgelder und Kündigungsgelder angeboten. Termineinlagen sind Einlagen, die dem Kreditinstitut als befristete Einlagen für bestimmte Zeiträume, z. B. 1 Monat, 3 Monate, 6 Monate, zur Verfügung stehen. Die Einleger verzichten für diese Zeit auf ihr Verfügungsrecht. Termineinlagen werden i. d. R. in größeren Beträgen angelegt. Beim Vertragsschluss werden Höhe, Laufzeit und Zinssatz der Termineinlage vereinbart. Die Höhe des Zinssatzes hängt von der Höhe der Einlage, der vereinbarten Laufzeit und dem derzeitigen Geldmarktzinssatz ab.

Aufgabe IV-19: D, vgl. Info in Lösung der Aufgabe IV-15

Aufgabe IV-20: 40,00 EUR (200 x 0,8 x 90 : 360)

Aufgabe IV-21: C
Vgl. Lösung in Aufgabe IV-53 und IV-54

Aufgabe IV-22: E
Das Abhandenkommen des Sparbuchs muss dem Kreditinstitut unverzüglich angezeigt werden. Aufgrund der Anzeige wird das Sparkonto gesperrt. Dem Sparer wird dann ein neues Sparbuch ausgestellt wegen der Beweisfunktion der Sparurkunde. Wenn der Verlust des Sparbuches glaubhaft nachgewiesen wird, kann dem Sparer ohne Aufgebotsverfahren ein neues Sparbuch ausgestellt werden.

Aufgabe IV-23: E und **F**, vgl. Info in Lösung der Aufgabe IV-2

Aufgabe IV-24: E, vgl. Rechnungslegungsverordnung § 21:
Als Spareinlagen sind nur unbefristete Gelder auszuweisen, die folgende vier Voraussetzungen erfüllen:
- Sie sind durch Ausfertigung einer Urkunde als Spareinlage gekennzeichnet.
- Sie sind nicht für den Zahlungsverkehr bestimmt.
- Sie werden nicht von Kapitalgesellschaften, Personenhandelsgesellschaften angenommen.
- Sie weisen eine Kündigungsfrist von mindestens drei Monaten auf.

Sparbedingungen, die dem Kunden das Recht einräumen, über seine Einlagen mit einer Kündigungsfrist von drei Monaten bis zu einem bestimmten Betrag, der jedoch pro Sparkonto und Kalendermonat 2.000,00 Euro nicht überschreiten darf, ohne Kündigung zu verfügen, schließen deren Einordnung als Spareinlagen im Sinne dieser Vorschrift nicht aus. Geldbeträge, die auf Grund von Vermögensbildungsgesetzen geleistet werden, gelten als Spareinlagen. Bauspareinlagen gelten nicht als Spareinlagen.

Aufgabe IV-25:

Saldovortrag am 31.12.2024	5.500,00 EUR
19.09.2025 Einzahlung	2.400,00 EUR
Neuer Saldo	7.900,00 EUR
31.12.2025	7.900,00 EUR
Zinsen für 5.500,00 EUR für 2024	5,50 EUR
Zinsen für 2.400,00 EUR für 101 Tage	0,67 EUR
Guthaben 31.12.2025	**7.906,17 EUR**

Aufgabe IV-26: E

Aufgabe IV-27: C, vgl. Lösung Aufgabe IV-40
Die vermögensbildenden Leistungen des Arbeitgebers an seine Arbeitnehmer sind Einkünfte gemäß Einkommensteuergesetz und arbeitsrechtlich Entgelte und daher steuerpflichtig und sozialversicherungspflichtig.
allerdings: Sowohl die Arbeitnehmer-Sparzulage als auch die Wohnungsbau-Prämie sind keine Einkünfte gemäß Einkommensteuergesetz und daher nicht steuerpflichtig.

Aufgabe IV-28: A und **D**
Vgl. § 21 Abs. 4 Rechnungslegungsverordnung und Sonderbedingungen für den Sparverkehr.

Aufgabe IV-29: B und **E**
Vgl. Sonderbedingungen für den Sparverkehr und die Preisaushangverordnung.

Aufgabe IV-30: A und **B**
Vgl. Sonderbedingungen für den Sparverkehr und § 21 Abs. 4 der Rechnungslegungsverordnung. Gutgeschriebene Zinsen auf Spareinlagen werden erst zwei Monate nach Gutschrift kapitalisiert und werden bis dahin nicht auf den Freibetrag von 2.000 EUR angerechnet.

Aufgabe IV-31: A und **D**
Nach § 15 Abs. 3 des Wohnungsbau-Prämiengesetzes ist eine prämienunschädliche Auszahlung der Bausparbeiträge nur im Falle des Todes und der völligen Erwerbsunfähigkeit des Bausparers und im Falle der Zuteilungsreife des Bauspardarlehens möglich.

Aufgabe IV-32: A und **E**
E: Da Frau Schellhase Gläubigerin der Einlage ist, muss Frau Schellhase die Zinsen für die Anlage jährlich versteuern. Der Zinsertrag ist abgeltungssteuerpflichtig.

Aufgabe IV-33: A und **D**
Das Bauspardarlehen kann nur für wohnwirtschaftliche Zwecke gewährt werden, z. B. Erwerb von Bauland, Errichtung, Beschaffung und Erhaltung von Wohneigentum.

Aufgabe IV-34: D

Abwicklung eines Bausparvertrags:

- Abschluss des Bausparvertrags zwischen Bausparer und Bausparkasse
- Sparphase
- Zahlung der Abschlussgebühr und der Sparraten durch den Bausparer
- regelmäßige Zinsgutschriften durch die Bausparkasse
- Zuteilung durch die Bausparkasse bei entsprechender Erreichung der Bewertungszahlen
- Annahme der Zuteilung durch den Bausparer
- Bausparkasse zahlt das Bausparguthaben aus.
- Darlehensphase
- Bestellung der Grundschuld durch den Bausparer
- Auszahlung des Bauspardarlehens durch die Bausparkasse
- Zins- und Tilgungsleistungen des Bausparers für die Rückzahlung des Bauspardarlehens. Der Zinssatz für das Bauspardarlehen wird bereits bei Vertragsabschluss festgelegt und bleibt für die Dauer der Laufzeit des Bauspardarlehens konstant. Die Zins- und Tilgungsleistungen betragen monatlich i. d. R. 6 bis 8 ‰ der Bausparsumme.

Konditionenbeispiel für Bausparverträge:

Tarifmerkmale	Classic	Top/Finanz
Guthabenzins jährlich	1,0 %	0,5 %
Bonus jährlich	-	-
Monatlicher Regelsparbeitrag in vom Tausend der Bausparsumme	4 ‰	4 ‰
Abschlussgebühr bezogen auf die Bausparsumme	1 %	1 %
Mindestansparung bezogen auf die Bausparsumme	40 %	40 %
Sparzeit bei Zahlung des Regelsparbeitrags bis zur Zuteilung	ca. 5 Jahre	ca. 4 Jahre
Darlehenszins (fest) jährlich	3,75 %	2,95 %
Monatlicher Beitrag für Zinsen und Tilgung in vollen Tausender der Bausparsumme	6 ‰	6 ‰
Effektiver Jahreszins für Darlehen nach Zuteilung gem. PAngV	4,25 %	3,34 %
Maximale Darlehenslaufzeit	11 Jahre	9 Jahre u. 6 Monate

Aufgabe IV-35:

Anlage von 10.000,00 EUR für 60 Tage	10.000,00 EUR
Zinsen für 60 Tage zum Zinssatz 2 %	33,33 EUR
Summe	10.033,33 EUR
Anlage von 10.033,33 EUR für 30 Tage zum Zinssatz von 2,25 %	18,81 EUR
Summe	10.052,14 EUR
Anlage von 10.052,14 EUR für 30 Tage zum Zinssatz von 2,25 %	18,85 EUR
Saldo am Ende der gesamten Laufzeit	**10.070,99 EUR**

Aufgabe IV-36: A und **B**

Mietkautionskonto auf den Namen des Mieters	**Mietkautionskonto auf den Namen des Vermieters**
Frau Fiebig eröffnet ein Sparkonto auf ihren Namen mit dem Zusatz „wegen Mietkaution ...“ und verpfändet das Sparguthaben an den Vermieter.	Der Vermieter muss die Mietkaution getrennt von seinem Vermögen bei einem Kreditinstitut zu dem für Spareinlagen mit dreimonatiger Kündigungsfrist üblichen Zinssatz anlegen. Das Konto wird als offenes Treuhandkonto mit dem Zusatz „wegen Mietkaution ...“ angelegt.
Die Verpfändung muss dem kontoführenden Kreditinstitut angezeigt werden (§ 1280 BGB). Der Name des Vermieters wird in den Kontounterlagen festgehalten.	Name und Anschrift von Frau Fiebig (wirtschaftlich Berechtigte) sind dem Kreditinstitut mitzuteilen.
Das Sparbuch wird dem Vermieter übergeben. Er allein ist der *Nordbank AG* gegenüber verfügungsberechtigt. Üblicherweise wird vor einem Auszahlungsverlangen des Vermieters der Mieter von der Auszahlung unterrichtet und die Auszahlung erst nach Ablauf von vier Wochen vorgenommen.	Nur der Vermieter ist dem Kreditinstitut gegenüber allein berechtigt und verpflichtet. Er hat jederzeitigen Zugriff auf das Sparguthaben.
Die Zinsen stehen Frau Fiebig zu, sie erhöhen die Sicherheit.	Die Zinsen stehen Frau Fiebig zu und erhöhen die Sicherheit für den Vermieter.
Die Erteilung eines Freistellungsauftrags ist möglich.	Die Erteilung eines Freistellungsauftrags ist nicht möglich. Der Vermieter erteilt der Frau Fiebig eine Bescheinigung über die entrichtete Abgeltungssteuer.

Aufgabe IV-37: D, vgl. § 2 Vermögensbildungsgesetz

Aufgabe IV-38: 100.00 EUR

Rechenweg: 4 Monate x 100 EUR = 400,00 EUR. Sie erhält für 2026 die optimale Arbeitnehmer-Sparzulage von 80,00 EUR jährlich.

Aufgabe IV-39:

Beginn der Sperrfrist: **01.01.2026**

Ende der Sperrfrist: **31.12.2031**

Sperrfristen bei Verträgen über vermögenswirksame Leistungen (vL)

Wertpapier-Kaufverträge, Beteiligungsverträge	Beginn 1. Januar des Jahres, in dem die Wertpapiere bzw. Beteiligungsrechte erworben werden. Die Sperrfrist beträgt 6 Jahre.
Konten- und Wertpapier-Sparverträge	Beginn 1. Januar des Jahres, in dem die erste vL eingeht. Die Sperrfrist beträgt 7 Jahre.
Kapitalversicherungsverträge	Beginn 1. Januar des Jahres, in dem die erste vL eingeht. Die Sperrfrist beträgt 12 Jahre.
Bausparverträge	Beginn mit dem Datum des Vertragsabschlusses. Die Sperrfrist beträgt 7 Jahre.

Aufgabe IV-40: A

Staatliche Förderung nach dem VermBG für Bausparen und Beteiligungsverträge

Sparhöchstbeträge	470,00 EUR/400,00 EUR je Kalenderjahr und Arbeitnehmer
Arbeitnehmer-Sparzulage	10 % bei Anlagen nach dem WoPG 20 % Arbeitnehmer-Sparzulage für Beteiligungsverträge
Höchstbetrag der Sparzulage	43,00 EUR/72,00 EUR
Einkommensgrenzen	zu versteuerndes Einkommen im Jahr der Sparleistung für Alleinstehende 40.000,00 EUR
Sperrfristen	7 Jahre bei Bausparverträgen, Beginn: Datum des Vertragsabschlusses 6 Jahre bei Beteiligungsverträgen, Beginn: 1. Januar des Jahres, in dem die Beteiligungsrechte erworben werden. 7 Jahre bei Konten- und Wertpapiersparverträgen, Beginn: 1. Januar des Jahres, in dem die erste vL eingeht.
Gewährung und Zahlung der Arbeitnehmer-Sparzulage	Die Arbeitnehmer-Sparzulage wird auf Antrag des Arbeitnehmers durch das für ihn zuständige Finanzamt festgesetzt und nach Ablauf der vorgeschriebenen Sperrfristen, bei Zuteilung eines Bausparvertrages an den Sparer ausgezahlt. Anträge auf Arbeitnehmer-Sparzulage sind spätestens bis zum 31.12. des vierten auf das Anlagejahr folgenden Kalenderjahres zu stellen.
Arbeitsrechtliche Einordnung der vermögenswirksamen Leistungen	Vermögenswirksame Leistungen, die der Arbeitgeber erbringt, sind Entgelt im Sinne der Sozialversicherung und arbeitsrechtlich Bestandteil des Lohns und Gehalts. Sie unterliegen dem Lohnsteuerabzug sowie der Sozialversicherung.
Einkommensgrenzen nach dem WoPG	35.000,00/70.000,00 EUR
Wohnungsbauprämie	10 % der jährlichen Einzahlungen
Geförderter Höchstbetrag	700,00/1.400,00 EUR jährlich mindesten 50,00 EUR jährlich
Steuerliche Behandlung der Wohnungsbau-Prämie	Nach § 6 des WoPG zählt die Wohnungsbau-Prämie nicht zu den Einkünften nach dem Einkommensteuergesetz.
Beantragung der Bauspar-Prämie	Jährliche Beantragung der Bauspar-Prämie bei der Bausparkasse, spätestens am Ende des zweiten Jahres nach den Bausparbeiträgen. Beispiel: Einzahlungen 2025, Beantragung der Bauspar-Prämie spätestens Ende des Jahres 2027.

Aufgabe IV-41: D

Vgl. § 21 Rechnungslegungsverordnung: Die gesetzliche Kündigungsfrist bei Spareinlagen beträgt drei Monate.

Aufgabe IV-42: 1.000,00 EUR

Rechenweg: 4.115,00 EUR – 2.000,00 EUR Freibetrag – vorschussfreie Abhebung der Zinsen 1.115,00 EUR = 1.000,00 EUR

Aufgabe IV-43: B, vgl. Übersicht in Lösung IV-40

Aufgabe IV-44: 33,14 EUR
Rechenweg: 0,4 % von 45.000,00 EUR für 90 Tage = 45,00 EUR
25 % Abgeltungssteuer auf 45,00 EUR = 11,25 EUR
5,5 % SolZ auf 11,25 EUR = 0,61 EUR
Kapitalertrag = 45,00 EUR – 11,25 EUR – 0,61 EUR = 33,14 EUR

Aufgabe IV-45: C

Aufgabe IV-46: 373,63 EUR
Rechenweg: 1 % von 40.000,00 EUR = 400,00 EUR
400,00 EUR – Freibetrag von 300,00 EUR = 100,00 EUR
25 % Abgeltungssteuer auf 100,00 EUR = 25,00 EUR
5,5 % SolZ auf 25,00 EUR = 1,37 EUR
Kapitalertrag = 100,00 EUR – 25,00 EUR – 1,37 EUR + 300,00 EUR = 373,63 EUR

Aufgabe IV-47
Eigenbeitrag für Frau Schubert: **60,00 EUR**
4 % von 24.000,00 EUR = 960,00 EUR
Eigenbeitrag: 960 – 175 – 900 = - 115
Frau Schubert muss den Sockelbetrag von mindestens 60,00 EUR in ihren Altersvorsorgevertrag einzahlen.
60 + 900 + 175 = 1.135,00 EUR
Gesamtsparbeitrag für Frau Schubert: **1.135,00 EUR**
Eigenbeitrag für Herrn Schubert: **1.745,00 EUR**
4 % von 48.000,00 EUR = 1.920,00 EUR
1.920 – 175 = 1745,00 EUR
Gesamtsparbeitrag für Herrn Schubert: 1.745 + 175 = **1.920,00 EUR**

Aufgabe IV-48
Die Ehepartner erhalten **jeweils 175,00 EUR** Grundzulage.

Aufgabe IV-49
Die Kinderzulage beträgt insgesamt **900,00 EUR**.

Aufgabe IV-50: B

Aufgabe IV-51
1.305,00 EUR
Rechenweg: 4 % von 42.000,00 = 1.680,00 EUR
1.680,00 - 175,00 - 300,00 = 1.305,00 EUR

Aufgabe IV-52
2,65 EUR
Rechenweg:
12.300,00 EUR – 5.000,00 EUR – 2.000,00 = 5.300,00
0,2 % Zinsen für 90 Tage für 5.300,00 EUR = 2,65 EUR

Aufgabe IV-53
40.000,00 EUR
4 Promille der Bausparsumme entsprechen monatlich 160,00 EUR
1 Promille entsprich 40,00 EUR
Bausparsumme = 40 x 1000 = 40.000,00 EUR

Aufgabe IV-54: A und **E**, vgl. auch die Bedingungen der Bausparkassen.
Abwicklung eines Bausparvertrags:
- Abschluss des Bausparvertrags zwischen Bausparer und Bausparkasse
- Sparphase
- Zahlung der Abschlussgebühr und der Sparraten durch den Bausparer
- regelmäßige Zinsgutschriften durch die Bausparkasse
- Bausparprämien werden von der Bausparkasse jährlich auf dem Bausparkonto des Bausparers vermerkt und bei Zuteilung des Bauspardarlehens von der Bausparkasse vom Finanzamt angefordert; Bausparprämien sind nicht steuerpflichtig;
- Zuteilung durch die Bausparkasse bei entsprechender Erreichung der Bewertungszahlen
- Annahme der Zuteilung durch den Bausparer
- Bausparkasse zahlt das Bausparguthaben aus.
- Darlehensphase
- Bestellung der Grundschuld durch den Bausparer
- Auszahlung des Bauspardarlehens durch die Bausparkasse
- Zins- und Tilgungsleistungen des Bausparers für die Rückzahlung des Bauspardarlehens

Aufgabe IV-55: B
Vgl. Ziffer 2.5 (Legitimationswirkung des Sparkassenbuchs) der Sonderbedingungen für den Sparverkehr

Aufgabe IV-56: C

Aufgabe IV-57: 30,00 EUR
Rechenweg:
(23000x243x0,2): (100 x 360) - (1500x126x0,20): (100x360)=
31,05 -1,05 = 30,00 EUR

Aufgabe IV-58: 0,75 EUR
Rechenweg:
(6000 x 90 x 0,05) x (360 x 100)

Aufgabe IV-59: D

Zulagenunschädliche vorzeitige Verfügung bei Bausparverträgen	Zulagenunschädliche vorzeitige Verfügung bei Beteiligungsverträgen
Tod oder Erwerbsunfähigkeit des Anlegers oder seines Ehegatten	
Arbeitslosigkeit von mindestens einem Jahr	
Heirat, sofern mindestens zwei Jahre seit Beginn der Sperrfrist vergangen sind	Zuteilung des Bausparvertrages und Verwendung der Mittel für wohnungswirtschaftliche Zwecke
Aufnahme einer selbstständigen Erwerbstätigkeit bei Aufgabe der nicht selbstständigen Arbeit	

Aufgabe IV-60

a) **400,00 EUR**
b) **31.12.2030**

Beantragung der Arbeitnehmer-Sparzulage: Die Investmentgesellschaft bzw. die Bausparkasse teilt der Finanzverwaltung jedes Jahr die Höhe der angelegten vermögenswirksamen Leistungen mit. Der Arbeitnehmer beantragt die Arbeitnehmer-Sparzulage bei seiner Einkommensteuererklärung. Nach Ablauf der Sperrfrist bzw. bei Zuteilung des Bausparvertrages überweist das Finanzamt die gesamte Arbeitnehmer-Sparzulage.
Vermögenswirksame Leistungen können auch zur Entschuldung von Wohnungsbaudarlehen, z. B. Tilgung von Bauspardarlehen eingesetzt werden. Das Finanzamt überweist die Arbeitnehmersparzulage dann jährlich auf das Darlehenskonto.
Der Antrag auf Arbeitnehmersparzulage ist spätestens vier Jahre nach Ablauf des Sparjahres zustellen.
Beantragung einer Bausparprämie: Der Bausparer beantragt die Wohnungsbauprämie bei der Bausparkasse mit der Erklärung, dass die Einkommensgrenze von 35.000,00 EUR bzw. 70.000,00 EUR nicht überschritten wurde. Bei Zuteilung des Bausparvertrages bzw. bei Ablauf der Bindungsfrist (Bausparer bei Vertragsschluss unter 25 Jahre) wird die gesamte ermittelte Prämie von der Bausparkasse beim Finanzamt angefordert und dem Bausparkonto gutgeschrieben bzw. ausbezahlt.
Prämienbegünstigt sind nur Beiträge an Bausparkassen in der Ansparphase. Deshalb wird für Tilgungsleistungen auf Bauspardarlehen keine Wohnungsbauprämie gewährt.
Der Antrag auf Wohnungsbauprämie ist spätestens zwei Jahre nach Ablauf des Sparjahres zu stellen.

Aufgabe IV-61: A und **B**, vgl. Übersicht in Lösung IV-40

V. Allgemein-Verbraucherdarlehen

Aufgabe V-1: B

Die Restschuldversicherung dient der Absicherung der Zahlungsverpflichtung aus einem Verbraucherdarlehen. Im Versicherungsfall zahlt die Versicherung die verbliebene Kreditverpflichtung. Ein Widerrufsrecht vom Abschluss der Versicherung ist innerhalb von 14 Tagen nach Abschluss möglich. Die Frist beginnt, nachdem der Versicherte über das Rücktrittsrecht belehrt wurde und er dies mit seiner Unterschrift bestätigt hat.
Es gibt verschiedene Versicherungsarten:
Die Restschuld-Lebensversicherung zahlt beim Tod des Versicherten.
Die Restschuld-Erwerbsunfähigkeitsversicherung zahlt bei Erwerbsunfähigkeit des Versicherten.

Aufgabe V-2: C und D

Kreditwürdig sind Kunden, von denen eine ordnungsgemäße Erfüllung ihrer Kreditverpflichtungen erwartet werden kann. Die Kreditwürdigkeit wird in die persönliche und die materielle Kreditwürdigkeit unterschieden:

- Persönliche Kreditwürdigkeitsprüfung anhand der Aspekte Familienstand, berufliche Stellung, Dauer des Arbeitsverhältnisses, ordnungsgemäße Erfüllung bisheriger Verpflichtungen (Unterlagen: Selbstauskunft, Kontounterlagen, Schufa-Auskunft, Arbeitsvertrag, Bankauskünfte)
- Materielle Kreditwürdigkeitsprüfung anhand der Aspekte Ermittlung des frei verfügbaren Resteinkommens, Vermögensverhältnisse (Unterlagen: Gehaltsnachweise, Selbstauskunft, Budgetrechnung, Kontounterlagen, Depotauszüge, Grundbuchauszüge)

Zu A: betrifft die persönliche Kreditwürdigkeitsprüfung
Zu B: betrifft die Prüfung der Kreditfähigkeit
Zu E: betrifft die materielle Kreditwürdigkeitsprüfung
Zu F: betrifft die persönliche Kreditwürdigkeitsprüfung

Aufgabe V-3: C und E

Der Mahnbescheid verschafft dem Gläubiger schnell und kostengünstig einen Vollstreckungstitel (§ 688 ff. ZPO). Der Vollstreckungstitel berechtigt den Gläubiger zur Zwangsvollstreckung in das Vermögen des Schuldners. Zuständig für den Mahnbescheid ist das Amtsgericht des Gläubigers. Der Schuldner kann gegen den Mahnbescheid Widerspruch einlegen, Frist zwei Wochen nach Zustellung des Mahnbescheids. In diesem Fall muss der Gläubiger ein streitiges Verfahren beim zuständigen Amtsgericht des Schuldners einreichen. Legt der Schuldner keinen Widerspruch gegen den Mahnbescheid ein, beantragt der Gläubiger einen Vollstreckungsbescheid. Gegen diesen Vollstreckungsbescheid kann der Schuldner Einspruch einlegen (Frist zwei Wochen nach Zustellung des Vollstreckungsbescheides), was zur Folge hat, dass ein streitiges Verfahren vor dem zuständigen Amtsgericht eingeleitet wird. Bei einem streitigen Verfahren ist das Gericht örtlich zuständig, bei dem der Schuldner (Antragsgegner) seinen allgemeinen Gerichtsstand hat. Der Streitwert vor dem Amtsgericht beträgt zurzeit bis zu 5.000,00 EUR.

Aufgabe V-4: B und C

Vollstreckbarer Titel nach §§ 704 und 794 ZPO: Ein Urteil ist rechtskräftig und vollstreckbar, wenn es nicht mehr durch Rechtsmittel angefochten werden kann.
Rechtsmittel Berufung und Revision:

Berufung: Die angefochtene Entscheidung wird in tatsächlicher und rechtlicher Hinsicht neu beurteilt.
Revision: Die angefochtene Entscheidung wird in rechtlicher Hinsicht überprüft, z. B. korrekte Anwendung der Gesetze.
Zwangsvollstreckung: Es ist ein Verfahren, in dem auf Antrag des Gläubigers bestimmte Ansprüche mit staatlichem Zwang durchgesetzt werden. Vollstreckungstitel sind Urkunden, aus denen die Zwangsvollstreckung betrieben werden kann (Urteile, Vollstreckungsbescheide).
Vollstreckungsmaßnahmen (Verpfändung und Verwertung) können nur auf Antrag des Gläubigers durchgeführt werden.
Die Verpfändung erfolgt dadurch, dass der Gerichtsvollzieher die Sachen in Besitz nimmt und danach öffentlich versteigert. Der Verwertungserlös wird nach Abzug der Vollstreckungskosten an den Gläubiger abgeführt.

Aufgabe V-5

A	B	C	D	E	F	G	H	I
2	**1**	**2**	**2**	**1**	**2**	**2**	**2**	**1**

Aufgabe V-6: C
Im Außenverhältnis ist der Kreditgeber Dritten gegenüber uneingeschränkter Eigentümer. Im Innenverhältnis ist das Eigentumsrecht des Kreditgebers gegenüber dem Kreditnehmer eingeschränkt. Der Kreditgeber darf von seinem Eigentumsrecht nur im Rahmen des Sicherungszwecks Gebrauch machen. Nach Tilgung des gesicherten Kredits ist der Kreditgeber im Rahmen der Freigabeklausel zur Rückübertragung des Eigentums verpflichtet.

Aufgabe V-7: C und **D**
§ 1204 BGB (Begriff)
(1) Eine bewegliche Sache kann zur Sicherung einer Forderung in der Weise belastet werden, dass der Gläubiger berechtigt ist, Befriedigung aus der Sache zu suchen (Pfandrecht).
(2) Das Pfandrecht kann auch für eine künftige oder eine bedingte Forderung bestellt werden.
§ 1205 BGB (Bestellung)
(1) Zur Bestellung des Pfandrechts ist erforderlich, dass der Eigentümer die Sache dem Gläubiger übergibt und beide darüber einig sind, dass dem Gläubiger das Pfandrecht zustehen soll. Ist der Gläubiger im Besitz der Sache, so genügt die Einigung über die Entstehung des Pfandrechts.
(2) Die Übergabe einer im mittelbaren Besitz des Eigentümers befindlichen Sache kann dadurch ersetzt werden, dass der Eigentümer den mittelbaren Besitz auf den Pfandgläubiger überträgt und die Verpfändung dem Besitzer anzeigt.

Aufgabe V-8:

	40.000 EUR Inh.-Schv. zu 80 %	32.960,00 EUR
+	40.000 EUR Sparbriefe zu 100 %	40.000,00 EUR
+	100 Aktien zu 60 % Kurs 120 EUR	7.200,00 EUR
	Beleihungswert	**80.160,00 EUR**

Aufgabe V-9: C und **D**, vgl. Pfandrecht an beweglichen Sachen im BGB:
§ 1204 (Begriff)
(1) Eine bewegliche Sache kann zur Sicherung einer Forderung in der Weise belastet werden, dass der Gläubiger berechtigt ist, Befriedigung aus der Sache zu suchen (Pfandrecht).
(2) Das Pfandrecht kann auch für eine künftige oder eine bedingte Forderung bestellt werden.

§ 1205 (Bestellung)
(1) Zur Bestellung des Pfandrechts ist erforderlich, dass der Eigentümer die Sache dem Gläubiger übergibt und beide darüber einig sind, dass dem Gläubiger das Pfandrecht zustehen soll. Ist der Gläubiger im Besitz der Sache, so genügt die Einigung über die Entstehung des Pfandrechts.
(2) Die Übergabe einer im mittelbaren Besitz des Eigentümers befindlichen Sache kann dadurch ersetzt werden, dass der Eigentümer den mittelbaren Besitz auf den Pfandgläubiger überträgt und die Verpfändung dem Besitzer anzeigt.

Aufgabe V-10:

1	2	3
A	**E**	**C**

Aufgabe V-11:

1	2	3	4	5
C	**D**	**G**	**F**	**A**

Die Kreditfähigkeit ist die Fähigkeit, einen Kreditvertrag rechtswirksam abschließen zu können. Prüfungsunterlagen können sein: Beglaubigter Auszug aus dem Handels-, Partnerschafts-, Genossenschafts- oder Vereinsregister bzw. Kontounterlagen, bei natürlichen Personen der Personalausweis bzw. Unterlagen, die die Vertretungsbefugnis darstellen.
Kreditwürdig sind Kunden, von denen eine ordnungsgemäße Erfüllung ihrer Kreditverpflichtungen erwartet werden kann. Die Kreditwürdigkeit wird in die persönliche und die materielle Kreditwürdigkeit unterschieden.

- Persönliche Kreditwürdigkeitsprüfung anhand der Aspekte: Familienstand, berufliche Stellung, Dauer des Arbeitsverhältnisses, ordnungsgemäße Erfüllung bisheriger Verpflichtungen (Unterlagen: Selbstauskunft, Kontounterlagen, Schufa-Auskunft, Arbeitsvertrag, Bankauskünfte).
- Materielle Kreditwürdigkeitsprüfung anhand der Aspekte: Ermittlung des frei verfügbaren Resteinkommens, Vermögensverhältnisse (Unterlagen: Gehaltsnachweise, Selbstauskunft, Budgetrechnung, Kontounterlagen, Depotauszüge, Grundbuchauszüge).

Aufgabe V-12: A

Vgl. § 1280 BGB (Anzeige an den Schuldner):
Die Verpfändung einer Forderung, zu deren Übertragung der Abtretungsvertrag genügt, ist nur wirksam, wenn der Gläubiger sie dem Schuldner anzeigt.
Liegt dem Kreditinstitut für die verpfändete Spareinlage ein entsprechender Freistellungsauftrag vor, können anfallende Zinsen abgeltungssteuerfrei gutgeschrieben werden.

Aufgabe V-13: C

Vgl. § 1235 BGB (Öffentliche Versteigerung; freihändiger Verkauf):
(1) Der Verkauf des Pfandes ist im Wege öffentlicher Versteigerung zu bewirken.
(2) Hat das Pfand einen Börsen- oder Marktpreis, so findet die Vorschrift des § 1221 Anwendung.

Aufgabe V-14:
3 Kreditraten muss der Kreditnehmer in Verzug sein. :

Aufgabe V-15: C und **F**
Voraussetzung für die Verwertung eines Sicherungsgutes ist die Verwertungsreife, d. h. der gesicherte Kredit muss fällig sein, z. B. durch Kündigung aufgrund eines wichtigen Grundes (vgl. § 490 BGB bzw. Ziffer 19 AGB der Banken).
Mit Eintritt des Verwertungsrechts hat die Bank einen Herausgabeanspruch gegen den Kreditnehmer. Die Besitzverschaffung kann beim zuständigen Gericht durch Klage auf Herausgabe erzwungen werden. Üblich ist es in der Bankpraxis, dass dem Kreditnehmer die Verwertung angedroht und eine Wartefrist eingeräumt wird.
Bei der Verwertung nutzt die Bank die gesetzlichen Reglungen der Pfandverwertung:
§ 347 HGB (Sorgfaltspflicht)
(1) Wer aus einem Geschäfte, das auf seiner Seite ein Handelsgeschäft ist, einem anderen zur Sorgfalt verpflichtet ist, hat für die Sorgfalt eines ordentlichen Kaufmanns einzustehen.
(2) Unberührt bleiben die Vorschriften des BGB, nach welchen der Schuldner in bestimmten Fällen nur grobe Fahrlässigkeit zu vertreten oder nur für diejenige Sorgfalt einzustehen hat, welche er in eigenen Angelegenheiten anzuwenden pflegt.
§ 490 BGB (Außerordentliches Kündigungsrecht)
(1) Wenn in den Vermögensverhältnissen des Darlehensnehmers oder in der Werthaltigkeit einer für das Darlehen gestellten Sicherheit eine wesentliche Verschlechterung eintritt oder einzutreten droht, durch die die Rückerstattung des Darlehens, auch unter Verwertung der Sicherheit, gefährdet wird, kann der Darlehensgeber den Darlehensvertrag vor Auszahlung des Darlehens im Zweifel stets, nach Auszahlung nur in der Regel fristlos kündigen.
(2) Der Darlehensnehmer kann einen Darlehensvertrag, bei dem für einen bestimmten Zeitraum ein fester Zinssatz vereinbart und das Darlehen durch ein Grund- oder Schiffspfandrecht gesichert ist, unter Einhaltung der Fristen des § 489 Absatz 1 Nr. 2 vorzeitig kündigen, wenn seine berechtigten Interessen dies gebieten. Ein solches Interesse liegt insbesondere vor, wenn der Darlehensnehmer ein Bedürfnis nach einer anderweitigen Verwertung der zur Sicherung des Darlehens beliehenen Sache hat. Der Darlehensnehmer hat dem Darlehensgeber denjenigen Schaden zu ersetzen, der diesem aus der vorzeitigen Kündigung entsteht (Vorfälligkeitsentschädigung).
§ 1221 BGB (Freihändiger Verkauf)
Hat das Pfand einen Börsen- oder Marktpreis, so kann der Pfandgläubiger den Verkauf aus freier Hand durch einen zu solchen Verkäufen öffentlichen Handelsmäkler oder durch eine zur öffentlichen Versteigerung befugte Person zum laufenden Preise bewirken.
§ 1235 BGB (Öffentliche Versteigerung; freihändiger Verkauf)
(2) Hat das Pfand einen Börsen- oder Marktpreis, so findet die Vorschrift des § 1221 Anwendung.

Aufgabe V-16: B (vgl. § 23 a KWG) und **C**
Einlagenschutz nach dem Einlagenentschädigungsgesetz 100.000,00 EUR je Einleger. Institutssicherung bei den Sparkassen (Sparkassenstützungsfonds) sowie bei den Volks- und Raiffeisenbank (Garantiehaftungsfonds und Garantieverbund) und bei den privaten Banken der Einlagensicherungsfonds (Einlagenschutz) bis 8,75 % des haftenden Eigenkapitals pro Gläubiger.

§ 23 a KWG (Sicherungseinrichtung)
(1) Ein Institut, das Bankgeschäfte ... betreibt ..., hat Kunden ... im Preisaushang über die Zugehörigkeit zu einer Einrichtung zur Sicherung der Ansprüche von Einlegern und Anlegern (Sicherungseinrichtung) zu informieren. ...
Kreditinstitute sind nach dem Einlagensicherungs- und Anlegerentschädigungsgesetz verpflichtet, die Einlagen der Kunden und die Verbindlichkeiten aus Wertpapiergeschäften durch die Zugehörigkeit zu einer Entschädigungseinrichtung zu sichern.
Alle privaten Banken und Bausparkassen gehören der Entschädigungseinrichtung deutscher Banken GmbH an, die alle Einlagen bis zu einem Höchstbetrag von 100.000 EUR je Einleger gewährleistet.
Fast alle privaten Banken und Bausparkassen gehören zusätzlich dem Einlagensicherungsfonds des Bundesverbandes deutscher Banken e. V. an. Gesichert werden die Einlagen von Nichtbanken bis zu einer Höhe von zurzeit 8,75% des haftenden Eigenkapitals der jeweiligen Bank pro Gläubiger, Ausnahme Inhaberschuldverschreibungen.
Die Sparkassen sind über den Sparkassenstützungsfonds der regionalen Sparkassen- und Giroverbände mit überregionalem Haftungsausgleich, die Genossenschaftsbanken über den Garantiefonds des Bundesverbandes der Deutschen Volksbanken und Raiffeisenbanken e. V. und dem Garantieverbund der Institute abgesichert.

Aufgabe V-17: E

Vgl. § 77 Abs. 4 Betriebsverfassungsgesetz: Betriebsvereinbarungen gelten unmittelbar und zwingend. Pfändungsschutz könnte auch über ein Pfändungsschutzkonto eingerichtet werden. Das Pfändungsschutzkonto muss gesondert bei der Bank beantragt werden. Der Pfändungsschutz beträgt ab 1. Juli 2026 1590,00 EUR pro Monat für Ledige ohne Kinder.

Aufgabe V-18: A und E

§ 349 HGB (Bürgschaft, keine Einrede der Vorausklage)
Dem Bürgen steht, wenn die Bürgschaft für ihn ein Handelsgeschäft ist, die Einrede der Vorausklage nicht zu. ...
§ 350 HGB (Formfreiheit)
Auf eine Bürgschaft, ein Schuldversprechen oder ein Schuldanerkenntnis finden, sofern die Bürgschaft auf der Seite des Bürgen das Versprechen oder das Anerkenntnis auf der Seite des Schuldners ein Handelsgeschäft ist, die Formvorschriften des § 766 Satz 1 und 2, des § 780 und des § 781 Satz 1 und 2 des BGB keine Anwendung.
§ 766 BGB (Schriftform der Bürgschaftserklärung)
Zur Gültigkeit des Bürgschaftsvertrags ist schriftliche Erteilung der Bürgschaftserklärung erforderlich. ...
Zu B: Eine Befristung der Bürgschaft ist nicht erforderlich. Sie ist i. d. R. unbefristet.
Zu C: Nur unter Kaufleuten, wenn die Bürgschaft für diese Handelsgeschäft ist, kann die Bürgschaft mündlich rechtswirksam erfolgen, vgl. § 350 HGB (Formfreiheit).
Zu D: Die Bürgschaft ist ein einseitig verpflichtendes Rechtsgeschäft.
Zu F: Die Bürgschaft ist ein einseitig verpflichtender Vertrag. Die Bürgschaft bedarf der Schriftform nach § 766 BGB.

Aufgabe V-19: A und F

Bei der selbstschuldnerischen Bürgschaft verzichtet der Bürge auf die Einrede der Vorausklage, d. h. der Bürge haftet wie der Hauptschuldner selbst. Die Zahlungspflicht des Bürgen entsteht bei Fälligkeit des Kredits.

Vgl. § 773 BGB (Ausschluss der Einrede der Vorausklage):
(1) Die Einrede der Vorausklage ist ausgeschlossen:
1. wenn der Bürge auf die Einrede verzichtet, insbesondere wenn er sich als Selbstschuldner verbürgt hat;
3. wenn über das Vermögen des Hauptschuldners das Insolvenzverfahren eröffnet ist;
4. wenn anzunehmen ist, dass die Zwangsvollstreckung in das Vermögen des Hauptschuldners nicht zur Befriedigung des Gläubigers führen wird.

Aufgabe V-20: A
Vgl. § 39 Abgabenordnung (Zurechnung):
(1) Wirtschaftsgüter sind dem Eigentümer zuzurechnen.
(2) Abweichend von Abs. 1 gelten die folgenden Vorschriften:
1. Übt ein anderer als der Eigentümer die tatsächliche Herrschaft über ein Wirtschaftsgut in der Weise aus, dass er den Eigentümer im Regelfall für die gewöhnliche Nutzungsdauer von der Einwirkung auf das Wirtschaftsgut wirtschaftlich ausschließen kann, so ist ihm das Wirtschaftsgut zuzurechnen. Bei Treuhandverhältnissen sind die Wirtschaftsgüter dem Treugeber, beim Sicherungseigentum dem Sicherungsgeber und beim Eigenbesitz dem Eigenbesitzer zuzurechnen.
Zu B: Keine Kündigungsmöglichkeit während der Vertragslaufzeit, ggf. kostenpflichtige Rückabwicklung des Leasingvertrages
Zu C: Die Leasinggesellschaft bleibt Eigentümerin des Pkw nach Ablauf des Leasingvertrages.
Zu D: Aussage ist falsch.
Zu E: Der Versicherungsschutz muss durch den Leasingnehmer mit einer Versicherungsgesellschaft vereinbart werden. Die Leasingrate enthält i. d. R. keinen Versicherungsschutz.

Aufgabe V-21: E und **F**
Die Lohn- und Gehaltsabtretung ist begrenzt auf den pfändbaren Teil des Gehalts. Zudem müssen Unterhaltsverpflichtungen auf den nicht pfändbaren Teil des Gehalts angerechnet werden. Außerdem muss geprüft werden, ob die Gehaltsabtretung im Rahmen einer Betriebsvereinbarung vom Arbeitgeber vertraglich ausgeschlossen wurde. Jeder Arbeitsgeberwechsel muss unverzüglich angezeigt werden. Der Arbeitgeber wird allerdings erst von der Gehaltsabtretung benachrichtigt, wenn ein wichtiger Grund vorliegt, z. B. ein Zahlungsverzug von mehr als zwei Monatsraten, und nach Androhung und Ablauf einer angemessenen Nachfrist von einem Monat.
Werden Gehaltsansprüche vom Kreditnehmer doppelt abgetreten, so ist die zweite Gehaltsabtretung nichtig.

Aufgabe V-22: D, vgl. § 930 BGB Besitzkonstitut
Zu A: Die Sicherungsübereignung ist eine abstrakte Sicherheit.
Zu B: Die Bank kann ihre Rechte aus dem Sicherungsübereignungsvertrag mit Abschluss des Vertrages geltend machen. Die Übergabe der Zulassungsbescheinigung 2 ist eine Sicherheitsmaßnahme.
Zu E: Aussage ist falsch.

Aufgabe V-23: C und **F**
- Die Bürgschaft erlischt, wenn die Hauptverbindlichkeit erlischt.
- Die Bürgschaft erlischt ebenfalls nach Ablauf einer zeitlichen Befristung.
- Die Bürgschaft erlischt auch, wenn die Bank ein die Hauptschuld sicherndes Recht, z. B. eine Grundschuldeintragung zugunsten der Bank, ohne Zustimmung des Bürgen aufgibt.

- Die Bürgschaft erlischt, wenn die Hauptschuld durch den Bürgen vollständig beglichen wird.

Aufgabe V-24:

Nettoeinkommen von Frau Stiehl	1.830,00 EUR
./. nicht pfändbarer Betrag nach § 850 c ZPO	1.590,00 EUR
= Differenz	240,00 EUR
davon sind 3/10 unpfändbar, also	72,00 EUR
pfändbarer Teil des Einkommens von Frau Stiehl	**168,00 EUR**

Aufgabe V-25: C und **F**, vgl. Info in Lösung der Aufgabe VI-14

Aufgabe V-26: E, vgl. auch Erläuterungen zur Sicherungsübereignung in der Lösung VI-15

Aufgabe V-27: A und **D**, vgl. BGB zum Abtretungsverbot

Aufgabe V-28: D

Aufgabe V-29:
2.100,00 EUR
Rechenweg:
800 x 26 = 20.800
50 % von 20.800 = 10.400,00 EUR
12.500,00 – 10.400,00 = 2.100,00 EUR

Aufgabe V-30: B

Aufgabe V-31: A, vgl. Info in Lösung der Aufgabe V-3

Aufgabe V-32: C, vgl. § 398 BGB (Abtretung)

Aufgabe V-33: B und **C**
- Werthaltig ist nur eine kapitalbildende Lebensversicherung.
- Maßgeblich für den Wert der Sicherheit ist der Rückkaufswert der Kapitallebensversicherung.
- Die Bank muss die Bezugsberechtigung im Todesfall aus dem Vertrag erhalten. Bei einer unwiderruflichen Begünstigung muss der Begünstigte der Abtretung zustimmen.
- Die Versicherungsgesellschaft wird i. d. R. schriftlich gebeten, die Abtretung anzuerkennen, den aktuellen Rückkaufswert mitzuteilen und bei evtl. Prämienrückständen die Bank zu informieren.
- Die Bank nimmt die Versicherungspolice herein, da die Versicherung nur gegen Vorlage der Police Zahlung leistet.

Aufgabe V-34: B
Da das Verbraucherdarlehen bei der *Nordbank AG* gewährt wird und das Sparguthaben bei der *Nordbank AG* geführt wird ist nur eine Verpfändung des Sparguthabens möglich.

Aufgabe V-35:
a) Lebenshaltungskosten **1.000,00 EUR**
(Richtlinien der *Nordbank AG* 400,00 EUR für jeden Erwachsenen und 200,00 EUR für jedes Kind)
b) Monatliche Verpflichtungen **3.025,00 EUR**

Lebenshaltungskosten gemäß *Nordbank AG* Richtlinie	1.000,00 EUR

Gesamtmiete	1.000,00 EUR
Gesamtkosten für zwei Pkw	450,00 EUR
Prämie Lebensversicherung	250,00 EUR
Bausparen	100,00 EUR
Leasingrate für einen Pkw	225,00 EUR
Gesamtsumme	3.025,00 EUR

c) Frei verfügbares Einkommen **332,50 EUR** (475,00 EUR ./. 142,50 EUR)
(Nettoeinkommen minus monatliche Verpflichtungen = 475,00 EUR abzüglich 30 % unvorhergesehene Ausgaben von 142,50 EUR)
d) Scorepunkte **1/780**

Scoringbogen der *Nordbank AG*

Bonitätsmerkmale			**Score**
1. Kapitaldienstfähigkeit			
Deckung bis 5 %		0	
Deckung bis 20 %		100	
Deckung über 20 %		*200*	200
2. Alter des Kreditnehmers			
unter 21 Jahre		0	
21 – 25 Jahre		20	
26 – 45 Jahre		*50*	
46 – 65 Jahre		40	
66 – 70 Jahre		20	
über 70 Jahre		0	50
3. Familienstand	**ohne Kind**	**mit Kind**	
verheiratet	100	*80*	
ledig/verwitwet	60	40	
geschieden	40	20	
getrennt lebend	20	10	80
4. Ausgeübte Tätigkeit/Funktion			
Meister/Abteilungsleiter etc. (gehobene Funktion)		100	
Geselle/Facharbeiter/Angestellter		*80*	
Hilfsarbeiter/Sonstige (ohne Ausbildung)		20	
Beamte/Pensionäre/Rentner		300	80
5. Branche des Arbeitgebers			
Handwerk		130	
Handel/Dienstleistung		*110*	
Industrie		80	
Öffentlicher Dienst		150	110
6. Beschäftigungsdauer			
kürzer als 6 Monate		0	
6 Monate bis 3 Jahre		*20*	
länger als 3 Jahre		50	20
7. Wohnung			
Eigenheim		100	
Mietwohnung, Dauer des Wohnverhältnisses:			
kürzer als 6 Monate		*0*	
6 Monate bis 3 Jahre		20	
länger als 3 Jahre		50	0

8. Schufa erledigte Kredite laufende Kredite	 *50* 20	 50
9. Kontoführung *Ratenkredit* ohne Zahlungsstörungen Kein Ratenkredit, aber Giroverbindung länger als 3 Jahre *Geldanlage* über 2.000,00 EUR *Girokonto* Keine Überschreitung des Dispos In den letzten 3 Monaten Überschreitung des Dispos zuzüglich Toleranz Verfügungssperre	 50 50 *50* *100* 50 0	 150
10. Verwendungszweck des Kredits Reise Anschaffung langlebiger Wirtschaftsgüter Immobilie	 20 *40* 100	 40
Endsumme	Scorepunkte	780

Das Kreditscoring ist ein Verfahren, bei dem bestimmte aussagefähige Risikomerkmale festgestellt, mit Punkten bewertet und diese zu einem Gesamtergebnis, von dem die Kreditentscheidung sowie Konditionengestaltung abhängen, addiert werden. Bei Privatpersonen werden persönliche Daten (Alter, Kinder, Ehestand, Beruf, Betriebszugehörigkeit), Einkommen und Vermögen (Art und Höhe), Zahlungsverhalten, Kaufverhalten, Kontoumsätze und Kreditlinien gescort. Die einzelnen Kundenmerkmale werden mit unterschiedlichen Punktwerten beurteilt und zu einem Gesamtergebnis zusammengefasst. Aufgrund der erreichten Gesamtpunktzahl wird der Kreditnehmer einer bestimmten Bonität-/Risikoklasse zugeordnet. Das Verfahren gründet sich auf allgemeine Durchschnittswerte einer Kundengruppe. Eine von der Scoringbewertung abweichende Kreditentscheidung muss der Kreditsachbearbeiter begründen.

Aufgabe V-36: D und F

§ 492 (Schriftform, Vertragsinhalt) BGB

(1) …

(3) Der Vertrag muss die für den Verbraucherdarlehensvertrag vorgeschriebenen Angaben nach Artikel 247 §§ 6 bis 13 des Einführungsgesetzes zum BGB enthalten.

Artikel 247 § 6 (Vertragsinhalt) EGBGB

(1) Der Verbraucherdarlehensvertrag muss klar und verständlich folgende Angaben enthalten:

1. …
2. den Namen und die Anschrift des Darlehensnehmers.
3. …
4. einen Hinweis auf den Anspruch des Darlehensnehmers auf einen Tilgungsplan …
5. …

(2) Besteht ein Widerrufsrecht nach § 495 des BGB, müssen im Vertrag Angaben zur Frist … sowie au ein Hinweis auf die Verpflichtung des Darlehensnehmers enthalten sein, ein bereits ausgezahltes Darlehen zurückzuzahlen und Zinsen zu vergüten …

(3) Die Angabe des Gesamtbetrags und des effektiven Jahreszinses hat … zu erfolgen.

Weitere Angaben im EGBGB: Notarkosten, die vom Darlehensgeber verlangten Sicherheiten und Versicherungen, die Berechnungsmethode des Anspruchs auf Vorfälligkeitsentschädigung.

Aufgabe V-37: D

Bundesanleihen 90 % vom Kurswert von 10.534,00 EUR	9.480,60 EUR
100 I-Aktien, Kurs 66,50 EUR = 6.650,00 EUR, davon 60 %	3.990,00 EUR
50 S-Aktien, Kurs 89,00 = 4.450,00 EUR, davon 60 %	2.670,00 EUR
Summe	16.140,60 EUR
abgerundet auf volle 1.000,00 EUR	16.000,00 EUR

Aufgabe V-38: A (vgl. § 495 BGB) und **F** (vgl. § 498 BGB)

Zu B: Vgl. § 492 BGB, Schriftform zwingend erforderlich

Zu C und D: Vgl. § 4 der Preisangabenverordnung sowie § 492 BGB

§ 495 BGB (Widerrufsrecht)

(1) Dem Darlehensnehmer steht beim Verbraucherdarlehensvertrag ein Widerrufsrecht nach § 355 zu.

(2) Die §§ 355 bis 359 a gelten mit der Maßgabe, dass

1. an die Stelle der Widerrufsbelehrung die Pflichtangaben nach Art. 247 § 6 Abs. 2 des EGBGB treten,
2. die Widerrufsfrist auch nicht beginnt
   a) vor Vertragsabschluss und
   b) bevor der Darlehensnehmer die Pflichtangaben nach § 492 Abs. 2 erhält, und
3. der Darlehensnehmer ... dem Darlehensgeber auch die Aufwendungen zu ersetzen hat, die der Darlehensgeber an öffentlichen Stellen erbracht hat und nicht zurückverlangen kann ...

§ 498 BGB (Gesamtfälligstellung bei Teilzahlungsdarlehen)

(1) Wegen Zahlungsverzugs des Darlehensnehmers kann der Darlehensgeber den Verbraucherdarlehensvertrag bei einem Darlehen, das in Teilzahlungen zu tilgen ist, nur kündigen, wenn

1. der Darlehensnehmer mit mindestens zwei aufeinander folgenden Teilzahlungen ganz oder teilweise und mindestens 10 %, bei einer Laufzeit des Verbraucherdarlehensvertrags über drei Jahre mit 5 % des Nennbetrags des Darlehens oder des Teilzahlungspreises in Verzug ist und
2. der Darlehensgeber dem Darlehensnehmer erfolglos eine zweiwöchige Frist zur Zahlung des rückständigen Betrags mit der Erklärung gesetzt hat, dass er bei Nichtzahlung innerhalb der Frist die gesamte Restschuld verlange.
   Der Darlehensgeber soll dem Darlehensnehmer spätestens mit der Fristsetzung ein Gespräch über die Möglichkeiten einer einverständlichen Regelung anbieten.

Aufgabe V-39: A und **E**

Wer ein Girokonto besitzt, kommt i. d. R. von seiner Bank einen Dispositionskredit eingeräumt. Dieser Dispositionsrahmen wird an die Einkommensverhältnisse angepasst und kann im Bedarfsfall voll ausgeschöpft werden.

Kontoinhaber, die mit dem Dispositionsrahmen zu großzügig sind, müssen mit einer Kündigung des Dispositionskredits rechnen, z. B. wenn Bankkarten für das Konto noch genutzt werden, wenn der Dispositionsrahmen längst ausgeschöpft ist. Das ist wegen der Überziehungszinsen für den Kontoinhaber kostspielig, da die Überziehungszinsen i. d. R. sehr hoch sind.

Konsequenzen der Kündigung:

- Der gesamte ausgeschöpfte Kreditrahmen muss zu einem von der Bank festgelegten Zeitpunkt zurückgezahlt werden.
- Der Ausgleich des Kontos muss ggf. über einen Verbraucherkredit geschehen.
- Die Bank kann einen Schufa-Eintrag vornehmen lassen, denn es handelt es sich um ein Kreditgeschäft, welches vom Kreditnehmer nicht vertragsgemäß erfüllt wurde.
- Dieser Schufa-Eintrag kann wiederum für alle weiteren Finanzgeschäfte des Kontoinhabers umfassende negative Folgen haben.
- Jede weitere Beantragung eines Dispositionskredits, auch bei einer anderen Bank, kann u. U. für die nächste Zeit schwierig bis unmöglich werden.

Weitere Kündigungsmöglichkeiten bzw. Löschungsmöglichkeiten eines Dispositionskredits:
- Tod des Kontoinhabers
- Einrichtung eines Betreuungskontos mit Einwilligungsvorbehalt
- Einrichtung eines Pfändungsschutzkontos

Aufgabe V-40: D

Frau Freitag hat das Recht, ihre Verbindlichkeiten aus dem Verbraucherdarlehensvertrag jederzeit ganz oder teilweise zu erfüllen (§ 500 Abs. 2 BGB). Soweit Frau Freitag ihre Verbindlichkeiten vorzeitig erfüllt, vermindern sich die gesamten Kreditkosten um die Zinsen und die sonstigen laufzeitabhängigen Kosten, die in der Zeit nach der vorzeitigen Rückzahlung angefallen wären (§ 501 BGB).
Die *Nordbank AG* kann im Falle einer vorzeitigen Rückzahlung eine angemessene Vorfälligkeitsentschädigung (§ 502 BGB) für den unmittelbar mit der Rückzahlung zusammenhängenden Schaden (z. B. Bearbeitungskosten) verlangen.

Aufgabe V-41: C

§ 498 BGB (Gesamtfälligstellung bei Teilzahlungsdarlehen)
Wegen Zahlungsverzugs des Darlehensnehmers kann der Darlehensgeber den Verbraucherdarlehensvertrag bei einem Darlehen, das in Teilzahlungen zu tilgen ist, nur kündigen, wenn

1. der Darlehensnehmer mit mindestens zwei aufeinander folgenden Teilzahlungen ganz oder teilweise und mindestens 10 %, bei einer Laufzeit des Verbraucherdarlehensvertrags über 3 Jahre mit 5 % des Nennbetrags des Darlehens oder des Teilzahlungspreises in Verzug ist und
2. der Darlehensgeber dem Darlehensnehmer erfolglos eine zweiwöchige Frist zur Zahlung des rückständigen Betrags mit der Erklärung gesetzt hat, dass er bei Nichtzahlung innerhalb der Frist die gesamte Restschuld verlange.

Der Darlehensgeber soll dem Darlehensnehmer spätestens mit der Fristsetzung ein Gespräch über die Möglichkeiten einer einverständlichen Regelung anbieten.

Aufgabe V-42: D

Schriftform

Das Verbraucherkreditgesetz sieht für alle Kreditverträge die Beachtung der Schriftform vor. Ein Kreditvertrag, der nicht schriftlich abgeschlossen wurde, ist nichtig. Die Schriftform dient neben der Sicherung der zutreffenden Informationen über die wesentlichen Kreditkonditionen auch der Warnung des Verbrauchers vor unüberlegtem finanziellem Engagement. Dem Verbraucher soll transparent und übersichtlich die wirtschaftliche Belastung aus der geplanten Kreditaufnahme bewusst gemacht werden. Zudem soll dem Verbraucher eine tragfähige Grundlage an die Hand gegeben werden.
Es reicht aus, wenn Antrag und Annahme durch die Vertragsparteien jeweils getrennt und schriftlich erklärt werden. Besteht das Vertragswerk aus mehreren Blättern, muss ihre Zusammengehörigkeit kenntlich gemacht werden und die einzelnen Blätter von den Vertragsparteien gesondert unterschrieben werden. Die Bank muss mindestens ein Kreditbestätigungsschreiben verschicken, wenn sie den schriftlichen Antrag des Kreditnehmers angenommen hat. Dem Kunden muss eine vollständige Ausfertigung des Vertrags mit allen nach dem Gesetz erforderlichen Angaben vorliegen.

Zu bestellende Sicherheiten

Der Kreditgeber hat das Recht, für seine Forderungen die Bestellung von Sicherheiten zu verlangen. Die zu bestellenden Sicherheiten sind konkret zu benennen, und zwar so genau, dass der Verbraucher über Art und Umfang der von ihm vorzunehmenden Rechtsgeschäfte unterrichtet ist. Sieht der Kreditvertrag eine Lohnabtretung vor, sollte mindestens die Deckungsgrenze angegeben werden. Sicherheiten, die im Kreditvertrag nicht genannt sind, können vom Kreditnehmer nicht gefordert werden. Damit soll der Verbraucher vor der nicht vereinbarten Nachforderung von Sicherheiten durch die Bank geschützt werden.

Effektiver Jahreszins

Der effektive Jahreszins ist Vergleichsmaßstab für die Kreditkosten und damit wichtigster Bestandteil der Verbraucheraufklärung. Die Kosten von obligatorischen Restschuldversicherungen werden in die Berechnung des Effektivzinses einbezogen. Fehlt die Angabe des effektiven Jahreszinses, so ist der Kreditvertrag nichtig. Wird der Kredit trotzdem in Anspruch genommen, so ermäßigt sich der zugrunde gelegte Zinssatz auf den gesetzlichen Zinssatz von 4 %.

Widerrufsbelehrung bei Verbraucherdarlehen nach § 495 BGB

Durch das Widerrufsrecht soll dem Verbraucher die Möglichkeit verschafft werden, seine Entscheidung für einen Kredit noch einmal zu überdenken und seine Entscheidung ggf. rückgängig zu machen. Das Widerrufsrecht kann nur auf den gesamten Kreditvertrag insgesamt ausgeübt werden. Der Kreditvertrag ist bis zur Ausübung des Widerrufsrechts oder bis zum Ablauf der Frist schwebend unwirksam. Der Auszahlungsanspruch des Verbrauchers entsteht erst nach Wirksamwerden des Vertrags.

Die Widerrufsbelehrung muss entweder in einer gesonderten schriftlichen Vereinbarung oder in die vom Darlehensnehmer zu unterzeichnende Vertragserklärung aufgenommen und dort deutlich hervorgehoben werden. Der Ablauf der Widerrufsfrist von zwei Wochen beginnt erst, wenn der Verbraucher zutreffend und formgerecht über sein Widerrufsrecht belehrt wurde.

Insbesondere muss in der Widerrufsbelehrung enthalten sein:

- Belehrung über das Recht zum Widerruf innerhalb von zwei Wochen
- der ausdrückliche und unmissverständliche Hinweis auf den Fristbeginn und die Fristwahrung durch rechtzeitige Absendung des Widerrufs
- Name und Anschrift desjenigen, dem gegenüber der Widerruf zu erklären ist.
- die Belehrung über die verlangte Textform des ggf. zu erklärenden Widerrufs und der Hinweis, dass eine Begründung des Widerrufs nicht erforderlich ist.

Damit die Widerrufsbelehrung ordnungsgemäß und damit Frist auslösend ist, hat der Darlehensgeber dem Verbraucher eine eindeutige und deutlich gestaltete Belehrung entsprechend den Erfordernissen des eingesetzten Kommunikationsmittels zur Verfügung zu stellen.

Folgen fehlerhafter Belehrung

Die Belehrung muss dem Verbraucher gemäß § 355 Abs. 2 Satz 1 BGB in Textform mitgeteilt werden und ist demnach auch mittels Telekopie, E-Mail oder anderer Telekommunikationsmittel möglich. Eine mündliche Widerrufserklärung ist nicht ausreichend. Unterbleibt eine Widerrufsbelehrung oder ist sie unzureichend, so wird der Lauf der Widerrufsfrist nicht in Gang gesetzt. Das Widerrufsrecht besteht dann fort, der Vertrag bleibt in der Schwebe und das Widerrufsrecht erlischt erst nach beiderseits vollständiger Erbringung der Leistung, spätestens ein Jahr und 14 Tage nach Abgabe der Willenserklärung des Verbrauchers. Durch diese Regelung soll eine schwebende Unwirksamkeit des Kreditvertrags auf Dauer verhindert werden. Das Widerrufsrecht ist eine einseitige, empfangsbedürftige Willenserklärung. Es kann innerhalb der Frist jederzeit und ohne Angabe von Gründen vom Verbraucher ausgeübt werden.

Darlehensrückzahlung nach Widerruf

Durch den Widerruf wird der Kreditnehmer gezwungen, die Darlehenssumme innerhalb von zwei Wochen zurückzuzahlen. Der Rückzahlungsbetrag ist der empfangene Nettokreditbetrag. Zahlt der Kreditnehmer den Nettokreditbetrag nicht fristgerecht zurück, so gilt der Widerruf als nicht erfolgt und der Vertrag wird rechtsgültig.

Rechtsfolgen des Widerrufs

Die Bank kann für die Zeit zwischen dem Empfang und der Rückzahlung des Darlehens Zinsen verlangen. Der Verbraucher hat allerdings nicht die vertraglichen Zinsen zu zahlen, sondern nur den gesetzlichen Zins.

Aufgabe V-43: A und C

Verbraucherdarlehen:

- Die Bank hat den **Zinssatz** und alle sonstigen Kosten des Kredits zu bezeichnen. Um dem Verbraucher eine Vergleichsbasis zu bieten, muss der Zinssatz angegeben werden. Der Zinssatz ist der Nominalzinssatz, der als Jahreszins oder Monatszins ausgeworfen werden kann. Als Zinssatz sind alle laufzeitabhängigen Entgelte, wie Kreditprovision, Kreditgebühr und Disagio zu verstehen.
- Neben dem Zinssatz sind die **sonstigen Kosten** anzugeben, die aus Gründen der Transparenz einzeln darzustellen und aufzuschlüsseln sind. Zu diesen Kreditkosten zählen sämtliche Aufwendungen, die der Kreditnehmer nach dem Vertrag neben den Zinsen zu zahlen hat, um den Kredit zu erhalten. Zu den sonstigen Kosten zählen u. a. Kosten für die Bestellung von Kreditsicherheiten, Schätzkosten sowie Entgelte für die Führung des Darlehenskontos und die Kosten der Restschuldversicherung.
- Fehlt die Angabe des Nominalzinssatzes, so ist der Kreditvertrag nichtig. Wird der Kredit trotzdem in Anspruch genommen, so ermäßigt sich der zugrunde gelegte Zinssatz auf den gesetzlichen Zinssatz von 4 %.
- Nicht angegebene Kosten werden nicht geschuldet.

Aufgabe V-44:

a) **42** Monate

b) **3.135,40 EUR** Gesamtzinsen

c) **B** und **D**

D: Eine Widerrufsbelehrung nach Abschluss des Kreditvertrages führt zu einer Fristverlängerung von längstens einem Jahr und 14 Tagen, vgl. §§ 355 bis 359 BGB.

Zu A: Der Kreditnehmer ist über sein Widerrufsrecht vor Abschluss des Vertrages zu belehren. Die Art der Belehrung ist gesetzlich nicht geregelt, also formfrei möglich. Aus Beweisgründen empfiehlt sich aber die Text- oder Schriftform.

Aufgabe V-45: D und F

Zu A: Beurteilung der materiellen Kreditwürdigkeit

Zu B: Beurteilung der Kreditfähigkeit

Zu E: Beurteilung der persönlichen und materiellen Kreditwürdigkeit

Aufgabe V-46:

Nettoeinkommen monatlich	3.700,00 EUR
./. Warmmiete	1.150,00 EUR
./. Lebensversicherung	100,00 EUR
./. Kreditkosten	370,00 EUR
./. Kfz-Kosten	300,00 EUR
./. Lebenshaltungskosten	500,00 EUR
Verfügungsbetrag	**1.280,00 EUR**

Aufgabe V-47: D und F

- Nettodarlehensbetrag und ggf. Höchstgrenze des Darlehens
- Gesamtrückzahlungsbetrag inklusive Zinsen und sonstiger Kosten

- Rückzahlungsmodalitäten (Höhe, Anzahl und Fälligkeit der Raten)
- Sollzinssatz und sonstige Kreditkosten, z. B. Bearbeitungsgebühr
- effektiver Jahreszins oder anfänglicher effektiver Jahreszins gemäß den Vorschriften der Preisangabenverordnung
- Kosten einer Restschuld- oder sonstigen Versicherung, die im Zusammenhang mit dem Verbraucherdarlehen abgeschlossen wird
- zu bestellende Sicherheiten

Aufgabe V-48: A und **E**

Der Leasingnehmer erwirbt gegen Zahlung der Leasingprämie ein Nutzungsrecht an einem Pkw während der vereinbarten Laufzeit. Der Leasingvertrag kann während der Laufzeit nicht gekündigt werden. Der Leasinggeber ist Eigentümer des Fahrzeugs. Die Zulassungsbescheinigung 2 wird vom Leasinggeber verwahrt. Der Leasingnehmer ist Halter des Fahrzeugs, der Pkw wird auf seinen Namen zugelassen. Er trägt sämtliche Unterhaltskosten, z. B. Steuern und Versicherungen, sowie Reparaturkosten und Wartungskosten. Am Ende der Laufzeit endet die Nutzungsvereinbarung. Das Fahrzeug ist an den Leasinggeber zurückzugeben. Bei Leasing mit Restwertabrechnung garantiert der Leasingnehmer die Erzielung des kalkulierten Restwerts. Wenn der tatsächliche Fahrzeugwert den kalkulierten Restwert übersteigt, ist der Leasingnehmer ggf. mit 75 % am Erlös beteiligt. Ist der tatsächliche Fahrzeugwert niedriger als der kalkulierte Restwert, hat der Leasingnehmer die Differenz auszugleichen. Der Leasingnehmer trägt das Restwertrisiko. Beim Leasing mit Kilometerabrechnung wird bei Vertragsabschluss die voraussichtliche Gesamtfahrleistung während der Laufzeit vereinbart. Wenn die tatsächliche Gesamtfahrleistung die vereinbarte Gesamtfahrleistung übersteigt, erfolgt eine Nachberechnung der mehr gefahrenen Kilometer. Liegt sie niedriger, erhält der Leasingnehmer eine Vergütung. Die Leasingraten kann ein Arbeitnehmer nicht als Werbungskosten nutzen; er kann aber die Kilometerpauschale für den Weg zur Arbeitsstätte steuerlich nutzen.

Aufgabe V-49: A und **F**

Bei der Restschuldversicherung handelt es sich um eine Risikoversicherung mit fallender Versicherungssumme zur Sicherung der Restschuld von Darlehen bei Tod, Erwerbsunfähigkeit oder Arbeitsunfähigkeit und Arbeitslosigkeit der Kreditnehmer. Im Versicherungsfall zahlt die Versicherung bei Erwerbsunfähigkeit oder Arbeitslosigkeit die Raten für eine vereinbarte Zeitdauer bzw. im Todesfall umgehend die Restschuld. Bei Ratenkrediten wird die Prämie einmalig im Voraus bei Abschluss des Kreditvertrags gezahlt.

Aufgabe V-50

4,76 EUR

Rechenweg:

2.500-595=1.905 Darlehenssumme

(1.905x3):(100x12)=4,76EUR

Aufgabe V-51

9,53 EUR

(1.905x0,5):100=9,53EUR

Aufgabe V-52: D

Vgl. Auszug aus dem BGB § 500 Kündigungsrecht des Darlehensnehmers; vorzeitige Rückzahlung

(1) Der Darlehensnehmer kann einen Allgemein-Verbraucherdarlehensvertrag, bei dem eine Zeit für die Rückzahlung nicht bestimmt ist, ganz oder teilweise kündigen, ohne eine Frist

einzuhalten. Eine Vereinbarung über eine Kündigungsfrist von mehr als einem Monat ist unwirksam.
(2) Der Darlehensnehmer kann seine Verbindlichkeiten aus einem Verbraucherdarlehensvertrag jederzeit ganz oder teilweise vorzeitig erfüllen. ...

Aufgabe V-53

Vorfälligkeitsentschädigung: 1 % von 3.240,00 EUR	32,40 EUR
+ Zinsen: 3.240,00 x 5,9 % x 30 Tage : 360 Tage	15,93 EUR
+ Kreditbetrag	3.240,00 EUR
Summe	**3.288,33 EUR**

Aufgabe V-54

Ablösungsbetrag an die *Unionbank AG*	3.288,33 EUR
+ Ablösung der Kontoüberziehung bei der *Nordbank AG*	4.861,67 EUR
+ Restzahlung an die Sixt AG	5.150,00 EUR
Darlehensbetrag	**13.300,00 EUR**

Aufgabe V-55: C

Aufgabe V-56

18,39 % p.a.

14.000,00 EUR x 3,9 % = 546,00 EUR
3.120,00 EUR – 546,00 EUR = 2.574,00 EUR
2.574 x 100 : 14.000 = 18,39 % p.a. Tilgungssatz

VI. Geld- und Vermögensanlage

Aufgabe VI-1:

A	B	C	D	E	F	G	H
4	**2**	**1**	**3**	**4**	**4**	**2**	**3**

Zu B: vgl. § 5 des PfandBG
Zu C: Weitere Merkmale von Bundesanleihen: jährliche Zinszahlung bei Anleihen mit festem Zinssatz, bei Floating Rate Notes mehrere Zinszahlungen im Jahr; Stripping möglich; Rückzahlung zum Nennwert; Börsenhandel
Zu D: Investmentzertifikate haben einen Ausgabe- und einen Rücknahmepreis.
Zu G: vgl. § 4 des PfandBG
Zu H: Der Inhaber von Investmentzertifikaten hat kein Teilnahme- und kein Stimmrecht an den im Fonds enthaltenen Aktienwerte.

Pfandbriefe

Wesen	Pfandbriefe sind von Pfandbriefbanken ausgegebene, gedeckte Schuldverschreibungen.
Arten	- Hypothekenpfandbriefe - Öffentliche Pfandbriefe - Schiffspfandbriefe
Rechte des Anlegers	- Zinsertrag - Rückzahlung - Insolvenzvorrecht
Sicherheits heitsmerkmale	- Deckungsregister: Die zur Deckung der Pfandbriefe verwendeten Deckungswerte sind in das jeweilige Deckungsregister einzutragen. - Deckungskongruenz: Der Gesamtbetrag der umlaufenden Pfandbriefe einer Gattung muss in Höhe des Nennwerts jederzeit durch Werte von mindestens gleicher Höhe und mindestens gleichem Zinsertrag gedeckt sein. Treuhänder: Die BaFin bestellt einen Treuhänder, der darauf zu achten hat, dass jederzeit die vorschriftsmäßige Deckung vorhanden und im Deckungsregister eingetragen ist. Der Treuhänder verwahrt die in den Deckungsregistern eingetragenen Werte und Urkunden unter dem Mitverschluss der Pfandbriefbank. Risikomanagement: Die Pfandbriefbank muss über ein geeignetes Risikomanagementsystem verfügen. Transparenzvorschriften: Die Pfandbriefbank muss in Quartalsberichten alle wesentlichen Daten (z. B. Umlauf der Pfandbriefe, Deckungsmasse) veröffentlichen. Insolvenzvorrecht: Im Falle der Insolvenz der Pfandbriefbank fallen die in den Deckungsregistern eingetragenen Werte nicht in die Insolvenzmasse. Die Pfandbriefgläubiger sind aus den im Deckungsregister eingetragenen Werten voll zu befriedigen.

Aufgabe VI-2: D

Bei thesaurierenden Investmentfonds verbleiben die Erträge im Sondervermögen und werden wieder in Wertpapieren angelegt.

Aufgabe VI-3: B

Das Zinsänderungsrisiko bei Bankschuldverschreibungen ergibt sich aus der Ungewissheit über die zukünftige Zinsentwicklung. Hat sich der Anleiheemittent ein vorzeitiges Kündigungsrecht bezüglich des Anleihebetrages vorbehalten, besteht die Gefahr, dass der Anleiheschuldner bei sinkenden Marktzinsen eine vorzeitige Kündigung vornimmt. Der Anleiheschuldner kann auf diese Weise seine Zinslast senken.

Aufgabe VI-4:

A	B	C	D	E	F	G
2	**1**	**3**	**3**	**4**	**3**	**4**

Aufgabe VI-5: D

Bei der Kapitallebensversicherung auf den Todes- und Erlebensfall sind Versicherungsnehmer und Versicherter i. d. R. identisch. Es kann aber auch eine Kapitallebensversicherung auf das Leben einer anderen Person abgeschlossen werden. Bestandteile der Beiträge zu einer Kapitallebensversicherung sind Risikoanteil, Sparanteil und Kostenanteil. Der Risikoanteil soll den das Todesfallrisiko abdecken. Der Sparanteil wird von der Versicherung ertragbringend z.B. in Aktien, Anleihen oder Immobilien angelegt. Dem Versicherten wird i. d. R. eine Garantieverzinsung von z. B. 1,25 % (maximaler Rechnungszinssatz) zugesagt. Die aufgezinsten Sparanteile für die Laufzeit der Versicherung ergeben die Versicherungssumme. Der über die Garantieverzinsung hinausgehende Mehrertrag (Zinsgewinn) steht dem Versicherten zu mindestens 90 % zu. Der Kostenanteil deckt die Vertriebskosten und die laufenden Verwaltungskosten. Ist der tatsächliche Aufwand geringer als kalkuliert, entsteht ein Kostengewinn, der dem Versicherten zu mindestens 50 % zusteht.

Aufgabe VI-6: 5,18 %

Formel für die Renditeberechnung: Jahresnettoertrag x 100 : Erwerbskurs = Rendite

Zinsen pro Jahr Zinssatz 4,625 % für 100,00 EUR nominal	4,63 EUR
Kaufkurs 97,5 % mit Restlaufzeit von 6 Jahren ergibt einen Rückzahlungsgewinn von (100 - 97,5)	2,50 EUR
Rückzahlungsgewinn pro Jahr (2,5 : 6)	0,42 EUR
Gesamtertrag pro Jahr (4,63 + 0,42)	5,05 EUR
Rendite (5,05 x 100 : 97,5)	**5,18 %**

Aufgabe VI-7:

A	B	C	D	E
4	**1**	**5**	**2**	**3**

Effektenarten	**Definitionen**
Stammaktie	Stammaktien verbriefen die gewöhnlichen gesetzlichen und satzungsmäßigen Aktionärsrechte.
Vorzugsaktien	Sie gewähren Vorrechte gegenüber den Stammaktionären, z. B. Dividendenvorzüge.

Effektenarten	Definitionen
Genussscheine	Sie verbriefen Genussrechte. Sie werden als schuldrechtliche Beteiligungsrechte gehandelt. Es sind Gläubigerrechte mit Teilrechten, die i. d. R. nur Eigentümern des Unternehmens zustehen, z. B. Gewinnbeteiligung.
Bundesobligationen	Weitere Merkmale: Börsenhandel; Nennwert 0,01 EUR; Laufzeit ca. 5 Jahre; fester Nominalzins; jährliche Zinszahlungen
Investmentzertifikate	**Arten von Investmentfonds** - Publikumsfonds - Spezialfonds - Offene Investmentfonds - Geschlossene Investmentfonds: Anlagesumme ist begrenzt. - Ausschüttende Fonds: Die Fondserträge werden an die Anleger z. B. einmal jährlich ausgeschüttet. - Thesaurierende Fonds: Die Erträge werden wieder in Fondswerte angelegt. - Aktiv verwaltete Fonds: Das Management verfolgt eine eigene Strategie und versucht mit dieser, die zuvor festgelegte Benchmark zu schlagen. - Passiv verwaltete Fonds oder Indexfonds sind an die Wertentwicklung eines Index gekoppelt. **Vorteile** - Anlage durch Experten: Management der Kapitalanlagegesellschaft verwaltet den Fonds und analysiert den Markt. - Risikobegrenzung: Management investiert mittels Risikostreuung im Rahmen der Fondsbedingungen bzw. des Investmentgesetzes. - Risikomischung: Der Anleger erwirbt Miteigentum am Sondervermögen, das in verschiedenen Anlageformen investiert wird. - Der Anleger hat die Möglichkeit der Wertpapieranlage in kleineren Beträgen und kann den Cost-Average-Effekt nutzen. **Cost-Average-Effekt** Kauft der Anleger regelmäßig Anteile einer Investmentgesellschaft in der Weise, dass er jeweils einen festen Betrag investiert, erwirbt er seine Anteile grundsätzlich zu einem günstigeren Durchschnittspreis als ein Anleger, der stets eine feste Stückzahl von Anteilen erwirbt. Der Anleger erwirbt weniger Anteile, wenn der Preis hoch ist und dagegen viele, wenn der Preis gering ist..

Aufgabe VI-8: C

Öffentliche Pfandbriefe sind durch Forderungen aus Darlehen an staatliche Stellen gedeckt. Bei Floating Rate Notes wird der Nominalzins laufend an einen Referenzzins (z. B. Euribor) angepasst. Bei Anleihen mit variabler Verzinsung werden die Stückzinsen nach der Methode „actual/360" ermittelt. Dabei werden die Stückzinstage kalendermäßig gezählt und das Jahr mit 360 Zinstagen gerechnet.

Aufgabe VI-9:

a) **04.09.20..**

b)

20.000 x 102,2 %	20.440,00 EUR
+ Zinsen 1,35 % für 87 Tage	65,25 EUR
= ausmachender Betrag	**20.505,25 EUR**

c) 20.000 x 1,35 x 92 : (100 x 360) **69,00 EUR**

Aufgabe VI-10:

a) Zinsvaluta **26. September 20..** einschließlich
b) Geldvaluta **27. September 20..**(Dienstag)
c) **310** Tage
d) 10.000,00 EUR zu 1,5 % für 310 Tage 10.000,00 x 1,5 x 310 : (100 x 365) **127,40 EUR**
e) Nennwert 10.000 EUR zum Kurs von 101,0 % 10.100,00 EUR
+ Stückzinsen für 310 Tage 127,40 EUR
= ausmachender Betrag **10.227,40 EUR**

Aufgabe VI-11: C und E

Aktienarten

Stückaktien	Der Aktionär ist zu einem Bruchteil am Grundkapital der AG beteiligt. Die Aktien besitzen keinen Nennwert. Die Gesamtzahl der ausgegebenen Aktien ist in der Satzung angegeben. Der rechnerische Anteil am Grundkapital muss pro Aktie mindestens 1,00 EUR betragen.
Nennbetragsaktie	Der Aktionär ist mit dem Nennbetrag der Aktie am Grundkapital der AG beteiligt. Der Mindestnennbetrag pro Aktie beträgt 1,00 EUR.
Namensaktie	Der Aktionär wird in das elektronische Aktienregister der Gesellschaft mit Namen, Geburtstag und Anschrift eingetragen. Namensaktien sind international üblich. In den USA z. B. sind nur Namensaktien zum Börsenhandel zugelassen. Das Unternehmen kann sich direkt an die Aktionäre wenden, was zu einer höheren Bindung des Aktionärs an das Unternehmen bewirken soll. Feindliche Übernahmeversuche sind frühzeitig zu erkennen. Die Börsenaufsicht kann Insidergeschäfte leichter identifizieren.

Aufgabe VI-12: D

Die treuhänderische Verwahrung von Namensaktien erfolgt i. d. R. durch die *Clearstream Banking AG*. Dadurch kann eine kostengünstige Abwicklung in der Girosammelverwahrung erreicht werden. Bei großen Aktiengesellschaften wird das gesamte Aktienkapital in einer mit Blankoindossament versehenen Globalurkunde verbrieft.

Aufgabe VI-13: A

Das Rating drückt die Möglichkeit eines Schuldners aus, seinen Finanzverbindlichkeiten zeitgerecht und vollständig nachzukommen. Mit einem Mix aus qualitativen und quantitativen Kriterien wird die Kreditwürdigkeit des Schuldners festgestellt. Einerseits werden schuldnerspezifische Daten wie Profitabilität, Liquidität oder Kapitalstruktur untersucht. Andererseits sind auch externe Einflussfaktoren wie Branche, Konkurrenzunternehmen, Länderrisiko etc. von Belang. Im Ergebnis ergibt sich eine Einschätzung der Ausfallwahrscheinlichkeit, die meist mit einer Buchstaben- und/oder Ziffernfolge dargestellt wird.

Aufgabe VI-14:

Formel für die Renditeberechnung: Jahresnettoertrag x 100 : Erwerbskurs = Rendite

Zinsen pro Jahr Zinssatz 4,375 % für 100,00 EUR nominal	4,38 EUR
Kaufkurs 100,8 % mit Restlaufzeit von 4 Jahren ergibt einen Rückzahlungsverlust von (100,80 - 100)	- 0,80 EUR

Rückzahlungsverlust pro Jahr (0,80 : 4)	- 0,20 EUR
Gesamtertrag pro Jahr (4,38 - 0,20)	4,18 EUR
Rendite (4,18 x 100 : 100,8)	**4,15 %**

Aufgabe VI-15:

A	B	C	D
4	**3**	**5**	**1**

Zerobonds	Anleihe ohne Zinsscheine: Es werden während der Laufzeit keine Zinszahlungen geleistet. Der Zinsertrag ergibt sich aus der Differenz zwischen Rückzahlungskurs und Emissionskurs. Bei Fälligkeit der Zerobonds erhält der Anleger eine Einmalzahlung statt periodischer Zinszahlungen. Zerobonds werden mit einem Disagio auf den Nennwert emittiert und zu pari zurückgezahlt.
Floating-Rate-Notes	Festverzinsliche Wertpapiere mit variabler Verzinsung: Zinsen werden im Abstand von z. B. alle 3 Monaten an die aktuellen Geldmarktsätze angepasst. Basiszins für deutsche Floaters ist der EURIBOR. Auf den Basiszins wird i. d. R. ein Aufschlag gezahlt, der von der Bonität des Schuldners abhängig ist. Der Anleger hat ein verringertes Kursrisiko, da der Kurs sich spätestens bei Neufestlegung des Zinses in der Nähe des Nennwertes bewegt.
Pfandbriefe – Sicherheits-merkmale -	Deckungsregister: Die zur Deckung der Pfandbriefe verwendeten Deckungswerte sind in das jeweilige Deckungsregister einzutragen. Deckungskongruenz: Der Gesamtbetrag der umlaufenden Pfandbriefe einer Gattung muss in Höhe des Nennwerts jederzeit durch Werte von mindestens gleicher Höhe und mindestens gleichem Zinsertrag gedeckt sein. Treuhänder: Die BaFin bestellt einen Treuhänder, der darauf zu achten hat, dass jederzeit die vorschriftsmäßige Deckung vorhanden und im Deckungsregister eingetragen ist. Der Treuhänder verwahrt die in den Deckungsregistern eingetragenen Werte und Urkunden unter dem Mitverschluss der Pfandbriefbank. Risikomanagement: Die Pfandbriefbank muss über ein geeignetes Risikomanagementsystem verfügen. Transparenzvorschriften: Die Pfandbriefbank muss in Quartalsberichten alle wesentlichen Daten (z. B. Umlauf der Pfandbriefe, Deckungsmasse) veröffentlichen. Insolvenzvorrecht: Im Falle der Insolvenz der Pfandbriefbank fallen die in den Deckungsregistern eingetragenen Werte nicht in die Insolvenzmasse. Die Forderungen der Pfandbriefgläubiger sind aus den im Deckungsregister eingetragenen Werten voll zu befriedigen.

Aufgabe VI-16: 31.12.2030

Es ist zwischen der Vorlegungsfrist für die Wertpapiere und der Verjährung von Ansprüchen aus den Wertpapieren zu unterscheiden. Die Vorlegungsfrist bei Zinsscheinen endet am 31.12. des vierten auf die Fälligkeit folgenden Jahres.

§ 195 BGB
D Die regelmäßige Verjährungsfrist beträgt drei Jahre.
§ 801 Abs. 1 und 2 BGB
(1) Der Anspruch aus einer Schuldverschreibung auf den Inhaber erlischt mit dem Ablauf von 30 Jahren nach dem Eintritt der für die Leistung bestimmten Zeit, wenn nicht die Urkunde vor dem Ablauf der 30 Jahre dem Aussteller zur Einlösung vorgelegt wird. Erfolgt die Vorlegung, so verjährt der Anspruch in zwei Jahren von dem Ende der Vorlegungsfrist an. Der Vorlegung steht die gerichtliche Geltendmachung des Anspruchs aus der Urkunde gleich.
(2) Bei Zins-, Renten- und Gewinnanteilscheinen beträgt die Vorlegungsfrist 4 Jahre. Die Frist beginnt mit dem Schluss des Jahres, in welchem die für die Leistung bestimmte Zeit eintritt.

Aufgabe VI-17: A

Beim freihändigen Verkauf der Pfandbriefemission werden die Pfandbriefe fortlaufend verkauft. Statt einer Zeichnungsfrist wird der erste Verkaufstag angegeben. Der im Verkaufsprospekt angegebene Preis ist freibleibend. Er kann im Verlauf des Verkaufs jederzeit verändert und der Kapitalmarktlage angepasst werden.

Aufgabe VI-18

1	2	3
D	**B**	**C**

	Öffentliche Pfandbriefe	**Hypothekenpfandbriefe**
Zweck der Begebung dieser Wertpapiere	Finanzierung von Kommunaldarlehen	Finanzierung von Grundschulddarlehen

Aufgabe VI-19: A

Merkmale von Bundesanleihen: Nennwert 0,01 EUR; Laufzeit ca. 10 Jahre, aber auch bis zu 30 Jahren möglich; fester Nominalzins, in einigen Fällen auch variable Verzinsung; jährliche Zinszahlung bei Anleihen mit festem Zinssatz; bei Floating Rate Notes mehrere Zinszahlungen im Jahr; bei einigen Bundesanleihen ist ein getrennter Handel der Anleihe und der einzelnen Zinsscheine (Stripping) möglich; Rückzahlung zum Nennwert.

Aufgabe VI-20: C

Zinsänderungsrisiko: Bei steigenden Marktzinsen fällt der Kurs der Anleihe, bei sinkenden Marktzinsen steigt der Kurs der Anleihe.

Aufgabe VI-21: B

Negative Kapitalerträge, die nicht sofort mit positiven Kapitalerträgen des laufenden Jahres verrechnet werden können, werden in Verlustverrechnungstöpfen erfasst und mit späteren positiven Kapitalerträgen verrechnet. Veräußerungsverluste aus Aktiengeschäften dürfen nur mit Gewinnen aus Aktiengeschäften verrechnet werden. Veräußerungsgewinne aus Aktiengeschäften können hingegen mit dem Freistellungsbetrag und allen anderen negativen Kapitalerträgen verrechnet werden. Andere negative Kapitalerträge, z. B. gezahlte Stückzinsen beim Erwerb von Anleihen, können mit allen positiven Kapitalerträgen, z. B. Zinserträge, Dividenden oder Veräußerungsgewinne bei Aktien, im allgemeinen Verrechnungstopf verrechnet werden. Aufgrund dieser Regelungen muss die Bank einen Aktienverlustverrechnungstopf und einen allgemeinen Verlustverrechnungstopf führen. Die Verlustverrechnung hat Vorrang vor der Belastung des Freistellungsauftrages.

Aufgabe VI-22: E und **F**

Floating Rate Notes: Festverzinsliche Wertpapiere mit variabler Verzinsung: Zinsen werden im Abstand von z. B. alle 3 Monaten an die aktuellen Geldmarktsätze angepasst. Basiszins für deutsche Floaters ist der EURIBOR. Auf den Basiszins wird i. d. R. ein Aufschlag gezahlt, der von der Bonität des Schuldners abhängig ist. Der Anleger hat ein verringertes Kursrisiko, da der Kurs sich spätestens bei Neufestlegung des Zinses in der Nähe des Nennwertes bewegt.

Aufgabe VI-23: D

Zinsertrag pro Jahr = 4,75 EUR
Rückzahlungsverlust pro Jahr: 0,80 : 66 x 12 = 0,1454
Gesamtertrag pro Jahr: 4,75 – 0,145 = 4,605
4,605 : 100,8 x 100 = **4,568**
Vgl. Renditeformel in Lösung zu Aufgabe VI-14

Aufgabe VI-24:

A	B	C	D	E
2	**2**	**2**	**1**	**1**

Aufgabe VI-25:

1	2	3	4	5	6	7
G	**E**	**F**	**C**	**D**	**B**	**A**

Aufgabe VI-26: C

Merkmale von Euro-Rentenfonds: Festverzinsliche EUR-Anleihen mit Laufzeiten von ca. 2 bis 10 Jahren; Anlegerziele sind die Erzielung von Erträgen entsprechend den Renditen am deutschen Kapitalmarkt und die Nutzung von Kurschancen am Rentenmarkt. Die Anleihen sind breit gestreut. Risiken sind das Kursrisiko, das Zinsänderungsrisiko und das Emittentenrisiko oder Bonitätsrisiko.

Aufgabe VI-27: A

Es sind professionelle Kunden und Privatkunden zu unterscheiden. Nach dem Wertpapierhandelsgesetz (WpHG) sind Privatkunden vor dem Abschluss von Wertpapiergeschäften umfänglich über die Art des Geschäftes und die damit verbundenen Risiken zu informieren. Alle Informationen an den Kunden müssen eindeutig und nicht irreführend sein. Die Kunden sind in verständlicher Form über das Wertpapierdienstleistungsunternehmen und seine Dienstleistungen, die Arten von Finanzinstrumenten und vorgeschlagene Anlagestrategien einschließlich damit verbundener Risiken, Ausführungsplätze sowie Kosten und Nebenkosten zu informieren. Anlageprodukte sind für einen Kunden geeignet, wenn das Produkt seinen Anlagezielen entspricht, die Anlagerisiken für ihn finanziell tragbar sind und er mit seinen Kenntnissen und Erfahrungen die Anlagerisiken verstehen kann. Erlangt die Bank die erforderlichen Informationen nicht, darf die Bank keine Anlageberatung erbringen.

Aufgabe VI-28: C

Risiken bei festverzinslichen Wertpapieren:
- Bonitätsrisiko
- Kursrisiko
- Zinsänderungsrisiko
- Kündigungsrisiko

- Währungsrisiko
- Insolvenzrisiko

Aufgabe VI-29:

a) **26.02.20..**

b)

Anlagebetrag	20.000,00 EUR
Stückzinsen für 25 Tage (20.000 x 0,25 x 25) : (365 x 100)	**3,42 EUR**

c)

Anlagebetrag Kurswert 102,50 %	20.500,00 EUR
./. 0,5 % Provision vom Kurswert	102,50 EUR
./. Maklergebühr 0,075 % vom Kurswert	15,38 EUR
= Zwischensumme	20.382,12 EUR
+ Stückzinsen	3,42 EUR
./. 25 % Abgeltungssteuer von 3,42 EUR	0,86 EUR
./. 5,5 % SolZ von 0,86 EUR	0,05 EUR
= Nettozinsen	2,51 EUR
Gutschrift	**20.384,63 EUR**

Aufgabe VI-30: A

Im Bookbuilding-Verfahren werden die Interessen von Großinvestoren bei der Ermittlung des Emissionspreises mit einbezogen. Vor Beginn des Bookbuildings sprechen die Konsortialbanken potenzielle Großanleger auf ihre Investitionsbereitschaft an. Auf der Grundlage dieser Gespräche einigt sich das Konsortium mit dem Emittenten auf eine Bandbreite für den Emissionspreis, die 10 bis 15 % betragen kann. Die Dauer der Bookbuilding-Phase hängt vom Emissionsvolumen, der Marktsituation und der Branche des Emittenten ab. Es folgt eine Zeichnungsperiode, die normalerweise 8 bis 10 Tage dauert. Während dieser Zeit vermerken die Konsortialbanken eingehende Zeichnungswünsche in Orderformularen und geben sie an die Konsortialführende Bank (Bookrunner) weiter. Der Bookrunner legt in Abstimmung mit dem emittierenden Unternehmen einen einheitlichen Platzierungspreis fest.

Aufgabe VI-31: B und **E**

Der Greenshoe ist eine Option für das Emissionskonsortium, bei hoher Nachfrage zusätzliche Aktien oder Anleihen in den Markt zu geben. Kommt es bei stark nachgefragten Neuemissionen zu einer Überzeichnung, lässt sich durch den Greenshoe die zusätzliche Nachfrage befriedigen bzw. der Kurs stabilisieren. Der Greenshoe wird zwischen dem Emissionskonsortium und dem Emittenten im Rahmen einer Platzierung nach dem Bookbuilding-Verfahren vereinbart. Die emittierende Gesellschaft räumt der Konsortialbank eine Option auf weitere Papiere zu Originalkonditionen ein. Dadurch kann die Bank mehr Stückzahlen zuteilen als ursprünglich geplant. Emittent und Bank legen den Umfang der Zuteilungsreserve vor der Emission fest.

Aufgabe VI-32:

a) **A** und **F**

Investmentfonds legen ihre Sondervermögen in Wertpapieren oder Grundstücken an. Sie bündeln die Gelder vieler Anleger und investieren sie in Aktien, Anleihen und andere Anlageformen.

Vorteile:
- Die Anleger dieser Anteilsscheine investieren mit einem geringen Betrag gleichzeitig in viele verschiedene Anlagen. Dadurch verteilt sich ihr Risiko.
- Die Sondervermögen von Kapitalanlagegesellschaften werden von Experten verwaltet, die ständig über die Marktentwicklung informiert sind. Bei aktiv verwalteten Fonds verfolgt das Management eine eigene Strategie und versucht mit dieser, die zuvor festgelegte Benchmark zu schlagen. Passiv verwaltete Fonds sind an die Wertentwicklung eines Index gekoppelt, sog. Indexfonds.
- Die Vorschriften des Investmentgesetzes über die Anlagepolitik, die Verwaltung und Haftung des Sondervermögens und der Zwang zur Einschaltung einer Depotbank geben den Anlegern zusätzliche Sicherheit.
- Aufgrund der Rücknahmeverpflichtung müssen Fondsanteile börsentäglich zum Rücknahmepreis zurückgenommen werden. Einige Fondsanteile werden auch an der Börse gehandelt.
- Ausgabe- und Rücknahmepreise werden börsentäglich von den Kapitalanlagegesellschaften veröffentlicht. Zusätzlich werden Halbjahres- und Jahresberichte von den Investmentgesellschaften veröffentlicht.

b)

A	B	C	D	E	F
4	**6**	**5**	**1**	**2**	**3**

Fondsarten	**Anlageschwerpunkte**
Aktienfonds	Aktien, Wandelanleihen, Optionsanleihen, Optionsscheine
Rentenfonds	Anleihen
Gemischte Fonds	Aktien und Anleihen
Geldmarktfonds	Geldmarktpapiere sowie Tagesgeld- und Termingeldanlagen
Immobilienfonds	Anlage in Mietwohngrundstücken und gewerblich genutzten Immobilien
Dachfonds	Anlage in Investmentanteilen
Hedgefonds	unbeschränkte, risikoreiche und hochspekulative Anlagemöglichkeiten
Thesaurierungsfonds	keine Ertragsausschüttung

Aufgabe VI-33

Der Wert des Bezugsrechts beträgt 3,00 EUR.

Rechenweg:

Rechnerischer Wert des Bezugsrechts (ohne Dividendenvor- und -nachteil):

B: Wert des Bezugsrechts

K_a: Börsenkurs der alten Aktien

K_n: Ausgabepreis der neuen Aktien

m : n = Bezugsverhältnis

BR = (191 - 170) : (6:1) + 1) = 3,00 EUR

Aufgabe VI-34:

A	B	C	D	E	F
4	**2**	**5**	**1**	**3**	**6**

Aktienarten

Stammaktien	Sie verbriefen alle Aktionärsrechte.
Vorzugsaktien	Diese Aktien gewähren gegenüber den Stammaktien gewisse Vorteile, z. B. Dividendenvorrecht vor den Stammaktien. Sie haben i. d. R. kein Stimmrecht in der Hauptversammlung, vgl. § 139 ff. Aktiengesetz.
Junge Aktien	Bei einer Kapitalerhöhung gegen Bareinlagen werden den Aktionären aufgrund ihres gesetzlichen Bezugsrechts junge Aktien zum Kauf angeboten. Junge Aktien werden i. d. R. während des laufenden Geschäftsjahres emittiert. Dadurch sind sie nicht voll dividendenberechtigt und werden bis zur Dividendenzahlung getrennt von alten Aktien an der Börse notiert und gehandelt. Nach der Dividendenzahlung werden die jungen Aktien den alten Aktien gleichgestellt.
Namensaktien	Der Inhaber dieser Aktien wird im Aktienregister der Unternehmung eingetragen, vgl. § 68 Abs. 1 Aktiengesetz.
Berichtigungsaktien (Gratisaktien)	Sie können durch Umwandlung von offenen Rücklagen in Grundkapital an die Aktionäre ausgegeben werden. Die neuen Aktien gelten als voll eingezahlt. Für den Aktionär ändert sich der Wert seiner Beteiligung nicht.
Vinkulierte Namensaktien	Es ist eine Sonderform der Namensaktie. Sie kann nur mit Zustimmung der AG an einen neuen Eigentümer überragen werden, vgl. § 68 Abs. 2 Aktiengesetz.

Aufgabe VI-35: B

Vgl. § 67 Aktiengesetz (Eintragung im Aktienregister)

(1) Namensaktien sind unter der Angabe des Namens, Geburtsdatums und der Adresse des Inhabers sowie der Stückzahl oder der Aktiennummer und bei Nennbetragsaktien des Betrags in das Aktienregister der Gesellschaft einzutragen.

(2) Im Verhältnis zur Gesellschaft gilt als Aktionär nur, wer als solcher im Aktienregister eingetragen ist.

(3) Geht die Namensaktie auf einen anderen über, so erfolgen Löschung sowie Neueintragung im Aktienregister auf Mitteilung und Nachweis.

(4) Die bei Übertragung oder Verwahrung von Namensaktien mitwirkenden Kreditinstitute sind verpflichtet, der Gesellschaft die für die Führung des Aktienregisters erforderlichen Angaben gegen Erstattung der notwendigen Kosten zu übermitteln. Wird der Inhaber von Namensaktien nicht in das Aktienregister eingetragen, so ist das depotführende Institut auf Verlangen der Gesellschaft verpflichtet, sich gegen Erstattung der notwendigen Kosten durch die Gesellschaft an dessen Stelle gesondert in das Aktienregister eintragen zu lassen. ...

(6) Der Aktionär kann von der Gesellschaft Auskunft über die zu seiner Person in das Aktienregister eingetragenen Daten verlangen. ..

Aufgabe VI-36: D

Rechte der Stammaktionäre:

- Dividendenrecht, vgl. § 174 AktG: Die Hauptversammlung beschließt über die Verwendung des Bilanzgewinns.
- Teilnahmerecht an der Hauptversammlung, vgl. § 121 ff. AktG:

§ 121 Abs. 6 AktG: Sind alle Aktionäre erschienen oder vertreten, kann die Hauptversammlung Beschlüsse ... treffen ...
§ 125 (1) AktG (Mitteilungen für die Aktionäre ...) Der Vorstand hat binnen 12 Tagen nach der Bekanntgabe der Einberufung der Hauptversammlung im elektronischen Bundesanzeiger den Kreditinstituten und den Vereinigungen von Aktionären ... die Einberufung der Hauptversammlung und die Bekanntmachung der Tagesordnung mitzuteilen. ...
- Auskunftsrecht, vgl. § 131 AktG (Auskunftsrecht des Aktionärs):
(1) Jedem Aktionär ist auf Verlangen in der Hauptversammlung vom Vorstand Auskunft über Angelegenheiten der Gesellschaft zu geben, soweit sie zur sachgemäßen Beurteilung des Gegenstands der Tagesordnung erforderlich ist. ...
(2) Die Auskunft hat den Grundsätzen einer gewissenhaften und getreuen Rechenschaft zu entsprechen. Die Satzung oder die Geschäftsordnung gemäß § 129 kann den Versammlungsleiter ermächtigen, das Frage- und Rederecht des Aktionärs zeitlich angemessen zu beschränken, und Näheres dazu bestimmen.
- Stimmrecht in der Hauptversammlung, vgl. § 119 AktG (Rechte der Hauptversammlung):
(1) Die Hauptversammlung beschließt in den im Gesetz und in der Satzung ausdrücklich bestimmten Fällen, namentlich über

1. die Bestellung der Mitglieder des Aufsichtsrats, soweit sie nicht in den Aufsichtsrat zu entsenden oder als Aufsichtsratsmitglieder der Arbeitnehmer nach dem Mitbestimmungsgesetz ... zu wählen sind;
2. die Verwendung des Bilanzgewinns;
3. die Entlastung der Mitglieder des Vorstands und des Aufsichtsrats;
4. die Bestellung des Abschlussprüfers;
5. Satzungsänderungen;
6. Maßnahmen der Kapitalbeschaffung und der Kapitalherabsetzung;
7. die Bestellung von Prüfern zur Prüfung von Vorgängen bei der Gründung oder der Geschäftsführung;
8. die Auflösung der Gesellschaft.

Aufgabe VI-37: A und B

Aktiengesellschaften können unter bestimmten Voraussetzungen eigene Aktien erwerben, vgl. § 71 AktG. Der Erwerb eigener Aktien setzt einen Beschluss der Hauptversammlung voraus, und ist auf 10 % des Grundkapitals begrenzt.
Vorteile:
- Stabilisierung des Aktienkurses
- AG will ihren Mitarbeitern Aktien zum Vorzugskurs anbieten.
- Abwendung von Schäden von der AG, z. B. Versuch der Abwehr einer feindlichen Übernahme
- Kreditinstitute können mit eigenen Aktien Eigenhandelsgeschäfte betreiben.

§ 71 AktG (Erwerb eigener Aktien)
(1) Die Gesellschaft darf eigene Aktien nur erwerben,

1. wenn der Erwerb notwendig ist, um einen schweren unmittelbar bevorstehenden Schaden von der Gesellschaft abzuwenden, z. B. Verhinderung einer feindlichen Übernahme,
2. wenn die Gesellschaft Personen, die im Arbeitsverhältnis zu der Gesellschaft oder einem mit ihr verbundenen Unternehmen stehen oder standen, zum Erwerb angeboten werden sollen,
3. wenn der Erwerb geschieht, um Aktionäre ... abzufinden,
4. wenn der Erwerb unentgeltlich geschieht oder ein Kreditinstitut mit dem Erwerb einer Einkaufskommission ausführt,
5. durch Gesamtrechtsnachfolge,
6. aufgrund eines Beschlusses der Hauptversammlung zur Einziehung nach den Vorschriften über die Herabsetzung des Grundkapitals,
7. wenn sie ein Kreditinstitut ... ist, aufgrund eines Beschlusses der Hauptversammlung zum Zwecke des Wertpapierhandels. Der Beschluss muss bestimmen, dass der Handelsbestand der zu

diesem Zweck zu erwerbenden Aktien 5 vom Hundert des Grundkapitals am Ende jeden Tages nicht übersteigen darf; er muss den niedrigsten und höchsten Gegenwert festlegen. Die Ermächtigung darf höchstens 18 Monate gelten; oder

8. aufgrund einer höchstens 18 Monate geltenden Ermächtigung der Hauptversammlung, die den niedrigsten und höchsten Gegenwert sowie den Anteil am Grundkapital, der 10 vom Hundert nicht übersteigen darf, festlegt. Als Zweck ist der Handel in eigenen Aktien ausgeschlossen. ... Die Hauptversammlung kann den Vorstand ermächtigen, die eigenen Aktien ohne weiteren Hauptversammlungsbeschluss einzuziehen.

(2) Auf die zu den Zwecken nach Abs. 1 Nr. 1 bis 3, 7 und 8 erworbenen Aktien dürfen zusammen mit anderen Aktien der Gesellschaft, welche die Gesellschaft bereits erworben hat und noch besitzt, nicht mehr als 10 vom Hundert des Grundkapitals entfallen. Dieser Erwerb ist ferner nur zulässig, wenn die Gesellschaft die nach § 272 Abs. 4 HGB vorgeschriebene Rücklage für eigene Aktien bilden kann, ohne das Grundkapital ... zu mindern, die nicht zu Zahlungen an die Aktionäre verwandt werden darf. ...

Aufgabe VI-38:

A	B	C	D	E	F	G	H	I
1	**1**	**2**	**2**	**2**	**3**	**3**	**2**	**2**

Zu C: vgl. § 60 in Verbindung mit § 174 Aktiengesetz: Die HV beschließt über die Verwendung des Bilanzgewinns.

Zu D: vgl. § 120 Aktiengesetz: Die HV beschließt alljährlich in den ersten acht Monaten des Geschäftsjahres über die Entlastung der Mitglieder des Vorstands und über die Entlastung der Mitglieder des Aufsichtsrats.

Zu E: vgl. § 101 Aktiengesetz: Die Mitglieder des Aufsichtsrats werden von der HV gewählt.

Zu F und G: vgl. § 182 f. Aktiengesetz: Eine Erhöhung des Grundkapitals kann nur mit einer Mehrheit beschlossen werden, die mindestens drei Viertel des bei der Beschlussfassung vertretenen Grundkapitals umfasst.

Zu H: vgl. § 113 Aktiengesetz: Ist die Vergütung in der Satzung festgelegt, so kann die HV eine Satzungsänderung, durch welche die Vergütung herabgesetzt wird, mit einfacher Stimmenmehrheit beschließen.

Zu I: vgl. § 119 Aktiengesetz: Die HV beschließt mit einfacher Stimmenmehrheit über die Bestellung des Abschlussprüfers.

Auszug aus dem Aktiengesetz über die Hauptversammlungsbeschlüsse:

§ 60 (Gewinnverteilung)

(1) Die Anteile der Aktionäre am Gewinn bestimmen sich nach ihren Anteilen am Grundkapital.

(2) Sind die Einlagen auf das Grundkapital nicht auf alle Aktien in demselben Verhältnis geleistet, so erhalten die Aktionäre aus dem verteilbaren Gewinn vorweg einen Betrag von 4 vom Hundert der geleisteten Einlagen. ...

(3) Die Satzung kann eine andere Art der Gewinnverteilung bestimmen.

§ 101 (Bestellung der Aufsichtsratsmitglieder)

(1) Die Mitglieder des Aufsichtsrats werden von der Hauptversammlung gewählt, soweit sie nicht in den Aufsichtsrat zu entsenden oder als Aufsichtsratsmitglieder der Arbeitnehmer nach dem Mitbestimmungsgesetz, dem Mitbestimmungsergänzungsgesetz oder dem Drittelbeteiligungsgesetz zu wählen sind. An Wahlvorschläge ist die Hauptversammlung nur gemäß §§ 6 und 8 des Montan-Mitbestimmungsgesetzes gebunden.

(2) Ein Recht, Mitglieder in den Aufsichtsrat zu entsenden, kann nur durch die Satzung und nur für bestimmte Aktionäre oder für die jeweiligen Inhaber bestimmter Aktien begründet werden. Inhabern bestimmter Aktien kann das Entsendungsrecht nur eingeräumt werden, wenn die Aktien auf Namen lauten und ihre Übertragung an die Zustimmung der Gesellschaft gebunden ist. Die Aktien der Entsendungsberechtigten gelten nicht als eine besondere Gattung. Die Entsendungsrechte können

insgesamt höchstens für ein Drittel der sich aus dem Gesetz oder der Satzung ergebenden Zahl der Aufsichtsratsmitglieder der Aktionäre eingeräumt werden. ...

§ 113 (Vergütung der Aufsichtsratsmitglieder)

(1) Den Aufsichtsratsmitgliedern kann für ihre Tätigkeit eine Vergütung gewährt werden. Sie kann in der Satzung festgesetzt oder von der Hauptversammlung bewilligt werden. Sie soll in einem angemessenen Verhältnis zu den Aufgaben der Aufsichtsratsmitglieder und zur Lage der Gesellschaft stehen. Ist die Vergütung in der Satzung festgesetzt, so kann die Hauptversammlung eine Satzungsänderung, durch welche die Vergütung herabgesetzt wird, mit einfacher Stimmenmehrheit beschließen.

§ 120 (Entlastung)

(1) Die Hauptversammlung beschließt alljährlich in den ersten 8 Monaten des Geschäftsjahrs über die Entlastung der Mitglieder des Vorstands und über die Entlastung der Mitglieder des Aufsichtsrats. Über die Entlastung eines einzelnen Mitglieds ist gesondert abzustimmen, wenn die Hauptversammlung es beschließt oder eine Minderheit es verlangt, deren Anteile zusammen den zehnten Teil des Grundkapitals oder den anteiligen Betrag von einer Million Euro erreichen.

(2) Durch die Entlastung billigt die Hauptversammlung die Verwaltung der Gesellschaft durch die Mitglieder des Vorstands und des Aufsichtsrats. Die Entlastung enthält keinen Verzicht auf Ersatzansprüche.

(3) Die Verhandlung über die Entlastung soll mit der Verhandlung über die Verwendung des Bilanzgewinns verbunden werden. Der Vorstand hat den Jahresabschluss, den Lagebericht und den Bericht des Aufsichtsrats und bei börsennotierten Aktiengesellschaften einen erläuternden Bericht zu den Angaben nach § 289 Abs. 4, § 315 Abs. 4 des Handelsgesetzbuches der Hauptversammlung vorzulegen. Für die Auslegung dieser Vorlagen und für die Erteilung von Abschriften gilt § 175 Abs. 2 sinngemäß.

Gewinnverwendung

§ 174

(1) Die Hauptversammlung beschließt über die Verwendung des Bilanzgewinns. Sie ist hierbei an den festgestellten Jahresabschluss gebunden.

(2) In dem Beschluss ist die Verwendung des Bilanzgewinns im Einzelnen darzulegen, namentlich sind anzugeben
   1. der Bilanzgewinn;
   2. der an die Aktionäre auszuschüttende Betrag;
   3. die in Gewinnrücklagen einzustellenden Beträge;
   4. ein Gewinnvortrag;
   5. der zusätzliche Aufwand aufgrund des Beschlusses.

Kapitalerhöhung gegen Einlagen

§ 182 (Voraussetzungen)

(1) Eine Erhöhung des Grundkapitals gegen Einlagen kann nur mit einer Mehrheit beschlossen werden, die mindestens drei Viertel des bei der Beschlussfassung vertretenen Grundkapitals umfasst. Die Satzung kann eine andere Kapitalmehrheit ... bestimmen. ... Die Kapitalerhöhung kann nur durch Ausgabe neuer Aktien ausgeführt werden. Bei Gesellschaften mit Stückaktien muss sich die Zahl der Aktien in demselben Verhältnis wie das Grundkapital erhöhen.

Aufgabe VI-39: E

260.000.000 : 4,7 Mill. = 55,32 EUR Inventarwert pro Anteil

Ausgabekosten 5 % = 2,77 EUR

Ausgabepreis = 58,09 bzw. aufgerundet **58,10 EUR**

Preisermittlung für Investmentanteile:

Fondvermögen = Wertpapiervermögen + Bankguthaben + Sonstiges Vermögen - Fondsverbindlichkeiten

Anteilwert = Fondsvermögen : Umlaufende Anteilscheine

Ausgabepreis = Anteilwert + Ausgabeaufschlag

Aufgabe VI-40:

aa) **10,2** (31,80 : 3,13 = 10,16; gerundet 10,2)
ab) **12,0** (33,80 : 2,81 = 12,03; gerundet 12,0)
Kurs-Gewinn-Verhältnis: Es ist das Verhältnis des Kurses einer Aktie zu dem auf diese Aktie entfallenden Reingewinn der AG. Das KGV wird berechnet, indem man den aktuellen Aktienkurs in Euro durch den Reingewinn pro Aktie, den die AG jährlich erzielt, dividiert. Es gibt an, mit dem Wievielfachen des erwarteten Unternehmensgewinns einer Aktie aktuell an der Börse bewertet wird bzw. welchen Betrag ein Investor für einen Euro Gewinn zu zahlen hat. Das KGV ist umso höher, je größer die Ertragskraft des Unternehmens ist. Somit spiegelt es die langfristige Ertragserwartung des Unternehmens wider. Das KGV ist ein gängiger Maßstab bei der Bewertung von Aktien und ist nützlich für einen Vergleich einer Branche und eines Jahres. Eine grundsätzliche Aussage über eine Unter- bzw. Überbewertung einer Aktie lässt sich mit dieser Kennziffer nicht treffen.
b) Frau Klages sollte wegen des noch ausgeschöpften Kurspotenzials Aktien der *Versorger AG* erwerben.

Aufgabe VI-41:

Preisermittlung für Investmentanteile:
Fondvermögen = Wertpapiervermögen + Bankguthaben + Sonstiges Vermögen - Fondsverbindlichkeiten
Anteilwert = Fondsvermögen : Umlaufende Anteilscheine
Ausgabepreis = Anteilwert + Ausgabeaufschlag
Rücknahmepreis = Anteilwert - evtl. Gebühren

Wertpapiervermögen 20000 A-Aktien zu 25,20 20000 B-Aktien zu 30,10 10000 C-Aktien zu 40,50 90000 weitere Aktien	 504.000,00 EUR 602.000,00 EUR 405.000,00 EUR 5.841.000,00 EUR
Bankguthaben	300.000,00 EUR
Fondsvermögen	7.652.000,00 EUR
a) Anteilwert = 7.652.000 : 200.000 = 38,26	**38,26 EUR**
b) Ausgabepreis = 38,26 + 3% von 38,26 = 38,26 + 1,15	39,41 EUR
aufgerundet auf 0,10 EUR	**39,50 EUR**
c) Rücknahmepreis = 38,26 – 0,3% von 38,26 = 0,11	38,15 EUR
Abgerundet	**38,10 EUR**

Aufgabe VI-42: E

Zu A: Nur einige Fondsanteile werden an der Börse gehandelt. I. d. R. werden Fondsanteile zum Ausgabepreis an Anleger verkauft und zum Rücknahmepreis zu Lasten des Sondervermögens zurückgenommen.
Zu B: Rentenfonds unterliegen dem Zinsänderungsrisiko, dem Bonitätsrisiko und dem Währungsrisiko.
Zu C: Erträge einer Anlage an einem Investmentfonds sind abgeltungssteuerpflichtig.
Zu D: Gewinne aus dem Verkauf von offenen Immobilienfonds unterliegen der Abgeltungssteuer unter Berücksichtigung der Vorabpauschale nach dem Investmentsteuergesetz.

Aufgabe VI-43: C und E

EU-Richtlinienkonforme Investmentfonds dürfen in folgende Anlagewerte investieren:

- Wertpapiere, z. B. Aktien, Anleihen, Optionsscheine, Bezugsrechte usw.
- Geldmarktinstrumente, z. B. verzinsliche Wertpapiere mit einer Restlaufzeit von bis zu 12 Monaten, Floater, die vom Bund, einem Mitgliedstaat der EU, des EWR oder der OECD begeben wurden
- Bankguthaben, das sind Guthaben auf Konten mit einer Laufzeit von höchstens 12 Monaten
- Anteile an Investmentfonds, z. B. Anteile an anderen Investmentfonds, wenn diese nach ihren Vertragsbedingungen nicht mehr als 10 % ihres Fondsvermögens in Anteilen an anderen Investmentfonds investieren dürfen

Der Erwerb von Edelmetallen oder von Zertifikaten auf Edelmetallen ist verboten.

Aufgabe VI-44:

10,00 EUR

Rechenweg:

Der Kapitalbedarf beträgt 4 Mio. EUR

Das Bezugsverhältnis beträgt 5 : 1

Bisher umlaufende Aktien: 10 Mio. EUR Gezeich. Kapital : 5 EUR Nennwert = 2 Mio. Aktien

Anzahl der neuen Aktien: 2 Mio. : 5 = 400.000 neue Aktien

4 Mio. EUR : 400.000 = **10,00 EUR**

Der Ausgabekurs der neuen Aktien muss mindestens 10,00 EUR sein, damit die Investition in Höhe von 4 Mio. EUR durchgeführt werden kann.

Aufgabe VI-45:

A	B	C	D	E	F	G	H	I
2	**1**	**2**	**2**	**1**	**3**	**3**	**1**	**1**

Zu A: vgl. § 150 AktG (gesetzliche Rücklagen) in Verbindung mit § 174 Abs. 2 AktG (Verwendung des Bilanzgewinns)

Zu B: vgl. § 207 ff. AktG (Kapitalerhöhung aus Gesellschaftsmitteln)

Zu C: vgl. § 119 und § 120 AktG (Rechte der Hauptversammlung, Entlastung)

Zu D: vgl. § 174 AktG (Verwendung des Bilanzgewinns)

Zu E: vgl. § 202 AktG (Genehmigtes Kapital)

Zu F: vgl. § 77 ff. AktG (Vorstand) und § 111 AktG (Aufgaben und Rechte des Aufsichtsrats)

Zu G: vgl. § 77 ff. AktG (Vorstand)

Zu H: vgl. § 119 AktG (Rechte der Hauptversammlung) in Verbindung mit § 179 AktG (Beschluss der Hauptversammlung)

Zu I: Grundsätzlich darf eine AG eigene Aktien nicht erwerben, weil dies für sie selbst sowie für ihre Gläubiger und Aktionäre mit Gefahren (z. B. Kursmanipulationen bei drohendem Verfall des Börsenkurses) verbunden sein kann. Der Erwerb eigener Aktien bedeutet zudem eine Rückgewähr von Einlagen und damit eine Verkürzung des auf das Gesellschaftsvermögen beschränkten Haftungsfonds. Ausnahmen vom Erwerbsverbot bestehen nach § 71 Abs. 1 AktG, wenn der Erwerb notwendig ist, um einen schweren, unmittelbar bevorstehenden Schaden von der Gesellschaft abzuwenden, wenn die Aktien den eigenen Arbeitnehmern angeboten werden sollen, wenn mit dem Erwerb außenstehende Aktionäre abgefunden werden sollen sowie bei unentgeltlichem Erwerb, z. B. zwecks Sanierung.

Vgl. auch Informationen in der Lösung zu Aufgabe VI-38

Aufgabe VI-46: E

Im Bookbuilding-Verfahren werden die Interessen von Großinvestoren bei der Ermittlung des Emissionspreises mit einbezogen. Vor Beginn des Bookbuildings sprechen die Konsortialbanken potenzielle Großanleger auf ihre Investitionsbereitschaft an. Auf der Grundlage dieser Gespräche einigt sich das Konsortium mit dem Emittenten auf eine Bandbreite für den Emissionspreis, die 10 bis 15 % betragen kann. Die Dauer der Bookbuilding-Phase hängt vom Emissionsvolumen, der Marktsituation und der Branche des Emittenten ab. Es folgt eine Zeichnungsperiode, die normalerweise 8 bis 10 Tage dauert. Während dieser Zeit vermerken die Konsortialbanken eingehende Zeichnungswünsche in Orderformularen und geben sie an die Konsortialführende Bank (Bookrunner) weiter. Der Bookrunner legt in Abstimmung mit dem emittierenden Unternehmen einen einheitlichen Platzierungspreis fest.
Der Greenshoe ist eine Option für das Emissionskonsortium, bei hoher Nachfrage zusätzliche Aktien oder Anleihen in den Markt zu geben. Kommt es bei stark nachgefragten Neuemissionen zu einer Überzeichnung, lässt sich durch den Greenshoe die zusätzliche Nachfrage befriedigen bzw. der Kurs stabilisieren.

Aufgabe VI-47: A

Vgl. Infos in Lösung der Aufgabe VI-32
Risiken von Investmentfonds:
- Entscheidungen des Fondsmanagements wirken sich negativ auf die Zielvorstellungen des Fonds bzw. Anlegers aus.
- Höhere Kosten als bei einer Direktanlage, z. B. relativ hoher Ausgabeaufschlag, relativ hohe Verwaltungskosten
- Preisrisiken aus den Kursen der im Sondervermögen enthaltenen Anlagewerte
- Basisrisiken, z. B. Kursrisiken, Währungsrisiken, Zinsänderungsrisiken usw.

Aufgabe VI-48:

a)

Datum	Erworbene Anteile	Anlagebetrag
1. August	300 : 65,36 = 4,8996	300,00 EUR
1. September	300 : 63,26 = 4,7423	300,00 EUR
1. Oktober	300 : 59,13 = 5,0736	300,00 EUR
Anteile/Anlagebetrag insgesamt	**14,7155**	**900,00 EUR**

b)

Durchschnittspreis	900 : 14,7155	**61,16 EUR**

c)

1. September	1.000 : 63,26 = 15,8078	1.000,00 EUR
+ Ergebnisse aus a)	14,7155	900,00 EUR
Anteile/Anlagebetrag insgesamt	30,5233	1.900,00 EUR
Durchschnittspreis	1.900 : 30,5233	**62,25 EUR**

d)

1. August	100 x 65,36 EUR	6.536,00 EUR
1. September	100 x 63,26 EUR	6.326,00 EUR
1. Oktober	100 x 59,13 EUR	5.913,00 EUR
Anteile/Anlagebetrag insgesamt	300 Anteile	18.775,00 EUR
Durchschnittspreis	18.775 : 300	**62,58 EUR**

Aufgabe VI-49:

a) **12 : 1**

b) **1,08 EUR**

Rechenweg: ((38 – (23 + 1)) : (12 + 1)

Ermittlung des rechnerischen Bezugsrechts mit einem Dividendennachteil:

BR = Bezugsrechtswert
K_a = Kurs der alten Aktie
K_n = Kurs der jungen Aktie
m : n = Bezugsverhältnis

$$BR = \frac{(K_a - K_n - \text{Dividenden nachteile})}{(\frac{m}{n} + 1)}$$

BR = (38,00 EUR – 23,00 EUR - 1,00 EUR) : (12 + 1) = 1,08 EUR

Aufgabe VI-50: D

Rechte des Investmentanlegers:
- Miteigentumsrecht nach Bruchteilen am Sondervermögen
- Anspruch auf Beteiligung am Fondsertrag
- Anspruch auf Rücknahme seiner Anteile zu Lasten des Sondervermögens
- Anspruch auf ordnungsgemäße Verwaltung des Sondervermögens

Die Aktionärsrechte werden von den Depotbanken der Investmentgesellschaften treuhänderisch für die Investmentanleger ausgeübt.

Aufgabe VI-51: C und F

Kapitalerhöhungen nach dem Aktiengesetz	
Kapitalerhöhung gegen Einlagen (ordentliche Kapitalerhöhung)	Vgl. §§ 179 ff. AktG, Voraussetzung ist ein direkter Beschluss der Hauptversammlung.
Genehmigtes Kapital	Vgl. §§ 202 bis 206 AktG: Die Hauptversammlung ermächtigt den Vorstand, das Grundkapital in einem Zeitraum von maximal 5 Jahren bis zu maximal 50 % des bisherigen Grundkapitals zu erhöhen. Damit kann der Vorstand den Zeitpunkt der Kapitalerhöhung frei wählen und damit eine für die Emission günstige Kapitalmarktsituation abwarten.
Bedingte Kapitalerhöhung	Vgl. §§ 192 AktG: Betrifft die Ausgabe von Optionsanleihen und Wandelanleihen; Die Hauptversammlung kann eine Erhöhung des Grundkapitals beschließen. Die Kapitalerhöhung soll in diesem Fall nur insoweit durchgeführt werden, wie von einem Umtausch- oder Bezugsrecht Gebrauch gemacht wird, das die Gesellschaft auf die neuen Aktien einräumt. Zweck dieser Kapitalerhöhung: - Gewährung von Umtausch oder Bezugsrechten für die Anleger von Wandel- und Optionsanleihen - Zur Vorbereitung einer Fusion mit einem anderen Unternehmen - Zur Ausgabe von Belegschaftsaktien Der Nennbetrag des bedingten Kapitals darf 50 % des Grundkapitals nicht übersteigen.

Kapitalerhöhung aus Gesellschaftsmitteln	Vgl. §§ 207 bis 220 AktG, betrifft die Ausgabe von Berichtigungsakten. Die Kapitalerhöhung ergibt sich aus der Umwandlung von offenen Rücklagen in das Grundkapital.

Zu B: Richtig ist die Entstehung einer Kapitalrücklage.
Zu D: Die Kapitalrücklagen werden in das gezeichnete Kapital eingebucht, es kommt zu einem Passivtausch in der Bilanz.

Aufgabe VI-52: A und **F**

Der Kauf oder Verkauf von Fondsanteilen ist bei der Kapitalanlagegesellschaft oder an der Börse möglich. Fondsanteile werden meist mit einem Ausgabeaufschlag zur Deckung der Vertriebskosten ausgegeben. Dieser Aufschlag entfällt im Börsenhandel. Die Erträge aus Dividenden oder Zinsen schüttet die Gesellschaft an die Anteilseigner aus oder legt sie wieder an (thesaurierende Fonds). Der Wert eines Anteilsscheins wird errechnet, indem das Fondsvermögen durch die Anzahl der umlaufenden Anteilsscheine dividiert wird. Steigt der Wert der im Fondsvermögen enthaltenen Anlagen, erhöht sich das Fondsvermögen bzw. der Wert des Anteilsscheins.
Zu E: Cost-Average: Werden regelmäßig gleich bleibende Geldbeträge in Investmentanteilen angelegt, kann Frau Hansen den Vorteil der Durchschnittseinstandspreise nutzen.

Aufgabe VI-53: D, vgl. § 67 AktG

Aufgabe VI-54: B und **F**

Aktienanleihen sind an die Kursentwicklung einer Aktie gekoppelt und besitzen zudem einen Kupon, der Zinszahlungen garantiert. Am Ende der Laufzeit kann der Emittent den Nominalbetrag plus Zinsen oder eine zuvor festgelegte Zahl von Aktien plus Zinsen auszahlen.

Aufgabe VI-55: C

Vgl. Info in Lösung der Aufgabe VI-54

Aufgabe VI-56:

Zinsvaluta: 01**.06.20..** (Sonntag) einschließlich
Zinstage: 322 Stückzinsen: 5.000 x 3,65 x 322 : (100 x 366) = **160,56 EUR**

Aufgabe VI-57:

5.000 x 103,45	5.172,50 EUR
+ Stückzinsen für 322 Tage	160,56 EUR
+ 1 % Provision vom Kurswert	51,73 EUR
+ 0,75 Promille Maklergebühr vom Kurswert	3,88 EUR
Belastungsbetrag	**5.388,67 EUR**

Aufgabe VI-58:

02.06.20.. (Montag)

Aufgabe VI-59: D

Vgl. Info in Lösung der Aufgabe VI-54

Aufgabe VI-60

A	B	C	D	E	F
1	**2**	**3**	**3**	**2**	**1**

Vorzugsaktien: Zu den Sonderrechten von Vorzugsaktien gehört meist eine höhere Dividende. Darüber hinaus sind Regelungen möglich, die die Nachzahlung ausgefallener Dividenden in späteren Jahren vorsehen (kumulierte Vorzugsaktien). Die einzelnen Vorrechte enthält die Satzung der AG. Werden die Vorzugsdividenden in einem Jahr oder nicht vollständig gezahlt, so haben die Vorzugsaktionäre ein Stimmrecht, bis die Rückstände nachgezahlt wurden. In diesem Fall sind Vorzugsaktionäre bei der Berechnung von Mehrheitsverhältnissen zu berücksichtigen.

Aufgabe VI-61: B

Geldmarktfonds: Anlageschwerpunkte von Geldmarktfonds sind Geldmarktanlagen (Tages- und Termingeld) und Geldmarktpapiere.

Aufgabe VI-62: D

Rechenweg:
(180 – 120 – 0,32 Dividendennachteil) : (7/2 + 1)= 13,26 EUR

Aufgabe VI-63: A

Kurszusätze
exD = ohne Dividende: Erste Notiz unter Abschlag der Dividende
G = Geld: Zu diesem Preis bestand nur Nachfrage
B = bezahlt: Alle Aufträge sind ausgeführt.
bG = bezahlt Geld: Die zum festgestellten Kurs limitierten Kaufaufträge müssen nicht vollständig ausgeführt sein. Es bestand noch weitere Nachfrage.
Gültigkeitsdauer von Wertpapieraufträgen:

- Preislich limitierte Aufträge in Aktien sind bis zum letzten Börsentages des laufenden Monats gültig.
- Preislich limitierte Aufträge in Aktien erlöschen bei Dividendenzahlungen und sonstigen Ausschüttungen am 1. Börsentag nach der Hauptversammlung.

Aufgabe VI-64:

A	B	C	D
2	**1**	**3**	**4**

Bookbuilding-Verfahren: vgl. Info in Lösung der Aufgabe VI-30
Freihändiger Verkauf: Ein freihändiger Verkauf durch den Emittenten nutzen vorwiegend Daueremittenten. Der Preis für die Wertpapiere orientiert sich an der Marktlage. Emittenten müssen vor Platzierungsbeginn einen Verkaufsprospekt veröffentlichen. Dieser gibt den ersten Verkaufstag sowie den nicht fixierten Platzierungskurs an. Eine Zeichnungsfrist entfällt.
Tenderverfahren (amerikanisches Verfahren): Es ist ein Zuteilungsverfahren bei der Emission von Bundeswertpapieren, insbesondere bei Wertpapier-Pensionsgeschäften der Deutschen Bundesbank.

Aufgabe VI-65: A und **B**

A: Mit 200 Bezugsrechten kann der Anleger 40 x 2 = 80 junge Aktien beziehen. Die Bezugsrechte sind dann verbraucht.
B: Mit 200 Bezugsrechten kann der Anleger auch 20 x 2 = 40 junge Aktien beziehen und den Rest von 100 Bezugsrechten an der Börse verkaufen.
Zu E: Der Verkauf sämtlicher Bezugsrechte entspricht nicht der Aufgabenstellung.

Aufgabe VI-66: A und **F**

F: Dachfonds investieren die Fondsmittel ausschließlich in andere Investmentfonds.
Zu D: Bei thesaurierenden Fonds werden die Erträge wieder in Fondswerte angelegt. Es fällt aber seit 2018 eine jährliche Vorabpauschalbesteuerung für den Anleger an.

Zu E: Die Depotbank der Investmentgesellschaft nimmt die Anteile wieder zurück.

Aufgabe VI-67

a) D
b) 2,25
   Rechenweg:
   (18-12) : (50/30 + 1)
   6:2,66 = 2,25 EUR
c) 330 Mio. EUR
   Rechenweg:
   30 Mio x (12-1) = 330 Mio. EUR Rücklagen

Aufgabe VI-68: D, vgl. Infos in Lösung Aufgabe VI-64

Aufgabe VI-69

A	B	C	D
2	**1**	**4**	**3**

Aufgabe VI-70: C

Die Verwahrung des Sondervermögens des Aktienfonds sowie die Ausgabe und Rücknahme der Investmentzertifikate erfolgt durch die Depotbank, die auch wichtige Kontrollfunktionen wahrnimmt. Die Depotbank übernimmt das Stimmrecht in den Hauptversammlungen der betreffenden Aktiengesellschaften, die als Anlage im Sondervermögen vertreten sind.

Aufgabe VI-71: D

Bei Vorlage einer NV-Bescheinigung zahlt das Kreditinstitut Kapitalerträge ohne Steuerabzug aus. Eine NV-Bescheinigung stellt das Finanzamt auf Antrag des Steuerpflichtigen aus, wenn seine Kapitalerträge voraussichtlich nicht einkommensteuerpflichtig sind. Die betraglich nicht begrenzte NV-Bescheinigung gilt für maximal drei Jahre und kann nach Fristablauf neu beim Finanzamt beantragt werden.
Zu C: Antrag beim zuständigen Wohnsitzfinanzamt; die NV-Bescheinigung ist dann drei Jahre gültig.
Zu E: Wenn Frau Günter keine NV-Bescheinigung vorlegt, kann sie als Steuerpflichtige auch im Rahmen eines Freistellungsauftrags bis zu 1.000,00 EUR jährlich Kapitalerträge ohne Steuerabzug vereinnahmen.

Aufgabe VI-72: C und **F**

Aufgabe VI-73: A und **C**, vgl. Info in Lösung der Aufgabe VI-68

Aufgabe VI-74

A	B	C	D	E	F
4	**2**	**5**	**1**	**3**	**6**

Aufgabe VI-75: B

Industrieanleihen sind Gläubigerpapiere, die ein Recht auf jährliche Verzinsung und die Rückzahlung zum Nennwert verbriefen. Bei Aktiengesellschaften ist für die Emission von Industrieanleihen kein Beschluss der HV erforderlich. Der Vorstand beschließt die Ausgabe einer Anleiheemission.

Aufgabe VI-76

a) **8,2**

Hebel = Aktienkurs : (Kurs des Optionsscheins x Bezugsverhältnis)

Hebel = 41,00 : (0,50 x 10) = 8,2

b) **B** und **E**

Der einfache Hebel drückt aus, um wie viel der Wert eines Investments in Finanzderivate, z. B. Optionen, Optionsscheine oder Knock-out-Produkte, stärker steigt bzw. fällt als der gleiche Investmentbetrag im Basiswert, wenn der Kurs des Basiswertes um eine Einheit steigt bzw. fällt.

Aufgabe VI-77: D, vgl. Info in Lösung der Aufgabe VI-68

Aufgabe VI-78: A

bG, bezahlt Geld: Die zum festgestellten limitierten Kaufaufträge müssen nicht vollständig ausgeführt sein; es bestand weitere Nachfrage.

bB, bezahlt Brief: Die zum festgestellten Kurs limitierten Verkaufsaufträge müssen nicht vollständig ausgeführt werden; es bestand weiteres Angebot.

b, bezahlt: Alle Aufträge sind ausgeführt.

G, Geld: Es fand kein Umsatz statt, zu diesem Preis bestand nur Nachfrage.

B, Brief: Es fand kein Umsatz statt, zu diesem Preis bestand nur Angebot.

ebG, etwas bezahlt Geld: Die zum festgestellten Kurs limitierten Kaufaufträge konnten nur zu einem geringen Teil ausgeführt werden.

ebB, etwas bezahlt Brief: Die zum festgestellten Kurs limitierten Verkaufsaufträge konnten nur zu einem geringen Teil ausgeführt werden.

exD, nach Dividende: Erste Notiz unter Abschlag der Dividende.

exBR, nach Bezugsrecht: Erste Notiz unter Abschlag eines Bezugsrechts.

exBA, nach Berichtigungsaktien: Erste Notiz nach Umstellung des Kurses auf das aus Gesellschaftsmitteln berichtigte Aktienkapital.

exSP, nach Splitting: Erste Notiz nach Umstellung des Kurses auf die geteilten Aktien.

-T, gestrichen Taxe: Ein Kurs konnte nicht festgestellt werden; der Preis ist geschätzt.

-, gestrichen: Ein Kurs konnte nicht festgestellt werden.

Aufgabe VI-79:

A	B	C	D	E	F
5	**1**	**3**	**2**	**6**	**4**

Vgl. auch Info in Lösung der Aufgabe VI-76

Aufgabe VI-80: B und E

B: Seit September 2021 gehören dem Dax 40 Unternehmen an. Im Gegenzug schrumpft der Nebenwerteindex MDax auf 50 von 60 Unternehmen. Die Größe des Kleinwerteindex SDax blieb unverändert.

Mit dem neuen Dax profitieren Marktteilnehmer künftig von einem einfachen und an internationalen Standards ausgerichteten Regelwerk sowie neuen qualitativen Kriterien für den Dax 40. Der DAX soll dann eine größere Abdeckung wichtiger Branchen in der deutschen Wirtschaft leisten.

Es gelten künftig strengere Regeln für die Index-Mitgliedschaft. So müssen seit Dezember 2020 alle Dax-Kandidaten vor Aufnahme in den Index ein positives Ergebnis vor Zinsen, Steuern und Abschreibungen (Ebitda) in den letzten zwei Finanzberichten vorgelegt haben.

Firmen werden aus den Auswahlindizes Dax, MDax, TecDax und SDax verbannt, wenn sie ihre Zahlenwerke nicht fristgerecht vorlegen. Seit März 2021 müssen dazu testierte Geschäftsberichte und vierteljährliche Quartalsmitteilungen vorliegen. Geschieht dies nicht innerhalb einer 30-tägigen "Warnfrist", erfolgt der sofortige Indexausschluss.

Ebenfalls seit März des kommenden Jahres müssen zudem alle Indexunternehmen Empfehlungen des Deutschen Corporate Governance Kodex entsprechen, die sich auf die Einsetzung eines Prüfungsausschusses beziehen.

Zwei Mal im Jahr soll die Zusammensetzung bei allen Leitindizes durch eine Hauptprüfung überprüft werden.

Unabhängig davon kann es aber zu schnellen Aufnahmen oder Ausschlüssen aus dem Dax, MDAX, TECDAX und SDAX kommen.

Eine wichtige Vereinfachung besteht darin, dass bei den Indizes künftig die Marktkapitalisierung bzw. der Börsenwert das einzige quantitative Aufnahmekriterium bleibt. Die Höhe der Börsenumsätze spielen dann keine Rolle mehr. Allerdings müssen Indexmitglieder eine "Mindestliquidität" an der Börse nachweisen.

E:

	Regulierter Markt	**Open Market (Freiverkehr)**
Zulassungs-voraussetzungen	- Antrag durch Emittenten und Finanzdienstleistungsunternehmen - Emissionsprospekt mit Unternehmens- und Emissionsbeschreibung - Prospekthaftung des Emittenten und des Finanzdienstleistungsunternehmens für die Richtigkeit der Angaben	- Antrag auf Zulassung von Finanzdienstleistungsunternehmen - Jedes Unternehmen muss über einen Wertpapierprospekt verfügen oder - über ein Grundkapital von mind. 500.000,00 EUR, das in Aktien mit einem Mindestnominalwert von 0,10 EUR eingeteilt ist. - Eine direkte Rechtsbeziehung zwischen der AG und der Börse besteht nicht. - Ein Unternehmen, das eine Notierung anstrebt, muss einen Handelsteilnehmer (i. d. R. eine Wertpapierhandelsbank) beauftragen, einen Antrag auf Einbeziehung seiner Aktien in den Open Market zu stellen. Dieser unterliegt den AGB und hat aufgrund seiner Zulassung als Händler eine Rechtsbeziehung zur Deutsche Börse AG. - Bestätigung des Grundkapitals durch Wirtschaftsprüfer
Handel	Reglementierung des Handels durch die Bestimmungen des Börsengesetzes	Geschäftsführung der Börse erlässt Handelsrichtlinien.

Publizitätsvorschriften	Die Geschäftsführung kann verlangen, dass der Emittent Auskünfte veröffentlicht, wenn dies zum Schutz des Publikums oder für einen ordnungsgemäßen Börsenhandel erforderlich ist.	Es sind keine gesetzlichen Publizitätsvorschriften vorgesehen.
Teilbereiche des Marktsegments	**Prime Standard:** Die in diesem Segment gelisteten Unternehmen verpflichten sich zu hoher Transparenz, die internationalen Anforderungen entspricht (Quartalsberichte, Jahresabschluss nach IFRS oder US-GAAP, Analystenkonferenzen, Unternehmenskalender, Ad-hoc-Mitteilungen). **General Standard:** Es gelten die gesetzlichen Mindestanforderungen (Jahres-/Halbjahresbericht; Ad-hoc-Mitteilungen in deutscher Sprache usw.). Relativ niedrige Kosten in diesem Marktsegment.	Im **Entry Standard**, einem Teilbereich des Open Market gelten etwas strengere Vorschriften als im Open Market. Die testierten Jahresabschlüsse müssen veröffentlicht werden und kursbewegende Nachrichten müssen unverzüglich im Internet veröffentlicht werden. Der Entry Standard soll kleineren Unternehmen eine kostengünstige Börsennotierung ermöglichen.

Zu A: Der MDAX umfasst 50 Aktien, die in der Größe den DAX-40-Werten folgen („mid-caps").
Zu C: Der SDAX umfasst die 70 größten auf den MDAX folgenden Werte der klassischen Branchen.
Zu D: Wertpapiere, die an einer Börse gehandelt werden, benötigen nach den Vorschriften des Börsengesetzes eine Zulassung zum regulierten Markt oder zum Freiverkehr.
Zu F: Der Entry Standard ist ein Teilsegment des Freiverkehrs an der Frankfurter Wertpapierbörse. Er ermöglicht insbesondere kleineren Unternehmen eine kostengünstige Börsennotierung.
Neben dem DAX umfasst die DAX-Indexfamilie weitere Indizes wie den MDAX, der die 50 größten Unternehmen nach dem DAX abbildet, den TecDAX, der einen Fokus auf Technologieunternehmen legt und den SDAX, der die 70 größten unterhalb des MDAX umfasst.
Der MDAX setzt sich aus 50 deutschen oder überwiegend in Deutschland tätigen Unternehmen aller Branchen zusammen, die nach Marktkapitalisierung des Streubesitzes und nach Börsenumsatz den 40 DAX-Unternehmen in ihrer Größe nachfolgen. Viermal jährlich wird die Zusammensetzung des Index neu berechnet (Die Aktienliste zum DAX40, MDAX50 und SDAX70 finden Sie im Anhang dieses Buches).

Aufgabe VI-81: A und **B**

Die Fundamentalanalyse beruht auf der Annahme, dass der Aktienkurs vom zukünftigen Unternehmenserfolg abhängt. Ziel der Fundamentalanalyse ist es, das zukünftige Gewinn- und Wachstumspotenzial der Gesellschaft zu beurteilen, um durch eine Kapitalisierung der zukünftigen Gewinne den inneren Wert des Unternehmens zu ermitteln.

Aufgabe VI-82: E, vgl. Ziffer 6 der Sonderbedingungen für Wertpapiergeschäfte und Info in Lösung der Aufgabe VI-76

Preislich limitierte Aufträge in Aktien erlöschen bei Dividendenzahlungen und sonstigen Ausschüttungen, z. B. Bezugsrechtsabschlag bei einer ordentlichen Kapitelerhöhung oder Berichtigungsabschlag bei der Kapitalerhöhung aus Gesellschaftsmitteln.

Aufgabe VI-83:

A	B	C	D	E	F
6	**1**	**6**	**7**	**6**	**3**

Aufträge ohne Gültigkeitsdauer sind tagesgültig. Wird der Auftrag zu spät für eine gleichtägige Ausführung erteilt, wird er für den nächsten Börsentag vorgemerkt. Preislich limitierte Aufträge sind bis zum letzten Börsentag des laufenden Monats gültig (Ultimo-Order).
Dividendenzahlung: Limitierte Aufträge erlöschen mit Ablauf des letzten Börsentages vor dem Dividendenabschlag. Der Kunde ist unverzüglich davon zu informieren.
Bezugsrechtsabschlag: Aufträge in Aktienwerten erlöschen mit Ablauf des Börsentages vor dem Beginn der Bezugsrechtshandelsfrist. Das Gleiche gilt bei Kapitalerhöhungen aus Gesellschaftsmitteln.
Bezugsrechtshandel: Preislich unlimitierte Aufträge zum Kauf oder Verkauf von Bezugsrechten sind für die Dauer des Bezugsrechtshandels gültig, preislich limitierte Aufträge erlöschen am vorletzten Handelstag. Vorhandene Bezugsrechte, für die keine Weisung vorliegt, werden am letzten Handelstag bestens verkauft.
Kursaussetzungen: Aufträge in einem Wertpapier, dessen Kurs ausgesetzt worden ist, erlöschen.

Aufgabe VI-84: F

Aufgabe VI-85: A

Gültigkeitsdauer des Wertpapierauftrags:
Wenn keine Weisungen über die Gültigkeitsdauer des Auftrags vorliegen, sind preislich unlimitierte Aufträge nur für einen Börsentag gültig. Aufträge, die am Tag des Eingangs nicht mehr rechtzeitig an die Börse weitergeleitet werden konnten, werden für den nächsten Börsentag vorgemerkt. Preislich limitierte Aufträge sind bis zum letzten Börsentag des laufenden Monats gültig. Ein am letzten Börsentag eines Monats eingehender Auftrag wird, sofern er nicht am selben Tag ausgeführt wird, für den nächsten Monat vorgemerkt (Sonderbedingungen für Wertpapiergeschäfte Ziffer 6).

Aufgabe VI-86: B und C

Inhalt eines Wertpapierauftrags:
- Börsenmäßige Bezeichnung des Wertpapiers, WKN oder ISIN
- Auftragsmenge, Stückzahl bei Aktien und Investmentanteilen oder Nennwert bei Schuldverschreibungen
- Kurslimite
- Gültigkeitsdauer des Auftrags
- Name und Anschrift des Auftraggebers
- Kontonummer des Geld- und Depotkontos
- Verwahrungsart (Girosammelverwahrung, Streifbandverwahrung, effektive Auslieferung)
- Ausführungsplatz oder Best Execution
- Datum und Uhrzeit der Auftragsannahme und Unterschrift des Auftraggebers

Aufgabe VI-87:

1	2	3	4	5
C	**E**	**B**	**D**	**A**

Die 3 Phasen einer Auktion im Xetra:
Aufrufphase: Die Auktion beginnt mit der Aufrufphase, in der die Teilnehmer Orders und Quotes eingeben sowie bestehende Orders und Quotes ändern oder löschen können.
Preisermittlungsphase: Auf der Basis der Orderbuchlage am Ende der Aufrufphase wird binnen weniger Sekunden der Auktionspreis nach dem Meistausführungsprinzip ermittelt. Nach der Auktionspreisermittlung erhalten alle Kontrahenten eine Ausführungsbestätigung über die zustande gekommenen Abschlüsse.
Marktausgleichsphase: Sie wird nur durchgeführt, wenn ein Überhang vorhanden ist, d. h. ein Teil der ausführbaren Orders in der Preisermittlungsphase nicht ausgeführt werden konnte. Dieser Nachfrage- bzw. Angebotsüberhang wird dann den Teilnehmern zum Auktionspreis angeboten.

Aufgabe VI-88:

Bei einem Kurs von ...	**Kaufaufträge**	**Verkaufsaufträge**	**Umsätze**
64,05	25.900,00 (alle Billigst-Kaufaufträge, alle Aufträge zum Limit 64,05 und alle über dem Limit liegenden Kaufaufträge)	8.000,00 (alle Bestens-Verkaufs–aufträge)	8.000,00
64,10	23.400,00 (abzüglich der Kaufaufträge zum Limit 64,05)	11.000,00 (alle Bestens-Verkaufs–aufträge und die zum Limit 64,10)	11.000,00
64,20	23.400,00 (alle Kaufaufträge abzüglich der zum Limit 64,05)	14.000,00 (alle Bestens-Verkaufs–aufträge und die zum Limit 64,10 und 64,20)	14.000,00
64,35	20.900,00 (alle Kaufaufträge abzüglich der zum Limit 64,05 und 64,20)	14.000,00 (alle Bestens-Verkaufs–aufträge und die zum Limit 64,10 und 64,20)	14.000,00
64,60	18.400,00 (alle Kaufaufträge abzüglich der zum Limit 64,05 und 64,20 und 64,35)	19.700,00 (alle Bestens-Verkaufs–aufträge und die zum Limit 64,10 und 64,20 und 64,60)	18.400,00
64,70	13.700,00 (alle Kaufaufträge abzüglich der zum Limit 64,05 und 64,20 und 64,35 und 64,60)	20.200,00 (alle Bestens-Verkaufs–aufträge und die zum Limit 64,10 und 64,20 und 64,60 und 64,70)	13.700,00

Bei einem Kurs von ...	Kaufaufträge	Verkaufsaufträge	Umsätze
64,75	9.700,00 (alle Kaufaufträge abzüglich der zum Limit 64,05 und 64,20 und 64,35 und 64,60 und 64,70)	24.700,00 (alle Bestens-Verkaufs–aufträge und die zum Limit 64,10 und 64,20 und 64,60 und 64,70 und 64,75)	9.700,00
64,80	9.700,00 (alle Kaufaufträge abzüglich der zum Limit 64,05 und 64,20 und 64,35 und 64,60 und 64,70)	30.200,00 (alle Bestens-Verkaufs–aufträge und die zum Limit 64,10 und 64,20 und 64,60 und 64,70 und 64,75 und 64,80)	9.700,00

a) Eröffnungskurs = **64,60** (Der Kurs mit höchsten Umsatz)
b) **18.400** Stück
c) Mögliche Kurszusätze:
- **64,60 bB** (Der Spezialist nimmt keinen Marktausgleich vor.)
- **64,60 b** (Der Spezialist nimmt einen Marktausgleich vor und übernimmt 1.300 Stück der Aktien in den eigenen Bestand.)

Aufgabe VI-89:

A	B	C	D	E	F	G
1	**2**	**1**	**1**	**1**	**2**	**2**

- Die Stücknotierung bei einem Wertpapier bedeutet, dass der Kurs in Euro je Stück notiert.
- Bei der Prozentnotierung notiert der Kurs in Prozent des Nennwertes.

Aufgabe VI-90: C

Der Stop-loss-Auftrag wird bestens ausgeführt, sobald der Kurs das gesetzte Limit erreicht. Damit wird ein bereits erzielter Gewinn weitgehend gesichert oder ein möglicher Verlust beschränkt.

Ein Stop-Auftrag ist eine Kauf- oder Verkaufsorder, die erst ab einem bestimmten Preis wirksam wird. Anleger legen damit fest, dass ihr Auftrag erst dann ausgeführt wird, wenn dieser Preis (Limit) erreicht, über- bzw. unterschritten wird. Der Vorteil ist dabei, dass der Anleger den Kurs einer Aktie nicht ständig verfolgen muss. Bei einem Kursrutsch können mit einem Stop-loss-Limit in der Regel Verluste begrenzt werden. Der Wertpapierauftrag wird bei Erreichen oder Unterschreiten des Stop-Limits in eine unlimitierte Verkaufsorder (bestens) umgewandelt und zur nächsten Preisfeststellung ausgeführt. Umgekehrt verhält es sich bei einem Stop-buy-Limit.

Zu A: Limitierter Auftrag: Das Limit darf bei einem Kauf nicht überschritten, bei einem Verkauf nicht unterschritten werden.

Zu B: Unlimitierter Auftrag: Der Auftrag soll auf jeden Fall ausgeführt werden. Eine Kursbegrenzung ist nicht gegeben. Kaufaufträge ohne Limit werden „billigst“, Verkaufsaufträge ohne Limit „bestens“ ausgeführt.

Zu D: Stop-buy-Auftrag: Der Stop-buy-Auftrag wird billigst ausgeführt, sobald der Börsenkurs das gesetzte Limit erreicht.

Aufgabe VI-91: E

Zulassungsvoraussetzungen:
Aufnahme eines Wertpapieres in den amtlichen Handel. Die Entscheidung hierüber fällt die Zulassungsstelle. Die Zulassungsbedingungen sind im Börsengesetz und in der Zulassungsbekanntmachung niedergelegt, die durch eine neue Verordnung ersetzt werden soll (Börsenrecht).
Die Zulassungsvoraussetzungen müssen insbesondere auf die Art von Emittent und Wertpapier zugeschnitten sein. Die wichtigste Zulassungsvoraussetzung ist die Veröffentlichung eines Prospekts, der ebenfalls nach Emittent und Wertpapier differenzierten Anforderungen genügen muss. Weitere zentrale Kriterien sind: Mindestgesamtwert der zuzulassenden Effekten, Mindeststreuung im Publikum, Verpflichtung zur fortlaufenden Information der Anleger insbesondere durch Zwischenberichte, Mindestalter und Rechtsform des Emittenten.

Aufgabe VI-92: B und **F**

Aufgabe VI-93: A

Aufgabe VI-94: B, vgl. Info in Lösung VI-76

Aufgabe VI-95: B

Vgl. auch Info in Lösung der Aufgabe VI-80
Der wichtigste Index im deutschen Aktienmarkt ist der DAX 40. Er beinhaltet die 40 größten und umsatzstärksten deutschen Aktien, die nach dem Wert der im Streubesitz befindlichen Aktien gewichtet sind. So hat die T-Aktie beispielsweise eine höhere Gewichtung als Adidas-Aktien. ViermalMehrmals im Jahr wird die Zusammensetzung der DAX-Werte überprüft und ggf. verändert. Die erheblich bessere Entwicklung des DAX-Performance-Indexes macht deutlich, dass bei einer langfristigen Betrachtung Dividendenzahlungen von großer Bedeutung für den Erfolg von Aktienanlagen sind. So stand der DAX-Kursindex vor zwei Jahren bei 8863 Punkten, während der DAX-Performance-Index einen Wert von derzeit 18059 hat. Beide Indizes starteten zu Beginn des Jahres 1988 bei 1000 Punkten. Die Bedeutung des Indizes besteht in den Informationen über die Marktentwicklung. Außerdem sind sie wichtig für die Beurteilung des Anlageerfolges und als Vergleichsmaßstab. Sie sind die Basis für Optionen, Futures, Indexzertifikate und Indexfonds.

Aufgabe VI-96: A und **E**, vgl. auch Börsenordnung für die Eurex Deutschland.

Eine Option ist das verbriefte Recht, aber nicht die Pflicht, eine bestimmte Menge eines Basiswertes (z. B. Aktien) zu einem vereinbarten Preis (Basispreis) innerhalb eines festgelegten Zeitraums oder zu einem bestimmten Zeitpunkt zu erwerben (Kaufoption/Call) oder zu veräußern (Verkaufsoption/Put). Optionen sind eigenständige Finanzinstrumente aus der Gattung der Termingeschäfte. Der Optionskäufer zahlt dem Verkäufer für das Ausübungsrecht einen Optionspreis (Optionsprämie). Dafür verpflichtet sich der Verkäufer, wenn die Option ausgeübt wird, den Basiswert gegen Zahlung des Basispreises bereitzustellen oder zu übernehmen. Nimmt der Optionsinhaber sein Ausübungsrecht nicht in Anspruch, erlischt das Optionsrecht am Ende der Laufzeit und die Option verfällt.

Aufgabe VI-97: C und **E**, vgl. auch Info in Lösung der Aufgabe VI-96

Aufgabe VI-98:

a) **B**
b) **300,00 EUR**

Vgl. Info in Lösung der Aufgabe VI-96

Aufgabe VI-99: D, vgl. Info in Lösung der Aufgabe VI-96

Aufgabe VI-100:

a) **1,00 EUR** Der innere Wert ist die Differenz zwischen dem aktuellen Aktienkurs und dem Basispreis.

b) **3,00 EUR** Der Zeitwert eines Optionsrechts ist der nicht durch den inneren Wert gedeckte Teil des Optionspreises (hier 4 – 1 = 3).

Aufgabe VI-101: D, vgl. § 31 ff. WpHG

Spätestens vor der Annahme eines Kundenauftrages muss ein Kunde über die Eigenschaften und Risiken informiert werden, die für seine Anlageentscheidung von Bedeutung sind. Sie soll sich am Kenntnisstand und Erfahrungshorizont des Kunden orientieren. Der Kunde ist besonders über die Risiken der Anlage zu informieren. Der Anlageberater dokumentiert, über welche Anlagegeschäfte (Funktionsweise, Möglichkeiten und Risiken) unter Berücksichtigung der Anlageziele des Kunden ausführlich besprochen wurde und auf welche Punkte (z. B. Zinsrisiken, Kurs- und Währungsrisiken) besonders hingewiesen worden ist. Sofern bereits ein dokumentiertes Anlagegespräch geführt worden ist, muss eine neue Dokumentation nur erfolgen, wenn sich wesentliche Änderungen im Erfahrungsbereich und in den finanziellen Verhältnissen und getätigten Anlagen und Anlagezielen des Kunden ergeben haben.

Aufgabe VI-102: E

Aufgabe VI-103:

A	B	C	D	E
2	**1**	**4**	**5**	**3**

Girosammelverwahrung: Bei dieser Verwahrart werden Wertpapiere getrennt nach Gattungen bei der Clearstream Banking AG in Frankfurt verwahrt. Der Depotkunde ist Miteigentümer am Sammelbestand der betreffenden Wertpapiergattung.

Streifbandverwahrung: Der Verwahrer ist verpflichtet, die Wertpapiere der Hinterleger unter äußerlich erkennbarer Bezeichnung jedes Hinterlegers gesondert von seinen eigenen Beständen und denen Dritter aufzubewahren. Die Sonderverwahrung ist erforderlich, wenn es sich um Wertpapiere handelt, die nicht zur Sammelverwahrung durch eine Wertpapiersammelbank zugelassen sind, oder wenn der Hinterleger die gesonderte Aufbewahrung verlangt. Dem Depotkunden bleibt das Eigentum an der hinterlegten Wertpapierurkunde erhalten.

Aufgabe VI-104: B

Private Anleger müssen vor der Erteilung von Aufträgen in Finanztermingeschäften schriftlich über die besonderen Risiken der Geschäfte aufgeklärt werden. Finanztermingeschäfte sind Käufe und Verkäufe von Derivaten und Optionsscheinen.

Die schriftliche Unterrichtung muss aufzeigen, dass

- die aus Finanztermingeschäften erworbenen befristeten Rechte verfallen oder eine Wertminderung erleiden können,
- das Verlustrisiko nicht bestimmbar ist und auch über etwaige geleistete Sicherheiten hinausgehen kann,
- sich das Verlustrisiko erhöht, wenn zur Erfüllung von Verpflichtungen aus Finanztermingeschäften Kredite in Anspruch genommen werden oder die hieraus zu beanspruchende Gegenleistung auf ausländische Währung lautet.

Aufgabe VI-105: D und **E**, vgl. Info in Lösung der Aufgabe VI-97

Aufgabe VI-106: A und C

Fundamentalanalyse: Sie versucht, aus allen zugänglichen Informationen ein Urteil über die wirtschaftliche Lage des Unternehmens, seine künftigen Gewinnaussichten und die mit einer Investition in das Wertpapier verbundenen Risiken zu gewinnen. Betrachtet wird die Finanz- und Geschäftslage eines Unternehmens in Kombination mit dessen wirtschaftlichem Umfeld (Wettbewerbssituation, Branchendaten). Auf dieser Basis wird der innere Wert des Wertpapiers bestimmt. Der Analyst geht davon aus, dass der Kurs eines Wertpapiers um diesen inneren Wert schwankt.

Technische Analyse: Sie betrachtet die Aktienkurse und die Handelsumsätze. Hauptziel ist, den geeigneten Kauf- oder Verkaufszeitpunkt für einen Einzelwert zu bestimmen. Die technische Aktienanalyse basiert auf drei Grundannahmen:

- Alle Faktoren, die die Kurse beeinflussen können (fundamentale, psychologische, politische und andere Faktoren), sind in den Kursen bereits abgebildet. Kurscharts reflektieren demnach die Marktentwicklung, beeinflussen den Markt jedoch nicht.
- Die Kurse bewegen sich in Trends, die sich so lange fortsetzen, bis ein Signal zur Trendumkehr vorliegt.
- Es gibt Kursverlaufsmuster, die sich wiederholen.

Die technische Analyse lässt sich in die Chartanalyse und die Kennzahlenanalyse gliedern. Ziel der Chartanalyse ist es, die Trendverläufe von Kursen möglichst frühzeitig zu erkennen und aus typischen Kursverlaufsmustern Kauf- oder Verkaufssignale abzuleiten. Wichtige Instrumente sind Trendlinien, Widerstands- und Unterstützungslinien sowie Formationen.

Bei der technischen Kennzahlenanalyse werden aus den Kursen bestimmte Indikatoren errechnet (z. B. Momentum), die Aufschluss über die Zuverlässigkeit oder Stärke des Trends und damit die wahrscheinliche zukünftige Kursentwicklung geben sollen.

Aufgabe VI-107: B

Aufgabe VI-108: A und D

A:

Schutzgemeinschaft der Kapitalanleger (SdK) e.V.	
Gründung	1959
Organisation	- ca. 12.000 Mitglieder - Geschäftsstellen in München und Berlin
Schwerpunkt der Arbeit	Schutz der Minderheitsaktionäre sowie Engagement für eine Fortentwicklung der Aktienkultur und des Anlegerschutzes.
Besonderes Kennzeichen des SdK	Unabhängigkeit, gewährleistet durch die weitgehende Ehrenamtlichkeit aller aktiven Personen
Tätigkeitsbereiche	- Mitgliederberatung u. a. mit einer Rechtshotline - Stimmrechtsvertretung auf Hauptversammlungen - Rechtsfindung in grundsätzlichen aktienrechtlichen Fragen durch das Führen gerichtlicher Verfahren - Klagen gegen eklatante Verletzungen der Interessen des Streubesitzes - Unterstützung von Anlegern in Schadensersatz- oder Prospekthaftungsfällen (z. B. bei „US-Sammelklagen") - Mitwirkung bei der Gestaltung von Gesetzesvorhaben auf dem Gebiet des Aktienwesens und Anlegerschutzes

	- Herausgabe des „Schwarzbuch Börse“, der jährlichen Veröffentlichung von Skandalen und Betrügereien von Unternehmen
Online-Aktivitäten	www.sdk.org - Homepage der SdK für Mitglieder und Interessierte www.anlegerplus.de - Website für Kapitalanleger www.anlageschutzarchiv.de - Anlageschutz-Archiv, in dem sich Anleger über Akteure und Produkte des sog. Grauen Kapitalmarktes informieren können

Deutsche Schutzvereinigung für Wertpapierbesitz e.V.	
Online-Aktivitäten	www.dsw-info.de www.hauptversammlung.de www.schutzvereinigung.com www.schutzvereinigung.info www.nebenwerte.de www.investmentclub.de www.quellensteuer.info

D: Abweichungen von den Bankvorschlägen sind nur möglich, wenn die Depotbank annehmen darf, dass Frau Hövelborn bei Kenntnis der Sachlage die abweichende Stimmrechtsausübung billigen würde. Abweichungen sind Frau Hövelborn mitzuteilen und ihr gegenüber zu begründen.

Die Depotbank kann das Stimmrecht für den Aktionär ausüben, wenn er selbst an der Hauptversammlung nicht teilnehmen möchte. Rechtliche Grundlage für die Ausübung des Stimmrechts sind die §§ 128 und 135 Aktiengesetz.

- Der Kunde kann dem Kreditinstitut eine Einzelstimmrechtsvollmacht für eine bestimmte HV oder eine allgemeine Stimmrechtsvollmacht für alle inländischen Aktien im Depot des Kunden gültig bis auf Widerruf erteilen. Bei einer unbefristeten erteilten Stimmrechtsvollmacht ist der Kunde einmal jährlich vom Kreditinstitut auf die Möglichkeit des jederzeitigen Widerrufs der Vollmacht und auf andere Vertretungsmöglichkeiten hinzuweisen.
- Mitteilungspflichten ergeben sich für das Kreditinstitut aus der Stimmrechtsvollmacht, wenn ein Vorstandsmitglied der Depotbank dem Aufsichtsrat der AG oder ein Vorstandsmitglied der AG dem Aufsichtsrat der Depotbank angehört.
- Die Depotbank teilt dem Kunden mit, wie sie abstimmen wird, wenn der Kunde keine Weisung erteilt.
- Die Depotbank bittet den Kunden auf einem Formblatt um Weisungen zu den einzelnen Tagesordnungspunkten.

Aufgabe VI-109: C und **F**, vgl. Sonderbedingungen für Wertpapiergeschäfte

Aufgabe VI-110:

a)

Kaufauftrag 400 x 25,58 EUR	10.232,00 EUR
+ Provision	25,00 EUR
Summe	10.257,00 EUR
Verkaufsauftrag 400 x 31,80 EUR	12.720,00 EUR
./. Provision	25,00 EUR
Summe	12.695,00 EUR
Gewinn	**2.438,00 EUR**

b)

Kursgewinn	2.438,00 EUR
24,45 % Abgeltungssteuer	596,09 EUR
5,5 % SolZ von 596,09 EUR	32,78 EUR

9 % KiSt von 596,09 EUR	53,65 EUR
Summe der Steuern	**682,52 EUR**

Aufgabe VI-111: B

Zu den Einkünften aus Kapitalvermögen gehören unter anderem Zinsen und Dividenden, wenn sich die Vermögenssubstanz, aus der diese Einnahmen erzielt werden, im Privatvermögen befindet. Wird demgegenüber Kapitalvermögen im Betriebsvermögen gehalten, sind daraus erzielte Einkünfte nicht den Einkünften aus Kapitalvermögen, sondern den Betriebseinnahmen zuzurechnen, die in der Folge die Einkünfte aus Gewerbebetrieb erhöhen.
Zu den Einkünften aus Kapitalvermögen gehören:
- Gewinnausschüttungen
- Einkünfte aus stillen Beteiligungen und partialischen Darlehen
- Zinsen aus Hypotheken
- Zinsen aus Sparanteilen einer Lebensversicherung
- Zinsen aus sonstigen Kapitalforderungen
- Diskontbeträge
- Grundschulden und Renten aus Grundschulden
- Einkünfte aus der Veräußerung von Zinsscheinen, Zinsforderungen
- Stückzinsen

Einkünfte aus Kapitalvermögen unterliegen der Abgeltungssteuer.
Übersteigen die Kapitalerträge 500.000,00 Euro im Jahr, dann gilt für alle hiermit im Zusammenhang stehende Belege eine Aufbewahrungspflicht von sechs Jahren.

Aufgabe VI-112:

a)	1600 x 0,62 EUR	992,00 EUR
	./. Allgemeiner Verrechnungstopf	200,00 EUR
	./. FSA	301,00 EUR
	Zwischensumme	491,00 EUR
	Abgeltungssteuer 25 % von 491,00 EUR	122,75 EUR
	5,5 % SolZ von 122,75 EUR	6,75 EUR
	Summe der Steuern	**129,50 EUR**
b)	Zwischensumme aus a)	491,00 EUR
	./. Summe der Steuern	129,50 EUR
	+ Allgemeiner Verrechnungstopf	200,00 EUR
	+ FSA	301,00 EUR
	Gutschriftsbetrag	**862,50 EUR**

Aufgabe VI-113:

a) Basisertrag = (70 % von 1 %) von 150 EUR = **1,05 EUR** (die Begrenzung auf den Wertzuwachs im Kalenderjahr von 170 EUR – 150 EUR = 20 EUR wird nicht überschritten)

b) Vorabpauschale = Basisertrag - Ausschüttung
Vorabpauschale = 1,05 - 0,00 (der Fonds hat laut Aufgabentext nicht ausgeschüttet)
Vorabpauschale = **1,05 EUR**

c) Die Vorabpauschale für 2025 in Höhe von 1,05 Euro gilt am ersten Werktag 2026 als steuerlich zugeflossen:

Wegen der Teilfreistellung für Aktienfonds sind jetzt nur 70 % von 1,05 EUR steuerpflichtig, also **0,735 EUR** steuerpflichtig.

d) Bei 500 Anteilen ist ein Betrag von 500 x 0,735 EUR = **367,50 EUR** grundsätzlich steuerpflichtig. Sofern der Sparerfreibetrag noch nicht ausgeschöpft ist oder eine Nicht-Veranlagungsbescheinigung vorliegt, fallen auf die 367,50 Euro keine Steuern an.

Aufgabe VI-114:

Verbleibender Freistellungsbetrag: 801 – 367,50 = **433,50 EUR**

Aufgabe VI-115:

a) Rücknahmepreis 2.1.2026 von 150,00 EUR – Rücknahmepreis am 1.2.2026 von 180,00 EUR = Kapitalertrag 70 % von 30,00 EUR= **21,00 EUR** .
b) Bei 500 Anteilen beträgt der Kapitalertrag **10.500,00 EUR**
c) Gesamtertrag unter Berücksichtigung von Steuern und noch vorhandenem Freistellungsbetrag

Kapitalertrag 500 Anteile	10.500,00 EUR
- Freistellungsbetrag	433,50 EUR
Kapitalertrag	10.066,50 EUR
- 25 % Abgeltungssteuer	2.516,63 EUR
- 5,5 SolZ von der Abgeltungssteuer	138,41 EUR
Zwischensumme	7.411,46 EUR
+ FSA (nicht steuerpflichtiger Ertrag)	433,50 EUR
Kapitalertrag	**7.844,96 EUR**

Teilfreistellung der Abgeltungssteuer

Um die Vorbelastung mit Körperschaftsteuer und die mangelnde Anrechnungsfähigkeit ausländischer Quellensteuer zu kompensieren, gewährt der Gesetzgeber je nach Fondsart eine sogenannte Teilfreistellung von der Abgeltungssteuer.

Die Anleger von Publikumsfonds unterliegen jetzt einer pauschalen Besteuerung von Investmenterträgen. Dazu zählen Ausschüttungen, die sogenannte Vorabpauschale sowie Gewinne aus der Rückgabe bzw. Veräußerung von Fondsanteilen.

Die Fondsanleger müssen selbst die Mittel zur Zahlung der Steuer bereitstellen. Daher darf die depotführende Stelle die erforderlichen Beträge zur Abführung der Steuer auf die Vorabpauschale direkt vom Girokonto oder von einem anderen Referenzkonto des Anlegers einziehen - auch ohne dessen Einwilligung.

Vorabpauschale

Mit der Vorabpauschale soll sichergestellt werden, dass ein bestimmter Mindestbetrag versteuert wird, auch dann, wenn ein Fonds keine oder eine zu geringe Ausschüttung vornimmt. Diese sogenannte Vorabpauschale wird jährlich ermittelt und bezieht sich immer auf das Vorjahr. Die Vorabpauschale ist eine vorweggenommene Besteuerung zukünftiger Wertsteigerungen. Daher wird die Vorabpauschale beim Verkauf der Fondsanteile auch vom tatsächlichen Veräußerungsgewinn abgezogen. Basis für die Berechnung bildet die langfristig erzielbare Rendite öffentlicher Anleihen. Der Basiszins orientiert sich am Zinssatz, den die Deutsche Bundesbank jeweils auf den ersten Börsentag des Jahres errechnet.

Auf die Vorabpauschale wird am Anfang des folgenden Kalenderjahres von der depotführenden Stelle Abgeltungssteuer einbehalten (zum ersten Mal 2019). Um eine Doppelbesteuerung zu vermeiden, kann auf die Vorabpauschale die einbehaltene Steuer später von den tatsächlichen Veräußerungsgewinnen beim Verkauf der Fondsanteile wieder abgezogen werden.

Die Vorabpauschale ist die Differenz zwischen dem sogenannten Basisertrag des Fonds und der Ausschüttung. Hierzu wird zunächst zu Beginn eines Kalenderjahres (z. B. 01.01.2019)

für das vorangegangene Kalenderjahr (z. B. 2018) der Basisertrag nach der Formel berechnet: Basisertrag = 70 % des jährl. Basiszinses x Rücknahmepreis der Fondsanteile zum Jahresbeginn des vorangegangenen Kalenderjahres (z. B. 1.1.2018). Dann wird vom Basisertrag die Ausschüttung des letzten Kalenderjahres (z. B. in 2018) abgezogen: Vorabpauschale = Basisertrag - Ausschüttung des letzten Kalenderjahres.
Die Vorabpauschale kann niemals negativ werden. Der Basisertrag kann nicht höher sein als der Mehrbetrag, der sich aus dem zwischen dem ersten und dem letzten im Kalenderjahr festgesetzten Rücknahmepreis zuzüglich der Ausschüttungen innerhalb des Kalenderjahres ergibt.
Beispiel für die Vorabpauschale:
Gegeben sind folgende Daten:

- Fondspreis zum 1. Januar 2019: 100 EUR
- Fondspreis zum 31. Dezember 2019: 120 EUR
- Basiszins (angenommen): 1 %
- Ausschüttung für das Geschäftsjahr: 0,50 EUR je Anteil

Der Anleger besitzt 500 Fondsanteile. Es handelt sich um einen Aktienfonds.
Der Basisertrag beträgt (70 % von 1 %) 0,7 % x 100 EUR = 0,70 EUR. Die Vorabpauschale beträgt somit 0,70 EUR - 0,50 EUR = 0,20 EUR je Anteil.
Die Erträge aus dem Fonds für das Geschäftsjahr 2019 umfassen die Ausschüttung in Höhe von 0,50 EUR je Anteil und die Vorabpauschale in Höhe von 0,20 EUR je Anteil, insgesamt also 0,70 EUR je Anteil. Davon sind nur 70 % steuerpflichtig (Teilfreistellung 30 %) = 0,49 EUR je Anteil bzw. bei 500 Anteilen insgesamt 245 EUR. Diese werden auf den Freistellungsauftrag angerechnet.
Für thesaurierende Fonds und Fonds mit Teilausschüttungen ergeben sich unterschiedliche Ergebnisse, die sich auf den Zeitpunkt der Steuerpflicht auswirken:

Aufgabe VI-116:

a) Der Basisertrag beträgt: (70 % von 1 %) von 135 = **0,945 EUR**
   Die Begrenzung auf den Wertzuwachs im Kalenderjahr von 140,00 EUR – 135,00 EUR + 0,30 EUR = 5,30 EUR wird nicht überschritten.
b) Vorabpauschale 2025 = Basisertrag – Ausschüttung
   Die Vorabpauschale für 2026 beträgt 0,945 EUR – 0,30 EUR = **0,645 EUR**
   Der Basisertrag ist auf den Mehrbetrag begrenzt, der sich zwischen dem ersten und dem letzten im Kalenderjahr festgesetzten Rücknahmepreis zuzüglich der Ausschüttungen innerhalb des Kalenderjahres ergibt. Da die Ausschüttung (0,30 EUR) geringer ist als der Basisertrag (0,945 EUR), muss die Anlegerin zusätzlich zur Ausschüttung die Vorabpauschale versteuern.
   Die Ausschüttung und die Vorabpauschale sind zu unterschiedlichen Zeitpunkten zu versteuern: Die Ausschüttung ist der Anlegerin aus steuerlicher Sicht zugeflossen (und damit steuerpflichtig), sobald sie darüber verfügen konnte, also im Steuerjahr 2025.
   Die Vorabpauschale gilt dagegen erst am ersten Werktag des Folgejahres (also 2026) als zugeflossen.
c) Steuerpflichtiger Betrag pro Anteil: Teilfreistellung 70 % von 0,645 = **0,452 EUR**
d) Im Steuerjahr 2025 ist die Ausschüttung zu versteuern.
   Steuerpflichtiger Betrag pro Anteil: Teilfreistellung 70 % von 0,30 = 0,21 EUR
   Bei 1.500 Anteilen ist ein Betrag von **315,00 EUR** steuerpflichtig. Sofern der Freibetrag von 500,00 EUR noch nicht durch andere Kapitalerträge reduziert wurde, zieht die deutsche depotführende Stelle keine Kapitalertragsteuer und keinen Soli ab.

e) Bei 1.500 Anteilen ist unter Abzug eines Freistellungsbetrages von 500,00 EUR ein Betrag von **178,00 EUR** (678,00 EUR – 500,00 EUR) steuerpflichtig.
Rechenweg: Im Steuerjahr 2026 ist die Vorabpauschale 2026 zu versteuern.
steuerpflichtiger Betrag pro Anteil: Teilfreistellung 70 % von 0,645 = 0,452 EUR
Bei 1.500 Anteilen ist ein Betrag von 678,00 EUR steuerpflichtig. Sofern der Freibetrag von 500,00 noch nicht durch andere Kapitalerträge reduziert wurde, fallen auf **178,00 EUR** Kapitalertragsteuer und SolZ an.

Aufgabe VI-117: B und D

Die Abhaltung einer virtuellen Hauptversammlung erfordert eine Grundlage in der Satzung; entweder als direkte Festlegung oder als Ermächtigung für den Vorstand. Damit entscheiden die Aktionärinnen und Aktionäre, ob die Versammlung virtuell abgehalten werden kann. Die Satzungsregelung oder -ermächtigung muss auf bis zu fünf Jahre befristet werden.

Ausgestaltung der Aktionärsrechte

Durch das Gesetz sind die Aktionärsrechte uneingeschränkt gewahrt. Dies bedeutet im Einzelnen:

- Die gesamte Versammlung muss in Bild und Ton übertragen werden.
- Aktionärinnen und Aktionäre müssen ihr Stimmrecht auf elektronischem Wege ausüben können.
- Den Aktionärinnen und Aktionären steht das Recht zu, alle Arten von Anträgen im Wege der Videokommunikation in der Versammlung zu stellen.
- Die Aktionärinnen und Aktionäre erhalten ein Auskunftsrecht im Wege elektronischer Kommunikation. Dieses Auskunftsrecht kann, wie in der Präsenzversammlung, ausschließlich im Versammlungstermin gewährt werden. Der Vorstand kann allerdings auch entscheiden, dass Aktionärsfragen bis spätestens drei Tage vor dem Versammlungstermin eingereicht werden müssen. Dann muss der Vorstandsbericht oder der wesentliche Inhalt daraus bereits vor der Versammlung den Aktionärinnen und Aktionären zugänglich gemacht werden, damit die Aktionärinnen und Aktionäre ihr Fragerecht auf dieser Grundlage ausüben können. Die Gesellschaft muss die Fragen dann bis spätestens einen Tag vor der Versammlung beantworten. In der Versammlung erhalten die Aktionärinnen und Aktionäre ein umfassendes Nachfragerecht sowie ein Fragerecht zu anderen Inhalten, damit auch zu tagesaktuellen Themen gefragt werden kann.
- Alle Aktionärinnen und Aktionäre erhalten das Recht, Stellungnahmen im Vorfeld der Versammlung einzureichen.
- Ein Rederecht in der Versammlung muss für die elektronisch zugeschalteten Aktionärinnen und Aktionäre gewährleistet sein. Anträge und Fragen dürfen auch in Redebeiträgen gestellt werden.

Elektronisch zugeschalteten Aktionärinnen und Aktionären muss in der Versammlung ein Recht zum Widerspruch gegen Beschlüsse der Hauptversammlung zur Verfügung stehen.

VII. Baufinanzierung

Aufgabe VII-1: B

Nach § 800 Abs. 1 ZPO kann sich der Eigentümer in einer nach § 794 Abs. 1 Nr. 5 ZPO aufgenommenen Urkunde in Ansehung einer Grundschuld der sofortigen Zwangsvollstreckung in der Weise unterwerfen, dass die Zwangsvollstreckung aus der Urkunde gegen den jeweiligen Eigentümer des Grundstücks zulässig sein soll.

Aufgabe VII-2: B und D

Die jeweiligen Grunddienstbarkeiten werden im Grundbuch im Bestandsverzeichnis des herrschenden Grundstücks als Recht festgehalten, vgl. BGB §§ 1018 bis1029.
Grunddienstbarkeit: Sie ist eine Grundstücksbelastung zugunsten des jeweiligen Eigentümers eines anderen Grundstücks, wonach dieser das Grundstück in einzelnen Beziehungen nutzen darf oder wonach auf dem Grundstück gewisse Handlungen nicht vorgenommen werden dürfen. Der jeweilige Eigentümer des herrschenden Grundstücks erhält so das Recht oder die Befugnisse am dienenden Grundstück. Die Grunddienstbarkeit entsteht durch Einigung und Eintragung ins Grundbuch.
Zu A: Beschränkt persönliche Dienstbarkeit
Zu C: Wohnrecht
Zu E: Vorkaufsrecht
Zu F: Auflassungsvormerkung

Aufgabe VII-3:

A	B	C	D	E	F	G	H
3	**2**	**4**	**6**	**5**	**6**	**5**	**2**

Das Grundbuch ist ein öffentliches Register, welches beim Amtsgericht über alle Grundstücke des betreffenden Bezirks geführt wird. Es genießt öffentlichen Glauben. Einsicht ist möglich. Das Grundbuch gibt Auskunft über:
- Bestandsverzeichnis
- Abteilung I des Grundbuches über den Eigentümer
- Abteilung II des Grundbuches über die Lasten und Beschränkungen des Eigentums
- Abteilung III des Grundbuches über eingetragene Hypotheken, Grundschulden und Rentenschulden

Aufgabe VII-4: A und G

§ 1191 BGB (Gesetzlicher Inhalt der Grundschuld)
(1) Ein Grundstück kann in der Weise belastet werden, dass an denjenigen, zu dessen Gunsten die Belastung erfolgt, eine bestimmte Geldsumme aus dem Grundstücke zu zahlen ist (Grundschuld).
§ 800 ZPO
Vollstreckbare Urkunde gegen den jeweiligen Grundstückseigentümer
(1) Der Eigentümer kann sich in einer nach § 794 Abs. 1 Nr. 5 aufgenommenen Urkunde in Ansehung einer Hypothek, einer Grundschuld oder einer Rentenschuld der sofortigen Zwangsvollstreckung in der Weise unterwerfen, dass die Zwangsvollstreckung aus der Urkunde gegen den jeweiligen Eigentümer des Grundstücks zulässig sein soll. Die Unterwerfung bedarf in diesem Fall der Eintragung in das Grundbuch.

(2) Bei der Zwangsvollstreckung gegen einen späteren Eigentümer, der im Grundbuch eingetragen ist, bedarf es nicht der Zustellung der den Erwerb des Eigentums nachweisenden öffentlichen oder öffentlich beglaubigten Urkunde.
(3) Ist die sofortige Zwangsvollstreckung gegen den jeweiligen Eigentümer zulässig, so ist für die im § 797 Abs. 5 bezeichneten Klagen das Gericht zuständig, in dessen Bezirk das Grundstück belegen ist.

Aufgabe VII-5: B und E

B: Vgl. § 13 GBO (Eintragungen im Grundbuch)
E: Vgl. § 881 BGB (Rangvorbehalt)

Aufgabe VII-6:

1	2	3	4	5
C	**E**	**B**	**D**	**A**

Grundbuch: Es ist ein öffentliches Register, welches beim Amtsgericht über alle Grundstücke des betreffenden Bezirks geführt wird. Es genießt öffentlichen Glauben. Einsicht ist möglich. Das Grundbuch gibt Auskunft über:
- Bestandsverzeichnis
- Abteilung I des Grundbuches über den Eigentümer
- Abteilung II des Grundbuches über die Lasten und Beschränkungen des Eigentums
- Abteilung III des Grundbuches über eingetragene Hypotheken, Grundschulden und Rentenschulden

Aufgabe VII-7: A

Erbbaurecht: Es ist ein selbstständiges, dingliches, grundstücksgleiches Recht an einem fremden Grundstück, welches sowohl vererblich als auch veräußerbar ist. Das Erbbaurecht kann nur an ausschließlich erster Rangstelle bestellt und ins Grundbuch eingetragen werden. Es ist ein dingliches Recht, kraft dessen der Begünstigte berechtigt ist, auf oder unter fremden Grund und Boden ein Bauwerk zu errichten oder zu haben. Das Recht gilt für eine vorher bestimmte Zeit. Als Entgelt für die Überlassung wird ein Erbbauzins vereinbart. Dieser ist während der gesamten Nutzungsdauer zu entrichten. Für das Erbbaurecht wird ein besonderes Grundbuch gebildet. Im Bestandsverzeichnis ist das Erbbaurecht verzeichnet sowie das mit dem Erbbaurecht belastete Grundstück und der Grundstückseigentümer. Der Erbbauberechtigte wird in Abteilung I des Grundbuches eingetragen. Das Erbbaurecht kann selbst belastet werden. Bewertet wird nur das Bauwerk.

Aufgabe VII-8: D

Die dingliche Einigung über die Bestellung, Änderung oder Löschung eines Rechts im Grundbuch erfolgt nach § 873 BGB durch den Grundstückseigentümer und dem Begünstigten. Der Antrag auf Eintragung ins Grundbuch (§ 13 ff. Grundbuchordnung/GBO) kann Formfrei von jedem der Beteiligten gestellt werden. Die Bewilligung der Eintragung muss öffentlich beglaubigt sein und erfolgt durch den Eigentümer bzw. durch denjenigen, dessen Rechte eingeschränkt werden (§ 19 ff. Grundbuchordnung).
§ 873 BGB (Erwerb durch Einigung und Eintragung)
(1) Zur Übertragung des Eigentums an einem Grundstück, zur Belastung eines Grundstücks mit einem Rechte sowie zur Übertragung oder Belastung eines solchen Rechtes ist die Einigung des Berechtigten und des anderen Teiles über den Eintritt der Rechtsänderung und die Eintragung der Rechtsänderung in das Grundbuch erforderlich ...

(2) Vor der Eintragung sind die Beteiligten an die Eintragung nur gebunden, wenn die Erklärungen notariell beurkundet oder vor dem Grundbuchamt abgegeben oder bei diesem eingereicht sind oder wenn der Berechtigte dem anderen Teile eine den Vorschriften der Grundbuchordnung entsprechende Eintragungsbewilligung ausgehändigt hat.

§ 13 GBO (Antragsgrundsatz)

(1) Eine Eintragung soll ... nur auf Antrag erfolgen. Antragsberechtigt ist jeder, dessen Recht von der Eintragung betroffen wird oder zu dessen Gunsten die Eintragung erfolgen soll.

(2) Der genaue Zeitpunkt, in dem ein Antrag beim Grundbuchamt eingeht, soll auf dem Antrag vermerkt werden.

§ 19 GBO (Bewilligungsgrundsatz)

Eine Eintragung erfolgt, wenn derjenige sie bewilligt, dessen Recht von ihr betroffen wird.

Zu A: Bei Eintragungen in mehreren Abteilungen des Grundbuches bestimmt sich die Rangfolge nach dem datumsmäßigen Eintrag.

Zu B: Richtige Abteilung ist die Abteilung II des Grundbuches.

Zu C: Das Bestandsverzeichnis ist ein selbstständiger Teil des Grundbuchblattes.

Zu E: Die Eintragung einer Auflassungsvormerkung ist eine Sicherheitsmaßnahme für den Käufer des Grundstücks. Die Eigentumseintragung kann auch ohne Vorliegen einer Auflassungsvormerkung vorgenommen werden.

Aufgabe VII-9: E

Die zeitliche Reihenfolge des Einganges ist mit ausschlaggebend für die Reihenfolge des Rangverhältnisses im Grundbuch (§ 17 und § 45 GBO). Innerhalb einer Abteilung bestimmt die Reihenfolge des Eintrags das Rangverhältnis im Grundbuch. Innerhalb der Abteilung wird die Rangfolge durch den Eintragungstag bestimmt. Rechte mit gleichem Eintragungstag haben den Gleichrang. Eine Abweichung des Rangverhältnisses bedarf einer Eintragung im Grundbuch (§ 879 BGB).

§ 879 BGB (Rangverhältnis mehrerer Rechte)

(1) Das Rangverhältnis unter mehreren Rechten, mit denen ein Grundstück belastet ist, bestimmt sich, wenn die Rechte in derselben Abteilung des Grundbuchs eingetragen sind, nach der Reihenfolge der Eintragungen. Sind die Rechte in verschiedenen Abteilungen eingetragen, so hat das unter Angabe eines früheren Tages eingetragenen Rechts den Vorrang; Rechte, die unter Angabe desselben Tages eingetragen sind, haben gleichen Rang.

§ 880 BGB (Rangänderung)

(1) Das Rangverhältnis kann nachträglich verändert werden.

(2) Zu der Rangänderung ist die Eintragung des zurücktretenden und des vortretenden Berechtigten und die Eintragung der Änderung in das Grundbuch erforderlich ....

Aufgabe VII-10:

1. Rang	2. Rang	3. Rang	4. Rang	5. Rang	6. Rang
1	**2**	**3**	**6**	**4**	**5**

Rangverhältnis von Grundbucheintragungen: Ist ein Grundstück mit mehreren Rechten Belastet, so entscheidet der Rang der einzelnen Rechte über die Reihenfolge der Befriedigung bei einer Zwangsvollstreckung in das Grundstück.

Sind mehrere Rechte in derselben Abteilung des Grundbuchs eingetragen, bestimmt sich der Rang nach der Reihenfolge der Eintragungen. Sind mehrere Rechte in verschiedenen Abteilungen eingetragen, so hat das Recht mit dem früheren Datum den Vorrang. Sind mehrere Rechte in verschiedenen Abteilungen unter demselben Datum eingetragen, haben die Rechte den gleichen Rang.

Aufgabe VII-11: B und F

Zu A: Löschungsvormerkung (§ 1179 BGB) und Eigentümerhypothek (§ 1163 BGB) sind in Abteilung III des Grundbuchs vermerkt.
Zu C: Grundschuld wird in Abteilung III des Grundbuchs eingetragen. Wenn keine besondere Vereinbarung getroffen wurde, handelt es sich um eine Briefgrundschuld. Eine Buchgrundschuld enthält den Vermerk „brieflos".
Zu D: Wegerecht wird im Bestandsverzeichnis des Grundbuchs vermerkt.
Zu E: Die Sicherungshypothek wird in Abteilung III des Grundbuchs eingetragen.

Aufgabe VII-12: B und E

vgl. auch § 311 b BGB (Grundstückskaufvertrag) und § 925 BGB (Auflassung)
Das Grundbuch ist ein amtliches Register, das beim Amtsgericht (Grundbuchamt) geführt wird. Es kennzeichnet die rechtlichen Verhältnisse eines Grundstücks. Es gibt Auskunft darüber, wer Eigentümer eines Grundstücks ist und welche Lasten und Beschränkungen auf einem Grundstück liegen. Das Grundbuch genießt öffentlichen Glauben, d. h. jeder, der ein berechtigtes Interesse darlegt, kann in das Grundbuch und in Urkunden, die sich auf Eintragungen im Grundbuch beziehen, Einsicht nehmen und beglaubigte Grundbuchabschriften verlangen.
Öffentlicher Glaube des Grundbuchs bedeutet, dass z. B. der Erwerber eines Grundstücks sich auf den Inhalt des Grundbuchs verlassen kann. Der gutgläubige Erwerb eines Rechts wird geschützt. Der öffentliche Glaube erstreckt sich nicht auf Angaben über Größe, Wirtschaftsart und Lage des Grundstücks, auf öffentliche Lasten, die auf dem Grundstück ruhen (z. B. Grundsteuer), und auf Eintragungen, gegen deren Richtigkeit ein Widerspruch eingetragen ist.
Das Grundbuch gibt Auskunft über:
- Bestandsverzeichnis
- Abteilungen I über den Eigentümer und die Art des Eigentumserwerbs (Grundstückskaufvertrag/Auflassung, Erbschein, Zuschlag aufgrund einer Zwangsversteigerung)
- Abteilung II des Grundbuchs über Lasten und Beschränkungen des Eigentums
- Abteilung III des Grundbuchs über eingetragene Grundschulden und Rentenschulden

Aufgabe VII-13: B

Der Grundstückskaufvertrag ist ein Vertrag nach § 311 b BGB, durch den sich ein Teil verpflichtet, das Eigentum an einem Grundstück zu übertragen oder zu erwerben. Er bedarf einer notariellen Beurkundung. Der Vertrag ist Grundlage für die spätere Eigentumsübertragung (Auflassung).
Ein Grundstückserwerb vollzieht sich in drei Schritten:
- die schuldrechtliche Einigung zwischen Käufer und Erwerber nach § 311 b BGB,
- die dingliche Einigung über die Eigentumsübertragung nach § 925 BGB (Auflassung) und
- die Umschreibung im Grundbuch.

Voraussetzungen für die Eintragung im Grundbuch:
- Antrag durch den Berechtigten
- Bewilligung durch den Verkäufer

I. d. R. erfolgen Antrag und Bewilligung in einem Schritt durch die Auflassungserklärung beider Vertragspartner vor dem Notar und die Eintragung im Grundbuch nach § 873 BGB.

§ 311 b BGB (Verträge über Grundstücke, das Vermögen und den Nachlass)
(1) Ein Vertrag, durch den sich der eine Teil verpflichtet, das Eigentum an einem Grundstück zu übertragen oder zu erwerben, bedarf der notariellen Beurkundung. ...

§ 873 BGB (Erwerb durch Einigung und Eintragung)

(1) Zur Übertragung des Eigentums an einem Grundstück ... ist die Einigung des Berechtigten und des anderen Teiles über den Eintritt der Rechtsänderung und die Eintragung der Rechtsänderung in das Grundbuch erforderlich ...

§ 925 BGB (Auflassung)

(1) Die zur Übertragung des Eigentums an einem Grundstück nach § 873 erforderliche Einigung des Veräußerers und des Erwerbers (Auflassung) muss bei gleichzeitiger Anwesenheit beider Teile vor einer zuständigen Stelle geklärt werden. Zur Entgegennahme der Auflassung ist ... jeder Notar zuständig ...

Aufgabe VII-14:

A	B	C
2	**1**	**3**

Beschränkt persönliche Dienstbarkeit: Es ist eine Grundstücksbelastung, die dem Begünstigten das Recht gibt, das Grundstück in einzelnen Beziehungen zu nutzen. Im Unterschied zum Nießbrauch werden dem Berechtigten nicht sämtliche, sondern nur bestimmte, im Einzelfall näher bezeichnete Nutzungen des Grundstücks übertragen. Von den Grunddienstbarkeiten unterscheiden sich die beschränkt persönlichen Dienstbarkeiten dadurch, dass sie nicht dem jeweiligen Eigentümer eines anderen Grundstücks, sondern nur einer bestimmten Person zustehen können. Belastet werden können nur Grundstücke, nicht jedoch Miteigentumsanteile.

Grunddienstbarkeit: Es ist eine Grundstücksbelastung zugunsten des jeweiligen Eigentümers eines anderen Grundstücks, wonach dieser das Grundstück in einzelnen Beziehungen benutzen darf oder wonach auf dem Grundstück gewisse Handlungen nicht vorgenommen werden dürfen. Der jeweilige Eigentümer des herrschenden Grundstücks erhält also das Recht oder die Befugnis am dienenden Grundstück.

Wohnungsrecht: Es ist eine Dienstbarkeit, die das Recht beinhaltet, eine oder mehrere Wohnungen zu nutzen. Das Wohnungsrecht kann entgeltlich oder unentgeltlich vereinbart werden. Ein Berechtigter darf unter Ausschluss des Eigentümers eine Wohnung nutzen. Kosten wie Steuern, öffentliche Lasten, Reparaturen usw. trägt der Eigentümer.

Aufgabe VII-15: D und F

Ermittlung des Ertragswertes für Renditeobjekte

Der Ertragswert ist:

((Jahresreinertrag – Bodenwertverzinsung) x Barwertrentenfaktor) + Bodenwert

Für Renditeobjekte ist der Ertragswert die wertbestimmende Größe. Der Wert des Objekts ist in erster Linie von dem erwarteten Ertrag und dem mit der Anlage verbundenen Risiko abhängig. Die Berechnung des Ertragswertes erfolgt bei Kreditinstituten mit Hilfe von Rentenbarwertfaktoren. Mietobjekte haben i. d. R. nur eine begrenzte Nutzungsdauer. Je niedriger die Restnutzungsdauer des Gebäudes ist, desto niedriger ist auch der Rentenbarwertfaktor.

Beispiel für eine Restnutzungsdauer eines Objektes:

Rentenbarwertfaktoren				
Restnutzungsdauer der Gebäude	Kapitalisierungszinssatz			
	5 %	6 %	7 %	8 %
15 Jahre	10,379658	9,712249	9,107914	8,559479
19 Jahre	12,085321	11,158116	10,335595	9,603599

Ermittlung des Ertragswertes:
Jahresrohertrag - Bewirtschaftungskosten = Jahresreinertrag
Jahresreinertrag - Bodenwertverzinsung = Gebäudereinertrag
Kapitalisierung des Gebäudereinertrags + Bodenwert = Ertragswert der Immobilie

Die Verzinsung des Bodenwerts richtet sich nach dem Kapitalmarktzins. Er wird häufig mit 5 % angesetzt.

Beispiel

Wichtige Angaben zur Ertragswertberechnung des Objekts

Alter der Wohnanlage	Baujahr 1990
Restnutzungsdauer	50 Jahre
Kaufpreis des bebauten Grundstücks	750.000 EUR
Wohnfläche je Wohnung	85 qm
monatliche Vergleichsmiete pro qm	8,50 EUR
monatliche Miete je Stellplatz	35 EUR
Bewirtschaftungskosten pauschal	25 % des Jahresrohertrages
Kapitalisierungszinssatz	5 %
Bodenwertverzinsung	3 %
Bodenwert	350.000 EUR

Rentenbarwertfaktoren

Restnutzungsdauer	Kapitalisierungszinsfuß 5 %
40 Jahre	17,159086
45 Jahre	17,774070
50 Jahre	18,255925

Ermittlung des Jahresrohertrages

4 x Monatsmiete (85 x 8,50)	2.890,00 EUR
Jahresmiete	34.680,00 EUR
4 x Stellplatzmieten jährlich (35 x 4 x 12)	1.680,00 EUR
Jahresrohertrag	36.360,00 EUR

Ermittlung des Jahresreinertrags

./. 25 % Bewirtschaftungskosten vom Jahresrohertrag	9.090,00 EUR
= Jahresreinertrag	27.270,00 EUR

Ermittlung des Gebäudereinertrags

./. 3 % Bodenwertverzinsung von 350.000 EUR	10.500,00 EUR
= Gebäudereinertrag	16.770,00 EUR

Ermittlung des Rentenbarwerts Der Ertragswert wird auf volle 10.000 EUR abgerundet.

Rentenbarwert des Objekts (18,255925 x 16.770)	306.151,86 EUR
+ Bodenwert	350.000,00 EUR
= Ertragswert	656.151,86 EUR
Rentenbarwert	650.000,00 EUR

Aufgabe VII-16:

a)

Kreditbetrag	800.000,00 EUR
2 % Tilgung p. a.	16.000,00 EUR
1,75% Zinsen p. a. für 800.000,00	14.000,00 EUR
Jahresannuität	30.000,00 EUR
Monatliche Annuität	**2.500,00 EUR**

b)

Kreditbetrag	800.000,00 EUR
Tilgung 1. Monat 16.000 : 12	**1.333,33 EUR**
1,75 % Zinsen p. Mt. 14.000 : 12	1.166,67 EUR
Darlehensbetrag nach dem 1. Laufzeitmonat	798.666,67 EUR
Tilgung 2. Monat	**1.335,28 EUR**
Zinsen 2. Monat	1.164,72 EUR
Darlehensbetrag nach dem 2. Laufzeitmonat	797.331,39 EUR
Tilgung 3 Monat	**1.337,23 EUR**
Zinsen 3. Monat	1.162,77 EUR
Darlehensbetrag nach dem 3. Laufzeitmonat	795.994,16 EUR

Aufgabe VII-17: A und F

Bauspardarlehen: Nach Erfüllung der Mindestansparung und Erreichung der erforderlichen Bewertungsziffer und der daraus ab folgenden Zuteilung hat der Bausparer einen Anspruch auf ein wohnwirtschaftlich zu verwendendes, in der Regel nachrangig zu besicherndes Tilgungsdarlehen. Das Darlehen errechnet sich aus dem Unterschied zwischen dem Bausparguthaben und der Bausparsumme abzüglich der Darlehensgebühr. Für das Bauspardarlehen ist ein Nominalzinssatz zu entrichten, der während der Laufzeit konstant bleibt.
Zu C: zweitrangig bis zu 80 % des Beleihungswertes

Aufgabe VII-18:

A		B	
2	**6**	**3**	**8**

Bauwert: Es ist der ermittelte Verkehrswert eines Objekts. Es ist der Betrag anzusetzen, mit dem ein gleichartiges Gebäude unter Berücksichtigung der örtlichen Verhältnisse errichtet werden kann. Je nach Alter ist ein entsprechender Abschlag zu machen. Ausschlaggebend ist der Zeitwert. Für die Berechnung bedient man sich verschiedener Methoden, dem Sachwertverfahren und dem Ertragswertverfahren. In Ausnahmefällen kann auch der Mittelwert herangezogen werden.

Bodenwert: Es ist der Verkehrswert eines bestimmten Grundstücks, der durch den Preis bestimmt wird, der in dem Zeitpunkt, auf den sich die Ermittlung bezieht, zu erzielen wäre. Bei der Ermittlung sind alle wertbeeinflussenden Faktoren wie z. B. Abstandszahlungen, Ersatzleistungen, Steuern, Gebühren usw. mit zu berücksichtigen. Bei der Bewertung sind auf Ortslage, Verkehrslage, Himmelsrichtungen und Emissionen zu berücksichtigen.
Bodenrichtwertkarte: Aufgrund der Kaufpreissammlungen werden jährlich vom Gutachterausschuss für das Gemeindegebiet durchschnittliche Lagewerte für Boden unter Berücksichtigung des unterschiedlichen Entwicklungsstandes ermittelt.
Bauzeichnung: Maßgerechte Zeichnung eines Bauwerks, d. h. aller Geschosse und Außenansichten sowie eines Schnitts durchs Treppenhaus.
Erschließungskosten: Kosten, die durch die Erschließung im öffentlichen und privaten Bereich entstehen, z. B. Versorgung und Entsorgung, Wasser, Strom, Gas usw.

Aufgabe VII-19:

a) **16.500,00 EUR**
Der Quadratmeterpreis des Grundstücks setzt sich zusammen aus 120,00 EUR und 30,00 EUR Erschließungskosten pro Quadratmeter.
Gesamtgrundstückspreis des erschlossenen Grundstücks beträgt 82.500,00 EUR.
Der Grundstücksanteil beträgt (82.500 : 150) x 120 = 66.000,00 EUR
Der Erschließungskostenanteil beträgt (82.500 : 150) x 30 = 16.500,00 EUR

b) Grunderwerbsteuer **2.887,50 EUR**
(82.500 x 3,5 : 100) = 2.887,50 EUR

c) Festdarlehen **60.000,00 EUR**
Da der Bausparvertrag erst in etwa zwei Jahren zuteilungsreif ist, müssen 60.000,00 EUR über einen Vorfinanzierungskredit finanziert werden.

d)

Grundstückskosten	82.500,00 EUR
Grunderwerbssteuer	2.887,50 EUR
Notar- und Gerichtskosten	1.200,00 EUR
Baukosten	190.000,00 EUR
Gesamtaufwand	276.587,50 EUR

Gesamtaufwand	276.587,50 EUR
./. Sparguthaben	40.000,00 EUR
./. Vorfinanzierungsdarlehen	60.000,00 EUR
Höhe des Annuitätendarlehens	**176.587,50 EUR**

Aufgabe VII-20: B und C

Im Effektivzins sind nahezu alle Preisbestandteile eines Kredits enthalten, nicht jedoch Schätzgebühren, Bereitstellungszinsen und Kontoführungsgebühren. Der Effektivzins weist für den Kreditnehmer die prozentualen Kosten zur je einjährigen Nutzung des tatsächlich erhaltenen Betrags aus. Der Effektivzins bringt die Gesamtbelastung des Kredits pro Jahr zum Ausdruck und ist i. d. R. höher als der Nominalzins, da zusätzliche Kostenbestandteile, wie z. B. Disagio, Abschlussgebühr und Zahl der Raten berücksichtigt werden.

Aufgabe VII-21:

a)

Bodenwert	350.000,00 EUR
+ Herstellungskosten	1.230.000,00 EUR
+ Baunebenkosten	110.000,00 EUR
Zwischensumme	1.690.000,00 EUR
./. 30% von den Herstellungskosten + Baunebenkosten	402.000,00 EUR
Zwischensumme	1.288.000,00 EUR
Sachwert, abgerundet auf volle 10.000,00 EUR	**1.280.000,00 EUR**

b)

Ertragswertermittlung	
Miete pro Wohnung 48 qm x 11 EUR	528,00 EUR
16 Wohnungsmieten pro Monat	8.448,00 EUR
Jahresrohertrag für 16 Wohnungen	101.376,00 EUR
./. 30 % Bewirtschaftungskosten	30.412,80 EUR
= Jahresreinertrag	70.963,20 EUR
./. 5 % Bodenwertverzinsung von 350.000,00 EUR	17.500,00 EUR
= Gebäudereinertrag	53.463,20 EUR
Ermittlung des Ertragswerts/Rentenbarwerts	
Rentenbarwert des Objekts (9,712249 x Gebäudereinertrag 53.463,20 EUR)	519.247,91 EUR
+ Bodenwert	350.000,00 EUR
= Ertragswert	869.247,91 EUR
abgerundet auf volle 10.000,00 EUR	**860.000,00 EUR**

Ermittlung des Ertragswertes
Jahresrohertrag - Bewirtschaftungskosten = **Jahresreinertrag**
Jahresreinertrag - Bodenwertverzinsung = **Gebäudereinertrag**
Kapitalisierung des Gebäudereinertrags + Bodenwert = **Ertragswert der Immobilie**
Die Verzinsung des Bodenwerts richtet sich nach dem Kapitalmarktzins. Er wird häufig mit 5 % angesetzt.

Aufgabe VII-22:

a)

Grundstückskosten 652 m^2 x 220,00	143.440,00 EUR
+ Erschließungskosten 652 m^2 x 30,00 EUR	19.560,00 EUR
= Bodenwert	**163.000,00 EUR**

b)

Baukosten 550 m^3 x 450,00 EUR	247.500,00 EUR
+ Außenanlagen	30.000,00 EUR
+ Doppelgarage	20.000,00 EUR
= Summe	297.500,00 EUR
./. Risikoabschlag 15 %	44.625,00 EUR
= Bauwert	**252.875,00 EUR**

c)

Bodenwert	163.000,00 EUR
+ Bauwert	252.875,00 EUR
= Sachwert	415.875,00 EUR
abgerundet	**415.000,00 EUR**

Aufgabe VII-23:

a)

Mieteinnahmen pro Monat 125 m^2 x 9,50 EUR	1.187,50 EUR
+ Garagenmiete pro Monat	75,00 EUR
= Mieteinnahmen pro Monat	1.262,50 EUR
Jahresrohertrag/Mieteinnahmen pro Jahr	**15.150,00 EUR**

b)

Jahresrohertrag	15.150,00 EUR
./. 25 % Bewirtschaftungskosten	3.787,50 EUR
Jahresreinertrag	**11.362,50 EUR**

c)

Jahresreinertrag	11.362,50 EUR
./. 2 % Bodenwertverzinsung von 163.000 EUR	3.260,00 EUR
= Gebäudereinertrag	**8.102,50 EUR**

d)

Rentenbarwert des Objekts (10,379658 x 8.102,50 EUR)	84.101,18 EUR
+ Bodenwert	163.000,00 EUR
= Ertragswert	247.101,18 EUR
Abgerundet	**240.000,00 EUR**

e) 55 % von 240.000 = **132.000,00 EUR** Beleihungswert

Aufgabe VII-24: A

§ 1191 BGB (Gesetzlicher Inhalt der Grundschuld)

(1) Ein Grundstück kann in der Weise belastet werden, dass an denjenigen, zu dessen Gunsten die Belastung erfolgt, eine bestimmte Geldsumme aus dem Grundstücke zu zahlen ist (Grundschuld).

Aufgabe VII-25: D (vgl. § 925 in Verbindung mit § 873 BGB)

Auflassung: Die zur Übertragung des Eigentums an einem Grundstück erforderliche Einigung des Veräußerers und des Erwerbers muss bei gleichzeitiger Anwesenheit beider Teile vor dem Notar erklärt werden.

§ 311 b BGB (Verträge über Grundstücke, das Vermögen und den Nachlass)

(1) Ein Vertrag, durch den sich der eine Teil verpflichtet, das Eigentum an einem Grundstück zu übertragen oder zu erwerben, bedarf der notariellen Beurkundung. Ein ohne Beachtung dieser Form geschlossener Vertrag wird seinem ganzen Inhalt nach gültig, wenn die Auflassung und die Eintragung in das Grundbuch erfolgen.

§ 925 BGB (Auflassung)

(1) Die zur Übertragung des Eigentums an einem Grundstück nach § 873 erforderliche Einigung des Veräußerers und des Erwerbers (Auflassung) muss bei gleichzeitiger Anwesenheit beider Teile vor einer zuständigen Stelle geklärt werden. Zur Entgegennahme der Auflassung ist ... jeder Notar zuständig ...

Aufgabe VII-26: D

Aufgabe VII-27: D

Der Beleihungswert ist die vom jeweiligen Finanzierungsinstitut festgelegte Größe zur Beleihung einer Immobilie. Er entspricht i. d. R. dem Wert, der bei einem späteren freihändigen Verkauf unter normalen Umständen jederzeit erzielt werden kann. Es werden nur die dauernden und zukunftssichernden Eigenschaften der Grundstücke und Erträge berücksichtigt, die jeder Besitzer bei ordnungsgemäßer Bewirtschaftung nachhaltig erzielen kann. Dieser Wert ist maßgeblich für die Bestimmung des Sicherheitenwertes und der Beleihungsgrenze. In der Regel liegt dieser Beleihungswert niedriger als der geschätzte Marktwert.

Aufgabe VII-28: D, vgl. auch Wohnungseigentumsgesetz:

§ 3 (Vertragliche Einräumung von Sondereigentum)

(1) Das Miteigentum (§ 1008 des Bürgerlichen Gesetzbuchs) an einem Grundstück kann durch Vertrag der Miteigentümer in der Weise beschränkt werden, dass jedem der Miteigentümer abweichend von § 93 des Bürgerlichen Gesetzbuchs das Sondereigentum an einer bestimmten Wohnung oder an nicht zu Wohnzwecken dienenden bestimmten Räumen in einem auf dem Grundstück errichteten oder zu errichtenden Gebäude eingeräumt wird.

(2) Sondereigentum soll nur eingeräumt werden, wenn die Wohnungen oder sonstigen Räume in sich abgeschlossen sind. Garagenstellplätze gelten als abgeschlossene Räume, wenn ihre Flächen durch dauerhafte Markierungen ersichtlich sind.

§ 7 (Grundbuchvorschriften)

(1) Im Falle des § 3 Abs. 1 wird für jeden Miteigentumsanteil von Amts wegen ein besonderes Grundbuchblatt (Wohnungsgrundbuch, Teileigentumsgrundbuch) angelegt. Auf diesem ist das zu dem Miteigentumsanteil gehörende Sondereigentum und als Beschränkung des Miteigentums die Einräumung der zu den anderen Miteigentumsanteilen gehörenden Sondereigentumsrechte einzutragen. Das Grundbuchblatt des Grundstücks wird von Amts wegen geschlossen.

Aufgabe VII-29:

a)	Mietertrag pro Monat 72 m^2 x 10,50 EUR pro m^2 =	756,00 EUR
	Mietertrag pro Jahr	9.072,00 EUR
	./. 25 % Bewirtschaftungskosten	2.268,00 EUR
	Nettomiete pro Jahr	6.804,00 EUR
	Kalkulationszinsfuß 5,5 % Kalkulationsfaktor = 1 x 100 : 5,5 =	18,182
	Ertragswert/Beleihungswert = 18,182 x 6.804,00	123.710,33 EUR
	abgerundet	**123.000,00 EUR**
b)	Kaufpreis einschl. Nebenkosten	140.000,00 EUR
	./. Eigene Mittel	20.000,00 EUR
	./. Bausparvertragssumme	50.000,00 EUR
	= Hypothekardarlehen	**70.000,00 EUR**
c)	Zinsen 1,45 % p. a. für Hypothekardarlehen 70.000,00 EUR	1.015,00 EUR
	2 % Tilgung p. a. von 70.000,00 EUR	1.400,00 EUR
	Zinsen 1,85 % p. a. für Zwischenfinanzierung 50.000,00 EUR	925,00 EUR
	Gesamtbelastung pro Jahr	3.340,00 EUR
	Gesamtbelastung pro Monat	**278,33 EUR**

d)

Annuität pro Monat für Hypothekardarlehen 1.715 : 12 =	84,58 EUR
+ 5 Promille von der Bausparsumme 50.000,00 EUR	250,00 EUR
= Zinsbelastung pro Monat	**334,58 EUR**

e)

Ziffer	Darlehensarten	Betrag
2	Hypothekardarlehen	**3.800,00 EUR**
2	Bauspardarlehen	**4.800,00 EUR**

Hypothekardarlehen:
60 % von 123.000,00 EUR = 73.800,00 EUR
Das Darlehen unterschreitet die Beleihungsgrenze von 60 % um 3.800,00 EUR (73.800,00 EUR – 70.000,00 EUR)
Bauspardarlehen:
80 % von 123.000,00 EUR = 98.400,00 EUR
Das Bauspardarlehen beträgt 25.000,00 EUR.
Der Kontostand des Hypothekardarlehens beträgt nach einem Jahr 68.600,00 EUR (70.000,00 EUR – 1.400,00 EUR).

80 % Beleihungsgrenze	98.400,00 EUR
./. Kontostand Hypothekardarlehen nach dem ersten Laufzeitjahr	68.600,00 EUR
./. Bauspardarlehen	25.000,00 EUR
= Gesamtdarlehensbestand	4.800,00 EUR

Aufgabe VII-30: B und F

Bauspardarlehen/Wesen
Das Bauspardarlehen ist der Anspruch auf ein wohnwirtschaftlich zu verwendendes Tilgungsdarlehen. Die Voraussetzungen für die Inanspruchnahme sind die Erreichung der Mindestansparsumme und der notwendigen Bewertungskennziffer. Die Darlehenshöhe ergibt sich aus der Differenz zwischen der Bausparsumme und dem Bausparguthaben.

Annuitätendarlehen
Es ist ein Kredit, der in gleichbleibenden Raten getilgt wird. Dabei setzt sich die Rate aus dem Zins und der Tilgung zusammen. Im Zeitablauf steigt der Tilgungsanteil zu Lasten des Zinsanteils an. Die monatliche Rückzahlungsrate ergibt sich bei Bausparkassen i. d. R. durch einen Promillesatz von der Bausparsumme, z. B. 6 Promille von der Bausparsumme von 20.000,00 EUR = monatliche Rate von 120,00 EUR.

Ansparphase
In der Ansparphase wird notwendiges Mindestguthaben durch regelmäßige Sparbeiträge und eventuelle Sonderzahlungen angesammelt. Die Höhe für die Guthabenzinsen hängt vom jeweiligen Tarif ab.

Darlehensphase
In der Darlehensphase wird das vereinbarte Bauspardarlehen zurückgezahlt. Dabei gelten die bei Vertragsschluss vereinbarten Darlehenszinsen. I. d. R. beläuft sich der Rückzahlungsbetrag (Tilgung + Zinsen) auf monatlich 6 Promille der Bausparsumme.

Laufzeit
Bei Bauspardarlehen werden feste Zins- und Tilgungsleistungen zugrunde gelegt. Deswegen lässt sich schon bei Darlehensauszahlung die Laufzeitdauer genau berechnen.

Sicherheiten
Als Sicherheit werden i. d. R. nachrangige Grundpfandrechte verwendet. Sie belaufen sich auf 80 % des Beleihungswertes.

Tilgungsverrechnung
Bei der taggenauen Tilgungsverrechnung werden die Rückzahlungsbeträge grundsätzlich taggenau analog der Kontokorrentmethode auf die Restschuld verrechnet.
Auf ein Tilgungsleistungen für ein Bauspardarlehen kann keine Bausparprämie beantragt werden.

Zuteilung
Mit der Zuteilung erreicht der Bausparer sein Vertragsziel. Er kann ohne Kündigung und nach Stellung ausreichender Sicherheiten über das Bauspardarlehen verfügen.

Zwischenfinanzierung
Bereitstellung von kurz- und mittelfristigen Baugeldern, die durch die Endfinanzierungsmittel, z. B. durch ein Bauspardarlehen abgelöst werden.

Aufgabe VII-31: D

§ 800 ZPO (Vollstreckbare Urkunde gegen den jeweiligen Grundstückseigentümer)
(1) Der Eigentümer kann sich in einer nach § 7 Abs. 1 Nr. 5 aufgenommenen Urkunde in Ansehung einer Hypothek, einer Grundschuld oder einer Rentenschuld der sofortigen Zwangsvollstreckung in der Weise unterwerfen, dass die Zwangsvollstreckung aus der Urkunde gegen den jeweiligen Eigentümer des Grundstücks zulässig sein soll. Die Unterwerfung bedarf in diesem Fall der Eintragung in das Grundbuch.
(2) Bei der Zwangsvollstreckung gegen einen späteren Eigentümer, der im Grundbuch eingetragen ist, bedarf es nicht der Zustellung der den Erwerb des Eigentums nachweisenden öffentlichen oder öffentlich beglaubigten Urkunde.
(3) Ist die sofortige Zwangsvollstreckung gegen den jeweiligen Eigentümer zulässig, so ist für die im § 797 Abs. 5 bezeichneten Klagen das Gericht zuständig, in dessen Bezirk das Grundstück belegen ist.

Aufgabe VII-32: B und E, vgl. § 800 ZPO

Aufgabe VII-33: A

Aufgabe VII-34: C

Aufgabe VII-35: B

Das Grundbuch ist ein öffentliches Register, welches beim zuständigen Amtsgericht über alle Grundstücke des betreffenden Bezirks geführt wird. Es genießt öffentlichen Glauben. Grundbucheinsicht ist möglich, wenn ein Interesse nachgewiesen wird.
Das Grundbuch gibt Auskunft über

- Bestandsverzeichnis (Gemarkung, Nummer der Flur, des Flurstücks und des Liegenschaftsbuches sowie Wirtschaftsart, Lage, Größe des Grundstücks und Vermerke über Rechte, die dem jeweiligen Eigentümer des Grundstücks zustehen),
- Abteilung I des Grundbuchs über Eigentümer, Art des Eigentums (Alleineigentum, gemeinschaftliches Eigentum) und Grundlage der Eintragung (Auflassung, Erbschein, Zuschlag bei Versteigerung),
- Abteilung II des Grundbuchs über die Lasten und Beschränkungen des Eigentums,
- Abteilung III des Grundbuchs über eingetragene Hypotheken, Grundschulden und Rentenschulden.

Zu A: Nur wer ein berechtigtes Interesse nachweisen kann, z. B. Kaufvertrag über ein Grundstück, der kann Einsicht in das Grundbuch nehmen.

Zu C: Grundpfandrechte befinden sich Abteilung III des Grundbuches. Wenn keine besondere Vereinbarung getroffen wurde, handelt es sich um eine Briefgrundschuld. Eine Buchgrundschuld enthält den Vermerk „brieflos“.
Zu D: Die Rechte, die mit dem Eigentum am Grundstück verbunden sind, z. B. Wegerecht stehen im Bestandsverzeichnis.
Zu E: Die Gemeinde hat grundsätzlich ohne Eintragungen im Grundbuch das Vorkaufsrecht am Grundstück.

Aufgabe VII-36: D

VIII. Firmenkredite

Aufgabe VIII-1: B und C

B: Die Produktionsanlage wird zu einem wesentlichen Bestandteil des Grundstücks nach der Montage und haftet somit dem Grundschuldgläubiger.
C: Haftung der Produktionsanlage wegen Vermieterpfandrecht

Sicherungsübereignung

Wesen	Die Sicherungsübereignung ist die Übereignung von beweglichen Sachen an die Bank zur Sicherung eines Kredits.
Sicherungsübereignung einer Produktionsanlage	Wird eine Produktionsanlage sicherungsübereignet, erfolgt die genaue Kennzeichnung durch Markierung der Maschinen, z. B. Anbringung von Schildern mit bestimmten Buchstaben, Zahlen oder Zeichen oder durch Angabe der Fabrikmarken und Herstellernummern im Sicherungsübereignungsvertrag.
Risiken der Sicherungsübereignung	- Preisrückgang und Verwertungsschwierigkeiten der Produktionsanlage - Gefahr der Doppelübereignung - Eigentumsvorbehalt auf der Produktionsanlage - Produktionsanlage kann als wesentlicher Bestandteil oder Zubehör eines Grundstücks für eine Grundschuld haften. - gesetzliches Vermieterpfandrecht - Unredlicher Kreditnehmer übereignet an einen gutgläubigen Dritten. - Bei Insolvenz der GmbH kann die Produktionsanlage nur durch den Insolvenzverwalter verwertet werden.

Zu A: Wird eine Produktionsanlage zwei Mal sicherungsübereignet, so ist die zweite Sicherungsübereignung nichtig.
Zu D: Bei einem gutgläubigen Verkauf geht das Sicherungseigentum für die *Nordbank AG* verloren.
Zu E: Die *Nordbank AG* erwirbt ggf. ein Anwartschaftsrecht auf Eigentumserwerb an der Produktionsanlage.
Zu F: Eine Produktionsanlage kann sicherungsübereignet werden.

Aufgabe VIII-2: D, vgl. auch § 80 InsO

Die heute geltende Insolvenzordnung (InsO) hat die früher geltende Konkurs- sowie Vergleichsordnung durch ein einheitliches Insolvenzverfahren abgelöst, um aufgrund flexibler Gestaltungsmöglichkeiten im Rahmen der Autonomie der Gläubiger die bestmögliche Befriedigung zu erreichen.
Dazu bietet das Regelverfahren insbesondere für Unternehmen (juristische Personen) unterschiedliche Möglichkeiten wie Sanierung und Fortführung des Unternehmens, ggf. durch Aufstellung eines Insolvenzplanes als Übereinkunft der Beteiligten, bis zur völligen Verwertung (Liquidation) des Schuldnervermögens zur gemeinschaftlichen Befriedigung der Gläubiger. Über diese Alternativen wird aufgrund eines Insolvenzantrags erst in der ersten Gläubigerversammlung (Berichtstermin) über die Durchführung des Verfahrens entschieden.
Aber auch die Stellung des Schuldners ist an die wirtschaftlichen Gegebenheiten angepasst worden: so kann er mit dem Einverständnis der Gläubiger verwaltungs- und verfügungsbefugt bleiben (sogen. Eigenverwaltung) und als natürliche Person nach Durchführung eines Ver-

braucher-Insolvenzverfahrens von seinen restlichen Schulden befreit werden, wenn er trotz redlichen Bemühens wirtschaftlich gescheitert ist (Restschuldbefreiung).
Das Ziel eines Insolvenzverfahrens ist es, entweder die Zahlungsfähigkeit wieder herzustellen oder die Situation geordnet abzuwickeln, bei Unternehmen durch Auflösung.
Während des Insolvenzverfahrens wird das Vermögen bzw. bei natürlichen Personen zudem das pfändbare Einkommen unter die Verwaltung eines Treuhänders, des so genannten Insolvenzverwalters gestellt. Die rechtlichen Grundlagen zum Insolvenzverfahren sind in der Insolvenzordnung (InsO) festgelegt.
Als Gründe für einen Insolvenzantrag durch den Gläubiger gelten Zahlungsunfähigkeit des Schuldners, bei juristischen Personen auch die Überschuldung.
Bei drohender Zahlungsunfähigkeit, also sofern abzusehen ist, dass der Schuldner seine Zahlungsverpflichtungen in der nächsten Zeit nicht aus eigener Kraft decken kann, darf nur der Schuldner das Insolvenzverfahren eröffnen.

Aufgabe VIII-3:

A	B	C	D	E	F
3	**2**	**1**	**3**	**3**	**2**

Zu A: Die gewöhnlichen Forderungen regelt § 187 der Insolvenzordnung.
Zu B: Die Forderungen der Massegläubiger regeln § 51 Ziffer 4 (Den Gläubigern mit abgesonderter Befriedigung stehen gleich: Bund, Länder, Gemeinden, soweit ihnen Zoll- und steuerpflichtige Sachen nach gesetzlichen Vorschriften als Sicherheit für öffentliche Abgaben dienen.) und §§ 217 ff. InsO.
Zu C: vgl. § 47 InsO Aussonderungsrecht der unter Eigentumsvorbehalt gelieferten Ware
Zu D und E: vgl. § 53 InsO (Massegläubiger): Aus der Insolvenzmasse sind die Kosten des Insolvenzverfahrens und die sonstigen Masseverbindlichkeiten vorweg zu berichtigen.
Zu F: vgl. §§ 49, 165 InsO (Grundpfandrecht wird abgesondert befriedigt)

Aufgabe VIII-4: D und **E**, vgl. auch § 398 BGB (Abtretung):
Eine Forderung kann von dem Gläubiger durch Vertrag mit einem anderen auf diesen übertragen werden (Abtretung). Mit dem Abschluss des Vertrags tritt der neue Gläubiger an die Stelle des bisherigen Gläubigers.
Merkmale der Globalzession: Die Forderungen müssen im Sicherungsvertrag hinreichend individualisiert sein; Sicherungszweck, Deckungsgrenze und Freigabeklausel müssen im Sicherungsvertrag vereinbart werden; Der Kreditnehmer bleibt wirtschaftlicher Gläubiger; die Bank wird rechtliche, fiduziarische Gläubigerin und erwirbt ein bedingtes Verwertungsrecht; nach außen ist die Bank Dritten gegenüber uneingeschränkt Gläubigerin; im Innenverhältnis darf die Bank von ihrem Gläubigerrecht nur im Rahmen des Sicherungszwecks Gebrauch machen. Die Globalzession wird i. d. R. als stille Zession vereinbart.

Aufgabe VIII-5: A, vgl. auch Vertrag über die Übereignung von Gegenständen.
Merkmale der Sicherungsübereignung: Der Sicherungsnehmer wird durch Vertrag treuhänderischer Eigentümer der Sache nach § 930 BGB (Besitzkonstitut). Ist der Eigentümer im Besitze der Sache, so kann die Übergabe dadurch ersetzt werden, dass zwischen ihm und dem Erwerber ein Rechtsverhältnis vereinbart wird, vermöge dessen der Erwerber den mittelbaren Besitz erlangt.

Aufgabe VIII-6: A und **B**, vgl. § 398 BGB
Merkmale der Sicherungsabtretung von Forderungen: Der Kreditnehmer tritt alle gegenwärtigen und zukünftigen Forderungen gegen Drittschuldner ab. Die gegenwärtigen Forderungen

gehen bei Abschluss des Zessionsvertrags auf die Bank über. Die zukünftigen Forderungen gehen im Zeitpunkt ihrer Entstehung auf die Bank über. Die Individualisierung der abgetretenen Forderungen erfolgt durch die eindeutige Bestimmung der Drittschuldner, z. B. Drittschuldner von A bis K. Der Kreditnehmer muss regelmäßig aus Kontrollgründen Debitorenlisten oder Rechnungskopien einreichen. Die Übergabe der Listen hat nur deklaratorische Bedeutung.

Aufgabe VIII-7:

1	2	3	4	5
E	**C**	**D**	**A**	**B**

Bürgschaft vgl. § 765 BGB ff.
Pfandrecht an Rechten vgl. §§ 1273 bis 1296 BGB
Sicherungsabtretung vgl. § 398 BGB
Sicherungsübereignung vgl. § 930 BGB
Grundpfandrecht vgl. §§ 1191 bis 1198 BGB

Aufgabe VIII-8:

1	2	3	4	5
B	**C**	**D**	**A**	**C**

Zu A: Bürgschaft, vgl. § 765 ff. BGB
Zu B: Sicherungsübereignung, vgl. § 930 BGB Besitzkonstitut
Zu C: Bestellung eines Pfandrechts, vgl. § 1273 ff. BGB
Zu D: Abtretung einer Eigentümergrundschuld, vgl. §§ 1154, 1196 BGB

Aufgabe VIII-9

1	2	3	4	5	6	7
B	**A**	**D**	**E**	**C**	**A**	**C**

Zu 1: Vgl. § 800 ZPO
Zu 2: Offenlegung und Einzug der Forderung durch das Kreditinstitut
Zu 3: Vgl. §§ 1221, 1235 BGB (freihändiger Verkauf)
Zu 4: Vgl. § 773 BGB (Ausschluss der Einrede der Vorausklage)
Zu 5 und 7: Vgl. § 1235 BGB (freihändiger Verkauf)
Zu 6: Kündigung der Versicherung und Einzug der Forderung

Aufgabe VIII-10: C

Im Rahmen einer Kfz-Finanzierung lässt sich die Bank i. d. R. die Zulassungsbescheinigung 2 (Kfz-Brief) aushändigen. Die Übergabe der Zulassungsbescheinigung 2 hat für den Rechtserwerb der Kfz keine Bedeutung, jedoch zerstört eine fehlende Zulassungsbescheinigung 2 den guten Glauben des Erwerbs an das Eigentum des Veräußerers. Es gilt die Vermutung, dass demjenigen, der die Zulassungsbescheinigung 2 nicht besitzt, auch das Fahrzeug nicht gehört.

§ 935 BGB (Kein gutgläubiger Erwerb von abhanden gekommenen Sachen)
(1) Der Erwerb des Eigentums auf Grund der §§ 932 bis 934 trifft nicht ein, wenn die Sache dem Eigentümer gestohlen worden, verloren gegangen oder sonst abhandengekommen war. Das Gleiche gilt, falls der Eigentümer nur mittelbarer Besitzer war, dann, wenn die Sache dem Besitzer abhandengekommen war.

(2) Diese Vorschriften finden keine Anwendung auf Geld oder Inhaberpapiere sowie auf Sachen, die im Wege öffentlicher Versteigerung veräußert werden.

Aufgabe VIII-11: A und **F,** vgl. § 930 BGB (Besitzkonstitut) sowie § 935 BGB (Kein gutgläubiger Erwerb)

Zu B: Der Eigentümernachweis erfolgt durch den Sicherungsübereignungsvertrag.

Zu C: Die *Nordbank AG* wird durch den Abschluss des Sicherungsübereignungsvertrages treuhänderische Eigentümerin des Lkw. Die Übergabe der Zulassungsbescheinigung 2 ist nur eine Sicherheitsmaßnahme.

Zu D: Die Übergabe der Zulassungsbescheinigung 2 erschwert den unrechtmäßigen Verkauf des Lkw durch den Sicherungsgeber.

Zu E: Aussage ist falsch.

Aufgabe VIII-12: C und **E** (vgl. Sicherungsübereignungsvertrag)

Vgl. § 930 BGB (Besitzkonstitut) sowie § 935 BGB (Kein gutgläubiger Erwerb)

Zu F: Die Anzeige an die Zulassungsstelle ist nur eine Sicherheitsmaßnahme.

Aufgabe VIII-13: B und **D**, vgl. §§ 162 und 171 HGB

Kreditfähigkeit und Kreditwürdigkeit

Kreditfähigkeit	- Die Kreditfähigkeit ist die Fähigkeit, rechtswirksam eine Kreditverpflichtung einzugehen. Sie ist gegeben, wenn der Kreditnehmer volljährig und somit voll geschäftsfähig ist. - Minderjährige Personen bedürfen zur Übernahme einer Kreditverpflichtung die Zustimmung der gesetzlichen Vertreter und des Familiengerichts - oder Betreuungsgerichts. - Eingetragene Unternehmen können über ihre handelnden Personen, z. B. Geschäftsführung, Vorstand, Prokuristen Kreditverpflichtungen übernehmen.
Unterlagen zur Feststellung der Kreditfähigkeit	- Natürliche Personen: gültiger Lichtbildausweis - Unternehmen: aktueller Handelsregisterauszug bzw. Genossenschaftsregisterauszug - Eingetragener Verein: aktueller Auszug aus dem Vereinsregister - Partnerschaft: aktueller Auszug aus dem Partnerschaftsregister
Kreditwürdigkeit	Wichtigste Voraussetzung für die Gewährung eines Kredites ist die persönliche und materielle Kreditwürdigkeit des Kunden. Sie erfolgt in zwei Schritten: - Prüfung der persönlichen Kreditwürdigkeit - Prüfung der materiellen Kreditwürdigkeit
Persönliche Kreditwürdigkeit	Die persönliche Kreditwürdigkeit des Kunden ist gegeben, wenn dieser persönliche Eigenschaften besitzt (z. B. Zuverlässigkeit, einwandfreier Ruf), die darauf schließen lassen, dass er den Willen zur Kreditrückzahlung hat.

Unterlagen zur Prüfung der persönlichen Kreditwürdigkeit	- Schufa-Auskunft: Sie gibt Positiv- und Negativmerkmale zu dem Antragsteller wieder, z. B. Abwicklung früherer Kreditaufnahmen. - Bankauskunft: Sie gibt Auskunft über das Verhalten des Kunden im Zusammenhang mit Bankgeschäften in der Vergangenheit. Auskünfte der Kontoführung, sofern der Kreditnehmer bereits Kunde des Kreditinstituts ist, insbesondere die Überprüfung und Abwicklung früherer Kredite
Materielle Kreditwürdigkeit	Der Kunde sollte vor allem in der Lage sein, seine finanziellen Möglichkeiten selbst realistisch einzuschätzen und genau zu prüfen, ob er die finanziellen Verpflichtungen, die er mit einem Kreditvertrag eingeht, erfüllen kann. Die materielle Kreditwürdigkeit des Kunden ist gegeben, wenn dessen Einkommens- und Vermögensverhältnisse zeigen, dass er in der Lage ist, den Kredit vertragsgemäß zurückzuzahlen.
Unterlagen zur Prüfung der materiellen Kreditwürdigkeit	- Einkommensnachweise: Kreditinstitute verlangen Lohn- und Gehaltsnachweise der letzten 3 Monate. Sie bringen den Nachweis über die Höhe des Nettoeinkommens. - Steuerbescheide: Sie informieren über die gesamten Einkommensverhältnisse des letzten Jahres. - Selbstauskunft des Kunden: Sie gibt Einblick in die Vermögenssituation, weitere Einnahmen und die finanzielle Belastungen des Kreditnehmers. - Bankauskünfte und Auskünfte der Kontoführung, sofern er bereits Kunde des Kreditinstituts ist, z. B. Umsatzentwicklung - Arbeitsverträge: Sie zeigen an, ob es sich um befristete oder unbefristete Arbeitsverträge handelt. - Grundbuchauszüge: Sie informieren über die Eigentumsverhältnisse am Grundstück und über Belastungen des Grundstücks.

Aufgabe VIII-14: C und **F**

C: Vgl. § 1235 BGB (Öffentliche Versteigerung; freihändiger Verkauf)

(1) Der Verkauf des Pfandes ist im Wege öffentlicher Versteigerung zu bewirken.

(2) Hat das Pfand einen Börsen- oder Marktpreis, so findet die Vorschrift des § 1221 Anwendung.

F: Die Spareinlage kann problemlos eingezogen werden.

Zu A: Marktwert und Käuferkreis des Oldtimers ungewiss

Zu B: Geringer Rückkaufswert der Versicherung nach nur einem Jahr Laufzeit

Zu D: Goldwert kann geringer sein als das Gutachten

Zu E: Die Verwertung der Gehaltsabtretung bei einem Darlehen von 50.000 EUR ist sehr langwierig. Außerdem ist die Höhe der Einkünfte der Ehefrau unbekannt.

Aufgabe VIII-15: B und **F**, vgl. § 930 und § 935 BGB

Sicherungsübereignungsverträge

Arten von Sicherungsübereignungen	**Vertragsschluss**	**Besonderheiten**
Sicherungsübereignung von Kraftfahrzeugen	Einigung + Besitzkonstitut	Aus Sicherheitsgründen wird dem Sicherungsnehmer die Zulassungsbescheinigung II (vormals Kraftfahrzeugbrief) übergeben, um einen gutgläubigen Erwerb des Kfz durch Dritte zu verhindern. Für die Eigentumsübertragung ist die Übergabe der Zulassungsbescheinigung II nicht erforderlich.
Sicherungsübereignung einer Maschine	Einigung + Besitzkonstitut (Markierungsvertrag)	Individualisierung durch Markierungsvertrag (Typenbezeichnung, Fabrikationsnummer, Hersteller); Standortbestimmung durch Lageplanerstellung; Versicherungsabschlüsse, z. B. gegen Diebstahl oder Beschädigungen, Abtretung der Versicherungsansprüche und Überprüfung der Prämienzahlungen.
Sicherungsübereignung eines Warenlagers mit einem festen Bestand	Einigung + Besitzkonstitut (Raumsicherungsvertrag)	Raumsicherungsvertrag beschreibt: Räumliche Bestimmung des Warenlagers; Beschreibung der Ware im Sicherungsvertrag; Lagerskizze; Versicherung gegen Diebstahl und Beschädigung abschließen; Versicherungsansprüche abtreten lassen und Prämienzahlungen überwachen.
Sicherungsübereignung eines Warenlagers mit wechselndem Bestand	Einigung + Besitzkonstitut (Raumsicherungsvertrag) Sicherungsgeber darf Ware im Auftrag des Sicherungsnehmers verarbeiten.	Im Raumsicherungsvertrag wird geregelt: Lagerauffüllungen, wenn erforderlich; monatliche Bestandsmeldungen; Einhaltung eines Mindestdeckungsbestandes; Lagerführung wird von der Bank überwacht.

Aufgabe VIII-16: D

vgl. § 930 BGB und Erläuterungen zur Sicherungsübereignung in der Lösung VIII-15.

Aufgabe VIII-17: A und **C**

Die Aussagen B, D, E und F enthalten keine finanzierungsbedingten Kreditrisiken.

Aufgabe VIII-18:

A	B	C	D	E	F
6	**5**	**1**	**3**	**4**	**2**

Risiken der Sicherungsübereignung	Schutzmaßnahmen
Preisrückgang und Verwertungsschwierigkeiten	Überdeckung der Kreditsicherheit
Gefahr der Doppelübereignung	Keine Schutzmaßnahme, ggf. Verpflichtungserklärung im Sicherungsübereignungsvertrag
Eigentumsvorbehalt auf dem Sicherungsgut	Im Sicherungsübereignungsvertrag wird dem Kreditinstitut ein Anwartschaftsrecht auf Eigentumserwerb übertragen. Das Kreditinstitut begleicht für Rechnung des Kreditnehmers Lieferantenverbindlichkeiten.
Eigentumserwerb an Waren durch den Kreditnehmer im Falle der Verarbeitung der Ware	Vereinbarung mit Kreditnehmer, dass er die Verarbeitung im Auftrag des Kreditinstitutes vornimmt.
Sicherungsgut haftet als wesentlicher Bestandteil oder Zubehör eines Grundstücks für eine Grundschuld.	Überprüfung des Sachverhalts im Grundbuch
Beeinträchtigung der Sicherheit durch gesetzliches Vermieterpfandrecht	Verzichtserklärung des Vermieters
Unredliche Kreditnehmer veräußern sicherungsübereignete Waren.	Das Kreditinstitut verliert Eigentum; keine Schutzmaßnahme.

Aufgabe VIII-19: D und **F**, vgl. § 935 BGB (Kein gutgläubiger Erwerb)

Aufgabe VIII-20: C (vgl. § 930 BGB)
Zu A: Das AGB-Pfandrecht erfasst auch mittelbar im Besitz des Kreditinstitutes befindliche Vermögenswerte.
Zu B: Bei der Globalzession werden die Forderungen mit Entstehen der Forderung auf den Sicherungsnehmer abgetreten, vgl. § 398 BGB.
Zu D: Bürgschaften unter Kaufleuten sind auch mündlich rechtswirksam, vgl. § 350 HGB.
Zu E: Die Aussage E beschreibt die Globalzession.

Aufgabe VIII-21:

Betriebsergebnis 2023	145 TEUR
+ Abschreibungen	47 TEUR
+ Rückstellungen	52 TEUR
= Cash-Flow	**244 TEUR**

Der Cash-Flow ist der Nettozufluss an liquiden Mitteln, den ein Unternehmen innerhalb einer Rechnungsperiode regelmäßig aus den Umsatzerlösen zu erwirtschaften vermag:
Cash-Flow = Betriebsergebnis + ordentliche Abschreibungen + Zuführung zu den langfristigen Rückstellungen
Interpretation: Je größer der Cash-Flow, desto größer sind die Ertragskraft und der Finanzierungsspielraum der Unternehmung, mit denen die Schulden getilgt oder Investitionen getätigt werden können.

Aufgabe VIII-22:

a) Eigenkapitalquote = Eigenkapital x 100 : Gesamtkapital
Eigenkapitalquote = 70 x 100 : 692 = 10,1156, gerundet **10,12 %**
Die Eigenkapitalquote hat sich im Vergleich zu 2020 mehr als halbiert, negative Bewertung.

b) Gesamtkapitalrentabilität = (Betriebsergebnis + Fremdkapitalzinsen) x 100 : Gesamtkapital
Gesamtkapitalrentabilität = (56 + 22) x 100 : 692 = 11,2717, gerundet **11,27 %**
Die Gesamtkapitalrentabilität ist um ca. 5 % gesunken, negative Entwicklung.

c) Kreditorenziel = Verbindlichkeiten aus Lieferungen und Leistungen x 365 : Materialaufwand bzw. Wareneinsatz
Kreditorenziel = 234 x 365 : 944 = 90,4767, also **91 Tage**
Die *ABX GmbH* hat Liquiditätsprobleme (Vorjahr 22 Tage), negative Entwicklung.

Aufgabe VIII-23: Vgl. Übersicht in Lösung der Aufgabe VIII-18

A	B	C	D
3	**4**	**2**	**1**

Aufgabe VIII-24: C und **D**

Maßnahmen der Risikoüberwachung bei Firmenkrediten:
- Prüfung der Kreditwürdigkeit in regelmäßigen Zeitabständen
- Überwachung der gestellten Sicherheiten
- Kontrolle der Einhaltung der Vertragsbedingungen
- Überwachung der Umsatzentwicklung auf den Konten
- Beobachtung der Branchenentwicklung einschließlich der Situation von Lieferanten und Abnehmern des Firmenkunden

Aufgabe VIII-25: D

Man unterscheidet die Kreditwürdigkeitsprüfung in die persönliche und materielle Kreditwürdigkeitsprüfung (z. B. Steuerbescheide).
Unterlagen zur persönlichen Kreditwürdigkeitsprüfung bei Firmenkunden:
- Auskünfte der Kontoführung über Umsatzentwicklung auf dem Konto und Abwicklung früherer Kredite
- externe Auskünfte, z. B. Auskünfte von Auskunfteien
- Gesellschaftsverträge geben Auskünfte über die rechtlichen Grundlagen, insbesondere über Haftungsregelungen, Geschäftsführung, Vertretungsbefugnisse und über Gewinnentnahmemöglichkeiten durch die Gesellschafter
- Auszüge aus öffentlichen Registern, z. B. Handelsregister und Grundbuch
- Jahresabschlüsse für die Unternehmensbeurteilung und Unternehmensanalyse
- unternehmensinternes und -externes Zahlenmaterial zur betriebswirtschaftlichen Analyse der Lage und der Aussichten

Zu C: Personengesellschaften sind im Handelsregister A verzeichnet.

Aufgabe VIII-26: C und **G**

Der Betriebsmittelkredit ist in der Regel ein Kontokorrentkredit, der zur Finanzierung betrieblicher Umsatzprozesse wie Vorratsbeschaffungen dient. Der Betriebsmittelkredit wird aus den Umsatzerlösen zurückgezahlt. Dadurch wird ebenfalls die Liquiditätslage der Unternehmung verbessert und somit ihre Dispositionsfreiheit erweitert.

Aufgabe VIII-27: C und **D**
Zu A: Fremdfinanzierung
Zu B: Beteiligungsfinanzierung
Zu E: Kreditfinanzierung (Diskontkredit)

Aufgabe VIII-28: D
Bei der Kreditprüfung sind die Kreditfähigkeit und die Kreditwürdigkeit des Kreditnehmers zu prüfen.
Die Kreditfähigkeit ist die Fähigkeit, einen Kreditvertrag rechtswirksam abschließen zu können. Prüfungsunterlagen sind z. B. Registerauszüge und Kontounterlagen.
Bei der Kreditwürdigkeitsprüfung wird geprüft, ob von dem Kreditnehmer eine kontraktgerechte Erfüllung der Verpflichtungen aus dem Kreditvertrag erwartet werden kann.

Aufgabe VIII-29: C
§ 18 Kreditwesengesetz (Kreditunterlagen)
Ein Kreditinstitut darf einen Kredit, der insgesamt 750.000,00 EUR oder 10 vom Hundert des haftenden Eigenkapitals des Instituts überschreitet, nur gewähren, wenn es sich von dem Kreditnehmer die wirtschaftlichen Verhältnisse, insbesondere durch Vorlage der Jahresabschlüsse, offenlegen lässt. Das Kreditinstitut kann hiervon absehen, wenn das Verlangen nach Offenlegung im Hinblick auf die gestellten Sicherheiten oder auf die Mitverpflichteten offensichtlich unbegründet wäre. ...

Aufgabe VIII-30: C
Die Eigenkapitalquote ist eine Kennzahl aus der Bilanzanalyse, bei der das Eigenkapital zum Gesamtkapital in Beziehung gesetzt wird. Die Eigenkapitalquote dient zur Beurteilung der finanziellen Stabilität des Unternehmens. Da es keine allgemeinen Normen über das optimale Verhältnis von Eigenkapital zum Fremdkapital gibt, lässt sich lediglich feststellen, dass bei größerem Eigenkapitalanteil die finanzielle Stabilität höher ist, d. h. dass bei größerem Ertragsrisiko der Eigenkapitalanteil höher sein sollte.

Aufgabe VIII-31: E
Globalzession: Eine Forderung kann zur Sicherung eines Darlehens an die Bank abgetreten werden. Der Kreditnehmer (Zedent) tritt alle gegenwärtigen und zukünftigen Forderungen gegen bestimmte Kunden des Darlehensnehmers (Drittschuldner) ab. Die gegenwärtigen Forderungen gehen mit Zessionsvertragsabschluss auf die Bank über. Die zukünftigen Forderungen gehen bereits im Zeitpunkt ihrer Entstehung auf die Bank über.
- Gesetzliche Grundlage ist § 398 BGB.
- Die Forderungen müssen im Sicherungsvertrag hinreichend individualisiert sein, z. B. Forderungen von Kunden aus Hamburg von A bis M.
- Sicherungszweck, Deckungsgrenze, Freigabeklausel müssen im Sicherungsvertrag vereinbart werden.
- Der Kreditnehmer bleibt wirtschaftlicher Gläubiger. Die Bank wird rechtliche, fiduziarische Gläubigerin und erwirbt ein bedingtes Verwertungsrecht.
- Nach außen ist die Bank Dritten gegenüber uneingeschränkte Gläubigerin.
- Im Innenverhältnis darf die Bank von ihrem Gläubigerrecht nur im Rahmen des Sicherungszwecks Gebrauch machen.
- Die Sicherungsabtretung wird in der Bankpraxis als stille Zession vereinbart.

Zu B: Die Übergabe der Debitorenlisten hat nur deklaratorische Wirkung.

Aufgabe VIII-32: B
Risiken der Globalzession:

- Forderung wurde bereits im Rahmen eines verlängerten Eigentumsvorbehalts abgetreten.
- Mehrfachabtretung
- Abgetretene Forderung besteht nicht mehr bzw. besteht nicht mehr in der angegebenen Höhe.
- Die Drittschuldner zahlen nicht.
- Der Kreditnehmer leitet die von den Drittschuldnern eingehenden Zahlungen nicht an die Bank weiter.
- Die Abtretung wurde vertraglich ausgeschlossen.
- Drittschuldner machen Einreden gegenüber dem Kreditnehmer z. B. Sach- oder Rechtsmängel geltend.

Aufgabe VIII-33: B

Der Betriebsmittelkredit ist in der Regel ein Kontokorrentkredit, der zur Finanzierung betrieblicher Umsatzprozesse, wie Vorratsbeschaffungen dient. Der Betriebsmittelkredit wird aus den Umsatzerlösen zurückgezahlt. Dadurch wird ebenfalls die Liquiditätslage der Unternehmung verbessert und somit ihre Dispositionsfreiheit erweitert.

Aufgabe VIII-34:

A	B	C	D	E	F
2	**1**	**1**	**3**	**2**	**3**

Die nachfolgenden BGB-Paragraphen verdeutlichen den Unterschied zwischen der Rechtsstellung eines Pfandrechtsgläubigers und eines Eigentümers aufgrund eines Besitzkonstituts.

§ 854 (Besitzerwerb)

(1) Der Besitz einer Sache wird durch die Erlangung der tatsächlichen Gewalt über die Sache erworben.

(2) Die Einigung des bisherigen Besitzers und des Erwerbers genügt zum Erwerbe, wenn der Erwerber in der Lage ist, die Gewalt über die Sache auszuüben.

§ 903 (Befugnisse des Eigentümers)

Der Eigentümer einer Sache kann ... mit der Sache nach Belieben verfahren und andere von jeder Einwirkung ausschließen ...

§ 930 (Besitzkonstitut)

Ist der Eigentümer im Besitze der Sache, so kann die Übergabe dadurch ersetzt werden, dass zwischen ihm und dem Erwerber ein Rechtsverhältnis vereinbart wird, vermöge dessen der Erwerber den mittelbaren Besitz erlangt.

§ 1204 (Begriff)

(1) Eine bewegliche Sache kann zur Sicherung einer Forderung in der Weise belastet werden, dass der Gläubiger berechtigt ist, Befriedigung aus der Sache zu suchen (Pfandrecht).

(2) Das Pfandrecht kann auch für eine künftige oder eine bedingte Forderung bestellt werden.

§ 1205 (Bestellung)

(1) Zur Bestellung des Pfandrechts ist erforderlich, dass der Eigentümer die Sache dem Gläubiger übergibt und beide darüber einig sind, dass dem Gläubiger das Pfandrecht zustehen soll ...

§ 1220 (Androhung der Versteigerung)

(1) Die Versteigerung des Pfandes ist erst zulässig, nachdem sie dem Verpfänder angedroht worden ist; die Androhung darf unterbleiben, wenn das Pfand dem Verderb ausgesetzt und mit dem Aufschube der Versteigerung Gefahr verbunden ist ...

(2) Der Pfandgläubiger hat den Verpfänder von der Versteigerung unverzüglich zu benachrichtigen; im Falle der Unterlassung ist er zum Schadensersatze verpflichtet.

§ 1221 (Freihändiger Verkauf)
Hat das Pfand einen Börsen- oder Marktpreis, so kann der Pfandgläubiger den Verkauf aus freier Hand durch einen zu solchen Verkäufen öffentlichen Handelsmäkler oder durch eine zur öffentlichen Versteigerung befugte Person zum laufenden Preise bewirken.

Aufgabe VIII-35: B und **C**

Der Avalkredit ist ein Bürgschaftskredit, bei dem ein Kreditinstitut eine selbstschuldnerische Bürgschaft übernimmt. Bankbürgschaften werden hauptsächlich von Behörden, aber auch von privaten Unternehmungen gefordert:

- für Zahlungsverpflichtungen der Bankkunden aus Frachten, Steuern und Zöllen, z. B. beim Frachtstundungsverfahren der Bundesbahn.
- für vereinbarte Vertragsstrafen bei nicht rechtzeitiger Fertigstellung einer Leistung, z. B. Straßen-, Brücken-, Hausbau.

Als Gegenleistung für die Bürgschaft zahlt der Schuldner an das Kreditinstitut die so genannte Avalprovision, die im Allgemeinen zwischen 1 % und 2,5 % pro Jahr liegt. Der Avalkredit hat bei der Sicherheitsleistung für den Schuldner den Vorteil, dass er keine die Liquidität belastenden Beträge hinterlegen muss.

Aufgabe VIII-36: D

Zweck: Finanzierung des Umlaufvermögens
Kreditart: Kontokorrentkredit
Laufzeit: kurzfristig mit laufender Prolongation
Rückzahlung: kein fester Tilgungsplan, variable Inanspruchnahme
Sollzinssatz: veränderlicher Sollzinssatz oder kurzfristige Zinsbindung
Zu E: vgl. § 355 HGB; eine gesetzliche Laufzeitbegrenzung bei einem KK-Kredit gibt es nicht.
§ 355 HGB (Laufende Rechnung, Kontokorrent)

(1) Steht jemand mit einem Kaufmann derart in Geschäftsverbindung, dass die aus der Verbindung entspringenden beiderseitigen Ansprüche und Leistungen nebst Zinsen in Rechnung gestellt und in regelmäßigen Zeitabständen durch Verrechnung und Feststellung des für den einen oder anderen Teil sich ergebenden Überschusses ausgeglichen werden (laufende Rechnung, Kontokorrent), so kann derjenige, welchem bei dem Rechnungsabschluss ein Überschuss gebührt, von dem Tage des Abschlusses an Zinsen von dem Überschüsse verlangen, auch soweit in der Rechnung Zinsen enthalten sind.
(2) Der Rechnungsabschluss geschieht jährlich einmal ...
(3) Die laufende Rechnung kann im Zweifel auch während der Dauer einer Rechnungsperiode jederzeit mit der Wirkung gekündigt werden, dass derjenige, welchem nach der Rechnung ein Überschuss gebührt, dessen Zahlung beanspruchen kann.

Aufgabe VIII-37: B und **E**

Aufgabe VIII-38: A und **F**, vgl. Ausführungen zum Avalkredit in Lösung VIII-35

Aufgabe VIII-39: B

Leasing ist die Vermietung von beweglichen oder unbeweglichen Sachen durch Leasinggesellschaften. An die Stelle von Kauf mit Eigen- oder Fremdfinanzierung tritt beim Leasing die Miete.

Vorteile des Leasings	Nachteile des Leasings
Der Leasinggegenstand muss nicht durch den Leasingnehmer im Voraus bezahlt werden. Die Leasingraten werden aus dem Erlös, die der Einsatz des Leasinggegenstandes erbringt, geleistet.	Der Leasingnehmer hat hohe laufende regelmäßige Leasingraten, die je nach Vertragsdauer bis zu 40 % über der Investitionssumme liegen können.
Der Leasinggegenstand kann auch bei fehlenden Eigenmitteln genutzt werden.	Während der Grundmietzeit ist der Leasingnehmer an die Vertragsbedingungen gebunden.
Durch das Leasing werden die Kreditlinien des Leasingnehmers geschont.	Während der Grundmietzeit kann der Leasingnehmer das Leasingobjekt wegen technischen Verschleißes nicht zurückgeben. Die Leasingraten müssen bis zum Vertragsende gezahlt werden.
Die Stellung von Sicherheiten durch den Leasingnehmer entfallen i. d. R., da die Leasinggesellschaft Eigentümer des Leasinggegenstandes bleibt.	
Geringes Investitionsrisiko und schnelle Anpassung an den technischen Fortschritt durch kurzfristiges Leasing.	
Leasingraten können steuerlich durch den Leasingnehmer genutzt werden.	
Leasingfinanzierung im gewerblichen Bereich ist i. d. R. kostengünstiger als Kreditfinanzierung.	

Aufgabe VIII-40: B

Aufgabe VIII-41:

1	2	3	4	5	6	7
D	**E**	**D**	**A**	**B**	**C**	**E**

Aufgabe VIII-42: A und B

Bauwert: Es ist der ermittelte Verkehrswert eines Objekts. Es ist der Betrag anzusetzen, mit dem ein gleichartiges Gebäude unter Berücksichtigung der örtlichen Verhältnisse errichtet werden kann. Je nach Alter ist ein entsprechender Abschlag zu machen. Ausschlaggebend ist der Zeitwert. Für die Berechnung bedient man sich verschiedener Methoden, dem Sachwertverfahren und dem Ertragswertverfahren. In Ausnahmefällen kann auch der Mittelwert herangezogen werden.

Bodenwert: Es ist der Verkehrswert eines bestimmten Grundstücks, der durch den Preis bestimmt wird, der in dem Zeitpunkt, auf den sich die Ermittlung bezieht, zu erzielen wäre. Bei der Ermittlung sind alle wertbeeinflussenden Faktoren wie z. B. Abstandszahlungen, Ersatzleistungen, Steuern, Gebühren usw. mit zu berücksichtigen. Bei der Bewertung sind auf Ortslage, Verkehrslage, Himmelsrichtungen und Emissionen zu berücksichtigen.

Ertragswertverfahren: Es ist ein Verfahren zur Ermittlung des Verkehrswertes eines bebauten Grundstücks. Nach dem Ertragswertverfahren wird überwiegend der Gebäudewert ermittelt. Dabei ist von den nachhaltig erzielbaren Nettomieten auszugehen. Das Verfahren wird bei vermieteten Objekten angewendet. Vgl. Ausführungen zum Ertragswert in Lösung VII-16

Aufgabe VIII-43:

1	2	3
A	**B**	**E**

Vgl. die Ausführungen zum Avalkredit in Lösung VIII-35

Aufgabe VIII-44:

a)	Investitionsbetrag	350.000,00 EUR
	Tilgungsbetrag pro Jahr	70.000,00 EUR
	Tilgungsbetrag pro Monat	5.833,33 EUR
	3. Tilgungsrate (jeweils gleichbleibende Tilgungsraten pro Monat)	**5.833,33 EUR**
b)	Investitionsbetrag	350.000,00 EUR
	Zinsen für den 1. Monat 350.000 EUR x 4,65 : 12 x 100	1.356,25 EUR
	Tilgungsrate	5.833,33 EUR
	Restschuld am Ende des ersten Monats	344.166,67 EUR
	Zinsen für den 2. Monat 344.166,67 EUR x 4,65 : 12 x 100	**1.333,65 EUR**

Aufgabe VIII-45:

Aktueller Kurswert der Aktien: 40 x 1.000 = 40.000 EUR
Gesicherter Teil des Darlehens: 60 % von 40.000 EUR = 24.000 EUR
Ungesicherte Teil des Darlehens: 28.000 - 24.000 = **4.000 EUR**

Aufgabe VIII-46:

20.000 : 80 x 100 = 25.000
25.000 = 101 %
25.000 : 101 x 100 = 24.752,48 EUR
aufgerundet **24.800 EUR**

IX. Controlling

Aufgabe IX-1:

C und E

Die Tilgung ist weder Aufwand/Kosten noch Ertrag/Erlös. Der Verkauf über Buchwert ist außergewöhnlich und gehört zu den neutralen Erträgen.

Grundbegriffe der Kosten- & Erlösrechnung	
Kosten- und Erlösrechnung	Konzentration auf die Ergebnisse aus der **rein betrieblichen Tätigkeit**
Kosten	Unter Kosten wird der **Güter- und Dienstleistungsverbrauch** verstanden, der durch die Erstellung der **betrieblichen Leistungen** verursacht wird.
Erlöse	Durch den **Verkauf der Leistungen** am Markt entstehen Erlöse.
Leistungen	**Marktleistungen** einer Bank für seine Kunden: Kreditvergabe, Anlageberatung etc.
Betriebsergebnis	Differenz aus den Kosten und Erlösen

<table>
<tr><th colspan="3">Aufwendungen und Kosten</th></tr>
<tr><td colspan="2">Aufwendungen gemäß FiBu</td><td>den Zusatzkosten stehen in der Finanzbuchhaltung keine Aufwendungen gegenüber</td></tr>
<tr><td>neutrale Aufwendungen
(betriebsfremd, periodenfremd oder außerordentlich)</td><td>Zweckaufwand = Grundkosten
(Aufwendungen und zugleich Kosten für den Betrieb)</td><td>Zusatzkosten
(kalkulatorische Kosten, die keine Aufwendungen sind oder die Aufwendungen übersteigen)</td></tr>
<tr><td>die neutralen Aufwendungen werden im Controlling nicht berücksichtigt</td><td colspan="2">Kosten gemäß Controlling</td></tr>
</table>

neutraler Aufwand	- **betriebsfremde Aufwendungen** z. B. Spenden, Aufwendungen für nicht betriebsnotwendiges Vermögen - **außerordentliche** (einmalige und unregelmäßige) **Aufwendungen**, z. B. Kassenfehlbeträge, Verkäufe unter Buchwert - **periodenfremde Aufwendungen**, z. B. Steuernachzahlungen
Grundkosten/ Zweckaufwand (betrieblicher Aufwand)	- **Zinsaufwand** - **Provisionsaufwand** - **Abschreibung** auf Forderungen aufgrund **langjähriger Erfahrungen** (PWB) - **Abschreibungen** auf **Wertpapiere** - **Personalaufwand** einschließlich Sozialleistungen - Allgemeiner **Verwaltungsaufwand**
	- **Abschreibungen** für den **tatsächlichen Wertverlust** - **Kostensteuern**: Grundsteuer für betriebsnotwendige Immobilien, Gewerbesteuer, Kfz-Steuer
Zusatzkosten	- kalkulatorischer **Unternehmerlohn** (e. K., OHG, KG, KGaA) - kalkulatorische **Eigenkapitalzinsen** - kalkulatorische **Eigenmiete**

Erträge und Erlöse

Erträge gemäß FiBu

neutrale Erträge (betriebsfremd, periodenfremd oder außerordentlich)	**Zweckertrag = Grunderlöse** (Erträge und zugleich Erlöse für den Betrieb)	**Zusatzerlöse** (kalkulatorische Erlöse, die keine Erträge sind oder die Erträge übersteigen)

den Zusatzerlösen stehen in der Finanzbuchhaltung keine Erträge gegenüber

die neutralen Erträge werden im Controlling nicht berücksichtigt

Erlöse gemäß Controlling

neutrale Erträge	- **betriebsfremde Erträge** z. B. Mieterträge - **außerordentliche Erträge**, z. B. Kassenüberschüsse, Verkauf von Sachanlagen über Buchwert - **periodenfremde Erträge**, z. B. Auflösung von Wertberichtigungen, Auflösung von Rückstellungen
Grunderlös/ Zweckertrag (betrieblicher Ertrag)	- **Zinserträge** - lfd. Erträge aus **Aktien, Beteiligungen und Anteilen** - **Provisionserträge** für Bankdienstleistungen - **Kursgewinne** aus Wertpapieren und Devisen
Zusatzerlöse	Beispiele sind selten: bei **Sonderkonditionen** für Mitarbeiter: Die Differenz zum allgemeinen Kundenzinssatz ist hier ein Zusatzerlös für die Kundenabteilung und gleichzeitig Zusatzkosten in **derselben Höhe** bei den **Personalkosten**! Dadurch gehen die Mindererlöse nicht zu Lasten der Leistungsabteilung, die diese Sonderkonditionen nicht gewährt hat, sondern zu Lasten des Personals.

Betriebs- und Wertkosten und -erlöse

Wesen	- **Betriebskosten** und -erlöse fallen im technisch-organisatorischen Bereich an. - **Wertkosten** und -erlöse fallen im finanzwirtschaftlichen Bereich an (Kapitalaufnahme und -überlassung)
Betriebskosten	- **Personalkosten** - **Maschinen** (u. a. Mieten, Abschreibung, Reparatur, Versicherungen) - **Telekommunikation** - **Material** (Papier, Vordruck, Verbrauchsmaterial ...)
Betriebserlöse	- **Entgelte/ Provisionen** (z. B. Umsatzprovision, Effekten-, Devisen-, Kreditkartenprovisionen, Kontoführungsgebühren ...)
Wertkosten	- **Zinskosten im Passivgeschäft** - **Risikokosten im Kreditgeschäft** (Abschreibungen auf Forderungen aufgrund langjähriger Erfahrung) - **Risikokosten im Auslands- und Effektengeschäft** (Kursverluste)
Werterlöse	- **Zinserlöse im Aktivgeschäft** - **Erträge aus Aktien** (Dividenden, Bezugsrechte) - **Kursgewinne aus Wertpapier- und Devisengeschäften**

Aufgabe IX-2:

A	B	C	D
2	**5**	**1**	**4**

Aufgabe IX-3:

A	B	C	D	E
2	**1**	**2**	**1**	**1**

Einzel- und Gemeinkosten	
(Stellen-) Einzelkosten	- **direkte Zuordnung** der Kosten zu einer bestimmten **Leistung** bzw. zu einer bestimmten **Kostenstelle** Beispiele: - Gehalt des Kreditsachbearbeiters - Sparzinsen
(Stellen-) Gemeinkosten	- **keine direkte Zuordnung** möglich - die Verteilung erfolgt in der Vollkostenrechnung nach einem **Schlüssel auf die einzelnen Kostenstellen** - In der heutzutage gebräuchlichen **Teilkostenrechnung** werden die Gemeinkosten zunächst nicht berücksichtigt, sondern nur die direkt zurechenbaren Kosten. Daher muss der Deckungsbeitrag positiv sein, damit auch diese Kosten gedeckt werden können. Beispiele: - Ausbildungsvergütungen - Buchhaltung - Facility Manager

Aufgabe IX-4:
6.400,00 EUR

Im umsatzpflichtigen Bereich wird die gezahlte Umsatzsteuer als Vorsteuer vom Finanzamt erstattet. Das Unternehmen trägt die Umsatzsteuer also nicht selber: 190.400,00 EUR brutto / 1,19 = 160.000,00 EUR netto ist der für die Abschreibung relevante Betrag.
160.000,00 EUR / 25 Jahre = 6.400,00 EUR pro Jahr Abschreibung in der Finazbuchhaltung.

Fixe und variable Kosten	
Fixe Kosten	vom **Beschäftigungsgrad unabhängige Kosten** Beispiele: - Mieten - Gehälter ...
Variable Kosten	vom **Beschäftigungsgrad abhängige Kosten** Beispiele: - Verbrauch von Kontoeröffnungsanträgen und Kreditantragsformularen - Zinsen ...

Aufgabe IX-5:
8.800,00 EUR

Im Controlling geht man von den Wiederbeschaffungskosten aus: 160.000,00 EUR + 10% = 176.000,00 EUR;
und von jährlich 5% Wertverlust: 176.000,00 * 5% = 8.800,00 EUR pro Jahr

Aufgabe IX-6:
2.400,00 EUR
Sind die Kosten höher als die Aufwendungen, entstehen Zusatzkosten: 8.800,00 EUR Kosten abzüglich 6.400,00 EUR Aufwand = 2.400,00 EUR Zusatzkosten.

Aufgabe IX-7:
48.000,00 EUR
8.000 + 80.000 * 0,50

Aufgabe IX-8:
0,60 EUR
48.000 / 80.000

Aufgabe IX-9:
300 %
1,80 * 100 / 0,60

Aufgabe IX-10:
6.154 Einzahlungen
Lösung mit einer Gleichung:
Kosten = Erlöse
8.000 + 0,50 x = 1,80 x | -0,50 x
8.000 = 1,3 x | 1,3
6.153,8 = x

Aufgabe IX-11:
5,24 %
(50.000 * 8,2 + 25.000 * 3,6 – 20.000 * 0,4 - 55.000 * 1,8) / (Bilanzsumme 50.000 + 25.000)

Zinsertragsbilanz und Gesamtzinsspannenrechnung			
	Zinserlöse in EUR		Zinserlöse in % p. a. der Aktivseite (Bilanzsumme)
-	Zinskosten in EUR	-	Zinskosten in % p. a. der Passivseite (Bilanzsumme)
=	**Zinsüberschuss** in EUR	=	**Bruttozinsspanne** (Zinsüberschüsse in % p. a. der Bilanzsumme)
+	Betriebserlöse in EUR	-	**Bedarfsspanne** (Differenz aus Betriebserlösen & -kosten in % p.a. der Bilanzsumme)
-	Betriebskosten in EUR		
=	**Betriebsergebnis** in EUR	=	**Nettozinsspanne** (Betriebsergebnis in % p. a von der Bilanzsumme)

Aufgabe IX-12:
1.000 TEUR = 1 Mio. EUR
Die Verbraucherdarlehen bringen 4,6 % (8,2 % - 3,6 %) mehr ein als die Wertpapiere. Der Kapitalbetrag, der bei einem um 4,6 % höheren Zinssatz 46 TEUR erbringt, beträgt K = Z * 100 * 1 Jahr / Z / Jahre = 46 * 100 * 1 / 4,6 / 1 = 1.000

Aufgabe IX-13:
C und E
zu A: Da nur ein Teil der Kosten (Einzelkosten) berücksichtigt werden, käme es zu einem negativen Betriebsergebnis, wenn nur diese Kosten gedeckt wären.
zu B: Die prozessorientierte Standardeinzelkostenrechnung ist keine Vollkosten-, sondern eine Teilkostenrechnung.
zu C: Overheadkosten = Kosten für Geschäftsleitung, Stababteilungen, u.a. Gemeinkosten
zu D: Es erfolgt bei der prozessorientierten Standardeinzelkostenrechnung keine individuelle Berechnung, sondern es werden Standardwerte festgelegt.

Aufgabe IX-14: zur Lösung der folgenden Aufgaben siehe Formalsammlung!
2.070,00 TEUR
4.100 TEUR Zinserlöse – 2.030 TEUR Zinskosten

Aufgabe IX-15:
0,03%
27 TEUR Nettoerfolg des Handelsbestandes * 100 / 90.000 TEUR Bilanzsumme

Aufgabe IX-16:
1.010,00 TEUR

- 2.030,00 EUR	Zinsaufwendungen
- 400,00 EUR	Provisionsaufwendungen
- 1.000,00 EUR	Personalaufwendungen
- 205,00 EUR	Abschreibungen auf Sachanlagen
- 35,00 EUR	Andere Verwaltungsaufwendungen
- 90,00 EUR	Sonstige betriebliche Aufwendungen
+ 4.100,00 EUR	Zinserträge
+ 550,00 EUR	Provisionserträge
+ 105,00 EUR	Sonstige betriebliche Erträge
+27,00 EUR	Nettoerfolg des Handelsbestandes
-12,00 EUR	Bewertungsergebnis
1.010,00 EUR	

Aufgabe IX-17:
1,12% (gerundet)
1.010 TEUR Betriebsergebnis * 100 / 90.000 TEUR Bilanzsumme

Aufgabe IX-18:

A	B	C	D
3	**2**	**1**	**9**

Aufgabe IX-19:

A	B	C	D
3	**2**	**1**	**3**

Aufgabe IX-20:
A und C

zu B falsch, Preisuntergrenzen gibt es nur im Aktivgeschäft, im Passivgeschäft handelt es sich um Preisobergrenzen; die Marktzinsmethode ist nicht nur in die Vergangenheit gerichtet.

zu D falsch, nur die Konditionenbeiträge werden jeweils den Sachbearbeitern als Erfolgsbeitrag angerechnet.

zu E falsch, beschreibt den Strukturbeitrag

Marktzinsmethode	
Wesen	Banken können Finanzgeschäfte mit dem **Kunden** und/oder am **Geld- und Kapitalmarkt** (GKM) tätigen. Die Marktzinsmethode **vergleicht** beide Möglichkeiten und errechnet, ob das **Kundengeschäft** vorteilhafter ist als die alternative Möglichkeit auf dem Geld- und Kapitalmarkt.
Zweck	Das Kundengeschäft lohnt sich für die Bank, wenn sie im **Kundengeschäft** mehr erwirtschaftet als bei den **Alternativgeschäften am Geld- und Kapitalmarkt** (GKM).
Opportunitätszins	Der Opportunitätszinssatz ist der **vergleichbare GKM-Satz** zu einem Kundengeschäft bei **gleicher Laufzeit.**
Konditionenbeitrag	- Der Konditionenbeitrag gibt an, um wie viel das Kundengeschäft von den **Zinsen** her betrachtet günstiger ist als das GKM-Geschäft. (Bei negativem Ergebnis ist das Kundengeschäft ungünstiger!) - **Konditionenbeitrag Aktiva** = Aktivgeschäft – Opportunitätszins - **Konditionenbeitrag Passiva** = Opportunitätszins – Passivgeschäft - der Konditionenbeitrag stellt den **Geschäftserfolg des Kundenbetreuers** dar.
Strukturbeitrag	- Entstehung durch **Fristentransformation** (= Durchbrechung der **„goldenen Bankregel“**) kurzfristiges Geld kann langfristig ausgeliehen werden. - **Aktivkomponente** = GKM-Satz Aktiva – Geldmarktzinssatz für Tagesgeld - **Passivkomponente** = Geldmarktzinssatz für Tagesgeld – GKM-Satz Passiva - der **Strukturbeitrag** wird dem **Vorstand** zugerechnet

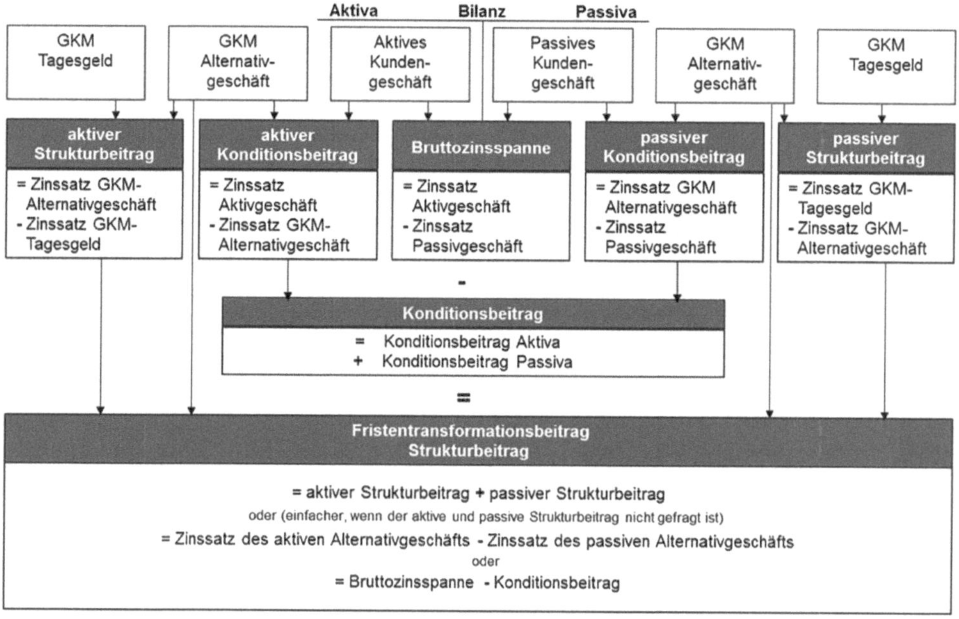

Aufgabe IX-21:
2.400 EUR
3,0 % (Kundenzinssatz Aktiv 8,0 % - GKM 6 J. 5,0 %) * 80.000 * 1

Aufgabe IX-22:
-250 EUR
-0,5 % (GKM 1 J. 2,5 % - Kundenzinssatz Festgeld 3,0 %) * 50.000 * 1

Aufgabe IX-23:
-300 EUR
-1,0 % (GKM 3 J. 3,0 % - Kundenzinssatz Sparbrief 4,0 %) * 30.000 * 1

Aufgabe IX-24:
2,3125 %
1850 * 100 / 80.000

Aufgabe IX-25:
3.200 EUR
4,0 % (GKM 6 J. 5,0 % - GKM Tagesgeld 1,0 %) * 80.000 * 1

Aufgabe IX-26:
-750 EUR
-1,5 % (GKM Tagesgeld 1,0 % - GKM 1 J. 2,5 %) * 50.000 * 1

Aufgabe IX-27:
-600 EUR
-2,0 % (GKM Tagesgeld 1,0 % - GKM 3 J. 3,0 %) * 30.000 * 1

Aufgabe IX-28:
2,3125 %
1850 * 100 / 80.000

Aufgabe IX-29:

A	B	C	D
9	**2**	**3**	**1**

Aufgabe IX-30:
D
Nur die Geschäftsleitung/Vorstand entscheidet über die Fristentransformation.

Aufgabe IX-31:
C
Die Risikokosten ergeben sich aus dem Bedarf an Abschreibungen und Einzelwertberichtigungen auf Forderungen.

Aufgabe IX-32: zur Lösung der folgenden Aufgaben siehe auch die Formalsammlung!
1,952 % Preisobergrenze

Preisobergrenze eines Passivproduktes:

	Alternativzinssatz für Beschaffung am GKM	2,000 %
-	direkt zurechenbare Betriebskosten in %	0,048 %
=	Preisobergrenze Passivprodukt in %	1,952 %

Betriebskosten in %: 10 * 100 * 12 / 250.000 / 1
Risikokosten und Eigenkapitalkosten gibt es im Passivgeschäft nicht!

Aufgabe IX-33:
200.000 EUR
(1. Jahr 300.000 + 2. Jahr 200.000 + 3. Jahr 100.000) / 3

Aufgabe IX-34:
1 %
Z * 100 / K / i = 6000 * 100 / 200.000 / 3

Aufgabe IX-35:
8,5 %

Preisuntergrenze eines Aktivproduktes:

	Alternativzinssatz für Anlagen am GKM	4,0 %
+	Mindestkonditionenmarge bestehend aus:	
	direkt zurechenbare Betriebskosten in %	1,0 %
	Risikokosten in %	1,5 %
	Eigenkapitalkosten in %	2,0 %
=	Preisuntergrenze Aktivprodukt in %	8,5 %

Aufgabe IX-36:
4,08 %

Ermittlung der Preisuntergrenze eines Produktes:

	Alternativzinssatz für Anlagen am GKM	3,2%
+	Mindestkonditionenmarge, bestehend aus:	
	direkt zurechenbare Betriebskosten in %	0,06% (120 EUR * 100 / 200.000 EUR)

Risikokosten in %	0,7%
Eigenkapitalkosten in %	0,12%
= Preisuntergrenze Aktivprodukt in %	4,08%

Aufgabe IX-37:
3,68 %

Deckungsbeitrag III	2,8% (5.600 EUR * 100 / 200.000) EUR
+ Eigenkapitalkosten in %	0,12%
+ Risikokosten in %:	0,7%
+ Betriebskosten in %:	0,06%
Deckungsbeitrag I	3,68%

Aufgabe IX-38:
7.760,00 EUR

Deckungsbeitrag I 3,68% p.a. + GKM Alternativzinssatz 3,2% p.a. = 6,88% p.a. Kundenzinssatz

6,88% p.a. von 200.000 EUR = 13.760 EUR pro Jahr

Aufgabe IX-39: B

Aufgabe IX-40:
100,00 EUR

Deckungsbeitrag eines Passivproduktes:

	Alternativzinsen GKM 4,5 % – Kundenzinskosten 3,5 %	1 % * 10000 =
=	Deckungsbeitrag I	100,00 EUR
+	direkt zurechenbare Provisionserlöse	0,00 EUR
-	direkt zurechenbarer Betriebskosten pro Jahr 100 / 5 Jahre	20,00 EUR
=	Deckungsbeitrag II	80,00 EUR
=	Deckungsbeitrag III	80,00 EUR

Die Gewinnmarge wird nach der IHK-Formelsammlung nicht mit in die Preisgrenze und den Deckungsbeitrag eingerechnet! (im Gegensatz zu manchen Büchern)

Aufgabe IX-41:
80,00 EUR

siehe Lösung IX-40

Aufgabe IX-42:
80,00 EUR

siehe Lösung IX-40

Aufgabe IX-43:
75,00 EUR

Deckungsbeitrag eines Passivproduktes:

	Alternativzinsen GKM 3,2 % - Kundenzinskosten 2,9 %	0,3 % *100000 * 3/12 =
=	Deckungsbeitrag I	75,00 EUR
+	direkt zurechenbare Provisionserlöse	0,00 EUR
-	direkt zurechenbare Betriebskosten	15,00 EUR
=	Deckungsbeitrag II	60,00 EUR
=	Deckungsbeitrag III	60,00 EUR

Aufgabe IX-44:
60,00 EUR
siehe Lösung IX-43

Aufgabe IX-45:
60,00 EUR
siehe Lösung IX-43

Aufgabe IX-46:
1,50 EUR
(0,5 % GKM - 0,2 % Kundenzins) * 1000 * ½ Jahr

Aufgabe IX-47:
115,00 EUR
(12,0 % Kundenzins - 0,5 % GKM) * 2000 * ½ Jahr

Aufgabe IX-48:
146,50 EUR
Deckungsbeitrag II = Deckungsbeitrag I + direkt zurechenbare Provisionserlöse - direkt zurechenbare Betriebskosten = 1,50 EUR + 115,00 EUR + 6 Monate * 10,00 EUR – 30 Buchungen * 1,00 EUR

Aufgabe IX-49:
15,00 EUR
Risikokosten: 0,5 % * 2000,00 EUR * ½ Jahr = 5,00 EUR
Eigenkapitalkosten: 1,0 % * 2000,00 EUR * ½ Jahr = 10,00 EUR

Aufgabe IX-50:
131,50 EUR
Deckungsbeitrag III = Deckungsbeitrag II (Netto-Konditionenbeitrag) - direkt zurechenbare Risikokosten - direkt zurechenbare Eigenkapitalkosten = 146,50 - 5 - 10

Kolibri 360 GmbH
Ferdinand-Jühlke-Straße 7
99095 Erfurt, Deutschland
produktsicherheit@kolibri360.de